万博科技
WANBO TECHNOLOGY

山东万博科技股份有限公司是在电信行业改革不断深化的特定历史背景下诞生的，按照现代企业制度建立起来的新型ICT综合服务企业。

公司总部坐落于CIIIC国家信息通信国际创新园。公司下设19个分支机构，主要致力于网络维护、工程建设、信息化建设，业务领域涵盖电信、交通、能源、行政办公、文教、卫生、司法等。公司已具备电信级、ICT技术服务能力及系统整体解决方案提供能力。

企业使命：共享现代信息文明

企业愿景：打造ICT综合服务一流品牌

企业宗旨：成就客户 回报股东 造福社会 提升员工

企业精神：开拓 创新 求实 卓越

经营理念：服务无极限 奉献有回报

核心价值：小胜靠智 大赢在德

www.sdwanbo.com

中国通信建设集团有限公司

CITCC

总经理：许楚国

中国通信建设集团有限公司（以下简称CITCC）系由原中国通信建设总公司经公司制改建而成，隶属于中国电信旗下的中国通信服务股份公司，是具有国家颁发通信施工企业一级资质，并拥有外经、外贸经营权、劳务进出口权的我国通信建设领域国际化、专业化、规模化的大型通信建设综合性集团企业，是中国通信建设走向世界的综合性“窗口”企业。

CITCC在我国通信建设领域始终发挥着重要的技术先导和主力军作用，拥有咨询规划设计、工程监理、通信网络施工、维护、网络运营、招标代理及贸易物流服务等全业务支撑服务能力，并具有成熟的大项目建设的管理经验，拥有先进、齐全的通信建设专用机具、仪表，装备水平处于国内外同行业领先地位,可为国内外用户提供高质量的贴身服务。

其下属各工程局有限公司均为原邮电部属的国家专业施工企业，多次荣获全国优秀施工企业、全国最佳施工企业等多项荣誉称号，且在全国通信建设企业中率先通过质量、环境、职业健康安全三项管理体系认证。

CITCC遵循“通信建设，建设通信，服务通信”的企业理念，愿以专业化的科学管理和优秀的工程质量，竭诚为中外客户提供优质服务，为中国的通信建设事业和人类的共同文明建设，构筑信息沟通的桥梁。

28南极长城站卫星通信地球站安装

网优优秀案例

TD-SCDMA应用技术实验网工程

维护优秀案例

工程优秀案例

◇ 2007年扩大的TD-SCDMA应用技术实验网工程（保定）

主设备：大唐、鼎桥

工程内容及工作量：我公司共完成了30个TD-SCDMA基站建设。工作内容包括征地洽谈、机房土建、光缆传输、外电引入、铁塔安装、无线设备安装调测等一条龙服务。投入人力资源：包括基站安装队3队、调测队1队、其他专业管理人员在内共30人。

◇ 中国移动广东省茂名本地网四期传输工程

新建架空光缆59.827皮长公里，新敷设直埋光缆3.86皮长公里，利旧架空光缆27.282皮长公里，新建7端155M光端机。

该工程完善了茂名移动公司的本地网光缆传输网络，进一步提高了茂名移动公司在茂名电信市场的占有率，优化网络结构，提高网络质量和服务质量，使当地的通信环境得到进一步的改善。

本工程获得2008年度广东省优质通信工程二等奖

维护优秀案例

◇ 广东电信CDMA无线网络综合外包服务项目

建设单位：中国电信股份有限公司广东无线网络运营中心

时间：2009.1-2009.12

工作内容：

维护量：基站物理站点（宏蜂窝）1747站点，基站主设备站点（宏蜂窝）1211站点，备用站点（宏蜂窝）24站点，室分物理站点635站点，室分主设备站点601站点，室外直放站、射频拉远及微蜂窝站点457站点。

◇ 广东移动长途光缆线路代理维护服务

建设单位：中国移动通信集团广东有限公司

时间：2009.1-2009.12

工作内容：

维护量：管道：3505管程公里；单一路由光缆：6669皮长公里，同管道路由光缆：442皮长公里。

网优优秀案例

◇ CDMA网络优化整治项目

建设单位：中国电信江西省吉安分公司

时间：2009.1-2009.3

工作内容：

第一阶段：网络现状普查测试阶段，完成DT、CQT测试，范围包括吉安市区及各乡镇、国道、高速等主要区域的测试工作。

第二阶段：系统指标维持提升整治阶段，系统性能指标优化工作，调整系统参数及天线等设备以达到系统优化的目标。

公司拥有一批年轻化、专业化的员工队伍，在基层维护员工中95%以上具有中专以上相关专业学历，拥有专业通信工程师102人、移动机站维护工程师44人、电源工程师66人，27人持有通信工程和概预算执业证书、123人持有电工证。公司在全网建立了417个维护台站，设立了156个技术精干、配备精良、反应迅速的抢修中心。每个抢修中心配备专业抢修技术人员、抢修车和整套先进的光电缆抢修仪器（熔接机、OTDR、天馈线测试仪、2M误码仪、电池容量测试仪、光源光功率计、光缆路由探测仪、光纤识别仪、电缆故障测试仪、吹缆机等），能够及时发现并处理各种线路隐患、故障，把通信阻断控制在客户所规定的时间内。

先进的技术装备、雄厚的专业技术力量和长期从事通信维护管理的经验，使公司迅速发展成为国内最大的通信网络维护公司之一。为了企业的可持续发展，提升员工综合素质，公司在上海建立了培训中心，并在全国建立起15个培训基地，与“南京邮电大学”、“西安邮电学院”、“陕西省邮电职业技术学院”、“湖北大学”、“华中科技大学”等高校开展校企合作，为公司定向培养各类通信技术、企业管理、市场营销等专业的优秀人才。此外，还与多个国内外知名企业建立了培训关系，与爱立信、华为、阿尔卡特朗讯、中兴、北电等通信设备公司建立稳步共赢关系。

缆信网络凭借专业的管理团队和领先的服务意识，在为电信运营商和社会信息化发展提供服务的过程中不断地发展自己，展现出公司强有力的生命力和发展潜力，不断开拓通信网络维护新领域，在通信服务行业树立良好的品牌。

光缆线路网络维护示意图

图中标红旗处为抢修队所在地

中国通信服务
CHINA COMSERVICE

安徽电信工程有限责任公司

始终致力于通信事业发展　时刻不忘承担社会责任

安徽电信工程有限责任公司隶属于中国通信服务股份有限公司（简称CCS，上市代码0552.HK），系CCS旗下一家专业级支撑服务各大通信运营商、企业客户、政府机构及社会公众客户的上市企业，注册资本4346.81万元。

公司系安徽省最大的以高科技含量为主的通信技术密集型施工企业之一，国家通信工程施工总承包壹级企业，国家通信信息系统集成“甲级”和工程设计“甲级”企业，国家级守合同重信用单位；拥有健全的质量、环境和职业健康安全三位一体的QEO管理体系，获得商务部批准的《进出口企业资格证书》、《对外承包工程资格证书》和《对外援助成套项目实施企业资格证书》，具有商品进出口贸易、国外承包工程和对外援助项目经营权，安徽省高新技术企业。

公司主要客户和长期战略合作伙伴包括中国电信、中国移动、中国联通各大运营商，华为、中兴、艾默生等国内外著名通信生产制造商。市场领域覆盖中国大部分省市和非洲、亚洲、欧洲多个国家和地区。公司满足向社会各界提供包括规划、设计、施工、监理及维护在内的一揽子解决方案。

公司一直孜孜追求用户满意，注重质量服务意识、环保意识，坚持以质量环境和职业健康安全管理方针为宗旨，实施QEO管理体系，树立“始于客户要求，终于客户满意”质量管理理念，承建项目多次获得省级和部级奖励，公司先后多次获得中国质量协会、全国用户委员会“全国用户满意企业”荣誉称号。

凭借良好的服务质量和企业品牌，安徽电信工程公司全面支撑国内通信事业建设和国际通信业务发展，特别是国内三大运营商开展3G业务建设过程中，先后多次收到来自各级运营商的表扬信。在海外业务发展过程中，公司在11个国家设有办事处，主要分布在东非、西非、南非、亚太四大区域，致力于发展技术含量高的网规网优、基站TK总包以及全网代维项目。

在积极为通信事业发展做出贡献的同时，公司时刻不忘社会责任。先后投入大量人力物力参加南方某省抗冰雪保通信救援抢险和四川汶川“512”大地震灾区通信应急抢险工作，得到了当地政府、救援部队以及中国电信、中国联通等运营商和当地老百姓的高度认可和大力称赞，高度树立了良好形象，获得了全国总工会颁发的“抗震救灾、重建家园工人先锋号”荣誉。

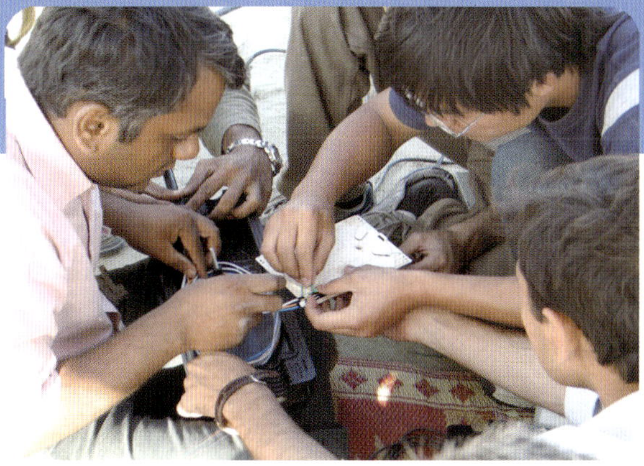

◎地址：安徽省合肥市高新区合欢路22号　◎电话：0551-5398080　◎传真：0551-5398008　◎网址：www.ahccc.com

吉林省邮电工程股份有限公司

董事长、总经理:王世超

吉林省邮电工程股份有限公司是由原吉林省邮电工程局整体改制成立的民营企业，是经国家建设部批准的通信工程施工总承包一级资质和工业和信息化部批准的通信信息网络系统集成甲级资质企业，一九九八年在同行业中率先通过了质量、环境及职业健康和安全管理体系认证，二〇〇一年被国家工商总局评定为“全国守合同重信用单位”。

公司秉承原国有企业六十年的优良传统，坚持“以质量求生存、以管理求效益、以拼搏求振兴、以改革求发展”的经营方针，创造出今天吉林邮电工程人特有的品牌。公司员工队伍知识全面、技术精良，百分之七十以上具有中、高级职称，拥有一级建造师26人，先进的光电通信测试仪表数百套，具有承担各类通信综合网络工程的设计、软件开发、设备的安装、调测和通信线路、管道工程施工与服务能力。通信工程的施工足迹遍及（除台湾、西藏以外）国内的三十个省、市、自治区，以及国外的伊朗、俄罗斯等十四个国家及地区。

公司以服务社会为宗旨，积极履行社会责任，当国家、社会需要的时候义不容辞、无私奉献。在四川汶川地震发生后，由公司组建的抗震救灾通信抢修队第一时间赶赴地震重灾区，克服重重困难完成了抢修任务，得到社会高度赞誉。

白山黑水赋予了吉林邮电工程人坚韧、宽厚的特质，作为国内通信建设行业的骨干力量，顾客满意和持续改进是公司的永恒追求。公司将立足本业、诚信经营、不断创新、持续发展，与各界朋友广泛合作，为国家通信事业的发展做出贡献！

地址：吉林省长春市南湖大路6399号　邮编：130012　电话：0431—85954071　传真：0431—85913093　网址：www.jl-tc.co

2009～2010
中国通信业发展分析报告

中国通信企业协会 编

人 民 邮 电 出 版 社
北 京

图书在版编目（CIP）数据

2009～2010中国通信业发展分析报告 / 中国通信企业协会编. -- 北京 : 人民邮电出版社, 2010.4
ISBN 978-7-115-22549-8

Ⅰ. ①2… Ⅱ. ①中… Ⅲ. ①电信－邮电企业－经济发展－研究报告－中国－2009～2010 Ⅳ. ①F632

中国版本图书馆CIP数据核字(2010)第041103号

内 容 提 要

本书是一部综合反映2009年中国通信行业发展状况、政策法规、通信监管、市场环境、技术发展和运营管理概况的研究分析报告。书中重点对2009年通信行业的各种新政策、新业务、新技术和由此带来的影响等进行了深度分析，对2010年通信业的发展作出了预测和展望，内容涵盖了运营、市场、业务、技术、管理以及行业监管和自律等众多方面。书中给出了大量翔实的数据，同时收录了2009年的多个热点专题的研究情况及一些专家针对备受业界关注的问题专门撰写的文章。全书具有一定的分析性、研究性和参考性。

本书可供通信行业的各级管理人员、相关研究单位工作人员以及关心中国通信行业发展的各界人士参考。

2009～2010 中国通信业发展分析报告

◆ 编　　中国通信企业协会
　责任编辑　杜　娟
◆ 人民邮电出版社出版发行　　北京市崇文区夕照寺街14号
　邮编　100061　　电子函件　315@ptpress.com.cn
　网址　http://www.ptpress.com.cn
　北京隆昌伟业印刷有限公司印刷
◆ 开本：880×1230　1/16　　彩插：20
　印张：20　　2010年4月第1版
　字数：526千字　　2010年4月北京第1次印刷

ISBN 978-7-115-22549-8

定价：280.00元

读者服务热线：(010)67119329　印装质量热线：(010)67129223
反盗版热线：(010)67171154
广告经营许可证：京崇工商广字第0021号

前　言

2009年的中国通信业呈现出新的发展特征。面对国际金融危机的影响，在中央“保增长、扩内需、调结构、惠民生”一揽子计划和政策措施的持续作用下，我国通信行业克服时艰，迎接挑战，抓住机遇，在进一步发展的过程中，取得了宝贵的经验。

随着国内政策效应不断显现，通信行业企稳回升势头基本明朗，然而回升基础仍较为脆弱，行业发展外部环境依然严峻。同时，随着3G牌照发放，行业转型稳步推进，非话业务收入增长迅速，市场需求正由语音向信息应用转变，并逐渐在各行业中渗透，通信行业的内部竞争不断加剧。

为了梳理中国通信业的发展变化情况，把握行业发展的轨迹，听取各种不同的意见，对中国通信业的未来发展提出建设性的意见，为政府决策和企业发展提供参考，中国通信企业协会从2006年开始，组织编写年度《中国通信业发展分析报告》。如今已出版了2006、2007和2008三个年度的《中国通信业发展分析报告》，受到了通信业广大专业人士的好评。在总结以往成功经验的基础上，为了更完整地叙述全年发展情况和保证全年数据的完整性，中国通信企业协会决定从2009年开始，每年的报告在下一年的3月份出版。

《2009—2010中国通信业发展分析报告》（以下简称《报告》）对中国通信业的发展情况、电信运营业和装备制造业的整体发展情况、邮政业发展概况、通信工程建设和网络维护，以及电信监管和行业自律等问题进行了比较全面的论述、分析和研究，同时，也对2010年通信行业的发展作出了预测和展望。

2009年正值中华人民共和国成立60周年，为展示我国通信发展取得的辉煌成就，《报告》特辟专题对于60年来中国通信业发展情况进行了回顾。同时，《报告》还探讨了推进共建共享、三网融合等政策的经验和存在的问题。另外，精选了2009年通信行业内影响重大的多个热点问题，包括“两化”融合、TD技术创新、移动互联网的兴起、3G重点业务发展、无线城市的商业模式、物联网的发展，以及海峡两岸通信交流、云计算在电信领域内的应用等，对它们进行了全面详细的阐述。为了反映行业内的不同声音，还收录了近20位专家针对备受业界关注的问题（如通信和信息发展在国民经济中的作用、通信业如何应对国际金融危机的影响、电信业转型、LTE发展方略、光纤到户的新趋势等）专门撰写的文章。《报告》进一步突出了分析性、研究性和参考性，希望为政府和相关部门提供多方面、多角度的参考意见。

《报告》邀请了 20 多位行业内知名学者、专业人士、行业观察家、分析师、媒体人撰写相关稿件，并得到了国务院发展研究中心、工业和信息化部电信研究院等研究机构，中国电信、中国移动、中国联通等电信运营商和国家邮政局、中国邮政集团公司、北京邮电大学和人民邮电报社等单位的大力支持。《报告》在成书过程中，也得到了人民邮电出版社的大力支持，其所属的信通传媒公司调动大量的人力、物力，组织作者编写《报告》，并且进行了认真的编辑加工，使本书能够及时出版。

由于时间紧迫，缺乏编写经验，《报告》在内容结构的安排、数据的收集、分析的深度等方面与预期还存在一定的差距，真诚希望业内外人士提出宝贵意见，以便我们今后在组织编写的过程中不断改进和提高。

中国通信企业协会

2010 年 2 月

目　录

第一篇　通信业发展概况

第二篇 通信业发展分析

第三篇 专题研究与专家视点

对我国通信行业发展形势的分析和建议

编者按：

中国通信企业协会在2009年12月分别召集了有全国通信业各大运营、主要通信设备制造、设计施工、光纤光缆、增值服务等企业负责人，以及相关的研究、传媒单位领导和专家参加的座谈会，全面回顾总结了2009年在中央"保增长、扩内需、调结构、惠民生"一揽子计划和政策措施持续作用下，我国通信业发展的成绩和经验，重点就行业发展面临的一些主要问题进行了深入研讨，同时也就业界普遍关心的问题提出了相关建议。在此基础上，中国通信企业协会进行了分析、研究和总结，形成了这份《对我国通信行业发展形势的分析和建议》，供政府和企业相关领导参考。

一、2009年通信行业发展现状

（一）随着国内政策效应不断显现，全行业企稳回升势头基本明朗，然而回升基础仍较为脆弱，行业发展外部环境依然严峻

2009年电信增速回升（2009年电信业走出最低谷，下半年复苏迹象初步显现）。全国电信业务总量比上年增长14.4%；全国电信主营业务收入增长3.9%；电话用户总数达10.6亿户，其中移动用户7.47亿户，

2009年固话用户下滑，移动用户增加。全国累计净增电话用户7946.7万户，总数达到106107.2万户。其中，固定电话用户累计减少2667.1万户，达到3.14亿户；移动电话用户累计增加10613.8万户，达到7.47亿户，同比增长16.6%。固话业务量下滑，移动业务量增速放缓。固定本地电话网业务量比2008年同期下降12.7%，占主营业务收入的比例为16.1%；移动通信网本地业务量比2008年同期增长19.5%，占主营业务收入的比例为60.4%。此外，长途电话网业务量同比增长7.5%，占主营业务收入的比例为11.7%；数据通信网业务收入比2008年同期增长0.3%，占主营业务收入的比例为11.8%。

互联网用户进一步趋向宽带化，净增互联网宽带接入用户2034.7万户，达到10322.6万户，同比增长24.6%。

农村通信信息化水平不断提升。2009年全年共为2.7万多个偏远自然村和行政村开通电话，全国开通电话的行政村和20户以上自然村的比重分别达到99.86%和93.4%。全年共为4228个乡镇和行政村开通互联网，开通互联网的乡镇比重从2008年底的98%提高到99.3%，开通互联网的行政村比重从上年底的89%提高到91.5%。信息下乡活动进展迅速，目前已在15个省份的1.3万余个乡镇开展信息下乡活动，并基本实现"一乡一个信息服务站，一村一个信息服务点，一乡一个互联网站，一村一个网上农副产品信息栏目"的"四个一"目标。

但是回升基础仍较为脆弱，行业发展外部环境依然严峻。2009年我国GDP同比增长8.7%，其中投资、消费分别拉动GDP增长8个和4.6个百分点，出口则下拉GDP增长负3.9个百分点。经济总量中投资与消费比例进一步失衡，要素分配也进一步向资本所有者倾斜。而通信业作为服务性行业，其发展除了与经济整体向好有关外，更与经济增长结构和收入分配结构紧密相关，它们才是真正决定居民消费支出的关键因素。因此，在增长结构失衡，分配结构短期内难以调整的情况下，通信业的增长将面临持续的外在压力。

（二）随着3G牌照发放，行业转型稳步推进，非话业务收入增长迅速，市场需求正由语音向信息应用转变，并逐渐在各行业中渗透

2009年全行业实现非话业务收入3135.5亿元，同比增长8.8%，远高于全行业3.9%增速；占主营业务收入37.2%，比上一年同期提高2.7个百分点，成为行业增长的重要推动力。

信息化加快了在教育、金融、医疗卫生、社会保障、公共安全等领域的行业应用。据不完全统计，截至 2009 年底，中国移动、中国电信、中国联通等三家集团公司陆续与地方政府签署的战略合作协议达到 78 个，重点在信息通信基础设施建设、信息化项目推广应用等领域，协议期内拟滚动投资约 1.5 万亿元。

（三）3G 建设进展顺利，为电信网演进打下基础；投资拉动效应明显，为自主创新提供有力支持，有力带动上下游产业发展，TD 产业化能力逐渐增强

2009 年作为我国 3G 元年，3G 发展总体进展顺利。3G 用户不断增加，到 2009 年底，用户总数已达到 1500 万，其中中国移动 TD 用户达到 551 万。3G 投资稳步落实，三家基础运营商 2009 年底完成 3G 投资 1609 亿元。网络建设取得阶段性进展，网络覆盖逐步扩大，网络质量稳步提高。

中国电信已经完成一期工程建设任务，共建设基站 11.7 万个，网络覆盖 342 个地级市、2055 个县及县级市、6000 多个发达乡镇。中国移动 TD 网络二期工程全面完工，38 个城市 4.6 万个基站已经投入商业运营，网络质量基本稳定；三期工程 200 个城市 4.2 万个基站设备招标完毕，网络建设已全面展开，工程 2009 年年底前全部完工。中国联通从 2009 年 10 月 1 日起，在全国 285 个城市实现 3G 业务正式商用；全国完成建设 3G 室外基站 8 万个。

在 3G 投资带动下，2009 年规模以上电子信息制造业移动通信基站设备与上一年相比增长迅猛，是电子信息 11 个主要行业中唯一实现利润正增长的行业。受益于 3G 网络和宽带建设，光纤光缆行业保持快速增长。据英国权威咨询机构报告，2009 年，在全球光纤需求量同比下降 11%的情况下，我国光纤需求同比增长 56%。2009 年我国光纤市场需求量预计有可能达到 8000 万公里左右，国内实际产量将达到 6300 万公里左右，需求量和产量都是 2001 年的 7 至 8 倍。我国已经是世界上名副其实的光纤光缆产销大国。2009 年我国市场占据世界市场总体需求的一半，已经连续三年位列世界光纤光缆产销量第一。我国的光纤预制棒产业整体将有重大突破，2009 年我们的产量大约在 500 吨左右。

3G 的推出为中小增值企业发展带来巨大商机，据不完全统计，与三家基础电信企业合作的中小增值企业超过 2 万家。

二、通信业发展存在的问题

（一）运营商 3G 高投入低回报，波及产业链发展

企业重组、3G 牌照发放和市场竞争加剧，基础电信运营商需要加大网络建设投入，客观上增加了基础电信运营商的运营成本，而语音市场逐渐饱和、信息化市场尚未形成规模，用户需求无法有效激发，运营商的投入不能获得足够回报，收入来源进一步缩水，利润空间进一步受到压缩。因此，运营商在采购时不断压缩成本，通过低价集采，将压力传递到通信设备企业、光缆企业及产业链上其他相关企业，间接削减了产业链上下游企业的生存空间。

（二）《电信法》未出台，影响信息通信业发展

由于《电信法》尚未出台，一些影响通信业发展的重大管理制度尚不能确定，不利于推动行业的发展。

一是在三网融合方面。目前，国家为推动三网融合已经出台了相关政策，但如何落实仍然缺乏配套的细则，电信和广电的双向准入尚未取得实质进展。二是在通信设施建设方面。现有的法规无法有效协调多个部门之间的关系，致使通信设施在建设过程中遇到了基站选址难、管道资源少等诸多问题。三是在普遍服务方面。目前通信管理部门和发改委、财政部等相关部门在普遍服务基金的管理上存在协调的问题，需要在法律层面予以解决。四是在新业务管理方面。现行的管理法规无法涵盖诸如手机电视、视频监控、手机钱包、微博客等新业务，这些业务又涉及多个部门的管理职权，没有法律层面的授权难以快速推动相关管理制度的出台。五是在信息安全管理方面。对企业的信息安全责任划分、主管部门之间的职责界定、授权主管部门能采取的干预手段等都需要较高层级的立法予以解决。另外，近期发生的新疆“七五事件”，也暴露出在紧急状态下，政府有关部门对通信进行干预在立法上的授权不足问题。

（三）三网融合因制度性障碍，进展缓慢

三网融合是党中央国务院确立的战略方向，在我国“九五”规划、“十五”规划、“十一五”规划、《2006—2020 国家信息化发展战略》、十七届三中全会等重要文件中多次强调。2009 年 3 月温家宝总理在政府工作报告中再次强调“要支持和推进第三代移动通信和三网融合。”2009 年 5 月 16 日国务院颁布的《2009 年深化经济体制改革工作意见》，更是明确提出了“落实国家相关规定，实现广电和电信企业的双向进入，推动三网融合取得实质性进展”的重要任务。

但是在部门利益冲突和部门壁垒重重的情况下，三网融合的推进仍难以令人乐观。首先，广电和电信的双向准入仍难以实现，广电总局仍拒绝给基础电信企业发放互联网视听节目许可牌照；工信部和广电总局就双向准入的政策谈判仍未取得实质进展，广电和电信在融合性业务的标准上也各持己见。其次，由于一些广电部门的阻挠，基础电信企业难以获得充足的音视频资源来促进融合业务的发展。因此，虽然三家基础电信企业从 2004 年已开始发展 IPTV 和手机电视等融合型业务，但受上述因素影响，发展缓慢，用户仍停留在十万级别上。

（四）行业和市场监管还不到位，产业链发展隐患重重

全业务环境下，基础运营市场竞争日趋激烈，价格竞争仍是主要竞争手段。在设备制造和光纤光缆市场，企业为了维持正常的利润和生存空间，不得不降低产品成本，减少研发投入和服务投入，研发创新无法跟进，导致产品质量和服务下降，严重危及通信业良性循环发展。

产能过剩风险影响行业持续健康发展。伴随 3G 和宽带建设，国内光纤需求激增，众多厂家纷纷扩产或者上马新项目；2010 年 3G 投资势必减少，电信运营商对设备和光纤的需求量下降，产能过剩问题将逐渐浮现，这可能会导致新一轮恶性竞争，不利于行业健康发展。

受移动互联网不良信息影响，加强对移动互联网的管理和监控势在必行，如何做好疏堵结合，既要强化监督，又要支持增值服务企业健康发展是当前面临的重要课题。

三、2010 年通信发展预期分析

（一）市场竞争加剧，企业利润摊薄，收入增长乏力，电信行业运营源头的压力将逐渐增大

企业重组之后，全业务市场竞争加剧；3G 牌照发放，加大基础电信运营商的网络建设投入，增加运营成本；传统语音市场趋于饱和，资费不断下降，运营商利润不断摊薄；3G 尚在投资建网阶段，市场开发仍需要 2 至 3 年的时间，短期内难以形成规模投资回报，运营商的收入来源进一步缩水。2009 年这些迹象已经初步显现：三大运营商竞争手段不断升级，屡屡出现不正当竞争行为；业务套餐不断优化升级，优惠力度不断加大，资费水平不断下降；电信收入增长远低于 GDP 增速，利润同比下降了 13.6%。

若不能进一步有效启动 3G 等信息应用市场，电信收入增长以及前期的投资回报将受到影响，电信增长后劲不足，再投资热情受到挫伤。电信利润缩水必然导致成本压缩，也将带来上下游设备制造、手机终端、信息服务等整个产业链条的增长颓势，引发恶性循环，严重影响整个行业的可持续发展。

（二）公众市场信息服务的需求朝生活化、媒体化和互动化等方向发展，行业信息化为降能耗、提效率、调结构等方面提供服务

随着移动用户普及率的提高，移动业务的个性化特征不断凸显，推动移动业务深入渗透到人们生活的方方面面，深刻改变着人们的生活方式。在 3G 网络的支持下，移动业务的媒体化特征更加突出，提供的内容形式更加多样，手机电视、移动 FM（移动交互式调频接收）、电子书、手机报等都是典型的 3G 媒体型业务。随着 3G 网络上行传输速率不断提升，移动数据业务的实时交互性迅速增强，移动社区、博客等业务快速发展。

随着物联网等概念的兴起，信息化应用更加深入，信息化与工业化融合成为行业发展趋势，持续推进信息化和工业化的融合、拓宽信息化应用领域已成为经济结构调整的重要途径。

（三）市场推进和新业务开发对运营企业的网络和业务开拓能力提出更高的要求

随着资费下降和用户体验提升，视频类、位置类、网络接入类等高速信息化应用将得到飞速发展。而这些信息化应用要求网络传输速率更快，网络带宽资源更多。目前，FTTx和HSDPA已在全球各地开始广泛部署，其中HSDPA下行传输速率已经达到了7.2Mbit/s。相关机构的调查显示，3G用户对移动数据业务的使用频次远高于非3G用户。因此，电信运营商若不增强自身网络能力，开拓新业务和应用，提升用户体验，势必降低用户使用高速信息化应用的热情，最终将延缓社会信息化应用普及推广的步伐。

（四）发展的需求和竞争的压力，要求企业不断增强自主创新能力，在技术、市场和管理等方面进行创新突破

增强自主创新能力已经成为国家科学技术发展的战略基点和调整产业结构、转变增长方式的中心环节。在新的发展要求下和行业趋势下，只有创造性思考，提升自主创新能力，通信企业才能准确地把握消费者的脉搏，实现客户价值和企业价值的最大化，在自身发展中、产业竞争中、国际竞争中保持有利地位。

在技术创新上，企业需要加大技术创新投入，努力开拓，掌控核心产业的关键技术，支持民族创新产品，争取在新一轮国际产业竞争中掌握主动权。

在市场创新上，企业把握业务发展趋势，努力开发3G应用和宽带应用，大力推动“两化”融合和三网融合，大力推进公众信息化和行业信息化，积极培育新的市场增长点，同时不断推动服务模式创新，努力提高服务质量，更好地满足用户需要。

在管理创新上，企业需要加大推进精细化管理，自始至终将精细化管理理念渗透到企业运营的各个环节，确保企业低成本、高效率地运营。

四、对2010年工作的建议

（一）建议把突破“3G应用”作为2010年推动行业稳步增长，促进产业链发展的重点

要解决通信业持续发展，关键在于做大“3G应用”的蛋糕，没有应用的突破，就没有运营商运营源头的活水，就没有运营商的持续投入和上下游产业的稳定增长。启动有效的信息消费市场，使通信市场由投资拉动转变为消费拉动，唯此才能保持产业增长的后劲。

启动3G应用市场，要从两个方面有所突破，一是繁荣信息应用的内容，启动公众信息应用市场，满足社会公众在教育、金融、医疗、环保、媒体、电子商务、交通以及娱乐等方面的信息需求；二是要积极启动行业信息应用市场，系统地组织全行业资源，开拓商务级的行业应用，为全行业调整结构、节能减排、品牌保护、提高效率、提高竞争力的目标服务。

当前实现3G应用的技术和网络条件已趋成熟，但要实现规模化发展和集约化增长，则需要政府有力地推动和政策上的支持，突破行业壁垒限制，推进三网融合，开放信息源，增强信息化应用的吸引力，激发市场需求和用户活动。

目前互联网、手机媒体上存在一些不健康内容，这从一定程度上影响了信息源的跨行业开放。国家近期采取了一系列有效措施是必须的。但是为了推动信息业的健康发展，以及满足公众信息的需求，我们建议实行“疏堵结合”的方针，通过相关政策，加快三网融合的步伐，让健康的内容“上网”、“入网”，占领3G及宽带的内容阵地，繁荣有益的公众信息应用。

（二）建议组织具有明显拉动作用的国家级项目，推动社会信息消费和产业链发展

建议工业和信息化部充分利用得天独厚的体制优势，有重点地组织若干围绕“两化”融合的发展专项，这对于拉动行业发展，推动产业结构调整，提升综合国力大有裨益。

开展“公共信息服务工程”。以三网融合为突破口，尽快消除影响三网融合的体制、制度障碍，推动电信、广电逐步实现双向进入；扩大三网融合试验区域和业务应用范围，尤其要在二线城市和欠发达地区以及农村地区取得三网融合重点突破；开放信息源，增强信息化应用的吸引力，激发市场需求和用户活力；由政府主导启动一批商务级的、辐射链长的、对国民经济意义重大的、具有示范作用的行业应用。

实施“宽带接入工程”。参照日、韩等国在20世纪末为应对亚洲“金融风暴”实施宽带战略的做法，建议工信部组织实施“国家级宽带接入工程”项目，利用 EPON、GPON 等先进的光纤技术，结合无线移动通信等手段，根据不同区域特点探索发展多种模式的光纤宽带接入；加速接入网络的“光进铜退”进程，在城市地区推进光纤到楼入户，加快光纤在乡镇和行政村的延伸。

实施“农村信息化工程”。重点完善中西部地区和广大农村地区的信息通信基础设施覆盖以及信息化应用的推广工作；在继续实施“村村通电话”工程的同时，扩大普遍服务的内涵和外延，实现“村村能上网”；深度开发和应用各类涉农信息资源，推进信息技术在农业生产经营、农民教育培训、农村管理和服务、农村社会事业、农村基层民主党建等方面的应用。

（三）建议加大对通信设备和光纤企业的政策扶持，促进产业做大做强

加大对产品出口的支持。推动信贷、信用保险、国际结算等方面扶持政策的出台，支持企业“走出去”；完善跨部委合作机制，解决企业国际化进程中的各方面问题；支持和鼓励行业联合 “走出去”，发挥中央外贸发展基金、对外承包工程保函风险专项资金和贷款贴息的效用，完善其他各项促进政策，鼓励运营商、设备制造商、设计施工企业等联合“走出去”；结合我国的外交大局和对外经济技术合作形势，推进 TD 实现国际化，对 TD 海外项目给予政策支持，包括在援外指导目录及援外贷款、援赠项目、专项资金、出口信贷和出口退税、经贸信息发布等方面给予 TD 倾斜，以推动 TD 产业在国际市场的拓展。

加大对光纤光缆行业的支持力度。在我国光纤光缆行业中，民营企业占有重要地位，现在处于由大到强的关键阶段。建议完善反倾销立法；建立健全产业损害预警机制和应对贸易摩擦快速反应机制；进一步发挥行业协会的作用.

建议国家在政策上给予光纤预制棒项目重点扶持。光纤预制棒项目符合国家“核心技术领域有所突破”的《规划》要求，目前作为光纤生产核心技术的光纤预制棒 80%还依赖进口。我国光纤预制棒产业需要政策扶持，经过努力，有望在 2011 年达到 1500 吨的年产量，从而满足国内大部分需求，彻底改变目前主要依赖进口的局面。

（四）促进法制建设，推动监管改革

推动监管改革，促进产业融合发展。近几年来，信息通信技术和国家信息化的发展，有力促进了很多新的应用，同时也使得传统的电信业与一些行业间的边界逐渐模糊，政府将面临个人电子信息保护、电子数据安全、网络内容监管等新型监管问题，行业间出现种种壁垒。为了营造环境更好地推动信息化应用，促进“两化”融合，通信行业主管部门应加强对新型信息化应用的研究，提出发展路径，推动技术标准的研究，并预测发展中可能出现的问题，提出相应的政策和监管建议；同时，要以开放、利益共享的心态，加强与相关主管部门的沟通协商，争取出台对上述应用的支持性政策，共同促进信息化的发展。

尽快出台《电信法》，为产业发展提供基础性制度保障。应明确三网融合类业务管理权的划分，确立业务的市场准入、网络信息安全、标准制定以及设备认证和检测的基本制度；明确把通信设施建设纳入城乡规划建设和土地利用规划中，并确立精简快捷的通信设施建设项目的审批程序，明确各个部门在通信设施建设和保护中的配合、协调、管理责任；明确普遍服务基金的管理机制，由工信部统一主管普遍服务基金的设立、征收、分配、使用等工作，发改委、财政部则根据各自职责负责基金使用的监控；明确新业务的管理原则和管理方式；明确信息安全管理各部门的职权和能采取的干预手段、企业的责任等。

（中国通信企业协会）

第一篇　通信业发展概况

第 1 章

通信业发展概况

一、通信业经济技术指标完成情况

2009 年，我国电话用户数首次突破 10 亿，全国电话用户净增 7946.7 万户，总数达到 106107.2 万户。全国移动电话用户净增 10613.8 万户，达到 74738.4 万户。移动电话用户在电话用户总数中所占的比重达到 70.4%，移动电话普及率达到 56.3 部/百人。随着小灵通清频退网工作的开展，小灵通用户全年减少了 2300 万。全国网民数净增 0.86 亿人，达到 3.84 亿人；互联网宽带接入用户净增 2034.7 万户，达到 10322.6 万户，两项指标双双跨越式增长，跃居世界第一。

受国际金融危机影响和重组后行业调整的双重压力，我国 2009 年累计完成电信业务总量 25680.6 亿元，同比增长 14.4%；实现电信主营业务收入 8424.3 亿元，同比增长 3.9%，为改革开放以来的最低水平；固定投资额完成 3425 亿元，其中 3G 投资 1609 亿元，建成 3G 基站 32.5 万个，建设规模超过十多年来累计规模的一半，开创了全球电信发展史上建设规模最大、建设速度最快的纪录。3G 网络基本覆盖了我国所有城市地区。

电信业发展结构进一步调整。在地区结构方面，西部地区迅速崛起，在 2009 年的新增收入中贡献了一半以上的收入，成为行业增长的重要力量。在行业收入结构方面，移动对固定的替代进一步加剧。移动通信的收入在全行业收入中的比例超过 55%，而固定本地业务收入下降到 20%以下。其中宽带接入业务收入的快速提高，表明固定话音业务收入的下降幅度也在进一步增大。

2009 年，电信综合价格水平同比下降了 9.0%，降幅基本与前几年持平，进一步将科技进步和规模经济带来的成本下降让利于民，增加了消费者福利。

二、通信业发展现状及基本特点

（一）行业收入增幅大幅回落，但逐月改善的迹象明显

受到经济危机和行业发展阶段的双重影响，我国电信业收入增速大幅回落。2009 年累计完成电信业务总量 25680.6 亿元，同比增长 14.4%；实现电信主营业务收入 8424.3 亿元，同比增长 3.9%，为历年来的最低水平。电信行业由 2008 年前增速高于 GDP，回落到目前增速低于 GDP 增长约 3 个点的水平。这其中主要原因是电信业是消费驱动的产业，非投资拉动的产业，大规模的 3G 投资并未对收入产生直接的刺激作用。另外，由于移动市场收入占到全行业总收入的六成以上，而目前我国移动业务市场的普及率已经超过 50%，行业自身的发展规律也决定着 2009 年将是电信行业发展的一个拐点。但行业收入逐月改善的迹象十分明显，比如，受到经济回暖、商业活动逐渐恢复的影响，长途电话通话总时长从 2009 年 1 月份同比下跌了 20%，回升到 2009 年年底正增长 7.8%；其中移动长途同比增长了 31.8%。

（二）重组后，竞争格局得到一定的改善

中国移动新增用户份额从 2009 年年初的 78.2% 大幅回落到 2009 年 12 月底的 47.7%，已经低于其用户总数的市场份额，有利于竞争格局的进一步均衡；而中国电信的新增市场份额则由年初的 12%大幅增长到 35.3%。市场竞争的趋势基本符合 2008 年的重组目标，有利于解决中国移动"一家独大"、整体电信市场格局失衡的局面。按照这种趋势，2010 年移动市场竞争格局将有望进一步优化。

（三）3G 网络和市场初具规模，有力地促进了国民经济的发展

3G 牌照发放后，截至 2009 年年底，我国 3G

用户数已经超过1500万，其中中国移动TD用户数突破500万，成为3G市场上重要的力量。网络建设取得规模性进展，网络覆盖逐步扩大，3G投资稳步落实，三家运营企业在3G上共投资1609亿元。在网络覆盖方面，中国移动覆盖城市238个，中国电信覆盖500个城市，中国联通覆盖284个城市。可以说，3G网络已经基本覆盖了所有的城市地区。3G投资还间接拉动国内投资近5890亿元；带动直接消费364亿元(终端消费297亿元，业务消费67亿元)，间接消费141亿元；直接带动GDP增长343亿元，间接带动GDP增长1413亿元；直接创造就业岗位26万个，间接创造就业岗位67万个，有力地促进了国民经济的发展。

（四）在市场开拓和考核指标的双重压力下，市场竞争更加激烈

2009年，电信综合价格水平同比下降了9.0%，特别是在移动市场上，移动运营商对手机补贴的额度大幅提高，其中中国电信在北京地区的手机补贴额度已经占到收入的70%。中国联通将iPhone引入中国，沿用国际惯例，主要采用手机补贴模式销售iPhone，并且改变了原来3G业务不补贴终端的做法，开始对多款3G终端进行补贴。三家运营商在校园、卖场都直接进行了正面交锋，甚至出现了温州“移动门”事件。针对市场竞争秩序有进一步恶化的趋势这一现象，工信部出台了225号文件和686号文件，对运营商的阻碍互联互通、收机收卡等多种竞争行为进行了明确规范。2010年，对运营商竞争行为的规范还将是政府部门监管的重点之一。

（五）宽带业务市场发展提速

随着我国人均可支配收入的提高，以及互联网在人民生活中的渗透作用越来越强，宽带业务市场发展呈加速趋势。宽带月平均净增用户由2007年的120万增长到2009年的180万。运营商也采用VDSL、EPON等技术进行网络改造，不断提高宽带的接入速率。另外，我国网民数量仍然呈高速发展的趋势。根据CNNIC的2009年互联网发展报告，2009年我国网民数量增加了1.2亿。在所有网民中，有35.5%的网民在网吧上网，这些用户都是未来宽带业务市场的潜在用户。

（六）增值业务高速增长，成为电信行业发展的亮点

我们选取了新浪、搜狐、百度、腾讯、阿里巴巴、携程、前程无忧等13家上市公司作为指标公司，这13家公司占我国增值企业上市公司总市值的85%，具有很强的代表性。从其公布的最新财报来看，2009年前三季度,全部指标公司业务收入规模达到305亿元，同比增长32%；净利润总额达到112亿元，同比增长34%。其中腾讯的业务收入前三季度87.5亿元，全年收入将突破100亿元。其中：游戏市场高速增长，腾讯超越盛大成为收入最高的运营商；网上旅游市场显示酒店和机票预订业务量大幅回升，但网上招聘市场仍然疲弱，显示出我国经济正逐步恢复，但就业市场仍然疲弱；门户广告环比增长提速，电子商务延续增长趋势；随着智能手机的普及，移动增值业务靠内容收费的模式受到挑战，移动增值市场增长放缓；政府的监管及企业自律使得增值市场逐步趋于规范。游戏企业通过取消其游戏中的博彩功能逐步规范市场，而搜索企业通过将竞价结果与普通搜索结果分区显示，起到进一步保护消费者权益的作用。

三、通信业务结构情况

随着宏观经济的发展、市场需求的变化以及电信行业自身发展规律的影响，电信行业的发展结构也在经历着深刻变化。主要表现在以下几个方面。

从地区结构来看，中西部地区快速崛起，成为行业发展的重要力量。2009年，中部、西部地区电信主营业务收入比上年同期分别增长6.9%、9.6%，而东部地区仅增长了1.7%；中西部在2009年全行业新增收入中占到50%以上的份额，成为行业发展的重要引擎。从移动用户数的增长来看，中西部地区的用户增长率都在10%以上。这一方面是由于沿海地区受到国际经济危机的影响较大，大量农村务工人员从沿海地区回到中西部家乡，从而带来了中西部地区的收入增长；另一方面也是由于东部地区经过近年的高速发展，电话市场接近饱和，需要寻找新的收入增长点，而中西部地区尚有较大的发展空间。

从业务结构来看，移动对固定业务的替代趋势进一步加剧。从全行业收入结构来看，移动通信收入在全行业收入中的比例超过 55%，而固定本地业务收入下降到 20%以下。随着更多小灵通用户的退网，固定话音业务收入将进一步大幅下滑。从长途业务的情况来看，移动长途对固定长途的替代作用明显。截至 2009 年 11 月底，IP 电话收入通话量同比减少了 15%，传统长途减少了 5.4%，而移动长途同比大幅增长了 31%。

从消费结构来看，数据业务的占比迅速提高。我国移动用户的每月平均 MOU 已经达到了 424 分钟，在国际上处于较高水平。在目前移动业务价格弹性已经接近 0.5 的情况下，通过降低话费刺激用户消费的模式已经很难起到效果，必须发掘新的增长点，推动行业收入增长。随着智能手机、3G 网络的迅速覆盖，以及 Wi-Fi 等技术的补充，移动互联网等新兴数据业务快速兴起。截至 2009 年 11 月底，我国的 WAP 用户已经达到 1.1 亿，移动 Web 用户达到 8700 万。基于移动互联网的软件应用商店、手机支付等新业务正迅速成为 3G 时代网络应用的新星。运营商能否把握住新的机遇，将成为运营商能否避免“管道化”的关键因素。

（作者：工业和信息化部政策与经济研究所　石立娜）

第2章

政策与法规

一、2009年通信业主要政策情况

（一）发放3G牌照

国家工信部、发展改革委、财政部于2008年5月联合下发了《关于深化电信体制改革的通告》，鼓励中国电信收购中国联通CDMA网（包括资产和用户），中国联通与中国网通合并，中国卫通的基础电信业务并入中国电信，中国铁通并入中国移动。企业重组完成后，形成的三家基础电信企业分别拥有全国性固定和移动网络资源，且具有全业务经营许可，为建立电信市场公平有效竞争环境，促进电信业持续健康协调发展奠定了基础架构。

2009年1月，为应对金融危机，刺激投资，提振内需，促进经济增长，按照国务院的部署和要求，工业和信息化部向中国移动发放基于TD-SCDMA技术制式的3G牌照，向中国电信发放基于cdma2000技术制式的3G牌照，向中国联通发放基于WCDMA技术制式的3G牌照。3G牌照的发放将有力地拉动电信产业链的发展和经济增长。预计3年内3G将拉动投资1.5万亿元，3G产业对国民经济的直接贡献率将达到0.23%，带动直接就业岗位44.5万个；间接带动国民经济达0.572%，间接新增就业岗位145万个。

（二）基础设施共建共享

电信基础设施共建共享是指两家或多家企业通过共同投资建设或签署使用协议共用某些电信基础设施的行为。通信基础设施共建共享一直以来是通信行业尤其是移动通信领域关注的重点，国外普遍将设施共享纳入管制政策范围。在我国，伴随着通信行业的快速发展，通信设施重复投资现象严重，与之相伴的能源消耗、环境污染和景观破坏等问题日益引起社会广泛关注。同时，基站站址、管道、杆路等通信设施也逐渐成为行业发展的瓶颈资源。在此背景下，工业和信息化部、国务院国有资产监督管理委员会联合发布了《关于推进电信基础设施共建共享的紧急通知》，对电信基础设施共建共享作出了明确的政策要求。

1. 政策内容

从政府实施电信设施共建共享政策的目标看，当前主要是为了减少重复投资现象，提高资源利用效率；缓减全业务竞争条件下，基站站址、管道、杆路等瓶颈设施的资源不足与需求之间的矛盾；减少通信设施建设对能源消耗、环境污染和景观破坏的不利影响；促进移动通信领域的新进入者或资源相对弱势者与主导企业形成有效竞争。

政府主管部门对设施共建共享的具体要求是：已有铁塔、杆路必须共享，新建铁塔、杆路必须共建，其他基站设施和传输线路具备条件的应共建共享，禁止租用第三方设施时签订排他性协议。

2. 政策实施

为保证电信基础设施共建共享政策的落实，工信部采取了一系列措施。

（1）联合相关部委推进设施共建共享。如与电监会联合发文《关于电信基础设施共建共享中供电有关问题的通知》，解决电信设施共建共享后企业间转供电及电力增容等问题；与国资委协作，发布《关于2009年电信基础设施共建共享考核工作的通知》，将共建共享落实情况纳入国资委对电信企业的考核体系；与城乡住房建设部协商，力争将通信基础设施（包括机房、管道、杆路、基站等）建设统一纳入城乡建设规划。

（2）出台共建共享技术规范。发布了《电信基础设施共建共享工程技术暂行规定》，自2009年10月1日起施行。

（3）召开共建共享片会和现场督查，指导、部署全国共建共享推进工作。先后在安徽和南京召集省级通信管理局参加的会议，并赴辽宁、广东、广西等省（区）进行了实地调研和指导。

（4）定期进行全行业共建共享信息收集和情况通报会，并在官方网站公布各地共建共享进展。地方管局采取有效措施落实政策。各地方管局均成立了电信基础设施共建共享协调机构；出台了落实两部委推进电信基础设施共建共享的具体实施意见；对设施共建共享相关工作进行了督导检查；组织召开本辖区共建共享例会，解决共建共享中的难点和热点问题；部分地方还组建了共建共享专家组，为共建共享工作提供决策和咨询服务；北京、海南等省（市）搭建起了共建共享资源数据库。此外，部分省级通信管理局还与地方政府相关部门进行了沟通，共同推进设施共建共享。如福建、辽宁等省已率先实现了通信网络的规划、建设与地方规划、建设有效衔接和同步实施；辽宁、陕西等省与电力部门协调，率先解决了设施共享的用电问题。

在政府主管部门的组织推动下，电信基础设施共建共享取得了积极进展。截至 2009 年 9 月底，全国电信基础设施共建率（新增设施中共建的比例）和共享率（企业提出的共享需求的满足率）：铁塔为 42%和 47%，杆路为 14%和 65%，基站为 27%和 51%，传输线路为 14%和 63%。通过共建共享，节约了大量投资和土地，同时有效减少了对电力和钢铁等资源的消耗，经济效益和社会效益都较显著。据初步估计，截至 2009 年 9 月底，全行业通过开展电信基础设施共建共享工作，共减少新建铁塔 37 000 个，共建杆路 64 000 公里。共建共享政策节约了能耗、环境污染和景观破坏，社会效益明显。通过实施通信设施共建共享，节约了能源和原材料消耗，包括电力、钢铁等的消耗；同时，铁塔、杆路和管道的共建共享，减少了对城市景观的破坏，减少了管道建设对城市路面的破坏；减少了行业重复建设，在一定程度上促进了市场竞争，通信设施的共建共享对树立通信业的良好形象，减少行业重复建设，提高设施利用效率起到了正面推动作用；从促进移动通信领域的有效竞争方面看，设施共建共享对后进入者或移动设施资源相对不足者，快速进入该市场或进入此前覆盖不足的市场，起到了一定的积极作用。

未来，还需要有力推动设施共建共享从行业内部向行业外部拓展，使共享范围从电信运营企业之间扩大到电信运营企业与市政、广电、交通等部门。

（三）三网融合

三网融合通俗地讲就是指用户可以利用电视、电脑、手机等任一终端，通过电信网、广播电视网、互联网等任一网络，同时享受原来三网分别提供的电视、上网、电话等业务。由于电信网和互联网融合程度较高，因此目前三网融合的实质是广播电视网和电信网的融合。三网融合是全球信息网络基础设施升级转型的客观趋势，是加快推进信息化的内在要求。三网融合对于打破行业垄断，鼓励竞争与合作，丰富服务种类，提高服务质量，保护公共利益；实现资源整合和挖潜，构建资源节约型社会；推动电信业转型和广电业改革，保证产业持续稳定发展；改善我国通信基础设施、提高国民经济和社会信息化水平，推动社会文化发展均具有重要而积极的意义。

长期以来国家在战略上对三网融合高度重视，在“十五”规划、“十一五规划”中都要求推进三网融合，加强信息基础设施建设，加速推进信息化。《2006—2020 国家信息化发展战略》提出要建成国际领先、多网融合、安全可靠、无处不在的综合信息基础设施。十七届三中全会作出的《中共中央关于推进农村改革发展若干重大问题的决定》则明确指出“推进广电网、电信网、互联网‘三网融合’，积极发挥信息化为农服务作用”。但是受体制的影响，三网融合在具体的政策实施层面一直受到阻碍，其中，最明显的是广电和电信业务的互不准入，这严重阻碍了广电和电信的产业转型，阻碍了融合通信产业的出现。

2009 年以来，受国际金融危机影响，急需出台新的政策以拉动投资、扩大内需。在此背景下，结合推动信息化的发展需求，政府试图加大推进三网融合的步伐和政策性力度，试图突破三网融合的政策障碍，以形成信息通信产业的新增长点。2009 年 3 月温家宝总理在人大会议政府工作报告中指出：“要支持和推进新能源、生物、医药、第三代移动通信、三网融合、节能环保等技术研发和产业化。”2009 年 5 月 25 日，国家发改委在《关于 2009 年深化经济体制改革工作的意见》中首次明确提出，要落实国家相关规定，推动三网融合取得实质性进展，并第一次提出要“实现广电和电信企业的双向进入”。随即国务院成立了以国务院副总理张德江为首的推进小组，直接指导推进三网融合事宜。据报道，工信部和国家广电总局已经就此成立了专门的谈判小组，双方就“双向进入”已经进行了几次磋商。实质性的三网融合双向准入政策将会极大地推动我国三网融合的进一步发展。

编者注：

2010年1月13日，温家宝总理主持召开国务院常务会议，决定加快推进电信网、广播电视网和互联网三网融合。会议指出，推进电信网、广播电视网和互联网融合发展，实现三网互联互通、资源共享，为用户提供语音、数据和广播电视等多种服务，对于促进信息和文化产业发展，提高国民经济和社会信息化水平，满足人民群众日益多样的生产、生活服务需求，拉动国内消费，形成新的经济增长点，具有重要意义。目前，我国已基本具备进一步开展三网融合的技术条件、网络基础和市场空间，加快推进三网融合已进入关键时期。要着眼长远，统筹规划，确定合理、先进、适用的技术路线，促进网络建设、业务应用、产业发展、监督管理等各项工作协调发展，探索建立符合我国国情的三网融合模式。

推进三网融合的阶段性目标。2010年至2012年重点开展广电和电信业务双向进入试点，探索形成保障三网融合规范有序开展的政策体系和体制机制。2013年至2015年，总结推广试点经验，全面实现三网融合发展，普及应用融合业务，基本形成适度竞争的网络产业格局，基本建立适应三网融合的体制机制和职责清晰、协调顺畅、决策科学、管理高效的新型监管体系。

推进三网融合的重点工作包括以下5项内容。

1. 按照先易后难、试点先行的原则，选择有条件的地区开展双向进入试点。符合条件的广播电视企业可以经营增值电信业务和部分基础电信业务、互联网业务；符合条件的电信企业可以从事部分广播电视节目生产制作和传输。鼓励广电企业和电信企业加强合作、优势互补、共同发展。

2. 加强网络建设改造。全面推进有线电视网络数字化和双向化升级改造，提高业务承载和支撑能力。整合有线电视网络，培育市场主体。加快电信宽带网络建设，推进城镇光纤到户，扩大农村地区宽带网络覆盖范围。充分利用现有信息基础设施，积极推进网络统筹规划和共建共享。

3. 加快产业发展。充分利用三网融合有利条件，创新产业形态，推动移动多媒体广播电视、手机电视、数字电视宽带上网等业务的应用，促进文化产业、信息产业和其他现代服务业发展。加快建立适应三网融合的国家标准体系。

4. 强化网络管理。落实管理职责，健全管理体系，保障网络信息安全和文化安全。

5. 加强政策扶持。制定相关产业政策，支持三网融合共性技术、关键技术、基础技术和关键软硬件的研发和产业化。对三网融合涉及的产品开发、网络建设、业务应用及在农村地区的推广，给予金融、财政、税收等支持。将三网融合相关产品和业务纳入政府采购范围。

2010年，各级部门将加强组织领导，加快体制机制改革，深入细致做好各项工作，确保推进三网融合工作顺利进行。

（四）电信资费

2009年，政府的主要工作是继续深化电信资费管理方式改革，推动资费水平进一步下降，使电信资费改革成果惠及广大电信用户。

为支持“新农村”建设，持续推动固定电话营业区间通话费上限标准的降低。到2009年底，全国所有省（区、市）区间通话费上限标准已从原有的0.5元/分钟下降到了0.3元/分钟以下，20个省份降到0.2元/分钟以下，北京、上海取消区间通话费。

2009年11月，工信部为了加快电信资费市场化进程，出台了《关于调整固定本地电话等业务资费管理方式的通知》，对固定本地电话业务的基本月租费和本地网营业区内通话费，以及本地网无线接入电话（“小灵通”）业务基本月租费和本地网通话费的资费，由现行政府定价改为实行上限管理，对出租电路长期租用资费实行上限管理。政策主要包含以下几点内容：一是政府给予企业的权力：电信企业可以根据市场情况和用户需求制定其他资费方案，自主确定资费结构、计费单位和资费标准；二是政策对企业的要求：企业应当至少向用户提供一款与现行标准资费的资费结构、计费单位相同，且各项资费水平均不高于现行标准资费的资费方案；制定资费方案时应科学合理、简单清晰，控制资费方案的种类；业务宣传推广时应全面、准确，不得强制或限制用户选择。三是政府保留的权力。首先是资费备案权，资费方案由省级电信企业报当地通信管理局和同级价格主管部门备案后执行；其次是标准资费调整权力，工信部、国家发改委可视市场情况对标准资费进行适当调整。新出台的政策将对固定运营商的定价方式和资费水平产生一定的影响，主要是政府进一步放松对资费的管制权，将固定本地电话资费的定价权交给企业，使其有更多的定价权；未来固定本地网营业区内通话费的计费单位、资费结构、资费标准有可能发生变化。由于当前社会舆论和消费者的诉求，最可能受到影响的是固定电话月租费。

2009 年末将移动电话在本地拨打长途电话时同时收取的本地通话费和长途通话费两项收费，合并为“长途通话费”一项资费。全面执行手机长话一费制的调整有利于简化资费结构，使资费体系更简明，让消费者明明白白消费，利国利民利企；同时有利于推动长途电话资费水平的降低。此次政策对原有采用较低资费套餐的用户(包括大部分高端用户，如商旅套餐用户、3G 套餐用户)并无实质影响，受益最大的是采用标准资费体系的那部分未纳入运营商套餐的用户。据测算，中国联通移动通话费收入将下降 5%～10%，对中国联通总收入的影响在 1.15%～2.3%之间。未来，移动运营商将从用户的实际需求出发，推出更加物有所值的长途电话资费方案，使广大用户能够享受到更优质、更优惠的移动通信服务。

（五）互联互通

在电话网结算方面，2008 年电信市场重组之后，为推动区间通话费的降低，工信部在 2009 年 5 月出台了《调整固定本地电话网营业区间结算标准的通知》，将运营商本地固话的网间结算由 0.15 元/分钟调整为 0.06 元/分钟。区间结算资费的降低，对在同一地区内相对弱势的固网运营商更为有利。

2009 年末，工信部出台一系列调整本地电话的结算政策。一是从 2010 年 6 月份开始将固定与移动之间的单向结算政策（即移动单向结算给固定 0.06 元/分钟，固网不结算给移动），调整为双向结算政策（即移动仍然结算给固定 0.06 元/分钟，但固网要结算给移动 0.001 元/分钟）。二是在 2010 年对 TD 网本地通话实施 2 折优惠，TD 网向其他移动网支付结算费用 0.012 元/分钟，而其他移动网向 TD 网支付 0.06 元/分钟。三是将短信业务网间结算价格由 0.05 元/分钟下调到 0.03 元/分钟。结算体系的全面调整为业务运营提供了公平竞争环境。

（六）设备进网

2009 年，政府主管部门围绕电信设备进网管理做了大量的工作。在《实行进网许可制度的电信设备目录具体设备名称及检测标准》和《电信设备进网检测产品取样管理规定》的基础上，2009 年主管部门对电信设备检测的取样流程进一步明确。2009 年《工业和信息化部行政许可实施办法》将进网许可审批纳入其中，对实施进网许可的条件、程序等做了具体规定。积极推进电信设备认证与国际接轨，加快实施 APEC MRA 相互认可工作，并积极开展国际交流与合作，推动我国电信设备制造企业走向国际市场。

同时，为了加快电子政务建设，推进电信设备进网电子签名网上受理；齐心协力全力保障 TD-SCDMA 设备进网检测工作；加强手机 IMEI 管理，实现国内核发。

（七）标准监管

以国家科技部的标准、人才、知识产权战略为龙头，社会各层面对标准化工作重视达到前所未有的高度，在一些重点技术领域，如移动通信和互联网等领域取得了突破。在国际 4G 标准遴选中，我国推荐的 TD-LTE 成为 4G 重要发展方向；在 IPv6 过渡与互通、IP 源地址认证、P2P 流量控制与优化、重叠网、移动互联网特色业务等互联网领域开展了标准化研制工作，并取得了很好的成绩，为支持我国互联网产业发展打下了基础。

（八）网络与信息安全

2009 年 12 月 18 日，工信部出台《工业和信息化部关于进一步深入整治手机淫秽色情专项行动工作方案》的通知（电管〔2009〕672 号）。

文件要求各企业以强烈的社会责任感，从保护下一代健康成长、净化社会环境、推动手机网络产业健康发展出发，抓住业务推广渠道、手机网站内容接入、服务器层层转租、手机代收费和涉黄网站域名变换等关键环节，通过全面清理、落实整改、健全机制三阶段工作提高责任意识、强化技术手段、提升管理水平、完善手机涉黄网站的发现处置机制，为净化手机网络环境做好基础工作，为社会进步和经济发展做好服务。工作任务分为三个阶段。

第一阶段：全面清理，重点整治，落实责任（2009 年 11 月 12 日—2009 年 12 月 31 日）；第二阶段：落实方案，抓好整改，强化手段（2010 年 1 月 1 日—2010 年 9 月 30 日）；第三阶段：健全机制，夯实基础，提升管理（2010 年 10 月 1 日—2010 年 12 月 31 日）。

工信部要求各部门与企业统一思想，提高对专项行动重要性的认识；各负其责，按统一部署抓紧实施；建立信息上报和情况通报制度；加强宣传，形成打击手机淫秽色情的强大声势；加强监督、狠抓落实，推动专项行动深入开展。

二、3G 发展与监管

（一）支持 TD 发展的政策情况

2009 年，围绕党的十七大提出的“提高自主创新能力，建设创新型国家”的战略核心，继续大力推动 TD-SCDMA 研发和产业化工作。完成 TD-SCDMA 技术试验和商用试验；发放 3G 牌照，让国内实力最强的移动运营商中国移动承担 TD-SCDMA 的建设和运营；成立“第三代移动通信（3G）推进工作协调小组”，协调出台支持 TD 发展的各项政策措施，加强对 TD 研发的科技投入支持、对 TD 产业化的资金、政策扶持，在频率分配、网络建设、设备入网、互联互通、资费政策等监管方面给予 TD 倾斜性政策；加强对 TD 产业联盟的领导，推动中国移动加入 TD 产业联盟，促进运营和制造企业的紧密交流与合作；推进 TD-LTE 标准研发。

工信部在发放 3G 牌照的同时，联合相关部委公布了支持 TD 发展的六大类 15 条政策措施， TD 政策扶持工作全面启动。按政策的主要作用可将相关政策大体划分为三类，一是针对 TD 发展中重大方向性问题的战略思路类政策。二是促进 TD 运营业和设备产业跨越式发展的产业发展类政策。产业发展类政策主要包括实现税收减免的纳入产业调整目录鼓励，促进研发的科技政策，促进产业化的基金、专项资金扶持，启动市场的政府采购、示范试点等。三是规范 TD 运营市场竞争的市场监管类政策。市场监管类主要有频率支持、结算优惠、入网绿色通道等。在维护公平竞争的同时，借鉴国际上普遍做法，对 TD 发展给予了一定的支持，为这一新进入市场的业务消除发展中遇到的制度或资源障碍。

3G 牌照发放明确了中国移动是 TD-SCDMA 的运营主体，并具有促使相关企业承担起产业龙头的责任，对 TD 商用和发展起到至关重要的作用。TD 规划的发布，向市场释放了明确信号，给 TD 产业界以信心，为 TD 产业进入了良性发展、确保 TD 成功创造了条件。

作为自主创新的代表性成果之一，TD 的研发及产业化为国内多家科研机构和企业所关注，积极向行业主管部门申请，并得到了支持，科技政策基本落实。基金、专项资金等支持政策，也已开始发挥成效。其他的产业支持性政策在按程序逐步实施。

总体而言，工信部和相关部委联合发布的 15 条政策基本囊括了目前国家支持产业发展的所有政策，各项落实工作在稳步推进，成效也逐渐显现。

（二）3G 政策实施效果评估

3G 牌照的发放有效拉动了内需，促进了经济增长。据估算，3G 网络建设投资将带动终端设备、测试仪表、工程服务、业务应用等达到同等投资规模，即 4000 亿元。加上运营商投资的 4000 亿元和视听等 3G 信息服务业创造消费 1000 亿元至 2000 亿元，未来三年，3G 将创造 10000 亿元的投资和消费，对推动我国经济发展做出贡献（工信部副部长奚国华相关讲话）。

表 2-1 3G 投资规划情况

企业	投资额	新建基站数	覆盖范围
中国移动	588 亿元	约 6 万个	238 个地级市
中国电信	800 亿元	17 万个（全部）	342 个城市（截至 2009 年 5 月）
中国联通	600 亿元	近 7 万个（全部）	282 个城市

资料来源：2010 年 1 月 22 日工业和信息化部新闻发布会

3G 发牌直接拉动了数千亿投资，包括基础运营商的网络投资和科研投入、市场推广费用、带动产业链相关主体的投资。发放 3G 牌照后，各运营企业都积极进行了 3G 网络部署，三家运营企业 2009 年关于 3G 资本支出的总预算额超过千亿，截至 2009 年 10 月份，三家运营企业的 3G 投资为 1023 亿元，到 2011 年将达 4000 亿元。届时网络均基本覆盖所有地市、大部分县城和发达乡镇。

运营企业的 3G 投资拉动了上下游产业链的大力发展，基站出货量上半年同比增长 194%，核心网产量上半年同比增长 4.4%。此外，各运营企业还支出上百亿元对 3G 终端进行补贴，以及几百亿元的 3G 推广广告支出。

推动 TD-SCDMA 加快发展政策可从以下几个方面进行评估。一是终端方面。根据工信部的数据，截至 2009 年 11 月 20 日，共有 218 款终端获得工信部发放的入网许可证，到 2009 年年底上市的已经有 100 多个款式，覆盖了高、中、低端，并有多款优秀级产品。RIM、摩托罗拉、诺基亚等国际大公司都已经加入到 TD 终端阵营。二是网络部署方面。中国移动 2009 年制定的目标是：到年底，TD 网络覆盖要达到两个 100%——有数据业务需求的室内分布系统 100%开通 TD；数据业务热点地区的 TD 室外覆盖，100%达到 GSM 覆盖水平。网络建设分三期推进，年底覆盖全国 238 个主要地级城市。王建宙在接受 CBN 采访时称，第三期工程进展非常好，厂家提供的设备一期比一期更成熟，完全可以在年内完成三期工程各项的任务。三是在应用方面。TD 在政府通信应用上进展迅速，与总参、公安部、农业部、国资委等政府单位及金融、能源、交通物流等大型企业客户都签订了相关协议。在集团客户市场及行业应用方面也取得初步成效，在上海、河北、新疆等 10 省（区、市）24 个城市推进无线城市建设。

2009 年，TD 产业发展取得了长足进步，TD 用户迄今已经突破 500 万，网络、终端也都有突破性进展。但是 TD 发展目前还面临一些问题，如终端还存在短板，优秀款式较少；在网络铺设、基站选址方面也存在难度，需要政府相关机构和社会舆论给予更多支持。

（作者：工业和信息化部电信研究院政策与经济研究所　何　霞）

三、贯彻电子信息产业振兴规划，促进电信业发展的政策建议

（一）《电子信息产业调整和振兴规划》背景及主要内容

1.《电子信息产业调整和振兴规划》的出台背景

电子信息技术是当今世界经济社会发展的重要驱动力。过去 20 年，我国电子信息产业实现了持续快速发展，成为国民经济的战略性、基础性、先导性和支柱性产业，对于促进社会就业、拉动经济增长、调整产业结构、转变发展方式具有重要作用。2008 年，我国电子信息产业实现销售收入 6.3 万亿元，工业增加值 1.5 万亿元，占 GDP 比重约 5%；电信业增加值 4 726 亿元，占 GDP 比重 1.57%。电子信息产业占 GDP 比重接近 7%，占外贸出口比重在 1/3 以上，涉及近 900 万人就业。

但是，我国电子信息产业仍然存在核心技术匮乏、自主创新能力差、产业大而不强等问题。一方面，2007 年的全球性经济危机给我国电子信息产业带来的挑战是空前的，产业发展形势十分严峻。另一方面，在 2009—2011 年，我国有条件、有机会也有能力在一些关键领域取得突破，必须加快产业转型升级，支持关键领域和骨干企业的技术创新和产能升级，带动产业发展模式向创新效益型转变。在此背景下，2009 年 4 月 10 日，国务院发布了《电子信息电子信息产业调整和振兴规划》（2009—2011 年）。

2.《电子信息产业调整和振兴规划》的主要内容

《规划》提出的各项任务和措施既要考虑保稳定、保增长，更要利用危机带来的“倒逼”效应，争取转“危”为“机”，立足解决在复杂的国际环境和激烈的竞争条件下，如何进一步发挥比较优势，如何集聚有利于产业持续发展的资源，如何加快提升产业创新能力，在产业转型发展方面取得积极进展，实现经济又好又快发展。作为电子信息产业应对危机、保持增长、促进转型的行动计划方案和组织实施重大工程的依据，我们可以用“1234567”概括《规划》的主要内容和精神。

（1）贯彻“1”条主线

“保增长、扩内需、调结构”是规划制定贯彻始终的主导思想。保增长是首要任务、扩内需是根本途径、调结构是核心任务，促发展是最终目的。选择这样一条主线，是电子信息产业在国民经济中的主导地位所决定的，更是在国际金融危机背景下，电子信息产业应对挑战、解决产业发展深层次问题、保持产业持续健康发展的需要。

（2）实现“2”个基本目标

《规划》提出两个方面的目标：一是促发展，保稳定，重点强调产业调整和振兴对经济社会发展的贡献，继续发挥电子信息产业在带动经济增长、稳定就业、转变经济发展方式等方面的重要作用；二是调结构，谋转型，重点强调产业结构调整和发展方式转变的进展。

《规划》目标突出了系统性、预期性、可操作性和可考核性，并对定量指标进行了全面测算。

（3）明确“3”大重点任务

《规划》提出 2009—2011 年，电子信息产业重点围绕 9 个领域，实现确保骨干产业稳定增长，突破战略性核心产业，通过新应用带动新增长三大任务。保增长就是要实现计算机、电子元器件、视听产品等骨干产业稳定增长；调结构就是要通过突破集成电路、新型显示器件、软件等核心产业的关键技术，形成新的产业发展动力，实现产业结构优化；促发展就是要抓住网络建设的内需市场机遇和促进信息化与工业化融合需要的国家战略，努力培育通信设备、信息服务、信息技术应用等新的增长点。与“十一五”规划不同，《规划》提出的三大主要任务并未对电子信息产业所有领域进行全面部署，主要是从“保增长、扩内需、调结构”的主线出发，根据行业特点，分类提出产业调整和振兴的基本路径。

（4）概括“4”大贡献

当前电子信息产业虽然面临一些暂时的困难，但电子信息产业所具有的技术进步快、经济效益好、增长速度高、产业关联度强等基本特征都没有改变。未来一个时期内，电子信息产业的创新步伐仍将不断加快，经过技术突破和结构调整后我国电子信息产业规模将回到增长的轨道上来，电子信息产业仍将作出四大主要贡献：经济增长的重要引擎、吸纳就业的重要行业、可持续发展的重要支撑、改善民生及扩大消费的重要领域。

（5）提出“5”大挑战

国际金融危机的影响尚未见底，未来一段时间内（2009—2011 年）我国电子信息产业面临的困难仍然巨大。《规划》详细提出了 2008 年下半年以来我国电子信息产业面临的挑战：产业增幅明显放缓、出口形势不容乐观、外资投入大幅减少、重点领域和骨干企业面临较大困难、新形势下产业内部深层次问题仍很突出。以上 5 个问题将继续困扰我国电子信息产业发展。

（6）实施“6”项重大工程

《规划》提出集成电路升级、新型显示和彩电工业转型、TD-SCDMA 第三代移动通信产业新跨越、数字电视电影推广、计算机提升和下一代互联网应用、软件及信息服务培育等 6 项重大工程。在重大工程项目的选择上坚持三条原则：一是对电子信息产业稳定发展和结构调整具有重大意义，完全依靠企业自身力量和市场手段资源配置很难完成，需要国家重点支持；二是符合产业发展规律，国内外潜在市场需求旺盛，具有市场前瞻性和技术先进性；三是项目前期条件成熟，能切实起到带动产业调整和振兴的作用。

（7）落实“7”项保障措施

确保产业平稳较快发展，是当前和今后一段时间的重要任务。电子信息产业高风险、高投入特征明显，在发挥市场和企业主体作用的基础上，加强国家政策扶持和引导是产业持续稳定发展的关键举措。《规划》围绕“保增长、扩内需、调结构”的总目标，有针对性地提出 7 项政策建议。包括：落实扩大内需措施、加大国家投入、加强政策扶持、完善投融资环境、支持优势企业并购重组、进一步开拓国际市场和强化自主创新能力建设。从当前应急来看，保产业平稳发展的首要问题是开拓国内市场、解决企业国内订单的问题；而产品与技术创新、调整企业结构和完善产业政策环境问题是保障持续发展的重要支撑。因此，《规划》提出的 7 项保障措施的操作性和实效性很强。

关于规划的落实，国务院要求各有关部门、各地区按照《规划》确定的目标、任务和政策措施，密切配合，形成合力，抓紧落实，确保取得实效。并要特别注意5个问题：一是落实规划须发挥好中央和地方两个积极性；二是落实规划要坚持立足当前与谋划长远相结合；三是落实规划要注意抓住危机中出现的新机遇；四是落实规划要紧紧围绕调整优化产业结构、增强自主创新能力、促进信息技术应用三个核心；五是要充分调动企业积极性。

（二）《电子信息产业调整和振兴规划》有关电信业的主要内容

电子信息产业是包括电子制造业、电信业、软件业等产业组成的价值链簇。电信业是电子信息产业的重要组成部分，是整个电子信息产业增长的催化剂，转型升级的润滑剂，在产业链簇中发挥着不可替代的作用。《规划》将推进电信业发展作为主要任务之一，促进电信业发展可以有力地带动电子制造业发展。

1. 关于规划目标及依据

促增长、保稳定取得显著成效。对于电信业，推进“两化”融合是重点。新型电子信息产品和相关服务培育成为消费热点，信息技术应用有效带动传统产业改造，信息化与工业化进一步融合。

调结构、谋转型取得明显进展。对于电信业，以应用创新促进竞争力提高。骨干企业国际竞争力显著增强，自主品牌市场影响力大幅提高。核心技术有所突破，新一代移动通信、下一代互联网、数字广播电视等领域的应用创新带动形成一批新的增长点，产业发展模式转型取得明显进展。

2. 关于主要任务

以应用带发展，在新一代通信系统、信息服务、信息技术改造传统产业等三个领域形成新的增长点是三大任务之一。实现电子信息产业的稳定增长必须依靠应用带动，培育新的增长点。第三代移动通信网络、数字电视网络、下一代互联网建设，信息化与工业化的进一步融合给电子产品和技术带来潜在市场需求。要进一步加快技术创新和业务创新，在通信设备、应用电子、信息服务业等领域以新应用带动产业新增长。

我国电子信息产业是外向型产业，60%左右的产品出口国外，但在今后相当长的时间内电子产品出口形势不容乐观，对产业稳定增长带来严重影响。实现产业调整和振兴必须在稳定出口的同时，努力扩大国内需求，发挥国家网络基础设施升级的带动作用，加快推广应用我国自主产品和技术，创新业务模式，推进信息化与工业化融合，在通信设备、应用电子、信息服务业等领域以新应用和新需求带动产业的新增长，增强产业发展后劲。

新一代网络建设是当前加快我国通信设备制造业发展的重要契机。未来几年，我国抓紧推进第三代移动通信、下一代互联网和宽带光纤接入网建设，这不仅是推进信息化建设，改善生产和生活条件的需要，也是应对危机，扩大内需，拉动增长的重要措施。信息网络的升级，将有效带动系统设备、信息终端、软件和相关内容服务的大发展。

以电信业为核心的信息服务业已成为我国电子信息产业的重要增长引擎，也是新增就业岗位，特别是安排大学生就业的重要行业之一。《规划》提出加快培育信息服务的新模式和新业态，从政策引导、专项扶持等多个方面鼓励企业的业务创新和服务模式创新，同时积极引导政府和企业的信息服务外包，支持增值电信企业的创业发展；加强公共服务平台建设，建立满足产业国际化发展要求的支撑服务体。

3. 关于重大工程

《规划》提到的6项工程，其中2项属于电信业或者与电信业直接相关的工程。

（1）TD-SCDMA第三代移动通信产业新跨越工程。在TD-SCDMA等网络建设和业务创新带动下，构建完善的TD-SCDMA等产业链，重点支持系统、终端、芯片及测试设备产业化，支持相关应用示范、业务创新和检测能力建设，推动TD-SCDMA等后续技术研发和产业化。

（2）计算机提升和下一代互联网应用。其中特别提到下一代互联网应用。支持基于自主CPU的计算机产业化，加大在教育、农村信息化等领域推广应用力度。通过宽带光纤接入网建设、下一代互联网商业应用和政务外网向下一代网过渡，带动相关产品研发和产业化。

4. 关于政策保障措施

所谓电信业的相关促进政策，是指政府部门为促进电信业发展所采取的包括法律法规、财政金融、技术经济以及行政监管等手段和措施的总和。包括《电子信息产业调整和振兴规划》等规范性文件以及其他相关法律、行政法规、部门规章等。《电子信息产业调整和振兴规划》就是面向整个电子信息产业的综合性政策。政策工具是政府实现政策目标的具体手段、方式、方法和措施。我国电信业政策所采用的工具具有多元化特征，既有经济手段（主要以财税、金融政策工具为主），又有行政手段工具（主要以监管工具为主）。

《规划》围绕“保增长、扩内需、调结构”的总目标，有针对性地提出 7 项政策建议，即：落实扩大内需措施、加大国家投入、加强政策扶持、完善投融资环境、支持优势企业并购重组、进一步开拓国际市场和强化自主创新能力建设。这些政策措施既有针对电子信息产业整体的综合性政策，又有仅仅针对电信业的专门性政策。根据政策工具的针对性不同，可以将涉及电信业的政策概括为两大类：一类是常规性政策；另一类是针对经济危机的专门政策。

（1）常规性政策。包括两小类，一类是已有政策的落实。结合国民经济和社会信息化建设以及家电下乡、其他重点产业调整和振兴规划的实施，进一步拓展电子信息产业的发展空间，引导推进第三代移动通信网络、下一代互联网和宽带光纤接入网络，拉动国内相关产业发展。完善普遍服务机制，推进农村信息化建设，加强农村电信覆盖，加速实现“村村通”。这些政策的颁布实施对产业持续发展起到了积极的作用。下一步重点是应对国际金融危机的影响，结合保增长、扩内需、调结构的实际需求，明晰落实方案，加大支持力度，加速实施进程。

另一类是需要抓紧完善和尽快出台的政策。如落实数字电视产业政策，推进三网融合。在高新技术企业认定工作中，根据电子信息产业发展状况适时调整认定目录和标准；拓展与国外政府、企业间的合作，大力推动 TD-SCDMA 等标准技术在海外市场的拓展和商用；大力推进 TD-SCDMA、手机电视、WAPI（无线局域网安全标准）等标准的产业化进程，加强 RFID、数字版权管理、数字家庭产品等关键标准的制定和推广工作；加强对电子信息产品和服务的知识产权保护。这些政策措施既包括已经酝酿多时的战略性产业的支持政策，也有可以实现扩大内需和节能减排双赢效果的扶持措施。国务院有关部门正在抓紧推动相关工作。

（2）针对经济危机的专门政策。在集成电路、软件、通信、新型显示器件等重点领域，鼓励优势企业整合国内资源，支持企业“走出去”兼并或参股信息技术企业，提高管理水平，增强国际竞争力。鼓励金融机构对电子信息企业重组给予支持。

（三）电信业落实《电子信息产业调整和振兴规划》存在的问题和不足

《规划》对电信业发展已经产生了积极作用。2009 年，电信主营业务收入累计完成 8424.3 亿元，同比增长 3.9%；电话用户总数突破 10 亿户，其中移动电话用户突破 7 亿户；互联网网民数超过了 3.84 亿。但在具体实施中还存在如下几个问题。

1. 电信业在两化融合中的作用亟待加强

我国整体的工业发展水平处于工业化中期阶段，以重工业为主，自主创新薄弱，粗放型经济为主导，在这个环境下提出的两化融合道路面临着更多的困难。我国政府在推进两化融合的总体战略和扶持政策中，虽然涉及电信业，但是仍然存在诸多问题和不足。

（1）电信业缺乏推动两化融合的整体规划。在两化融合进程中，电信业和通信制造业、软件业等信息化产业链的不同环节的作用力和着力点各有侧重。我国信息化总体发展规划以及装备制造业等相关行业发展规划中对信息化的需求都侧重于通信设备制造业和软件业，较少涉及电信业。似乎电信业仅仅是信息基础设施，建好网络就行了。电信业推动两化融合涉及到经济领域的各个实体，需要进行全面整体的统筹规划。

（2）信息化扶持政策重硬轻软现象严重。无论是国家信息化发展规划还是地方政府的信息化规划，普遍存在重硬轻软的现象。工信部从工业产业研发设计、生产过程、企业管理、材料采购和产品流通等信息化产业链不同环节提出了具体要求，但这些具体要求大都指向硬件、软件，只是在三网融合、信息服务业等方面与运营商相关，但这与工业信息化的直接关联度较弱。再如，重庆市推进两化融合的工作重点之一是：对于工业行业，将重点围绕主导产业，推动工业行业信息化试点示范；同时，将重点引导移动信息产业链上软件研发、芯片制造、SIM（用户身份识别模块）卡制造、支付手机及智能终端、智能读卡设备、M2M 终端等六大产业聚集。所有这些支持政策都偏重于信息化产业链的硬件和软件部分，而较少涉及电信业提供的信息化服务。

（3）两化融合的体制机制存在不相适应的地方。从整体的体制来看，我国目前由信息化领导小组统一指导信息化的发展推进，采取“领导小组统一决策、中央地方分级管理、各部门分工负责”的原则开展工作。但是，由于原则性太强，对促进电信业推动两化融合的实际效果影响有限。法律法规也存在与电信业推动两化融合创新要求不相适应的地方。两化融合提出了一个崭新的发展模式，已有的较为成熟的规范也需要考虑其独有的特性因地制宜、因时制宜。同时，信息化的发展不同于以前的发展模式，需要新的绩效评估体系，这都需要制定相应的法律法规和政策加以规范和保护。

（4）地方政府与电信企业签订的框架性合作协议中的扶持政策框架性太强。地方政府更倾向于利用运营商的投资带动地方经济发展，而对电信业推动两化融合缺乏具体的扶持政策。所有的框架性合作协议，实际上重点都在强调运营商在当地投资规模。例如，湖南与中国电信签订“十大信息化工程”合作协议中，强调中国电信将投入近 200 亿元用于湖南基础通信网络建设；山东与中国电信签订的相关协议中，强调中国电信将在山东投入 180 亿元用于山东信息化网络建设。在框架合作协议中，虽然涉及信息化应用，但鼓励性大于操作性，更多的是行业自身寻求机会。例如，江苏省政府与中国移动签署战略合格框架协议，在 TD-SCDMA 网络建设与应用、信息化规划与建设、信息资源开发与利用、新型信息服务业发展、信息化科研及人才培育等六大领域展开深度合作。但所有这些战略性合作协议框架中的对运营商的扶持政策，原则性大于操作性。

（5）行业和企业协会等中介组织的作用亟需加强。行业协会如制造业信息化协会、软件协会、高企协会、计算机学会等社会组织，都在各自领域与企业间有密切的关系。在电信业推进信息化进程中，运营商可以与各类行业协会合作，面向企业负责人举办一些沙龙性质的信息化培训，为其提供信息化的切身体验，从而影响企业更容易的选择和接受运营商提供的信息化应用。

2. 仍然存在三网融合的体制机制障碍

“十一五”，尤其是 2008 年以来，国家加大了对三网融合的支持力度。国务院成立了以副总理张德江为首的推进小组，直接指导推进三网融合事宜。工信部和国家广电总局成立专门谈判小组，双方就“双向进入”已经进行了几次磋商，最终目标是出台推进三网融合的具体措施和实施办法。《关于鼓励数字电视产业发展的若干政策》（中办、国办【2008】1 号文）等重要政策性文件也一再强调要推进三网融合。《电子信息产业调整和振兴规划》提出要“进一步提出落实数字电视产业政策，推进‘三网融合’”这一表述使得 IPTV、手机电视第一次以被支持的形象正式出现在国家的相关文件中。

（1）牌照仍然是制约三网融合的重要体制机制障碍。在技术、市场，尤其是政策推动下，从 2008 年起，IPTV 等融合性业务在全球都进入了一个快速发展期，中国更是发展速度最快的地区之一。截至 2009 年底，上海已经成为全球最大的 IPTV 本地网并且是唯一用户规模过百万的城市。江苏、广东等省的 IPTV 用户规模也均已突破 60 万。我国已有超过 22 个省（区、市）开展了手机电视业务。全国 333 个地级市的广电 CMMB 网络已全部建成。广电企业通过对广电网络的双向改造，既实现了数字电视转换，也推进了互动电视、宽带接入等业务的发展。IPTV 等融合性业务作为极具商业价值的互动媒体平台的重要性正在日益凸现。

虽然我国三网融合体制性政策性障碍逐步松动，从宏观到微观全面推进，政策推动效果日益显现，但在实践中，牌照问题仍然是制约我国三网融合的重要体制机制障碍。

电信主管部门对广电系统发放牌照情况：电信主管部门已经发放了 2 万多家增值业务经营许可证。对于广播电视部门所属的企业，工信部根据其申请发放了12家跨区域增值业务经营许可证，各省级通信管理局也已经发放了75家增值业务经营许可证。

广电主管部门对电信系统发放牌照情况：广电主管部门已经发放了5张IPTV牌照、247张互联网视听节目许可证和5张手机电视A类（集成类）牌照、数10张手机电视B类（自有类）牌照。包括新浪、搜狐等在内的电信增值运营商已经从国家广电主管部门获得了相关许可证。

基础运营商经营IPTV、手机电视等融合性业务，尽管能够顺应产业融合发展大趋势以及符合相关规定，并且向广电主管部门提出了申请，但是，广电主管部门至今依然没有向中国移动、中国电信和中国联通三家基础电信运营商发放相关互联网视听节目服务许可证，这严重制约了基础电信运营商转型升级的步伐。

（2）三网融合政策存在深层次原因。牌照只是政策问题的表现形式，其深层次原因是我国三网融合的相关体制和政策仍存在不完善和相互矛盾之处，部分政策原则性较强，缺乏实际可操作性。基于部门利益和传统行业利益，有关政府部门有可能做出对自己最有利的解释，因而会继续制约IPTV、手机电视等融合性业务的发展。现行政策存在的问题主要包括以下三个方面。

一是三网融合缺乏统筹规划。下一代广播电视网和下一代网络各自为战不利于网络资源共建共享。融合性业务发展缺乏规划引导。虽然《互联网视听节目服务管理规定》（国家广电总局、信息产业部【2007】56号令）提出要制定互联网视听服务业务指导目录，但是该目录至今仍然没有出台。

二是政策操作性有待增强。《互联网等信息网络传播视听节目管理办法》（国家广电总局【2004】39号令）仍然对非广电企业存在“事实上”的准入限制。虽然国家广电总局、信息产业部【2007】56号令对39号文进行了补充修正，并明确指出，“此前发布的规定与本规定不一致之处，依本规定执行。”但是，根据终端分类发放许可证等措施仍然不利于融合性业务发展（终端融合是三网融合的必要条件）。国办【2008】1号文等政策性文件推进三网融合的要求与广电总局【2004】39号令等部门规章对三网融合事实上的限制，为不同部门对政策进行不同的解读埋下了伏笔。

三是执行中的差别对待。广电系统的传统思维是一直将IPTV作为数字电视的竞争对手，尤其是地方广电系统更是如此。这就导致IPTV等融合性业务在很多地方都不能落地，即使落地也不是与当地广电部门合作。与已经获得牌照的IPTV等融合性业务运营商合作则进一步造成了IPTV等融合性业务与当地数字电视直接竞争这一事实。我国的国情以及电信不具有内容竞争力的事实决定了IPTV等融合性业务产业的发展难以脱离广电而单独行进。随着IPTV等融合性业务的逐渐深入，通过与现有牌照运营商等合作主体开展的试点的成功，所起的示范效应将对产业发展的帮助越来越大。

（本文完成于2009年12月，2010年1月国务院常务会议就推进三网融合做出新的部署，提出了三网融合的阶段性目标以及下一步的重点工作，详见本章《2009年通信业主要政策情况》相关内容。）

3. 对增值电信企业扶持力度不够，中小企业仍然困难重重

在全球性金融危机背景下，包括增值电信企业在内的中小企业、民营企业困难众多。虽然政府已经陆续出台了一些财政金融政策措施。但这些同中小企业的要求差距甚大。政府财政支持对增值电信企业的象征意义大于实际意义。

（1）增值电信企业不能享受现行财税政策优惠。现行政策对于中小企业发展已经发挥了积极作用。但是，对于增值电信企业（尤其是增值服务企业）的象征意义大于实际意义。主要原因在于以下三方面。

一是现行中小企业认定标准“重工业、传统服务业，轻现代服务业”。《中小企业促进法》是促进中小企业发展的基本法律依据。《中小企业标准暂行规定》（国经贸中小企[2003]143号）适用于工业、建筑业、交通运输和邮政业、批发和零售业、住宿和餐饮业。其中，工业包括采矿业、制造业、电力、燃气及水的生产和供应企业；本标准以外其他行业的中小企业标准另行制定。但是，国家一直没有制

定电信业中小企业认定标准。没有认定标准成为电信业中小企业不能享受政策扶持的重要法律根源。例如，财政部、工业和信息化部关于印发《中小企业发展专项资金管理办法》的通知（财企[2008]179 号）第三条规定中小企业的划分标准，按照国经贸中小企[2003]143 号文执行。

二是一些优惠扶持政策“重产品，轻服务”，导致增值电信企业无法享受优惠政策。主要表现在两个方面。第一，不能正确认识信息服务业的经济技术特性。很多增值电信企业仍然不能享受高技术税收优惠政策，或者由于缺乏软件产品不能享受软件企业优惠政策。第二，政府扶持对服务型企业关注不够，即使是信息服务业的主管部门，工信部发布的文件（例如 2008 年 9 月工信部、财政部关于做好 2008 年中小企业发展专项资金项目申报工作的通知）仍然偏重于生产型企业。

三是一些增值电信企业对相关政策不熟悉，导致现行政策利用和落实情况并不理想。根据国家发改委《高技术产业政策在通信产业实施情况调查研究》，从通信行业样本企业未享受到各项税收优惠政策的原因来看，“企业不满足享受该政策的要求”以及“不知道有该项优惠政策”是两项主要原因（表 2-2）。

（2）增值电信企业存在融资难问题。我国增值电信企业获得银行贷款相对困难，金融风暴导致增值电信企业融资更加困难。主要原因在于：一是电信业尚无中小企业认定标准；二是增值电信企业固定资产相对较少，无形资产比重较大，无形资产评估、保值、变现比较困难，很难通过质押担保从银行申请贷款；三是风险投资发展缓慢，在很大程度上制约了增值电信企业的成长。增值电信企业过度依赖风险投资，尤其是国外风险投资。由于“金融风暴”影响，风险投资开始退缩。

与财税优惠政策对增值电信企业象征意义大于实际一样，我国增值电信企业还没有享受到宽松的货币政策带来的好处。根据国家发改委《高技术产业政策在通信产业实施情况调查研究》，从未享受到各项金融支持政策的通信行业样本企业分析，企业没有享受到这些支持政策的主要原因中，排名第一位的是“本企业不满足享受该政策的条件”，排名第二位的原因是“不知道有该项政策”，排名第三位的原因是“政策太繁琐”。

表 2-2　通信业未能享受到税收优惠政策的原因

	不知道有该项政策	该政策对企业缺乏吸引力	本企业不满足享受该政策的要求	政策手续太繁琐，企业获取政策成本高	知道该政策，但是有关部门没有执行	其他
1. 加大对企业自主创新投入的所得税前抵扣力度	24%	2.8%	30%	24%	18%	1.2%
2. 允许企业加速研发仪器设备折旧	36%	9.4%	26%	13%	14%	1.6%
3. 加大对企业在职员工教育培训投入的所得税前抵扣力度	42%	11%	22%	8%	14%	3%
4. 加大对企业自主创新能力建设的所得税前抵扣力度	21%	9%	40%	13%	14%	3%
5. 加大对企业提升创新能力的所得税前抵扣力度	18%	7%	44%	13%	11%	7%
6. 加大对转制院所的所得税前抵扣力度	9%	18%	--	27%	9%	37%
7. 支持创业风险投资企业的发展	43%	29%	--	0%	14%	14%
8. 鼓励社会资金捐赠创新活动	30%	11%	39%	4%	4.8%	11.2%

资料来源：根据国家发改委《高技术产业政策在通信产业实施情况调查研究》整理。

表 2-3 未享受到金融支持政策的通信样本企业原因

	不知道有该项政策	该政策对企业缺乏吸引力	本企业不满足享受政策的条件	手续太繁琐	知道该项政策，但相关部门没有执行	未答
1. 政策银行软贷款	22%	5%	28%	18%	12%	15%
2. 商业银行贷款	21%	7%	27%	22%	9%	14%
3. 完善资本市场	14%	5%	46%	12%	8%	15%
4. 立新技术企业保险服务	26%	8%	32%	13%	7%	14%
5. 立新技术企业外汇管理	21%	10%	42%	9%	5%	13%

资料来源：根据国家发改委《高技术产业政策在通信产业实施情况调查研究》整理。

（3）推进增值电信业务发展的制度环境有待完善。一是电信增值服务发展问题。增值业务市场结构有待优化。增值业务总量比重与信息通信产业转型趋势有差距。中小增值企业收入比重偏小，影响行业创新动力。工业行业应用类电信业务比重少，产业发展后劲不足。增值业务产业链的关系尚需协调。基础运营商利用自身的网络资源优势渗透到增值业务中，挤压增值业务企业的生存空间。自营业务严重低于成本的不公平竞争。基础企业对所接入的增值企业缺乏创新激励机制、处罚机制不透明、不公平。基础运营商结算周期不固定、结算费用不透明。政策舆论扶持引导不足，影响了中小增值企业发展的积极性。

二是现有制度环境与新兴业务形态快速发展不相适应。随着电信业等产业的融合发展，新的业务形态不断出现，比较典型的是电子支付。我国第三方在线支付市场规模快速发展。与此同时，我国电信运营商也开展了电子支付业务。但是，第三方支付存在的问题主要包括风险、合法性、道德与诚信等问题，行业标准和技术等问题。移动支付作为第三方支付的重要形式，存在类似的问题，主要表现在移动支付的法律法规问题，缺乏针对非银行机构从事网上支付业务的法律法规；移动支付的体制问题；产业链竞争；运营商之间的竞争；移动支付的安全技术保障问题。短信支付方式的即时性较差，安全性较低。

（四）进一步推进电信业发展的政策建议

以企业为建设主体，在充分发挥市场配置资源基础性作用的前提下，以推进两化融合、三网融合和加快增值业务发展三个方面为抓手，从政策实施和政策创建两个环节入手，用好用足现行政策，修改完善不合适政策，推进电信业又好又快发展。具体政策建议包括以下内容。

1. 推进业务应用，促进“两化”融合

（1）制定“十二五”电信业推动两化融合专项规划。在电信业“十二五”规划体系中，制定电信业推动“两化”融合发展专项规划。务求标本兼治，统筹兼顾，抓住机遇，立足长远，有目标、有重点、有抓手，突出电信业推动“两化”融合的总体谋划。通过规划政策等措施鼓励运营商更好地投入“两化”融合的大市场，不断扩大市场份额，为两化融合营造良好的发展环境，并成为引导电信业推动两化融合的重要指南。

（2）抓好“两化”融合示范工程建设。政府部门或相关行业协会根据本地区本行业的实际情况，做好电信业推动两化融合的市场工程的政策引导，协助企业解决有关问题，确保示范工程的实施。树立电信业推动“两化”融合的标杆企业，为电信业提供信息化应用水平与效果的对比与检查，可以让更多的企业寻找不足，并了解电信业推动两化融合的发展方向。

（3）完善信息化服务和应用规范。组织基础运营商，增值服务商、系统集成商等产业链各环节以及第三方研究机构等市场参与主体共同制定信息化业务服务规范与标准，适时修改、补充和完善《电信服务规范》；以中小企业信息化为重点，探索制定信息化服务的业务应用规范；制定应用层面的公共接口，组织实施信息化业务应用方案与应用平台的互联互通工作，加快建立和完善信息化业务应用互联互通规范和机制。

（4）聚焦信息化服务外包市场。以需求为导向，以服务外包为载体，积极推进工业企业信息化的市场化进程。基于大型企业与中小企业在信息化建设中的需求不同、组织保障体系不同，采取两手抓，全面培育信息化市场需求，尤其是服务外包市场。借助央企“登高计划”，以央企信息化需求为突破口，拓展大企业信息化市场。立足中小企业营销信息化，拓展中小企业成本控制、渠道管理、企业资源管理等信息化高端市场。根据信息化服务业务的特点和用户需求，研究业务成本模型，创新资费模式，根据业务各个环节投入成本形成稳定合理的定价机制和结算机制。

（5）以3G为契机，推动信息化服务平台建设。加强行业主管部门与相关部委、地方政府、各个行业间的横向协调，主动化解行业壁垒和政策风险，推动跨行业的信息化服务与应用，推动共性平台、标准建设。推动运营商在全业务运营环境下，以3G为契机，发挥三家全业务运营商固定网、移动网和互联网的集群优势，打造工业行业信息化整体解决方案和高性能信息化网络平台、网络化ICT解决方案平台、第三方电子商务与信息服务公共平台。

（6）发挥中介组织作用，强化舆论导向。由行业主管部门牵头，以各行业协会等中介组织为依托单位，协调政府、行业、企业、市场等各方面资源，将为企业服务落到实处。借助主流媒体和业内媒体，积极开展电信业推动“两化”融合标杆企业的宣传活动，组织样板推广、经验交流和媒体推介，树立和强化基础运营商、增值服务商在“两化”融合中的积极形象。

2. 加大三网融合相关制度建设，增强政策可操作性

（1）推动三网融合体制改革。尽快消除三网融合制度障碍，推动电信、广电逐步实现双向进入，探索建立电信、广电融合性监管新体制。

（2）统筹促进三网融合相关政策，实现政策功能有效协同。修订广电总局[2004]39号令第二章第六条，不再按照接收终端、传输网络等项目分类核发《信息网络传播视听节目许可证》。统筹规划电信网、互联网和广播电视网建设，实现网络资源共建共享和互联互通。制定互联网视听服务业务指导目录，通过目录引导IPTV、手机电视等融合业务的发展。

（3）制定业务许可、双向进入时间表，实现电信和广电业务双向进入。第一步，电信向广电开放“增值业务二：因特网接入服务业务（ISP），信息服务业务（ICP）”；广电则向电信业务开放“播放业务（含点播、转播、直播），集成业务”。第二步，电信向广电开放“基础业务二：网络接入业务（无线接入业务、用户驻地网业务）”；广电则向电信开放制作业务。第三步，电信向广电开放“基础业务一：IP电话等业务”；广电则向电信开放“开办广播电台、电视台”。

（4）扩大三网融合试验区域和业务应用范围，提升商用网络规模。尤其要在二线城市和欠发达地区以及农村地区取得三网融合重点突破。鼓励通信、广电等不同领域企业探索合作、合资、并购、联盟等发展模式，推动三网融合发展。

3. 加快增值电信业务发展

（1）加大对电信业的财政投入力度。鼓励增值电信企业申请中小企业发展专项资金。积极与财政部协商准许信息服务业中小企业认定参照国经贸中小企[2003]143号文执行。加大对发展电信业的扶持力度，科技三项经费、自主创新资金、技术改造资金、扶持中小企业发展专项资金和关键领域重点突破资金的安排都要向电信业有所倾斜。国家设立信息服务业发展专项资金，鼓励地方政府根据地方财政能力设立相应专项资金，主要用于：支持现代信息服务业的关键共性技术、服务产品的开发以及产业化；支持产业基地、园区和公共技术服务平台建设；支持国家和省级重大项目建设；支持品牌培育、标准制定等产业环境建设等。要充分发挥专项资金的引导作用，通过直接投入、补贴、贷款贴息、奖励等多种方式，引导社会资源积极参与信息服务业发展。

（2）发挥现有税收优惠政策的引导作用。引导增值电信企业根据《高新技术企业认定管理办法》和《高新技术企业认定管理工作指引》等政策积极参与高新技术企业认定，用好用足政策优惠。增值电信企业经认定为国家重点扶持高新技术企业的，按15%的税率减征企业所得税；符合条件的新办增值电信企业，经认定为高新技术企业的，可自获利年度起两年内免征企业所得税，两年后按15%的税

率征收企业所得税。适度放宽软件企业认定范围，将鼓励类增值电信企业纳入软件企业认定范围，以享受相关税收优惠。鼓励符合条件的增值电信企业积极参与软件企业认定，经认定为软件企业的，企业所得税实行“两免三减”政策。扩大国家重点支持的高新技术领域范围，将鼓励类电信业务纳入国家重点支持的高新技术领域。

（3）积极拓宽投融资渠道。加大对增值电信企业信用担保支持力度。扩大试点省级信用再担保机构，鼓励成立省级再担保公司，加快成立国家级的再担保机构。以企业为主体，完善中小企业行业担保机制，为中小型现代增值电信企业提供融资担保。加大中小企业信用担保机构对财政拨款补贴力度。无偿资助额度，每个项目一般控制在 300 万元以内；贷款贴息额度，每个项目的贴息期限一般不超过 2 年，贴息额度最多不超过 300 万元。通过对担保机构补贴下降的费率、注入注册资本金、补充风险准备金等方式，完善风险投资机制，鼓励、支持国内外风险投资基金投向信息服务业。支持金融机构对鼓励发展的增值电信企业的项目予以重点支持，放宽信贷额度，对产业基地、公共平台、产学研项目建设和关键共性技术产业化等加大扶持力度。大力支持增值电信企业在国内主板和中小企业板上市。积极拓宽增值电信企业融资渠道，以信用担保机构为抓手，摸清各地担保机构情况，统计符合条件的资质企业，以期有效补贴资金。有效落实《关于中小企业信用担保体系建设有关工作的通知》，推动增值电信企业无形资产质押担保贷款。鼓励增值电信企业在创业板优先上市，为增值电信企业提供有效的资本融通及交易渠道。

（4）将增值电信产业纳入重点产业扶持目录。制定增值电信企业认定标准，提出《电信投资重点企业和产品目录》，明确鼓励、允许、限制和禁止投资的项目和领域，引导资本投向。将应予鼓励和扶持的增值电信企业和产品纳入《产业结构调整目录》鼓励类、《外商投资产业指导目录》鼓励类、《高新技术产业目录》和《鼓励外商投资高新技术产品》目录，并在重点产业扶持目录中专列信息服务业子项。发展生产型和公益型信息服务业，优先将促进工业化与信息化融合的纽带型业务，服务中小企业、农村、社区信息化的平台型业务纳入产业扶持目录。

（5）加快电信业产业基地和产业园区建设。加强统筹规划和科学引导，形成布局合理、分工有序、特色鲜明、资源共享、协作发展的信息服务产业基地发展格局。在移动信息化发展比较好的地区（如广东珠三角地区），建立移动信息服务示范基地。在中小企业数量众多的地区（如浙江），建立第三方电子商务与信息服务示范基地，构建第三方电子商务与信息服务平台。在有条件的地方，也可以结合本地实际，建设独具特色的电信业专区。鼓励电信运营企业为电信创新示范基地提供优质低价的电信网络服务。

（6）研究探索适应新业务形态发展需要的制度建设要求，促进新业务形态健康发展。完善电子支付（包括移动支付业务）的法律法规环境建设。尽快出台《支付清算组织管理办法》，规范各类支付服务机构，完善电子支付监管，规范非银行机构从事网上支付业务。加快电子支付业务（包括移动支付业务）相关标准的制定，包括基础标准、安全标准、操作标准和电子数据交换标准。在《电子支付指引（第一号）》实施经验基础上，尽快制定《电子支付指引（第二号）》，以规范非银行机构从事网上支付业务。

（7）完善监管政策，推进产业链和谐共赢。打造基础运营企业与增值服务企业合作共赢的产业生态体系。基础电信运营商应当按照公开、平等的原则，为取得经营许可的增值电信企业提供相关电信业务所需的网络与平台方面的接入服务。对鼓励类增值电信业务，基础电信运营商应无条件提供接入服务。进一步开放网络与手机收费等平台资源，支持互联网、电子商务、下一代移动通信相关的信息服务等方面的中小企业。建立和完善增值电信业务产业链合作共赢评价机制。基于促进增值电信企业发展，实现合作共赢的目标，建立增值电信业务产业链合作共赢评价指标体系。根据评价结果，对制约增值电信企业健康发展的基础运营商进行窗口指导。加强正确的舆论宣传引导，倡导行业自律。

（工信部电信研究院规划设计研究所　朱金周）

第3章

通信监管

一、基础电信市场监管

（一）规范竞争行为

规范市场秩序已成为 2009 年基础电信市场监管的工作重点。随着三家企业实现全业务运营、3G 牌照发放以及其他配套改革政策逐步实施，电信业已进入新的发展轨道。但是在全业务运营的大环境下，电信行业也出现了一些扰乱市场秩序，妨碍行业整体健康发展的行为。尤其是 2009 年以来，各地电信市场频频出现一些影响市场秩序、有损用户权益的苗头性问题。如 2009 年“3.15”媒体曝光山东移动公司滥发商业广告短信事件，以及基础电信运营企业相互指责在市场宣传与推广、互联互通等方面存在的市场秩序问题。此外，在金融危机和行业发展周期的双重作用下，全行业电信收入增幅明显下降，2009 年前 9 个月，电信业收入增长仅为 3.1%，为近十年最低增长速度。这进一步加剧了各地违规经营行为发生的频次，不当竞争行为的类型和数量呈扩大化趋势。

1. 出台《关于规范当前电信市场竞争秩序的意见》

针对电信市场大量不规范竞争行为的出现，工信部全面梳理了各个方面的问题，并在集中研究各方面可能出现的问题及相应管理举措的基础上，于 2009 年 5 月出台了《关于规范当前电信市场竞争秩序的意见》（工信部电管【225 号】文件），从 10 个方面加强对电信市场秩序的规范工作。《意见》明确指出，应紧紧围绕 3G 发展战略，防止 3G 网络建设和业务发展中出现无序竞争行为，推动形成有利于保障 3G 协调发展的市场秩序；在业务宣传中大力倡导树行业新风、讲诚实守信，坚决纠正相互诋毁、虚假误导等违规行为，推动形成有利于行业和谐发展的市场宣传秩序；严厉查处采取收机收卡、违规赠送礼品和有价证券，以及销售、赠送未获得进网许可证或违反国家政策标准的电信终端等手段争夺用户的恶性竞争行为，坚决纠正强制搭售、限制用户选择权等不正当营销行为；紧紧围绕提升国家通信网整体效能，服务社会经济发展的目标，着力保障 3G 网络和互联网互联互通，严肃查处阻碍、破坏互联互通的各类违规行为，推动建立公平、高效的互联互通秩序。

《意见》出台后，工信部电管局进行了全面政策宣贯。地方通信管理局具体落实了 225 号文件的主要内容；各电信企业集团公司均按照《意见》要求，对下属企业进行了宣贯；各级电信企业均成立了专门机构，实行一把手负责制。这推动解决了当前电信市场中损害用户合法权益的热点、难点问题，推动查处了各类不正当竞争行为，有效地遏制了影响市场竞争秩序的不规范行为。

但是，225 号文件存在一些概念界定模糊、规范市场的流程和细则缺乏、实施操作性不强等问题。

2. 关于进一步落实规范电信市场秩序有关文件精神的通知

面对 225 号文件自身及落实上存在的问题和不足，工信部 2009 年 12 月发布了《关于进一步落实规范电信市场秩序有关文件精神的通知》，简称为 686 号文件。

686 号文件是对 225 号文件部分内容的细化，使之具有可操作性。相比 225 号文件，686 号文件把内容集中于明确 TD 经营范围，并对具体的违规竞争行为提出执法依据，如针对破坏通信设施、阻碍互联互通、终端固定的移动电话设备经营行为、收机收卡、对比宣传等行为提出了明确的执法依据；对网间结算政策和保障网间通信质量提出了具体要求，即不允许主叫号码传送不规范和不允许延误网间扩容。

同时，686 号文件相比 225 号文件，在保护消费者合法权益和提高维护网络信息安全两个方面有所扩展。在686号文件中，虽然仍然没有提出对消费者引导和鼓励监督等内容引入，但明显加强了对保护消费者权益的保护力度，如提出要严格履行电信资费批备案程序、规范资费方案设计、明确捆绑业务资费要求、准确宣传等。同时也明确提出了要切实提高认识，维护国家网络和信息安全内容。

我们认为，686号文件比225号文件在规范内容上更明晰，监管信号更明确，可操作性更强，其最终实施效果将会比225号文件要好。

（二）加强资费管理

面对市场竞争加剧，基础电信企业推出资费套餐数量过多、计算相对复杂的问题，集中开展资费套餐清理工作，显著减少资费套餐种类，并按照《关于规范电信资费方案管理的指导意见》，要求电信企业在同一本地网营业区（或业务区）内，可供用户选择的同一网络的资费方案原则上不超过10种。

为维护消费者权益、提升消费者福利，除进一步推动资费水平下降外，2009年监管机构加大了资费市场整治力度，规范企业收费行为。针对信息服务企业乱收费问题，深入开展SP专项治理工作，出台文件规范SP业务定制和收费流程，建立SP拨测机制和违规经营黑名单制度，发布移动信息服务消费提醒，健全信息服务收费监管长效机制，严厉查处打击诱骗消费者、侵占消费者权益信息服务业务及其主体。

（三）下调骨干网结算价

随着我国互联网的持续高速发展，互联网新业务的不断涌现，用户对互联网带宽的需求越来越高，如何提高互联网的网间通信质量开始成为市场监管工作的重点。目前国内骨干网的互联方式以交换中心和企业间直联为主，监管机构在督促骨干网企业实施网间带宽扩容的同时，多次下调骨干网互联结算价格，降低中小骨干网和ISP企业结算支出，培育中小骨干网企业的竞争实力。

（四）普遍服务成效显著

2009年工信部对“村村通电话工程”确立的“完善基础设施、建设信息平台、开展信息下乡”三大目标任务，全通信行业攻坚克难、奋力拼搏，工程年度计划整体超额完成，各项工作取得新的成效。

总的来说成效有以下三个方面。一是偏远农村基础设施建设取得新突破，中国电信、中国移动、中国联通三家基础电信企业克服困难筹集资金103亿元，组织力量在大山深处、雪域高原艰苦施工，2009年内为2.7万多个偏远自然村和行政村开通电话，实现了全国99.86%的行政村和93.4%的20户以上自然村通电话，2009年自然村通电话比例比2008年提高一个百分点。二是农村信息服务能力迈上新台阶，全国新增4228个乡镇和行政村通互联网，乡镇通互联网比例从2009年年初的98%提高到99.3%，行政村通互联网比例从89%提高到91.5%，三家基础电信企业的“农信通”、“信息田园”、“金农通”等基础性综合信息平台已覆盖全国，为广大农民提供了功能强大、种类丰富、经济便捷的公共服务、便民服务和农产品交易服务，极大促进了农村经济社会发展。三是信息下乡活动进展迅速，已在15个省份的1.3万余个乡镇开展信息下乡活动，并基本实现“一乡一个信息服务站，一村一个信息服务点，一乡一个互联网站，一村一个网上农副产品信息栏目”的“四个一”目标，全国1/3乡镇建立乡村信息服务体系，信息内容、信息业务和信息终端的进乡入村初显成效。

（五）服务质量整体平稳

持续推动电信服务质量提升，保护消费者合法权益是电信监管的核心工作之一。2009年，政府主管部门围绕宣传贯彻《电信服务规范》等政策法规，监督检查网络通信质量、提高电信服务管理水平等工作，督促企业按照《电信服务规范》的要求，完成客服热线服务规范和信息服务订制流程的自查，对各类电信服务协议进行清理整治，推动企业加快通信详细清单全面提供过程；开展SP治理、垃圾短信治理、“诚信服务、放心消费”行动，严厉打击电信服务中的不良行为，充分发挥企业自律和社会监督的作用，共同提高电信业的服务质量，保障用户权益。

2009年，全国电信服务总体情况较好，建国60周年庆祝活动期间电信服务和网络运转正常，公用电信业务接通状况良好，互联网接入和传输保持通畅，通信服务质量整体平稳。

1. 电信用户申诉情况

2009 年第三季度，工业和信息化部电信用户申诉受理中心通过申诉热线、政府网站、部长信箱等渠道，共受理用户关于电信服务的申诉 10791 人次，季度申诉率为 10.4（人次/百万用户）。通信服务方面的申诉占申诉总量 30%，其中用户反映基础电信企业宽带业务故障修复不及时的申诉量相对较高。通信质量方面的申诉占申诉总量的 18.7%，其中用户对于基础语音业务通信质量的申诉量下降幅度较大。收费争议方面的申诉占申诉总量 51.3%，其中用户对基础语音业务收费争议的申诉量下降幅度较大。另据各省（区、市）电信用户申诉受理机构报告，三季度共受理电信用户关于电信服务的申诉的 10216 次。通信服务方面的申诉占申诉总量 41%，通信质量方面的申诉占 20%，收费争议方面的申诉占 39%。

目前，各申诉受理机构对所有立案的用户申诉均已进行了调查处理，对于用户申诉反映出来的热点问题和典型案例，工业和信息化部和各地通信管理局已进行了专门督办。

2. 电信服务监督检查情况

2009 年第三季度，工业和信息化部组织开展了当年第二次手机内置增值业务的服务和收费行为抽查，对手机内置的 913 项增值业务服务和收费情况进行了集中抽样检查。结果表明，所抽查的增值业务 99%收费正常，整体情况良好。但在检查中也发现，仍有 3 项手机内置增值业务使用不正常，大多集中在未获得电信设备进网许可证的手机型号上。主要问题是：未明示资费收取方式，用户在不知情情况下被扣费，业务宣传名称与实际提供内容不相符等。工业和信息化部正在对检查出来的上述问题依法进行处理。

各地通信管理局继续加大对服务质量的监督检查力度，查处侵害用户合法权益的违规电信企业共 61 家次；同时，继续加大对垃圾短信的治理，共排查关闭 1.3 万余个违规短信群发端口，处理 600 余家违规增值电信企业，整改、关停 1.1 万个基础电信企业自有短信业务，有力地遏制了垃圾短信问题的蔓延。

二、增值电信及互联网市场监管

（一）增值电信发展与管理

信息通信产业是国民经济的新兴支柱产业，增值电信服务是其中成长最快、发展空间最大的产业之一，具有能源资源消耗低、产业链长、附加值高的特点，是未来国民经济发展的新增长点。

2009 年，增值电信市场的收入可达 2000 亿元左右，是保持我国电信业持续增长的主要动力。过去几年，增值电信业务发展迅速，创新活跃，特别是与传统产业相结合，不断催生出新的业务形态。增值电信业务的发展带动了基础网络、通信设备、计算机软件、金融和物流等一系列相关产业的发展，形成很强的产业链延伸与带动效应，实现效益倍增。互联网电子商务带动了金融、物流等行业的发展。增值服务还与制造业产品设计、研发、管理过程相结合，创造出服务业的新形态。

增值电信服务业是典型的绿色产业，具有很强的可持续发展能力。美国有关研究表明，发展基于宽带的远程应用（如办公、医疗、商务等），10 年可减少 10 亿吨温室气体排放，相当于美国每年 11%的石油进口。

在全球金融危机中，增值电信服务业显示出良好的抵御金融危机的特性。在部分业务市场受到金融危机影响的情况下，整个增值电信市场仍然保持了 11.8%的较高增长率。同时增值电信业务是发展较为突出的新兴产业之一，成为吸纳和创造就业的重要渠道，提供了网络服务、应用开发、电子商务、移动增值等新兴就业岗位。

“两化”融合、3G、物联网、移动互联网、服务外包等都为增值电信业务提供了广阔的发展前景。增值电信服务将步入新一轮大发展时期，产业健康有序发展离不开政府部门的产业引导、政策保障与监管创新。

增值电信业务发展与管理政策需要在以下 5 个方面进一步加强。一是加强增值电信业务发展的顶层设计，制定“我国增值电信服务产业发展规划”，明确未来我国增值电信服务产业发展的方向、重点和政策扶持领域。二是充分运用各项政策，扶持中小增值电信企业发展。三是创新监管模式，营造良好产业环境。四是完善市场行为管理机制，形成规范经营、诚信服务的良好氛围。五是加强对新型增值电信业务的信息安全管理。有效分解产业链各环节企业的信息安全责任，督促电信企业落实信息安全管理要求和配套措施，持续推进“阳光绿色网络工程”。

（二）互联网网络与信息安全

互联网以其技术与应用的开放性、交互性、自主创新等特点，大大改变了文化的创作、生产、传播和消费方式，不仅成为一个海量的信息传播平台，而且逐渐演化为重要的文化创作平台、文化产品生产平台和文化消费平台。从服务模式看，互联网正从提供信息服务向提供平台服务延伸。以博客等为代表的 Web2.0 等服务模式，使互联网的服务模式更加突出，越来越多的网民成为信息的提供者。同时，传统互联网正在向移动互联网延伸，网上信息的获取、发布、利用更加便捷，这大大拓展了网络信息的传播渠道，推动网络文化的大发展。互联网是一柄双刃剑，在繁荣网络文化的同时，互联网存在的大量低俗内容对我国网络文化氛围造成严重影响。

2009 年，针对互联网产业迅速发展中存在的问题，在党中央和国务院的领导下，形成了各部门齐抓共管、中央和地方两级协同的管理格局。为提高互联网综合管理能力，电信监管机构组织建设互联网网站备案系统、全国数据流监测系统和域名监测系统，联合 15 个部委制定了《互联网站管理协调工作方案》，初步建立了互联网站管理协调机制，完善与其他监管部门前后置审批的流程。

2009 年年初，七部委联合开展网络低俗内容专项整治行动，已取得阶段性成效。2009 年 5 月以来，开展依法打击网络淫秽色情等有害信息专项行动、垃圾短信专项整治行动等，关闭非法网站网址，删除不良信息，遏制垃圾短信的传播力度。

为扎实推进打击手机淫秽色情专项行动，切实做好净化网络环境的基础性工作，工业和信息化部发布《关于进一步深入整治手机淫秽色情专项行动工作方案》，全力彻查违规经营行为，发现、处置手机涉黄网站，手机网络涉黄信息传播得到一定遏制。

自专项行动开展以来，针对业务推广渠道、手机网站接入、服务器层层转租、手机代收费和涉黄网站域名变换等 5 个涉黄关键环节，工信部组织相关单位进行了重点排查和清理。三家基础电信企业共计暂停业务合作推广渠道 460 家，杜绝合作企业在涉黄网站上进行业务推广；对手机网站接入环节逐一清理，关闭或屏蔽手机涉黄网站 1.1 万余个；对服务器层层转租进行核查，清退违法接入商 126 家；通过加强业务拨测、清理合作协议等措施，加强对代收费行为的规范，停止违规手机代收费业务 1630 个；中国互联网络信息中心严格审核流程，暂停解析涉黄域名 1.2 万余个，打击涉黄网站通过变换域名逃避监管的行为。

在此基础上，充分利用管理和技术手段，强化社会监督，扩大净化战果，会同公安、新闻办召开了手机搜索业务信息安全管理会议。目前 13 家搜索引擎企业累计设置过滤关键词 27 万条，屏蔽色情网站 4.3 万个，删除色情网址、贴文 130 万个，清理色情图片 85 万张；协调三家基础电信企业建立黑名单企业联动管理制度；制定出台了《WAP 网关内容过滤技术要求》和《宽带网络接入服务器内容过滤技术要求》，细化对手机 WAP 网关加装有害信息发现和过滤手段的具体实施方案；制定并向社会公布了手机淫秽色情信息举报受理和奖励办法，12321 举报受理中心已受理淫秽色情和低俗举报信息 2.7 万余件次。此外，工信部积极配合相关部门查处非法网站。专项行动开始后，各地通信管理局配合国务院新闻办关闭涉黄网站 55 个，配合公安部处理涉黄等违规网站 187 个，配合广电总局关闭非法网站 155 个。

经过第一阶段的全面排查和重点整治，手机淫秽色情治理工作已初见成效。为进一步固化网络净化成果，专项行动第二阶段工作现已全面启动，工信部将通过严格管理规定、强化技术手段等多项具体措施，与外宣、公安等相关部门密切配合，共同将打击手机淫秽色情工作推向深入。

整治互联网低俗之风专项行动在多个方面深入推进，围绕扩大整治成果、防止违法违规网站死灰复燃、完善基本管理制度、加强从业人员教育培训等方面的工作措施取得很大进展，同时依法关闭多家传播淫秽色情和低俗内容的违法违规网站。

从长期来看，对互联网低俗内容的治理将是一项持久战。国家有关管理部门将综合应用法律规范、行政监管、技术保障和行业自律等必要手段，遏制网上不良信息的传播，规范网上行为，提供绿色上网手段，提高信息安全意识，保护公众免受不良安全信息、虚假信息、垃圾信息、恶意信息的危害，努力为未成年人的健康成长创造良好的网络环境，同时大力开发技术资源，为广大网民营造良好的网络文化氛围。

（工业和信息化部电信研究院政策与经济研究所　何霞）

第4章

中国通信业自主创新

一、全国通信行业企业管理成果

（一）全国通信行业企业管理现代化创新成果

自 2004 年以来，中国通信企业协会在政府部门的领导下，在各通信企业、各省（区、市）通信行业（企业）协会的支持和帮助下，组织开展了“全国通信行业企业管理现代化创新成果”审定工作。截至目前，已经举办了 6 届，共评出全国通信行业企业管理现代化创新成果 424 项。几年来，全国通信行业企业管理现代化创新成果审定工作总体上保持了良好发展的态势，为调动通信行业企业管理工作者的积极性和创造性，鼓励和引导企业积极推进管理创新，提升通信企业管理现代化水平和综合竞争能力，探索建立具有中国特色的通信企业现代化管理体系，促进通信行业企业平稳较快发展等方面发挥了积极的推动作用。

经审定委员会会议审议，确定了第六届（2009 年）全国通信行业企业管理现代化创新成果 82 项，其中一等奖 14 项，二等奖 18 项，三等奖 50 项（具体名单见表 4-1）。中国移动通信集团公司被评为本次活动优秀组织单位。

表 4-1　第六届全国通信行业企业管理现代化创新成果名单

序号	等级	申报单位	成果名称
1	一等	中国移动通信集团公司总部发展战略部	创新实施战略性企业社会责任管理
2	一等	中国联合网络通信集团有限公司吉林省分公司	农科在线 开创农村信息化营销新模式助力社会主义新农村建设
3	一等	中国移动通信集团公司总部网络部	中国移动快速高效运维管理指挥调度及响应体系
4	一等	中国邮政集团公司	以“全夜航”为主线、构建中国邮政航空快速网
5	一等	河南省邮政公司	邮政企业员工帮扶救助长效机制的构建与管理
6	一等	中国电信集团公司	以价值管理为核心的管理会计体系的构建与实施
7	一等	中国邮政储蓄银行有限责任公司	“商易通”业务品牌建设与创新
8	一等	中国移动通信集团湖南有限公司	创建面向移动电子商务的一体化手机支付对帐管理体系
9	一等	中国移动通信集团江苏有限公司	增值业务“健康度”评估体系研究与应用
10	一等	中国联合网络通信集团有限公司山东省分公司	和谐农村的“平安互助网”建设
11	一等	中国电信股份有限公司	面向政企客户的嵌入式服务及 IT 支撑
12	一等	中国移动通信集团广东有限公司	基于企业软实力提升的“走进中国移动”管理实践
13	一等	中国联合网络通信集团有限公司电子渠道中心	构建一级架构、三级运营的创新型电子渠道生产管理体系
14	一等	中国电信学院	构建和实施基于战略的领导力发展体系
15	二等	中国移动通信集团江西有限公司	提升资源高效运营能力的策略成本管理
16	二等	广东省珠海市邮政局	网商创业园项目的实践
17	二等	北京市邮政公司	信筒同城快件的开发与实践
18	二等	中国通信服务有限公司	中国通信服务客户服务与市场拓展规划
19	二等	中国移动通信集团江苏有限公司	省级 12580 运营能力提升的创新研究与实践
20	二等	中国电信集团公司	支撑战略转型的动态资源配置模型

续表

序号	等级	申 报 单 位	成 果 名 称
21	二等	中国移动通信集团北京有限公司	大型项目移动通信服务保障指挥体系
22	二等	江苏省苏州邮政局	实施和谐企业建设的目标化管理
23	二等	中国联合网络通信集团有限公司内蒙古自治区分公司	创新直销考核体系，提升发展能力
24	二等	中国移动通信集团总部业务支撑系统部	创建支撑系统量化管理指标体系、提升中国移动业务运营管理水平
25	二等	中国移动通信集团广东有限公司	基于价值保障的全业务稽核体系
26	二等	中国移动通信集团公司总部市场经营部	创建维基 OPSC 管理模型，建立扁平化、一体化的市场管理模式
27	二等	中国联合网络通信集团有限公司福建省分公司	节能减排 打造绿色环保机房 创资源节约型环境友好型企业
28	二等	中国电信股份有限公司	通信运营商接入网光纤化实施与运营
29	二等	中国电信广西公司	基于精确管理创新的时效管控系统建设与应用
30	二等	中国联合网络通信集团有限公司吉林省分公司	构建网络安全认证服务体系 打造企业新的收入增长点
31	二等	中国移动通信集团广东有限公司	通信企业集成管理模式的探索与实践
32	二等	中国电信云南公司	以实现跨越式发展为目标的“传帮带”执行体系的构建
33	三等	中国移动通信集团北京有限公司	以创新为灵魂以贡献为基石构建专家人才动态管理体系
34	三等	中国移动通信集团公司总部计划部	创新供应链管理方式，建立新型商业合作形式
35	三等	黑龙江省邮政公司	邮运网路优化管理
36	三等	中国联合网络通信集团有限公司广东省分公司	基于通信网价值提升的投资后评价及问责体系
37	三等	中国移动通信集团四川有限公司	服务危机主动管理体系
38	三等	中国移动通信集团新疆有限公司	基于价值创造的信用服务体系研究及实践
39	三等	广州市邮政局	以提升服务效能为导向创新 11185 运营管理模式
40	三等	云南省邮政公司	构建“三流合一”为核心的烟草配送体系
41	三等	中国电信集团公司	高效运营支撑系统的合理构建与实施
42	三等	中国联合网络通信集团有限公司广东省分公司	基于销售模式转型的销售管理系统创新应用
43	三等	黑龙江省邮政公司	以转换发展方式为目标的资产经营与管理
44	三等	中国移动通信集团黑龙江有限公司	全新指挥调度管理模式的应用与实践
45	三等	中国联合网络通信集团有限公司辽宁省分公司	构建省级运营商销售支撑管控体系，提升精确化客户营销水平
46	三等	中国电信安徽公司	固定资产“全生命周期和价值创造”管理体系建设
47	三等	中国电信黑龙江公司	创新成本定额管控方法，推进全员价值管理
48	三等	中国联合网络通信集团有限公司河北省分公司	电信增值业务平台集约化建设与维护管理创新实践
49	三等	中国联合网络通信集团有限公司黑龙江省分公司	增值业务精确营销管理系统
50	三等	中国联合网络通信集团有限公司陕西省分公司	网格化营销体系的建设与运用
51	三等	江西省赣州市邮政局	建设卓越营销团队　促进企业持续发展
52	三等	广州市邮政局	嵌入式服务在商函高端客户关系维护中的应用
53	三等	湖北省邮政速递物流公司	以色彩控制为中心的“6S”现场管理模式
54	三等	陕西省西安邮区中心局	总包分拣前置处理的应用
55	三等	中国电信泉州公司	构建以流程为纽带的企业法律风险防范体系创新与实践

续表

序号	等级	申报单位	成果名称
56	三等	中国电信江苏公司	引领供应链科学发展的公式报价采购模型的构建与应用
57	三等	中国移动通信集团安徽有限公司	构建面向客户体验的电子渠道运营评估体系
58	三等	西藏区邮政公司	农牧区邮政通信网络体系统建设
59	三等	广州邮区中心局	国际邮件通关新模式的构建
60	三等	中国移动通信集团浙江有限公司	基于酬金自动归集信息化系统的渠道管理能力提升
61	三等	中国移动通信集团贵州有限公司	省级电信企业业务支撑网量化与标准化运营管理体系的构建与实施
62	三等	中国移动通信集团陕西有限公司	基于客户感知的基站密集区域的高效运维管理模式创新实践
63	三等	浙江省邮政公司	以“经营网路”为核心的邮政生产流程再造
64	三等	中国邮政储蓄银行有限责任公司广东省分行	搭建体系创新管理，提升 ATM 创效能力
65	三等	福建省邮政公司	邮政便民服务站
66	三等	中国移动通信集团宁夏有限公司	以预测模型为依据，加强中高端用户流失管理
67	三等	广东长实通信工程有限公司	内部等级认证制度
68	三等	山东万博科技股份有限公司	网络代维业务管理系统
69	三等	中国电信厦门公司	创新性实践“竞标”管理新机制
70	三等	中国移动通信集团江苏有限公司	打造营业厅“超级电视”互动传播平台
71	三等	中国移动通信集团河南有限公司	基于经营分析系统监控收入异动，防范市场风险
72	三等	中国邮政储蓄银行有限责任公司河南省分行	小额信贷业务专业化经营管理
73	三等	中国电信股份有限公司宁夏长途电信传输局	创新长途电信传输维护量化管理
74	三等	中国联合网络通信集团有限公司山西省分公司	通信行业运营支撑系统的集中化建设与管理
75	三等	中国移动通信集团江西有限公司	基于快速响应基层需求的“一线直通车”信息化管理与应用
76	三等	中国移动通信集团河南有限公司	新媒体公关传播管理模式
77	三等	中国联合网络通信集团有限公司辽宁省分公司	电信企业面向转型的 e 团队构建与实施
78	三等	中国移动通信集团浙江有限公司	面向核心竞争力提升的精益运营体系的构建与实施
79	三等	中国电信上海研究院	适应全业务运营的产品端到端开发评测管理创新
80	三等	中国移动通信集团重庆有限公司	面向集团客户销售的知识型员工自我管理模式
81	三等	中国联合网络通信集团有限公司湖南省分公司	探索国有基层电信企业人力资源激励新机制
82	三等	中国电信股份有限公司	中国电信 IT 设备集采综合管理体系建立

（二）全国通信行业用户满意企业

2009 年，中国通信企业协会根据各申报企业 2008 年度服务质量、用户满意度测评等情况，经全国通信行业用户满意企业审定委员会审议确定，共评选出 43 家企业为“2009 年全国通信行业用户满意企业”（具体名单见下文）。其中，中国电信上海公司、中国电信江苏公司、中国移动通信集团福建有限公司、中国移动通信集团重庆有限公司永川分公司、中国联合网络通信有限公司安徽省分公司、中国联合网络通信有限公司北京市四区分公司、四川省成都市邮政局、西藏自治区拉萨市邮政局等 8 家企业获全国用户满意企业称号。

2009 年通信行业用户满意企业名单（排名不分先后）

中国电信上海公司
中国电信江苏公司
中国电信浙江公司
中国电信安徽公司铜陵分公司
中国电信广东公司江门分公司
中国电信四川公司乐山分公司

中国电信辽宁公司锦州分公司

中国电信福建公司莆田分公司

中国电信江西公司吉安分公司

中国电信湖北公司黄冈分公司

中国移动通信集团江苏有限公司常州分公司

中国移动通信集团广东有限公司广州分公司

中国移动通信集团福建有限公司

中国移动通信集团重庆有限公司永川分公司

中国移动通信集团湖北有限公司宜昌分公司

中国移动通信集团安徽有限公司滁州分公司

中国移动通信集团河北有限公司唐山分公司

中国移动通信集团甘肃有限公司客户服务中心

中国移动通信集团山西有限公司长治分公司

中国移动通信集团河南有限公司周口分公司

中国联合网络通信集团有限公司辽宁省分公司

中国联合网络通信集团有限公司天津市分公司

中国联合网络通信集团有限公司安徽省分公司

中国联合网络通信集团有限公司齐齐哈尔市分公司

中国联合网络通信集团有限公司辽源市分公司

中国联合网络通信集团有限公司吕梁市分公司

中国联合网络通信集团有限公司北京市四区分公司

中国联合网络通信集团有限公司赤峰市分公司

中国联合网络通信集团有限公司衡水市分公司

中国联合网络通信集团有限公司武汉市分公司

中国邮政安徽省安庆市邮政局

中国邮政河南省平顶山市邮政局

中国邮政吉林省长春市邮政局

中国邮政江西省吉安市邮政局

中国邮政山西省吕梁市邮政局

中国邮政四川省成都市邮政局

中国邮政西藏区拉萨市邮政局

中国邮政云南省迪庆州邮政局

中国邮政浙江省杭州市邮政局

中国邮政湖北省武汉市邮政局

广东长实通信工程有限公司

艾默生网络能源有限公司

上海邮电设计咨询研究院有限公司

（三）全国通信行业优秀质量管理小组

根据《关于做好 2009 年全国通信行业优秀质量管理小组评优工作的通知》（通企[2009]23 号）文件要求，中国通信企业协会组织了优秀质量管理小组的成果材料评审和发表评审，最后经审定委员会审议确定，共评出 2009 年全国通信行业开展质量管理小组活动先进单位 49 个，全国通信行业优秀质量管理小组 201 个。其中 25 个小组同时获全国优秀质量管理小组称号（具体名单见表 4-2）。

这些成果涉及全国 29 个省、区、市的通信企业，内容涵盖了企业经营管理、运行维护以及相关技术、业务等各方面课题，小组活动的普及率和成果水平都有了显著的提高，充分体现了质量高、覆盖面广、成效显著、推广价值高的特点，为企业创造了可观的经济效益和社会效益。

表 4-2　2009 年全国优秀质量管理小组名单

序号	单 位 名 称	小 组 名 称	成 果 名 称
1	中国移动广东有限公司网管维护中心	卓越数据网络 QC 小组	缩短 GPRS 业务障碍处理时长
2	珠海市邮政局	营业分局大客户部 QC 小组	降低大宗挂号退信处理逾限率
3	中国移动上海有限公司计费中心	移动信使 QC 小组	提高 10086 短信发送及时率
4	中国移动浙江有限公司杭州分公司	信令研究 QC 小组	提高软交换寻呼接通率
5	中国移动江苏有限公司网络部	“完美接入”QC 小组	降低 alcatel 基站隐性故障告警比
6	中国电信上海分公司中区电信局	“攻克”QC 小组	降低 IPTV 安装退单率
7	中国电信中山分公司	末梢管控 QC 小组	降低末梢装维投诉量
8	中国电信上海分公司企业信息化部	“精确制导”QC 小组	提升浦东区局实物入网格率
9	中国移动广东有限公司珠海分公司	创意无限 QC 小组	研发会议实时转播的新方法
10	中国移动通信集团公司网络部	超越 QC 小组	研究彩信手机报发送的新方法
11	中国电信上海分公司信息网络部	“零距离”QC 小组	终端远程管理体系的开发

续表

序号	单位名称	小组名称	成果名称
12	中国电信上海分公司北区电信局	"北极星"QC 小组	降低北区电信局用电能耗
13	中国联通威海市分公司运维部	重点客户机房整治 QC 小组	降低重点客户用户端故障率
14	中国移动山西有限公司呼叫业务分公司	综合业务项目部 QC 小组	降低 10086 自助业务受理失败率
15	中国移动安徽有限公司客户服务中心	"GOGO 加油"QC 小组	缩短客户咨询应答等待时长
16	中国移动江苏有限公司网络部	网优无限 QC 小组	降低边界漫游投诉量
17	中国联通青岛市分公司	移动网络优化 QC 小组	降低用户投诉
18	中国移动广东有限公司惠州分公司	网络优化研究 QC 小组	研究华为基站节能节电新方法
19	中国联通天津市分公司	热线动车 QC 小组	缩短用户访问网站的响应时长
20	铁通天津分公司	10050 客服中心 QC 小组	缩短客户代表平均通话时长
21	广州市邮政局	客户服务中心语音部 QC 小组	提高电子商务速递业务外呼成功率
22	中国移动江苏有限公司常州分公司	"动车之星"QC 小组	提高 CRH1 动车常州段话音质量
23	中国移动广东有限公司中山分公司	至善网络 QC 小组	提高彩信端到端成功率
24	中国移动北京有限公司	12580 信息运营 QC 小组	提升 12580 业务的信息质量满意度
25	中国移动浙江有限公司嘉兴分公司	工程建设中心 QC 小组	研究无源器件集成的新方法

二、中国通信学会科学技术奖

2009 年度"中国通信学会科学技术奖"评选结果揭晓，经由信息通信领域部分院士和知名专家组成的评委会认真评审和网上公示，共评出一等奖 4 项，二等奖 10 项，三等奖 16 项。（具体名单见表 4-3）。

表 4-3 2009 年度中国通信学会科学技术奖获奖项目、获奖单位及获奖者

序号	申报项目	等级	申报单位	获奖者
1	TD-SCDMA 及其增强型终端一致性测试技术与平台	1	北京邮电大学	张平、姜军、张治、邓钢、李亦农、唐晓晟、王莹、唐恬、马楠
			北京星河亮点通信软件有限责任公司	陈杰、李卫东、赵璨、张翼、刘宝玲、陶小峰
2	基于异构网络融合的多媒体技术	1	中兴通讯股份有限公司	邓中亮、王晓明、李学明、戴志军、沈灿、刘继年、李加周、段大高
			北京邮电大学	崔岩松、韩可、钟宏、王宁、杨福兴、刘敦军、王志英
3	时域同步正交频分复用接收机系统	1	清华大学	杨知行、潘长勇、宋健、王军、王劲涛、彭克武、符剑、阳辉、张彧、薛永林、吴佑寿、龚克
4	面向企业运营的 TD-SCDMA 技术创新	1	中国移动通信集团公司	王建宙、李跃、沙跃家、鲁向东、李慧镝、周建明、王溪澄、阎江、王晓云、魏丽红、王红宇、张同须、刘佳、沈忱、于川
5	中国联通全国统一电信业务充值（一卡充）工程	2	中国联合网络通信有限公司	刘诚明、李连祥、刘晓亮、杜志涛、陆海、李福庆、李长连、王永刚
6	奥运宽带移动通信系统的研究与应用	2	中国移动通信集团北京有限公司	沙跃家、杨晓范、马圣贤、王文明、吴晓梅、徐小超、盛凌志、杜建凤、马奔腾、邵春菊
			中国移动集团公司研究院	
			中国移动集团公司设计院	

续表

序号	申 报 项 目	等级	申 报 单 位	获　奖　者
7	长沙、株洲、湘潭本地固定电话网用户号码升八位及并网	2	中国电信湖南公司 中国电信集团公司运维部 中兴通讯股份有限公司 上海贝尔股份有限公司 中国移动湖南公司 中国联通湖南公司	廖仁斌、刘少阳、申志云、秦树春、欧亚非、肖大力、寻俊毅、潘东云、张灵毅、范中平
8	小型智能化光收发合一模块研究及应用	2	武汉电信器件有限公司 武汉邮电科学研究院 光纤通信技术和网络国家重点实验室（筹）	高明锁、陈寅、郑林、全本庆、宿志成、宋蓓莉、刘志刚、金灿、张德玲
10	中小企业信息化综合服务解决方案	2	中国电信集团公司	赵慧玲、谭国权、冯明、姚寄东、杨明川、广小明、徐秋慧、李若朋、朱敏、侯光华
11	量子保密通信协议理论及其模拟技术	2	北京邮电大学	温巧燕、高飞、郭奋卓、秦素娟、张劼、张华、杨宇光、林崧
12	SIM 卡防克隆技术研究	2	中国移动通信集团公司	沙跃家、杨志强、赵芳、于川、侯海涛、粟栗、刘斐、罗红、彭华熹、裴志刚
13	号码携带技术和管制政策的研究	2	工业和信息化部电信研究院	龚双瑾、吕军、徐玉、林美玉、陶晨、曹远、吴宏建、黄荷仙、
			太极华能信息系统有限公司	张捷、刘荣朵
			上海梁江通信系统有限公司	
14	互联网接入管控系统（DACS）及差异化业务研发与商用	2	中国电信股份有限公司广东研究院	冷荣泉、蔡康、冯明、吴伟、吴湘东、李洪、卢燕青、陆立、贾曼、毛东峰
15	基于 MAS 的集团客户移动信息化服务	2	中国移动通信集团公司	周毅、叶兵、沈卫中、肖军、杨楠、彭华、赵立君、赵辉、朱宇、刘越
16	无线通信中的宽带天线与传输性能优化关键技术	3	南京邮电大学	朱洪波、程崇虎、吕文俊、薄亚明、扈罗全
17	IPTV 高清技术研究及试商用	3	中国电信股份有限公司上海分公司	王思伟、肖晴、冯耀洲、金剑锋、沈昕
18	基于P2P的数字媒体业务研发及应用试验	3	中国电信股份有限公司广东研究院	蔡康、冯明、胡乐明、武娟、陈珣
19	全业务 IP 承载网技术研究与推广应用	3	中兴通讯股份有限公司	范成法、陈志伟、申春升、夏迎春、李刚
20	我国移动互联网发展战略研究	3	工业和信息化部电信研究院	余晓晖、许志远、王志勤、万彭、李婷
21	基于电信产业价值链整合的商业运营模式创新研究	3	西安邮电学院	张鸿、张利、杨洵、张权、吕建东
22	国家互联网骨干网流监测分析系统	3	国家计算机网络与信息安全管理中心 中国科学院计算技术研究所	黄澄清、云晓春、刘欣然、孙蔚敏、周勇林

续表

序号	申 报 项 目	等级	申 报 单 位	获 奖 者
23	大规模恶意代码捕获分析与追踪系统	3	国家计算机网络与信息安全管理中心 北京大学 北京理工大学	杜跃进、徐娜、刘伯超、王勇、朱春鸽
24	中国联通“视网计划”创新业务工程	3	中国联通集团宽带业务应用国家工程实验室 中国联合网络通信有限公司 中国联通集团宽带在线公司 中国联合网络通信集团公司贵州省分公司	唐雄燕、马少武、王佳楠、马占勇、申志伟
25	WCDMA 基站 CE（信道单元）配置模型研究报告	3	中国联通移动公司网络建设部 中讯邮电咨询设计院有限公司	南新生、张忠平、蔡庆宇、王常玲、王靖宇
26	中国联通“一级架构”的电子渠道系统工程	3	电子渠道中心	宗新华、李莞菁、刘海舟、翟立柱、杨宇
27	中国下一代互联网（CNGI）重大专项——基于P2P的安全诚信的数字媒体业务应用	3	中国联合网络通信有限公司	张范、张智江、王明会、彭久生、王有爽
28	基于 TD-SCDMA 网络的“无线城市”创新与实践	3	中国移动通信集团福建有限公司	张莉、刘卫国、魏汉辉、张燕鹏、傅海
29	集中式通信网络自动监测诊断系统	3	中国移动通信集团浙江分公司	祝瑾华、李立奇、张卷卷、朱贤斌、蒋熠
30	TD-SCDMA 网络规划优化系统	3	大唐移动通信设备有限公司	马军、李东宇、张民、甄颖、杨永炜
31	汶川地震灾后通信基础设施重建规划	3	工业和信息化部电信研究院	余晓晖、刘树苹、陈立东、文剑、郭春源

三、中国通信标准化协会科学技术奖获奖项目

2009 年评奖活动，经过协会技术工作委员会初评、专家组中评、协会高级评审委员会终评，网上公示，理事会批准，上报国家奖励办和工业和信息化部科技司备案，评选出 2009 年度“中国通信标准化协会科学技术奖”一等奖 3 项、二等奖 8 项、三等奖 9 项（具体名单见表 4-4）。作为 2009 年全国信息通信标准奖其获奖项目体现几个特点。

（一）具有自主知识产权的技术纳入标准

在 2009 年的获奖项目中，具有我国自主创新的成果纳入标准得到充分体现。在获奖项目 20 项中有 6 项含有自主创新技术，其中具有国家专利局授权的发明专利有 28 项，正在申请的有 30 多项。其中在《基于 SDH 的多业务传送节点(MSTP)技术要求和测试方法》中含有 13 项发明专利技术。在《2GHz TD-SCDMA 数字蜂窝移动通信网高速下行分组接入（HSDPA）无线接入网络设备技术要求》等标准中有“多载波高速下行分组接入中混合自动重传方法及应用、高速共享信息信道同步配制处理方法”等核心专利 5 项。

（二）我国逐步从跟踪到引领国际标准制定

随着我国在国际标准化地位的提升，在通信国际标准领域已经从跟踪研究、积极参与，到实现局部突破，以及部分引领国家标准制定。我国提交的国际标准不仅数量大，而且技术水平和采纳率逐年上升。2009 年申报的项目中，国际标准占 40%。此次推荐的“网络管理通用接口国际和行业标准及其应用”、“ITU-T Y.1910 IPTV 功能架构”等国际标准、“宽带、多天线系统的电波测量、建模研究和国际标准化(面向 IMT-Advanced 的宽带 MIMO 信道模型)”等，在前瞻性、基础性、创新程度、技术水平方面

都达到很高的水平，对于提高我国在国际标准中的地位产生了很大的作用和影响。

（三）标准产业化程度高、效益显著

近年来，企业积极开展了大量的企业标准研究。企业首先开发创新技术，在开发技术的同时注重提升核心进行标准化，在标准化过程中，注重产业化和商业化，并走向两个市场，尤其是国际市场。例如：《中国电信网络视频监控业务技术规范》等 11 项标准、《中国联通 AVS-IPTV 技术规范》等。企业标准在创新程度、技术水平、专利数量等方面都取得了一定的成绩，在促进行业技术进步、为企业创造经济效益和社会效益以及对其他企业的示范作用等方面也有很好的作用，创出了由中国企业主导，技术专利化—专利标准化—标准产业化的自主创新发展的成功之路。

2009 年 12 月 18 日中国通信标准化协会在第八次会员大会上，对获奖单位和个人进行了表彰。工业和信息化部娄勤俭副部长，国家标准化委员会方向副主任、中国工程院邬贺铨副院长、国际联盟（ITU）赵厚麟副秘书长等为获奖代表颁奖并作了重要讲话。

中国通信标准化协会科学技术奖的权威性、公正性和影响力，已经得到社会和广大标准化工作者的充分认可。在协会评奖的基础上，推荐国家级奖励工作，获得国家科技进步二奖获 2 项，推荐国标委“中国标准创新贡献奖”获奖率达到 100%。通过评奖活动的开展，极大地鼓励了企业将具有自主知识产权的技术纳入国内外标准，充分调动了标准化工作者的积极性和创造性，为建立创新型国家提供了良好的社会基础。

表 4-4　2009 年度中国通信标准化协会科学技术奖获奖项目

等级	项 目 名 称	主要完成单位	主 要 完 成 人
一等奖	基于 SDH 的多业务传送节点(MSTP)技术要求和测试方法	华为技术有限公司、中兴通讯股份有限公司、上海贝尔股份有限公司、中国电信集团公司、工业和信息化部电信研究院	张成良、蔡常天、袁飞、黄峰、胡昌军、蒋章震、曾理、赵福川、马琳、陈樵、荆瑞泉、李伟、郁志勇、权星月、王郁
一等奖	电信网和互联网安全防护管理指南等 32 项标准	工业和信息化部电信研究院、中国电信集团公司、中国联合网络通信集团有限公司、中国移动通信集团公司、中国铁通集团有限公司	龚双瑾、张雪丽、魏亮、魏薇、田慧蓉、赵阳、王宇、陈敏时、陈利军、冯铭、黄颖、杨剑锋、袁琦、李成、赵文玉
一等奖	2GHz TD-SCDMA 数字蜂窝移动通信网 高速下行分组接入（HSDPA）无线接入网络设备技术要求等 32 项标准	工业和信息化部电信研究院、大唐移动通信设备有限公司、中国移动通信集团公司、中兴通讯股份有限公司、鼎桥通信技术有限公司	李文宇、王小奇、王可、陈慧、沈东栋、李星、胡海静、王小旭、徐霞艳、全海洋、张大均、马志锋、王浩然、黄河、李凤
二等奖	网络管理通用接口国际和行业标准及其应用	北京邮电大学、北京市天元网络技术股份有限公司	王颖、王智立、刘会永、高志鹏、亓峰、张杰、陈兴渝、柯小婉、熊翱、陈纲
二等奖	ITU-T Y.1910 IPTV 功能架构等 2 项国际标准	工业和信息化部电信研究院、中兴通讯股份有限公司	蒋林涛、刘多、谢玮、何宝宏、魏凯、夏宏飞、王东
二等奖	宽带、多天线系统的电波测量、建模研究和国际标准化(面向 IMT-Advanced 的宽带 MIMO 信道模型)	北京邮电大学、中国移动通信集团公司	张平、张建华、刘光毅、黄宇红、冯志勇、崔春风、董伟辉、邓刚、沈晓东、张煜
二等奖	中国电信网络视频监控业务技术规范等 11 项标准	中国电信集团有限公司、中国电信股份有限公司上海研究院	冯明、郑泽民、曹宁、梁笃国、雷俊智、张艳霞、李杰、任广杰
二等奖	EPON 系统互通性等 3 项标准	中国电信集团公司、信息产业部电信研究院、武汉邮电科学研究院、中兴通讯股份有限公司、华为技术有限公司、北京格林威尔科技发展有限公司、UT 斯达康（重庆）通讯有限公司、上海贝尔阿尔卡特股份有限公司、北京邮电大学、北京西门子通信网络股份有限公司	韦乐平、沈成彬、王作强、王波、蒋铭、任艳、何小玉、余景文、王成巍、杜喆

续表

等级	项 目 名 称	主要完成单位	主 要 完 成 人
二等奖	在用局用交换设备计费技术要求和检测方法—固定电话网部分等 4 项标准	工业和信息化部电信研究院	孟艾立、陈欣、唐静波、胡晓宇、苏娜、张大元、张汇钧、戈志勇、周璟、陈昱
二等奖	信息安全运行管理系统总体架构	中国移动通信集团公司、国家计算机网络应急技术处理协调中心、北京安氏领信科技发展有限公司	刘楠、周智、尤梦、孙金霞、李威、黄元飞、舒敏、李本、李欣欣、张瑾
二等奖	通信网络设备的回收处理要求等 6 项国家标准	工业和信息化部电信研究院、中兴通讯股份有限公司、厦门科华恒盛股份有限公司、江苏双登集团有限公司、浙江南都电源动力股份有限公司	蒋京鑫、郭伟祥、吴京文、余斌、卢春阳、刘妍、王丽琴、安石妍、杨帆、李婷
三等奖	2GHz TD-SCDMA 数字蜂窝移动通信网终端设备技术要求等 14 项标准	工业和信息化部电信研究院、中国移动通信集团公司、大唐移动通信设备有限公司、北京星河亮点通信软件有限责任公司、北京展讯高科通信技术有限公司、北京天碁科技有限公司、天津三星通信技术有限公司	果敢、石美宪、来志京、朵灏、田云飞、王海燕、李波
三等奖	中国联通 GSM/WCDMA 数字蜂窝移动通信网技术体制等 26 项标准	中国联合网络通信有限公司、中讯邮电咨询设计院有限公司	张智江、迟永生、顾旻霞、马红兵、刘申建、贾川、陈国利
三等奖	中国联通 AVS-IPTV 技术规范	中国网通集团宽带业务应用国家工程实验室有限公司	滕勇、高文、刘红旗、陶蒙华、胡舜耕、张伦泳、姜智峰
三等奖	电信中心内通信设备的过电压过电流抗力要求等 5 项雷击防护系列标准	中国电信集团公司、广东天乐通信设备有限公司、工业和信息化部电信研究院、爱普科斯电子(孝感)有限公司、上海贝尔股份有限公司	石莹、刘裕城、陈少川、陈健儿、王华刚、田继清、陆冰松
三等奖	中国移动 TD-SCDMA 智能天线阵列设备规范等 3 项标准	中国移动通信集团公司	王晓云、马欣、刘佳、丁海煜、徐晓东、余立、金磊
三等奖	IMS 可靠性	华为技术有限公司	时书锋、申林飞、梁枫
三等奖	ISIS 扩展支持 MPLS 和 GMPLS 域间流量工程等 2 项标准	华为技术有限公司、中国移动通信集团公司	张仁海、段晓东、陈国义、夏洪淼
三等奖	数字移动终端外围接口数据交换 第 1 部分：数据格式技术要求等 2 项标准	工业和信息化部电信研究院、华为技术有限公司、成都市奇点软件有限公司	何桂立、史德年、匡晓烜、项宗建、易高雄、陈国乔、杨健
三等奖	基于以太网方式的无源光网络（EPON）技术要求	工业和信息化部电信研究院、中兴通讯股份有限公司、上海贝尔股份有限公司、UT 斯达康（中国）有限公司、烽火通信科技股份有限公司、华为技术有限公司	陈洁、敖立、刘谦、谢云鹏、张凯宾、宋小燕、何岩

第二篇　通信业发展分析

第5章

基础电信业发展分析

一、电信业基本情况分析

（一）主要指标发展情况

1. 业务发展情况

2009 年，全国电信业务总量累计完成 25680.6 亿元，同比增长 14.4%；移动通信 2009 年累计时长，同比增长 19.5%，低于 2008 年 27.8%的增速；固定本地电话通话量同比下降 12.7%，下降速度与 2008 年（–8.5%）相比进一步加快。

实现电信主营业务收入 8424.3 亿元，同比增长 3.9%。与 2008 年收入增速相比，电信主营业务收入的增速约下降了一半（见图 5-1）。

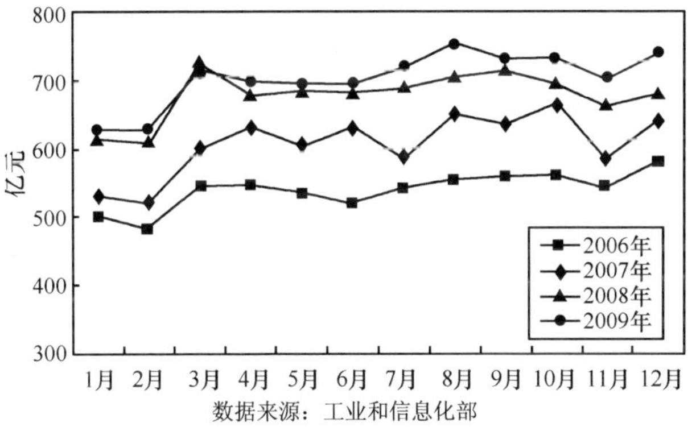

图 5-1 2006 年～2009 年各月电信主营业务收入比较

总体来说，受到金融危机的影响，电信行业的收入和业务量虽然还保持增长的态势，但是增长的速度在下降。不过，电信主营业务收入在 2009 年 2 月的最低点后，已经呈现逐步回升的态势。

2. 用户发展情况

2009 年，全国电话用户净增 7946.7 万户，总数达到 106107.2 万户。移动电话用户在电话用户总数中所占的比重达到 70.4%，移动电话用户与固定电话用户的差距超过 4 亿户。

（1）固定电话用户发展。2009 年，全国固定电话用户减少 2667.1 万户，达到 31368.8 万户，固定电话普及率达到 23.6 部/百人，比 2008 年底下降 2.2 部/百人，见图 5-2。其中，城市电话用户减少 1978.3 万户，达到 21177.6 万户；农村电话用户减少 688.8 万户，达到 10191.2 万户。固定电话用户中，传统固定电话用户减少 373.4 万户，达到 26769.4 万户；无线市话用户减少 2293.7 万户，达到 4599.4 万户。无线市话用户在固定电话用户中所占的比重从 2008 年底的 20.3%下降到 14.7%。

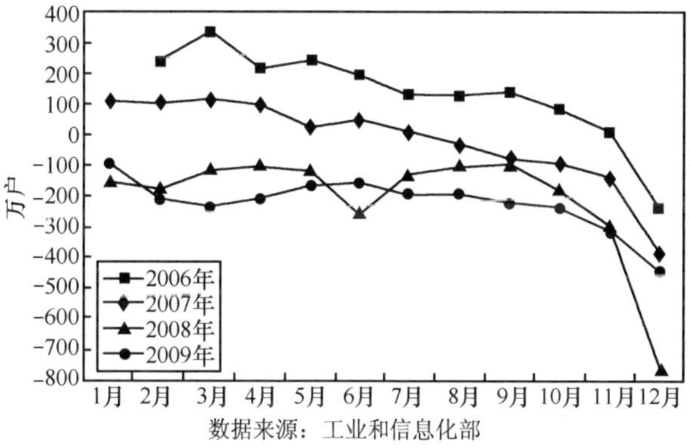

图 5-2 2006 年～2009 年各月固定电话净增用户变化

固定电话用户数仍然延续 2008 年的下降趋势，而且用户减少的数量还多于去年，说明固定电话被替代的趋势越来越明显。

（2）移动电话用户发展。2009 年，全国移动电话用户净增 10613.8 万户，达到 74738.4 万户。2009 年是移动电话用户增长最多的一年，其中 3 月份净增移动电话用户 1055.1 万户，刷新单月增长纪录。移动电话普及率达到 56.3 部/百人，比 2008 年底提高 7.8 部/百人（见图 5-3）。

可以发现，移动电话用户数仍保持较为强劲的增长态势。这主要是因为 3G 牌照发放之后，中国电信进入移动领域，进一步拉动了全国移动用户的增长。

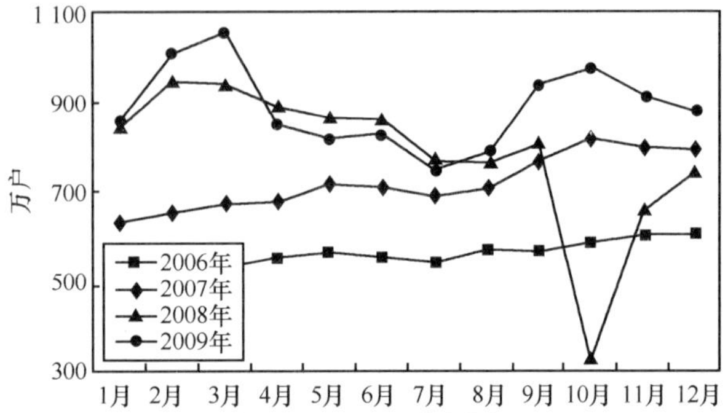

数据来源：工业和信息化部

图 5-3 2006 年～2009 年各月移动电话净增用户变化

（3）互联网用户发展。2009 年，基础电信企业的互联网拨号用户减少 357.1 万户，达到 870.7 万户，而互联网宽带接入用户净增 2034.7 万户，达到 10322.6 万户。

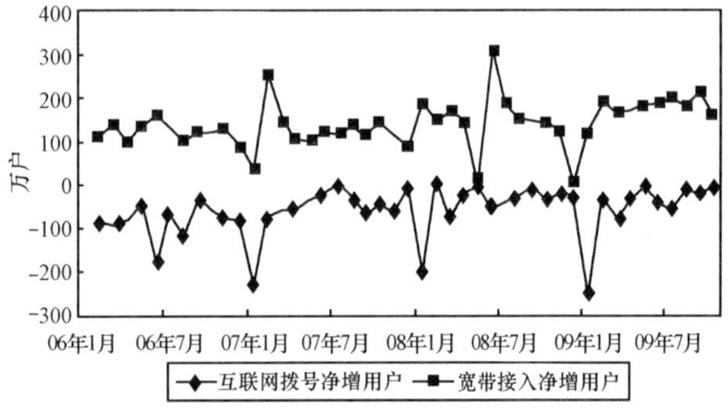

数据来源：工业和信息化部

图 5-4 2006 年～2009 年各月互联网净增用户变化

宽带接入用户一直保持高速的增长态势，而互联网拨号用户一直在减少，由此可以发现，互联网用户宽带化的趋势越来越明显。

（4）3G 用户。2009 年作为我国 3G 元年，3G 发展总体进展顺利。3G 投资稳步落实，三家基础运营商 2009 年底完成 3G 投资 1609 亿元。2009 年共完成 3G 基站建设 32.5 万个，建设规模超过十多年来累计规模的一半。

在大规模投资的拉动下，3G 网络质量逐步提升，3G 用户迅速增长。截至 2009 年 12 月底，我国 3G 用户达到 1500 万户，其中中国移动 TD 用户达到 500 万户。[1]

（二）电信业务结构分析

1. 电信收入结构分析

2009 年，移动通信收入和数据通信收入分别同比增长 13.2%和 0.3%，占主营业务收入的比重为 60.4%和 11.8%（见图 5-5）。而长途电话业务收入和固定本地电话业务收入比 2008 年分别减少 5.3%和 14.4%，在电信主营业务总收入中所占的比重比 2008 年分别下降了 2.5 和 4.6 个百分点。

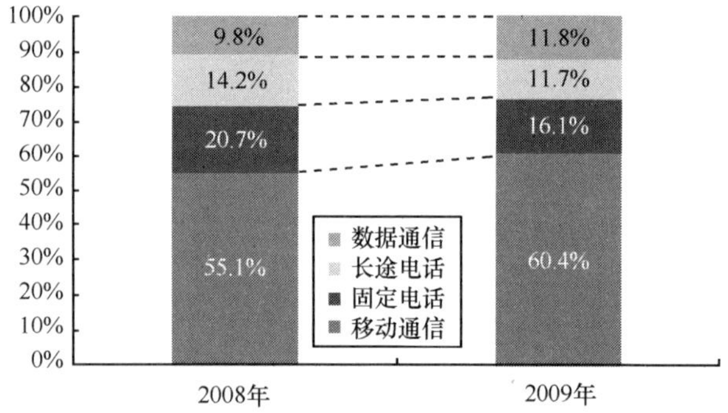

数据来源：工业和信息化部

图 5-5 2008 年～2009 年电信主营业务收入结构分析

移动通信业务量和用户数的快速增长，而固定电话和长途电话的业务量在下降，此消彼长后，移动通信的业务收入占比增长了约 5 个百分点。

2. 业务量结构分析

从图 5-6 中可以看出，除了移动通信的业务量仍保持增长之外，固定电话和 IP 电话的业务量都呈现下降的趋势，而且除固定长途电话外，其他电话的通话量下降的幅度还在增大。

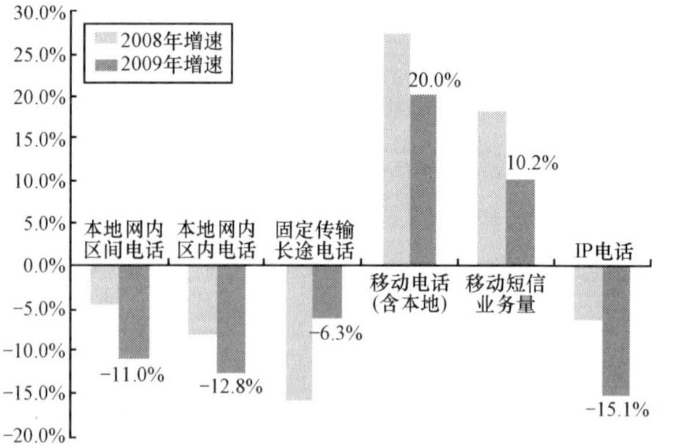

数据来源：工业和信息化部

图 5-6 2008 年～2009 年各类业务量增速比较

（1）本地电话业务量分析

2009 年，固定本地电话通话量同比下降 12.7%（其中无线市话下降约 24%），而移动本地电话通话时长比 2008 年增长 19.5%（见表 5-1）。

[1] 数据来源：工业和信息化部

表 5-1　2009 年固定本地与移动本地通话量比较

指标名称	单位	2009 年	2008 年	增长率 (%)
固定本地电话通话量	亿次	5 398.2	6 185.5	−12.7
其中：传动固定电话	亿次	4 222.3	4 639.2	−9.0
无线市话	亿次	1 175.9	1 546.2	−23.9
移动本地电话通话时长	亿分钟	32 964.5	27 461.8	19.5

数据来源：工业和信息化部

（2）长途电话业务量分析

2009 年，全国长途电话通话时长累计达到 4387.6 亿分钟，同比增长 7.5%。其中固定传统长途、IP 电话通话时长分别下降 6.3%、15.1%，而移动长途电话通话时长增长 31.8%。

随着电信长途资费的下降，IP 电话通话时长在逐步减少，而移动长途电话的通话时长仍保持快速增长。

（三）电信业地区发展比较

1. 主营业务收入比较

2009 年，东、中、西部地区[2]电信主营业务收入比 2008 年分别增长 1.8%、5.9%、9.6%（见图 5-7）。

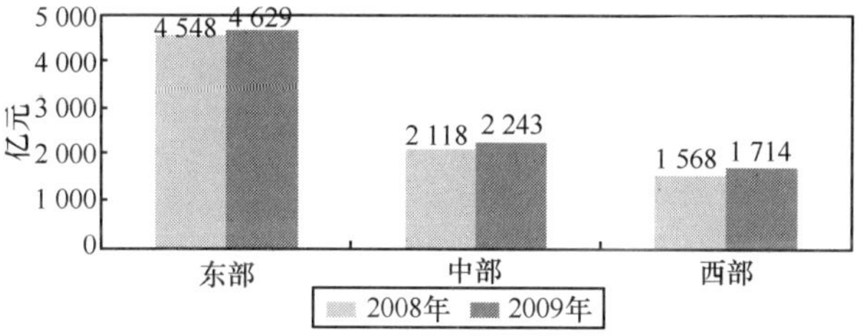

数据来源：工业和信息化部

图 5-7　2008 年～2009 年东中西部电信主营业务收入比较

受到金融危机的影响，东部地区经济发展速度落后于全国，经济的低迷带来用户的减少和消费水平的下降，进而带来电信行业收入增速的下降。

2. 固定电话用户比较

2009 年与 2008 年相比，东、中、西部地区固定电话用户均有所减少，其中东、西部地区下降幅度加大（见图 5-8）。

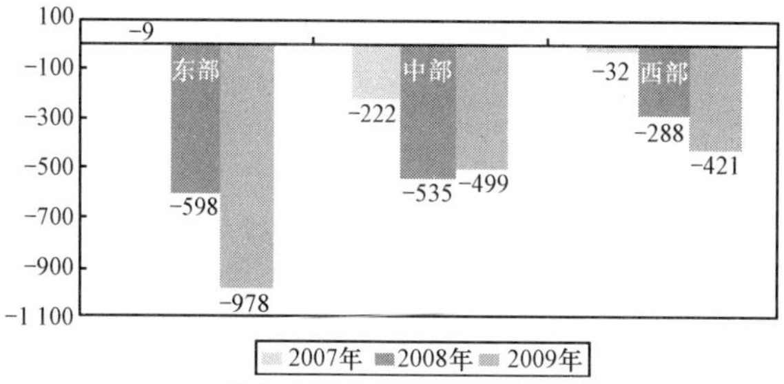

数据来源：工业和信息化部

图 5-8　2007 年～2009 年东中西部固定电话净增用户比较

3. 移动电话用户比较

2009 年与 2008 年相比，中、西部地区净增移动电话用户进一步上升，中部的移动电话用户同比增速更高达 22%。而东部地区净增移动电话用户与 2008 年基本持平，用户增速仅 1%（见图 5-9）。

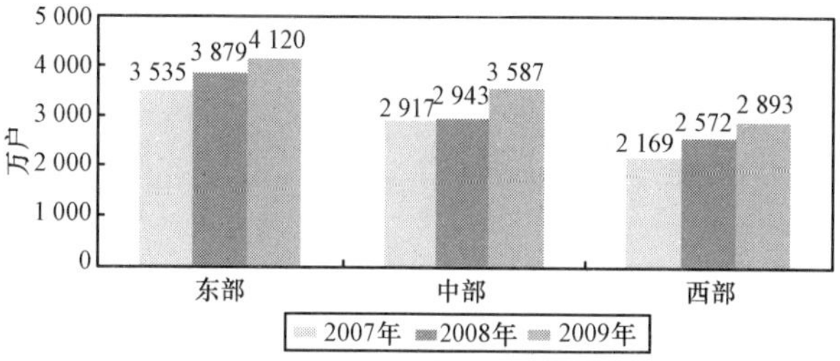

数据来源：工业和信息化部

图 5-9　2007 年～2009 年东中西部移动电话净增用户比较

从用户发展看，三大区域处于不同的市场发展阶段，其中东部地区用户规模将近占到全国用户的一半，而且东部各省市的普及率普遍较高，东部很多省市处于市场发展的成熟期。因此，随着东部地区普及率的进一步提高，东部地区的用户增速也在逐步减慢，现在用户增长的动力明显向中西部倾斜。而中部受到崛起战略的带动，用户增速最高。

4. 电信业务总量比较

2009 年，东、中、西部地区电信业务总量同比增长分别为 11.1%、16.4%、21.7%（见图 5-10）。

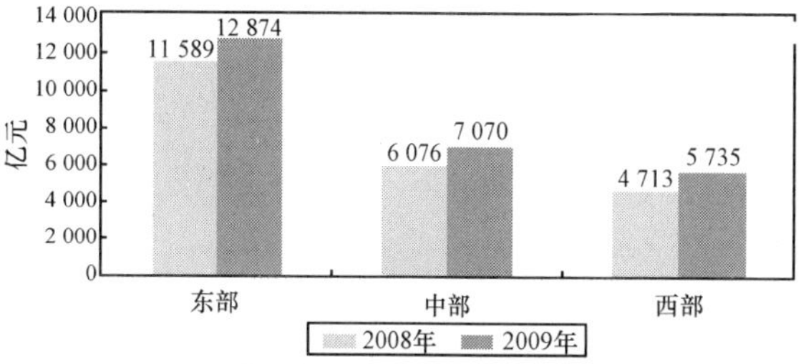

数据来源：工业和信息化部

图 5-10　2008 年～2009 年东中西部电信业务总量比较

[2] 报告中，东部包括北京、天津、辽宁、上海、江苏、浙江、福建、山东、广东、海南十省市；中部包括河北、山西、吉林、黑龙江、安徽、江西、河南、湖北、湖南九省（为了与 2007—2008 年保持一致，河北仍然算中部地区）；西部包括内蒙古、广西、重庆、四川、贵州、云南、西藏、陕西、甘肃、青海、宁夏、新疆十二省市。下同。

可以看到，虽然东部的电信业务总量规模最大，但是电信业务总量的增速已经明显低于中部和西部。

5. 固定资产投资比较

2009 年，东、中、西部地区电信固定资产投资同比增长分别为 29.1%、30.6%、29.3%（见图 5-11）。

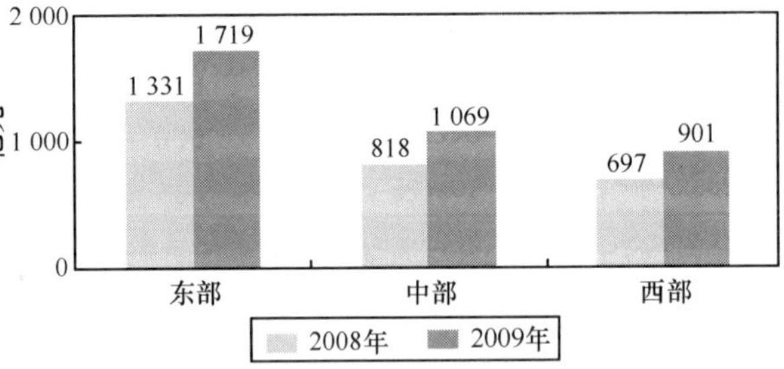

数据来源：工业和信息化部

图 5-11 2008 年～2009 年东中西部电信固定资产投资比较

受到 3G 投资的带动，东、中、西部的电信固定资产投资 2009 年增速平均在 30%左右，高于 2008 年的增速。

5. 分省用户对比

（1）发展规模。截至 2009 年底，广东省移动电话用户达到 8935 万，固定电话用户 3367 万户，互联网宽带接入用户 1124 万户，居全国首位。移动电话用户规模紧随其后的是山东、江苏和浙江这 3 个东部省份，以及中部的河南（见图 5-12）。固定电话和宽带接入规模排名紧随广东的是江苏、山东和浙江 3 省。

（2）发展水平。截至 2009 年底，上海和北京的移动电话普及率已经超过 100%，分别达到 111.9%和 107.7%，排在前五位的其他 3 个省（市）是广东、浙江和天津，移动电话普及率都达到 80%以上。固定电话普及率最高的 5 个省市是北京、上海、浙江、辽宁和江苏，北京普及率最高，达到 52.7 部/百人（见图 5-13）。

从移动电话的发展情况看，天津、辽宁、浙江、福建、山东和广东这些沿海省（市）受到金融危机的影响，移动用户增速都低于 2008 年，其他省（市）移动电话用户的增速仍在提高。移动电话普及率超 100%的上海和北京，移动用户 2009 年同比增速仍有 13%左右，均高于 2008 年。

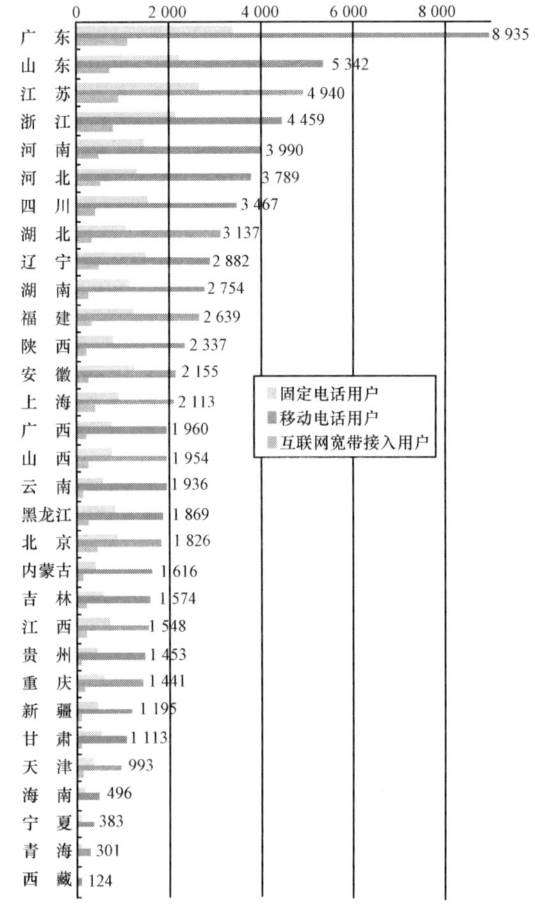

数据来源：工业和信息化部

图 5-12 2009 年各省移动电话、固定电话和宽带接入用户数

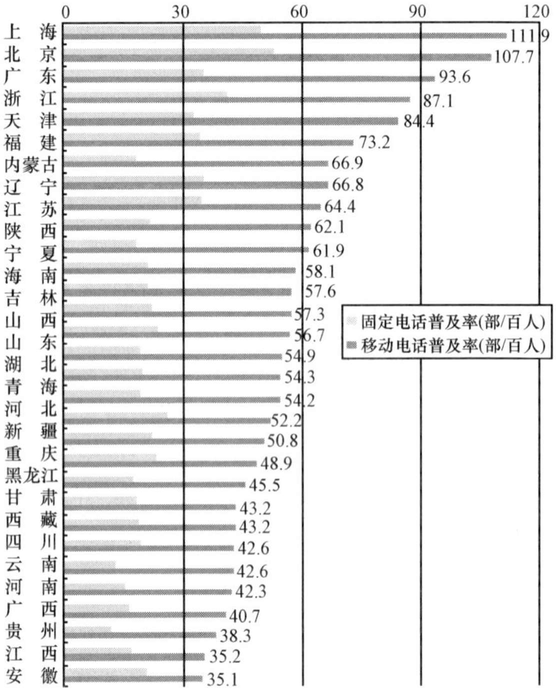

数据来源：工业和信息化部

图 5-13 2009 年各省移动和固定电话普及率

从固定电话的发展情况看，除普及率最高的北京保持用户的正增长之外，全国其他省市的固定电话用户都是负增长。

（四）电信市场格局分析

1. 收入市场份额分析

2009 年上半年，中国移动和中国电信的收入市场份额都较 2008 年有所提升，其中电信在移动业务的带动下收入提升 15%，收入份额提升 2 个百分点。移动的收入提升 9%，收入份额提升 1 个百分点（见图 5-14）。

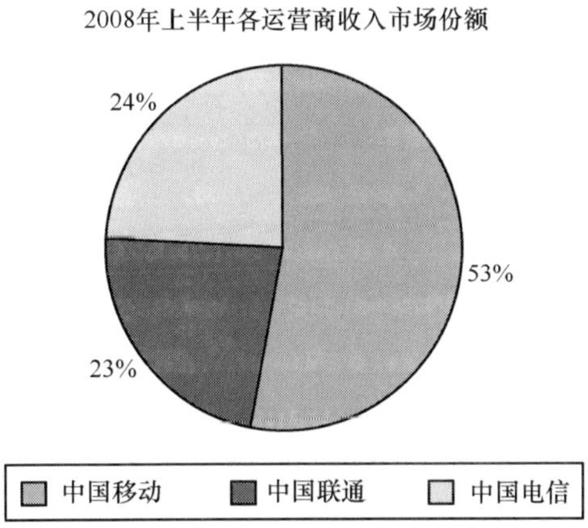

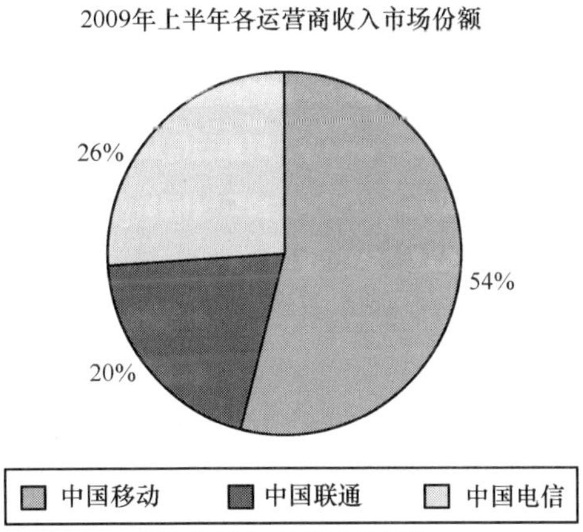

数据来源：运营商半年报

图 5-14　2008 和 2009 年上半年各运营商收入市场份额

注：其中中国联通的收入包括原中国网通的合并收入（下同）

2. 利润市场份额分析

2009 年上半年，受到全业务激烈竞争，特别是手机终端补贴的影响，中国电信和中国联通的利润市场份额都在下降，其中中国联通的利润份额下降 6 个百分点。中国移动的利润份额因此提升 9 个百分点（见图 5-15）。

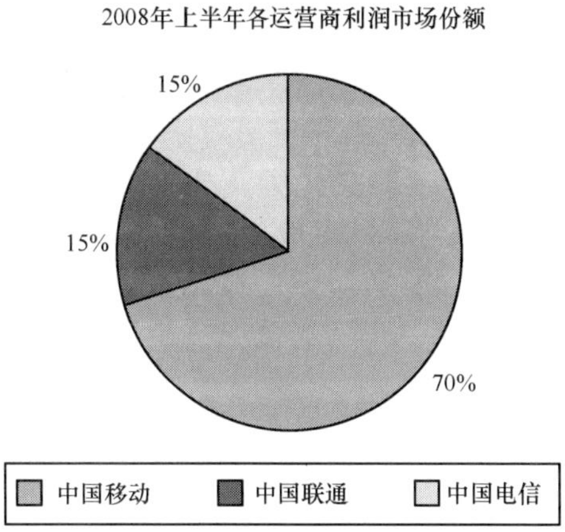

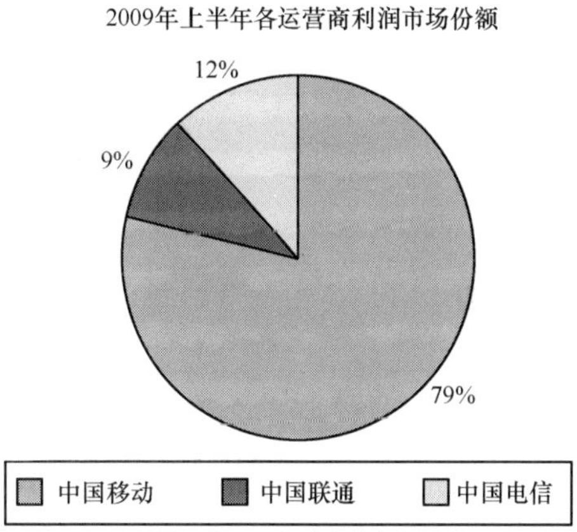

数据来源：运营商半年报

图 5-15　2008 和 2009 年上半年各运营商利润（净利润）市场份额

3. 移动用户市场份额分析

截至 2009 年 10 月，中国电信的移动用户增长迅猛，用户增长 76%，达到 4992 万户，用户市场份额与 2008 年同期相比增长 2 个百分点；中国移动的移动用户增长 15.8%，达到 5.13 亿户，用户市场份额保持 73%；中国联通的移动用户达到 1.4 亿户，增长 9%，是三家中增长最少的，用户市场份额下降 2 个百分点（见图 5-16）。

2009 年移动用户市场已经初步呈现出三家竞争的格局，虽然因为中国电信整体用户规模小，在总体市场份额上提升并不明显，但是在新增市场份额上，中国电信的份额已经从 2008 年的-7%上升到 2009 年 10 月的 24%[3]。相应地，中国移动的新增市场份额从 2008 年的 93%迅速下降到 2009 年 10 月的 64%，此消彼长的态势非常明显。

[3] 数据来源：工信部电信研究院

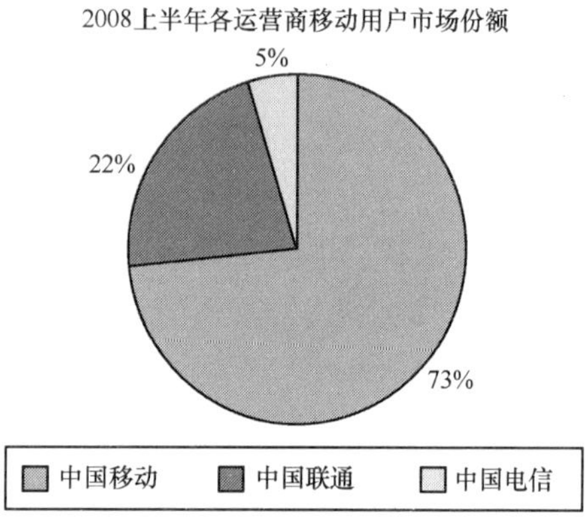

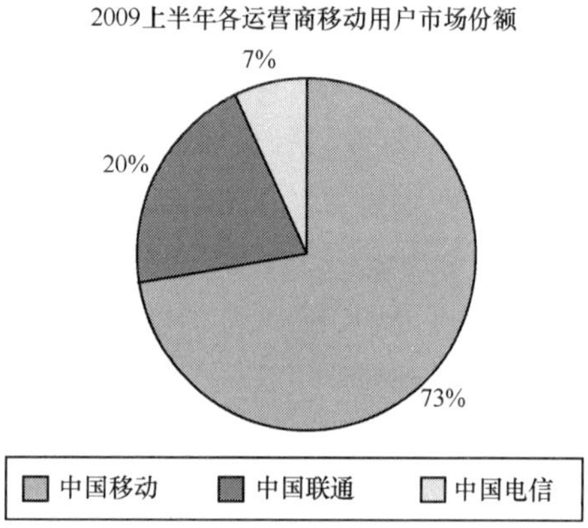

数据来源：运营商网站

图 5-16 2008 和 2009 年 10 月各运营商移动用户市场份额

（五）2009 年发展小结和 2010 年电信业发展判断

1. 2009 年发展小结

（1）受金融危机影响，电信主营业务收入增速下降。从 2009 年的总体发展情况看，受到用户支出减少的影响，电信主营业务收入的增速为 3.9%，相比 2008 年增速下降一半，与 GDP 增速（8.7%）之间的差距进一步拉大；在用户发展上，移动用户和宽带用户都保持增长的态势，固定用户的减少趋势还在加剧；在业务发展上，仅移动通话时长和短信业务量保持增长的态势，而固定本地通话和 IP 长途通话的通话量都在下降，其中固定电话通话量下降主要是受到移动替代的影响，而 IP 通话量的下降则是受到价格下降的影响。

受到金融危机的影响，天津、辽宁、浙江、福建、山东和广东这些沿海省市，移动用户增速都低于 2008 年，但是其他省的移动用户增速仍在提高。金融危机对用户的消费支出有一定影响，也带来了运营商收入增速的下降。

（2）全业务竞争对电信市场格局的影响明显。中国电信 2009 年上半年收入增长 15%，移动用户增长 76%，收入市场份额和移动用户市场份额都有所提升。但是受到终端补贴政策的影响，中国电信的净利润有所下降。由于中国联通的收入有所下降，移动用户增速在三家运营商中最低，因此中国移动仍基本保持了 2008 年的收入市场份额和移动用户市场份额。

（3）3G 用户发展逐步加速。2009 年初 3G 牌照发放之后，经过运营商大规模的 3G 网络建设，3G 网络质量逐步提升，3G 用户发展逐渐加速。中国电信截至 2009 年 10 月 3G 用户数已经达到 481 万，中国移动 TD 用户年底用户数达到 551 万。

（4）信息应用需求增速加快。2009 年全行业实现非话业务收入 3135.5 亿元，同比增长 8.8%，远高于全行业主营业务收入 3.9%的增速；占主营业务收入 37.2%，比 2008 年同期提高 2.7 个百分点。

2. 2010 年发展判断

（1）电信主营业务收入预计仍维持低速增长。2009 年电信业走出最低谷，复苏迹象初步显现，但是由于经济总量中投资与消费比例进一步失衡，行业的回升基础仍然比较脆弱。此外，受到全业务竞争的影响以及长漫资费管制的影响，电信资费将以较快的速度下降。因此预计 2010 年电信主营业务收入的增速仍将在较低位置徘徊。由于移动对固定电话替代作用的增强，预计固定电话的收入和业务量仍会保持下降的态势。

从用户发展上看，受全业务竞争的影响，移动用户和宽带用户仍将保持增长的态势，特别是中西部地区的用户增长和业务量增速将进一步提升。

（2）数据和宽带业务将保持快速增长的态势。2009 年，移动分组数据用户净增 12924.0 万户，达到 38455.9 万户。移动分组数据业务的渗透率从 2008 年年底的 39.8%进一步上升到 51.5%。预计随着 3G 网络规模的进一步扩大，2010 年移动上网用户仍将保持高速的增长，同时信息应用的需求规模也将进一步扩大。

此外，从 2009 年运营商提出了从“512K”向“20M”的宽带提速目标以及启动了“光城计划”可以判断，预计 2010 年网络将进一步宽带化，同时带动宽带用户的高速增长。

（3）3G 用户将快速增长。国外的 3G 用户发展基本符合营销的扩散理论，第一阶段（渗透率 2.5%）一般需要 1 年多时间，达到第二阶段（渗透率 16%）需要 2 年到 3 年半左右时间，到达第三阶段（渗透率 50%）需要 5 年以上时间。预计 2010 年是 3G 高速发展的重要时期，3G 用户将实现快速增长。

（4）三网融合初步显现。2009 年 IPTV 的发展呈现出加速的势头，上海 IPTV 试点的用户已经突破了 100 万户。随着国家对三网融合配套政策的推进，预计 2010 年三网融合的业务将会得到更快的发展。

（工业和信息化部电信研究院泰尔管理研究所　卢　玥）

二、电信运营商的发展趋势及策略分析

（一）中国电信

1. 中国电信概况

中国电信集团公司成立于 2002 年，是我国特大型国有通信企业，连续多年入选“世界 500 强企业”，主要经营固定电话、移动通信、互联网接入及应用等综合信息服务。截至 2008 年底，集团公司总资产 6322 亿元，全年业务收入超过 2200 亿元，人员 67 万人。公司自 2004 年以来连续 4 年被国务院国资委评为 A 级绩优企业，被《财富》、《亚洲财经》、《欧洲货币》、《资本杂志》等评为“全球最受赞赏公司”、“亚洲最佳固网电信公司”、“中国杰出电讯企业”，获中国区最佳管理最佳企业治理、最佳股息承诺、最佳投资者关系、最令人信服企业策略等奖项。

中国电信集团公司在全国 31 个省（区、市）和美洲、欧洲、香港、澳门等地设有分支机构（控股结构如下图 5-17 所示），拥有覆盖全国城乡、通达世界各地的、“我的 e 家”、“天翼”、“号码百事通”、“互联星空”等知名品牌，具备电信全业务、多产品融合的服务能力和渠道体系。公司下属“中国电信股份有限公司”和“中国通信服务”两大控股上市公司，形成了主业和辅业双股份的运营架构，中国电信股份有限公司于 2002 年在香港纽约上市、中国通信服务股份有限公司于 2006 年在香港上市。

2009 年 2 月 19 日，中国电信集团公司正式接手中国卫通的基础电信业务（除卫星转发器出租、出售业务外）。4 月 1 日，中国电信客户服务热线 10000 号以及中国电信营业厅将为中国卫通客户提供咨询、查询等人工服务以及咨询、缴费、业务办理等相关服务，同时，中国卫通客服热线 10070 及中国卫通营业厅停止办理相关业务。

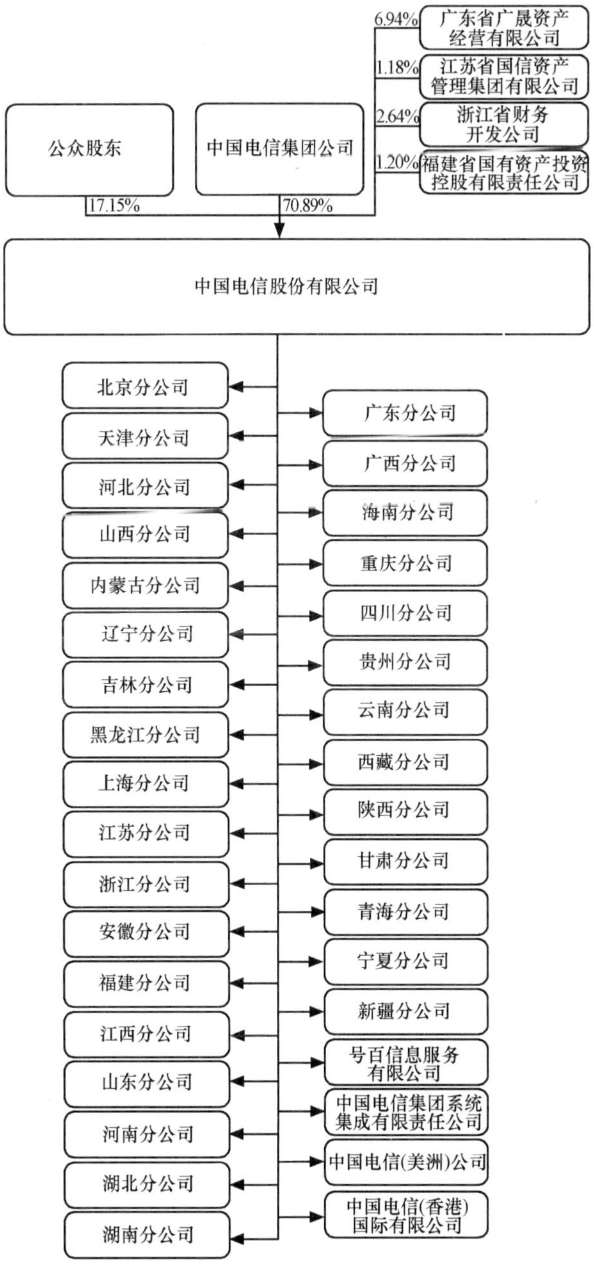

图 5-17　中国电信集团的控股结构

近几年来，面对固网业务急剧萎缩、历次电信业改革遗留大量不良资产、改革发展稳定任务重等挑战，中国电信集团公司以科学发展观为指导，立足企业实际和资源特征，于 2004 年在电信行业推动企业由传统基础电信网络运通过实施聚焦客户的信息化创新战略，大力发展综合信息服务等非语音业务，强化精确管理，优化资源配置，在全球固网电信企业普遍负增长的情况下，保持了企业持续稳定健康发展。2004 年到 2008 年，集团主营业务收入复合增长率达到 6%，利润总额复合增长率达到 3.4%，非语音业务收入占主营业务收入的比重从 22%上升到 45%。

在追求企业价值增长的同时，中国电信集团公司坚持企业与社会、环境及利益相关者和谐共生，认真履行企业社会责任。2004 年以来累计上缴利税 725 亿元，通过业务外包向社会提供近 10 万个就业岗位，积极参与社会公益事业，自觉承担扶贫援藏任务，广泛开展节能减排活动，保护行业“生态环境”，避免资源浪费和重复建设，圆满完成了北京奥运会等重大通信保障任务。特别是 2008 年汶川大地震、南方冰雪灾害发生后，中国电信快速反应，举全集团之力抢险救灾，以最快的速度抢通灾区通信，保障了救灾指挥和党政军、金融、电力等重要通信畅通，并为灾区提供免费电话、开通寻亲热线，为兄弟运营商抢险救灾、恢复通信提供帮助，表现出高度的社会责任感。

作为我国信息化建设的主力军，中国电信集团公司着力开发和推广信息化应用，努力使信息化成果惠及社会各行业和广大人民群众。先后为 20 多个行业和广大企业提供了针对性的信息化解决方案，服务领域从基础通信拓展到系统集成、网络安全、视频会议、视频监控、数据中心托管、呼叫中心及网络维护外包、网络管理、灾难备份、综合信息咨询等方面；认真履行电信普遍服务义务，积极服务“三农”，持续推进“村村通电话”工程和“千乡万村”信息化示范工程，落实“三电”下乡推广工作；主动为广大百姓提供“衣食住行用”等各方面的综合信息服务，为推动信息化与工业化融合，加快农村信息化建设，缩小城乡数字鸿沟，方便百姓享受信息新生活做出了应有贡献。

随着国家 2008 年实施新一轮电信体制改革和 2009 年初发放第三代移动通信（3G）牌照，中国电信集团公司迎来了全业务经营和 3G 发展的新机遇、新挑战。在新的起点上，中国电信进一步深入学习和实践科学发展观，积极实施聚焦客户的信息化创新战略，坚持“用户至上、用心服务”的服务理念和“追求企业价值与客户价值共同成长”的经营理念，努力实现全业务又好又快发展，做优秀企业公民，为国民经济发展和社会信息化建设做出更大贡献。

2. 中国电信运营分析

（1）用户数据。由于受国际金融危机、移动对固定替代加剧以及中国电信调整了营销政策（即为促进公司整体有效益发展，中国电信加强对低端用户的营销投入管控）等因素影响，2009 年，中国电信本地电话（固话）用户数继续下降。截至 2009 年 12 月 31 日，中国电信的固话用户较年初减少了 1979 万户，总量下降为 1.8856 亿户。其中，2009 年 12 月，当月固话用户减少量创年内最高，达到 253 万户之多（见表 5-2）。

表 5-2 2008 年 12 月—2009 年 12 月中国电信本地电话用户数变化情况

单位：百万户	本地电话用户数*	当月净增用户数#	当年累计净增用户数
2008 年 12 月	208.35	−2.02	−11.98
2009 年 1 月	207.38	−0.97	−0.97
2009 年 2 月	205.83	−1.55	−2.52
2009 年 3 月	204.00	−1.83	−4.35
2009 年 4 月	202.10	−1.90	−6.25
2009 年 5 月	200.75	−1.35	−7.60
2009 年 6 月	199.36	−1.39	−8.99
2009 年 7 月	197.69	−1.67	−10.66
2009 年 8 月	196.17	−1.52	−12.18
2009 年 9 月	194.39	−1.78	−13.96
2009 年 10 月	192.93	−1.46	−15.42
2009 年 11 月	191.09	−1.84	−17.26
2009 年 12 月	188.56	−2.53	−19.79

注：* 含无线市话用户数；# 市场竞争加剧及公司积极加强管控对低端用户的营销投入以促进有效益发展，导致用户出现负增长。

数据来源：中国电信股份有限公司官方网站

用户数据显示，中国电信接手 CDMA 网络的一年间，是中国 CDMA 发展最快的一年。一年来，中国电信不断加强 CDMA 网络覆盖与提升网络通信质量，加之采取有效的营销策略，CDMA 用户数较之

2008 年 10 月 1 日接手之初成功实现翻番。从具体数据来看，用户已经从 2008 年年底的 2791 万用户，增长为 2009 年 12 月 31 日的 5609 万用户，净增加 2818 万用户，且每月净增用户数呈现明显的上升势头（见表 5-3）。

表 5-3 2008 年 12 月—2009 年 12 月
中国电信移动电话用户数变化情况

单位：百万户	移动用户数	当月净增用户数	当年累计净增用户数
2008 年 12 月	27.91	−0.06	−1.17 Δ
2009 年 1 月	28.93	1.02	1.02
2009 年 2 月	30.63	1.70	2.72
2009 年 3 月	32.84	2.21	4.93
2009 年 4 月	34.71	1.87	6.80
2009 年 5 月	36.91	2.20	9.00
2009 年 6 月	39.28	2.37	11.37
2009 年 7 月	41.73	2.45	13.82
2009 年 8 月	43.81	2.08	15.90
2009 年 9 月	46.78	2.97	18.87
2009 年 10 月	49.92	3.14	22.01
2009 年 11 月	52.99	3.07	25.08
2009 年 12 月	56.09	3.10	28.18

注：Δ 自 2008 年 10 月 1 日至 2008 年 12 月 31 日。
数据来源：中国电信股份有限公司官方网站

中国电信拥有丰富的宽带运营经验，近年来一直占据宽带市场的领先地位。2009 年，中国电信宽带用户表现出良好的增长势头，且每月发展用户数较为平稳。截至 2009 年 12 月 31 日，中国电信的宽带用户达到了 5346 万户，较年初累计净增加了 919 万户（见表 5-4）。

表 5-4 2008 年 12 月—2009 年 12 月
中国电信宽带用户数变化情况

单位：百万户	宽带用户数	当月净增用户数	当年累计净增用户数
2008 年 12 月	44.27	0.70	8.62
2009 年 1 月	45.03	0.76	0.76
2009 年 2 月	45.90	0.87	1.63
2009 年 3 月	46.77	0.87	2.50
2009 年 4 月	47.49	0.72	3.22
2009 年 5 月	48.24	0.75	3.97
2009 年 6 月	49.05	0.81	4.78
2009 年 7 月	49.87	0.82	5.60
2009 年 8 月	50.56	0.69	6.29
2009 年 9 月	51.45	0.89	7.18
2009 年 10 月	52.15	0.70	7.88
2009 年 11 月	52.84	0.69	8.57
2009 年 12 月	53.46	0.62	9.19

数据来源：中国电信股份有限公司官方网站

2. 财务数据

2009 年前三个季度，中国电信经营按年初公司制定的计划稳步推进。在扣除 8.72 亿元的初装费摊销收入后，中国电信的经营收入为人民币 1547.48 亿元，比 2008 年同期增长 15.3%，中国电信集团公司股东应占利润为人民币 113.92 亿元，比 2008 年同期下降 33.9%，EBITDA 为人民币 635.56 亿元，比 2008 年同期下降 3.9%（见表 5-5、表 5-6）。为推动移动业务有效益规模化发展，中国电信相应加大了营销费用投入，这虽然给中国电信带来短期利润压力，但该项投入对于其未来的持续发展和价值创造发挥积极的促进作用。

表 5-5 中国电信 2009 前三季度分季度财务数据
（不含一次性初装费收入的摊销额）

	2009 年第 1 季度#	2009 年第 2 季度#	2009 年第 3 季度#
经营收入（人民币百万元）	50886	51668	52194
EBITDA（人民币百万元）Δ	22199	21140	20217
本公司股东应占利润（人民币百万元）	4699	3713	2980

数据包括于 2008 年 10 月 1 日开始运营的移动业务。
Δ EBITDA 为扣除 CDMA 网络容量租赁费前口径。
数据来源：中国电信股份有限公司财务报告

表 5-6 中国电信 2009 年前三季度加总财务数据
（不含一次性初装费收入的摊销额）

	由 2009 年 1 月 1 日至 2009 年 9 月 30 日	由 2008 年 1 月 1 日至 2008 年 9 月 30 日	增长
经营收入*（人民币）	1547.48 亿元	1341.74 亿元	15.3%
EBITDA**（人民币）	635.56 亿元	661.61 亿元	−3.9%
EBITDA 率**	41.1%	49.3%	
本公司股东应占利润（人民币）	113.92 亿元	172.30 亿元	−33.9%

注：* 2008 年前三季度经营收入因采用新《国际财务报告准则诠释委员会公告第 13 号—客户忠诚度计划》而重列。
**2009 年前三季度 EBITDA 为扣除 CDMA 网络容量租赁费前的金额。
数据来源：中国电信股份有限公司官方网站

3. 业务数据

2009 年，中国电信持续推进“聚焦客户的信息化创新”战略，积极探索移动、固网和互联网的融合经营，积累和不断扩大差异化竞争优势，实现了全业务经营的良好开局。一年来，天翼品牌宣传广受市场欢迎，移动客户规模和收入持续增长，市场份额稳步提升；品牌客户规模不断扩大，宽带和增值及综合信息服务业务持续快速增长；全业务服务能力显著提升，客户满意度明显改善；战略转型取得实质性突破，为公司长期可持续发展奠定坚实基础。

从公布的数据来看，2009 年前三季度，中国电信的固网彩铃用户达到 7274 万户，固网本地语音通话总次数达到 2479.1 亿次，固网国内长途总分钟数达到 641.4 亿分钟，固网国际长途（含港澳台）总分钟数达到 9.3 亿分钟，移动语音通话总分钟数达到 1051.3 亿分钟（见表 5-7）。

在移动业务领域，中国电信主推“天翼”品牌及“互联网手机”应用。中国电信积极利用 3G 平台的领先优势，重点推进“189 邮箱”、“天翼 LIVE”、“爱音乐”和“移动号百”等信息应用产品的上市步伐，使用户可以通过手机终端便捷地享有丰富的业务体验，为中高端用户市场提供了多种个性化的产品支撑。同时，中国电信还积极推动移动和固网业务融合捆绑，迅速扩大移动用户规模。2009 年前三季度，中国电信的移动客户规模和收入持续增长，市场份额稳步提升。但前三季度移动业务 ARPU 值与上半年相比，稳中略有下降。

针对政企客户，中国电信积极拓展无线全球眼、总机服务、协同通讯和邮件推送等多种综合服务，快速实现已有固网产品与移动新产品有机结合。针对家庭客户，中国电信采取融合策略拓展新增市场，以带宽提速为契机，提高宽带产品渗透比例，并通过账号经营实现有线宽带和无线宽带的融合发展和

表 5-7 中国电信前三季度重要业务数据

	2009 年第 1 季度#	2009 年第 2 季度#	2009 年第 3 季度#
固网本地电话用户数（百万户）	204.00	199.36	194.39
其中：家庭客户	115.25	114.81	113.77
政企客户	30.59	30.74	31.52
公用电话	15.26	15.33	15.28
无线市话	42.90	38.48	33.82
固网本地电话用户净增用户数（百万户）	–4.35	-4.64	–4.97
固网宽带用户数（百万户）	46.77	49.05	51.45
固网宽带用户净增用户数（百万户）	2.50	2.28	2.40
“我的 e 家”客户数（百万户）	24.76	30.11	32.92
固网彩铃用户数（百万户）	74.68	73.53	72.74
固网本地语音通话总次数（亿次）	836.7	829.7	812.7
固网国内长途总分钟数（亿分钟）	212.9	220.7	207.8
固网国际长途（含港澳台）总分钟数（亿分钟）	3.1	3.2	3.0
移动用户数（百万户）	32.84	39.28	46.78
移动用户净增用户数（百万户）	4.93	6.44	7.50
无线上网用户数（百万户）	3.14	3.95	5.36
移动彩铃用户数（百万户）	15.20	19.60	25.53
移动语音通话总分钟数（亿分钟）	268.2	357.8	425.3

注：*因采用新《国际财务报告准则诠释委员会公告第 13 号—客户忠诚度计划》而重列。# 数据包括于 2008 年 10 月 1 日开始运营的移动业务。

数据来源：中国电信股份有限公司财务报告

无缝连接，进一步巩固市场领先地位。通过融合发展，政企与家庭两大客户群用户规模不断扩大。

为了遏制固网语音业务下降的趋势，中国电信进一步加大了号码百事通、系统集成、互联网等业务的发展力度，发挥转型业务优势，通过与固网传统语音业务的融合捆绑，促进固网语音向非语音业务和移动语音的价值的转移；同时加快无线市话中高端客户向移动业务的迁移，努力缓解语音业务的流失。

3. 中国电信主要发展策略

中国电信提出，今后3年全业务发展的主要目标任务是：深入推进聚焦客户的信息化创新战略，全面准确地落实差异化的移动发展策略，定位中高端市场，通过全业务融合，在更广阔的领域为客户提供综合信息服务，实现有效益的规模发展；积极发展移动业务、宽带业务和综合信息服务，稳定固网业务，突破收入和利润增长拐点。

（1）2009 年中国电信发展思路与工作重点。2009年，中国电信全面落实科学发展观，深入实施聚焦客户的信息化创新战略，坚持转型统领、品牌经营和融合发展，强化精确管理，优化资源配置，努力完成各项目标任务，为全业务经营开好局、起好步，谋取更大发展。包括四大工作重点：

第一，扎实准备，适时推出天翼品牌，为做大移动业务规模奠定基础。全面展示天翼品牌的移动互联网提供者和面向中高端的市场定位，充分依托固网和互联网，发挥C网优势，聚焦客户信息化需求，迅速推出差异化融合产品。加快网络建设，围绕重点区域、重点客户、重点部位进行，构建具有差异化优势的移动网络。

第二，融合经营，差异化发展，不断扩大各类客户群规模。坚持融合化经营，持续扩大政企客户规模。针对重点行业市场，以核心的融合产品、应用及解决方案，融入商务领航三版应用，实现规模拓展。针对高端聚类市场，深化百千万信息化应用拓展工程；针对中小企业和普通聚类客户，加快商务领航两版应用的规模推广。突出差异化产品和服务，积极扩展家庭客户规模，尽快推出适合用户需求的套餐，继续打造e家系列服务内容。在稳定现有C网用户的基础上，积极扩大个人客户规模，强化PC与移动互联网的融合，以移动互联网接入拉动语音等基础业务。

第三，持续变革，锐意创新，建立聚焦客户的全业务运营体系。面向客户需求和体验，增强渠道协同和融合营销能力。面向政企客户，全面推广纵向一体化营销服务体系，强化营销协同；面向家庭客户，加大电子渠道宣传引导，增强实体渠道的营销服务能力，逐步开放代理渠道；面向个人客户，逐步建立VIP客户经理队伍，积极发展社会渠道，快速补充空中充值渠道。同时，加快推进服务转型，打造差异化融合服务能力；加快融合演进，提升聚焦客户的网络部署能力；推进网络转型，构建综合信息服务网络。

第四，强化精确管理，加强风险管控，提高企业运行效率和效益。着力优化全面预算管理，加强以客户维度为主线的多维度预算管理，探索全业务新型财务管理体制。加强资金集中管理和运作，细化应收账款管理，优化成本费用结构。深化投资管控和采购管理，调整投资结构和方向，重点保证移动、宽带和转型业务发展。

（2）2009年中国电信主要经营举措包括以下几方面。

第一，3G、全业务经营优势蓄势待发。中国电信力争成为中国领先的3G及全业务运营商。为此，2009年适当加大营销投入，赢取中高端用户，以提升公司价值。在业务发展方面，中国电信重点推动“天翼”、“商务领航”及“我的e家”三大业务体系发展。中国电信的3G及全业务经营策略，主要是围绕应用、终端、网络与服务三个层面展开。具体的主要举措包括：

- 推出具有吸引力的应用：面向商务人士推出全球眼、综合办公、天翼对讲、邮件推送等应用；面向时尚青年推出爱音乐、天翼Live、手机影视等应用；面向大众群体推出189邮箱、无线宽带等应用；推出天翼空间应用商城CTMarket。
- 推动日趋丰富的终端供应：2009 年下半年争取近 200 款 EVDO 手机分批上市，全年 EVDO 手机终端供应量超过500万部；截至2009年6月，社会采购比重达到40%；积极推出定制化手机，满足特定用户需求。

• 提供领先的3G网络与服务：全面建设规模商用最早、覆盖最广的3G网络；2009年7月EVDO网络覆盖全国所有342个地级市及2000多个县；强化基础服务能力，用户感知稳步提升。

第二，推进融合经营，不断提升价值。在融合经营方面，中国电信全面整合固网（包括DWDM、SDH、ASON、PON、XDSL）、互联网（包括ChinaNet、CN2、ChinaVnet）与移动网络（包括 cdma 1x、cdma2000 EVDO）三大资源，采取“以手机账号统一认证接入多业务的融合套餐服务”营销策略。针对家庭客户群，提供多种宽带接入组合，推进账号经营，加大多业务套餐服务；针对政企客户群，发挥融合型行业应用核心优势，提供全业务整体解决方案；针对个人客户群，聚焦商务人士、时尚青年和大众群体，丰富移动互联网手机内涵，吸引中高端客户入网。通过上述营销手段，中国电信旨在避免单一产品价格战，保护整体行业价值；以融合经营为转型起点，形成差异化优势；不断满足社会融合通信以及移动互联网需求，从而为客户及股东提升价值。

第三，稳步向既定的经营目标推进。在客观分析内外部环境变化的基础上，中国电信制定了公司近、远期各项经营目标，包括固网、移动、宽带用户规模与业务收入等重要指标。中国电信提出，实现融合经营，不断创造价值，效益、规模化发展移动业务，同时长期稳定发展固网业务。2011年，力争实现移动业务融合用户占比超过45%；“我的e家”套餐数/住宅电话用户数高于30%；“商务领航”企业渗透率力争达到30%至40%；移动用户数达到1亿户；移动数据业务占移动服务收入比高于35%；固网非语音业务占固网收入比达到55%；宽带用户数达到6500万户（详见表5-8）。

4. 2010年中国电信经营展望

2010年，中国电信将持续深化企业转型，积极转变发展方式，大力实施聚焦客户的信息化创新战略和差异化发展策略，加大结构调整力度，不断强化精确管理，进一步坚定信心、创新发展、统筹兼顾、突破拐点，努力开创有效益规模发展新局面。中国电信将致力于解决4个关键问题：一是深化企业转型，转变发展方式，更好地为社会信息化建设服务；二是提升创新能力，坚定不移地走差异化发展道路；三是强化统筹协调，努力实现有效益规模发展；四是巩固“硬”实力、提升“软”实力、打造“巧”实力，构建和谐的产业生态环境。其中，“巧实力”是指广泛的对外合作，例如，通过与社会各界的合作，构建更加开放、更具价值创造活力的产业链；通过加强与社会渠道的合作，完善服务体系；通过加强与其他运营商的合作，营造和谐的行业发展环境。因此，以“深化终端拓展之路，以解决终端瓶颈为突破，激发产业链发展活力”为目标的“终端战略”将成为2010年中国电信的主导战略之一。

2010年的工作重点包括：（1）调整前端组织架构，成立公众客户部、海外拓展事业部、客户服务部和产品中心等部门，更好地适应全业务发展新要求。（2）以差异化产品和行业应用为抓手，加大政企客户、公众客户、农村、海外和北方市场拓展力度，加快实业发展。（3）以提高客户满意度和忠诚度为目标，实施宽带大提速，推进网络演进；优化

表5-8 中国电信经营目标

经营指标		2009年上半年进展(较2008年底变化)	2011年目标
融合经营，创造价值	移动业务融合用户占比	48%（+13pp）	>45%
	“我的e家”套餐数/住宅电话用户数	26%（+6pp）	>30%
	“商务领航”企业渗透率	22%（+1pp）	30%~40%
效益、规模化发展移动业务	移动用户数	3928万户（+1137万户）	1亿户
	移动数据业务占移动服务收入比	29.4%（+2.4pp）	>35%
固网长期稳定发展	固网非语音业务占固网收入比	52.6%（+6.5pp）	55%
	宽带用户数	4905万户（+478万户）	6500万户

数据来源：中国电信股份有限公司官方网站

运维体系，打造精品移动网络；加强 IT 统一管理，提升信息化支撑能力；健全客户服务体系，优化全业务服务标准；加强品牌宣传，树立差异化的创新品牌形象。(4)以解决终端瓶颈为突破，激发 CDMA 产业链发展活力，统一政策标准，促进终端购销社会化；创新合作模式，带动以移动互联网为重点的信息服务产业链；加强应用合作，打造具有协同优势的行业应用价值链；以突出业务为重点，打造差异化的号百服务。(5) 内部管理方面，中国电信将创新思路，持续提高管理效率和效益。创新业绩考评机制和资源配置机制，创新财务管理和审计工作。(6) 以领导班子和党风廉政建设为保障，加强人才队伍建设，加强党建和反腐倡廉工作，关爱员工，实现企业和谐发展。

2010 年是中国电信向三年奋斗目标迈进的关键一年。在用户发展目标制定上，中国电信的移动用户将达到 1 亿，市场份额达到 15%，其中 3G 用户 4000 万户，市场份额 50%左右；天翼空间用户预计达到 1400 万户，5 年后达到 7000 万户。在增值业务发展上，收入占比将从 28%提高到 35%，3G 业务将成为重点发展对象。中国电信还将努力推动三网融合业务发展，例如大力推广“魔屏 mTouch”业务。在新技术试用上，中国电信将启动 IPv6 试点，布局下一代互联网，通过现场试验，实现端到端业务的开通、运维和保障，探索新的业务模式，寻求下一代互联网的最佳演进路径。在网络建设上，向 EVDO B 版本升级将成为 2010 年中国电信的重点之一。届时中国电信的网络将达到下行 9.3Mbit/s、上行 5.4Mbit/s 的速度。EVDO 网络基础优化的目标是改善无线环境，突出主导频覆盖，减小导频污染区域，提高系统性能。

（二）中国移动

1. 中国移动概况

中国移动通信集团公司（简称“中国移动”）属于全民所有制企业公司，于 2000 年 4 月 20 日成立，注册资本 518 亿元人民币，截至 2008 年 9 月 30 日，资产规模超过 8000 亿元人民币，在岗职工 15.84 万人。拥有全球第一的网络和客户规模，是北京 2008 年奥运会合作伙伴和 2010 年上海世博会合作伙伴。

中国移动全资拥有中国移动（香港）集团有限公司，由其控股的中国移动有限公司（简称“上市公司”）在国内 31 个省（自治区、直辖市）和香港特别行政区设立全资子公司，并在香港和纽约上市。目前，中国移动有限公司是中国在境外上市公司中市值最大的公司之一。中国移动集团的控股结构如图 5-18 所示。

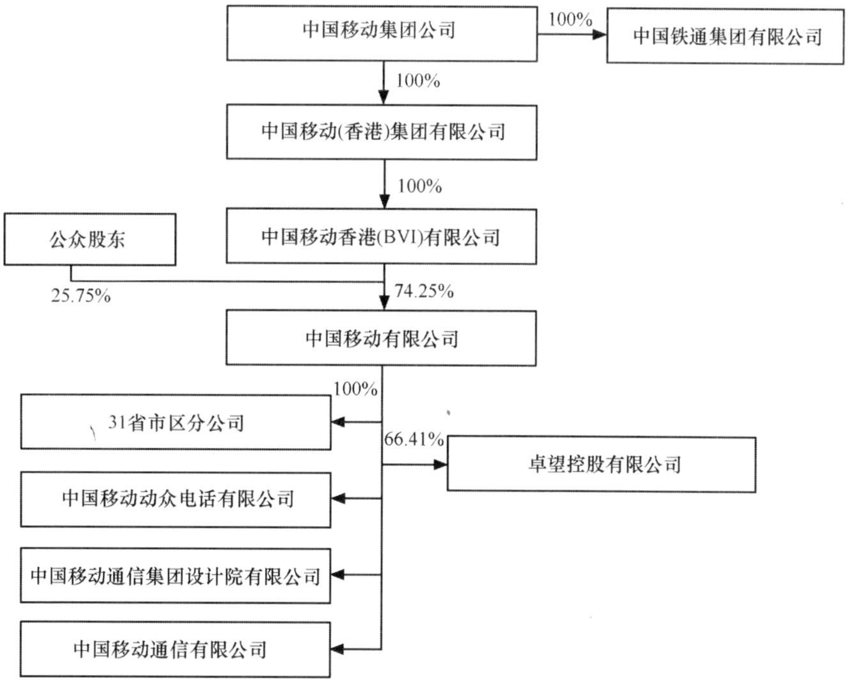

图 5-18　中国移动集团的控股结构

中国移动以“做世界一流企业，实现从优秀到卓越的新跨越”战略为指引，以科学发展观为指导，努力实现企业经营与社会责任的高度统一，致力于实现企业在经济、社会与环境方面的全面、协调、可持续发展，为相关方不断创造丰富价值，实现和谐发展。

以科学发展观为指导，中国移动建成了覆盖范围广、通信质量高、业务品种丰富、服务水平一流的移动通信网络。中国移动网络已经 100%覆盖全国县（市），与 237 个国家和地区的 381 个运营公司开通了 GSM 国际及台港澳地区漫游业务，与 176 个国家和地区的 242 个运营商开通了 GPRS 国际及台港澳地区漫游业务。中国移动还承担着 TD-SCDMA 网络的建设和运营推广的任务。截至 2009 年年末，中国移动 TD 网络覆盖已经从 10 个城市扩大到 238 个城市，基站数量从 2 万个扩大到 10 万个。目前，TD 网络建设投资超过 800 亿元，覆盖了全国 70%以上的地级市。

截至 2009 年 6 月底，中国移动通信人口覆盖率达到 98%，基站光纤接入比例提高到 91%。目前，中国移动客户总数超过 5.2 亿户，是全球网络规模、客户数量最大的电信运营企业。中国移动连续三年在国资委考核中获得最高级别 A 级，获国资委授予的“业绩优秀企业”称号。

2009 年 12 月 15 日，按照国务院批准的《国资委、铁道部关于将中国铁通集团有限公司铁路通信业务资产人员划转铁道部管理的请示》的要求，中国移动与铁道部正式就中国铁通专网进行交割。根据协议，中国铁通原有铁路通信网络调度的指挥权和管理权将移交铁道部。包括铁路运输生产专用电话、站车广播、铁路专用数据通信等业务在内的与铁路通信相关的业务将划转至铁道部；而铁通公司的固话及宽带等业务将划归中国移动所有。划转工作完成后，中国铁通仍将作为中国移动的独立子公司从事固定通信业务服务。这意味着自 2009 年 5 月开始的新一轮电信重组正式落下了帷幕。

中国移动已连续 9 年被美国《财富》杂志评为世界 500 强，最新排名第 99 位。中国移动的品牌价值不断上升，连续第三年进入《金融时报》全球最强势品牌排名，品牌价值（572 亿美元）列第五位，在全球电信品牌中排名第一；2008 年再次入选世界品牌实验室编制的《世界品牌 500 强》，名次大幅提升至 66 位。2008 年，上市公司入选道琼斯可持续发展指数，成为中国大陆首家、也是唯一一家入选企业。中国移动优秀的公司治理得到国际高度认可，分别被《财富》杂志评为“全球最受赞赏的公司”，被《商业周刊》评为“亚洲最受尊敬的企业”。公司债信评级是目前中国非金融机构企业中唯一拥有与国家主权信贷评级同等债信评级的公司。

中国移动是联合国全球契约（Global Compact）正式成员，认可并努力遵守全球契约十项原则，并加入该组织倡导的“关注气候变化”(Caring For Climate)行动。2008 年，中国移动成为气候组织（The Climate Group）的成员之一，努力在应对气候变化中发挥积极作用。中国移动积极投身社会公益事业，2008 年获评“最具公益心的中国企业”。

2. 中国移动运营分析

（1）用户数据。2009 年，中国移动一路高歌猛进，继续保持了用户的快速增长。截至 2009 年 12 月 31 日，中国移动的用户总数达到 52228.3 万户，累计净增用户数达到 6503.3 万户，平均每月净增用户数为 542 万户（见表 5-9），净增用户发展呈前高后低走势。农村市场已经成为中国移动用户数增长的主要动力，移动业务市场占有率继续保持领先地位。但受累于宏观经济发展放缓对通信消费

表 5-9 2008 年 12 月～2009 年 12 月
中国移动移动电话用户数变化情况

单位:百万户	本月用户到达数	本月净增用户数	2009 年累计净增用户数
2008 年 12 月	457.250	7.071	87.911
2009 年 1 月	463.920	6.670	6.670
2009 年 2 月	470.671	6.751	13.421
2009 年 3 月	477.164	6.493	19.914
2009 年 4 月	482.987	5.823	25.737
2009 年 5 月	488.105	5.118	30.855
2009 年 6 月	493.124	5.019	35.874
2009 年 7 月	497.677	4.553	40.427
2009 年 8 月	502.936	5.259	45.686
2009 年 9 月	508.367	5.431	51.117
2009 年 10 月	513.466	5.099	56.216
2009 年 11 月	518.045	4.579	60.795
2009 年 12 月	522.283	4.238	65.033

数据来源：中国移动股份有限公司官方网站

的负面影响、移动用户普及率提高后新增用户空间减小以及重组后竞争加剧，2009 年以来公司用户增长出现了放缓迹象，同比有所下降，下半年尤其明显。

从 2009 年 1 月起，中国移动陆续公布了使用公司 3G 网络服务的 G3 用户数（见表 5-10）。用户数据显示，截至 2009 年 12 月 31 日，中国移动实际 3G 用户数达到了 340.8 万户[4]。目前，中国移动正在北京、上海、广东等地，以赠送“TD 无线座机”终端和收取低廉资费等营销手段，快速增加 TD 用户数，TD 无线座机用户将纳入到 3G 用户数的统计范畴。

表 5-10　2009 年 1～12 月中国移动 3G 用户数变化情况

单位：万户	当月 3G 用户到达数	当月净增用户数
2009 年 1 月	22.6	22.6
2009 年 2 月	26.8	4.2
2009 年 3 月	36.6	9.8
2009 年 4 月	51.4	14.8
2009 年 5 月	74.6	23.2
2009 年 6 月	95.9	21.3
2009 年 7 月	108.8	12.9
2009 年 8 月	132.7	23.9
2009 年 9 月	165.5	32.8
2009 年 10 月	230.9	65.4
2009 年 11 月	297.6	66.7
2009 年 12 月	340.8	43.2

数据来源：中国移动股份有限公司官方网站

（2）财务数据。2009 年前三季度，中国移动集团凭借卓有成效的管理、全体员工的共同努力，发挥既有优势，克服重重困难，财务业绩继续保持良好增长，营运收入达到人民币 3269.77 亿元，比 2008 年同期增长了 8.9%；EBITDA 为人民币 1677.39 亿元，比 2008 年同期增长了 5.5%；股东应占利润为人民币 839.35 亿元，比 2008 年同期增长了 1.8%，股东应占利润率仍保持在 25.7%的较高水平（见表 5-11）。

[4] 王建宙表示，截至 2009 年年底，中国移动的 TD 用户已经达到 551 万。

表 5-11　中国移动 2009 年前三季度重要财务数据

	2009 年 1 月 1 日至 2009 年 9 月 30 日期间	2008 年 1 月 1 日至 2008 年 9 月 30 日期间	增加
营运收入（人民币）	3269.77 亿元	3001.17 亿元	8.9%
EBITDA（人民币）	1677.39 亿元	1589.65 亿元	5.5%
EBITDA 利润率	51.3 %	53.0%	
股东应占利润（人民币）	839.35 亿元	824.15 亿元	1.8%
股东应占利润率	25.7 %	27.5%	

注：2009 年 1 月 1 日起，中国移动集团开始执行《国际财务报告诠释第 13 号(IFRIC 13)—顾客忠诚计划》（诠释第 13 号），上述 2008 年前三季度财务数据已经按照诠释第 13 号进行追溯调整。

数据来源：中国移动股份有限公司官方网站

（3）业务数据。2009 年前三季度，由于新增客户主要为低使用量客户，以及新资费营销案的逐步推出，中国移动的移动业务 ARPU 值及每分钟使用量平均收入继续下降，但话务量得到一定激发，2009 年前三季度总通话分钟数比上年同期增长 19.5%；此外，增值业务继续保持良好增长，成熟业务在规模很大的情况下实现持续增长，短信业务使用量比 2008 年同期增长 12.9%，其他各项数据业务也保持了良好发展势头（见表 5-12）。2010 年，中国移动将持续加大在营销管道、客户服务、网络优化、支撑系统、研发等方面的成本资源投入，从而在新的竞争环境下提升核心竞争力；同时，中国移动还将坚持精细的成本管理并发挥规模效益，努力保持持续稳定的盈利能力。

表 5-12　中国移动 2009 年前三季度重要业务数据

	2009年1月1日至2009年9月30日	2009年1月1日至2009年6月30日
客户数（户）	5.0837 亿	4.9312 亿
客户净增数（户）	5112 万	3587 万
ARPU（人民币）	75 元	75 元

续表

	2009年1月1日至2009年9月30日	2009年1月1日至2009年6月30日
总使用量（分钟）	21336.7 亿	13870.5 亿
MOU（分钟）	491	490
每分钟使用量平均收入（人民币）	0.153 元	0.154 元
增值业务使用用户数（户）	4.5917 亿	4.5140 亿
彩信使用用户数（户）	1.3268 亿	1.3488 亿
无线音乐使用用户数（户）	3.9874 亿	3.8915 亿
短信业务使用量（条）	5077 亿	3381 亿
员工人数	145442	141206
劳动生产率（客户/员工）	3495	3492

数据来源：中国移动股份有限公司官方网站

3. 中国移动主要发展策略

中国移动从 2006 年开始全面实施“新跨越战略”，即“做世界一流企业，实现从优秀到卓越的新跨越”。中国移动总体发展目标是：主营业务收入以高于国内生产总值增幅的速度持续增长。在“新跨越战略”的指导下，围绕五年规划发展目标，中国移动将实施七大重点措施：打造卓越运营体系，开创移动多媒体事业，形成创新型增长模式，实施“走出去”战略，构建卓越组织，培育卓越人才，做优秀企业公民。

（1）2009 年中国移动发展思路与工作重点。2009 年，中国移动认真学习贯彻党的的十七大精神，深入学习实践科学发展观，坚定发展信心，夯实发展基础，优化发展模式，进一步提升创新能力、运营水平和管理素质，妥善处理发展改革稳定的关系，大力推进 TD-SCDMA 的发展，重点做好 7 项工作，在促进经济平稳较快发展中做出更大贡献。公司的 7 项工作包括：一是开展深入学习实践科学发展观活动，推动科学发展上水平。二是推进自主创新，推动 TD-SCDMA 网络建设和规划工作，创新实现 TD-SCDMA/2G 融合组网，协同推进 TD-SCDMA 产业成熟和技术演进。三是把握核心市场和重点领域，确保业务稳健发展，要深度经营个人市场，开拓家庭和集团客户市场，完善经营能力，推进国际化拓展。四是科学配置资源，打造强有力的运营支撑能力，要加强基础资源储备，做好基础设施的共建共享工作，保持移动通信网络质量领先优势，提升技术创新水平，强化人力资源支撑和资金保障。五是强化精细化和集中化管理，进一步提升管理效益，要进一步健全闭环管理体系，强化精细化管理，加强风险控制。六是全面履行企业责任，营造和谐发展局面，要更好地履行环境责任，进一步履行社会责任，模范服从行业监管，在推进和谐行业建设中积极发挥作用，加强与外界沟通，营造良好外部环境。七是发挥政治优势，在保障发展改革中发挥更大作用。

（2）2009 年中国移动主要经营举措。2009 年，在满足客户的全业务需求问题上，中国移动的主要经营举措包括：

- 发挥既有优势

巨大的客户规模
全球最好的网络
价值领先的品牌
坚实的财务基础
执行力强的队伍
强大的创新能力
国际领先的地位

- 理性竞争注重效益

倡导合作共赢
有效成本管理
维护行业价值

- 努力拓展蓝海市场

挖掘发达地区空间
开发农村巨大潜力
开拓信息服务需求

在全球化扩张问题上，2009 年 4 月，中国移动斥资 177.7 亿元新台币(约合 36 亿元人民币)入股台湾电信运营商远传电信的 12%股份，正式成为该公司的战略投资股东。

在 3G 发展问题上，中国移动充分发挥 TD 技术的优势（频谱利用率高，未来演进具后发优势，终端更加深度定制），争取政府的大力支持（获得 35M＋频谱、188 号段；财政、建网、研发应用、政府采购、行业信息化等方面的支持；独家使用

CMMB），实施创新的发展策略（融合组网、创新营销；"三不"政策——"不换号、不换卡、不登记"；发挥和集团公司的协同效应，推进全球融合的 LTE 标准），积极稳步推进 3G 发展。3G 发展具体举措包括以下几个方面。

- 3G 终端策略

推动终端品种性能改善和类型丰富。目前，国内外主流厂家开始提供 TD 手机。其中，国外厂商 RIM、摩托罗拉、诺基亚、三星、LG 等都推出了 TD 手机，例如，诺基亚发布了其 TD 手机 6788，并宣布推出专门负责 TD-SCDMA 研发的团队。国内厂商如中兴、华为、联想也都推出了大批 TD 手机。为推动 TD-SCDMA 发展，促进 TD 终端产业链成熟，加速 TD 终端产品化进程，中国移动还投入 6 亿元启动"TD-SCDMA 终端专项激励资金联合研发项目"，投入 4000 万元用于"TD 办公无线座机联合研发项目"。截至 2009 年 12 月底，TD 终端已经达到 266 款，其中手机 80 款、数据卡 65 款、上网本 58 款、家庭网关 25 款、无线座机 34 款、阅读器 4 款。

- 3G 网络策略

中国移动 TD 二期工程如期完工，其中包括一、二期工程核心网络融合改造的全面完成，网络覆盖达到 38 个城市；TD 接通率、掉话率、切换率、客户感知度得到明显改善；为快速有效提升 TD-SCDMA 网与 2G 网络切换成功率，中国移动推出了"新机制、新标准、新测量"解决方案。2009 年底前，覆盖 238 个地级市，2011 年覆盖所有地级市，进一步提升网络质量。2010 年中国移动将在上海世博会建设 TD-LTE 演示网络。

- 3G 应用策略

全力推动 TD 无线宽带上网、家庭应用、集团应用以及可视电话、视频会议、视频点播等 3G 业务的深度发展；进一步拓展应用范围，提供无线城市、家庭产品、无线宽带解决方案；推出 Mobile Market 手机应用程序商场。

4. 2010 年中国移动经营展望

2010 年，中国移动将认真贯彻党的十七大、十七届四中全会以及中央经济工作会议精神，深入学习实践科学发展观，牢记使命，振奋精神，围绕保持行业的国际领先地位与推进 TD-SCDMA 建设运营，加快创新型企业建设步伐，继续巩固规模优势，更加注重低成本运营，坚持推动创新发展，着力优化增长结构，努力实现更高水平、更宽领域的科学发展观。

中国移动将重点做好 6 个方面的工作：（1）规模推进 TD-SCMDA 建设运营，提高发展效果。探索营销新路，通过双模终端推动 2G 用户向 3G 用户转移。（2）打造差异化竞争优势，增强可持续经营能力。其中包括加强集团客户市场和家庭市场产品开发和拓展工作，实现集团客户的价值提升。（3）优化运营模式与增长结构，保持发展质量和盈利能力。既要维系好现有市场，又要着力拓展新增长领域，逐步改善过度依赖新增用户话务增长的发展模式。（4）加快建设创新型企业，推进形成创新发展局面。（5）切实加强精细管理和基础管理，着力提升管理效益。（6）统筹内外发展关系，保持稳健和谐的发展环境。其中，"规模推动 TD 建设运营，提高发展效果"是 2010 年中国移动工作的重中之重，中国移动将落实"三年规划，两年完成"目标。所谓的"三年规划"是指 2009 年—2011 年的规划，所谓"两年完成"，就是把 2010 年和 2011 年的目标合在一起，在 2010 年提前完成 TD 网络目标。

在用户发展目标上，2010 年，中国移动将发展 3000 万 TD 用户，物联网用户达到 200 万户。但总体而言，中国移动"保存量、激增量"的压力愈发明显。在业务开发上，中国移动将在 TD 网络上进一步实现对 2G 业务的迁移，且推动 TD 创新业务应用将成为 2010 年工作的重点突破方向。中国移动将以南方基地为依托，以"电子商务、终端创新、移动互联、手机邮箱、应用下载、物联网"为六大创新方向。在终端研发上，2010 年中国移动将正式成立"终端管理部"，重点推进三大措施，包括：推出更多 TD-SCDMA 的智能手机（OPhone），让手机具备电脑的大部分功能；力推低价手机，实现普及；鼓励固定的 3G 网络终端。中国移动将会加大对 TD 终端的补贴力度，预计达到 100 亿规模。对于 TD 高端手机，中国移动仍会采取深度定制化的策略，而对中低端手机将采取社会推广的方式。2010 年中国移动的终端定制将主要围绕芯片和特殊功能层面进行。2010年中国移动将与BlackBerry进行合作开发，“黑莓”智能手机平台将全面支持TD-SCDMA及TD-LTE标准。中国移动还积极利用3GPP、GCF等国际终端测试标准和认证平台，建立TD-LTE终端国际认证体系，以确保TD-LTE终端质量。在新技术试用上，2009年年底，中国移动已在上海世博园区创建全球第一个TD-LTE示范网。2010年中国移动将在运用RFID等新技术，开展世博手机票、手机支付的基础上，提供无线宽带互联网、高清信息播报、即摄即传、无线视频监控等世博移动信息化综合应用和业务展示。中国移动在广州亚运会上同样将开建TD-LTE示范网。在网络建设上，2010年，中国移动将不断完善TD-SCDMA的室内覆盖，推进ABC多频段组网进程，提升TD网络无线利用率，力争超赶GSM网络的感知水平，使TD-SCDMA网络质量全面达到2G水平。中国移动将于2010年启动TD四期网络建设，将增加覆盖全国330个城市。2010年，中国移动TD基站建设规模将超过8万个，加上10万个已建基站，基站总数将超过18万个，网络覆盖达到所有城市，使TD成为全球最大的3G网络。2010年中国移动还将推广建设TD-LTE规模试验网络，预计2012年将实现TD-LTE的规模商用。

（三）中国联通

1. 中国联通概况

中国联合网络通信集团有限公司（简称中国联通）是2009年1月6日经国务院批准在原中国网通和原中国联通的基础上合并成立的国有控股的特大型电信企业。

中国联通在中国大陆31个省（自治区、直辖市）和境外多个国家和地区设有分支机构，控股公司是中国唯一一家在香港、纽约、上海三地上市的电信运营企业（中国联通集团的控股结构如下图5-19所示）。截至2008年底，资产规模达到5266.6亿元人民币，员工总数46.3万人。

中国联通拥有覆盖全国、通达世界的现代通信网络，主要经营固定通信业务，移动通信业务，国内、国际通信设施服务业务，卫星国际专线业务，数据通信业务，网络接入业务和各类电信增值业务，与通信信息业务相关的系统集成业务等。2009年1月7日，中国联通获得了WCDMA制式的3G牌照。

中国联通正在加快移动通信网络建设步伐，加大固定宽带网络建设力度，积极推进固定和移动网络的宽带化，为广大用户提供全方位、高品质的宽带通信和信息服务。面向未来，中国联通将坚持以

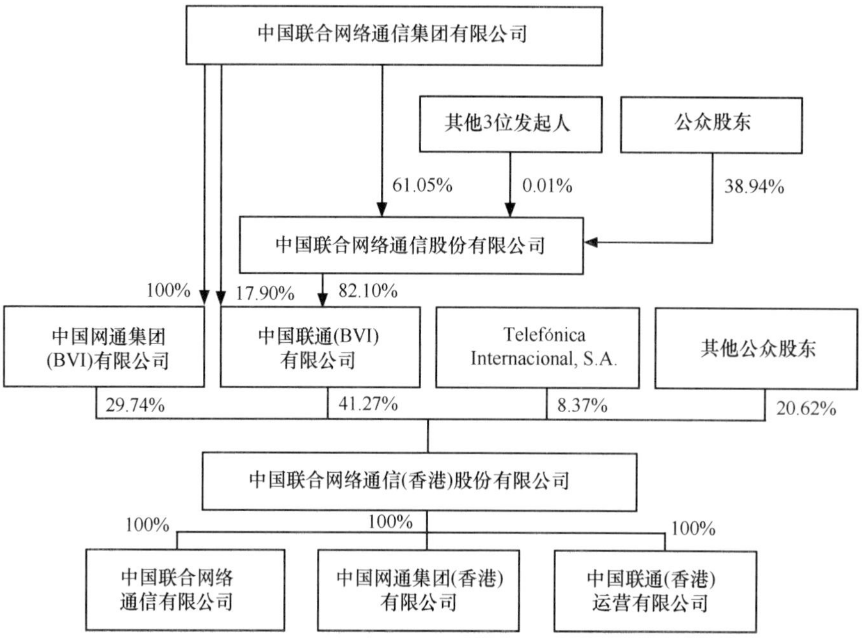

图5-19 中国联通集团的控股结构

市场为导向，以客户为中心，以宽带移动互联网业务为重点，进一步加大发展力度、拓宽发展领域、提升服务水平，全面增强综合竞争力和可持续发展能力，努力建设成为国际领先的宽带通信和信息服务提供商。

2. 中国联通运营分析

（1）用户数据。2009年以来，中国联通的本地电话（固话）用户数继续出现下降趋势。截至2009年12月31日，中国联通的本地电话用户数下降为10282.2万户，较2009年1月底累计减少了662.3万户，月均减少约60万户（见表5-13）。中国联通借助捆绑业务延缓了固话用户的离网速度。值得指出的是，2009年3月，中国联通固话用户增长了22.3万户，固话用户总数略有回升，这是2009年以来中国联通首次实现三大类用户的同时增长。但随后在移动替代固定趋势的影响下，固话用户保有量继续走低。

**表5-13　2008年12月～2009年12月
中国联通本地电话用户数变化情况**

单位：百万户	本地电话用户累计到达数	本月净增
2008年12月	100.146	–4.871
2009年1月	109.445	–0.125
2009年2月	108.944	–0.501
2009年3月	109.167	0.223
2009年4月	108.996	–0.171
2009年5月	108.707	–0.289
2009年6月	108.452	–0.255
2009年7月	108.121	–0.331
2009年8月	107.639	–0.482
2009年9月	107.131	–0.508
2009年10月	106.184	–0.947
2009年11月	104.932	–1.252
2009年12月	102.822	–2.110

数据来源：中国联合网络通信（香港）股份有限公司官方网站

2009年以来，中国联通的移动电话用户数继续保持增长势头。截至2009年12月31日，中国联通的2G移动电话用户数累计到达数为14484.5万户。中国联通的移动用户数较2009年年初增长了1148万户，月均净增长约95.7万户（见表5-14）。

**表5-14　2008年12月～2009年12月
中国联通2G移动电话用户数变化情况**

单位：百万户	2G移动电话用户累计到达数	本月净增
2008年12月	133.365	0.424
2009年1月	134.204	0.839
2009年2月	135.844	1.64
2009年3月	137.692	1.848
2009年4月	138.833	1.141
2009年5月	139.515	0.682
2009年6月	140.377	0.862
2009年7月	141.057	0.68
2009年8月	141.864	0.807
2009年9月	142.799	0.935
2009年10月	143.600	0.801
2009年11月	144.205	0.605
2009年12月	144.845	0.640

注：该数据统计口径为2G用户累计到达数。
数据来源：中国联合网络通信（香港）股份有限公司官方网站

自2009年10月WCDMA正式商用以来，中国联通逐月披露了3G用户发展情况。截至2009年12月31日，中国联通的3G移动电话用户数累计到达数为274.2万户，其中包含44.77万3G无线上网卡用户，月均净增长约91.4万户，超过2G用户月均净增长数（见表5-15）。

**表5-15　2009年10月～2009年12月
中国联通3G移动电话用户数变化情况**

单位：万户	3G用户累计到达数	本月净增	本月净增数包含3G无线上网卡用户数
2009年10月	102.1	102.1	21.5
2009年11月	182.2	80.1	20.1
2009年12月	274.2	92.0	3.17

注：该数据统计口径为3G用户累计到达数。
数据来源：中国联合网络通信（香港）股份有限公司官方网站

2009年以来，中国联通的宽带用户数依旧处于较快的增长态势。截至2009年12月31日，中国联通累计发展了3855万宽带用户，较年初增长了1313.4万户，月均净增长约109.5万户（见表5-16）。

表 5-16 2008 年 12 月—2009 年 12 月
中国联通宽带用户数变化情况

单位：百万户	宽带用户累计到达数	本月净增
2008 年 12 月	25.416	–0.022
2009 年 1 月	31.052	0.971
2009 年 2 月	31.687	0.635
2009 年 3 月	32.614	0.927
2009 年 4 月	33.154	0.540
2009 年 5 月	33.933	0.779
2009 年 6 月	34.913	0.980
2009 年 7 月	35.727	0.814
2009 年 8 月	36.598	0.871
2009 年 9 月	37.467	0.869
2009 年 10 月	38.006	0.539
2009 年 11 月	38.331	0.325
2009 年 12 月	38.550	0.219

数据来源：中国联合网络通信（香港）股份有限公司官方网站

（2）财务数据。在收入方面，2009 年前三季度，中国联通完成营业收入人民币 1182.2 亿元，其中，通信服务收入人民币 1153.8 亿元。按可比口径完成通信服务收入人民币 1149.8 亿元，为 2008 年全年（含新收购南方 21 省固网业务及 3 个子公司，下同）通信服务收入人民币 1550.2 亿元的 74.2%。移动电话业务完成通信服务收入人民币 531.2 亿元，为 2008 年全年移动电话业务通信服务收入人民币 655.8 亿元的 81.0%，移动业务平均每月每用户通话分钟数（MOU）为 251.3 分钟，平均每月每户收入（ARPU）为 41.6 元。固网业务按可比口径完成通信服务收入人民币 616.5 亿元，为 2008 年全年固网业务通信服务收入人民币 890.6 亿元的 69.2%，其中宽带服务收入人民币 186.1 亿元，为 2008 年全年宽带服务收入人民币 216.2 亿元的 86.1%，宽带用户业务平均每月每户收入（ARPU）为 59.5 元。

在成本费用方面，2009 年前三季度，中国联通共发生成本费用人民币（含营业税金及附加和资产减值损失）人民币 1073.4 亿元，其中，折旧及摊销为人民币 354.2 亿元，销售费用为人民币 148.4 亿元。

在盈利方面，2009 年前三季度，中国联通实现利润总额人民币 121.8 亿元，净利润人民币 92.3 亿元，为 2008 年全年持续经营业务净利润人民币 72.5 亿元的 127.3%，其中归属于母公司的净利润为人民币 31.0 亿元。基本每股收益为人民币 0.146 元。按可比口径，经调整净利润为人民币 91.8 亿元，为 2008 年全年经调整净利润 145.2 亿元的 63.3%；经调整 EBITDA 为人民币 478.0 亿元，为 2008 年全年经调整 EBITDA 人民币 686.1 亿元的 69.7%，经调整 EBITDA 率为 40.6%。

（3）业务数据[5]。2009 年上半年，在 GSM 语音业务方面，中国联通 GSM 通信使用量达到 2048.3 亿分钟，比 2008 年同期增长 10.2%（见表 5-17）。

在 GSM 增值业务，中国联通重点提升短信、“炫铃”等成熟型增值业务的渗透率，打造以 GPRS 业务为主的收入增长点，GSM 增值业务持续快速增长。公司 GSM 短信业务使用量达到 383.9 亿条，比 2008 年同期增长 0.9%；炫铃业务用户净增 521.9 万户，用户总数达到 4934.6 万户，用户渗透率从 2008 年同期的 33.1%提高到 35.2%；GPRS 用户净增 876.2 万户，用户总数达到 3998.5 万户，用户渗透率从 2008 年同期的 17.3%上升到 28.5%。

表 5-17 2009 年上半年中国联通重要业务数据

		2009 年上半年	2008 年上半年
GSM 业务	用户（万户）	14037.7	12759.9
	ARPU（元）	41.7	43.6
	话务量（10 亿分钟）	2048	1859
	MOU（分钟）	248.9	249.6
	每分钟语音收入（元）	0.122	0.130
固网语音	用户（万户）	10845.2	11783.0
	其中：固定电话	85557	89814
	无线市话	22895	28016
	ARPU（元）	32.0	36.4
	其中：固定电话	35.1	40.2
	无线市话	20.7	24.5
	本地语音总通话量（百万次）（不含拨号上网）	94193	104141
	长途通话量（百万分钟）	17675	21483
固网宽带	用户（万户）	3491.3	2769.9
	ARPU（元）	60.2	69.5

资料来源：中国联通 2009 年中期业绩报告

[5] 截至目前，中国联通仅公布了 2009 年上半年的业务数据，故本节内容以此为依据。

在传统固网业务方面，面对传统固网业务的下滑压力，中国联通积极推广固话、宽带、移动捆绑业务及话务量套餐，发展固网增值业务，努力减缓固网业务下滑。截至 2009 年 6 月 30 日，公司来电显示业务用户渗透率为 72.3%，同比下降 0.2 个百分点；电话导航用户达到 69.6 万户，同比增长 67.5%。上半年，本地电话通话次数（不含拨号上网）为 941.9 亿次，同比下降 9.6%。

在固网宽带及数据通信业务方面，中国联通加快推进宽带升级提速及内容应用推广，固网宽带业务持续增长。2009 年上半年，2Mbit/s 以上用户占固网宽带用户比例达到 69.4%；固网宽带内容和应用业务用户达到 713.5 万户，占固网宽带用户比例达到 20.4%。

3. 中国联通主要发展策略

2009 年是中国联通改革重组后开始全业务运营的第一年。中国联通将充分发挥自身优势，致力于将公司建设成为"国际领先的宽带通信和综合信息服务提供商"。

（1）2009 年中国联通发展思路与工作重点。2009 年，中国联通的发展思路是：以科学发展观为指导，以全业务经营为主线，以宽带移动互联网业务为重点，发挥融合优势，加快网络建设，加大发展力度，提高发展质量，提升服务水平，全面增强中国联通的综合竞争力和可持续发展能力，为建设国际领先的宽带通信和信息服务提供商奠定坚实基础。

2009 年中国联通确定了四大工作重点。一是加快业务发展，推进全业务经营。继续保持宽带业务快速发展，加速移动业务发展，遏制固话业务下滑趋势，规模发展增值业务，大力拓展综合信息服务业务，发挥资源优势推动国际业务开展。要切实做好经营支撑工作，加快推进品牌整合，全面整合共享渠道资源，迅速提升 IT 系统支撑能力。二是加快网络建设，提高网络质量。加速完善 GSM 网络，着力提高基础网络支撑保障能力，扎实做好网络优化和维护工作。三是发挥协同效应，加快融合步伐。加强投资和成本的协同，加快资产资源的整合，加快财务和风险管控体系的整合，加快完成南方 21 省区市资产租赁和业务收购工作。四是强化服务工作，提升客户感知水平。加快建立统一的全业务服务体系；整合资源，实现统一接入和全业务服务；深度开展服务维系工作，提升客户价值；加快推广全国移动一卡充、网上营业厅等新型服务手段。

（2）2009 年中国联通的主要经营举措。在业务发展方面，中国联通针对 3G 业务制定的策略包括：一是 2009 年年内在 284 个城市提供 3G 服务；二是推广九项重点业务，包括无线上网卡、手机音乐、手机电视、手机上网、可视电话、手机报、手机邮箱、即时通信、手机搜索等九项；三是创新和优化运营模式、商业模式、实现增值业务规模运营；四是统一品牌、业务、资费、包装、终端政策、服务标准；五是初期以自有渠道销售为主。针对 2G 业务制定的策略包括：一是改善和优化 GSM 网络；二是强化 GPRS 等增值业务套餐营销，提高增值业务占收比；三是扩大用户规模，优化用户结构；四是加强现有客户保有。针对宽带及数据通信业务制定的策略包括：以宽带提速为驱动，推进宽带规模发展；北方采取"保有+新增"手段，提升 ARPU 值，关注农村市场；南方聚焦重点市场，提升市场份额；抓住重点行业、重点领域的市场机会，发展高质量的 ICT 业务。针对传统固网业务制定的策略包括：发挥固定、移动融合优势，提高传统固话业务使用率；多业务捆绑，降低固话用户离网率；发展电话信息服务，提高增值业务渗透率；推广话务量营销，提升网络利用率。

在市场营销方面，面向三大客户群开展营销，提升客户体验，提高响应速度；以 3G 营销渠道建设为重点，整合优化渠道体系；提升自有渠道销售占比，提高营销效率。

在网络能力建设方面，针对 3G 网络，2009 年年底覆盖 284 个城市；2011 年，实现 2G+3G 人口覆盖率达到 96%。针对 2G 网络，完善重点城市的网络连续覆盖，特别是室内深度覆盖；提高数据业务提供能力。针对固网宽带，合理推进接入网光纤化改造；城市新建宽带接入具备 4Mbit/s 带宽。

除了上述策略之外，中国联通还针对全业务及 3G 经营，制定了详细的举措。在全业务经营方面，中国联通针对全业务运营，构建了新的品牌体系，并于2009年4月28日正式推出了全业务品牌"沃"。"沃"将逐步形成包含个人客户、家庭客户、集团客户和客户服务等四大类业务的全业务品牌体系，向客户提供"一站式"的业务及服务。"沃"承载着公司全新的服务理念，体现了公司"创新"的企业形象。为了完善"沃"品牌内涵，公司推进客服资源的整合，加大电子渠道的服务支撑力度，实现了客户服务界面的统一及10010客服热线的全业务服务；电子渠道的业务支撑能力和交易量大幅提升；"一卡充"于2009年年初正式商用，为用户提供异地充值服务功能，并于2009年8月17日全面升级为"全业务一卡充"，在全国范围内为用户提供全业务充值服务。

在3G经营方面，中国联通于2009年5月17日顺利启动3G业务试商用友好体验，推出手机上网、手机搜索、手机音乐、手机电视、可视电话、手机报和无线上网卡等多项3G业务。2009年10月1日，全国285个城市同步实现3G业务的正式商用。

- 中国联通3G发展总体策略

"三个领先"："网络领先、业务领先、服务领先"

"六个统一"："统一品牌、统一业务、统一包装、统一资费、统一终端政策、统一服务标准"

- 3G资费策略

语音资费全面实施"长市漫合一"

优化配置套餐内数据业务占比

上网卡套餐自动升级

- 3G渠道策略

加快建设全国统一的电子化销售服务平台，为自有营业厅、直销渠道、社会渠道提供统一的电子化销售服务

建立一套适合3G业务发展的渠道体系，提升销售效能

- 3G终端策略

开放的产业链合作原则，鼓励社会化运作

定制终端+自备机入网

引入战略终端+明星终端

- 3G产业链合作策略

与苹果公司合作，推出iPhone

终端配置符合中国市场需要，包括iPhone 3G、iPhone 3GS

推出3G终端应用商城——沃商城

4. 2010年中国联通经营展望

2010年，中国联通将深入贯彻落实科学发展观，牢牢把握国家大力推进信息化发展战略和通信产业升级换代的大趋势，坚持以"抓机遇、保增长、调结构、上水平"为主线，以"融合创造新优势、3G实现新发展"为抓手，加快市场拓展，提升支撑能力，夯实基础管理，强化落实执行，在发展中调整结构，在创新中增强活力，全面提升中国联通的综合竞争实力。

中国联通2010年的工作重点主要包括：（1）全力推进业务发展，稳步扩大3G业务、2G业务、宽带业务、固话业务的市场份额；完善集团客户营销和产品开发体系，推广综合信息化解决方案及行业应用，加快中小企业客户业务发展。（2）围绕业务发展和结构调整，全面提高经营支撑保障水平，在品牌体系、资费管理、营业管理、渠道销售、终端保障、信息化支撑、客户服务等方面下功夫。（3）推进网络建设，增强并完善3G网络、2G网络、宽带接入网的能力，进一步增强基础传输网能力，提升网络对全业务的支撑能力。加大维护和优化力度，大幅提升网络质量。（4）完善体制机制，增强发展活力。优化管理体制，完善业务流程；抓大放小，突出重点，优化绩效考核。（5）注重效率和效益，进一步加强精细化管理。加强全面预算管理和资产资金管理，加强投资、工程和采购管理，加强内部控制和风险管理，加强网络信息安全管理。（6）加强企业党建和队伍建设，为经营发展提供有力的保障。

2010年新年伊始，中国联通启动了集团公司组织机构调整工作。具体包括：（1）在市场前端方面，整合市场部、个人客户部和家庭客户部，成立市场部和销售部。（2）在后台支撑方面，合并固网建设部门、固网运行维护部门和移动网络公司，组建中国联通网络分公司。同时，合并管理信息系统部和业务支撑系统部，成立信息化部。（3）在职能部门方面，合并风险管理部和法律事务部，成立法律与风险管理部。同时，将行政服务中心并入综合部，将财务共享中心并入财务部。（4）整合研发机构方面，组建新的

联通研究院。（5）整合新国信公司、中国号簿公司信息导航类业务，组建新的专业经营公司。对于此次调整，中国联通旨在进一步理顺管理体制、充分整合资源、提高运行效率。2010 年，中国联通还将启动电子商务战略。中国联通打造的 116114 网店，是其切入电子商务的一次崭新尝试。116114 网店旨在为企业提供产品、折扣等信息的自助发布空间，同时发布到中国联通手机 116114 的 WAP 门户(wap.wo116114.com)、手机客户端及 114(116114)语音坐席、116114 网站(www.wo116114.com) 、黄页等渠道。

在用户发展目标方面，2010 年，中国联通的 3G 用户增长每月都将达 100 万以上，2010 年末 3G 总用户数将可能达到 2000 万以上。为了规模发展 3G 用户，中国联通有可能会下调 3G 资费套餐，进一步降低进入门槛。在业务发展方面，2010 年将是中国联通 3G 业务的规模推广期和实现盈利期，中国联通将会进一步大力推进 3G 业务的商用，推进 iPhone 的销售（继续利用 iPhone 吸引 3G 高价值用户入网），推动固网、宽带互联网业务和融合业务的较快增长，努力提高非语音业务和新业务对收入的贡献。中国联通在业务层面将进行更为深层次的融合，以满足个人、家庭、政企等各类客户的需求。中国联通的手机软件商店——“沃商城”预计也将正式推出运营。在终端发展方面，中国联通将启用终端销售新渠道——“联通华盛网上商城”。该商城将成为中国联通 2010 年电子商务销售渠道的主推重点，而现有 18000 家自有营业厅及数万家社会手机零售网点将组成 2010 年中国联通的渠道大网。在后台 IT 支撑系统方面，2010 年中国联通将继续加快统一化建设，做到“统一需求、统一规范、统一版本、统一实施”。在网络建设方面，中国联通将继续推动 2G/3G 移动网络的覆盖和优化工作，同时，预计 2010 年下半年中国联通会在部分重要城市启动 HSPA+网络的升级部署。

（四）运营商领导谈企业发展

1. 王晓初：中国电信的发展

- 关于中国电信的国际化

目前中国电信海外业务占比还很小，走出去要积极更要稳妥，不能头脑发热。在全球金融危机的背景下“走出去”确实是一个商机。

中国电信采取的是主营业务和实业“两条腿”走出去的战略。实业的走出去可以为主营业务是否赚钱“摸摸底”，相当于“先遣部队”。因为主营业务的投资回报期要 10 年，而实业的投资回报期只要 2 年。

电信主营业务走出去主要是客户延伸、服务延伸和网络延伸。目前，中国电信拥有亚太、北美和欧洲三个分公司，下一步的重点是拓展亚太地区市场。现在每年海外业务的增长都能达到 70%～80%。

- 关于中国电信移动业务的优、劣势

在很短的时间里，“天翼”品牌的知名度已经获得市场认可，但终端还比较滞后。不过我相信，在中国电信和产业链的共同努力下，未来几年，“天翼”终端将会很快发展起来。

- 关于战略转型

中国的信息化与国外比还有很大差距，虽然中国电信基础网络设施比美国和欧洲的好，但是在信息化应用方面还有不小差距。许多跨国公司决策、研发、销售在全球不同地区，效率很高，主要是因为采用了信息化手段。2004 年底，我们提出一个口号，要从传统的基础网络运营商变为现代综合信息服务提供商。中国电信及时推出 114/118114 号码百事通业务。号码百事通成功创造了一种商业模式，现在你能看到电信业其他同行都在效仿这种语音导航业务，一些外国电信运营公司也在学。我们常思考，作为运营商，我们的特点是什么？我们提出三 I 结合——就是 IT、IP 和 Information 的融合，这三个方面相融是我们的优势，是我们与其他运营商不同的地方。

2008 年年底，中国电信的固网用户数是 2.4 亿，宽带用户数达 4 700 万。2008 年 10 月交给中国电信的 C 网用户数不到 2 800 万，截至 2009 年 5 月底，用户数已经达到 3 691 万。近三年来，集团累计创造收入 5 000 亿，利润超过 1 000 亿。如果过分依赖于某种产品的收入，当其生命周期过去，就会有很大的经营风险。对于中国电信来讲，转型成功与否的标志，在于收入结构是否随着产品的变化不断有新的收入因子出现。这才能使公司立于不败之地，做到基业常青。

- 3G 发展目标和发展战略

3G 给了中国电信一个实现赶超的竞技平台，我们都很珍惜这个机会。我们正在积极努力，及时把网络建设情况告诉终端厂商，给他们以信心，为他们提供机会。预计 CDMA 终端品种在今后几个月会很快丰富起来，价格也能迎合消费者的需求。

中国电信的目标是到 2011 年，移动用户数量超过 1 亿，市场份额超过 15%。

目前来说，我们的网络质量已经能达到跟主要竞争对手一样，业务层面还可以给用户提供类似“爱音乐全曲下载”等令人眼前一亮的业务，这都是其他竞争对手目前无法提供的。就产品价格而言，我们会让终端的价格从消费者的角度看更加合理，更符合客户的需求。

[根据《中国企业家》“王晓初：中国电信不能为了圈钱而上市”、《第一财经日报》“对话中国电信董事长王晓初”等相关内容整理]

2. 王建宙：中国移动的发展

（1）中国移动的发展道路。

1987 年中国移动在广州开通服务，现在有 5 亿户。基站数量有 47 万个用户，中国人口覆盖率 98% ，甚至在珠穆朗玛峰上也建了 3 个基站。

中国移动在各大楼的电梯里也建基地台，在电梯中不会收不到信号。中国移动在《金融时报》2009 年全球品牌价值居第七，第一名是 Google。1997 年中国移动在纽约和香港上市，成为一家国际化的公司。目前中国移动市值是 2107 亿美元，是全球第一。每个月都有 500 万个新用户，话务量也在增长，3 年前每人月 300 分钟，现在有 500 分钟。增值服务收入占全部收入的 27%

中国移动把手机当做音乐下载工具，一首流行歌曲半年内可被下载 1500 万次，2008 年的手机音乐收入有 160 亿元人民币，比唱片发行和电影的总和还高。目前增值业务的发展方向就是移动通信和 Internet 的结合，包括智能手机、上网本等，都可以利用 3G 网络来上网。

另外还有一些特别的应用“物联网”(Internet of things)，例如在家电上装传感器，用手机通过网络控制，包括远程抄表、物流运输、移动 POS 等，结合云端运算，可以有更多元的应用。下面举一个例子说明物联网的应用：在羊身上装一个二维条形码，可以通过手机得知羊从生产到变成羊肉的过程，台湾已有类似的应用。中国移动推出以 Android 为基础的手机操作系统 OMS，这类手机称为 OPhone。

中国移动建立了自己的 Mobile Market 手机应用程序商场，让开发者提供手机软件，中国移动收三成，开发者收七成。建设 3G 网络是中国移动目前的重点，构建 TD-SCDMA 这个独有规格，在 2009 年末要为 70%的城市提供服务。中国移动希望通过 3G 网络形成手机、3G 网卡和上网本，以及无线固网电话来扩大商机。2009 年 6 月底前，中国移动只有 10 种 3G 手机，2G 手机却有 7000 多种，希望增加到 200 多种。

王建宙说，中国移动的企业社会责任就是为贫困农村提供移动通信服务，为全中国 4 万个偏僻村庄建立基站，目标是让 99.5%的农村可通话，让农民可以用手机和计算机来获取信息，消弭数字落差。

另外，中国移动致力节能减排，在新疆、青海等偏远地区建立太阳能或风能基站，目前已有 2000 个绿色基站，而机房空调也改用自然风、地下水等减少空调耗电。

中国移动的国际拓展，先在香港收购一家小型电话公司，在巴基斯坦收购当地电信公司，让基站数量大幅增加。至于和台湾企业的合作，包括漫游业务、终端制造、芯片、电子书、无线音乐、无线城市等。中国移动和中华电信、台湾大哥大、远传、威宝合作漫游，未来漫游费用有机会下降。

在手机方面，台湾很多手机制造厂有相当大的优势，也有很好的手机芯片，中国移动会进一步加强合作。在上网本方面，中国移动和宏碁、华硕等厂商密切合作，推出中国移动定制上网本。中国移动也进入电子阅读市场，在手机上提供“手机报”服务，已有 4000 万用户；未来要跨入数字出版领域，让用户下载内容，目前已有测试的产品。中国移动在厦门实验打造无线上网城市，已和台湾相关合作对象有相当密切的交流。中国移动还和台湾业者合作推动新技术创新，包括移动支付、手机游戏、宽带多媒体应用等。

[根据王建宙在台湾“2009 商业周刊两岸电信领袖顶峰会”上的演讲内容整理]

（2）TD发展。

- 关于网络

中国移动的TD网络已经完成了从实验室到组大网，从试验网到商用网的两大转折。网络质量按照商用网的要求做了优化。试验网和商用网是两个不同的概念，试验网的客户都是一些社会化的测试用户，但是商用网的客户是付费来买服务的，所以这是一个巨大的转折。

目前的网络质量已经有了明显改善。TD网络的优化过程的确非常困难。以前我们的网络基本上依靠厂家来做优化，出了问题，厂家甚至会从全球调集力量解决，但是现在连TD厂商都没有做过，他们也没有经验。例如同频干扰的问题曾经一度是我们网络质量最大的问题，厂商并没有解决办法，只有依靠中国移动自己的经验，联合厂商，创造出一整套网络优化的方法。我今天终于可以说，我们有能力将3G的网络质量提升到和2G网络的质量一样高。

- 关于终端

TD终端在研发和制造方面都有了突破，但仍然相对薄弱。因为网络质量好了以后，终端的问题就凸显出来了。终端确实是3G发展的一个关键，只要终端能够有大的突破，相信用户数就能大幅度的上升。很多人问我要发展多少TD用户，其实只要终端好，我相信客户就会买双模手机，只要买了双模手机，他实际上也就成了TD用户。如果我们的双模终端跟2G手机质量一样好，它的价格跟2G一样，稍高的我们做补贴，客户没有理由不选择双模手机。只要终端能够跟上，用户数的上升会非常乐观。

- 关于加速TD成熟

按部就班地发展，TD一定会成熟，但是市场不会等地，因此加快TD的成熟成为了最关键的问题。第一，靠政府的大力支持。我搞了那么多年的电信，从来没有看到有哪一个项目能得到政府如此大力度的重视和支持。工信部等部委专门下发了文件，推出了支持TD的强有力的措施。此后中国移动又跟大部分省的省政府签订了战略合作协议，其中最重要的内容就是各省、市、区政府对TD给予特别的支持。第二，靠中国移动的努力。中国移动在TD上，要有更多的投入，要更好地利用我们的经验，更要利用我们现有的雄厚的用户基础。第三，靠技术进步。TD的成熟过程要依靠新的技术来推进。

- 关于TD国际化

随着中国移动TD网络的扩大，已经能够明显地感觉到TD在国际上的影响力正在不断提升，不仅是制造商而且包括运营商。目前，日本和韩国运营商对TD的兴趣比较大。目前关注TD发展的厂商和运营商主要是两种情况。第一是有计划推出TD产品的厂家或研发机构计划建立小规模的TD试验网，以进行设备和终端的测试。第二是原来PHS，即小灵通的运营商，正在寻找网络的演进方向，TD是他们主要跟踪的方向之一。

- 关于TD-LTE的演进

在工业和信息化部的统一部署下，TD-LTE（TD的长期演进）的研发工作在有条不紊地开展。2009年2月的巴塞罗那全球移动通信大会上，集中演示了我国TD-LTE的研发成果，从芯片到系统设备，到终端和测试仪表。经过工信部的批准，在上海市政府的支持下，2010年世博会期间，在世博会的展区将会有一个TD-LTE的演示网络，展示我国在TD-LTE方面的一些进展。

- 关于TD应用

TD是否能够推广和普及，应用是关键。其实大多数消费者并不关心使用的是什么技术和标准，他关心的是应用。有了好的应用，才能吸引客户。

总体而言，移动通信互联网化或者是互联网的移动化，这个趋势不可挡，3G加速了这一进程。最近一段时间，最明显的就是终端的融合，手机和PC机正在走上一条互相融合的道路。首先，手机经过多年的发展已进入智能手机的时代，事实上智能手机就是一台微型的电脑。另外一个方面，PC正在向手机的方向前进，上网本是手机与PC融合的一个典型的产品，也就是说PC机已经具备了移动通信所有的功能。

上网本是PC与移动通信一个最好的结合点，同时也是与移动互联网一个很好的结合点，所以我们花了很大的力气在推广上网本，是希望通过上网本把3G网络的应用推动起来。比如沃达丰在2004年大规模推广3G的时候，就是以数据卡为起点，通过数据卡使人们开始认识3G。现在上网本应该比数据卡更方便和有效。当然上网本只是将3G应用激发起来，最终拉动还是要靠手机。在当前的3G应用推广阶段，我们采取的是1+3的方式，1就是手机，“3”就是上网卡、上网本和家庭网关。

[根据《IT经理世界》2009年第273期《对话王建宙》内容整理]

3. 常小兵谈中国联通的发展

（1）中国联通的工作重点。2009年3月，常小兵考察河北联通时，提出三点要求：一是必须始终坚持以科学发展观为指导，将工作重心转移到业务发展上来，全力保有宽带业务的优势地位，有效推动移动通信业务的发展，努力延缓固定语音业务的下滑趋势。二是必须坚持以市场为导向的原则，充分发挥融合新优势，进一步改变粗放型的管理及增长模式，业务发展既要注重收入规模，更要注重内在效益结构。三是必须坚持成本、收入及效益相匹配的原则。认真思考和积极探索如何实现合理的配比结构，将成本计划真正用到经营发展和创收增效的环节，有效拉动收入。

2009年7月，常小兵在广西联通视察时对地方联通下一阶段的工作重点提出了四点要求：一是做好2G/3G发展定位和经营规划，做到2G/3G相互促进、协调发展，明确2G/3G目标客户群并在市场营销策略上有所区隔。二是规范有效地发展宽带业务，加快推进宽带提速和相关配套工程，努力改善用户结构，加强渠道的规划管理和代理商管理。三是抓住时机，加快3G网络建设，全力做好3G经营发展工作，胆子要大，步子要快。把握3G趋势向好的发展势头，以3G业务试商用为契机，大胆探索建立适应3G发展的新体制新机制。四是加快深度融合步伐，进一步深化网络融合、业务融合、制度与流程融合、人员融合工作，规范高效地开展经营管理和服务工作，提升企业的市场竞争实力。

[根据泰尔网相关内容整理]

（2）中国联通的3G发展。中国联通董事长兼首席执行官常小兵在2009年11月18日—19日举办的“2009年亚洲移动通信大会”上发表讲演，详细阐述了中国联通3G发展策略。

2009年1月7日，工业和信息化部向中国联通颁发了WCDMA制式3G业务经营牌照。一年来，中国联通以超常的速度，全力建设一张技术领先的3G网络。2009年10月1日，在全国285个城市实现了正式商用。迄今为止，中国联通的3G网络已成为全球规模最大的WCMA网络。截至2009年11月，中国联通已经建设基站11万个，到2009年末，实现对全国335个城市的3G网络覆盖；至2010年上半年，将覆盖我国全部县级以上城区以及重点乡镇。中国联通已经与60多个国家和地区的100多个3G运营商开通了国际漫游服务。随着国际合作的加强，这个数字正快速增长。资料显示，WCDMA网络占全球3G网的70%以上，这将使中国联通3G用户的国际漫游更加方便。

中国联通在3G时代的目标，不是中国通信市场的跟随者，而是做“3G市场领导者”的定位。在这个基础之上，中国联通提出了“三领先”的发展目标和“六统一”的营销策略。所谓“三领先”的发展目标，即“网络领先、业务领先、服务领先”；而“六统一”的营销策略，则分别覆盖了品牌、产品、资费、渠道、服务以及终端和产业链合作等六大方面。

在品牌上，2009年4月28日，中国联通正式推出了全业务品牌‘沃’，作为与客户沟通的全新品牌。‘沃’包含了中国联通的所有产品、业务和服务，为不同客户群提供‘一站式’服务。

在产品上，中国联通规范了产品创新体制，明确了产品创新的战略定位，根据产品规划有序地推进产品的研究、实验和开发，通过专业化运营，为产品发展提供持续动力。为此，中国联通甚至为不同的专业产品领域建立了各自的专业公司，包括音乐、视频、宽带、宽带内容、新视讯等，都建立了专业化运营的子公司。中国联通还在移动和固定融合的基础上，针对不同业务的特征实行专业化、精细化的运营管理，推出各项创新业务。中国联通于2009年10月1日在3G正式商用业务开始，便“同步推出了手机上网、手机电视、手机音乐、手机邮箱、手机搜索等系列的3G创新服务，为用户提供高质量的联通3G业务体验；在推出iPhone手机的同时，中国联通为iPhone开发了专门的门户应用，下一步将在更多的领域逐步推出例如Mobile Store、Mobile Pay、E-book等多样化的3G业务。

在3G资费上，自3G商用以来，3G用户ARPU

值超过 100 元，显著高于 2G 用户，3G 用户的数据业务消费，也明显高于 2G 用户。3G 资费要打破 2G 传统，实行全国统一资费和套餐，尤其是尝试长市漫游一体化，为用户创造全新的资费体验。传输数据业务的大幅降价，都会有助于用户更多地、放心地、大胆地使用中国联通的 3G 业务。

在渠道建设上，中国联通建立了基于互联网的全国统一的电子化销售服务平台 ESS，对 3G 终端、3G 套餐等各类产品全面实行电子化销售，为各种渠道提供统一的电子化销售服务支撑。目前中国联通的各种代理商、连锁电子卖场以及大型综合连锁超市，都是通过公开竞标方式招募的。

在服务上，中国联通制定了 3G 用户专属服务方案，实施分群、分级、分类的服务。在全国 285 个城市统一建设了 3G 品牌店，推出了全国统一的网上营业厅、手机营业厅等电子渠道。基于互联网的、全国统一的电子化销售服务平台，对 3G 终端、3G 套餐、3G 新业务等各类产品实行全面的电子化销售，为各种渠道提供了统一的电子化销售服务支撑。同时，中国联通还积极引进各种代理商、全国连锁电子卖场，并与大型综合连锁超市展开广泛合作。

在终端上，中国联通积极营造开放的合作环境，只要经过入网检测的终端，都有机会参与合作。2010 年，中国联通将陆续推出更多的 WCDMA 终端。

在产业链合作上，中国联通以公平、公开和开放的态度，大力加强产业链合作，致力于将 WCDMA 技术所具备的成熟的产业链优势，转化为 3G 业务市场发展的优势。中国联通高度重视 3G 业务的内容建设，积极致力于构建开放的手机应用开发和推广平台，并正与更多富有创新精神的内容及应用提供商合作，同时在与内容业务提供商的合作上，也将为内容和业务合作伙伴的业务准入、收入结算等提供更为优惠的政策，打造一条互利共赢的应用产业链。

[根据常小兵在“2009 年亚洲移动通信大会”的讲演内容整理]

（工业和信息化部电信研究院泰尔管理研究所　郑平）

三、运营商服务质量报告

（一）电信服务呈现新特征

2008—2009 年，中国的电信服务出现两个特点：一是新技术新业务的发展对通信服务不断提出新的课题；二是用户需求的多元化和维权意识的增强，成为通信服务必须面对、重视、解决的问题。

在工业和信息化部的指导下，三大运营商积极配合，中国的电信服务工作取得很大成绩，热点问题治理有成效。工信部加大监管力度，垃圾短信治理、手机扫黄取得阶段性进展，依法打击网络淫秽色情等有害信息专项行动取得积极成效。增值业务收费和服务治理深入推进。较好解决了电信资费双改单、漫游费过高等问题。

2009 年年度电信服务的主题为“服务社会，服务民生”。工业和信息化部提出加快产业的发展，不断提高支撑经济社会发展的能力。加大对 3G 下一代网络的研究，努力抢占国际电信的战略制高点，加强以市场为导向、以企业为主体的技术创新体系，营造支持技术创新的市场环境和政策环境。大力推进农村通信，促进协调发展。

工业和信息化部通过加强沟通协作，健全长效机制，扎实推进通信服务工作持续深入开展。推进改善通信服务质量，关键在于健全长效机制，常抓不懈。通过努力，“政府监管、企业自律、社会监督”的三位一体的电信服务质量工作机制逐步形成，有效促进了电信服务质量持续改善。

1. 2008 年全年电信市场竞争秩序趋于规范

2008 年，电信行业认真贯彻落实工业和信息化部、国家发展和改革委员会、财政部联合发布《关于深化电信体制改革的通告》（工信部联电【2008】73 号）文件精神，各相关电信企业按照《关于做好深化电信体制改革过程中电信服务工作的通知》（工信部电【2008】94 号）要求，把做好用户服务工作放到突出重要的位置。

至 2008 年底，“村村通电话”工程圆满完成年度计划，全国通电话行政村比重达到 99.7%，通电话自然村比重达到 92.4%，全国 98%的乡镇能上网、

95%的乡镇通宽带，四川等地因地震损毁的农村通信设施得到全面恢复。农村信息服务推广迅速，农村信息服务平台达到2000多个，涉农互联网网站突破1万个，针对“三农”的电信业务和信息服务遍布广大乡村。

2008年，工业和信息化部通过电信用户申诉受理机构、政府网站、部长信箱等渠道共受理用户关于电信服务的申诉37825人次，年度申诉率为39.5（人次/百万用户），较2007年有所上升。用户申诉涉及的主要问题包括信息服务和数据业务收费争议、业务宣传误导用户以及服务承诺履行不到位等。

2008年四季度，工业和信息化部共受理关于电信服务的申诉10633人次，季度用户申诉率为10.8（人次/百万用户）。

2008年，全国垃圾短信治理取得阶段性进展，依法打击网络淫秽色情等有害信息专项行动取得积极成效，关闭非法网站网址6520个，删除网上不良信息5.1万条。

增值业务收费和服务治理深入推进。2008年第四季度，工业和信息化部对各基础电信企业和95家增值电信企业的186项增值业务的服务和收费情况进行了季度例行抽测检查。结果表明，增值电信服务领域服务质量整体明显改善，但仍发现有深圳市龙音数码科技有限公司、北京东方达科技有限公司等13家增值电信企业存在虚假宣传诱骗消费、不提供业务而收费等违规行为，个别地方基础电信企业存在业务免费试用期结束后不经用户确认直接收费等问题。

2008年第四季度，各地通信管理局也加大对服务质量的监督检查力度。据统计，各地查处侵害用户合法权益的违规电信业务经营者共计54家次，维护了电信和信息服务市场秩序。

2. 2009年第一季度展开专项行动

为适应国家经济社会发展对通信行业的要求，2009年第一季度，工业和信息化部明确了2009年通信行业行风建设“服务社会、服务民生”的主题，对2009年全年的行风建设重点工作进行了部署。各基础电信运营企业和相关单位结合各自实际情况，研究制定了行风建设工作具体实施方案，积极开展各具特色的活动。

2009年第一季度，工业和信息化部等五部委公布了15项支持TD加速发展的措施，涉及财政资金、项目支持、网络建设、业务应用及产业发展等多个方面。截至2009年第一季度末，中国移动TD用户数达到50多万，北京、上海、天津、广州等10个城市语音接通率达到95%以上，二期28个城市网络建设正抓紧进行，三期200个城市建设全面展开；中国电信3G业务已在江苏、北京等地开始试商用；中国联通正按计划开展3G网络建设工作。3G网络建设和发展对于拉动内需、促进就业、稳定经济增长的作用已开始显现。

积极开展“整治互联网低俗之风专项行动”。2009年一季度，工业和信息化部等七部委联合开展整治互联网低俗之风专项行动，重点抓好三项工作：一是抓信息源头，定期曝光含有低俗内容的网站；二是抓网络接入，着力解决接入环节存在的信息安全隐患；三是抓基础电信企业信息安全管理责任的落实。同时，加强对各级电信监管部门和运营企业的督导检查，确保专项行动取得实效。截至2009年3月23日，三家基础电信企业上报自查自纠关闭各类违法违规网站32335家，全国通信管理部门依法关闭淫秽色情等违法违规网站2600家。与此同时，针对色情WAP网站、违法短信等问题，工业和信息化部联合有关部门开展整治手机媒体低俗之风工作，并将其纳入“整治互联网低俗之风专项行动”的整体部署。

2009年第一季度，工业和信息化部通过电信用户申诉受理机构、政府网站、部长信箱等渠道，共受理用户关于电信服务的申诉14243人次，季度申诉率为14.3（人次/百万用户），较2008年第四季度有所上升。

继续加强垃圾短信治理工作。2009年年初，工业和信息化部下发了《关于进一步深入开展垃圾短信息专项治理活动的通知》，同时结合央视“3·15”晚会曝光的部分企业发送垃圾短信的问题，组织全行业全面开展自查整改，完善内部管理制度流程，消除可能隐患，并从事前防范、事中配合及事后曝光等环节，继续加大对垃圾短信及有害、诈骗等违法短信的整治力度。

增值业务收费和服务治理深入推进。2009年第一季度，工业和信息化部组织开展了手机内置增值业务的服务和收费行为抽查，对 73 部手机终端内置的46家增值电信企业的585项增值业务的服务和收费情况进行了集中抽样检查。结果表明，所抽查的增值业务 99%收费正常，整体情况良好。但在检查中也发现，仍有 4 项手机内置增值业务使用不正常，大多集中在未获得电信设备进网许可证的手机型号上，主要问题是：内置业务不明码标价或标价不规范；内置业务菜单名称与实际提供内容不相符或名称低俗；没有提供内容却扣费等。

2009 年第一季度，各地通信管理局继续加大对服务质量的监督检查力度。据统计，各地查处侵害用户合法权益的违规电信业务经营者共 73 家次，其中 6 家跨地区经营的增值电信企业被停业整顿。

3. 2009 年第二季度 3G 业务稳步发展

2009 年第二季度，全国电信服务总体保持良好态势，网络运转正常，公用电信业务接通状况良好，互联网接入和传输总体保持通畅，CDMA 业务经营主体变更后，网络质量和服务质量逐步改善，通信服务质量整体稳定。

全面部署加强电信服务质量的相关工作。2009 年第二季度，按照党中央、国务院关于在全国开展“质量和安全年”活动的重大决策以及《关于做好“质量和安全年”活动有关工作的通知》（国质检[2009]155 号）部署，工业和信息化部印发了《关于进一步加强电信服务质量工作的通知》（工信部电管[2009]290 号），要求各电信单位结合“质量和安全年”活动安排，从 7 个方面加强对电信服务质量的管理工作，逐步建立适应行业发展的服务质量监督体系，确保电信服务质量，促进行业健康发展。

3G 业务发展顺利，服务能力逐步提升。2009 年二季度，工业和信息化部继续全力推动 3G 特别是 TD 加快发展，TD 产业化能力明显提升。截至 2009 年二季度末，中国移动 TD 用户数近 120 万，38 个城市完成网络建设，其中 36 个城市已面向社会放号，200 个城市网络建设已全面展开。中国电信 cdma2000 和中国联通 WCDMA 网络正在按计划建设，并在部分城市投入商用。3G 在扩内需、保增长、调结构、上水平、惠民生中的作用逐步显现。

通信保障得到加强，确保救灾工作通信畅通。2009 年第二季度，我国部分地区发生了地震、火灾、暴雨洪涝、山体滑坡及台风“莲花”等自然灾害，受其影响，全国通信行业遭受不同程度损失。灾情发生后，相应省通信管理局迅速启动通信保障应急预案，组织协调电信运营企业全力投入抢险救灾通信保障工作，并通过发送应急公益短信等方式，提高民众对严重自然灾害的防范意识。同时，工业和信息化部下发了《关于做好 2009 年防汛抗旱通信保障工作的通知》（工信部电管[2009]206 号），对防汛工作进行统一部署，要求各相关单位提前做好各项防汛通信保障准备工作。

2009 年二季度，工业和信息化部电信用户申诉受理中心通过申诉热线、政府网站、部长信箱等渠道，共受理用户关于电信服务的申诉 15197 人次，季度申诉率为 14.9（人次/百万用户），较 2009 年第一季度有所上升。

在垃圾短信专项治理方面。按照年初专项行动工作部署，2009 年第二季度垃圾短信治理工作围绕自查整改、网间协同、技术防范、用户服务、监督考核等 5 方面，继续加大对基础电信企业自有短信群发端口滥发垃圾短信、个人手机号码滥发垃圾短信以及网间垃圾短信等 3 类突出问题的整治力度，短信服务环境得到净化。

在增值电信业务收费和服务检查方面。2009 年第二季度，工业和信息化部继续组织开展增值业务收费行为抽查检测，对 142 家增值电信企业的 372 项增值业务服务和收费情况进行了抽样检查。结果表明，所抽查的增值业务 99%收费正常，整体情况良好，但仍有 3 家增值企业存在未提供服务却收费和明码标价不规范等问题。

2009 年第二季度，各地通信管理局继续加大对服务质量的监督检查力度。据统计，各地查处侵害用户合法权益的违规电信业务经营者共 36 家次。

4. 2009 年第三季度加大违规 SP 治理力度

2009 年三季度，按照工业和信息化部行风建设工作的统一部署，各单位继续深入开展通信行业行风建设系列特色活动，推动企业树立良好的自律意识、社会责任意识，讲诚信经营、讲和谐服务，讲社会效益、讲科学发展，主动承担通信行业的社会责任，进一步推进电信基础设施共建共享和“村村通电话”工程，加快发展农村通信基础设施建设，推动农村宽带网的普及和信息技术的应用，开展“信息下乡”活动，江苏省在全国率先实现自然村“村村通宽带”。

第三代移动通信业务发展顺利。TD-SCDMA（以下简称 TD）发展不断加快，发展重心由网络建设逐步向业务发展和服务优化方面转移。截至 2009 年第三季度末，中国移动 TD 用户数近 250 万，已在 38 个城市投入商业运营，TD 无线城市工程已在厦门、秦皇岛等地建成并投入使用。中国电信 cdma2000 和中国联通 WCDMA 网络正在按计划建设，并在部分城市投入商用。无线上网、手机电视、视频通话等第三代移动通信新业务已经开始为用户提供服务。

做好各项应急通信保障。针对我国部分地区频发的台风、洪水、山体滑坡等自然灾害，工业和信息化部积极指导和组织相关单位全力以赴开展通信抢险抢修，为党政军及社会各方应急救灾工作提供可靠通信保障。建国 60 周年庆祝活动期间，在工业和信息化部和相关省（区、市）通信管理局统一部署和指导下，各基础电信企业精心组织，周密安排，圆满完成各项通信保障任务。

2009 年第三季度，工业和信息化部电信用户申诉受理中心通过申诉热线、政府网站、部长信箱等渠道，共受理用户关于电信服务的申诉 10791 人次，季度申诉率为 10.4（人次/百万用户）。

另据各省（区、市）电信用户申诉受理机构报告，2009 年三季度共受理电信用户关于电信服务的申诉 10216 次，较上季度略有上升。通信服务方面的申诉占申诉总量 41%，通信质量方面的申诉占 20%，收费争议方面的申诉占 39%。

2009 年第三季度，工业和信息化部组织开展了 2009 年第二次手机内置增值业务的服务和收费行为抽查，对手机内置的 913 项增值业务服务和收费情况进行了集中抽样检查。结果表明，所抽查的增值业务 99%收费正常，整体情况良好。但在检查中也发现，仍有 3 项手机内置增值业务使用不正常，大多集中在未获得电信设备进网许可证的手机型号上，主要问题是：未明示资费收取方式、用户在不知情情况下被扣费、业务宣传名称与实际提供内容不相符等。

各地通信管理局继续加大对服务质量的监督检查力度，查处侵害用户合法权益的违规电信企业共 61 家次；同时，继续加大对垃圾短信的治理，共排查关闭 1.3 万余个违规短信群发端口，处理 600 余家违规增值电信企业，整改、关停 1.1 万个基础电信企业自有短信业务，有力地遏制了垃圾短信问题的蔓延。

表 5-18 2008—2009 年分季度全国电信服务质量数据统计

	2008 年第四季度	2009 年第一季度	2009 年第二季度	2009 年第三季度
申诉量（人次）		14243	15197	10791
申诉率（人次/百万户）	10.8	14.3	14.9	10.4
违规电信业务经营者（家次）	54	73	36	61

数据来源：工业和信息化部电信管理局官方网站统计整理

（二）三大运营商创新服务体系

2009 年上半年，我国电信运营商主要工作重点是网络重组、3G 网络建设和部分运营商重新适应新的网络架构和管理模式等；2009 年下半年的工作重点是网络内容整治、加强对网络内容提供商的管理等工作。

面对产品竞争同质化、资费竞争白热化的现状，运营商获得新用户的难度和保有老用户的压力也来越大。同时在政府监管及社会舆论高度关注消费者权益侵犯的市场环境中，电信市场中的竞争压力正逐步转向到客户服务。

为了减轻竞争压力，三大运营商都将服务纳入企业战略中，不断创新服务体系，提升服务能力。中国电信提出“聚焦客户的信息化创新”战略，通过客户服务信息来挖掘客户消费行为，提供和优化信息化产品，将客户服务转化为产品功能因素，实现客户服务价值有形化。中国移动提出“服务与业务领先”战略，以差异化、个性化的服务与业务，弥补 TD 产业不成熟带来的劣势。中国联通则制定“产品创新服务领先”服务战略，从品牌差异化和服务便捷化入手，提升服务水平，打造服务品牌。

3G发展从建设期过渡到服务期。在3G建设期，只要保障工程质量、建设速度即可，管理相对简单。而在2009年的3G服务期，则需要更加重视客户感知，改变那些不符合客户需求的机构设置，以便更好地服务客户。

1. 中国电信

2009年，中国电信集团公司迎来了全业务经营和3G发展的新机遇、新挑战。中国电信在推动信息化建设、促进经济社会发展、推动信息化农村建设、推进基础设施共建共享、提升全业务经营服务能力方面，做出了巨大努力：

（1）落实中央和工信部有关精神，积极推动信息化建设，促进经济社会发展。作为国家信息化建设的主力军，中国电信积极践行国家信息化发展战略，承担了国民经济、社会信息化、企业信息化基础设施、运营保障、信息服务及应用开发等信息化建设重任，为构建和谐信息社会做出了巨大努力。

2009年上半年，中国电信先后与北京、上海、江苏、浙江、广东、安徽、江西、山东、河南、内蒙、湖南、海南、四川、云南、西藏、陕西、广西、甘肃等18个省（区、市）政府签订了战略合作框架协议。中国电信凭借综合信息服务提供商的优势，在综合信息基础设施建设、信息资源开发利用等领域更好地服务于地方经济建设。

中国电信积极推进中央企业信息化进程，积极参与了国资委信息中心的中央企业帮扶计划，推进中央企业信息化登高计划实施；积极参与央企信息化咨询服务，推进央企信息化专家咨询团队的工作；协助开展了对中央企业的信息化培训，并为国资委安全认证中心“国企 CA”认证平台的运行及推广应用提供全方位协作及IT支撑服务。

在推进信息化与工业化融合的新形势下，中国电信深刻理解企业信息化发展需求，为银行、保险、石油石化、电子制造、物流、连锁、医药、汽车、跨国公司、支持中国企业海外拓展等20多个行业的企业客户量身定制信息化整体解决方案，服务领域已从基础通信拓展到网络、灾备、呼叫中心等规划及咨询、网络建设集成、外包服务、网络管理及安全专家服务、数据中心托管及“灾难备份服务”、电视电话会议服务、宽带互联网上网及综合信息应用等方面。中国电信还通过 CDMA 移动通信为广大渔船渔民提供海洋天气预报和渔业综合信息等相关渔业信息服务，并共同建设渔港安全监控系统、渔业船舶动态监测系统和应急视频会议系统，加快渔业管理的数字化、信息化、现代化建设，提高渔业安全生产监管能力。

为帮助企业应对金融危机的挑战，渡过难关，中国电信还提供了“总机服务”、“综合办公”、“协同通信”、3G无线宽带等高效协同工作、降本增效解决方案，助力企业有效提高工作效率，降低成本。

（2）从设施和信息两方面入手，完善农村通信设施、延伸农村信息网络。中国电信在加大网络投资建设力度的同时，以乡、村区域为重点，推进信息化有效覆盖。在乡镇层面，中国电信在提高农村乡镇的电话、宽带及手机普及率的同时，加快实现农村电子政务向乡镇村的延伸，结合号码百事通、电话收音机等提升农村信息化应用水平。截至2009年6月，全国共建成信息化示范乡镇约3241个。在村级层面，中国电信已在全国广大农村地区建立了18万个信息服务站，努力为当地农村客户提供信息咨询、信息发布等帮助。

中国电信已在江西、广东、四川、湖南等10多个省建立了面向“三农”服务的“信息田园”综合信息服务平台，整合来自政府部门、涉农企业及农业合作组织等各类信息资源，基于电话、短信、互联网等多重传播途径，为广大农村用户提供包括“三农”政策法规、农业科技、市场行情、生活百科等多类信息。目前，各省信息田园平台年访问量已突破5000万次。

中国电信积极配合中组部开展了农村党员远程教育工程，目前已经在全国11个省配合组织部开展了党员远教工作，实现10万多个行政村的接入，占全国已建成总数的69%。另外。还在配合文化部开展的文化信息共享工作、配合商务部开展的“万村千乡”工作中取得了较好的效果。

（3）积极推进电信基础设施的共建共享。中国电信认真落实《关于推进电信基础设施共建共享的紧急通知》（工信部联通[2009]235号）要求，推进电信基础设施共建共享。

2009年中国电信31个省公司已完成了省级合

作框架协议的签订工作，山东、福建等公司与联通公司签订了进一步合作的框架协议。为了进一步落实节约资源，减少投资浪费，在工业和信息化部的带领下，中国电信集团公司与铁道部进行了洽谈，达成了关于铁路用地范围内的基础设施共建共享合作意向。截止6月底，全国共建共享成绩显著：其中共建铁塔4799座，共建基站5201个，共建杆路1966杆程公里，共建管道3799管孔公里；共享铁塔6831座，共享基站8496个，共享杆路18407杆程公里，共享管道441管孔公里。

（4）不断完善网络质量，向用户提供优质通信服务。中国电信自2008年10月接手CDMA网络以来，陆续开展了CDMA网络整治、业务联调测试、平台迁移割接以及强化网络优化的“春风行动”等专项工作，基本上排除了存在的设备故障和隐患，多数网络及业务测试问题得以解决。目前，全网已经基本完成了软交换改造和3G升级改造工作，2009年5月17日实现了342个地市的3G网络覆盖。CDMA网成为国内开通城市最多、规模最大、建设速度最快、投资最省的3G网络。

（5）创新产品、简化套餐结构，方便客户选择。从客户需求出发，创新开发各种产品，如手机影视、音乐下载、手机定位等，满足客户的3G移动互联网服务。

提高套餐设计水平，简化套餐结构，优化套餐展现，让销售人员说的清楚，客户看的明白。经过持续努力，套餐数量大幅度减少，套餐档次更加合理。

中国电信在推出新的业务和套餐时，及时制定产品使用和服务手册，加强营销指引，帮助客户选择适合的产品和套餐。

（6）完善渠道服务规范，提升服务水平。为适应全业务发展需要，中国电信制定了网上营业厅、掌上营业厅、10000号客服中心和营业厅新的运营管理规范。

营业厅通过营销前置和提高系统支撑能力，正在逐步缩短业务办理时长和客户等候时长。营业厅内大力推广营业厅自助缴费，提高客户服务效率。网上营业厅的服务便捷性进一步提升，10000号全业务营销服务能力逐步提高。

（7）完善投诉处理流程，加快投诉处理速度。为适应全业务经营下，快速解决用户投诉处理的需要，中国电信整合了原来的固网业务投诉系统和移动业务投诉系统，建立、开通了增值业务投诉处理系统，集团和省公司都设立了增值业务投诉专席，为快速、有效解决用户各类投诉起到了有力保障作用。

（8）严肃用户信息管理及垃圾短信治理，营造良好的通信消费环境。加强客户资料的安全管理，保障客户信息安全。利用IT系统对客户资料的登记、查询、变更等业务流程进行固化。对一线客服人员设定权限，规范系统操作的日志管理，确保对客户资料的操作可监督、可追溯。

中国电信各级公司高度重视手机不良信息与垃圾短信的治理，先后下发了《关于加强移动信息类业务信息安全相关工作的通知》等8项不良与垃圾短信息治理专项业务管理政策，明确了自有短信、行业短信、公益短信等各类短信群发的管理规范，与多家全国性CP/SP签订了《增值业务信息服务（接入/提供）商服务质量保证书》。对违规群发问题，开通了绿色处理通道。31个省市分公司10000号客户服务中心全部能够受理垃圾短信投诉，并逐步增加短信息、网上营业厅等多种举报途径，新增短信息举报受理接入号10000999，确保垃圾短信问题得到及时有效解决。

通过发端拦截、短信助手、天翼卫士等多种手段加强垃圾短信防范和治理。发端拦截即通过对短信流量和关键字、词的监控，对涉及不良信息的短信内容进行系统自动过滤。目前，每月拦截不良及垃圾短信息约300万条。短信助手平台使客户可以通过Web自助设置黑白名单、关键字过滤等拦截不良短信息。“天翼卫士（WM版本）”是中国电信反垃圾短信客户端软件，用户可通过互联网自助下载到手机上使用，目前已有多种款式的智能手机适配。

建立网间垃圾短信联动处理机制。按照工业和信息化部统一部署，中国电信承建了“网间垃圾短信联动处理平台”。今后中国电信、中国移动、中国联通之间将建立有效的协作机制，有效拦截网间垃圾短信。

经过以上一系列治理措施，手机发送不良与垃圾短信息泛滥的局面得到了有效遏制，基本杜绝了通过自有端口发送垃圾短信的现象。

（9）主要服务指标完成情况。

- 固定电话服务质量

电话装移机平均时限：城市 2 天 农村 3.5 天
电话装移机及时率：城市 97.82% 农村 97.15%
障碍修复平均时间：城市 8 小时 农村 11 小时
障碍修复及时率：城市 98.34% 农村 98.12%

- 移动电话服务质量

业务变更平均时间：15 分钟
业务变更及时率：99.43%
恢复通话平均时间：18 分钟
恢复通话及时率：98.32%
障碍修复平均时间：4.5 小时
障碍修复及时率：97.65%

- 电话信息服务质量

信息准确率：98.6%
分组交换业务服务质量
装机入网平均时间：2 天
装机入网及时率：100%
障碍修复平均时间：3 小时
障碍修复及时率：100%

- 帧中继业务服务质量

装机入网平均时间：3.5 天
装机入网及时率：99.41%
障碍修复平均时间：1.5 小时
障碍修复及时率：99.61%

- 数字数据业务服务质量

装机入网平均时间：3 天
装机入网及时率：98.82%
障碍修复平均时间：1.7 小时
障碍修复及时率：99.47%

- 互联网业务服务质量

装机入网平均时间：2 天
装机入网及时率：98.56%
障碍修复平均时间：4 小时
障碍修复及时率：98.03%
接入服务器忙时接通率：98.87%
本地用户接入认证平均响应时间 4.5 秒

- 租用电路服务质量

电路开通平均时间：3 天
电路开通及时率：99.34%
障碍修复平均时间：1.8 小时
障碍修复及时率：98.85%

2. 中国移动

（1）推行精品网络战略，确保网络通信畅通。中国移动始终将打造精品的通信网络，为客户提供满意的服务作为网络工作核心目标。

为尽快提升 G3 网络质量，中国移动在全网范围组织开展了“G3 网络质量提升大会战”活动。截至 2009 年 5 月 17 日，在不到一年的时间内在 28 个城市建设了 2.6 万个基站，载频约 18 万，25 个城市全部完成工程网优，76%的站点具备业务开放能力，顺利实现 2G 用户以“不换卡、不换号、不登记”的方式使用 G3 网络。截至 2009 年 6 月底，G3 网络接通率从 2008 年奥运时的 95.2%提升到 95.8%，掉话率从奥运时的 4%降低到 2.78%，特别是切换成功率从 63.8%改善到 91.32%，提高了近 30 个百分点。

中国移动在话务增长快、网络承受压力大的情况下，通过研究建立 2G 和 G3 在内的贴近客户感知的质量指标体系、加强网络质量多维度监控和分析、继续推进网络 IP 化进程、深入清理整治传输“单节点、单路由”问题、提升国际投诉处理和业务质量的可控性等措施，保证了网络运行的高效稳定，各项关键质量指标继续保持领先优势。

继续完善应急保障体系，提升应急保障能力，为完成建国 60 年大庆等重要通信保障任务做好准备。针对各类突发事件的破坏程度和波及范围，构建了“面向业务、面向事件、面向设备”的应急预案体系，将应急预案具体划分为“红橙黄蓝应急预案、专项应急预案、应急方案库”3 种类型，实施相应的应急处理。在应急手段方面，初步搭建完成了应急车指挥调度系统，为规范应急物资的日常管理和维护提供了条件，也为紧急事件发生时应急物资的合理调度提供了保障手段。

中国移动在全网持续强化依法互联互通意识，净化网间通信环境，保障网间安全运行；注重在企业间层面妥善解决互联互通争议，避免了矛盾激化和恶性事件的产生；同时加强网间业务的实时监测与分析，完善网间虚假号码防范手段，加强网间垃圾短信治理，及时发现和解决网间通信问题，推进与铁通的合作，发挥协同效益，构建了适应新环境的互联体系。

（2）积极开展 G3 运营工作，提升服务能力。为保障 3G 业务快速发展，全力以赴做好 G3 服务，中国移动在现有 2G 服务体系基础上全面升级 G3 服务标准，广泛开展 G3 业务培训和劳动竞赛，提高一线服务能力。

- 建立 G3 服务体系，全力全意做好 G3 服务

中国移动从客户需求出发，构建并实施 G3 服务体系，贯彻 G3 服务标准，对内合理配置服务资源、逐步提升一线业务能力、完善 G3 服务流程及 G3 服务标准。以客户为中心，以实施服务关怀为重点，合理规划并落实渠道、人员、系统资源，有效改善了客户感知。在人员配备上，大力组建、培养 G3 服务队伍，通过 G3 服务标兵评选、G3 业务技能竞赛等多种手段全面提升一线人员服务能力与综合素质，全力以赴做好 G3 服务工作。

为给用户创造良好的 G3 服务体验，中国移动在全网大力建设 G3 服务专区，在 G3 专区中展示目前可操作可办理的 G3 终端产品和 G3 业务，着力为用户提供更专业更有特色的服务，使用户的选择更有针对性。

- 深入开展 G3 服务人员培训及业务劳动竞赛

为进一步提高一线人员 G3 服务能力，2009 年上半年，中国移动以"服务社会民生，树立行业新风"为指导，"树典型、争先进"，号召员工积极参与，分别在北京、天津、上海、广州、深圳、青岛、沈阳、厦门、保定、秦皇岛等 10 个 G3 商用城市开展了以"创新拼搏，G3 领先"为主题的 G3 业务竞赛。在竞赛活动中，一方面树立典型，总结和推广 G3 营销和服务创新优秀案例，编写了 G3 服务运营经验手册，供一线人员学习，共享 G3 服务运营经验；另一方面树立标兵，弘扬先进事迹。通过以竞赛为主体的一系列活动，在全公司掀起了 G3 业务学习热潮，取得显著成效。2009 年上半年，全网共集中开展 G3 业务培训 11 期，累计培养种子内训师 348 名，参训人员逾 13 万人次。

（3）完善规章制度，提升基础服务能力。

- 建立健全服务质量保障机制流程

为切实保护消费者权益，中国移动向全体员工发布了客户服务"五条禁令"，明确对于未经用户确认定制收费业务、发送垃圾信息等行为一经发现予以严肃处理，对责任人予以辞退、开除等严厉处罚，旨在通过制度化的手段切实保障客户权益。

- 持续提升营业厅、热线等窗口服务能力

为保证营业厅、热线等窗口服务质量，为客户提供更加便捷高效的服务，2009 年上半年，中国移动进一步优化窗口流程，采取多种方法引导客户在非业务忙时进行业务咨询及办理或通过自助渠道获取服务，尽可能缓解业务高峰期给客户造成的影响；同时通过员工培训、开展劳动竞赛以及实施员工关怀等一系列措施，有效解决热线月底月初话务忙时服务水平、营业厅等待时长等问题，确保全月客户热线接通率不低于 85%，实现了服务效率和服务质量的稳步提升。

中国移动还积极做好对全网渠道商的支撑工作，提高社会渠道对我公司提供支撑工作满意度，建立了上级督导和第三方监测相结合的渠道满意度监控体系，共同为客户提供优质的服务。

中国移动将铁通公司的自营渠道和社会渠道纳入渠道整体管理中，积极与铁通公司开通业务互办，在铁通公司营业厅开设"店中店"，在铁通公司业务覆盖的中国移动营业厅陆续开展代办铁通固话、宽带等业务，进一步方便客户业务办理，提升渠道的服务能力。

（4）建设绿色健康的网络环境，打造规范有序的通信价值链。自 2009 年 3 月份以来，中国移动按照工业和信息化部的总体部署要求，持续深入开展专项行动各项工作，督促各省公司认真贯彻落实整治手机媒体低俗之风实施方案，落实信息安全专人专岗负责制，并建立相应的考核办法和奖惩制度，纳入企业内部考核体系，着力建设绿色健康的网络环境。

（5）进一步加强 WAP 业务治理及互联网代收费拨测。自 2009 年 3 月份开展整治手机媒体低俗之风工作以来，中国移动进一步加大了 WAP 业务和互联网手机代收费的拨测，各省公司每月手机代收费拨测网站应不少于 100 个。2009 年上半年，共对 SP 违约处理和整改 207 次。总部处理全网 SP 违约

43次，其中处理违规互联网手机代收费情况7次，终止全网WAP SP合作6家。通过广东移动WAP不良信息监测系统积极开展梦网图片及独立WAP网站图片监测，检查图片是否存在违规情况，对违规图片进行上报处理。其中2009年5月份期间拨测梦网WAP业务图片约6100多张，独立WAP网站图片98000多张，拨测发现梦网低俗图片9张，对相关SP给予了违规整改处理；发现独立WAP网站低俗图片800多张，已按流程上报公安部门进一步核查处理。

- 持续深入开展未备案网站核查处理

按照工信部积极稳妥的处理原则和要求，中国移动各省公司及铁通公司指定专人，每周核查汇总，经过近3个月的努力，5月份备案率提高到99%以上，取得了一定的阶段性成果。

根据工业和信息化部下发的《关于加强互联网站备案管理的工作方案》(工信部电管[2009]188号)有关要求，结合公司具体情况，制定下发了《中国移动加强互联网站备案管理工作方案》，对互联网备案后期的限期清理、备案管理系统建设等重点工作进行部署安排。

- 加强对产业服务的规范引导工作

为保障客户利益，强调增值服务的业务规范、资费规范，定期评估并公布所有增值业务提供商(SP)的诚信度和业务发展程度，让客户消费放心。

中国移动通过增值业务管理平台对短信、彩信和WAP等业务进行实时监控并定期对服务器上的数据进行扫描，全面建立了基于合作伙伴信用机制的分层分级管理体系。该体系把客户满意度作为衡量指标，定期对所有增值业务提供商（SP）的诚信度和合作级别进行评估考核，实施差异化管理。对于诚信经营、业绩优秀的合作伙伴，通过“移动梦网”网站定期予以公示，引导客户放心消费；对于信用不合格的合作伙伴逐步淘汰，从而形成了以客户为导向的良性循环。

（6）从严治理垃圾信息，狠抓客户信息安全。垃圾短信息作为社会公害，严重侵害了用户权益，破坏了和谐的电信消费环境。近几年来，中国移动一直高度关注并持续开展垃圾短信息治理工作。在工业和信息化部等有关部门的直接领导下，2009年中国移动进一步加大了治理力度，通过健全组织、完善制度、加强监控、系统推进等方式全力以赴开展专项治理工作，同时还推出“垃圾信息举报”和反垃圾信息软件等防范服务，客户可通过该软件自主屏蔽垃圾信息。

中国移动于2007年3月推出了“10086999”短信和“10086”热线人工两种方式的免费举报服务，目前全网共配置了520名专职举报受理人员提供7×24小时的举报受理服务，2009年上半年累计处理客户举报的850万条垃圾短信息。

2009年上半年治理工作取得了阶段性成效，全国“12321”不良与垃圾信息举报中心数据显示，有关中国移动的举报信息明显下降。但垃圾短信息是社会综合性问题，存在复杂的利益链条，新的问题、新的动向不断出现，目前局面并未根本好转，治理任务长期而艰巨，需社会各方面的共同参与和努力。

（7）继2008年“金牌服务 满意100”活动之后，中国移动于2009年3月12日启动了“便捷服务 满意100”主题服务活动，推出了以“便捷、高效”为核心的6项便捷服务举措，建立“移动之家”客户俱乐部，在创新服务举措、提高服务品质方面又迈出了重要一步。

- 推出以“便捷、高效”为核心的6项便捷服务举措

资费套餐量身优选；异地交费随时随地；电子渠道以指代步；积分兑换足不出户；G3业务无障碍办理；垃圾信息自主屏蔽。

- 搭建“移动之家”客户俱乐部

为便于深入了解客户需求，发现自身网络服务、新产品和客户服务中的问题和不足，不断提高服务水平，增强与客户的长期友好关系，中国移动成立了“移动之家”客户俱乐部，面向全网所有用户招募会员，以建立一个固定的、常态化的客户服务监督、需求反馈、新业务体验、互动交流和服务回馈的平台。

为促进客户与中国移动之间的沟通和交流，中国移动各公司在3•15、5•17期间以客户俱乐部会员为基础，分别组织会员开展“走进中国”、“走近3G”等交流体验、参观巡检一系列的活动，营造了浓厚的“移动之家”氛围，在客户中塑造了良好的优质

服务口碑。

• 面向广大客户开展“身边的移动，心中的故事”意见征集和征文活动

为进一步改善服务质量，提供客户满意的优质通信服务，中国移动在门户网站开辟专区，面向所有客户开展以“身边的移动，心中的故事”为主题的便捷服务意见征集暨征文比赛。这是中国移动2009年开展的“便捷服务 满意100”活动的重要内容之一。

（8）积极开展公益慈善活动。中国移动在遵循企业核心价值观与社会责任观的基础上，确立了“至诚 尽性 和谐 共享”的公益慈善理念，并在这一理念的指导下积极有效地开展“蓝色梦想——中国移动教育捐助提升计划”等公益慈善工作。

3. 中国联通

以中国联合网络通信有限公司的挂牌成立为标志，中国联通的历史翻开了新的一页，企业发展迈入新的时期。中国联通正在加快企业融合、统一运营，全面整合无线及固网业务，整合两家公司现有资源，大力推进全业务经营。公司将进一步加大固网宽带建设力度，加快完善现有移动通信网络及未来3G网络建设步伐，积极推进固定和移动网络的宽带化，为广大用户提供全方位宽带通信服务。公司继续坚持以用户为中心，加强技术、业务、应用和产品创新，致力全面满足广大用户的综合信息服务需求。

（1）2009年上半年主要服务工作。2009年中国联通深入贯彻落实科学发展观，围绕融合创造新优势和3G实现新发展，认真履行服务义务，为社会发展作出贡献；着力解决服务问题，切实维护客户权益；全力打造服务品牌，不断提升服务质量和服务水平。

• 扎实推进各项工作，提供3G优质服务

一是加强网络建设、维护、优化工作，提供优质网络。加强网络基础设施建设，打牢网络健康发展的根基；加强日常维护管理，加快排障速度，提高维护人员的业务水平，保障网络的良好运行；加强网络优化，明确提升网络质量的具体指标，制定针对性方案，解决覆盖、掉话等问题，逐步使网络达到优良水平。

二是结合3G业务的特点，推出3G业务特色服务。目前已推出手机报、手机上网、无线上网卡、手机音乐、手机电视等3G新产品，丰富了3G服务内容；组织开展音乐特色俱乐部、影视特色俱乐部、网游特色俱乐部等会员活动，满足3G客户的个性化需求；在3G增值业务计费模式中引入M/T的计费模式，方便客户明白消费。

三是完善服务体系，探索差异化的服务模式，不断提高服务水平。建立了“标准+等级+特色”的服务体系，实行分群、分级、分类的客户服务；制定了3G客户专属服务方案，明确了服务管理规范和客户服务标准；在营业厅为客户提供3G专区/专席，客服热线设立3G人工受理专席，网上营业厅实现3G产品的销售和业务受理等。为保证服务质量，积极组织一线员工进行3G业务培训，从业务推广、电子渠道、国际漫游、客户服务、投诉解析等方面，利用视频会议、课堂培训、班前会讲授等多种形式进行强化培训，从而进一步提高一线服务人员的业务能力，为3G业务的开展做好服务保障工作。

• 深化融合，创造服务优势

进一步加强预约服务管理，细化预约服务内容和标准，提高预约服务工作的及时率、履约率和客户满意率，不断提升预约服务品质。

根据全业务经营的需要，完善网上营业厅、电话营业厅等电子渠道，通过网站、短信、WAP、客服热线等方式向客户提供业务宣传、咨询查询、投诉处理、业务办理等服务。

积极稳步推进资源整合，实现客服中心统一接入与全业务服务。实现营业厅的移动、固网、增值等全业务受理，推进全业务办理一台清、一单清服务。

• 倾听客户心声，不断提高客户感知

全面贯彻落实政府主管部门组织的服务专项活动，以行风工作的专项活动为载体，以全业务经营为契机，对服务窗口进行整合，体现对客户的关注、关怀，开展“倾听百万客户心声”专项工作，通过座谈会、电话、信函等多种形式，虚心听取客户意见，把提高服务水平与满足客户需求紧密地结合起来，扎实做好各项基础工作。组织业务、网络与支撑等相关部门到客服中心、投诉中心值班，近

距离了解客户感知，倾听客户意见。

- 服务民生，承担企业责任

全面完成普遍服务工作任务，全面落实村通工作，进一步提高农村电话普及率和互联网宽带接入率，让更多的人民群众享受到现代通信的方便快捷。

积极开展专项整治工作。按照工信部《关于制定和并上报手机低俗之风整治方案的通知》和《关于进一步深入开展垃圾信息专项治理活动的通知》等相关文件要求，深入开展互联网、手机低俗之风和垃圾短信专项整治活动。

加快应急体系建设，完善通信应急预案。全面贯彻“横向到边，纵向到底，重在基层”的要求，建立集团、省、地市三级应急通信保障体系。

加强客户信息管理，确保客户信息安全。一是建立信息安全责任制，强化安全管控机制；二是规范企业营销行为，严把群发短信审批权限；三是加强公司员工法制教育，提高员工守法意识。

切实维护客户权益。进一步规范投诉处理工作，落实首问负责与限时办结制度，提高投诉处理质量，缩短投诉处理时限。年内完成投诉管理省级集中，建立以客户诉求与需求为导向的指标分析体系，准确反映客户感知，指导企业改进工作。

加强农村信息化建设，促进农村经济发展。将“宽带商务”平台向乡镇延伸；推进和规范远程教育、“农村综合信息服务平台”和“农村信息服务站”的建设、使用和管理；积极落实“家电下乡”政策，加快农村信息化进程。

- 积极应对自然灾害，确保通信畅通

进入夏季以来，北方部分省发生洪涝灾害，南方部分省出现了持续强降雨，部分基站、光缆等通信设备受损，灾情发生后，中国联通立即启动应急预案，积极组织人员和设备全力投入抢险救灾，迅速恢复了灾区的通信设施，确保了受灾地区的通信畅通。

（2）主要服务指标完成情况如下。

- 移动通信服务质量

业务变更时长：最长时间 2 小时，平均时间 5 分钟，及时率为 99.68%；

恢复通话时长：最长时间 2 小时，平均时间 6 分钟，及时率 99.48%；

障碍修复时长：最长时间 7 小时，平均时间 4 小时，及时率为 99.52%。

- 固定电话

装移机平均时限：城市 2.5 天、农村 3 天

装机及时率：城市 99.37%、农村 99.19%

移机及时率：城市 99.32%、农村 99.12%

障碍修复平均时限：城市 6.50 小时（不含客户自维线路）、农村 12.50 小时

障碍修复及时率：城市 99.34%、农村 98.72%

- 电话信息服务

信息准确率：99.33%

- 互联网接入业务

预受理平均时限：1 天

装机平均时限：专线接入方式 2 天(不含客户接入线部分)

移机平均时限：专线接入方式 2 天(不含客户接入线部分)

障碍修复平均时限：4.5 小时(不含客户接入线修障时间)

- 租用电路

预受理平均时限：2 天

电路开通平均时限：2 天

障碍修复平均时限：2.5 小时

- 客户咨询投诉

受理投诉电话：10010、10060 或 10064

投诉处理平均时限：1.5 天

投诉处理满意率：99.40%

（信通传媒　高　娟）

（三）强化服务质量

2009 年总体来看，“通话质量”、“新业务服务”仍为运营商服务质量双短板，从 2007—2009 年用户满意度测评结果来看，用户在感知质量方面，“通话质量”和“新业务服务”一直是用户反应感知最差的方面，运营商未来的工作重点应该继续放在改进网络质量、提升新业务服务水平之上。通过图 5-20 数据可看到 2009 年新业务服务得分比 2008 年有明显下降，降幅达 3 分，通过模型分析其主要原因为新业务中垃圾信息过多。这一结论和政府 2009 年的工作重点相

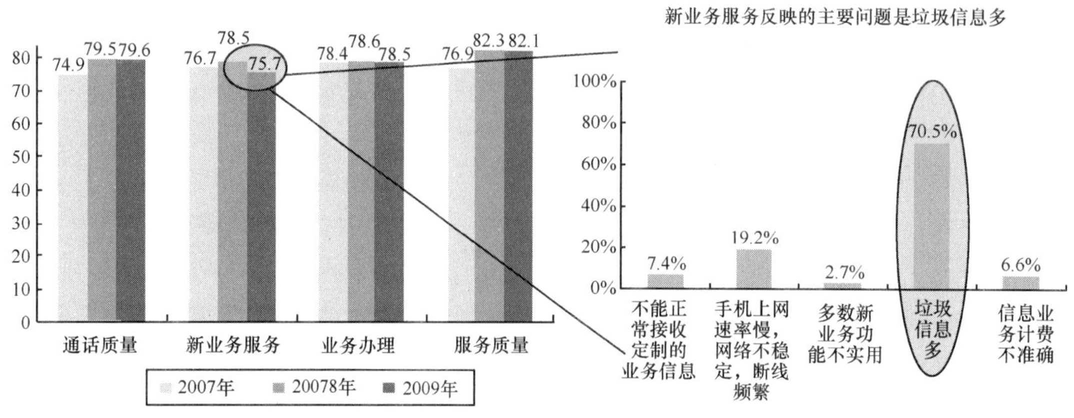

图 5-20 2007～2009 年用户服务质量感知变动图

一致，为企业有效监管垃圾信息敲响了警钟。

消费者权益和用户感知质量两项因素仍然是 2009 年影响用户满意度的最主要因素，而且影响的力度较 2008 年更强，这两点仍是未来提高用户满意度的工作重点。从 2007～2009 年的电信用户满意度测评结果来看，各指标中对满意度影响最大的是感知质量，而且影响力呈波动增强，由 2007 年的 0.55 上升至 2009 年的 0.69，反映了消费者愈加关切产品和服务的质量。通过 2007～2009 年的消费者权益影响系数来看，不但证明了消费者权益保障与满意度呈现较强的正相关关系，而且 2008 年用户对自身权益保障的意识有了质的飞跃，并且这一意识在用户心里逐渐加深，这一事实也在 2009 年的数据中得到体现和证实。

有效的测评方法强化了我国电信运营商对服务质量的重视，更进一步加深了运营商对服务质量体系的理解，就目前看来运营商服务质量的改善主要经历了三个阶段。

1．运营商网络质量改善阶段。早期顾客满意度的关注重点为运营商提供的主营业务的质量，如固网运营商或移动运营商的电话通话质量、接通率和掉线率等内容。客户往往会因为电话质量问题而决定选择哪家运营商为其提供服务。这一时期我国各大运营商均把提高网络质量、增加网络覆盖率和稳定性作为提升服务质量的关键点。因此这一时期我国电信业基础设施和网络规模、质量均有长足的发展。

2．运营商售后服务改善阶段。中期客户满意度的关注重点为运营商提供的售后服务的质量，如电信运营商提供的客服电话的接通率、提供服务的及时性和有效性，以及服务人员的态度等内容。客户往往会因为听取其他人对运营商售后服务的描述而决定选择哪家运营商为其提供服务。这一时期我国各大运营商把提高服务质量的重点转移到后台支撑服务上，如增加免费咨询电话、加快故障处理速度、提升服务人员能力等方面。因此这一时期我国电信业相关售后服务质量得到较快发展。

3．运营商信息内容服务提升阶段。近期客户满意度的关注重点为运营商提供的信息内容的质量和对个人信息的安全保障。如固网运营商提供的互联网业务是否有不良内容；移动运营商的短信息是否含有大量垃圾短信，移动运营商是否将客户信息泄露给其他第三方等。近一段时期我国各运营商均在加强整治业务乱收费、网上不良信息、防止客户信息泄露等工作，力求提升信息内容质量和提高个人信息保障。但这一时期运营商服务质量的提高已不再是只靠一己之力即可改善的了，需要运营商建立大众监督的长效机制，双方共同努力提高服务质量。

（工业和信息化部电信研究院泰尔管理研究所 蒋 峰）

四、运营商履行社会责任的情况

2008 年，我国三大电信运营商在参与公益事业、捐赠扶贫、抢险救灾（南方雪灾、5•12 汶川特大地震等）、通信保障（确保奥运等重大活动通信畅通）、节能减排、环境保护、缩小数字鸿沟、促进社会就业等方面均大有作为，处处彰显出企业高度的社会责任感和使命感。2009 年以来，三大运营商在积极履行社会责任方面表现出良好的企业公民形象，再次受到了各类社会利益相关方的高度肯定。

（一）中国电信[6]

在履行企业社会责任方面，中国电信始终秉承“全面创新、求真务实、以人为本、共创价值”的理念，把回报社会、服务客户、关爱员工、回馈股东作为企业各项工作的基本出发点，坚持科学发展，致力于为社会和公众提供便捷、畅通和高效的综合信息服务，在保持企业稳健经营的同时，对利益相关者负责，实现企业发展与社会和环境的和谐统一。

多年来，中国电信一直是中国红十字会、中国扶贫基金会和中国残疾人福利基金会等慈善机构的重要合作伙伴之一。中国电信在推动老少边穷地区经济发展、帮助残疾人实现就业和抢险救灾等扶危济困的公益事业中做出了重要贡献。据统计，2009 年中国电信继续投入 1500 万元用于援藏项目建设。中国电信与中国残疾人福利基金会共同启动“网络牵手，百万残疾人就业信息服务工程”，并向中国残疾人福利基金会捐赠了 5 万部残疾人信息手机和 270 万张“牵手热线爱心卡”。

由于在履行和承担社会责任方面的突出表现，中国电信屡获相关领域的殊荣。2004 年以来，中国电信累计上缴利税 725 亿元，通过业务外包向社会提供近 10 万个就业机会，自觉承担扶贫援藏任务，广泛开展节能减排活动，保护行业“生态环境”，避免资源浪费和重复建设，且在汶川大地震、南方冰雪灾害中，举全集团之力抢险救灾。因此，2009 年 9 月，中国电信荣获中国企业 CSR 研究中心颁发的“2009 中国企业社会责任特别大奖”。另外，由于在汶川大地震的突出贡献，中国电信还成为电信业唯一获得“捐助汶川地震灾区及产品与服务质量保障”杰出贡献奖的企业。2009 年 10 月，中国电信因积极支持中国扶贫基金会建设现代化全民公益管理服务平台，获得“新中国 60 华诞 60 个爱心榜样”荣誉称号。2009 年 12 月 4 日，中国电信在 2009 年第九届中国年度管理大会上荣获“具价值企业之社会责任榜样奖”。

此外，在净化网络环境方面，2009 年国家有关部门组织开展整治互联网低俗之风专项行动以来，中国电信成立了网络安全、信息安全等专项工作小组，采取多种措施配合政府有关监管部门依法清理关闭未备案网站 13 万多个，整改 362 家，终止服务 226 家，为有效遏制在固定互联网上传播淫秽色情和低俗内容做出了应有的努力和工作。中国电信还通过加强拨测检查开展 WAP SP 清理工作，彻底清查 IDC 接入，坚决打击整治手机淫秽色情网站。

（二）中国移动[7]

中国移动高度重视承担企业社会责任，将其作为公司实现“从优秀到卓越的新跨越”战略的重要组成部分之一。中国移动所描绘的社会责任愿景目标是：成为最受尊重的产业领先者。“产业领先”，意味着中国移动不仅要努力实现经济、社会和环境三方面可持续发展绩效的领先，更要充分发挥产业引领作用，带动和创造可持续的产业发展方式。“最受尊重”，意味着中国移动将充分发挥移动信息专家的专长，努力在改善人类社会生活与自然环境方面发挥不可替代的作用，协助社会大众发挥所长，共同推动社会发展与人类进步。

中国移动积极承担社会责任的总体思路是：将网络与服务进一步延伸到中国最边远地区和最广大人群，以信息通信技术“授人以渔”，不断减小数字鸿沟；以可信赖的服务不断满足客户需求，提升社会价值，创造“移动新生活”；不断降低企业环境影响，建设资源节约型和环境友好型企业，打造绿色产业，贡献环保；力行公益，扶危济困，关爱弱势群体，支持教育，与利益相关方共同建设和谐社会。主要举措包括：深入拓展农村工程，全力强化生命工程，大力实施文化工程，全面推进绿色工程，广泛开展志愿工程，全面提升 CSR 管理水平。

2009 年 2 月，中国移动发布了 2008 年度企业社会责任报告。这是中国移动连续第三年推出企业社会责任报告。报告总结了一年来中国移动履行企业社会责任的业绩。在农村工程方面，“村村通电话工程”覆盖超过 1.6 万个行政村和自然村，累计已

[6] 资料来源：中国电信股份有限公司官方网站

[7] 资料来源：《中国移动 2008 年度企业社会责任报告》及中国移动股份有限公司官方网站

为超过 6 万个偏远村庄新开通移动电话，中国移动农村移动信息服务成为广大农民获取致富信息的主要途径之一。在生命工程方面，第一时间向汶川大地震灾区捐款捐物总计人民币 2.862 亿元；中国温暖“12·1”项目取得实质性进展，首批 4665 名艾滋病致孤儿童已获得资助。在文化工程方面，专项治理工作取得初步进展，“红段子”大赛继续引领绿色通信文化；中西部地区农村中小学教育捐助项目圆满完成，累计培训 3600 名西部偏远地区农村中小学校长，建成 1000 所爱心图书馆，捐赠图书 231.7 万册，惠及百万农村中小学生。在绿色工程方面，“绿色行动计划”取得突破性进展，2008 年度单位业务量耗电量比 2007 年下降 11%，超额完成年度目标，开辟了通信产业“绿色”蓝海，为应对全球气候变化作出了积极贡献。在志愿工程方面，成立了国内电信行业首个员工志愿者协会，形成了良好的志愿活动氛围和保障机制，开展了面向艾滋病致孤儿童、残疾人士等弱势群体的多种志愿服务；中国移动员工志愿者为北京奥运会提供了超过 25000 小时的志愿服务。

对于中国移动而言，王建宙指出，2009 年企业责任重点是推动我国自主创新的 TD-SCDMA 的建设运营。为此，中国移动 2009 年 TD 投资约为 588 亿元，新建 TD-SCDMA 基站约 6 万个，TD-SCDMA 网络基站总数超过 8 万个，实现网络覆盖 238 个地级城市的业务热点区，占全国地级城市数量的 70% 以上，其中东部省（区、市）的地市将实现全覆盖。同时，2009 年中国移动还将继续在农村通信服务、应急通信、手机文化、绿色包装、员工志愿活动等领域重点履行社会责任。

经过 3 年的实践和体系完善，2009 年中国移动制定下发了《中国移动企业社会责任管理办法》，把履行社会责任纳入企业日常经营和发展规划。在中国移动的社会责任管理体系中，列出了具体指标，并与部分国际标准对接，树立负责任的企业形象，提升软实力与国际影响力，同时启动优秀实践评选，激励企业社会责任实践活动开展。

此外，值得一提的是，2009 年 9 月，中国移动发起成立了中国电信行业首家非公募基金会——中国移动慈善基金会。基金会的原始资金为 1 亿元人民币，业务主管单位为国家民政部。其宗旨是支持和开展公益慈善事业，推动和谐社会构建，促进可持续发展。业务范围包括：资助帮扶社会弱势群体，开展助学助教、环境保护等公益慈善事业，重大突发性灾害的紧急捐助等。中国移动慈善基金会的成立有助于进一步提高中国移动公益慈善工作的规范程度，确保公司公益慈善事业的可持续发展。目前，中国移动与中国教育发展基金会已经签署了中国移动慈善基金会成立后的第一个大型合作项目，中国移动捐赠 3500 万人民币，计划用 3 年时间为中西部贫困地区建设 500 间多媒体教室和 500 座爱心图书馆，培训中小学校长 33000 名。2009 年 10 月，中国移动荣获“新中国 60 华诞 60 个爱心榜样”荣誉称号。2009 年 11 月，中国移动“创新实施战略性企业社会责任管理”和“深入开展‘绿色行动计划’，共建绿色通信产业链”两项企业社会责任实践入选 2009 年度“中央企业优秀社会责任实践”征集活动，中国移动是唯一一家入选优秀社会责任实践的电信央企。

在“打击手机网站制作、传播淫秽色情信息活动”专项行动中，中国移动追加 1 亿元专项资金进行技术攻关，进一步建立和完善 WAP 不良信息监测系统，坚定不移地打击手机 WAP 色情网站。中国移动表示，绝不会为追求经济收益而放弃自身承担的社会责任，绝不会为追求经营发展而姑息纵容手机色情网站。

（三）中国联通[8]

中国联通充分发挥重组后的融合优势，加速统一运营，加强改革创新，积极承担社会责任，实现与各利益相关方全面协调可持续发展。

在履行经济责任方面，中国联通以全业务经营为主线，以宽带移动互联网业务为重点，加大发展力度，加快网络建设，增强创新能力，提高客户价值和股东回报；完善公司治理结构，推进惩防体系建设，深化效能监察工作，构建和谐劳动关系，维护员工合法权益，促进公司的可持续发展。

在履行社会责任方面，中国联通强化服务工作，加快建立统一的全业务服务体系，提高服务质

[8] 资源来源：中国联合网络通信有限公司官方网站

量和服务水平；积极推动社会信息化进程，深入推进“村村通工程”，促进区域协调发展，与全社会共享信息文明成果；组织开展全国范围内有影响、有实效的公益活动，扶助弱势群体，支持教育事业，助力社区建设。

在履行环境责任方面，中国联通注重公司发展与自然环境和谐统一，大力推动节能减排工作，提高资源使用效率；推广内外部信息化应用；加强废弃物管理，促进资源回收和循环利用；实施严格的电磁辐射管理；推进与产业链上下游企业的深度合作，共同营造健康的生态环境。

在公司制定的企业社会责任战略指导下，2009年以来，中国联通始终致力于支持各项社会公益事业。2009 年 4 月，中国联通与中国扶贫基金会签订了共建现代化公益管理服务平台的协议。根据该协议，中国联通负责在全国 31 个省(自治区、直辖市)接入代码——10699999，并全面开通短信捐款业务，通过该平台，普通老百姓每月只需捐 5 元钱即可设立一个由自己名字命名的个人基金。2009 年 5 月，由中国联通承建的中国地震局“12322 防震减灾公益服务平台”正式开通，遇到重大灾害时，“12322 热线”能够实现全国热线人工坐席和自动语音线路的应急联动，既可以实现对广大群众的日常服务，又可以满足地震发生时应急响应需求。在“甲流”爆发期间，中国联通协助首都医疗机构抗击甲型 H1N1 流感，在最短的时间内为卫生部、北京市卫生局和各个疾病预防控制中心、首都机场 T3 航站楼、甲型 H1N1 流感指挥部等重要部门开设专线，调通通信线路。中国联通还协助重点省市疾病预防控制中心，利用短信开展甲型 H1N1 流感防控知识宣传。2009 年 7 月，中国联通公司向新疆“民族团结互助基金”捐赠 1000 万元，用于支持新疆民族团结事业，以及处理“7·5”事件善后工作。

2009 年 12 月，中国联通联合人民网发展有限公司、新华社新闻信息中心、央视网、北京千龙新闻网络传播有限责任公司、北京新浪互联信息服务有限公司、北京搜狐互联网信息服务有限公司、广州网易计算机系统有限公司、深圳腾讯计算机系统有限公司等首批合作伙伴，向社会各界做出郑重承诺：遵守国家有关法律、行政法规和管理规章，严格执行信息安全管理规定，绝不制作、复制、发布、传播包含淫秽色情等违法信息及有悖社会公德、损害青少年身心健康的低俗信息内容，并承诺广泛接受社会舆论监督，共同倡导并建设网络文明。同时，中国联通对所有的 IDC 机房中的托管服务器进行清查，发现有涉黄网站当即查封服务器。中国联通表示，要坚决彻底地净化网络环境。

（工业和信息化部电信研究院泰尔管理研究所 郑　平）

第6章

2009年邮政业发展状况

一、邮政业发展基本情况

2009年是极为重要、极不平凡的一年。邮政行业认真贯彻党中央、国务院的部署，在交通运输部的正确领导下，以科学发展观为指导，大力推进法制建设，重点改善发展环境，着重提升管理能力，不断强化邮政普遍服务保障监督和邮政市场监督管理，各项工作取得新成效。

（一）修订后的《中华人民共和国邮政法》颁布施行，邮政法制体系建设取得突破

2009年4月24日，第十一届全国人大常委会第八次会议审议通过修订后的《中华人民共和国邮政法》（以下简称《邮政法》），自2009年10月1日起施行。《邮政法》将国家扶持邮政业发展的政策方针法定化，将邮政体制改革成果固定化，将邮政管理制度规范化，对于保障邮政普遍服务，加强对邮政市场的监督管理，维护邮政通信与信息安全，保护用户合法权益，推动整个行业健康发展，适应经济社会发展和人民生活需要，具有重要的现实意义和深远的历史意义。为配合《邮政法》顺利实施，《快递业务经营许可管理办法》、《邮政普遍服务》等一批规章、标准和规范性文件相继出台，夯实了依法行政的法制基础。

（二）有效应对国际金融危机，促进邮政行业平稳较快发展

2009年初，国家邮政局确定了“保增长、扩需求、调结构、重服务”的总体发展思路。针对邮政和快递服务受国际金融危机影响严重的实际情况，明确了全行业贯彻实施国家物流业调整和振兴规划的总体目标，制定了具体的政策措施。进一步促进快递专业结构调整，加快业务创新，推动国内与国际业务、城市与农村业务、传统业务与供应链服务和电子商务配送等新型业务的联动发展。发挥大交通平台的资源优势，促进解决制约行业发展的瓶颈性问题，出台了促进快递与民航产业协同发展和加强邮件航空运输工作的意见，天津、河北、辽宁、吉林、上海、河南、湖南、新疆、广东等省（区、市）在解决快递车辆进城难等方面也取得了突破。继续深化邮政企业改革，促进邮政普遍服务与竞争性业务分业经营、分账核算，提高市场竞争力。中国邮政集团公司组建了中国邮政速递物流公司，全力整合邮政快递物流网络，加快快递物流运营能力建设，努力构建由运输、仓储、配送平台组成的全国一体化物流网络，力争成为国内领先、国际先进的综合快递物流服务商。

经过艰苦努力，全行业基本扭转了2008年末2009年初发展减缓的态势，全行业量收逐月回升，运行呈现企稳回升、总体向好、结构改善的发展态势。2009年，全行业业务收入预计完成1095亿元（不包括邮政储蓄银行直接营业收入），同比增长14%；业务总量预计完成1632亿元，同比增长16.4%；快递业务收入预计完成479亿元，同比增长17.3%，占行业总收入的比重达43.8%。

（三）认真贯彻落实“青岛会议”精神，推动邮政物流加快发展

2009年5月25日，全国推广山东邮政发展农村物流经验现场会在山东青岛召开。中共中央政治局委员、国务院副总理张德江到会并作重要讲话。会议充分肯定了邮政改革发展取得的成绩和经验，明确了邮政行业在我国经济社会发展中的重要地位和作用，以及当前和今后一个时期邮政改革发展的主要任务。国务院办公厅转发了交通运输部等6部门联合下发的《关于推动农村邮政物流发展的意见》（国办发[2009]42号）。这是国家首次专门制定的发展农村邮政物流的文件，通过推进农村邮政基础设施建设，完善农资市场准入机制、连锁经营机制、财政支持机制和规划引导机制等多项扶持政策和措

施，为农村邮政物流发展创造良好环境。邮政管理部门和邮政企业认真研究落实相关措施和工作推进方案，会同有关部委研究编制空白乡镇邮政局所补建规划，与相关部门积极研究利用农村邮政网络开展农村医药、烟草物流配送、为“农家书屋”工程配送书报刊、参与新型农村养老保险等工作的政策意见。目前，全国已有20个省（区、市）政府出台了关于推动农村邮政物流发展的文件，明确了对邮政补建农村网点、健全完善村邮站、建设邮政物流配送中心、简化工商登记、参与“万村千乡市场工程”等多个方面的具体措施。

（四）邮政普遍服务取得新进展

1. 推进“村邮户箱”工程，邮政普遍服务保障不断加强

《住宅信报箱》标准于2009年12月1日实施，信报箱建设有关条款纳入《住宅设计规范》。全国22个省（区、市）邮政管理局和当地建设厅等单位联合发文，要求住宅楼房与信报箱建设同步设计、同步施工、同步验收。村邮站建设明显加快，全国已有25个省（区、市）政府出台促进村邮站建设的相关文件，部分省（区、市）政府还给予一定的资金扶持。北京市3864个行政村全部建起了新型村邮站，村邮站运行机制不断完善。

2. 加强邮政普遍服务监督，邮政普遍服务水平总体平稳

邮政管理部门组织了多种形式的邮件时限测试、局所网点变动和邮政基本业务资费执行情况的检查，开展邮政普遍服务社会满意度调查。2009年，邮政管理部门聘请的社会监督员队伍进一步扩大，地市覆盖率达100%，县市覆盖率达64.7%。邮政管理部门共收到邮政普遍服务社会监督报告4万多份，反映问题和建议1.6万余条，绝大部分意见邮政企业都进行了整改落实。邮政企业进一步完善服务质量监督保证体系，不断加大对邮政普遍服务和特殊服务的自查力度，努力提高服务水平。邮政普遍服务水平总体保持平稳。

（五）市场监管进一步强化

1. 周密组织、有序推进快递业务经营许可工作

国家邮政局网站开通了“快递业务经营许可管理信息系统”，向社会公告申请许可的流程，以方便企业上网申请。北京、吉林、山东、湖北、广东等9个省（区、市）于2009年率先组织开展了快递职业技能鉴定工作，1万余名快递业务员参加了职鉴考试。各类快递企业积极配合许可工作，到2009年底，已有131家快递企业提出申请。

2. 依法规范邮政市场秩序，确保消费者权益

进一步完善了以“时限准时率、用户申诉率和公众满意度”为核心的快递服务评价体系，提升服务水平。2009年邮政业消费者申诉受理中心共受理消费者申诉和咨询2.4万件，消费者对申诉处理结果的满意率达90.2%，为消费者挽回经济损失145万元以上。进一步推动《快递服务》标准达标工作，并加大对快递市场、集邮市场、邮政用品用具市场的监管力度，各级邮政管理部门共开展市场检查、督促指导、协调服务8635次，查处和纠正违法违规行为1396起。18家网络型快递企业的整体达标率达到73.8%，各类快递企业的服务质量进一步提升。

3. 维护社会稳定，强化安全监管

邮政管理部门制定了《国家邮政业突发事件应急预案》，明确了安全生产监管方法，落实了寄递企业的安全生产责任人，建立健全了行业安全生产责任体系和应急预案体系。抓好应对甲型H1N1流感疫情、新疆“7·5”事件邮政行业应急处置等工作，维护了邮政业的稳定和生产秩序。切实做好新中国成立60周年邮路安保和维护稳定工作，提早启动上海世博会和广州亚运会邮路安保工作，切实履行邮政行业安全生产和应急管理监督指导职责。

（作者：国家邮政局办公室）

二、五大措施促邮政行业平稳发展

面对国际金融危机影响，邮政管理部门五大措施促行业平稳发展。

一是引导企业扭转逆势优先发展。抓住国家出台物流业调整和振兴规划的有利时机，积极争取将邮政和快递列入规划范围，并提出了11条具体贯彻措施，确定工作着力点，使业务增长逐季回升。

二是推动邮政企业深化改革。促进邮政普遍服务与竞争性业务分业经营，加速快递物流资源优化整合，提升服务能力和水平，逐步建立市场化经营

体制机制。

三是抓住国家实施积极的财政政策和适度宽松的货币政策的契机，强化政策支持。加强了农村邮政网点改造和快递物流设施建设，提高了行业技术装备和网络建设水平。

四是发挥大交通平台的综合优势，突破行业发展瓶颈。出台了快递与民航产业协同发展和加强邮件航空运输工作的意见，既为邮政、快递运输提供了保障，又进一步开发了航空邮货市场。

五是加快业务创新。推动国内与国际业务、城市与农村业务、传统业务与供应链服务、电子商务配送等新型业务的联动发展，成功举办首届“中国电子商务与快递物流大会”，进一步推进快递企业和电子商务企业的战略合作。

三、快递服务发展状况

快递服务是邮政业的重要组成部分，关系国家经济社会发展，关系国计民生。在国家经济结构调整和发展方式转变中发挥着不可替代的基础性作用。2009 年，我国规模以上快递企业业务收入完成 479 亿元，同比增长 17.3%，占行业总收入的比重达 43.7%。快递业务量完成 18.6 亿件，同比增长 22.8%。

（一）快递服务发展的基本态势

一是快递服务持续较快发展，基础性作用进一步发挥，促进经济发展和吸纳社会就业作用逐步增强。二是快递发展环境不断优化，服务能力稳步提升，多元竞争的市场格局基本形成。三是快递服务的发展仍处于初级阶段，主要矛盾还是发展能力和水平不能满足经济社会发展的需要，必须加快发展。四是发展潜力巨大，发展前景广阔，具有继续保持持续快速增长的基础和条件。

（二）着力规范快递市场秩序，不断优化快递发展环境，积极支持邮政快递物流改革

在 2009 年 10 月开始正式实施的《邮政法》中，设立了快递业务经营许可制度，制定了快递业务经营规范，赋予了快递企业法律地位，提出了邮政市场鼓励竞争、促进发展的原则。这些重要的制度安排，为加快推进我国快递服务的健康有序发展提供了重要的法制保障。在优化快递发展环境方面，按照“鼓励竞争，促进发展”的原则，支持社会资源向快递企业开放，促进快递与其他产业的融合发展，消除快递发展的体制性制约。着力提高快递对外开放水平，提高利用外资的质量和水平，正确处理好对外开放与培育壮大内资企业的关系。鼓励规模较大的快递企业向现代企业制度转变，逐步由劳动密集型向技术和劳动密集型方向发展，形成合理的产业集中度。支持中小快递企业发展即时的、同城的和区域的快递业务，激发市场活力。

（三）组建中国快递协会

2009 年 2 月 11 日，经国务院批准，中国快递协会在北京成立，在国内外引起普遍关注。我国快递领域第一次有了全国性的协会，各种类型的快递企业共谋发展之路，共议经营之策，不断加强行业自律，切实维护企业权益，进一步完善了我国邮政行业管理体系。目前登记备案的快递企业已达 5000 余家。多年来，快递业保持了 20%以上的增长速度。全国已有 30 个省（区、市）成立了省级快递协会。中国快递协会的成立标志着我国快递管理体制和市场机制的进一步建立和完善，标志着“政府监管、行业自律、社会监督”三位一体的快递市场监管体系的建立和完善，为包括快递服务在内的邮政业的快速健康有序发展打下了良好的基础。

四、户户通邮工程取得新进展

2009 年，中国户户实现通邮工程取得新进展。邮政管理部门在 2009 年会同住房和城乡建设部共同推进城镇居民楼信报箱新建、补建和分户验收工作，会同农业部共同推进村邮站建设。目前北京市已率先完成“村邮工程”。

五、深化统计报表制度

统计工作是一项十分重要的基础性工作，为更加全面、准确地反映邮政行业发展情况，更符合修订后的《中华人民共和国邮政法》的要求，更有利于促进邮政行业又好又快地发展，国家邮政局制定了新的《邮政行业统计报表制度》。该报表制度经

国家统计局审批已于 2010 年 1 月 1 日开始施行。

《邮政行业统计报表制度》是国家统计调查的重要组成部分，调查结果为国民经济核算提供数据支撑。国家邮政局要求企业充分认识统计工作的重要性和严肃性，高度重视统计工作，加强组织领导、安排专职人员、落实统计责任。要求企业统计人员积极参加邮政管理部门组织的培训，认真学习《邮政行业统计报表制度》，明确统计数据报送渠道，掌握统计指标填报口径，按照报表制度要求，按时按质报送统计数据，确保该报表制度顺利实施。

六、小额贷款服务“三农”成效显著

2009 年 1 月 5 日，中共中央政治局委员、国务院副总理王岐山在邮储银行河南省伊川县兴华街支行营业厅视察，对邮储银行开办小额质押贷款和小额信用贷款业务，不断加大服务“三农”的力度表示满意，强调邮储银行要发挥农村网点多的优势，从经营观念、体制机制、队伍建设等方面加快向商业银行转型，在防范金融风险、拓展客户群上多做文章。

邮储银行积极做好农村金融服务，提供种类丰富的小额贷款系列产品，以良好的口碑打造小额贷款“好借好还”的品牌形象。截至 2009 年 12 月 31 日，小额贷款在全国 31 个省（区、市）、300 多个地（市）分行、2000 多个县（市）的 3700 多个网点开办，其中县和县以下的农村地区开办网点 2495 个；累计发放贷款近千亿元、200 多万笔，解决了全国 120 多万户农民和中小企业的生产经营资金需求问题，受到了广大农户、中小企业的欢迎，得到了地方政府和社会各界的充分肯定，取得了良好的经济效益和社会效益。

七、国际及港澳台合作交流逐步深化

（一）积极参加政府间国际组织活动

2009 年国家邮政局参加了万国邮联、WTO、亚太邮联等国际会议。认真履行好邮联行政理事会二委主席国义务。积极关注重点问题，维护国家利益，扩大我国在国际邮政领域的影响。

（二）加强与重点国家邮政部门的双边交流

成功举办首届中欧邮政改革和快递服务研讨会、第二届中日邮政政策对话会以及第三届中美邮政改革和快递服务研讨会，巩固和拓展了与外国政府、企业间的高层联系，扩大了双边合作关系。

（三）加强与港澳台邮政的交流与合作

促进港澳与内地邮政事务不断发展。认真落实《海峡两岸邮政协议》，全面双向开通两岸邮政业务。深化两岸邮政交流合作，努力推进海峡两岸邮政交流协会成立。

两岸直接通邮一年来，政治、社会效益非常良好，经济效益更在发展、提高、完善过程当中。两岸邮政业务合作为两岸民众用邮提供了方便、快捷的途径，大大提高了邮件传递速度，促进了两岸民众的交流和经贸的发展。尤其是汇兑业务，有一个比较良好的发展趋势。截至 2009 年 10 月 31 日，大陆邮政汇往台湾邮政汇款共 3344 笔，总金额 1528.49 万美元；台湾邮政汇入大陆邮政汇款 1161 笔，共计 159.09 万美元。目前两岸邮政汇兑中大陆汇往台湾的业务较多，汇款性质主要集中在商贸汇款和两岸亲友汇款。两岸收汇、发汇的业务量增长较为显著，占银邮汇款的比例越来越高。

（信通传媒　石美君整理）

第7章

增值电信业发展分析

一、增值电信业整体发展情况分析

（一）增值业务继续稳步增长

2009年，随着3G牌照的发放及全业务时代的到来，三大电信运营商的竞争焦点逐渐从同质化明显的语音业务向内容丰富的增值业务转移。WLAN上网、移动SNS、移动应用商店、移动支付、手机阅读等增值业务如火如荼地发展起来。与此同时，从xPhone的推出、Android平台的建立可以看到，无论终端厂商还是内容提供商，都开始发挥自身优势大举进入增值业务市场，成为增值业务稳步增长的助推剂。

2006～2008年，增值业务收入增长率远高于主营业收入增长率。尽管受到金融危机的影响，我国国民消费能力有所降低，但随着3G市场竞争的激烈以及产业链上各大IT厂商的不断努力，增值业务仍继续保持稳步增长的态势。预计2009年底增值业务收入同比增长 9.8%，将高出主营业务收入增速6.2个百分点，见图7-1。

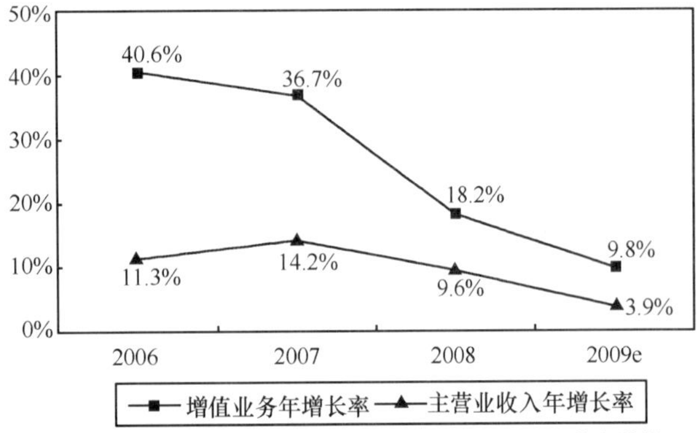

数据来源：《2008年全国通信业发展统计公报》及工信部数据

图7-1　2006～2009年增值业务年增长率及主营业务收入年增长率对比

2008年，基础电信企业实现增值电信业务收入1769.2亿元，同比增长 18.2%，占总收入的比重从上年底的20.1%上升到21.7%。预计2009年增值业务收入将达到1942.6亿元，占总收入的比重也将继续上升至23.1%，见图7-2。

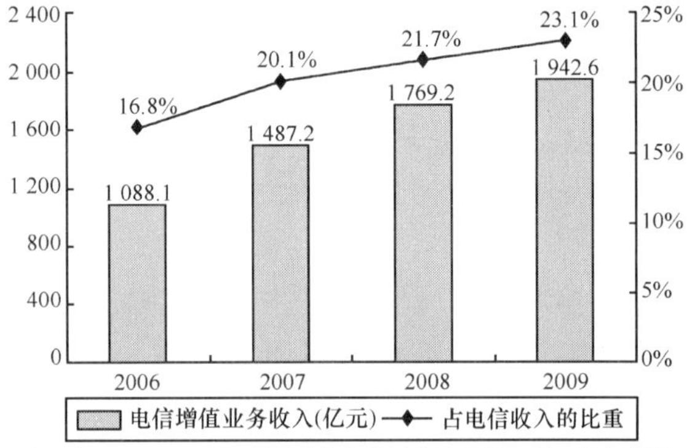

数据来源：《2008年全国通信业发展统计公报》及工信部数据

图7-2　2006～2009年基础电信企业的增值业务收入情况

（二）移动增值业务发展迅猛

2009年底增值业务收入同比增长9.8%，高出主营业务收入增速6.2个百分点。移动增值业务是主要拉动力量，同比增速高达15.6%。根据IResearch的统计数据，2009第三季度中国移动增值市场规模达392.0亿元，同比增长17.9%，环比增长0.7%，见图7-3。

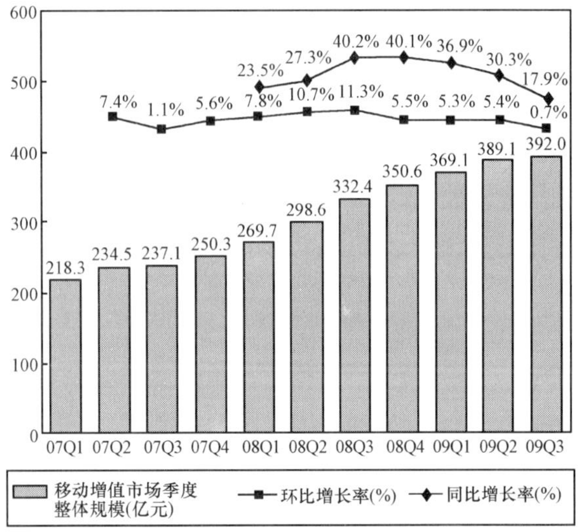

数据来源：IResearch 2009.10

图7-3　2007年第一季度～2009年第三季度中国移动通信增值市场规模

中国移动发布Mobile Market软件商店和OPhone平台，以此抢占业务和终端制高点。中国联通强势推广“沃”品牌，积极拓展合作伙伴；中国电信着力提升 3G 终端控制力。三大电信运营商的全业务竞争日趋激烈，从用户、资费和产品三个层面推动了移动增值业务的发展。

2009 年以来，用户对数据业务的使用需求越来越强烈，尤其是手机上网。CNNIC 发布的《第 25 次中国互联网络发展状况统计报告》显示，截至 2009 年底，我国手机网民一年内增加了 1.2 亿人，已达到 2.33 亿人，占整体网民的 60.8%。其他移动增值业务的用户情况：截止到 2009 年 5 月，中国移动短信用户数比上年同期增长 16.7%，彩信用户数比上年同期增长 27.3%，彩铃用户数比上年同期增长 19.1%。

2009 年底，国内 3G 用户已经达到 1500 万户。3G 可视电话、手机视频等面向个人的应用，宽带上网、家庭网关等面向家庭的应用，无线城市、视频监测、移动办公等行业信息化应用都不断涌现。可以预见，2010 年下半年将是无线增值服务市场开始快速增长的时期。

二、增值电信业务发展情况分析

增值业务分为语音增值业务和数据增值业务两大类，语音增值业务包括来电显示、来电提醒等；移动数据增值业务又包括小利润业务、规模收入业务、移动互联业务和电子商务业务 4 种类型。其中，小利润业务包括天气预报、短信回执、通信助手等；规模收入业务包括短信、彩铃、GPRS、手机报等；移动互联业务主要包括飞信、139 邮箱、139 社区等战略型业务；电子商务业务指的是手机钱包、手机投注等移动支付方面的应用。

（一）短信业务

截至 2008 年，各类短信发送量达到 7230.8 亿条，同比增长 16.0%。其中无线市话短信业务量 234.1 亿条，下降 24.8%；移动短信业务量 6996.7 亿条，增长 18.2%。见图 7-4。从短信业务收入的占比来看，随着移动话音资费的逐年下降以及即时通信工具的蓬勃发展，短信对增值业务收入的贡献大幅下降。2009 年收入仅增长 3.1%，占非话业务的比例下降 3.1 个百分点至 21.3%。

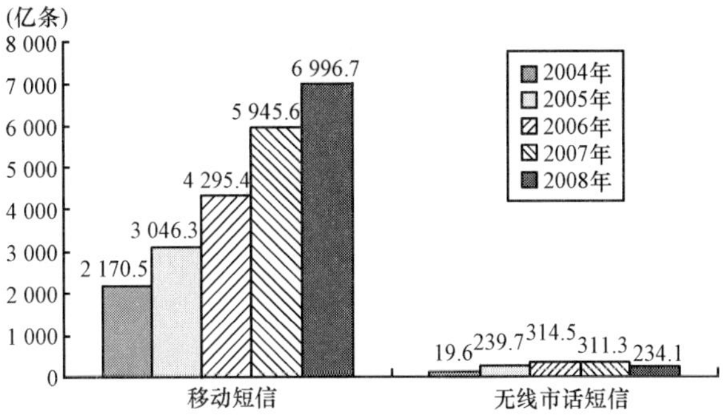

数据来源：《2008 年全国通信业发展统计公报》

图 7-4　2004～2008 年短信业务发展情况

（二）WAP 业务

2009 年，非话业务中的移动互联网发展突出，成为推动移动增值业务持续增长的重要力量。数据显示，2009 年新增 WAP 用户 2496.4 万户，新增 WWW 用户 5548.3 万户，在移动用户中的渗透率分别达到 15.2%和 11.6%，见图 7-5。

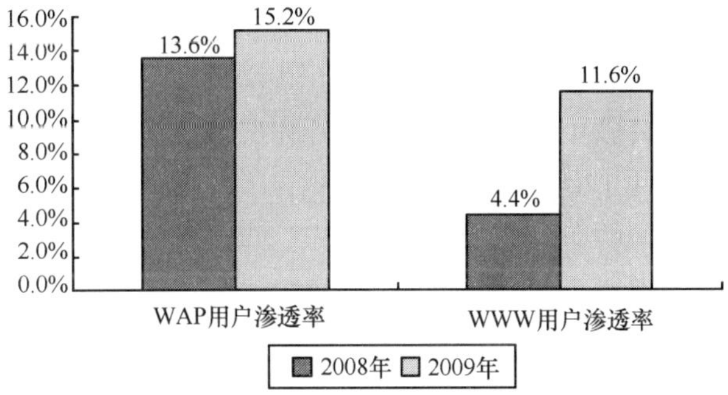

数据来源：工信部网站

图 7-5　2008 和 2009 年 WAP 和 WWW 用户渗透率

（三）即时通信

2009 年即时通信用户规模达到 2.7 亿人，较 2008 年增长 4822 万，增长率为 21.6%。与此同时，即时通信使用率继续下降。2009 年即时通信网民使用率为 70.9%，而 2008 年与 2007 年用户的使用率分别为 75.3%和 81.4%。分析师解读：即时通信使用率的持续下降主要由两方面原因造成。首先，整体网民结构与即时通信用户结构重合度下降，即时通信服务的主体用户集中在 30 岁以下人群，而 2009 年 30 岁以上网民增长明显，该用户群对于即时通信使用需求相对偏低；其次，互联网服务类型以及功能的增加使即时通信服务的“互联网入口”作用减弱，如社交网站、博客等既具有较大的用户黏合度，又可实现信息传递的服务，对于新网民即时通信的使用造成一定影响。从数据分析，2009 年一年以上网龄的网民即时通信使用率为 73.3%，而网龄不到一年的网民即时通信使用率仅为 60.2%，见图 7-6。

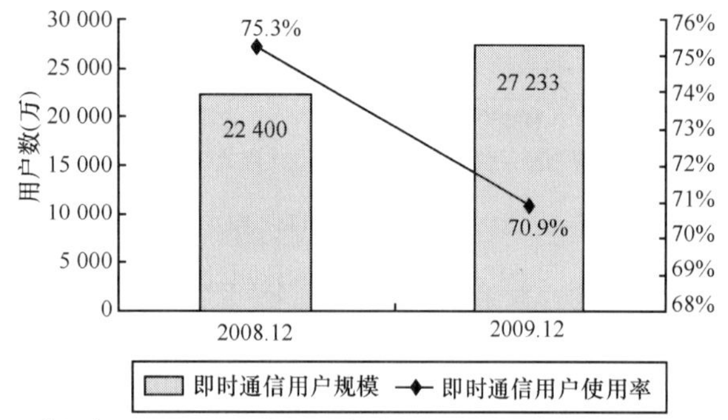

数据来源：CNNIC《中国互联网络发展状况统计报告》 2010.1

图 7-6 2008 年及 2009 年我国即时通信用户数对比

（四）移动支付

在 2009 年中国移动支付产业论坛上，相关专家表示，移动支付产业将是未来几年极具潜力的产业。据统计，2009 年上半年，我国移动支付用户总量突破 1920 万户，实现交易 6268.5 万笔，支付金额共 170.4 亿元。2009 年中国手机支付市场规模达到 19.74 亿元，从 2006 年到 2009 年的年均复合增长率为 70.40%，用户规模在 2009 年也达到 8250 万人，从 2006 年到 2009 年的年均复合增长率为 25.24%。

使用手机银行的网民用得较多的业务依次是查询银行账户、转账汇款、话费缴纳，使用率分别为 84.4%、53.7%和 53.1%。手机购物购卡、手机理财也有一定的使用率。数据显示，用户最需要手机银行提供的服务依次是查询银行账户、转账汇款、话费缴纳，与银行使用排序一致。而在手机购物购卡、订票买票这些业务中，使用意愿远远高于使用率。现阶段用户对手机银行的业务范围定义与网上银行业务范围很相近，把手机银行看作是网上银行的替代。在业务方面，手机银行的特色还没有被用户认知和接受。同时，从用户希望使用的手机银行业务可以看出，手机银行的业务量还有很大的提升空间，见图 7-7。

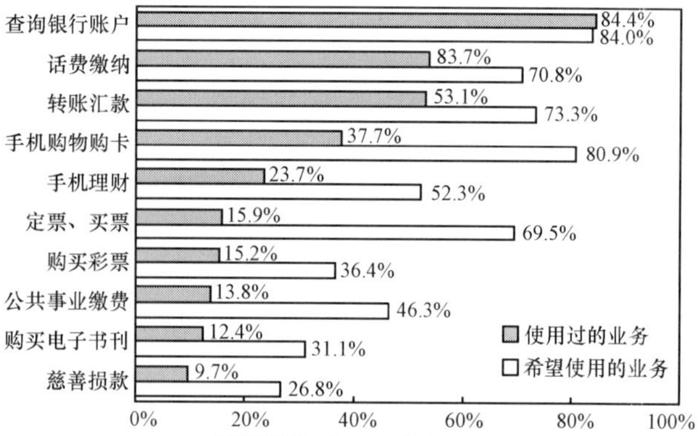

数据来源：IResearch 2009.9

图 7-7 2009 年我国网民使用和期望使用的手机银行业务对比

（五）其他业务

随着 3G 时代的到来及产业链上下游厂商的积极推进，对带宽要求较高的移动增值业务如手机电视、移动应用商店、移动搜索、手机游戏等业务将成为未来的发展趋势。

三、增值服务提供商发展情况分析

（一）增值服务企业收入情况

我国互联网增值服务企业受金融危机影响相对较小。13 家互联网指标企业（上市企业）收入增长 32%，利润增长 34%。我国增值企业的股市表现明显好于 Google 和 Yahoo 两家大型国际互联网企业。我国互联网企业净利润增长相对平稳（与国际大型互联网企业相比），部分中小互联网企业发展困难，如 BTChina 已停止经营，见图 7-8。

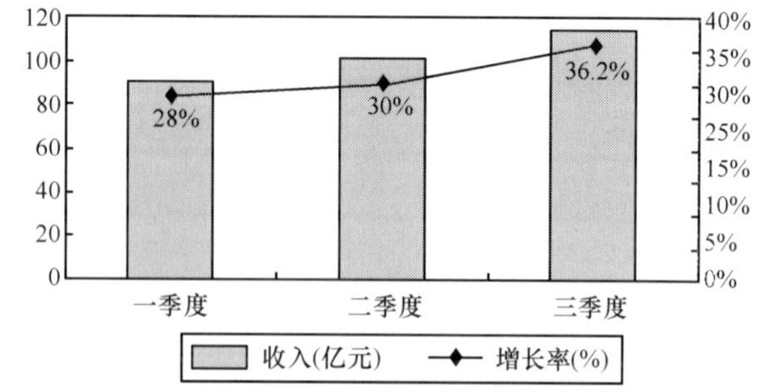

数据来源：上市企业公司财报

图 7-8 13 家互联网上市企业 2009 年 1～3 季度收入规模及增长情况[1]

[1] 13 家上市公司指新浪、搜狐、百度、腾讯、网易、阿里巴巴、盛大畅游、完美时空、巨人、空中网、携程、前程无忧。

（二）增值服务企业的发展环境

创业板的推出为增值企业营造了有利的发展环境。首先，提供了新的、低门槛的适合中小增值企业上市和融资的渠道；其次，为上市增值企业提供有效可行的风险控制；再次，良好的退市机制激励创投对中小增值企业进一步投资。网宿科技和华星创业两家信息服务行业公司已经在创业板上市交易，见表 7-1；另外还有 4 家信息服务行业公司正在证监会发审委审核，准备上市，见表 7-2。

表 7-1　已在创业板上市交易的信息服务公司

股票代码	公司名称	主要业务	发行股票数与发行价	上市首日表现及市盈率
300017	网宿科技	互联网业务平台提供	2 300 万股，24 元	涨 87.08%，换手率 89.29%
300025	华星创业	移动通信网络测试研发	1 000 万股，19.96 元	涨 128.89%，换手率 89.82%

表 7-2　在证监会发审委审核，准备在创业板上市的信息服务公司

公司名称	主要业务	预计发行股数	预计募集资金	审核进度
深圳海联讯科技股份有限公司	企业网络信息化建设	1 300 万股	9 873.96 万元	待表决
厦门三五互联科技股份有限公司	企业邮箱、电子商务	1 350 万股	1.47 亿元	待表决
珠海世纪鼎利通信科技股份有限公司	移动通信网络优化	1 400 万股	2.13 亿元	通过
浙江核新同花顺网络信息股份有限公司	网上交易系统	1 680 万股	2.52 亿元	通过

四、增值电信业未来发展的主要趋势

（一）市场发展趋势分析和判断

2009 年，增值业务市场受金融危机影响增速放缓。但随着“智慧地球”、“物联网”概念的提出和深入，顶尖增值企业初现国际影响力，呈现“强者愈强”的态势。我国“两化融合”的战略方向将促进增值业务市场的继续发展。RFID、智能电网、智能交通、环境监测、水资源监测和管理、智能设备管理、节能管理、消防联网、智能建筑等各种工业信息化集成应用，所有这些产业的发展都可以和物联网技术相结合，形成新的业务模式和市场发展空间。

预计在 2009—2011 年，个人、家庭和政企客户空间都呈继续增长的态势，其中个人客户空间的年均增长率为 1.3%，保持扩大态势；全国家庭户年均增长 1.2%，每年增加约 500 万户家庭；政企客户空间年均可增加约 137 万户。电信增值业务市场收入也将不断攀升，预计到 2011 年可达到 2 520 亿元。但行业发展拐点可能在 2009 年到来，电信业将由与国民经济齐头并进转变为落后于国民经济增长。面对社会变化发展中出现的各种新要求，电信服务需要加紧创新，积极满足各种新需要，进一步实现与经济社会的协调发展。其一，要加强文化娱乐类电信业务的发展；其二，要利用电信技术加强社会安全保障，社会安全保障体系必须进一步加强；其三，要面向不同收入人群推出合适的业务；其四，要关注老龄人口的电信服务需求。

（二）行业目前存在的问题分析

增值业务在高速发展的同时也存在着一定的问题，如未明示资费收取方式、用户在不知情情况下被扣费、业务宣传名称与实际提供内容不相符等。此外，垃圾短信和互联网低俗内容治理是 2009 年增值业务监管的重要主题。

1. 违规现象依然明显

工信部发布的 2009 年第三季度电信服务质量通告显示，2009 年第三季度，各地通信管理局继续加大对服务质量的监督检查力度，查处侵害用户合法权益的违规电信企业共 61 家次。

通告同时指出，第三季度电信服务申诉为 10764 人次，季度申诉率为 10.4（人次/百万用户），较上季度明显下降，见图 7-9。

通信服务方面的申诉占申诉总量 30%，较上季度上升 3.7 个百分点，其中用户反映基础电信企业

宽带业务故障修复不及时的申诉量相对较高。

通信质量方面的申诉占申诉总量 18.7%，较上季度下降 0.9 个百分点，其中用户对基础语音业务通信质量的申诉量下降幅度较大。

收费争议方面的申诉占申诉总量 51.3%，较上季度下降 2.8 个百分点，其中用户对基础语音业务收费争议的申诉量下降幅度较大。

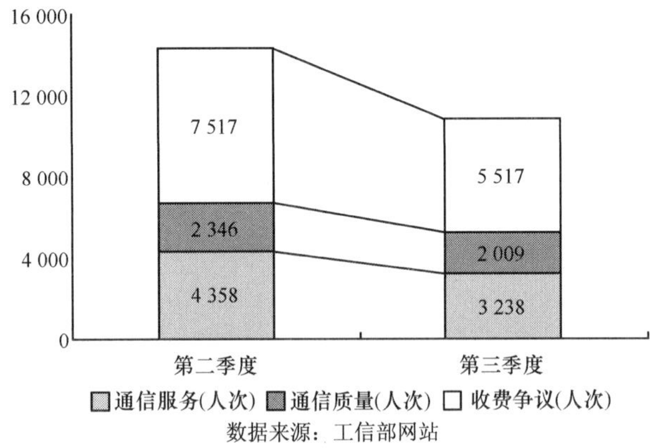

图 7-9 2009 年二季度与三季度电信服务申诉对比

2. 垃圾短信治理仍需加强

2009 年第三季度，工信部继续加大对垃圾短信的治理，共排查关闭 1.3 万余个违规短信群发端口，处理 600 余家违规增值电信企业，整改、关停 1.1 万个基础电信企业自有短信业务，有力地遏制了垃圾短信问题的蔓延。

3. 互联网低俗内容亟待整治

中国互联网络信息中心发布的最新统计显示，截至 2009 年底，我国手机网民一年内增加了 1.2 亿人，已达到 2.33 亿人，占整体网民的 60.8%。其中，仅在 2009 年上半年，手机上网网民数量就增长了 32.1%。伴随着以手机为载体的移动互联网的高速发展，淫秽色情信息出现了向手机 WAP 网站蔓延的势头。随着 3G 技术的发展、手机媒体化和智能化趋势的加快，传播内容也越来越庞杂。一些手机网站在利益驱动下，正变换手法，大量传播淫秽色情和低俗信息，见图 7-10。

截至 2009 年 2 月 24 日，全国整治互联网低俗之风专项行动共关闭传播淫秽、色情和低俗内容的违法违规网站 2962 家，关闭淫秽、色情博客 276 个，公开曝光网站 103 家，查处了 55 家违规的网络技术服务商。

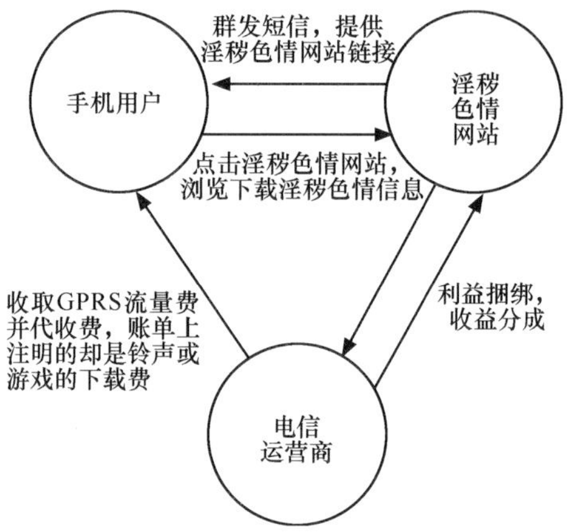

图 7-10 网上淫秽色情信息传递利益链示意图

（三）未来发展的思考建议

1. 加大政府监管力度

在全球化、大开放的形势下，国际化的生产方式使传统上对物质资源的争夺转变为对文化资源的争夺。西方意识形态下的不良文化和文化观念正通过网络侵蚀着我国，网络文化建设的氛围也明显不足。因此，把网络文化建设作为一项基础工程抓好抓紧，是确保增值业务产业发展环境的重要前提。增值业务产业的发展环境包括良好的政策环境、法制环境、市场环境、文化创新环境、技术创新环境等。

目前，有关部门多次开展整治互联网淫秽色情及低俗信息的专项行动，取得了积极的进展，但网上淫秽色情及低俗信息传播活动仍然十分猖獗。一些网站片面追求点击率，仍在采取打擦边球的办法，以多种形式发布、传播淫秽色情及低俗信息；一些不法分子开设手机网站传播淫秽色情信息大肆敛财；一些网络运营商、接入服务商、域名注册服务商，只顾追求经济利益，忽视社会责任，客观上为淫秽色情和低俗网站提供了便利。互联网和手机媒体上大量传播的淫秽色情和低俗信息，严重败坏社会风气，污染社会环境，危害未成年人健康成长，已经成为网上一大顽疾和"毒瘤"，广大人民群众对此反映十分强烈，要求政府有关部门进一步深入开展清理整治行动。

2. 积极探索商业模式

在技术和产业融合的推动下，电信的行业管制政策也正在与其他行业的管制政策发生融合，其行业的特殊性正在淡化。随着市场的开放，电信业的进入壁垒已经越来越低。市场的扩张以及需求的细分使得新老运营商之间除了竞争外，也创造出越来越多的合作机会，新的商业模式的顺利运作有了政策保障。

国内创业板的出台给创新型增值企业拓宽融资渠道带来了机会，同时也为其商业模式的创新形成了助推力。电信行业的变化，特别是在移动通信与数据通信的融合趋势下，产生了新的商业模式，主要提供信息内容的内容提供商出现并正在成为整个产业链价值的主要创造者，而产业链利益的合理分配成为促进整个产业链协调发展的重要因素。这种商业模式进一步完善了电信行业产业链，通过分工细化促进了运营商与内容提供商的合作；同时通过收入分成比例协调了整个链条，运营商扩大了盈利范围，制造商找到新的设备市场，内容提供商找到切入点，使得整个链条上各方形成一个利益共同体，形成合力，弥补各自的不足，从而获得多赢的结果。

3. 进一步丰富增值业务种类和内容

电信增值业务大多不属于功用性强、功能需求明确的产品，消费者的需求唤起很大程度上是由于受到外界刺激，觉得新鲜、好玩，跟随热门流行，以及放松心情；消费者心里并不明确地知道自己需要什么，即“无意识的感性消费”。“制造需求，创造消费者”会成为未来增值业务营销的一个重要特点。电信增值业务是一个买方市场，消费者需求稀缺或者称为需求模糊化，产品的竞争是对客户影响能力的较量，成功制造需求者方能获胜。

电信企业重组和 3G 牌照发放为增值业务提供了更广阔的发展空间。产业链各方在积极探索商业模式的同时，还要进一步丰富增值业务的种类和内容。切实针对用户需求开发产品，根据用户需求的重要程度、客户群体大小、用户付费愿望、价格敏感性等指导新产品的开发和营销显得尤为重要。只有了解消费者的真正需要，才能一步步走进消费者，推出真正有吸引力的增值应用。

（作者：工业和信息化部电信研究院泰尔管理研究所　王　媛）

第8章

互联网发展分析

一、中国互联网发展概况

（一）规模

1. 网民规模

截至2009年底，中国网民规模达到3.84亿人，较2008年增长28.9%，在总人口中的比重从22.6%提升到28.9%，互联网普及率在稳步上升。近年的发展情况如图8-1所示。

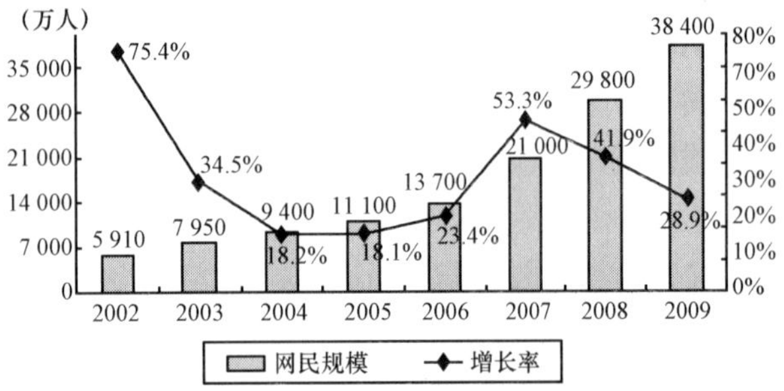

图8-1　中国网民规模与增长率

经济的快速发展是互联网用户持续增长的基础。2009年我国GDP仍保持8%左右的增长，各项社会事业稳步前进。基础设施投入加大、家电下乡政策鼓励、3G网络正式开通等共同推动了中国网民规模的增长。

虽然普及率持续提升，但是相比发达国家，中国的互联网普及率还比较低。截至2008年12月，美国、日本和韩国的互联网普及率分别达到74.1%、75.5%和77.3%（见图8-2）。我国网络使用的差距还很大，与此同时，中国网民规模增速在逐步放缓，从2008年的41.9%下降到2009年的28.9%。之所以出现增速放缓，主要是因为如下几方面的原因。

信息技术在传播过程中会随着时间的延续而产生"衰减效应"，即网络技术、信息及观念等在群体之间扩散传播的过程中，其能量不断消耗，速度逐渐降低。互联网使用在地区和人群间传播也存在这样的"衰减效应"。那些网络的易接触群体在过去的网络普及中已经基本进入了网络生活范畴，而未使用互联网的人群则是网络渗透门槛较高的人群，针对这个人群的网络普及需要强诱因加以刺激。

从绝对规模上看，2009年网民增长8600万人，由于中国网民基数庞大，虽然增长率降到了28.9%，但是网民规模增长依然旺盛。

3.84亿网民中，有3.46亿网民使用宽带上网，年增长7598万用户。从统计结果看，我国宽带互联网的普及率已经很高。但是我们必须清醒地看到，这里的宽带网民只是使用宽带接入方式的网民，而不是以网络传输速率来定义区分的。目前我国宽带接入速度远远落后于世界发达国家。我们需要进一步加大互联网基础设施建设，不断提高网络连接速度，推动中国互联网向高速互联网发展。

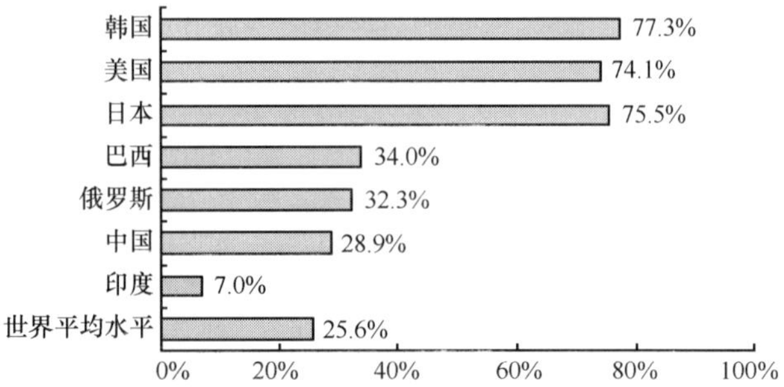

图8-2　部分国家的互联网普及率（2009年12月）

2. 手机网民规模

截至2009年12月底，中国手机网民规模达2.33亿人（见图8-3），占网民总体的60.8%，移动网络、手机终端在中国互联网发展中起着更加重要的作用。2009年中国移动互联网用户的快速增长主要有以下几方面原因。

（1）3G手机上网概念的吸引。2009年1月3G的正式发牌是通信行业最大的事件之一，3G牌照的发放极大地鼓舞了整个 3G 产业链的信心。据调查，目前有 46.5%的手机网民表示未来半年内会使用 3G 手机上网。虽然目前 3G 只是中国移动互联网市场的一个组成部分，但 3G 的品牌概念已经深入人心，“互联网手机”、“3G 上网”等概念对中国移动互联网的发展起到了很大的推动作用。

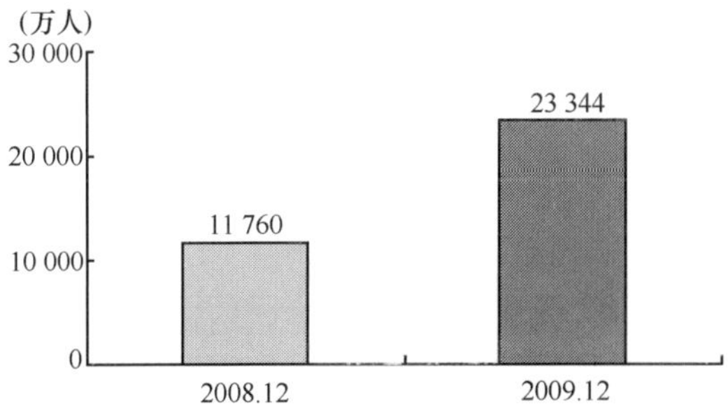

图 8-3　手机上网网民规模对比

（2）终端对上网的支持程度逐步提高。2009 年上市的手机终端以大屏幕手机为主，且几乎全部支持高速上网服务，WAP2.0 与 HTTP 协议的支持给了用户更多的选择与使用空间。终端企业对移动互联网的重视程度进一步提升，或明或暗地开展战略转型，将移动互联网视为发展方向。对于某些对市场影响极大的终端厂商而言，这种转变带动了一批新用户的进入。

（3）用户之间相互影响。移动互联网市场是一个逐步规范的市场，在市场发展早期缺少规划和管理，导致市场发展混乱，用户对于手机上网一直抱有戒心。随着中国手机网民的增长，这些保有用户开始对周边的非手机上网用户产生巨大的影响，这种现象在目前手机用户的主流人群（学生、上班族及外出打工者）中非常明显。曾经在互联网中上演的“梅特卡夫”现象[1]，开始在移动互联网中上演。

（4）运营商的推广举措得力。2009 年中国各地运营商的手机上网体验厅快速发展，很多营业厅还提供手机上网介绍与体验服务。资费一直是中国手机网民上网的重要阻碍因素，2009 年中国手机上网资费一再调整，为手机上网用户的快速增长提供了重要基础。与此同时，运营商联合系统商、终端厂商积极推出方便手机上网的工具性软件和功能性软件（这些软件往往是免费的），从而降低了用户手机上网的门槛。

3. 域名规模

域名是互联网发展的基础资源，域名规模是互联网规模大小的指标之一。中国的主流域名有两种，一种是中国国家顶级域名，即.cn 域名，一种是通用顶级域名，如 com 等。中国域名数量的快速增长推动着中国互联网行业的蓬勃发展。

2009 年底我国域名总数为 1681 万个，其中有 80%为.cn 域名（见表 8-1）。令人欣慰的是，在主要互联网资源的增速开始放缓之时，却显现出了结构优化的喜人迹象。以域名为例，虽然 2009 年 12 月中国的域名总量较 2008 年底有所下降，但是域名的使用率，特别是网站占域名的比例达到了 2007 年以来的最高值。

同时，中国域名管理机构中国互联网络信息中心（CNNIC）正在着力推进中文域名的发展。中国的语言体系与英文差异较大，含中文字的中文域名更符合中国人的上网习惯，这一域名的快速发展有利于中国互联网的深入普及。

表 8-1　中国分类域名数

	数量（个）	占域名总数比例
cn	13,455,541	80.0%
com	2,783,652	16.6%
net	438,662	2.6%
org	136,954	0.8%
合计	16,814,809	100%

4. 网站规模

截至 2009 年 12 月，中国的网站数，即域名注册者在中国境内的网站数（包括在境内接入和境外接入）达到 323 万个，网站数量增长幅度不大（见图 8-4）。

网站的快速增长意味着网民可以获取的信息资源更为丰富。这一快速增长的拉动力来自两个方面，一方面是占大多数的企业网站数量快速增加，另一方面是随着博客、个人空间等的推动，个人网站增加也较多。

[1] 梅特卡夫法则是指网络价值以用户数量平方的速度增长，网络外部性是该现象的本质。

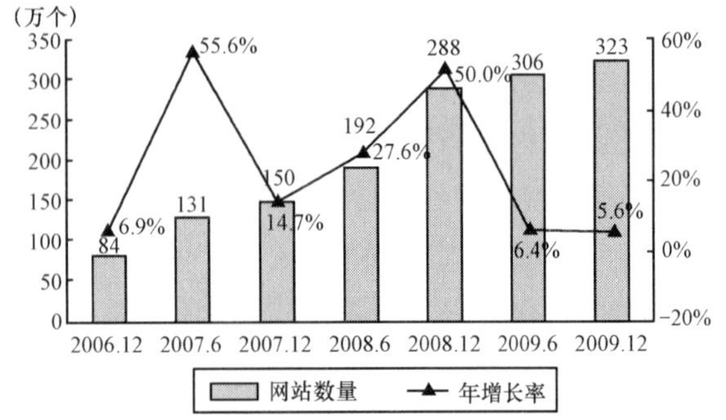

图 8-4 中国网站数量及增长率

（二）网民结构特征

从总体网民结构特征上看，中国互联网的发展正在继续均衡化，性别差异、年龄差异和城乡差异都在缩小。

从性别上看，目前中国网民男女性别比例为54.2：45.8（见图 8-5），女性网民占比略低于《中国统计年鉴 2009》中女性人口的比例，2009 年底男性网民的规模占比小幅上扬。

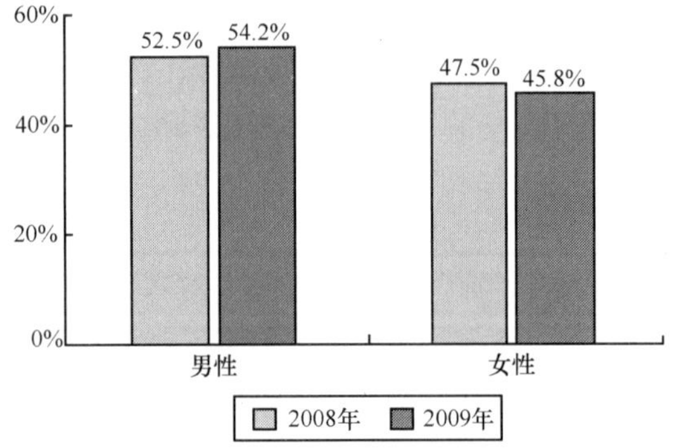

图 8-5 网民性别结构对比

从年龄上看，与 2008 年相比，中国网民年龄结构更为优化，更加均衡（见图 8-6）。30 岁以上年龄段人群占比攀升，整体占到网民的 38.5%。这部分人群更为成熟，消费能力较强，是互联网经济发展的重要用户群。

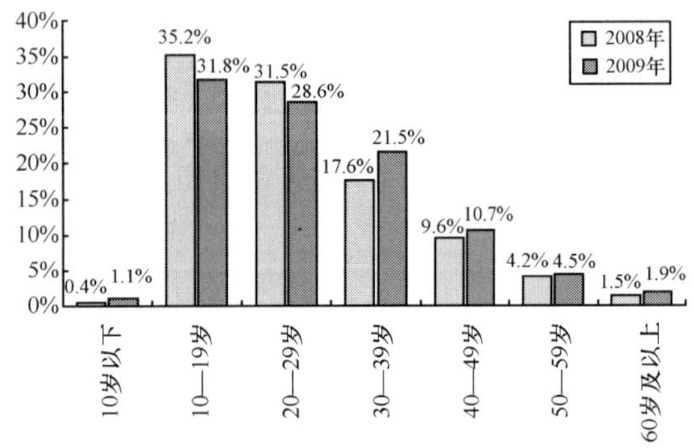

图 8-6 网民年龄结构对比

从学历上看，中国网民群体继续向低学历人群渗透。2009 年，小学及以下网民群体增速超过整体网民增速，目前占到网民整体的 8.8%，年增幅 3.4 个百分点。高中学历网民占比也略微提升，大专及以上学历网民占比继续降低，网民学历结构更为均衡，见图 8-7。

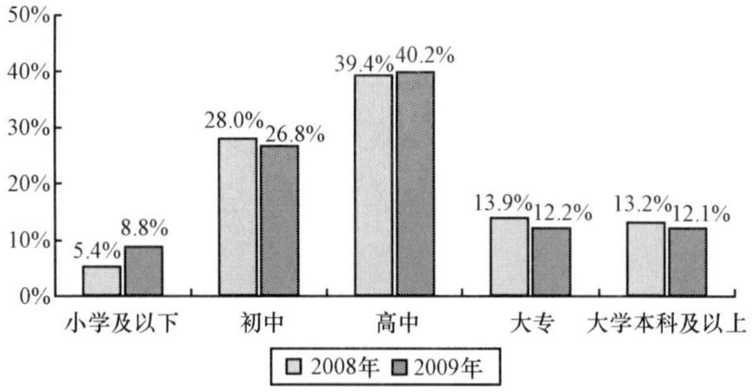

图 8-7 网民学历结构对比

从职业上看，2009 年中国学生网民群体占比明显下降，这一变化显示出中国互联网用户群体更加成熟，商业价值日益提升。同时，无业人员、农民群体等网民比重小幅增长，见图 8-8。

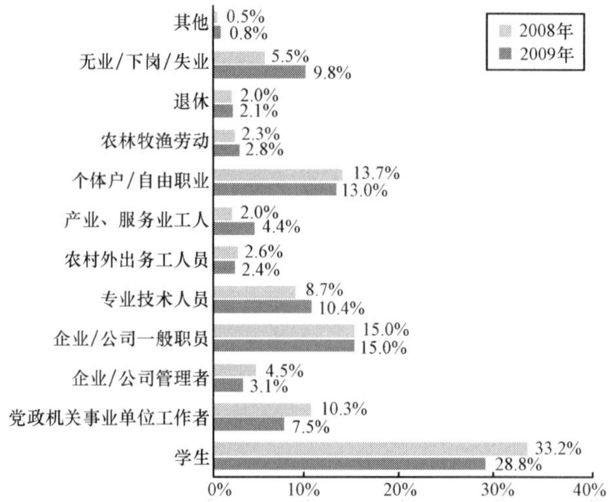

图 8-8 网民职业结构

从收入上看，网民中无收入群体比重继续上升，目前达到 10%，这与无业人员越来越多地被吸纳到网民群体中有关。同时，月收入在 2000 元以上的网民群体占比也在增大，互联网消费的用户基础更为坚实，见图 8-9。

从城乡结构上看，2009 年农村网民规模达到 10 681 万人，占整体网民的 27.8%。同比增长 26.3%，低于 2008 年的增长速度，也低于 2009 年整体网民增幅。

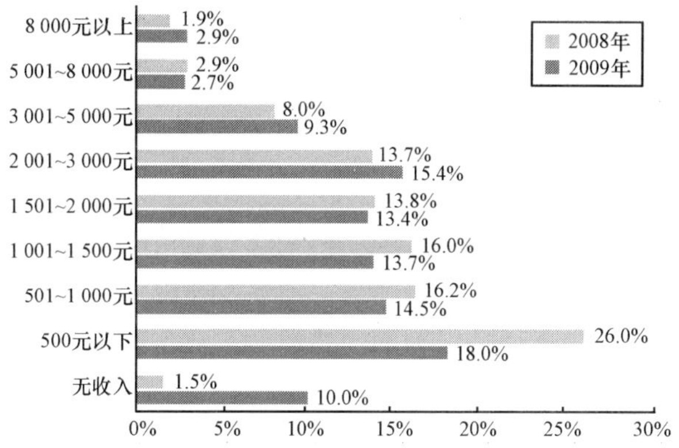

图 8-9　网民收入结构

（三）网民行为特征

截至 2009 年 12 月，互联网中使用率排名位居前三甲的分别是网络音乐（83.5%）、网络新闻（80.1%）、搜索引擎（73.3%）。从发展速度上看，商务交易类应用遥遥领先，平均年增幅为 68%。其中，网上支付用户年增幅 80.9%，在所有应用中排名第一。2009 年是商务类应用大发展的一年，中国网民群体网络应用正从娱乐型向消费商务型转变。见表 8-2。

1. 信息获取类网络应用

信息获取类网络应用用户规模继续保持快速增长，代表性网络应用搜索引擎和网络新闻，增长率分别达到 38.6%和 31.5%。

搜索引擎的快速增长得益于以下几个因素：首先，网络应用日趋丰富，产生了更多的信息需求，这些信息需求直接带动了搜索量的增长；其次，专业搜索、垂直搜索等搜索引擎，凭借日趋精准化、人性化的信息检索服务提升了网民的使用率和认同度，助推了搜索引擎的快速发展。用户规模的快速增长，表明搜索引擎作为互联网入口地位的提升，同时由于营销低成本、目标用户精准性、营销效果可视性等优势，搜索引擎日益获得广告主的认同和青睐，未来搜索引擎的营销价值和市场规模都将进一步提升。

网络新闻用户的增长主要源自以下因素：第一，随着中国互联网的快速发展，网络媒体覆盖的地域和人群日趋广泛；第二，随着网络视频、手机上网、微博等网络技术和应用的发展，网络新闻表达和传递信息的渠道及形式更加丰富，传播方式更具互动性、自主性、多样性，促使网络媒体的发展更加活跃。与此同时，随着网络媒体覆盖人群的快速增长，互联网黏性的不断提高，网络媒体的广告价值快速提升，以门户网站为代表的网络新闻媒体成为推动网络广告市场发展的重要力量。

表 8-2　各类网络应用使用状况及用户增长

类型	应用	2008 年使用率	2009 年使用率	用户增长率	使用率排名	增长率排名
网络娱乐	网络音乐	83.7%	83.5%	28.8%	1	11
信息获取	网络新闻	78.5%	80.1%	31.5%	2	9
信息获取	搜索引擎	68.0%	73.3%	38.6%	3	7
交流沟通	即时通信	75.3%	70.9%	21.6%	4	13
网络娱乐	网络游戏	62.8%	68.9%	41.5%	5	6
网络娱乐	网络视频	67.7%	62.6%	19.0%	6	14
交流沟通	博客应用	54.3%	57.7%	36.7%	7	8
交流沟通	电子邮件	56.8%	56.8%	29.0%	8	10
交流沟通	社交网站	—	45.8%	—-	9	—
网络娱乐	网络文学	—	42.3%	—	10	—
交流沟通	论坛/BBS	30.7%	30.5%	28.6%	11	12
商务交易	网络购物	24.8%	28.1%	45.9%	12	5
商务交易	网上银行	19.3%	24.5%	62.3%	13	4
商务交易	网上支付	17.6%	24.5%	80.9%	14	1
商务交易	网络炒股	11.4%	14.8%	67.0%	15	3
商务交易	旅行预订	5.6%	7.9%	77.9%	16	2

2. 交流沟通类网络应用

在交流沟通类网络应用中，即时通信使用率继续下降，2009年即时通信网民使用率为70.9%，而2008年与2007年用户的使用率分别为75.3%和81.4%。与此同时，博客和社区网站规模日趋扩大。

即时通信使用率的持续下降主要由两方面原因造成。首先，整体网民结构与即时通信用户结构重合度下降，即时通信服务的主体用户集中在30岁以下人群，而2009年30岁以上网民增长明显，该用户群对于即时通信使用需求相对偏低；其次，互联网服务类型以及功能的增加使即时通信服务的“互联网入口”作用减弱，如社交网站、博客等既具有较大的用户黏合度，又可实现信息传递的服务，对于新网民即时通信的使用造成一定影响。从数据分析，2009年一年以上网龄的网民对即时通信的使用率为73.3%，而网龄不到一年的网民的即时通信使用率仅为60.2%。

博客快速增长的原因在于，越来越多的名人、明星、专家、机构正在将博客作为扩大传播影响力的平台。而随着国内社交网站的兴起，部分草根博客进入社交网站，并使用其中的日志功能来撰写博客，受到社交网络氛围的激励，其更新、参与、互动更为活跃，带动了博客用户的增长。

各类社交网站因需而起，在竞争中快速发展，病毒式营销、口碑相传的推广方式推动了中国社交网站用户规模的迅速增长。通过内容黏着、互动应用和人际关系在网络上的维护与拓展，社交网站正在发挥平台化、工具化的作用，逐步成为广大网民休闲娱乐、获取资讯、传播信息的重要渠道。

3. 网络娱乐类网络应用

2009年网络游戏用户规模持续增长，规模达到2.65亿人，较2008年增长41.5%。值得关注的是，网络游戏是所有互联网娱乐领域中唯一使用率上升的服务，网民使用率从2008年的62.8%提升至2009年的68.9%。

2009年网络游戏用户规模增长主要有两个原因促成。一方面网页游戏在2009年得到了良好的发展，领先网络游戏厂商对于网页游戏领域的涉足以及网页游戏公司的兴起均对用户规模增长起到促进作用；另一方面，SNS游戏（社交类游戏）在2009年迅速崛起，其依靠人际关系基础和操作简便的特性为网民进入网络游戏领域建立了良好的登录平台。

中国网络文学用户规模庞大，这一方面是因为网络文学的开放性使用户能够方便快捷地进行文字阅读；另一方面，网络文学传播的广泛性以及分成模式又刺激了作家的创作热情，实现了网络文学作者与读者的良性互动。

4. 商务交易类网络应用

2009年，网络购物用户规模1.08亿人，年增长45.9%，网络购物使用率继续上升，目前达到28.1%。金融危机客观上促进了网络购物的发展。从供应端看，很多企业受到冲击，网络作为便捷的营销平台，成为企业摆脱困境的捷径。2009年企业进驻C2C或自建B2C平台的数量增加迅速，增加了网络购物市场的商品供应量。从用户端来看，随着网购观念的普及，网络购物已经渐成网民消费生活的习惯。据CNNIC监测，2009年中国网络购物市场交易规模达到2500亿元，较2008年翻番。

2009年，网络支付的使用率达到24.5%，用户规模9406万，年增幅高达80.9%，是用户增长最快的网络应用，越来越多的网民开始使用网上支付。网上支付快速增长的原因主要有两点。一是网上支付领域的迅速扩大。2009年第三方支付公司与保险、航空等资金流通量大的行业合作力度更强，网上支付在B2B、B2C、C2C领域全面开花。二是网络购物和旅游预订的快速增长有力地拉动了网上支付的增长。2009年网购市场规模比2008年翻番，而网购用户中75%都使用网上支付。

二、2009年互联网业务发展特点

（一）政府加强对互联网不良信息的管控

中国互联网发展迅猛，互联网给网民提供了大量丰富信息，但信息质量却良莠不齐。2009年政府对互联网不良信息的管控力度之大，前所未有。

传统主流媒体中央电视台对互联网不良信息状况多次进行曝光。2009年6月18日，CCTV焦点访谈节目曝光谷歌大量传播淫秽色情和低俗信息；2009年8月28日，央视在“午夜新闻”栏目中曝光了当前淫秽色情网站利用手机上网服务传播的现象；2009年12月3日，央视新闻频道《新闻直播间》曝光国内三大搜索引擎厂商百度、谷歌、搜狗色情信息泛滥；2009年12月7日，央视《焦点访谈》昨日作出“花儿的凋零——聚焦网络游戏的色情暴力”报道，对网络游戏色情暴力现象进行了揭露。

目前互联网信息传播内容是国家的重点监控方向，这只是国家监管的部分内容。网络经济、公民的网络隐私、网络版权等方面也将会加强引导与管理。2009年事件给相关网站的运营敲响了警钟，尽管互联网的特性是多元性和去中心化，但仍旧受传统社会和网下法律法规约束，中国的互联网管控行为将会更为严谨和规范化。

（二）社交网站成广告主新宠

截至2009年底，中国使用社交网站的网民数达到1.76亿，在网民中的渗透率达到45.8%。同期国内的SNS网站规模也已达千余家，而且还在不断增长。

社交网站是帮助人们建立社会性网络的互联网应用服务，一般都为用户提供了自我表现、网络交际等功能，也包括一些基本的网络应用。社交网站的用户关系由现实中延伸或在网站平台上逐渐培养，用户可以通过多种方式与他人构建关系，进行互动，这些连接关系可以是内容、话题、互动应用等多种方式。

SNS网站经过2008年的火热发展，迅速聚集了大量人气，几乎成为网民不可或缺的互联网应用。快速发展的开心网（kaixin001.com），其用户从零扩展到2000万用户仅用了不到一年时间。而校内网则成功复制美国Facebook，抢占了大学生用户，并吸纳了搜狐、chinaren社区、5460同学录的大量用户，目前用户数也在千万级别。庞大的用户市场让广告主看到了SNS网站的营销价值，加之SNS网站特有的病毒式营销模式和互动性，更是其他媒体所无法比拟的。众多商家通过banner展示条、植入式广告等方式开始在SNS网站上投放广告，这些植入式广告以互动的形式抓住用户的眼球，吸引用户参与到广告中来，让用户成为了广告的主角，传播效果自然水到渠成。

美国市场研究公司Forrester的研究数据表明，尽管全球经济遭遇极大困难，然而广告主对SNS网站的支出依然处于增长状态，50%的商家表示在未来他们将会增加社区媒体营销上的费用支出。可以预见未来几年内，社交网站将在广告领域对传统媒体造成更大的冲击。

（三）微博成为2009年新潮流

2009年Twitter风靡海外，2—3月份时，用户年增长率甚至达到1300%。这股微博热同样传到了中国，其中以新浪微博声势尤为浩大。微博的特点在于短和快，可以随时随地发表言论。这一方式的出现对网络传播的意义重大。不同用户对同一话题进行的多元化描述等构成了较为完整的资讯传播与互动体系。然而，微博作为新生事物，目前的发展有两个问题需要解决。

一是盈利模式尚待验证。Twitter的风靡引发了人们对其盈利模式的探讨，广告和运营商分成看来是最可行的两种模式，星巴克、戴尔这样的大牌企业也纷纷进驻Twitter，但目前Twitter官方仍没有确切数据来说明问题。

国内的微博也面临同样问题，类似英特尔、摩托罗拉这样的企业，甚至中国作家协会等机构都已进驻微博，广告极有可能成为其重要的盈利模式。微博独具的随时随地的特性，以及和手机的完美结合，也在期待着出现更具竞争力的商业模式。

二是内容监管是一大挑战。微博对事件传播的最大特点在于其“快”，缺点在于其“准”，信息很难验证的缺点在微博中尤其突出。伊朗大选将Twitter推上了风口浪尖，暴露了微博在内容监管上的缺陷。如果缺少内容监管机制，那么微博的状态会是：任何人都可以用手机在最短的时间内发布任何想说的话，让所有人看见。在中国，网络环境净化已经受到政府越来越多的重视，对微博厂商而言，自己建立一套有效的内容监管体系已是当务之急。

（四）网络购物获得较大发展

CNNIC调查显示，2009年全国网络购物消费总金额达到2500亿元，网购用户规模已达1.08亿人，年增长45.9%，目前日常服饰家居用品正在成为网络购物的主流（见图8-10）。CNNIC统计数据显示，有61.5%的用户半年内在网上购买过服装家居饰品，这一比例较之上年提升了12.6个百分点。这与女性网民已经成为网络购物的活跃人群有很大的关系。

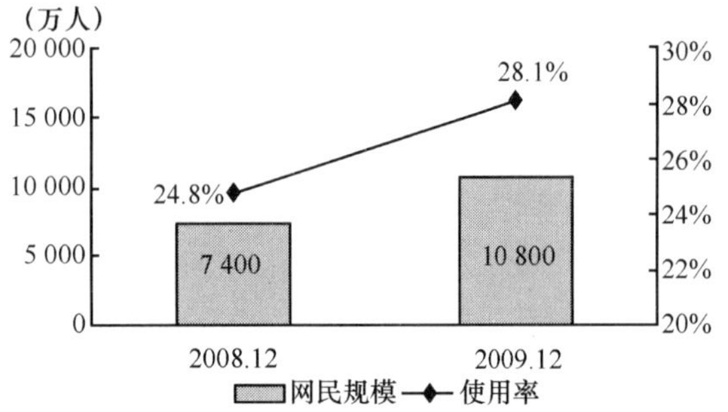

图8-10 2008—2009年网络购物用户对比

金融危机客观上促进了网络购物的发展。从供应端看，很多企业受到冲击，网络作为便捷的营销平台，成为企业摆脱困境的捷径。2009年企业进驻C2C或自建B2C平台的数量增加迅速，增加了网络购物市场的商品供应量。从用户端来看，随着网购观念的普及，网络购物已经渐成网民消费生活的习惯。据CNNIC监测，2009年中国网络购物市场交易规模达到2500亿元，较2008年翻番增长。

但网络购物市场中存在的一些问题仍旧不可忽视。第一，C2C经营模式问题。目前的C2C经营模式不是最终的良性发展模式，政府对C2C中的网店收税等问题还没有明确的规范措施。当越来越大的网络经济规模能与网下经济抗衡时，政府必将实行与网下经济相仿的政策，这一政策的调整方式将对网购市场产生较大影响。第二，信用问题仍旧是网络购物市场发展的瓶颈。目前中国仍没有针对网购市场的统一信用体系，信用问题的改善和解决有赖于从技术和机制两个层面上共同解决。这仍将是2010年需要研究的重要课题。第三，物流问题。随着网上支付环境的逐渐改善，物流已经成为电子商务发展的最大瓶颈。各大B2C网站开始着手组建自己的物流体系，知名C2C网站开始考虑收购或参股物流公司，致力于改善物流环境。2010年物流问题应该会有改善。

（五）即时通信的安全性问题凸显

2009年即时通信用户规模达到2.7亿人，较2008年增长4822万，增长率为21.6%。与此同时，即时通信使用率继续下降。2009年即时通信网民使用率为70.9%，而2008年与2007年用户的使用率分别为75.3%和81.4%。

CNNIC调查结果显示，有63.2%用户受到过垃圾广告的影响，40%多的用户被发送过病毒网页链接或者病毒文件，而账号安全更是成为用户最关注的因素，有48.7%的即时通信用户发生过账号丢失（被盗或遗忘）的情况。报告分析指出，随着越来越多的用户通过即时通信进行电子商务、网上交易等，解决即时通信的安全性问题正变得日益紧迫。

即时通信软件账号的安全问题已经成为用户使用过程中最为关注的因素，用户认可比例高达75.5%。同时，我国即时通信用户群体安全意识整体偏低。调查显示，在我国即时通信用户中，有74.2%的用户不更换或者很少更换密码，而依照使用地点更换密码的用户只有4.8%，每月更换以及每周更换的比例也较低，分别为5.2%和1.9%。

即时通信已经成为“垃圾广告”等负面信息散播的重要途径之一。调查显示，被发送过垃圾广告的用户占到63.2%，被发送过病毒网页、病毒文件以及非法信息的比例相近，均在40%多，而没有发生过任何安全隐患的用户比例仅为16.1%。

（六）2009年休闲游戏拉动网络游戏快速增长

2009年网络游戏用户规模持续增长，达到2.65亿人，较2008年增长41.5%，见图8-11。

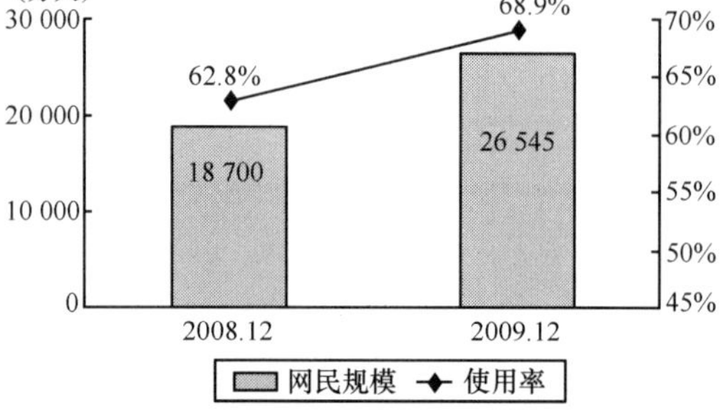

图8-11 2008—2009年网络游戏用户对比

在经济危机的影响还未完全散去的2009年，我国网络游戏市场依然保持了稳定增长的态势。CNNIC针对每月至少使用过一次大型多人在线游戏产品的用户进行调研的结果显示，与2008年5 500

万的用户的规模相比，中国网络游戏用户数量在2009年得到了较大的增长，达到了6 931万人，增幅达24.8%。

主要有两方面原因促进网络游戏用户规模增长。首先，网页游戏在2009年得到了良好的发展，领先网络游戏厂商对于网页游戏领域的涉足以及网页游戏公司的兴起均对用户规模增长起到促进作用；其次，SNS游戏（社交类游戏）在2009年迅速崛起，其依靠人际关系基础和操作简便的特性为网民进入网络游戏领域建立了良好的平台。从发展趋势上看，整体网络游戏用户规模的增长率继续趋缓，网页游戏、休闲游戏的用户增长速度要高于盈利能力最强的大型游戏，这将对未来网络游戏行业盈利能力和新用户开发提出挑战。

与此同时，中国网络游戏行业也面临着一些问题。首先是用户增长率的放缓，2009年整体网络游戏用户规模的增长率为41.5%，低于2008年49.6%的增长率，且增长主要集中在网页游戏以及休闲游戏方面，盈利能力最强的大型网络游戏增长率为24.8%。其次，用户对于网络游戏行为更为理智，偏向付费模式的网络游戏用户逐步增加，而在游戏产品选择方面主要以朋友介绍以及自主判断为主，这将影响未来网络游戏的盈利模式以及营销针对性。再次，中国是网络游戏大国，但并不是强国，主要表现在产品出口较少、进口游戏用户使用率高于国产游戏，这种状况也将推动中国网络游戏公司向专业型迈进，未来游戏产品的研发与运营将逐步细分。

（七）视频行业继续走向规范化

截至2009年底，网络视频用户规模达到2.4亿人，较2008年底增长3844万人，使用率为62.6%，下降了5.1个百分点，见图8-12。

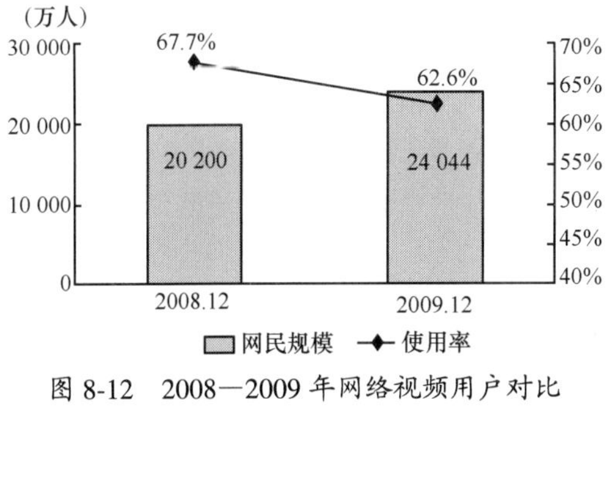

图 8-12　2008—2009 年网络视频用户对比

网络视频在网民中的使用率稳中有降，用户增长速度进一步放缓，原因在于近一年来金融危机促使行业洗牌，加之行业发展逐步规范，视频网站集中度进一步提高，众多中小视频网站退出市场。可以预见，在整体网民规模持续增长、三网融合政策确定、实施进程逐步推进的情况下，网络视频使用率未来存在提升的空间。而在市场角度，网络视频作为越来越被认可的媒体表现形式，市场价值、广告价值仍将持续提升。基于网络视频现状和发展趋势，其未来发展将呈现以下特点。

第一，用户规模增长环境持续向好，行业价值进一步提升。

随着中国网民规模的迅速增长，网络带宽条件的持续改善，在三网融合的趋势推动下，网络视频行业的发展将迎来前所未有的良好发展环境，网络视频产业将获得更为广大的用户基础，这将大大提升网络视频的媒体传播价值和商业价值。

第二，视频网站进一步媒体化，更多广告主选择视频营销。

一方面，随着“网络电视台”概念逐步深入运营，网络视频媒体地位进一步提升，视频网站在内容上的规范化、正版化趋势正在逐渐扫清广告主对网络视频投放环境的后顾之忧，正在赢得越来越多品牌广告主的青睐；另一方面，企业越来越注重网络营销推广，视频广告以表现力丰富、成本可控、投放精准的特点将吸引更多广告主，进一步将广告投放预算由传统电视媒体向网络视频倾斜，而三网融合、视频用户规模的可预见性扩大将带给广告主在营销推广上更多的想像空间。

第三，正版影视剧成为主流内容，视频产业走向融合。

出于提升自身品牌价值、规避内容侵权风险等众多因素的考虑，2009年视频网站对内容体系进行了大规模调整，将内容重点更多放在了正版影视剧和专业机构制作的内容上。从行业角度来看，网络视频媒体与传统影视媒体之间逐渐由竞争走向合作，网络作为实现影视节目二次传播价值的新渠道，正在新的媒体格局中占据重要位置。同时，传统新闻媒体、电视台和影视媒体纷纷拓展网络视频传播渠道，直接助推和带动了网络视频产业的规范化发展。

第四，国家网络电视台的加入，迫使民营视频网站进行新的差异化战略选择。

国家网络电视台的加入将促进网络视频网站进一步规范化、有序化、差异化发展。网络视频国家队的进入打乱了部分民营视频网站的战略部署，巨鳄进场将使得视频网站之间依靠争夺上游资源、进行有限差异化竞争的格局迅速被打破。单纯地拼抢影视剧资源对民营视频网站来说难以为继，如何在新形势下，与国家网络电视台形成新的差异化竞争或是合作共赢，成为各视频网站面临的新问题。

第五，网络视频将尽快摆脱备选角色，成为大众视频消费主流。

更多视频网站定位于“网络电视台”以及中国国家网络电视台的出现，进一步凸现网络视频对于网民的收视价值，并将以此概念吸引更多原本属于电视阵营的观众，更多用户将网络视频作为视频消费的首选。在三网融合的趋势下，网络视频将改变长期以来作为电视的补充这一角色定位，以主要的内容提供者的身份走进客厅，占领用户的影音终端。

三、移动互联网发展趋势

2009 年是中国移动互联网发展最为重要的年份，在经历了多年的准备与调查之后，2009 年年初中国正式发放了三张 3G 运营牌照。

（一）3G 带来的影响与变化

近年来，中国移动通信市场保持快速稳定的增长。3G 产品作为中国通信产业中重要的组成部分，经过年初的牌照发放与大规模的网络建设，在通信产业中扮演着越来越重要的角色。

CNNIC 于 2009 年 8 月底的调查显示，听说过 3G 的用户数量占手机用户的 64.5%，总规模达到 3.47 亿人。在听说过 3G 的用户中，有一部分已经成为 3G 产品和服务的用户，也有一部分正计划使用 3G 的服务，这两部分人群都将作为本报告的研究内容。

（二）3G 服务认知渠道与影响

1. 3G 服务整体认知渠道与影响

针对目前影响 3G 品牌的媒体渠道的调查发现，有 75.3%听说过 3G 的手机用户是从电视上看到过 3G 的广告；其次是互联网，听说过 3G 的手机用户中，有 45.8%的人在互联网上看到过 3G 相关的广告；户外媒体[2]是影响力排在第三位的 3G 宣传渠道（见图 8-13）。

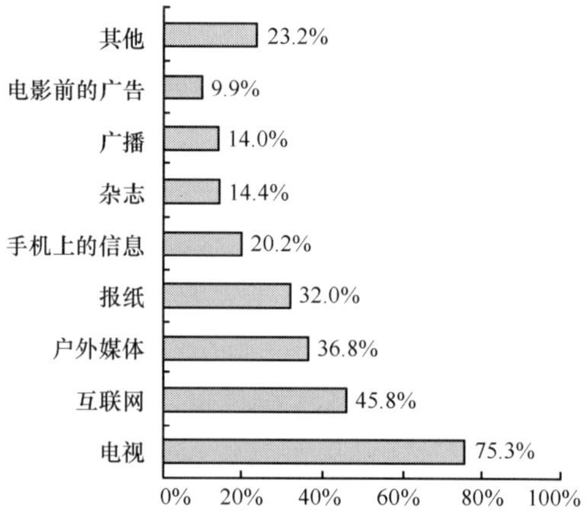

图 8-13 3G 服务整体认知渠道与影响

第一提及是指在询问被访用户听说过哪些 3G 运营商品牌时，用户的第一回答内容。在第一提及的 3G 品牌认知调查结果中可以看出，75.3%的听说过 3G 的手机用户，并没有明显的运营商品牌概念，需要进一步提醒才能知晓运营商品牌与 3G 之间的概念关系。在被访用户第一提及的具体品牌中，天翼的第一提及用户所占比例最高，达 15.3%，另外两个分别是 G3（6.8%）和沃（2.6%）。

非第一提及是指在询问被访用户听说过哪些 3G 运营商品牌时，用户除第一回答的品牌之外，回答的是其他运营商品牌的汇总。其中，中国联通业务品牌“沃”的用户认知度最高，达 62.2%。其次依次是 G3（49.6%）和天翼（42.2%）。

2. 3G 宣传渠道对潜在用户的影响

潜在用户是针对目前已有使用意向的用户（即确定半年内有使用 3G 产品意向的手机用户）。在各种 3G 宣传影响渠道中，对潜在用户影响第一位的媒体仍然是电视媒体，有 75.8%的潜在用户是通过电视媒体认知 3G 的。与各种 3G 宣传渠道对手机用户总体的影响力相比，互联网影响的潜在 3G 用户人群占比提高了 5 个百分点，有 50.8%的 3G 潜在用户是通过互联网认知 3G 的（见图 8-14）。

---

[2] 户外媒体主要包括楼宇广告、车载广告、公交车身、路牌、灯箱等。

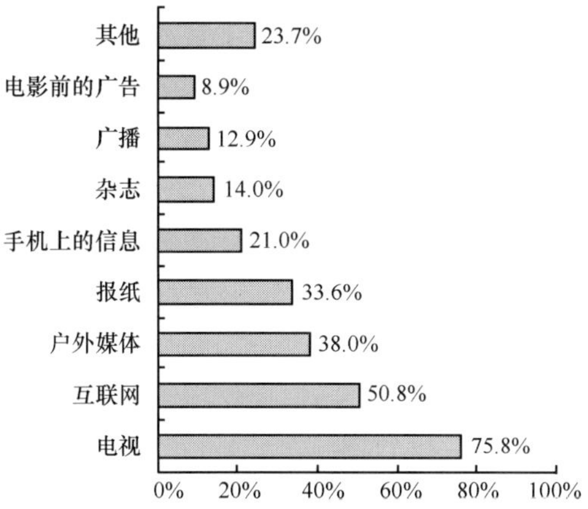

图 8-14 3G 宣传渠道的受众影响

（三）移动互联网发展现状

1. 手机上网的用户规模

CNNIC 第 25 次互联网大调查显示，2009 年 12 月底中国移动互联网用户规模达到 2.33 亿，手机上网用户整体呈现稳定增长的趋势（见图 8-15）。

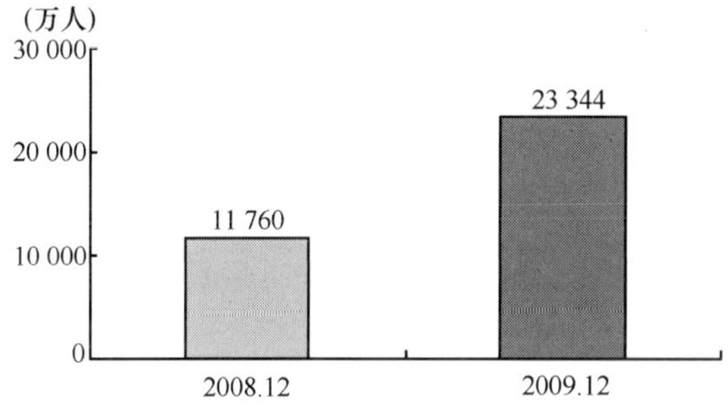

图 8-15 手机上网的用户规模

2. 手机网站的类型

如图 8-16 所示，目前用户量最大的手机门户网站为手机腾讯网，有 54.2%的手机上网用户都访问过手机腾讯网。在手机搜索方面，百度以 38.2%的用户占有率，列在搜索工具类网站的第一位。手机校内网和手机开心网在近年发展很快，其中手机校内网的用户占有率略高于手机开心网，达到 6.9%。

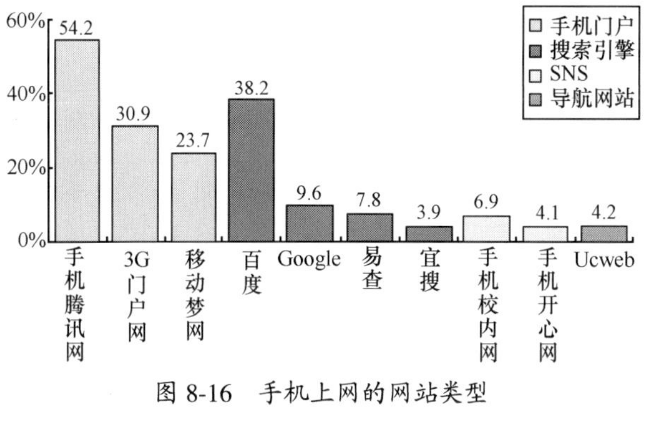

图 8-16 手机上网的网站类型

3. 各手机品牌的潜在 3G 手机用户

与目前的手机市场占有率相比较，摩托罗拉、飞利浦、波导、CECT 等手机用户均有较强的 3G 手机使用欲望，留住用户是这几种手机品牌的重要工作之一。图 8-17 为即将购买 3G 手机的用户的现有手机品牌。

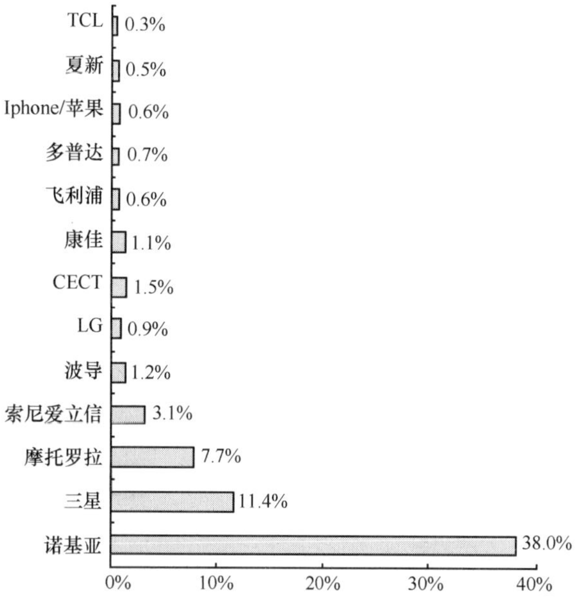

图 8-17 即将购买 3G 手机的用户目前手机品牌

4. 手机上网的黏性分析——频次和时长

CNNIC 第 24 次互联网统计显示：网民平均每周上网时长为 18.0 小时。本次调查显示，手机网民平均每天上网达 97 分钟，每周上网达 11.3 小时，手机作为新媒体的影响力逐步提高（见图 8-18）。

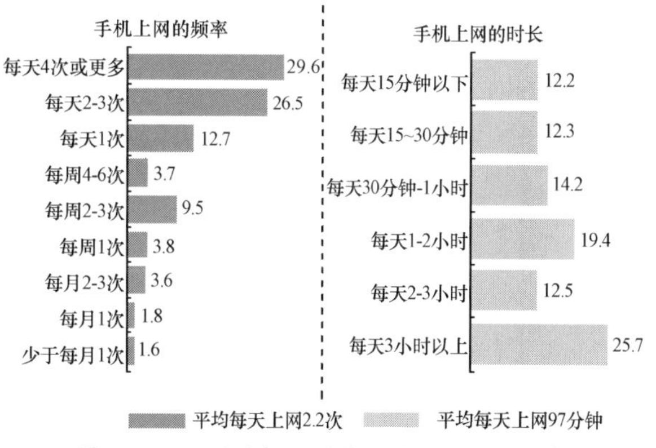

图 8-18 不同手机网站偏好的上网黏性分析

调查数据显示，目前主流手机网站的用户黏性都较高，尤其是工具类型的手机网站，由于其用户的使用需求多元化，黏性相对更强。用户手机上网的主要网站使用黏性对比见图 8-19。

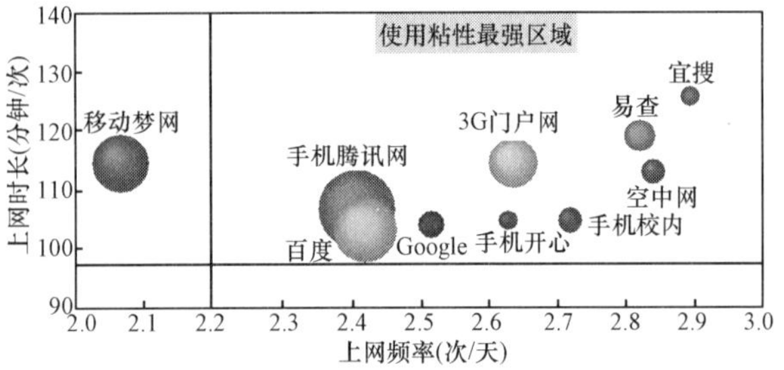

图 8-19 手机上网主要网站的使用黏性对比

5. 手机上网网络应用

（1）各手机上网网络应用的用户规模

在图 8-20 中，手机网民应用的第一梯队，分别为手机上网浏览新闻、手机在线聊天和手机搜索，比例分别为 90.8%、47.9%和 46.9%。对于手机网游和手机电视，将在下文中进行重点行为分析。

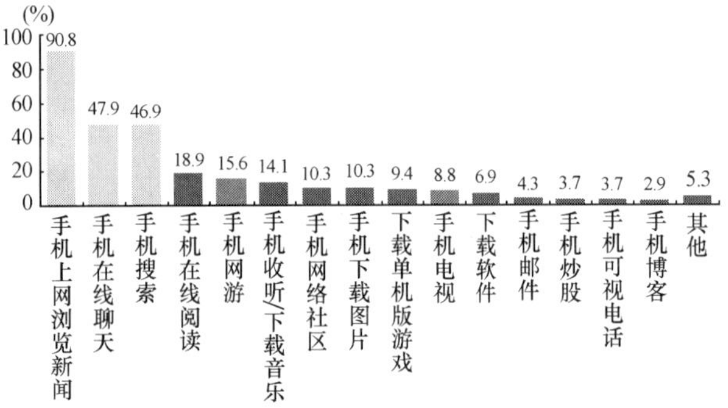

图 8-20 各种手机上网应用的用户规模

（2）付费与免费的网络应用选择与相关分析

在增加广告而免除使用费之后，手机电视的应用大幅度提升，这一方面说明目前手机电视的费用超过用户的预期值，另一方面预示手机电视广告有望得到快速发展。用户对付费和免费的网络应用选择见图 8-21。

6. 细分网络应用分析——手机电视和网游

（1）手机电视

- 手机电视的节目类型

电影和实时新闻构成手机上网用户使用手机电视应用的第一梯队，使用率分别为 45.3%和 44.5%；娱乐综艺节目、体育赛事、电视连续剧构成第二梯队，财经专题和其他手机电视节目的使用率较低，处于手机电视节目的第三梯队（见图 8-22）。

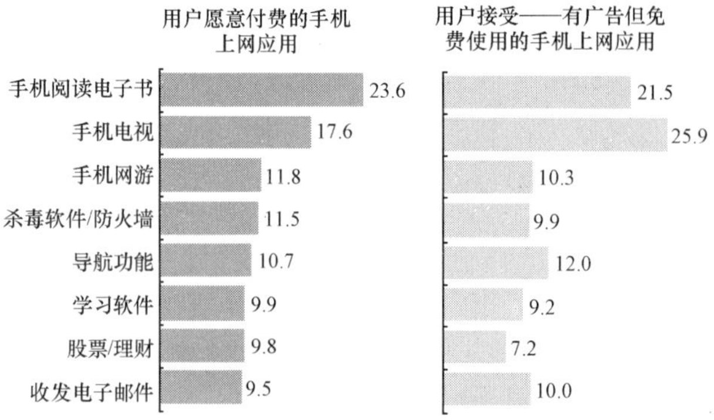

图 8-21 付费与免费的网络应用选择（%）

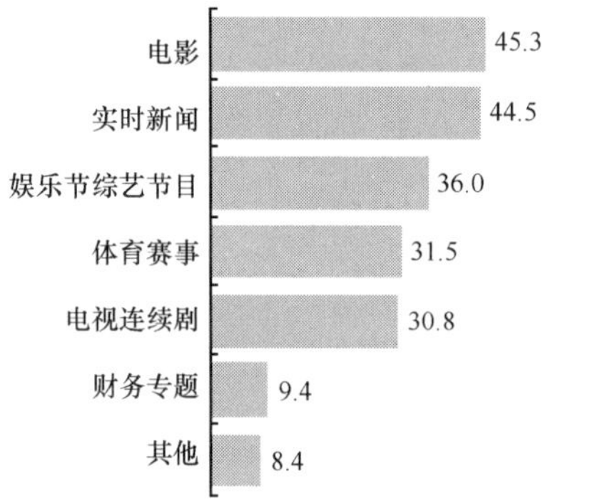

图 8-22 手机电视的节目类型选择（%）

- 手机电视的画面流畅满意度

在对手机电视画面流畅的满意度分析中，比较满意和非常满意的用户占到了 35.2%。可以看出，目前的手机电视在画面流畅方面，已经不再是阻碍其应用发展的重要因素。

- 手机电视的资费

目前用户使用手机电视时支持的费用，以 10—20 元/月的用户为中心，向两侧递减。可以看出，由于运营商针对手机电视节目提供了相应的资费策略，月支付 50 元以下的用户已经成为手机电视的主体用户，而月费用超过 50 元的手机电视用户只占到整体的 20%，见图 8-23。

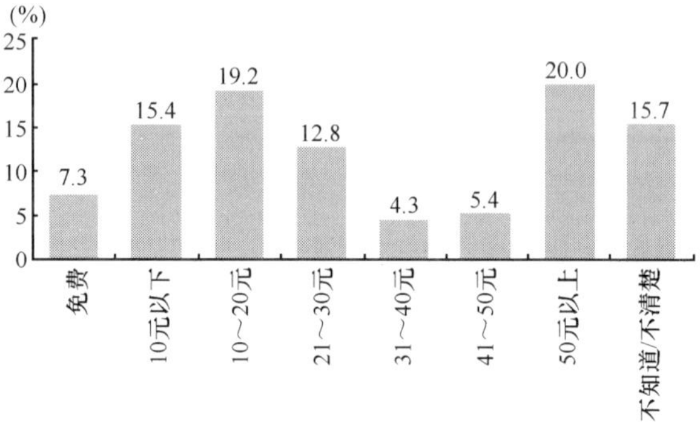

图 8-23 用户使用手机电视的资费

（2）手机网游

● 手机网游的下载网站

在用户使用的手机网游下载网站中，37%的用户选择用手机腾讯网进行游戏的下载，此比例超过了移动梦网的游戏下载用户比例。专业从事手机游戏下载业务的当乐网，仅有 8.1%的手机网游用户使用，具体比例见图 8-24。

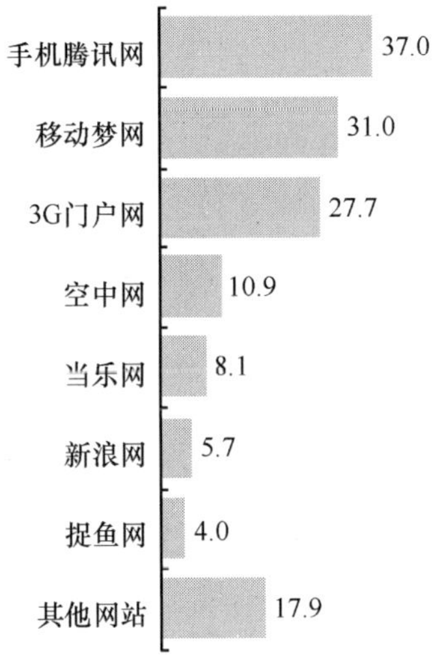

图 8-24　手机网游的下载网站（%）

● 手机网游的类型

图 8-25 为手机上网用户目前所使用的网络游戏（并不限于手机网游）类型偏好，其中以角色扮演的用户占有率最高，达到 51.3%。

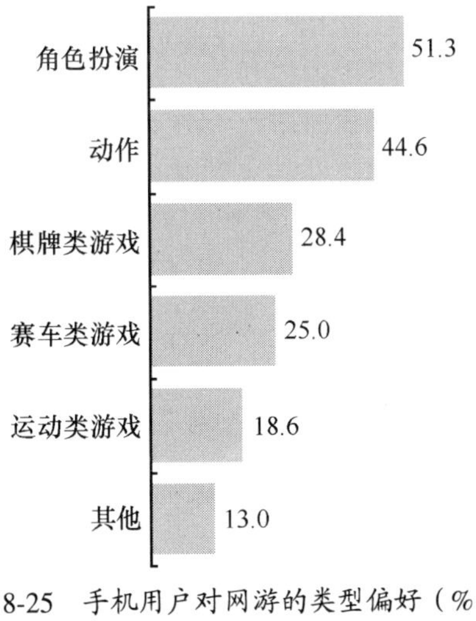

图 8-25　手机用户对网游的类型偏好（%）

手机网游用户中，有 42.2%的用户喜欢棋牌类游戏；喜欢在手机上进行角色扮演的用户规模也不小，占比达到了 37.5%。

（四）3G 用户手机互联网应用状况

1. 3G 手机互联网用户人群特征分析

使用 3G 手机上网用户的年龄分布更加集中，20～29 岁用户所占比例最高，达 59.5%。10～19 岁的青少年用户所占比例也较高。与 3G 手机用户对比发现，3G 手机上网在年轻群体中的使用率较高，而在 40 岁以上的年龄阶段的群体中使用率较低，详细数据见图 8-26。

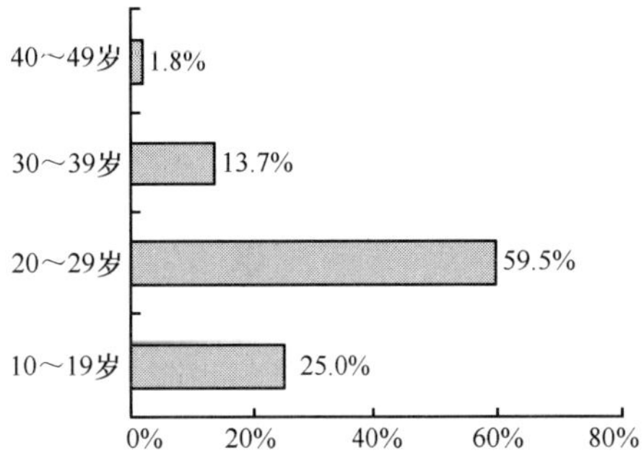

图 8-26　3G 上网用户年龄结构

3G 手机上网用户的学历分布基本呈正态分布，主要集中在高中、中专和大专群体。高学历用户和低学历用户所占的比例均较低，详细数据见图 8-27。

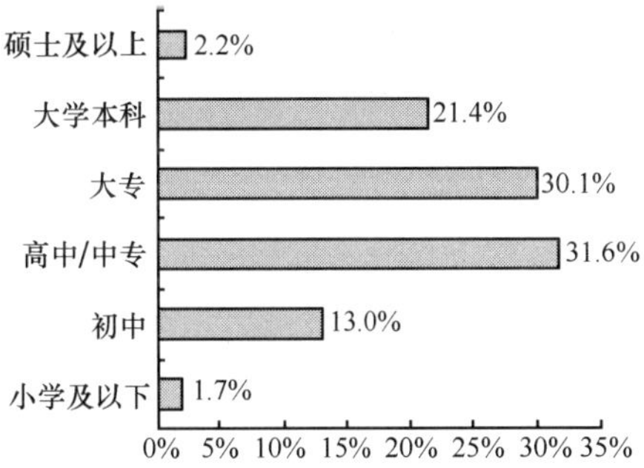

图 8-27　3G 上网用户学历结构

3G 手机上网用户中，学生用户所占比例最高，达 23.3%。各运营商在校园开展的 3G 推广和套餐优惠，是目前国内 3G 中学生用户为主体的重要原因。其次，企业、公司职员和管理者、个体户和私企老板也占有较高的比重。3G 上网用户职业结构见图 8-28。

使用 3G 手机上网用户的收入水平较高，月收入在 2000 元以上的人群占总体的 53.8%，其中月收入 2000～5000 元的人群占 39.7%，月收入 5000 元以上的群体占到总体的 14.1%。

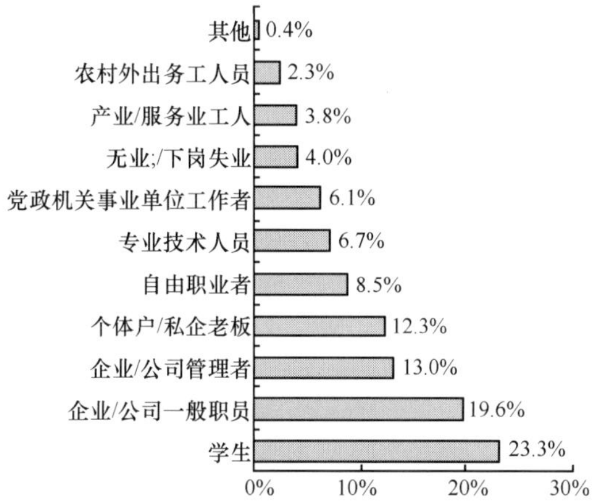

图 8-28 3G上网用户职业结构

2. 手机网站的类型

3G手机上网用户使用的手机上网网站主要以手机门户为主（见图 8-29）。其中，手机腾讯网是目前用户量最大的手机门户,其次是3G门户网，移动梦网的使用率略次之。

手机搜索网站中，百度以48.2%的用户占有率居首位，Google的用户占有率为16.7%。手机社区网站中，手机校内网的用户占有率高于手机开心网3.5个百分点。随着3G手机用户群体的扩展，用户中学生群体和白领人群的增长，校内网和开心网在手机上网领域内的竞争将更加激烈。

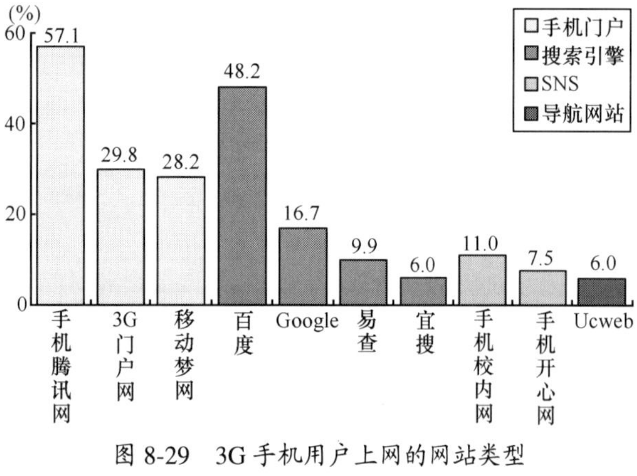

图 8-29 3G手机用户上网的网站类型

3. 手机上网的黏性分析——频次和时长

使用3G手机上网的用户平均每天上网时间约为105分钟，手机上网的频率较高，平均每天使用3G手机上网高达5次，详细情况见图 8-30。

4. 3G手机上网用户的网络应用

（1）各种3G手机网络应用的用户规模

3G手机上网用户对各种手机上网应用的使用中，手机上网浏览新闻的使用率最高，达94.8%，手机媒体的影响力日益增强。手机搜索的使用率也较高，达58.7%，手机上网的及时性、便捷性更好地满足了人们对这些应用的需求，详细数据见图 8-31。

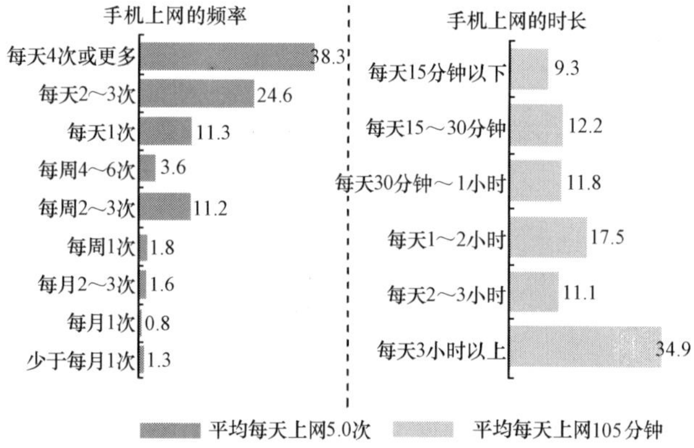

图 8-30 手机上网的黏性分析

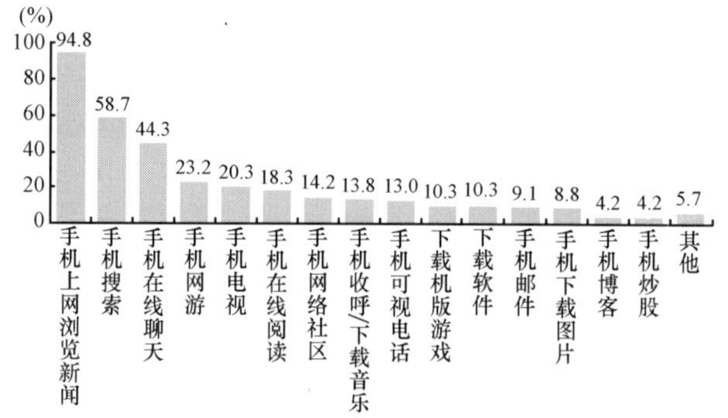

图 8-31 网络应用的用户规模

（2）付费与免费的网络应用选择

从3G手机上网用户的付费意愿来看，目前手机电视的费用成为影响人们使用3G手机电视的重要因素之一，详细情况见图 8-32。

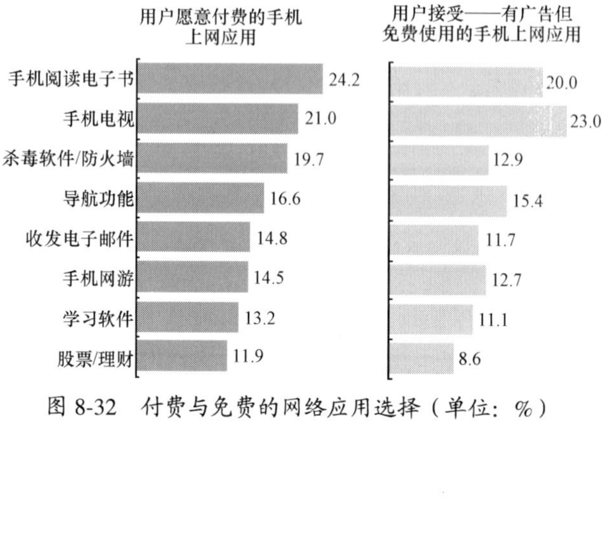

图 8-32 付费与免费的网络应用选择（单位：%）

5．细分网络应用分析——手机电视和网游

（1）手机电视

- 手机电视的节目类型

从 3G 手机用户收看的手机电视节目来看，电影和实时新闻比较受欢迎，用户的使用率分别达到 53.1%和 51.7%；娱乐综艺节目的用户群体所占比例也较高，达 47.4%。

- 手机电视的画面流畅满意度

3G 手机用户对手机电视画面流畅的满意度评价中，比较满意和非常满意的用户占到 43.5%，与其他群体相比，用户的满意度较高。

- 手机电视的资费

目前使用 3G 手机上网的用户，使用手机电视时平均花费为 21.8 元，其中月支付 10—20 元的用户占比最高，达 18.8%；其次是月费用超过 50 元的 3G 手机电视用户，占总体的 17.2%。

（2）手机网游

- 手机网游的下载网站

在 3G 手机上网用户所使用的手机网游下载网站中，40.5%的用户选择使用移动梦网进行游戏下载，超过了手机腾讯网的网游下载用户规模；3G 门户网的用户占有率也较高，达 37.3%，详细情况见图 8-33。

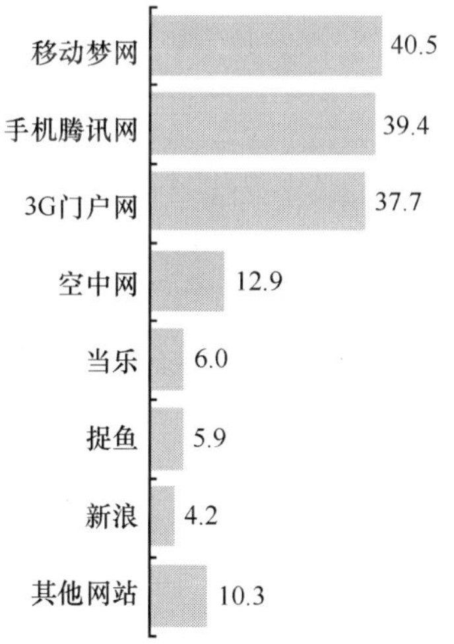

图 8-33　手机网游的下载网站偏好（%）

- 手机网游的类型

3G 手机网游用户中，棋牌类游戏、动作类游戏和角色扮演游戏的用户规模相当，使用率分别在 35%左右，详细数据见图 8-34。

（五）3G 发展趋势与建议

1．3G 业务发展影响因素分析

虽然 3G 得到了国家的高度重视，但在业务发展中依然有多需要解决的问题，比如网络质量、终端产品、业务内容和业务模式与市场需求的供求、定价机制和服务机制等都有待完善。

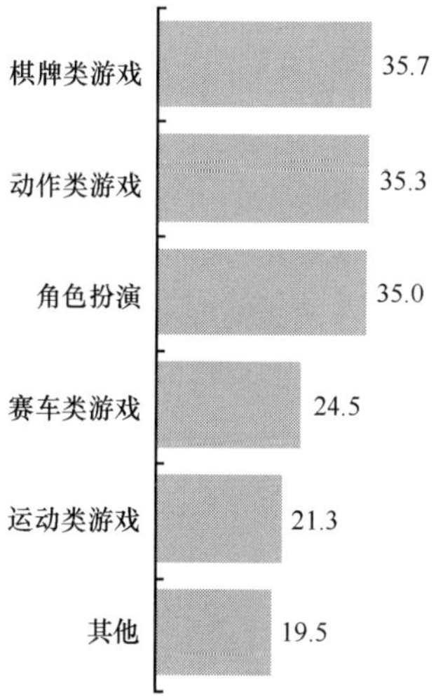

图 8-34　手机网游的类型偏好（%）

（1）3G 网络质量的影响。网络质量的影响主要体现在网络功能、网络性能两个方面。从 3G 网络的功能角度看，3G 采用的技术标准与 2G 存在一定的差异，3G 网络与 2G 网络之间还无法实现良好的切换和漫游服务，加之各设备厂商的标准不够统一，同一种 3G 技术体制网络之间也无法保证互通，在调查截止之日，三家运营商的服务网络仍没有实现事实上的全城区覆盖，对用户的体验造成了一定的影响。此外 3G 网络性能还需要大量的优化工作，掉话率、差错率、呼叫建立时间等没有达到业务所要求的性能指标。

（2）3G 终端的影响。终端的定价为业务发展的方向标。3G 网络建设需要大量的投资，网络建成后，若缺乏足够数量的用户，则意味着 3G 建设和运营投资的巨大浪费。尽管高端用户对终端价格不太敏感，然而现有 2G/2.5G 网络的绝大多数高端用户难以短时间内转移到 3G 网络中来，而且少量的高端用户也无法支撑整个 3G 网络的运营，所以必须吸收足够数量的中低端用户，这就要求运营商携手终端厂家在兼顾市场培育和业务收入的前提下，制定适当的终端和业务销售策略。

终端可用性影响用户对业务的黏度。用户开始使用某种新业务时，最初的直观感受非常重要。用户通过终端来体验业务，若终端缺陷多、操作繁琐、界面不人性化等，即使业务价格适当，业务内容富有吸引力，用户可能也没有足够的耐心和信心继续使用。

用户需求的差异性要求终端趋向个性化，这也是 3G 业务走向个性化和娱乐化的必然要求。在多数 3G 网络高度同质化的今天，网络优化手段日益丰富，不同运营商网络能力和质量可能非常接近，基于这些网络所提供的业务也是趋同的，运营商要想在激烈的市场竞争中取得优势地位，只有不断地开发出满足市场需求、符合不同用户群体要求的个性化业务，并通过个性化终端给予很好的支持，才会极大地促进新业务的推广。

双/多模终端对 3G 业务发展至关重要。从用户的角度看，双/多模终端有助于克服网络隔离造成的业务市场的分割，从而提供用户服务体验。从运营商角度看，当两网属于同一个运营商时，双/多模终端可以实现两网资源上的共享，弥补单一网络业务覆盖上的不足；当两网分属两个运营商时，双/多模终端实现到两网的接入可以增加运营商的营业收入。

（3）3G 业务模式的影响。一项成功的业务是与良好的业务模式分不开的。资费上的优惠通常只能带来一时的竞争优势，随着竞争对手的资费跟进，这种价格优势将会迅速消失。这就要求运营商和服务提供商在开发新业务的同时，需要更加关注新业务模式的设计。业务模式既要与网络、终端和业务自身的特性相适应，又要针对目标用户群体的特点来设计，选择适当的市场切入点来推广业务。

2. 3G 终端产品潜在市场需求

本报告的相关章节已对 3G 各设备终端市场发展的前景进行了分析，本节将这些数据进行汇总，对 3G 市场发展前景进行分析。

根据运营商财报进行估算，目前三家运营商在 2009 年 8 月底时的 3G 终端规模总量在 700 万以下。以下规模预测将以听说过 3G 的用户，减去目前已使用的用户（34 700 万–700 万=34 000 万），进行整体估算。

（1）未来半年使用 3G 手机的可能性

在听说过 3G 而未使用 3G 手机的用户中，未来半年有 20%的用户有可能使用 3G 手机，潜在规模约 6 800 万，见图 8-35。

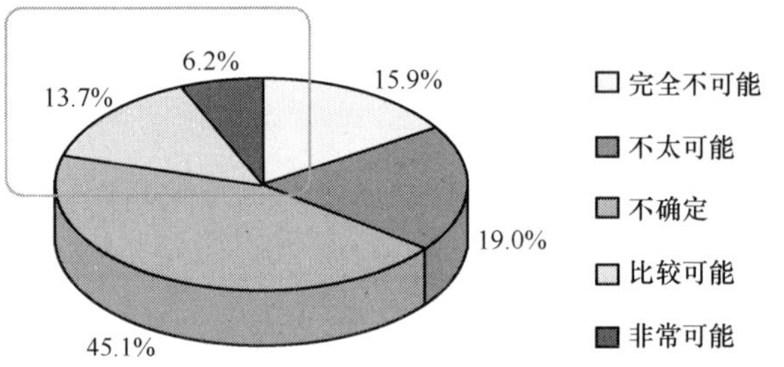

图 8-35 未来半年使用 3G 手机的可能性

（2）未来半年使用上网卡的可能性

在听说过 3G 而未使用 3G 上网卡的用户中，未来半年有 23.8%的用户有可能使用 3G 上网卡，潜在规模约 8 000 万，见图 8-36。

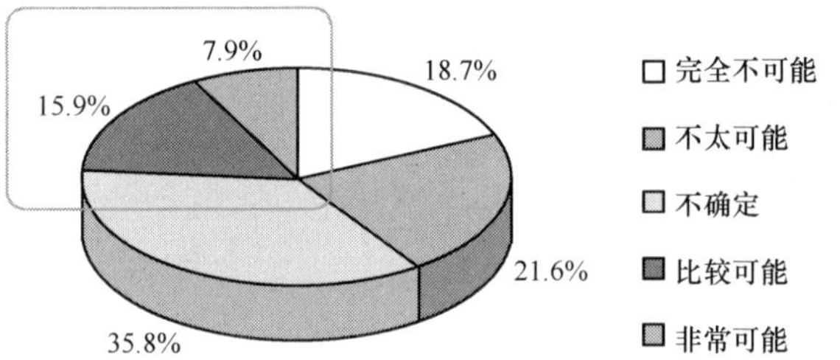

图 8-36 未来半年使用上网卡的可能性

（3）未来半年使用上网本的可能性

在听说过 3G 而未使用 3G 上网本的用户中，未来半年有 16.8%的用户有可能使用 3G 上网本，潜在规模约 5 700 万，见图 8-37。

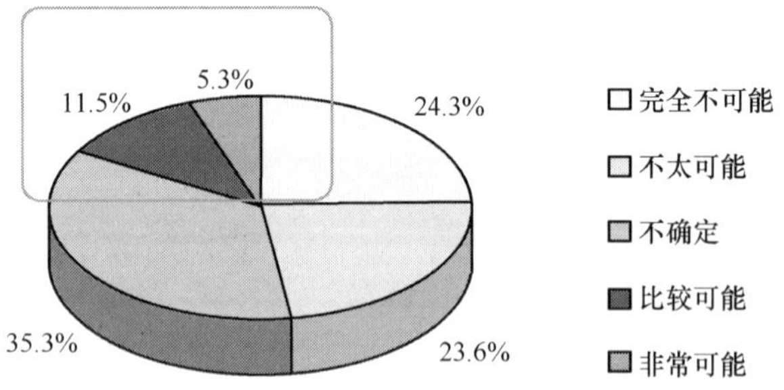

图 8-37 未来半年使用上网本的可能性

综合以上数据可以发现：

第一，虽然目前电信运营商推广 3G 的力度并未达到最大，但 3G 设备市场仍有较高的预期，各种 3G 终端设备的使用预期都以千万来计算。

第二，上网卡产品技术较为成熟，且对电信网络的质量要求略弱，未来半年计划使用 3G 上网卡的用户比例最高，达到 23.8%。

第三，不确定使用 3G 手机的用户比例最高，达到 45.1%。在争取潜在用户的同时，此部分用户将成为运营商商业推广的下一个重点。解决此部分用户的“3G 难题”，中国 3G 才有可能实现腾飞。

3. *移动应用与 3G*

3G 对终端用户带来最直接的体验是上网速度的提升，尤其对于手机终端而言是一种全新的上网体验。3G 网络的使用为移动互联网的发展注入新的活力，在未来也将极大地推动中国移动互联网的发展。

目前中国处于 3G 商业的初期，3G 用户量还未形成规模，但通过调查数据分析，手机上网用户中已有大量的潜在 3G 需求。在听说过 3G 而暂未使用的移动互联网用户中有 23.1%的用户计划在未来半年使用 3G 手机服务。相对于普通的手机用户，手机上网用户对 3G 有相对更迫切的使用需求。

4. *3G 运营商发展建议*

（1）品牌是用户认知和选择 3G 服务的第一步。对于手机用户尤其是新用户，第一品牌印象将直接影响用户的选择。目前 3G 广告主要集中在电视和互联网，竞争激烈。

（2）多产品策略为用户提供了更多的体验方式。虽然手机、上网卡和上网本的用户群体有所差别，但整体而言，各产品的使用都将对 3G 运营商产生一定的忠诚度，影响到未来其他产品的选择。

（3）应用服务质量直接影响用户的使用趋势。用户使用 3G 服务之后，会产生从广告到现实的转变，网络覆盖、网络优化、内容品质等直接影响用户的决策，尤其是在用户对手机终端的忠诚度更高的情况下，提高应用服务质量至关重要。

（4）价格是影响用户选择的核心因素之一。目前 3G 资费水平较高，由于网络优化进程等原因，运营商“被迫”在初期选择高端用户，但价格与应用服务之间需要达到平衡。另外，前期网络质量造成的高端用户流失，也将是难以挽回的损失。

四、互联网发展对传统电信业的影响

互联网发展对传统电信业的发展影响，可以总结为传输层面、运营层面和业务层面等。本文重在业务层面进行分析。

（一）业务层面的影响

互联网发展在业务层面对电信业的影响，主要表现在两个方面。

第一，积极推动。

互联网与传统电信业务的发展最大的不同在于其网络的开放性。互联网在接入、内容管理、业务服务等诸多方面都与电信管理存在巨大的不同，电信业务强调的是可信、可靠，而互联网业务强调的是丰富、便捷。虽然这两种概念并不完全代表两种行业的特点，但却是较为明显的特征。

在两种理念差别之下，互联网得到了快速的发展，而且是一种由内而外的快速发展，不但使互联网在业务种类方面与电信业产生了竞争，而且在内容层面大大超过了电信业。电信业不得不转变态度，正视自己的发展路径，并在关键的历史时期开始了转型之路。新电信业正在阔步走上舞台。

第二，竞争。

虽然来自互联网的挑战推动了电信业的转型，但目前两者之间的竞争关系仍是明显存在。以即时通信软件为代表的互联通信是对传统电信业挑战的最明显案例。以 Google 为代表的互联网公司开展电信运营业务，则是对电信运营商更为明显的冲击。一旦互联网运营商进入电信运营行列，以互联网运营商的丰富经验来竞争电信业务，对传统电信运营者来说无疑是致命的打击。

（二）对传统电信业的影响

以下篇幅从三个方面来分析互联网对传统电信业的影响。

1. *互联网与电信业的网络基础决定其竞合关系*

传统电信业是以提供语音信道为主的运营及服务。随着电信行业的发展，尤其进入 21 世纪以来，传统语音业务的成熟与用户对数据业务的需求逐步增大，对电信业提出了更多的要求。互联网的发展和电信的发展是相辅相成的，它们有很多相通之处。促进互联网快速发展的新技术、新模式值得电信运营商借鉴。互联网和电信网都建立在 IP 技术的基础上，业务上相互趋同和相互重叠，发展的必然结果是两网合一。

当然不会是简单地合一到目前的互联网上，也不是合一到目前的电信网，而将会合一到下一代以IP技术为基础的网络上。

2. 互联网的快速发展对电信服务提出了挑战

互联网的蓬勃发展促进了产业规模的不断扩大、内容的不断丰富，Google、Yahoo、Ebay等互联网企业发展迅速。相比之下，电信运营商利润增长缓慢、业务比较单一，而且对于传统电信运营商来讲，语音业务仍然是行业的主要盈利业务，但目前的增长却来自非主营业务，如宽带、无线和企业数据业务。互联网的快速发展颠覆了传统电信商的业务模式，分流了大量电信业务。

互联网呈现出新的发展趋势，不仅对互联网自身的发展产生深远影响，同时也在影响着电信业的转型。SNS、视频、搜索等技术，均是电信业的强大挑战业务。

据统计，目前国内的SNS网站规模已达千余家，而且还在不断增长。同时，社交网站的用户数量也保持着较快的上升趋势。根据CNNIC测算，到2009年底，中国使用交友和社交网站的网民数达到1.24亿人。

2007年7月，Google宣布计划斥资46亿美元竞拍美国700MHz无线电波频段。此外，谷歌还为竞购英国的900MHz频段许可证做好了准备。Google积极参与美国无线频谱拍卖活动的目的是获得牌照来创建一个覆盖美国全境的无线网络。虽然竞标美国无线频谱失败，但Google在电信运营市场的努力，意在打破运营商的服务模式，未来将有更多高速互联网服务的公司，为消费者提供更多互联网接入选择，无线宽带市场的竞争将愈演愈烈。

3. 电信服务业正在顺势转变

传统电信业正在向新的电信服务业发展，电信运营商已经将自身的定位由通信服务向信息服务转变。

2006年10月Google以16.5亿美元收购了YouTube，拉开了网络视频快速发展的序幕，由此软银、凯雷和IDG等国际知名投资商不同程度地对中国视频分享网站进行了投资。IPTV是一种直接冲击电信业务的网络视频形式，在网络视频快速发展之时，电信业不得不调整步伐，在杭州模式、上海模式、河南模式等一系列的尝试之后，中国电信上海视讯运营基础则为电信找到真正竞争优势的代表，三屏合一是电信网络视频的发展之路。

（三）总结

互联网对于传统电信业的冲击，既加速了电信业的发展，也必然促使一些不适应发展的业务退出历史舞台。充分利用公用通信网发展互联网业务是电信部门得天独厚的优势，互联网的不断发展则不断推动通信网络新的建设，甚至是新一代的通信网络建设。集语音、数据、图像为一体的公众多媒体通信网正成为电信部门紧锣密布进行建设的通信基础设施，同时公众多媒体通信网的建设，将为传统的电信业带来新的业务。自2008年5月17日中国的电信业重组之后，中国的电信业走向新的历史时期，全业务运营成为中国电信运营商的统一发展目标，运营商之间的竞争仍是最大的竞争。虽然互联网公司短期内不能成为全业务运营商，但互联网业务的创新依然会对中国的电信业提出挑战，不断激发中国电信业的发展。

（作者：中国互联网络信息中心　池大治　孙秀秀）

第 9 章

电信装备制造发展分析

一、2009 年中国通信设备制造业发展概述

（一）投资继续扩张，2009 年投资超过 500 亿

1978 年我国电子信息产业投资仅 2.4 亿元人民币，2003 年扩增到 899.6 亿元人民币，年均增长 26%，2003 年以来行业投资额扩张较快，2004 年突破 1 000 亿元人民币，到 2009 年突破 4 000 亿元人民币，投资额为 4726 亿元人民币，8 年间全行业投资年均增长 39.5%。

2008 年中国移动推动 TD-SCDMA 社会化测试和试商用，中国 3G 终端市场随之启动。据工业和信息化部统计数据显示，2009 年 1—10 月我国 3G 投资稳步落实，3 家电信运营企业共完成投资 1 023 亿元人民币，预计全年完成 1 435 亿元人民币的投资。2009 年 1—10 月 3G 建设完成的投资额占了电信固定资产投资完成额的接近一半。预计全年完成投资 1 435 亿元人民币，建设基站 28.5 万个。

中国电信：中国电信在获得 CDMA 运营权后从 2008 年 7 月就开始了 120 万部 EV-DO 手机集采。采购中入围的 7 家厂商中，国产厂商有宇龙酷派、天语、中兴、华为及海信 5 家中标；8 月组织招标 500 万部 CDMA 手机。2009 年 1 月，组织招标百万部 3G 手机和 EV-DO 上网卡；7 月又联合 4 大国代商进行千元 3G 手机招标等。截至 2009 年底，已经完成一期工程建设任务，共建设基站 11.7 万个，网络覆盖 342 个地级市、2 055 个县及县级市、6 000 多个发达乡镇。

中国联通：中国联通 WCDMA 一期的招标，将建设 77 272 个基站，涉及 55 个城市。2009 年 1 月 14 日的联通特别股东大会上，中国联通董事长常小兵明确表示，1 月进行 WCDMA 设备招标，2 月设备到位开始建网。2009 年中国联通开通 282 个城市的 WCDMA 网络，其中 55 个于 2009 年上半年完成，2009 年涉资约 600 亿元人民币。

中国移动：2008 年中国移动 TD 二期总价值为 53.8 亿元人民币 TD 无线网设备招标，涉及 28 个城市，2.3 万无线基站、约 16 万无线载扇，规模约为一期建网的 1.53 倍，现已全面完工，38 个城市 4.6 万个基站已经投入商业运营。2009 年，中国移动 TD 三期的商务招标额 86 亿元人民币左右，此次三期采购规模约为 3.9 万无线基站，约 26 万无线载扇，是二期规模的 1.6 倍，截至 10 月底，完成新站选址 97%，完成配套改造 95%，完成单站调测 75%，工程计划 2009 年年底前全部完工。按照中国移动三期工程规划，TD-SCDMA 将覆盖 328 个城市，使 TD 在 2009 年底覆盖全国 70%的面积。按照中国移动 2009 年 TD-SCDMA 网络发展规划，2009 年将投资 588 亿元人民币新建 TD-SCDMA 基站约 6 万个，此举将使 TD-SCDMA 网络基站总数超过 8 万个，实现网络覆盖 238 个地级城市的业务热点区，占全国地级城市数量的 70%以上，其中东部省（市）的地市将实现全覆盖。

表 9-1　2003～2009 年通信设备投资额及增速（亿元人民币）

	2003	2004 年	2005	2006 年	2007	2008 年	2009 年
投资	81.3	93.5	137.7	202	267	368	508.6
增速		15.0%	47.3%	46.7%	32.2%	38.0%	38.2%

注：数据来源于工业和信息化部

表 9-2　2003～2009 年通信设备投资额占电子信息产业比重

	2003	2004 年	2005	2006 年	2007	2008 年	2009 年
比重	9.0%	7.8%	9.4%	9.8%	10.1%	10.4%	10.8%

表 9-3　2003～2009 年通信设备投资额增速

	2003	2004 年	2005	2006 年	2007	2008 年	2009 年
电子信息产业投资增速	—	34.1%	21.7%	40.9%	27.9%	33.3%	35.0%
通信设备制造业投资增速	—	15.0%	47.3%	46.7%	32.2%	38.0%	38.2%

通信设备制造业为电子信息产业的主要行业之一，在行业中仅次于计算机制造业和电子元件制造业，位居第三，销售收入在电子信息制造业中的比重约占 11%，在电子信息行业（包括软件产业）中的比重占 17%，在行业中具有举足轻重的作用。每年电子信息制造业 10%左右的投资投向该行业。2003 年以来行业在高速投资的带动下收入快速增长，尤其是在 3G 建设的带动下通信设备制造业投资逐年高速增加。

（二）通信设备制造业全年销售 8 640 亿元

1. 行业销售增长 2.1%，增速趋缓

受国际金融危机的影响和冲击，我国电子信息产业发展面临着巨大的压力和挑战，在经历了多年快速发展之后，2008 年 11 月起，电子信息产业销售收入开始进入负增长，一直到 2009 年 10 月，仍然处于负增长，2009 年 1～10 月，规模以上的信息产业零售业销售收入近 4 亿元人民币，出口交货 2.3 亿元人民币。对于通信设备制造业，受到了金融危机的影响和冲击，2009 年我国通信设备制造业销售额（包括出口）8 640 亿元人民币，同比增加仅 2.1%。

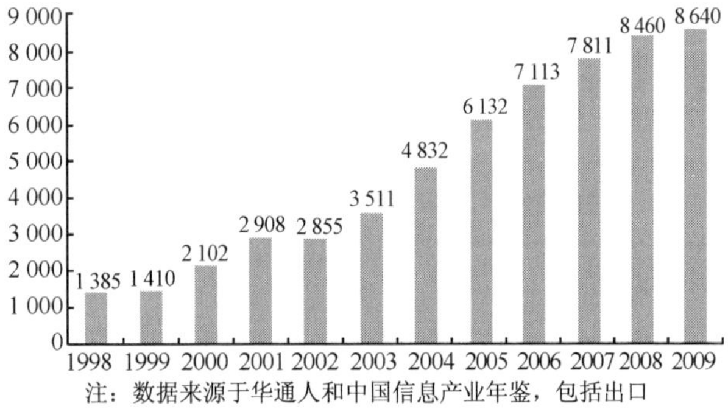

注：数据来源于华通人和中国信息产业年鉴，包括出口

图 9-1 1998～2009 年通信设备制造业销售额（单位：亿元人民币）

2009 年 1～11 月手机累计出口 38 800 万部，增长 4.4%，预计全年出口 39 000 万部；2009 年 1～11 月电话机累计出口 6.3 亿部，同比下降 3.9%，预计全年出口 7.9 亿部。

2003 年以来我国通信设备制造业销售规模逐年增加，2009 年行业销售额为 8 640 亿元人民币，同比增长 2.1%，增速较上年下降 6.2%。

回顾近几年行业市场销售情况，2005 年通信设备制造业由于受到奥运会临近、3G 发展时机趋于成熟等有利因素的推动，以及 2005 年手机核准制实施、新增手机生产企业较多等因素的影响，通信设备制造业 2005 年以来投资增长一直较快，完成投资 137.7 亿元人民币，同比增长 47.3%，高于全行业投资增速 25.6%，高于 2004 年同期增速 32%。高速投资热情有效拉动了市场增长，2005 年该行业收入实现增长 26.9%。

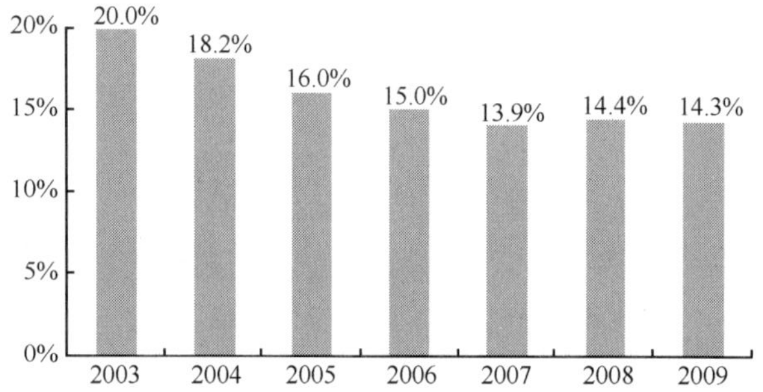

注：数据来源于华通人和中国信息产业年鉴，包括出口

图 9-2 2003～2009 年通信设备制造业销售额所占电子信息产业比重

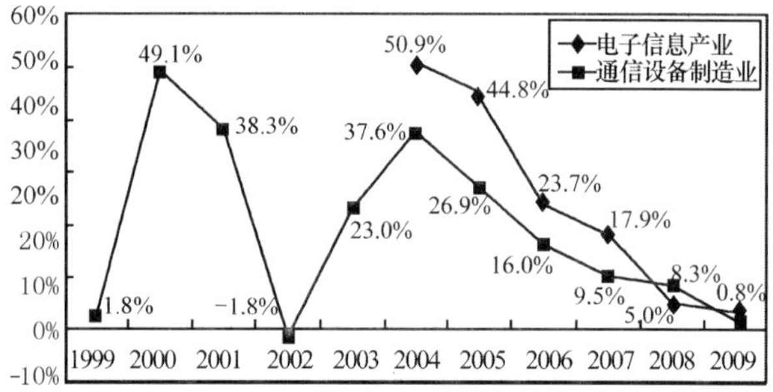

图 9-3 2003～2009 年通信设备制造业销售额增长率

2006 年通信设备制造业投资增速仍继续在高位增长，但增速低于 2005 年，新开工项目数也比 2005 年减少了 27 个；全年完成投资 202 亿元人民币，同比增长 46.7%，增速低于 2005 年 0.5%。在高速投资带动下，2006 年该行业实现收入增长 16%。

2007 年通信设备制造业投资与电子信息产业投资增速同步下滑，通信设备制造业投资增长 32.2%，增速比上年回落 14.5%。2007 年，通信设备的新开工项目仅占整个电子信息产业的 6.3%，新开工项目较去年同期减少了 22 个。2007 年该行业实现收入增长 9.8%。

2008 年以来，通信设备制造业投资增速持续上

扬，2008 年实现固定资产投资 368 亿元人民币，增长 33.3%，增速比上年增加了 5.4%；行业实现销售收入 8 460 亿元人民币，增长 8.3%；占电子信息产业收入的 13.4%。2009 年实现固定资产投资 508.6 亿元人民币，增长 35%，增速与上年同期基本持平，行业实现销售收入 8 640 亿元人民币，增长 2.1%。手机产量达 5.6 亿部，占全球产量的 50%左右；程控交换机产量达 4 583 万台。

2. 2009 年销售月度走势

从图 9-4 所示的 2008 年和 2009 年通信设备制造业投资增速和销售额增速月度走势看，2008 年上半年金融危机影响效应显现，行业增长出现“高投入低收入”的不利态势，许多厂商对全年市场信心不是太高，许多厂商表示 2008 年行业销售与上年持平，对行业全年市场的评价判断比较保守。2009 年在年初国家 4 万亿拉动内需政策的颁布以及逐步实施，很大程度上增强了制造厂商的信心，为行业进一步健康发展提供了助动力，通信设备制造业下半年以来行业收入增速以高于电子信息产业的态势稳步前行。

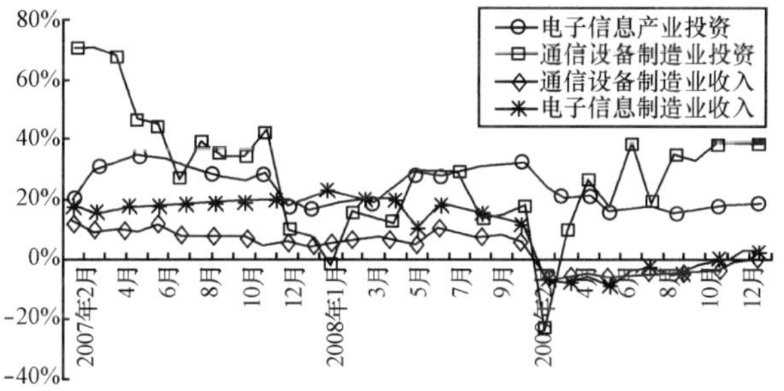

注：数据来源于信产部

图 9-4 2007～2009 年通信设备产业和电子信息产业投资及销售额增长走势

2009 年一季度 3G 牌照发放，二季度 3G 网络开始向普通市民开放，3G 手机不断推向市场，整体 3G 市场蓄势待发。2009 年，1～7 月尽管电子信息产业投资增长 18.1%，低于上年 11.6%，但通信设备制造业投资增速依然坚挺，1～7 月通信设备制造累计完成投资 187.9 亿元人民币，同比增长 39.3%，高于电子信息产业 21.2%。1～8 月，通信设备制造业投资增长 35.6%，增速高于电子信息产业 20%。1～10 月，电子信息产业投资继续增加，新开工项目保持快速增长，新投产项目出现高峰，前 10 个月累计投资同比增长 17.5%，其中通信设备制造业累计完成投资 308.3 亿元人民币，同比增长 38.2%；通信交换设备行业新开工项目同比增 66.7%。1～10 月通信设备制造业新增固定资产投资 104.5 亿元人民币，占电子信息产业的 8.77%，同比增长 73.3%，累计完成投资 308.3 亿元人民币，同比增长 38.2%，增幅比 1～9 月高 5.7%，比全行业高 20.7%。

2009 年运营商方面在完成重组后，为争夺客户资源大力推广低端产品捆绑销售，此外，家电下乡政策对农村市场的刺激产生了新的需求。众多新兴国产品牌的低廉产品很好地满足了消费需求的这一低端化转变。继 2009 年一季度 3G 牌照发放之后，2009 年二季度，3G 网络开始向普通市民开放，众多生产厂家也开始推出 3G 手机，整体 3G 市场蓄势待发。行业投资快速增加，行业市场有好转迹象。

3. 行业市场结构分析

从 2003～2009 年通信设备制造业产品市场结构及变化看，按销售额（包括出口）计算，2009 年移动通信及终端设备制造业占据 49.8%的份额，交换设备制造业在行业中的份额为 31.4%。

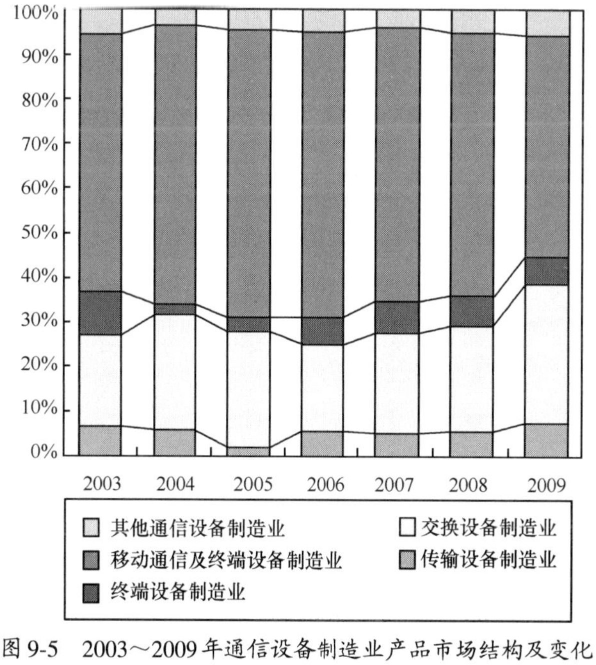

图 9-5 2003～2009 年通信设备制造业产品市场结构及变化

与 2008 年相比，2009 年移动通信设备制造业市场份额减少 9.8%，而交换设备制造业比 2008 年增加了 7.7%。

表 9-4　2003～2009 年通信设备制造业细分行业销售额（单位：亿元人民币）

	2003	2004	2005	2006	2007	2008	2009
通信设备制造业	3 511	4 832	6 132	7 113	7 811	8 460	8 640
传输设备制造业	220.2	259.0	123.2	396.9	383.3	462.4	611.4
交换设备制造业	722.9	1 263.5	1 577.4	1 379.3	1 761.7	2 001.3	2 716.1
终端设备制造业	345.9	119.3	181.3	417.1	568.7	540.0	538.2
移动通信及终端设备制造业	2 015.5	3 034.3	4 000.1	4 558.2	4 781.8	5 045.8	4 306.0
其他通信设备制造业	206.4	155.9	250.0	361.4	315.6	410.5	468.4

注：数据根据年鉴和国统局进行修正，包括出口

2009 年传输设备制造业销售额为 611.4 亿元人民币，交换设备制造业为 2716.1 亿元人民币，终端设备制造业 538.2 亿元人民币，移动通信及终端设备制造业销售额为 4306 亿元人民币，其他通信设备制造业销售额为 468.4 亿元人民币。

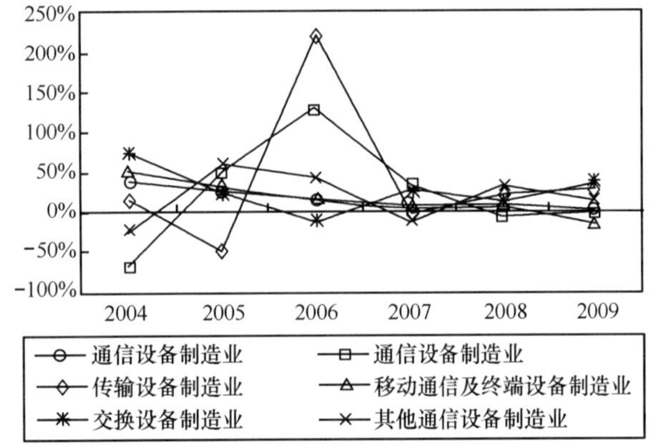

图 9-6　2003～2009 年通信设备制造业细分行业销售额增长

2004 年以来我国通信设备制造业销售额年均增长 16.8%，其中，传输设备制造业、交换设备制造业、终端设备制造业和其他通信设备制造业销售额年均增长均高于全行业年均增长，销售额年均增长分别为 39.5%、27.4%、24.6%、18.7%，分别高于全行业 22.7%、10.6%、7.8%、1.9%；移动通信及终端设备制造业销售额年均增长 15.3%，低于全行业 1.5%。

4. 2009 年与历年行业销售对比

通信设备是产业升级的“助推器”，回顾 10 年多来中国通信设备制造业发展历程，行业走过了一条漫长曲折的道路，1998～2001 年行业处于高速发展的“黄金阶段”；2002 年行业步入调整期，受政策影响行业开始滑落；2003 年行业经过调整后快速进入回暖期；之后行业增速逐年下滑，行业再次进入调整阶段。

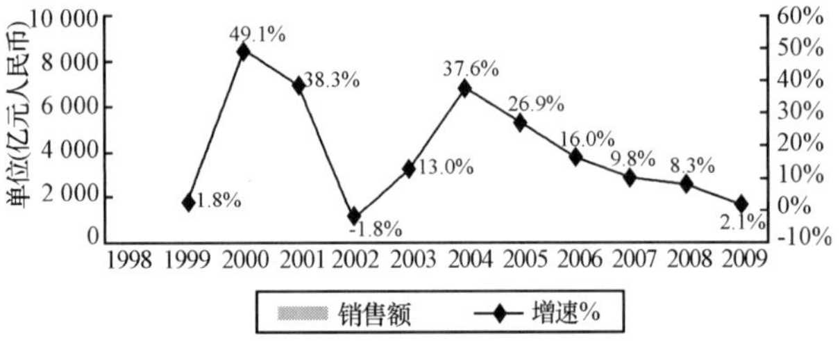

图 9-7　1998～2009 年通信设备制造业销售额及增长走势

2000 年和 2004 年的行业增速高于 30%，2005 年和 2006 年行业保持两位数增长，2007 年以来受结构调整和技术转型影响，通信设备行业发展速度始终低于全行业发展水平，发展增速明显放缓。从细分行业看，主要是由于移动通信终端及设备制造行业发展放缓。

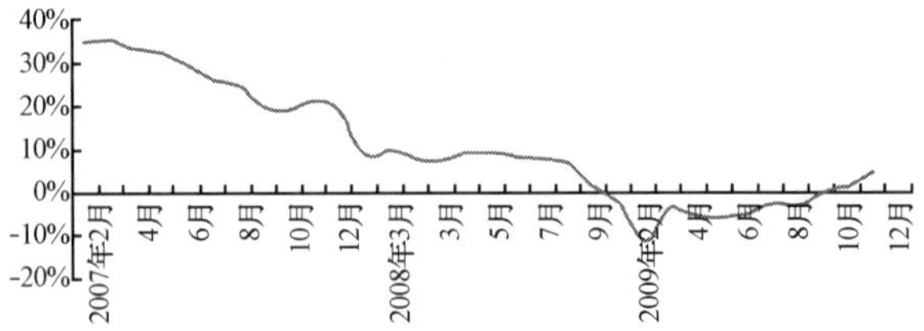

图 9-8　2007～2009 年手机产量同比增长走势

2009 年通信设备制造业行业初现回暖迹象。中国的手机市场在经过 2009 年第一季度的低迷和第二季度的复苏之后，在第三季度迎来了明显的增长，销售额比第二季度增长 10%。虽然手机市场销量在 2009 年上半年受到国际金融危机影响而持续下滑，但这种下滑趋势在 8 月发生变化。随着国内经济形

表 9-5　2003～2009 年通信设备制造业出口额及增长

	2003	2004	2005	2006	2007	2008	2009
出口额（亿美元）	173.7	297.3	433.64	623.3	770.0	873	944.6
出口额增长（%）		71.15%	45.85%	43.70%	23.5%	13.40%	8.20%

势的整体向好，手机市场整体有回暖迹象。从具体产品来看，3G 产品中，WCDMA 增长迅猛，目前在 3 个 3G 制式中，WCDMA 占 55%，而 TD-SCDMA 最少，只有 20%。

5. 国外市场销售额

2009 年我国通信设备制造业出口 944.67 亿美元，占电子信息产业的 16.5%，同比增长 8.2%，增速低于上年 5.2%。

从出口额增速来看，自 2004 年以来我国通信设备制造业出口呈逐年放缓态势，出口额增速从 2004 年的 71.15%下降到 2009 年的 8.2%。

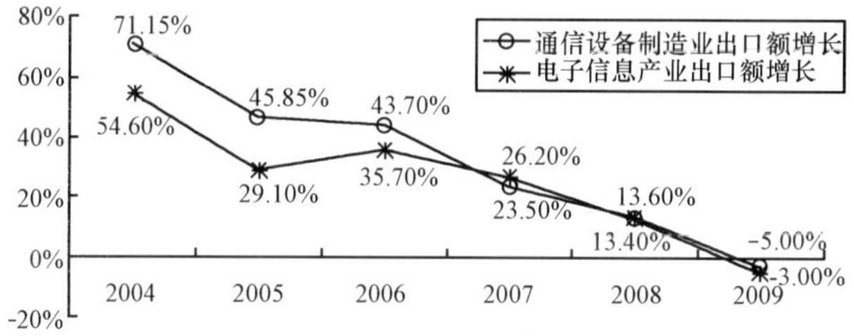

图 9-9　2004～2009 年通信设备制造业出口增速与电子信息产业对比

2008 年通信设备产品出口 870.5 亿美元，同比增长 13.4%，占电子信息产业出口额的 16.7%。手机出口 5.33 亿部，同比增长 10.4%；出口额 385.4 亿美元，同比增长 8.27%，占电子信息产品出口总额的 7.4%。

2009 年 1～10 月，通信设备产品累计出口 650.32 亿美元，同比下降 10.07%，增速低于上年同期 9.7%；手机出口 300.93 亿美元，同比下降 6.27%。预计全年出口增速同比下降 3%。

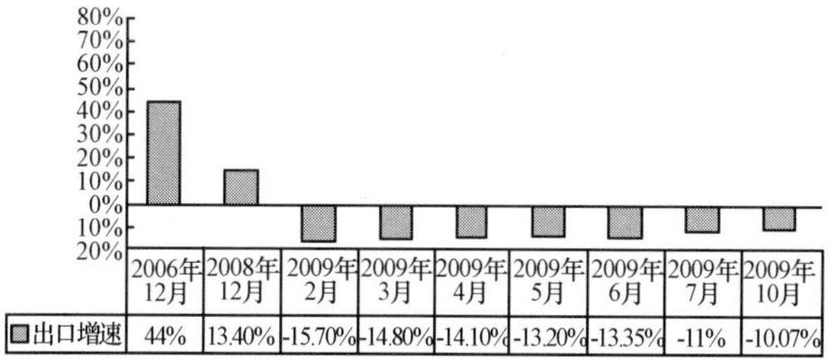

图 9-10　2006～2009 年通信设备制造业出口增速

我国通信设备出口主要以进料加工贸易方式为主，出口额占行业的 75%，一般贸易方式占 17%，来料加工装配贸易方式占 5%，保税区仓储转口货物等方式其他方式占 3%。

6. 国内市场销售额

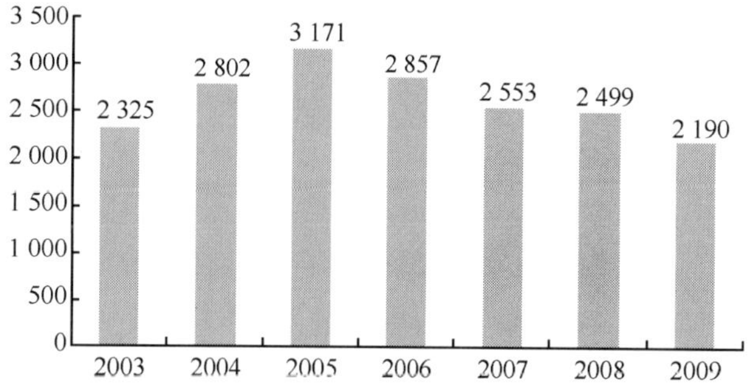

图 9-11　2003～2009 年通信设备制造业国内市场销售额（单位：亿元）

2009 年我国通信设备制造业国内市场销售额为 2 190 亿元人民币，比 2008 年的 2499 亿元减少了 309 亿元人民币。

（三）盈利分析

受 3G 产业带动，通信设备制造业利润逆势增长，成为电子信息产业异军突起的行业。2009 年，通信设备制造业实现利润 453.9 亿元人民币，增长 49%；利润率为 5.3%，比上年提高了 1.7%。我国通信设备制造业销售成本在销售收入中的比重占 83%，2009 年销售成本下降促进了利润的高速增长，行业利润率大幅提高，扭转了该行业连续 4 年利润率持续下滑的不利局面。据国统局统计数据显示，2009 年（1～11 月）通信设备制造业利润率为 5.8%，为 4 年来的最高点。可见，2009 年通信设备制造业盈利能力得到了明显提高。

五大制造业中，交换设备制造业和移动通信及终端设备制造业利润率较高，分别为 5.8%、9.4%，分别高于全行业 0.5%、4.1%。移动通信及终端设备制造业利润率为 3.2%，高于 2008 年 0.3%。

表 9-6 2003～2009 年通信设备制造业利润（单位：亿元人民币）

	1999	2000	2001	2002	2003	2004	2005	2006	2007	2008	2009
利润	123.3	211.1	270.4	179.3	194.4	321.2	292.0	338.1	292.9	304.6	453.9
利润率	8.2%	9.8%	9.2%	6.2%	5.5%	6.6%	4.8%	4.8%	3.8%	3.60%	5.3%

表 9-7 2003～2009 年通信设备制造业细分行业利润率（单位：%）

	1999	2000	2001	2002	2003	2004	2005	2006	2007	2008	2009
通信设备制造业	8.2	9.8	9.2	6.2	5.5	6.6	4.8	4.8	3.8	3.6	5.3
其中：传输设备制造	8.0	9.3	10.2	6.6	5.4	4.3	1.8	6.4	5.0	6.2	5.8
交换设备制造	10.7	11.7	9.6	5.1	8.8	8.7	6.6	5.2	4.8	4.2	9.4
通信终端设备制造	2.1	4.1	8.3	6.7	3.2	2.2	1.7	3.5	4.9	3.8	3.2
移动通信及终端设备制造					4.3	6.9	4.9	4.6	2.9	2.9	3.2
其他通信设备制造	9.03	10.27	10.16	6.04	10.7	6.2	5.4	6.4	6.9	5.2	5.0

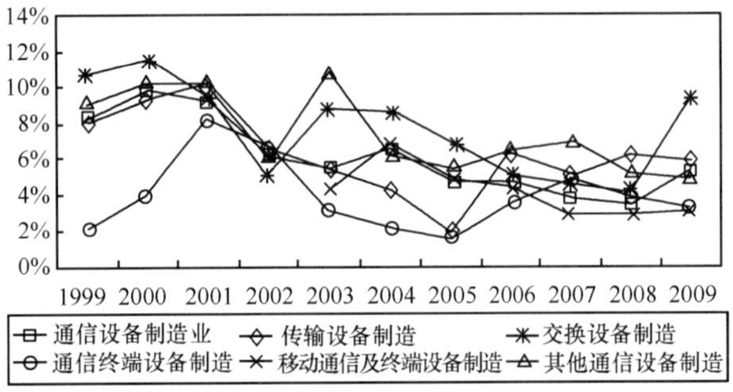

图 9-12 2003～2009 年通信设备制造业细分行业利润率

1. 传输设备制造业

近年来中国电信和中国联通对“光进铜退”工程的推进，大大推动了光纤市场的发展。据烽火科技集团总工程师毛谦表示，目前宽带上网用户数高速增长，运营商无法满足上网用户对带宽的需求，这就需要网络扩容、铺设光缆。接入网光纤化后，随之城域网和核心网也要扩容。网络发展需要大量的光纤光缆。这对于传输设备制造厂商来说无疑是个巨大的商机。

2008 年我国互联网宽带接入用户 8 342.5 万户，新增 1 701 万户，2009 年（10 月）互联网宽带接入用户达到 10 088.7 万户，新增 1 800.8 万户。

2009 年国内 3G 基站建设规划是 20~30 万个，由基站接入带来的光纤需求量因此大幅增加.根据投资规划，中国联通 2009 年投资在宽带上的建设费用超过 180 亿元人民币，比 2008 年的 90 亿元人民币增长一倍以上，中国电信 2009 年投入在宽带建设的费用约 200 亿元人民币。因此，2009 年下半年宽带建设的需求带动了行业需求的增加。

2. 移动通信终端

2009 年是 3G 建设高潮年。3G 网络的来临也标志着我国手机行业将进入一个新的篇章。2009 年年中，中国信息产业部正式将 TD-SCDMA、CDMA2000、WCDMA 这三种 3G 牌照下发给了中国移动、中国电信以及中国联通，让他们独立运营，由此 3G 网络开始了商业化旅程。这一举措拉动了手机市场的增长。工业和信息化部电子信息司副司长赵波表示，2009 年手机产量将超过 6 亿部，同比增长将超过 7%。

表 9-8 2005～2009 年手机产销及增长（万部、%）

年份	产量	销量	其中：出口量	国内销量
2003	18 644	16 912.9	9 534.3	7 378.6
2004	23 344.6	22 879.4	9 664.6	13 214.8
2005	30 354.2	30 435.0	14 158.6	16 276.4
2006	48 013.8	47 630.7	38 572.4	9 058.3
2007	54 800	51 917	37 103.8	14 813.2
2008	56 000	53 200	37 163.5	16 036.3
2009E	60 000	56 800	38 800	18 000

注：数据来源于中国信息产业年鉴、工业和信息化部

2009 年我国手机（GSM 和 CDMA）产量和销量小幅增加，国内市场快速增加。据工业和信息化部统计数据显示，截至 2009 年 10 月，我国手机生产总数达到 4.9 亿部，同比增长 1.1%，预计全年手机生产量将达到 6 亿部，同比增长 7.1%，销量达 5.68 亿部，其中国内销售 1.8 亿部。

表9-9 2003～2009年主要产品产量及增长

产品	单位	2003	2004	2005	2006	2007	2008	2009
手机	亿部	1.82	2.33	3.03	4.80	5.48	5.6	6
电话单机	万台	12935.9	13966.7	18861.5	18647.8	16516.5	16687.6	15000
程控交换机	万线	7379.9	8464.8	7720.9	7404.6	5387.1	4583.9	4263
移动通信基站设备	万信道			724.5	1145	1604.6	1492.0	2800

数据：来源于国统局和工业和信息化部

2009年得益于3G建设以及网络建设的加快，手机市场销售继续增加。专家分析，这主要得益于：一是中国电信对手机的补贴促进了市场销售的增长，2009年根据其客户策略和产品策略，中国电信对终端手机产品投入了大量的资费补贴，平均每台手机的补贴达到价格的30%；二是低端产品比例大幅上升，根据GfK的数据，2008年3季度，即中国电信接手CDMA网络之前，600以下CDMA手机的销售比例为46%，到了2009年1季度，该比例上升到了73%。可以看出，中国电信也是加快了抢占客户、扩大用户群的步伐。而厂商在终端产品上也给予了配合，来自三星、华为和中兴的产品受到市场的热烈欢迎。面对中国电信强有力的挑战，尽管中国移动将2009年业务重心放在了运营TD-SCDMA网络上，上网卡、上网本和TD终端手机是今年的业务重点，但是作为行业领导者，其仍然加大了2G定制终端产品的捆绑力度，1季度移动捆绑销量环比上升15%，与2008年1季度相比也有4%增长，整个销量仍处于历史高位。而就在这个时候，中国联通也悄然加入了终端捆绑销售的竞争行列。三大运营商在终端捆绑市场的销售策略，使得该市场竞争更趋于白热化，带动了整体手机市场销量在2009年反弹回暖。

（四）产品产量

据国统局统计，2009年1～11月我国累计生产手机5.55亿部，同比增加4.6亿部；电话单机13 220万台，同比减少20.2%；传真机605万台，同比减少15%；程控交换机3 776.1万线，同比减少6.9%；移动通信基站设备2 750.1万信道，同比增加112.8%。预计2009年全年手机6亿部，电话单机15 000万台，传真机690万台，程控交换机4 263万线，移动通信基站设备2 800万信道。

与2003～2008年数据相比，2009年手机和移动通信基站设备产量再创新高，电话单机产量低于2005～2007年，传真机、程控交换机产量为2003—2008年最低值。

（五）发展趋势

据中国移动公司副总裁鲁向东在北京召开的第二届中英互联网圆桌会议上表示，2009—2010年，中国移动、中国电信和中国联通三大运营商预计完成第三代移动通信（3G）投资2 800亿元人民币。由此可以得出2010年，中国移动、中国电信和中国联通三大运营商预计完成第三代移动通信（3G）投资1 365亿元人民币。

表9-10 2010～2012年通信设备投资额预测

	2010年	2011年	2012年
投资（亿元人民币）	819	1 392	2 000

表9-11 2010～2102年通信设备制造业销售额预测

	2010年	2011年	2012年
销售额（亿元人民币）	9 805	14 096	18 500

融合创新为移动通信终端产品的发展主线。三网融合是一种广义的、社会化的说法，在现阶段它并不意味着电信网、计算机网和有线电视网三大网络的物理合一，而主要是指高层业务应用的融合。其表现为技术趋向一致，网络层可以实现互联互通，形成无缝覆盖，业务层互相渗透和交叉，应用层趋向使用统一的IP，在经营上互相竞争、互相合作，朝着向人类提供多样化、多媒体化、个性化服务的同一目标逐渐交汇在一起，行业管制和政策方面也逐渐趋向统一。三大网络通过技术改造，能够提供包括语音、数据、图像等综合多媒体的通信业务。

随着计算机、集成电路、移动通信、软件工程等基础技术的发展，融合趋势日益凸显。移动通信终端的融合表现在两个方面，一是业务的融合，即手机电视、手机媒体以及手机广告等融合性业务出现，移动化发展趋势显著；二是产品的融合，即代表IT、消费电子及通信不同方向的融合终端产品已具雏形。

与此同时，第三代移动通信系统（3G）给消费者带来的最大好处之一就是业务的多样性，在移动运营商提供给消费者数以百计的选择中，很多原本属于其他领域，比如，目前我们的手机终端上可以实现的照相、摄像、录音、看电影片断、编辑文件等，都是以前家电和计算机的功能，而现在也都作为移动业务提供给了用户。

作为我国拥有自主知识产权的3G技术，中兴和大唐等国产厂商在该终端领域拥有先发优势。销售的34.4万TD-SCDMA手机中国产厂商份额超过84%，18.9万数据卡则全部出自国产厂商。其中，中兴TD-SCDMA终端销售量份额接近38%，牢牢占据市场第一的位置。

（作者：北京灵通经济咨询有限公司　李靖）

二、数据通信发展分析报告

（一）数据通信领域技术发展概述

随着网络IP化趋势的不断深入以及数据网络规模的不断扩大，2009年的数据网络与设备技术呈现出以下几大发展趋势：

- IP RAN技术受到普遍重视；
- 数据通信设备不断向高容量、高密度发展；
- 网络智能化水平提高；
- IPv6面临破局；
- PON在国内开始大规模部署。

1. IP RAN技术受到普遍重视

随着网络全IP化的趋势不断深入和移动数据业务的不断增长，移动网的IP化已成为重要发展趋势。移动网的IP化包括核心网IP化和接入网IP化，目前移动运营商核心网的IP化已经全面开始实施，移动接入网的IP化也即将启动。

当前IP RAN的可选技术方案基本可归为两大类：一类以PTN方案为代表，是基于传统传送网的设计理念，提供端到端的端口连接，主要采用静态配置；同时为了适应数据业务的要求不同程度地支持基于分组的物理接口、标签交换、统计复用等特性，并根据业务的特点提供不同的QoS级别，以实现传输资源的高效运用。另一类包括IP MPLS和CE（电信级以太网）在内的技术方案则是基于数据通信的设计理念，将移动数据业务最大程度地交给传送网进行自动路由及传送，对于语音业务，根据厂家设备的不同，灵活选择终结或者隧道技术（如电路仿真、LSP等），以提供较高等级的传送质量。数据通信方案能够最大限度地实现动态数据业务对传输带宽的共享。

在2009年，国内的三大运营商不约而同地开始进行IP RAN技术的实验室测试和现网实验，以期明确未来各自IP RAN部署的技术方向。目前影响运营商技术选择的因素主要有以下几点。

- IP RAN承载的业务形式

网络承载的业务形式很大程度上决定了技术方案的选择。如果IP RAN只是对以往传送网络的简单替代，只是为语音业务提供高可靠的传送，承载业务相对简单，则从传统传送网技术演变而来的PTN技术具有一定优势；如果要求回传网络在承载移动业务时，也要承载用户数据业务，如VPN等，则基于纯IP技术的IP MPLS和CE方案更加能够胜任。

- 网络的建设成本

网络的建设成本一方面包括采购设备的成本，另一方面也要考虑技术方案对现有网络设备的利旧能力，以实现投资保护，节省建网成本。

- 网络的维护能力

网络的维护能力包括两个方面：一方面是技术方案本身提供的运维能力，包括可靠性、端到端管理能力、业务配置能力等，是否能够满足网络运行维护的要求；另一方面是运维手段与现有网络运维方式的差异，这将影响到基层运维人员的接受水平。

- 产品和技术的成熟度

运营商一般会选择已经标准化的技术方案，同时主流厂家的技术和设备也会比较受到运营商的青睐。

2. 数据通信设备向高容量、高密度发展

随着国内数据宽带网络规模的不断扩大，用户

数不断增长，对数据通信设备的容量、端口密度要求越来越高。在这个趋势下，高端以太网交换机设备逐渐向大型化、高密度方向发展，整机背板交换容量达到 T 比特级别的交换机产品已经投入商用，随着交换容量的提升，单板卡的端口密度也不断提高，目前 48 个 GE 端口或 12 个 10GE 端口的单板已经成为高端交换机的主流配置，甚至还出现了 32 个 10GE 端口的单板产品。

在核心路由器设备方面，单设备的容量提高已经不能有效解决网络带宽需求激增的问题，集群技术自然地被引入到了路由器领域，所谓集群技术就是将两台或两台以上普通路由器通过某种方式连接，使得这些路由器能够进行设备间协同工作和并行处理，实现系统容量的平滑扩展，从而突破单机箱在交换容量、功耗、散热等方面的限制，实现更大容量的路由交换系统。目前主流厂商如华为、思科、Juniper 等都推出了自己的集群产品，虽然各厂商所采用的集群技术各有不同，但其基本思想都是通过多机框的扩展来提高单点交换能力。目前集群路由器设备在中国电信、中国联通等传统固网运营商的超级核心节点或超大型的城域网出口等位置已经开始部署。

3. 网络智能化水平提高

传统的互联网络一直坚持端到端的“透明”原则，并遵循“核心简单，边缘智能”的设计理念，网络智能部署在边缘的终端设备上，而网络的核心设备只负责简单的数据转发。这种理念虽然在过去的 20 多年里是支持互联网蓬勃发展的重要基础，但在网络日益复杂、流量不断增长、业务日新月异的今天，这一理念已经成为造成网络攻击泛滥、垃圾流量猛增，网络安全形势不断恶化的重要原因。为改善这种局面，需要网络层面具有相当的智能，能够对用户和流量进行精细化的识别和控制。同时，随着运营商网络精细化运营的深入，对 IP 网络也提出了实现电信级可管、可控的要求，这也对网络智能化水平提出了更高的要求。DPI 技术的出现和发展给运营商提供了一种全新的网络监测和控制手段，它可以实现对网络流量的业务细分，并可以对不同用户、业务流量进行区别化的控制和管理。2009 年，运营商对 DPI 技术和设备的应用已经从骨干层面逐步向边缘发展，这也推动了网络智能化的深入，并有利于未来实现对互联网的精细化运营。

4. IPv6 面临破局

以往对 IPv6 的研究和讨论主要限于学术范畴，IPv6 实验网建设等也主要是由科研机构主导推动，但随着 IPv4 地址的逐渐耗尽以及移动互联网、传感器网络等技术和业务的发展，发展 IPv6 网络的市场驱动力已经逐渐显现。2009 年，国内运营商对 IPv6 的热情逐渐高涨，面向 IPv6 的网络演进也已经提上议事日程。

我国通信设备制造业在 IPv6 设备研发方面已经积累宝贵的经验，推出了包括骨干网、城域网、接入网、安全防护等系列通信设备，并且在 CNGI 等国内外 IPv6 网络中得到了应用，并且占有份额加大。随着 IPv6 网络的大规模建设，这些企业将面对国内和国际两个巨大的市场，将面临重大发展机遇，如果能够抓住这个重要的发展机遇，就能够使我国通信设备制造业再次腾飞。另外，IPv6 网络将会利用其具有庞大地址空间的优点，重点来解决机器和物品的上网问题，使得物理世界中的物体都成为了网络世界中的可通信、可控制的实体。这样 IPv6 网络就成为了我国重要的公共通信基础设施，基于这个基础设施可以开发多种具有中国特色的互联网应用（M2M/M2C、传感器网络等），从而真正实现无处不在的网络和服务，实现信息化和工业化的深入融合。

5. PON 在国内开始大规模部署

以往 DSL 技术在我国宽带接入网络建设中一直处于绝对优势地位，但随着高带宽网络应用的发展，用户对接入带宽的需求出现了大幅提高，FTTx 逐渐成为运营商优先发展的接入方式，PON 也面临着快速发展的大好机遇。2009 年运营商在接入网建设上可谓大刀阔斧，仅一年时间 PON 网络轻松突破 2 000 万线，这也让国内成为全球 PON 网络建设最活跃的地区。在中国的三大电信运营商中，中国电信在开发有线宽带网络方面走在前列。截至 6 月底，中国电信的 PON 用户增长到了 270 多万，中国电信集团公司科技委主任韦乐平表示：“2009 年是中国 PON 技术的起飞年。”由中国网通有线网络与中国联通无线网络合并而成的新中国联通，则把 PON 作为其宽带战略的重要内容。虽然中国联通在

EPON 开发方面落后于中国电信，但是中国联通提出了“宽带提速”战略，在新建的区域中，将采用 FTTx 的建设模式，对既有区域则采用光进铜退的改造方式，并且在 2009 年 6 月发布 EPON 招标，这次招标最终达到 1 100 万的接入用户规模。

（二）数据通信市场发展分析

受全球金融危机的影响，我国通信设备、计算机及其他电子设备制造业工业增加值增速自 2008 年年中开始下降，在 2008 年 5 月达到近两年增速高点 19.5%之后一路下滑，至 2008 年 12 月已出现负增长，增速为–2.4%。但从 2009 年年初开始，随着国家经济刺激计划的出台，通信设备、计算机及其他电子设备制造业工业增加值增速出现持续提升，至 2009 年 11 月，全行业工业增加值增速已经达到 14.4%，基本恢复到金融危机爆发前的水平，显示出通信行业的整体景气水平明显提升。截至 2009 年 11 月，通信设备制造业实现工业销售产值 74 939 亿元人民币，比上年同期下降 2.04%；实现主营业务收入 74 861 亿元人民币，比上年同期下降 1.34%。

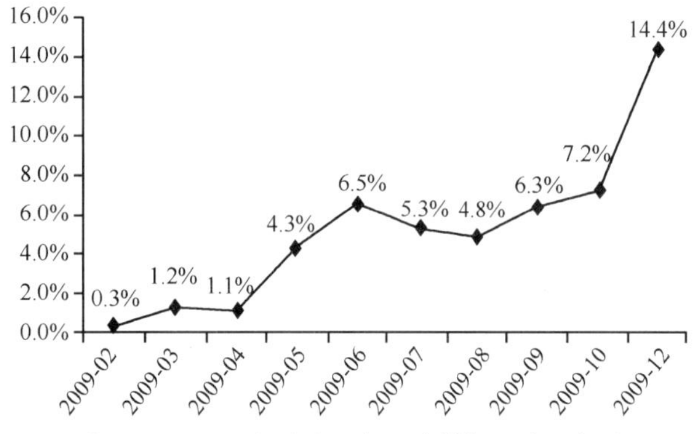

图 9-13 2009 年通信设备、计算机及其他电子设备制造业工业增加值增速

在通信设备制造业逐步回暖的情况下，数据通信设备市场在 2009 年也出现了恢复性的增长，预计 2009 年中国路由器设备的销量将达到 61 万台左右，与 2008 年相比同比增长达到 12.21%；以太网交换机设备的销量可望达到 3 100 万线以上，同比销量增长将达到 20%以上，但由于交换机产品市场竞争较为激烈，销售额增长率预计将只有 10%左右。

推动数据通信市场发展的主要因素：

（1）2009 年 2 月 18 日国务院举行第 50 次常务会议，审议并原则通过“电子信息产业调整振兴规划”，无疑对我国数据通信的发展起到重要的推动作用；

（2）3G 发牌、运营商重组为 2009 年数据通信发展注入了至关重要的活力，政府在电子政务、无线城市等的投入在迅速加大，教育、金融、保险、证券、电力、石化、烟草等行业用户市场培育业趋成熟，企业改善通信效率和业务流程的信息化需求越来越紧迫；

（3）众多数据厂商继续推出众多新型产品与应用方案，为企业市场中的高端部分，尤其是行业用户方面快速启动打下基础。

（三）数据通信领域国内主要厂商发展情况

1. 华为

华为 2009 的目标是获得 300 亿美元的合同销售额，如果这一目标顺利达成，华为将成为迈入世界 500 强的第二家中国的民营企业。据悉，2009 年上半年，华为公司合同销售额已经达到 157 亿美元，比去年同期增长了 28%，从合同销售额来看，在金融危机的大环境下，华为已经逼近全球第一大电信设备厂商爱立信公司。在华为公司的市场格局中，国际市场已经成为占比最大的一部分，在 2008 年 183 亿美元的销售收入中，来自海外市场的收入超过 75%。

2. 中兴

2009 年前三季度，中兴通讯实现营业收入 428.43 亿元人民币，同比增长 41.27%。

市场方面，中兴通讯在国内市场得益于 3G 网络的大规模建设，实现营业收入较大增长，运营商对于融合技术及互补技术的需求，使得其更加注重提升综合实力及性价比优势，为保证其整体业务的增长和市场占有率打下坚实基础；国际市场方面，低成本、融资能力和定制化能力三大优势为集团在竞争格局中地位的提升带来了机会，竞争格局的变化也为集团在重点市场和产品的突破提供了广阔的空间。

产品方面，中兴通讯运营商网络同比增长 47.32%，增长的动力主要来自于 3G 网络建设及承载网产品销售带来的收入；终端产品收入同比增长 38.67%，主要是由于 3G 产品销售增长所致；电信软件系统、服务及其他类产品收入同比增长

17.85%，主要是由于固定台产品销售增长所致。

（四）数据通信产业链分析

发展数据通信产业，不仅仅是政府的事情，也是运营商、制造商的事情，而是必须打造一条完整的产业链，强化其中的薄弱环节。我国数据通信产业化已经有了重大突破和快速进展，但纵观数据通信的产业链发展，在现阶段还存在诸多需要解决的问题，这些问题不仅在标准和产品层面存在，在商业模式方面也存在，急需国家加大资金支持力度，带动企业更多投入。目前，国家对信息产业包括数据通信产业的重视程度已经非常明朗。政府应重点关心产业政策，坚定不移地支持自己的标准，重点推进包括 IPv6、新型开放架构、泛在可信任为特点的承载网的研发和产业化工作，创造科技开发顺畅、制造业繁荣、运营业赢利的产业生态环境。

在整个产业链中，运营商处于十分重要地位。因为运营商是数据通信的实施者和运营者，有着更主动的话语权。

数据通信设备的自主研发是解决核心技术空心化、健全通信产业链、建设“电信强国”的必然要求，目前，从技术能力来看，国内已经具有系统级数据网络设备的自主研发能力，在路由器研发的个别领域已经达到或接近国际先进水平，如在高端路由器核心芯片方面，国内已经能够进行基于国外 FPGA 的设计与编程；在软件方面，也已初步具备嵌入式实时操作系统、网络协议软件的自主研发能力。但是从产业化情况来看，目前国产高端路由器在运营商网络中应用的比例还有待提高，没有充分发挥后发优势。国内设备厂家应该积极把自己积累的经验转成专利，并把拥有自主知识产权的技术形成行业标准、国家标准，扩大对国际标准的影响力，使国内设备厂家可以逐步引导技术发展的方向，突破技术壁垒。

（五）数据通信领域的发展趋势

1. 未来网络成为新的关注点

随着网络的快速发展和信息技术向社会各个行业的广泛渗透，网络与通信技术逐步展开大规模的更新换代。互联网的自由生态形势及其广泛应用突显出技术和管理上存在的一些缺陷，互联网的扩展性、管理性和安全问题日益彰显。信息技术向其他领域的渗透更加明显，网络与传统技术交叉、融合，催生出物联网、信息服务业和媒体内容服务业等一些新兴产业，并推动着传统服务业升级以及经营模式变革的进程。

对未来互联网技术的研究又成为当前全球热点，许多国家都制定了宏大的研究计划，这些研究计划一方面体现了实施国的信息技术发展战略，另一方面也展示了互联网技术发展的各种趋势；同时，一些国际标准化组织也在不断地推动互联网技术的发展。具体来看，在互联网体系结构方面，自从 20 世纪 70 年代确立到现在没有发生过根本性变化，只是针对地址资源的枯竭和新型应用涌现的需求，采用渐进性修补策略，新功能在原有体系结构上堆积，从而使得原本十分简洁的网络结构变得越来越复杂。在对服务质量（QoS）、网络安全、可运营可管理等方面的需求不断迫切的情况下，传统互联网结构越来越高的复杂性给网络运营、管理、扩展、新业务的部署带来很大问题，在很多方面限制网络技术的发展。

针对网络体系结构的研究正在成为新的研究热点。其中演进型的研究为了保护当前互联网巨大的投资和丰富的资源，采用演进的技术路线，主要集中在引入 IPv6 和中间功能构件等方式对现有网络结构进行完善，使其适应新的需求。另一方面的研究认为，修补方式只是网络缺陷的补救措施，其实施受到体系结构、地址机制等诸多因素的限制，对满足日益增长的网络需求显得越来越无能为力。解决现有网络问题的另一种方式是探索和设计创新型的网络体系结构来替代现有互联网体系结构，从根本上解决现有体系结构存在的问题。国内外已开始研究创新型网络体系结构，来支撑安全性、可扩展性、移动性，满足无所不在的物联网，支持人和物、物和物连接等新需求。

近年来，世界各主要国家都进一步加强了对未来网络体系结构的研究。主要包括：美国的 PlanetLab、GENI、FIND、Green Internet，欧盟 IST FP7 的 FIRE、4WARD 等，日本的 AKARI、IETF/IRTF 的 RRG，ITU 的 Future Network，MIT 的 FARA 以及 IBM 的 Smart Planet 等。由此可见，美国、欧盟、日本等发达国家地区都已把未来互联网技术研究上升到了国家战略的高度，制定了比较完备的中长期未来网络发展战略和计划。可以预期，关于新型互联网的研究将是一个长期的过程，各国之间会展开激烈的竞争。这些研究计划也说明当前互联网体系需要变革已经成为世界共识；虽然对于新型网络到底该采用何种技术路线，是否仍然采用 IPv4/v6 技术，以及如何实施等这些关键问题上，各方之间都还存在许多分歧。但网络可扩展性、自治性、虚拟化、层叠性、泛在移动以及节能高效等技术都是研究未来网络体系结构的重要方向和趋势。

2. IPv6 过渡问题

对于 IPv4 网络向 IPv6 网络的过渡，目前有很多过渡技术已经成熟，并在各地的 IPv6 实验网中广泛应用，如 6in4、6to4、ISATAP、NAT-PT、DUAL STACK 等。另一些过渡技术刚刚提出不久，还没有在 IPv6 实验网上应用，如 6PE、DSTM、TEREDO，还需要在实践中验证和改进。但不论方法如何，由 IPv4 网络向 IPv6 网络过渡的成本有多大，尤其是已有业务和应用的过渡，仍是一个需要在实践中摸索与论证的命题。目前，中国互联网用户数已经超过 3.6 亿户，用户数量居世界第一位，网络规模与容量跃居世界前列。对于这样大规模的网络和用户现状，在没有“大规模过渡”可借鉴的案例与经验的前提下，最终要实现现有 IPv4 网络向 IPv6 的大规模过渡，中国将面临更大的挑战。

3. 云计算网络将走向实际规模应用

未来 3～5 年，云计算将超越概念讨论，超越技术研究，走向实际规模应用。“信息电厂”的云计算模式，使得用户不再需要购买“产品（计算/存储/软件）”，只须按照需要购买“服务”就可以满足自身的需求。为了更好地满足用户按需购买服务的需求，基于云计算的网络和应用在向着超大规模计算能力、更高的可靠性、更低的硬件和运营成本以及更智能化的自动资源和任务调度管理方向发展。一方面，运营商正面临着若干挑战，主要包括：当前运营商为企业或者互联网业务提供商提供了数据中心服务，但它有着资源利用率低，设备成本高，维护复杂，维护费用高等缺点。云计算理念和技术的产生，可以帮助传统数据中心改造成低成本、自动化的数据中心。另一方面，随着通信网络的发展，运营商的业务在不断发展，其中核心网就有电路域、分组域、IMS 域，伴随着它们有各自单独的业务系统和运营支撑系统。这些业务和支撑系统独立布置，错综复杂，业务之间没有关联，使得新业务的创新存在问题，业务部署速度很慢，业务的固定和维护成本越来越高。如何提高业务设备的利用率，共享资源，节省维护成本，提升业务创新的速度，已经成为运营商们非常急迫的问题。将这些业务迁移到云计算数据中心网络上是一个理想的方案。

电信运营商作为一个国家信息基础设施的运营者，在长期的运营过程中不但积累了雄厚的技术能力和资金，还在公众中建立了很强的公信力，有能力为政府和公众提供云计算服务。这样，一方面运营商通过云计算网络为政府和公众提供云计算服务，实现能源、带宽、IT 基础设施的共享和调配，提高了资源利用率，节能减排，降低了全社会的成本；另一方面，运营商对云计算网络的信息有很强的监控措施，可以更好地保障国家信息安全，有效遏制色情、暴力、反动等信息的泛滥。此外，通过云计算服务，可以降低企业利用新技术辅助自主创新的技术门槛，增强全社会的创新能力，助力由“中国制造”向“中国创造”转型，协助产业结构升级。

（作者：工业和信息化部电信研究院　石　头；信通传媒　胡晓女）

三、光通信

（一）光通信技术和设备的总体市场规模与结构

从整个全球光通信市场来看，近年来，随着新型宽带业务开发、IPTV 相关业务推进等新型细分市场的推进，有迹象表明全球光通信市场有望进入一轮发展的景气周期。随着用户对于宽带需求的增长，运营商宽带业务发展的投资方面没有受到金融危机的影响，并有快速增长的迹象。

1. 全球骨干及城域网光设备市场发展

随着高清视频和高速数据业务的迅速发展，对骨干网络的带宽需求越来越高，同时由于宽带光纤接入网络的建设、城域网络扩容等，也使得骨干网络需要更高的速率。目前，全球一些领先的运营商已经开始在骨干网中规模建设单波道 40 Gbit/s 的

DWDM 网络，并有越来越多的运营商开始关注单波道 100 Gbit/s 的超高速传送系统。2008 年以来全球 40 Gbit/s 系统的商用进程明显加快，40G DWDM 系统进入大规模商用阶段。根据 Ovum 的研究，从 2005 年至 2008 年，全球已经有 30 多个运营商部署了 40 Gbit/s 传输网络。虽然目前全球经济不景气，但运营商的 40G 发展计划并没有受到影响。目前欧美、日本的大部分主流运营商均已开始规划和建设 40G 长途骨干网，如 AT&T、Comcast、Verizon、Sprint 等，40G 系统的成本大大降低，目前在 DWDM 长途系统中，40 Gbit/s 系统每比特的价格已经开始低于 10 Gbit/s 系统。到 2009 年底全球主流设备厂商均已推出商用 40G DWDM 商用设备，主要有华为、诺基亚西门子、富士通、北电、阿尔卡特朗讯、爱立信、Ciena、NEC 等，而且产品已经系列化，既有支持中短距离传输的 ODB/PSBT 等码型，也有支持中长距离传输的 DPSK 码型，甚至更复杂的 DQPSK、DP-QPSK 等码型，设备的适用性得到了极大提高。

40 Gbit/s 元器件也日益成熟，很多厂商都推出了有关的产品，DPSK 等复杂调制模块也具备了多厂商供应能力。其他的关键元器件，包括光学器件（例如激光器、调制器、驱动器、接收机、光域可调色散模块等）和电器件（如 FEC、Framer、SerDes 等芯片），也已具备多厂商供货能力。元器件的进展有效支撑了 40 Gbit/s 传输产业链的成熟，使 40G 设备价格呈现快速下降趋势，促进了 40 Gbit/s 传输系统规模商用。

面向未来的发展，一些运营商也开始在网络中进行更高速的单波长 100G 系统的试验，由 100GE（100 Gbit/s 以太网）业务带动的 100 Gbit/s 高速传输技术已经得到了业界的广泛关注。目前不少领先厂商已经启动了 100 Gbit/s DWDM 传输技术的研究，华为、北电、阿尔卡特朗讯、CoreOptics 等一些设备厂商已推出了 100 Gbit/s DWDM 的样机，并将于近一、两年推出商用产品。运营商也十分关注 100 Gbit/s DWDM 的发展，2009 年以来很多运营商积极开始进行 100 Gbit/s 的现场试验，其中比较典型的是 Verizon、AT&T、Comcast 等。

2. 全球光接入设备及市场发展

由于北美和欧洲的运营商大规模采用 GPON 建设光纤接入网、日本和韩国的 EPON 用户持续增长以及中国运营商开始大规模采用 EPON 技术建设 FTTx，全球的 PON 设备市场迅速增长。根据 Infonetics 于 2009 年 3 月公布的统计数据，在 EPON 和 GPON 的带动下， 2008 年全球 PON（包括 BPON、EPON、GPON 和 WDM-PON）的 OLT 和 ONT 设备收入比上年增长了 38%，达到 24 亿美元。随着“光进铜退”趋势的蔓延，未来 5 年 PON 设备市场仍将保持快速增长的势头，预计 2008—2013 年，全球 PON 设备市场的复合年增长率（CAGR）将达到 23%，届时全球 PON 设备收入将超过 50 亿美元。

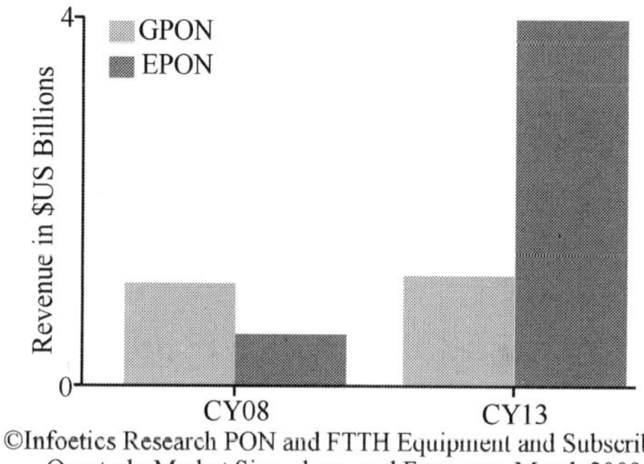

©Infoetics Research PON and FTTH Equipment and Subscribers Quarterly Market Size. share, and Forecasts. March 2009

来源：Infonetics

图 9-14　全球 GPON 和 EPON 设备市场收入

目前，阿尔卡特朗讯、摩托罗拉、Tellabs、三菱、日立、诺基亚西门子、Fiberhome 等公司是全球主要的 PON 设备提供商。基于 PON 的各种 FTTx 用户规模也正在迅速扩大，以 FTTH 用户为例，根据 Infonetics 的统计，2007 年全球基于 PON 的 FTTH 用户达到了 1 260 万户，预计到 2011 年这一数字将增长到 8 050 万户。

EPON 是目前产业最成熟、应用范围最广的 PON 技术。2008 年，由于中国、日本、韩国等亚太国家的重要运营商继续采用 EPON 技术大规模部署 FTTB/FTTH 网络，导致 EPON 设备市场持续稳步增长。根据 Infonetics 的统计数据，2009 年第三季度全球 EPON 设备市场与 2008 年同期相比增长了 41%。

GPON 则是目前增长速度最快的 PON 技术。由于北美和欧洲的运营商开始大规模采用 GPON 技术建设 FTTP/FTTH，因此 2009 年以来 GPON 设备市场快速增长，例如，与2008年第三季度相比，2009年第三季度GPON设备收入增长了243%。

从目前来看，PON技术发展的地域特征非常明显。EPON在亚太地区应用比较广泛（日本、韩国的运营商大多采用EPON，中国也开始进入规模应用阶段）；而欧美的很多运营商最初主要采用BPON，而最近几年则开始采用GPON。我们认为，出现这种现象的原因，主要是日、韩运营商开展光纤接入较早，并且把高速互联网接入作为重点发展的业务，因此选择当时技术成熟、成本低、能够高效支持IP业务的EPON技术。而欧美运营商开展光纤接入的时间相对晚一些，并且把视频业务作为重点发展的业务，因此一般选择BPON。随着GPON技术越来越成熟、设备成本逐渐下降，为了更好地支持多媒体和视频业务，欧美的运营商开始大规模采用GPON。与EPON相比，GPON虽然产品的成熟度稍差，成本也高一些，但GPON在带宽、容量、多业务支持能力上有较大优势，同时GPON较好地延续了运营商在BPON上的多业务承载思想，并继承了BPON光接口波长的定义。

3. 全球智能光节点设备及市场发展

全球的智能光节点设备也进入了快速发展期。目前基于SDH的ASON节点设备已在全球大规模商用，如Verizon、Vodafone、AT&T、BT和NTT等。ASON的组网通常采用分层和分域的方式实现，可以对各层面ASON网络划分控制域，多个控制域之间通过E-NNI进行互联，实现跨ASON域的端到端资源管理。但由于目前E-NNI标准化情况尚不成熟（如跨域端到端的保护和恢复以及ENNI路由协议尚未完善），运营商组建的ASON网络，都采用的是单控制域的方案，最大的ASON网络是AT&T的国家骨干网，共包含150个左右的节点。

基于OTN技术的智能光节点设备已局部应用于试验或商用网络，国外运营商实际的网络应用中以ROADM设备为主，这主要与网络管理维护成本和组网规模等因素密切相关。如AT&T将在40G长途网络中引入ROADM技术，并于2009年大规模建设。

（二）3G发展和全业务运营对光通信的需求和产业影响

伴随着我国电信重组的完成以及3G网络的大规模部署，我国正式进入全业务运营和3G时代。三大电信运营商以快速建设3G网络为核心工作，WDM/OTN、MSTP等基础光网络也迎来了新一轮建设高潮。从长远来看，3G RAN侧IP化、宽带化以及光进铜退、全业务运营开展也将促使光网络部署方式发生变化。

在移动网络中，一方面，3G、WiMAX、LTE技术为移动数据应用提供了更宽的空中通道，移动多媒体、高速下载、移动互联网等数据业务的大量部署使得基站传送带宽需求空前提高，“带宽”成为移动回程网络建设的热点；另一方面，业务的IP化使得传送网对分组业务的效率、QoS保障、OAM等方面提出了新的要求；在固网中，企业用户、家庭用户数量的增大和带宽的提升给传送网带来了极大的压力。在业务IP化的趋势下，光通信基础网络正经历前所未有的变革，各种新技术在网络的各个层面都有所体现并得到应用。以xPON（无源光网络）、40G、PTN（分组传送）为代表的新一代光通信技术开始走上商用舞台。

1. 全业务推动xPON（无源光网络）技术快速发展

相比于2G时代单一语音服务，在网络和业务层面，3G蕴含了更多的“融合与创新”，从分立场景、单一业务走向了全场景、全业务。这其中，“融合”包含着网络的融合（统一的超带宽网络架构）、业务的融合（固定与移动业务统一）、组织架构的融合（电信运营商内部组织架构的整合）；而“创新”则体现在业务的创新（移动和固定服务的宽带化）、商业模式的创新（固定和移动的统一资费包）、管理的创新（顺应新组织架构的统一管理）。

无论是融合还是创新，3G的内涵和外延都在不断发展和丰富。仅就物理网络层面而言，都是在面向全业务的前提下，持续探索ALL-IP网络的深化发展。目前DSL（数字用户线路）的接入方式能够提供的带宽非常有限，无法满足后续业务开展的带宽需求，只能采用光纤接入的方式为用户提供高带宽、全业务的接入平台。而建设作为FTTx主要接入技术的全光PON接入网络则成为各运营商在3G时代ALL-IP网络建设和全业务运营的必由之路。

2. 40G将实现大规模商用

2008年以来，电信重组和3G业务的推出给光通信的发展起到了积极的推动作用，加上互联网业务的迅猛发展，IP呈现爆炸式增长，将来IP将承载包括语音、图像、数据等在内的多种业务，构成未来信息网络的基础，光网络将朝着面向IP互联网、能融入更多业务、能进行灵活的资源配置和生存性更强的方向发展，高速率大容量的光通信设备必将大规模涌现。具有40G高速率的OTN（光传送网）系统将是未来光传送网络的核心，在光层引入控制信令，满足未来网络对多粒度信息交换的需求，提高资源利用率和组网应用的灵活性是光传送网发展的一个必然目标。在不久的将来，40G技术必然会实现大规模商用。

3. PTN成为业务IP化必然选择

业务承载IP化趋势已在业内达成共识，未来的光传输网络将主要负责IP/以太网流量的传送，向着智能的、融合的、宽带的和综合的PTN发展。PTN一方面继承了面向MSTP网络在多业务、高可靠、可管理和时钟等方面的优势，另一方面具备以太网的低成本和统计复用的特点，是构建下一代网络的核心部件，代表了运营商网络转型的趋势。

（三）国内三大运营商光通信发展与规划

目前，我国90%以上的信息量是通过光纤传输，光通信及相关光电子产业正在成为带动整个信息产业发展的新经济增长点。随着我国电信运营商重组的完成，网络融合、全业务运营成为运营商未来发展的战略目标。“光进铜退”、打造FTTx接入网络成为重组后运营商网络建设的重要策略之一，同时也将进一步加大对大容量、高速率光网络的建设需求。

1. FTTx的建设发展迅速

随着全业务的实施，我国三大运营商均开始实施宽带接入建设，运营商“大力推进光进铜退，实施接入网光纤化战略，新建区域实现光纤到楼、光纤到村，加强城市已有区域的改造”的目标已经非常明确，建网模式主要是“以FTTB/C为主，FTTH为辅”。

中国移动也加速了FTTx的发展，中国移动已经开始试水固网业务，在几个省份建设FTTx网络，以提供更好的服务从而争取客户（特别是高端客户），如江苏移动在2008年11月启动首批光纤接入工程，开始在全省范围内大规模部署FTTx，广东移动也启动了万楼光纤计划，首批主要针对行业用户、高ARPU值用户。在中国移动近期正在制定的2009—2011年规划中，GPON也被定位为“中国移动宽带接入的主要方式”。三年内中国移动将充分利用业务需求和物理资源扩大GPON覆盖。

中国电信和中国联通当然不会轻易地放弃原有的市场和用户，一定会加速FTTx的建设，提供更吸引用户的宽带服务方案，与中国移动进行竞争，这将进一步推动FTTx的建设。在2009年，中国电信、中国联通已开始将投资重心转向光接入网，明确提出严格控制铜缆投资和使用；在接入网光纤化方面，以PON技术促进“光进铜退”已经成为了中国电信、中国联通的工作重点。如中国联通确定了采用EPON进行国内光纤接入网建设的思路，并颁布了各自的企业EPON技术规范、建设指导意见，还进行了规模集采。

目前中国电信、中国联通在接入网部署方面都采用了以EPON全面覆盖、GPON部分试点的网络建设方式。2009年2月，中国电信进行了GPON试点招标，首批招标的2300线GPON设备将在北京、上海、武汉和杭州等4个城市进行试点工程。截至2009年3季度，中国电信已有13个GPON试点，中国联通有18个GPON试点。在北方，中国联通建设的以北京为中心的，贯穿天津、河南、山东等华北主要地区的40G线路已经投入运行。在南方，中国电信2008年招标建设的上海到无锡段40G线路已经投入运行；2009年8月刚刚完成长三角其余主要地区、珠三角区域的40G招标，建设已经开始，预计2009年内将完成。

在我国FTTx设备（PON）市场上，烽火通信、中兴和华为等厂商处于领先地位，占国内光纤接入设备市场的大部分份额，其他份额较低的厂商还有UT斯达康、格林威尔、长光等。

预计2009年，我国FTTx的建设规模会比2008年翻一番，EPON仍然会是FTTx建设的主流技术，GPON也将在一些省市进行一定规模的试验和部署。

2. 40G DWDM系统商用建设开始起步

在我国电信市场本次重组前，原中国电信、中国网通等国内运营商主要采用 10G DWDM+SDH 构建城域核心到国家干线网络。但是随着运营商重组和 3G 的建设以及互联网业务的迅猛发展，国内运营商及用户对于通信容量方面的要求越来越高，以 10 Gbit/s 为主流的单通道速率已经远远不能满足需求，运营商需要引入 40G DWDM 系统来迎接全业务环境下的新挑战。

近两年来，国内运营商已开始在网络中引入 40G 设备，中国电信走在了 40G 建设的最前面。2008 年，中国电信建设了国内第一个商用 40 Gbit/s DWDM 传输网络——上海—无锡 80×40 Gbit/s DWDM 系统，该 40G 线路有 200 公里。中国联通因为承接了原中国网通的数据网络，对 40G 同样提出了迫切需求，也于 2008 年开始建设第一个商用 40 Gbit/s DWDM 传输网络，覆盖了华北地区的 5 个主要城市。目前在中国电信和中国联通举行的 40G 采购中，主要采用华为的设备，华为的 40G 系统可支持 ODB、DP-QPSK 等多种编码制式的混合传输。中国移动由于目前业务仍以语音为主，对 40G 的需求并不是十分迫切，但是随着全业务运营的深入，数据业务量的增加将促进中国移动在城域骨干网上采用 40G。

目前我国的 40G 网络商用建设才刚刚起步，40G 网络的发展还将面临成本、运维、如何与现有网络兼容等多方面的挑战，需要运营商对此提高重视，并研究解决方案。

3. 光网络的智能化将逐步引入

在我国，运营商重组之后，全业务的处理能力已经成为运营商综合实力竞争的一项重要指标。在新旧网络整合中，宽带业务的爆炸式发展，让业务发展和网络规模逐渐扩大，传统环形的组网结构和静态的业务配置方式限制了网络潜力的发挥。目前在国内网络，尤其是在城域网中，基于 SDH 的 ASON 已经有了比较多的应用，主要应用于大客户专线网、传统 TDM 和高质量需求的 IP 链路网络中，如北京网通面向 2008 年奥运会，已经建成了基于 ASON+MSTP 的全网状智能光传送网络，为奥运会提供视频传送业务和专线业务等。此外，上海电信、江苏电信、海南电信、山东移动等也都纷纷在其城域网的建设中使用 ASON 设备来提高网络的智能。

基于 OTN 技术的智能光节点设备已局部应用于试验或商用网络中。国内运营商对基于 OTN 技术的智能光网络的发展和应用也颇为关注，从 2007 年开始，中国电信、原中国网通和中国移动等已经或者正在开展有关的应用研究与测试验证，组网节点有基于电层交叉的 OTN 设备，也有基于 ROADM 的 OTN 设备。

4. 光纤光缆市场需求加大

自 2008 年底我国的 3G 牌照政策明确后，国内光纤光缆市场的需求一下子出现了一个大的高峰。2009 年，我国的 3G 大规模建设，将继续拉动国内光纤光缆市场发展，国内光纤光缆市场的需求仍将继续增长。中国移动在过去的 10 年里共建设了 30 多万个基站，2009 年将再建设约 6～7 万个基站。未来几年内，中国联通和中国电信也将加大基站建设力度，将进一步带动光纤光缆市场的需求。2007 年，我国国内市场光纤光缆总需求量不超过 3 000 万芯公里，2008 年光纤光缆需求总量约为 4 000 万芯公里，预计 2009 年国内的光纤光缆需求总量仍然将迅速增长。

（四）光通信领域的发展趋势

1. 利好的管制政策将进一步促进宽带接入网的发展

2008 年以来，源自美国的金融危机逐渐扩大，并开始影响到实体经济。各国政府已陆续出台一系列政策，并将启动大批项目来刺激经济。值得关注的是，宽带将在美国、欧洲政府的经济复兴计划中承担重要角色。

2009 年，各国政府继续加大力度支持宽带的发展，例如，美国总统奥巴马将推行旨在推动全美城市和农村宽带网络建设的"宽带新政"。在 2009 年 2 月 17 日美国新总统奥巴马签署的总额为 7 870 亿美元的经济刺激计划中，有 72 亿美元用于"扩大宽带网络设施和服务"，为普及宽带服务的企业提供政府直接投资和信贷方面的优惠。美国将启动"宽带技术机遇"等一批项目，用于提升其宽带方面的竞争力，FCC 也将在 1 年内制定"国家宽带计划"。在欧洲 2 000 亿欧元经济刺激计划中，包括 50 亿欧元的"未动用欧盟资金"，这项资金将用于“提升能源互联（energy interconnection）和宽带基础设施”。

此外，一直以来备受争议的欧盟宽带管制政策也开始出现松动的迹象。例如，2009年2月，英国的电信管制机构Ofcom为了鼓励BT投资建设下一代宽带接入网，允许BT自由决定其新建的光纤接入网络的批发价格。预计Ofcom的这一决定将对其他欧洲国家的管制机构产生一定影响，对于促进传统电信运营商建设光纤接入网具有积极意义。

2. GPON将进入快速成长期

从技术发展趋势来看，目前EPON和GPON都可以支持现有的大多数业务。但是从长远发展来看，GPON的发展空间更大，主要原因是GPON可以更好地支持多媒体业务，更符合全业务经营的要求，因此虽然目前其产业不如EPON成熟，设备价格也相对较高，但由于有众多实力雄厚的运营商和设备商的支持，未来其产业化步伐将进一步加快，设备价格也将不断下降。

2009年，GPON市场将加速发展，并且将逐渐蚕食EPON市场。预计2011年全球FTTx设备市场收入将由45%的EPON设备、40%的GPON设备和15%的点到点以太网设备构成。

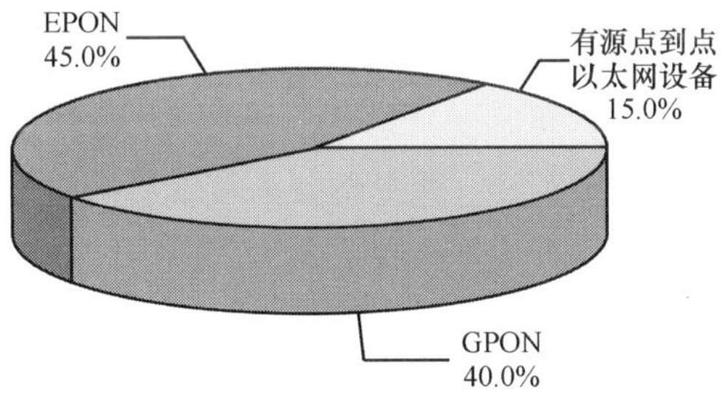

数据来源：阿尔卡特朗讯

图9-15 2011年全球FTTx设备收入所占比率

3. 国内光通信市场将持续快速发展

未来几年，三大全业务运营商对于现有网络必然会产生更多的补充完善建设方面的需要，从而拉动网络建设方面的需求，促进光通信市场的发展。此外，国内FTTx的用户总数将大大增加，其中FTTB、FTTC模式将成为公众用户接入的主要模式。随着个人高带宽业务需求的不断发展，FTTH的比例也会逐年增加。

光接入网的规模建设也将推动骨干光传送网的发展，我国骨干网的40G建设需求将逐步加大，2009年，我国的40G商用步伐大大提速，运营商已经开始采用40G技术升级骨干网，中国移动也完成了PTN招标，预计将于2010年开始规模部署。

2009年，国内的光纤光缆需求总量增长依然迅猛，约每月比2008年同期增长100万芯公里左右，预计将达到5 000万芯公里。此外，中国联通和中国电信也将在基站建设上加大力度，进一步带动光纤光缆市场的需求，国内光纤光缆市场需求的增长将至少持续3年。

（作者：工业和信息化部电信研究院　李　辉　胡　波）

四、光纤光缆技术与市场分析

（一）中国光纤光缆市场分析

2009年随着我国政府大规模经济刺激计划的实施、国内3G网络市场的迅猛发展、FTTx规模建设的稳步推进、“光进铜退”以及国家振兴西部、振兴农村等政策的出台，我国光纤光缆市场仍就保持高速发展态势，迎来了新一轮增长高峰，国内光纤光缆行业迎来了需求量最旺盛的历史时期。2009年我国光纤市场的需求量将突破7 000万芯公里，预计有可能达到8 000万芯公里（甚至更高），大大高于人们在年初的预计。

光纤光缆产业链可以分为上游的化工原料及光纤预制棒（也称光棒，利用复杂工艺将用化工原料制成预制棒）、中游的光纤（用预制棒进行拉丝制成光纤）、下游的光缆（将光纤、化工材料和金属线缆加工成各种光缆）三个环节，其中光纤预制棒处于整个产业链的最核心地位，技术含量最高，成本比重最大，基本决定了光纤的种类、性能、价格等。光纤光缆生产的三个环节利润分配比是7∶2∶1，预制棒成本在光纤光缆总体生产成本里大概占50%～60%的比重。2008年国内预制棒用量约为1 600吨，其中国产大约300吨左右，主要是长飞、富通、法尔胜等厂家；其余需要进口，主要供货商为日本的信越、住友、藤仓、古河等。据预计，2009 年国产光纤预制棒产量将在 500 吨左右，产量的增长尚远远赶不上我国需求的增长。

经过近几年光纤光缆市场的激烈竞争和优胜劣汰，国内的光纤光缆企业总数大为减少，逐步形成了以长飞、富通、亨通、烽火、中天等企业领军的格局，我国的光纤光缆市场形成了良好的环境。根据相关光纤生产企业的统计数据，2008 年我国光纤市场需求总量大约在 4 500 万芯公里左右，同比增长 20%，中国占据了全球 1/3 的需求量。根据 CCID 的数据，2008 年我国光通信市场规模达到 253 亿元人民币，同比增长 22.2%。2009 年我国三大电信运营商对光纤的市场需求至少为 3 800 万芯公里，也有可能达到 4 300 万芯公里，其中中国移动 2 000 万芯公里，中国电信 1 200 万芯公里，中国联通 1 000 万芯公里；再加上其他领域的市场需求，有专家预计今年我国光纤市场需求将在 5 400 万芯公里到 6 000 万芯公里之间。这将大大超过我国光纤生产企业的供给能力，供需缺口将达 1 000 万芯公里以上。2009 年，长飞，富通、亨通等 5 个大企业实际的光纤产量达到 4 800 万芯公里，占全国总产量的 76%左右。国产的光纤光缆产品已经得到了用户的认可成为我国通信网络建设的主力产品。

表 9-12 2009～2010 年中国主要光缆厂家生销量与产能（单位：万芯公里）

序号	厂家	2009 光缆产销量（估计）	2010 产能（预测）（不含 OEM）
1	长飞	1 400	1 800
2	烽火	950	1 150
3	亨通	850	1 100
4	富通	750	1 000
5	中天	550	800
6	通鼎	450	900
7	康宁（成都、北京）	400	550
8	深圳特发	260	350
9	无锡普睿司曼	300	250
10	凯乐科技	240	400
合计	—	6 150	8 300

表 9-13 2006～2009 年中国主要运营商对光缆需求（单位：万芯公里）

公司	2006	2007	2008	2009（预测）
中国移动	720	1 000	1 400	1 960
中国电信	500	650	900	1 620
中国联通	430	500	660	1 450
其他	350	450	540	700
合计	2 000	2 600	3 500	5 730

其他：广电、电力、铁路、石油、高速公路、军用、华为、中兴等

（二）光纤光缆技术及应用领域分析

光纤光缆技术经过 30 多年的研究与开发，已取得了飞速的发展和巨大的进步，已经成为全球通信网络中关键的组成部分之一，在当今信息社会起着十分重要的作用。光纤光缆及其相关技术在通信、信息等许多领域中有广泛、深入的应用。

1. 光纤光缆技术概况

光纤产品数量众多、品种齐全。光纤可以按多种方法分类，如按制造材料，光纤可分为石英类（多组分玻璃光纤、纯石英芯光纤、塑料包层石英芯光纤等）和非石英类通信光纤、特种光纤（全塑料光纤、氟化物光纤等）；按传输模式，有单模光纤和多模光纤；按折射率分布，有阶跃型和渐变型光纤；按工作波长，有短波长光纤、长波长光纤和超长波长光纤等；按结构，光纤可分为常规结构和非常规结构的通信光纤、特种光纤等，如 G 系列通信光纤、掺稀土元素的有源光纤、保偏光纤、聚合物光纤、PCF 等。

已经研究和开发了一系列的适应于各种波段、各种用途的光纤：光纤通信用 ITU-T G 系列的 G.651.1 光纤（50/125μm 多模光纤（MMF））、G.652 光纤（非色散位移单模光纤（NDSSMF），即常规单模光纤）、G.653 光纤（色散位移单模光纤（DSSMF））、G.654 光纤（截止波长位移单模光纤（CWSSMF））、G.655 光纤（非零色散位移单模光纤（NZDSSMF））、G.656 光纤（宽带光传输用非零色散位移单模光纤）和新型的 G.657 光纤（接入网用弯曲不敏感单模光纤），用于吉比特以太网的新型大

表 9-14　中国光纤预制棒技术与产量（单位：吨）

公司	技术来源	预制棒技术(当前)	预制棒技术(将来)	规划或目标
长飞	根据现有技术,自我创新研发	PCVD＋RIC RIC not utilized	改进的 RIC 技术	600
烽火藤仓	日本藤仓技术与现有技术结合	PCVD＋OVD	藤仓技术	300
住友富通	日本住友技术	昭和技术	住友技术	150
杭州富通	现有技术，合作技术，自我研发相结合	VAD＋OVD	VAD＋RIC	300
亨通	现有技术加自我研发	VAD＋OVD Self-developed	同样	100
中天	日本日立技术加自我研发	日立技术	同样	100
法尔胜	现有技术，合作技术，自我研发相结合	MCVD＋OVD	同样	100
合计	—	—	—	1 650

带宽多模光纤（OM3），色散补偿/管理光纤（DCF/DMF），免揩擦易接续光纤等。

此外，还开发了特种结构光纤（如小包层光纤、空芯光纤、金属涂层光纤、碳涂层光纤、内包层横截面为非圆形的光纤（矩形、正多边形、星形、梅花形等）、侧边抛磨光纤等）、保偏光纤（常用的有熊猫型、领结型、椭圆形、虎型、类矩型、一字型等）、高非线性系数光纤、新结构的光子晶体光纤（石英玻璃 PCF、非石英玻璃 PCF、塑料 PCF 等），特种材料的液芯光纤、晶体光纤、手征光纤、纳米光纤，适用于近、中红外波段传输的非石英玻璃类氟化物光纤、硫化物光纤、碲化物光纤、铋化物光纤等，新一代短距离传输介质——聚合物光纤（也称塑料光纤，SI-POF、GI-POF、MS-POF），用于光纤放大器、光纤激光器的掺稀土元素有源光纤（掺镧系元素，原子序数 57—71）、双包层光纤，特种用途光纤（紫外光敏光纤、能量传输光纤、锥形透镜光纤等）、传感器用光纤（带光纤光栅的光纤、高温传感光纤、涂覆敏感材料的分布式光纤传感器用光纤等）、多芯光纤，军用特种光纤（高强度耐疲劳光纤、耐辐照光纤、放射加固光纤、耐高温光纤、抗恶劣环境光纤等）以及上述光纤相应的组合光纤，如保偏的大模场面积双包层光纤（PM-LMA-DCF）等。

石英玻璃光纤可用于通信的波长范围大约为 800～1 800 nm 左右，一般不超过 2 300 nm，现在石英光纤可实际应用的窗口和波段有第一窗口 850 nm（770～910 nm），O 波段（1 260～1 360 nm、原始波段、第二窗口 1 310 nm），C 波段（1 530～1 565 nm、常规波段、第三窗口 1 550 nm），L 波段（1 565～1 625 nm、长波长波段、第四窗口 1 600 nm），E 波段（1 360～1 460 nm、扩展波段、第五窗口 1 400 nm），S 波段（1 460～1 530 nm、短波长波段），U 波段（1 625～1 675 nm、超长波长波段）等。非硅基的氟化物玻璃光纤可以应用于 0.4～5.0 μm 红外波段光的传输，硫族化物玻璃光纤可用于 0.6～12 μm 波段红外光的传输，紫外传输光纤可以作为紫外光的传输介质，此外，空芯光纤、光子晶体光纤（PFC）、聚合物光纤（POF）等分别可以应用于各自对应的波段，它们扩展了石英玻璃光纤使用范围。

新结构的光子晶体光纤（TIR-PCF、PBG-PCF，又称多孔光纤或微结构光纤），光子晶体光纤（PCF）是基于光子晶体技术发展起来的新一代多功能光纤，PCF 的结构参数可以由孔径 d、孔距 Λ、相对孔径 $f=d/\Lambda$、填充比 F 等来表征。PCF 的设计有很大的自由度，材料的选择，结构类型，纤芯或（和）包层中空气孔的大小与几何形状，孔的间距、密度、排列方式等都会对 PCF 的性能产生重要的影响。一些简单的微结构参数变化就可以使 PCF 的性能发生显著的改变。根据需要适当改变部分相应的结构参数，可以调节或裁剪 PCF 原有的特性，使 PCF 的某些特性得到增强或减小，以利于不同场合的各种用途。由于 PCF 的特殊结构，使 PCF 具有许多与传统的常规光纤完全不同的或独特的、优异的、潜在的性能，可以实现许多传统光纤无法实现的功能而受到人们的广泛关注。

光缆可以按缆芯结构、使用场合、用途、芯数、是否铠装、护套材料和结构、阻水材料、铺设方式等多种方法进行分类和命名。目前已开发的光缆基本结构主要有骨架式、层绞式、中心束管式和带状式等几种结构，主要类型有室外光缆、室内光缆、海底光缆和特种光缆等几大类，光缆的最大芯数已达上千芯以上，经过 30 多年的研究和开发，光缆规格品种已达上千种之多，光缆品种已经系列化、型谱化、特种化、多样化、普及化，例如民用的核心网光缆、接入网光缆、干线光缆、分支光缆、综合引入光缆、室内光缆、卷曲软光缆、电力光缆（全介质自承式光缆（ADSS）、光纤架空复合地线（OPGW）、光纤架空复合相线（OPPC）、附着式光缆（OPAC））、软光缆、气吹（送）光缆、带状光缆、排水管道光缆、路面开槽光缆、微型轻型光缆、大跨度海底光缆（浅海光缆（＜500m）、深海光缆（＞500m））、光电复合缆、新型的适用于 FTTH/FTTP 的室内外光缆、新一代海底光缆、多用途特种光缆、汽车用光缆、新型材料光缆（如无卤、低烟、低毒、阻燃材料、填充材料、阻水材料、耐摩材料、纳米材料、生态环保材料等）等正进入实用或日趋实用化，光纤光缆技术将向高密度，细径、大芯数，低成本、高性能，多用途的方向发展；军用方面有野战光缆，拖曳光电复合缆，系留（绳）光电复合，脐带光电混合光缆，舰载、潜载、机载、箭载、星载光缆，水声传感光缆，水下测试光缆，耐辐照光缆，吊放光缆、高强度军用光电复合缆、特种波段光缆、军用海底光缆等。光纤光缆技术已经扩展、深入到了有线通信、有线传感的各个方面，光缆技术已经应用到了上至太空、下到海底的各种环境，应用领域几乎与电传输线相近。开发的各种光缆基本上能满足多种场合、多种用途的需求。

光缆用的材料主要有光纤、光纤涂料、光纤二次被覆用料、光纤光缆填充料（纤膏、缆膏）、光缆用加强件（金属或非金属）、光缆用阻水材料（阻水带、阻水纱）、光缆铠装材料（复合金属带，如钢带、铝带、不锈钢带、铜带等）和光缆护套材料等几大类。光缆制造的主要工艺有：拉丝及一次被复、强度筛选、着色、并带、二次被复（含油膏填充）、成缆（含油膏填充）、护套（含油膏填充）等。按行业标准，光缆的使用寿命通常为 25 年。

近期随着光缆技术的发展，国际上新结构、新材料的光缆不断涌现，如直径小、重量轻的光缆，全干式松套光缆，微型吹气安装光缆，泡沫阻水光缆，新型材料光缆（如阻燃材料、填充材料、阻水材料、耐摩材料、纳米材料等）光缆等，光缆技术正向微型化、干式阻水化、处理多样化、环境特种化等方向发展。

2. 光纤预制棒技术分析

光纤预制棒技术是光纤制造的核心技术，现在的高性能、低损耗石英光纤通常采用二步法复合工艺来制造光纤预制棒，第一步先制备芯棒，此基础上进行第二步制备芯棒的包层，二步合成预制棒。在已开发的预制棒芯棒的制备工艺有多种：管外气相沉积法（outside vapor phase deposition, OVD）、管内气相沉积法（inside vapor phase deposition, IVPD）、改进的化学气相沉积法（modified chemical vapor deposition, MCVD）、气相轴向沉积法（vapor phase axial deposition, VAD）、等离子体激活化学气相沉积法（plasma activated chemical vapor deposition, PCVD）和炉式化学气相沉积法（furnace chemical vapor deposition, FCVD）等；主要的预制棒包层制备工艺有：套管法（RIT，Rod In Tube；RIC，Rod In Cylinder）、火焰水解法（Soot，用 OVD、VAD 等火焰水解外沉积工艺）、等离子喷涂法（advanced plasma vapor deposition, APVD）、溶胶-凝胶法（Sol-gel）等。

制造光纤的主要原料有高纯度的 $SiCl_4$、$GeCl_4$、$POCl_3$、BCl_3、BBr_3、$AlCl_3$、CF_2Cl_2 以及 O_2、H_2、N_2 等一些气体、掺杂剂等。

光纤预制棒完整的制造工艺可以采用上述芯棒——包层制备工艺的组合，如 MCVD-OVD，MCVD-RIC、PCVD-OVD、PCVD-RIC、PCVD-APVD、VAD-OVD、VAD-RIC 等。预制棒的直径有 40～60 mm、60～100 mm、100 mm～170 mm 等，棒长 1 200 mm～1 500 mm 等多种规格；光纤拉丝工艺速度一般在 600 m～2 000 m/min。直径 120 mm、长度 1 400 mm 的预制棒可以拉制的光纤长度超过 1 300 km。

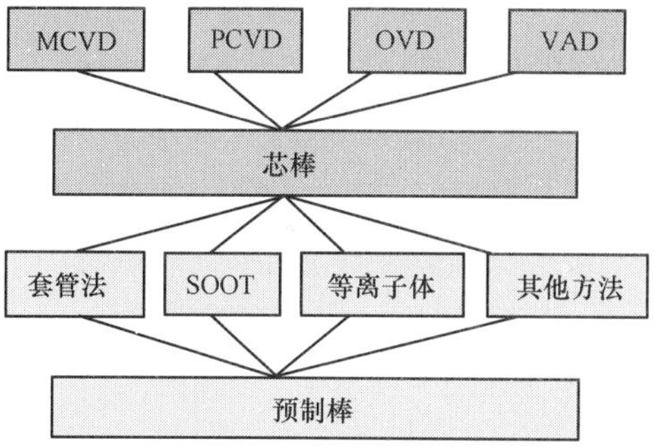

图 9-16　两步法制备大直径光纤预制棒

我国光纤预制棒产业化取得重要进展，已经掌握了低水峰光纤及其多种光纤预制棒芯棒核心技术，逐步改变了我国光纤预制棒长期依赖进口的不利局面，为我国光纤产业的健康发展奠定了基础。国内厂家制造光纤预制棒技术有：PCVD 芯棒＋RIC 套管、PCVD 芯棒＋OVD 外包层、MCVD 芯棒＋OVD 外包层、MCVD 芯棒＋RIC 套管、VAD 芯棒＋OVD 外包层、VAD 芯棒＋RIC 套管等。

光纤预制棒制备技术发展趋势采用芯棒—包层两种制备工艺的组合，如 MCVD 芯棒＋OVD 外包层、MCVD 芯棒＋套管（RIT/RIC）、PCVD 芯棒＋OVD 外包层、PCVD 芯棒＋套管（RIT/RIC）、PCVD 芯棒-APVD 外包层，VAD 芯棒＋OVD 外包层、VAD 芯棒＋套管（RIT/RIC）等。预制棒的规格将向大长度、大直径方向发展，如棒长 2 m、直径 200 mm 等，以利于进一步降低生产成本。

聚合物光纤（POF）也被称为塑料光纤或有机光纤等，通信用的 POF 有阶跃型（SI-POF）和渐变型（GI-POF）两大类。SI-POF 的主要制作工艺有：棒拉法、熔融挤压法（连续挤出或间歇挤出）、双机头共挤法等；GI-POF 预制棒的光纤制备方法有二步共聚法、紫外光引发共聚法、界面—凝胶共聚法、等离子法、封闭过程挤出法、汽相扩散共挤法、超离心法、连续共挤法等，其中界面-凝胶法预制棒制备技术最为成熟。POF 纤芯材料主要有聚甲基丙烯酸甲酯（PMMA）、聚苯乙烯（PS）、聚碳酸酯（PC）等，包层材料大多选用含氟聚合物或共聚物，如聚甲基丙烯酸三氟乙酯、四氟乙烯-偏氟乙烯共聚物等。

光子晶体光纤（PCF）预制棒制备方法主要有毛细管聚束拉丝法、大直径预制棒钻孔法、熔融挤出法、溶胶—凝胶法等，典型的制备方法是玻璃棒和石英毛细管的紧密堆积成束方法。堆积的形状包括三角形、六角形、矩形、蜂窝形或其他规则（或任意）形状，根据设计方案，使用不同的工艺（如沿石英棒轴线方向钻孔、磨制成不同形状的玻璃柱体、拉丝后多次堆积等），可拉制出不同结构、不同用途的 PCF，其中以三角形和六角形最为常见。除了玻璃毛细管的堆积成束方法外，聚合物 PCF（PPCF）预制棒还可以采用挤压、压模聚合、钻孔、注模等方法制备，采用与石英光纤相似的拉丝、涂覆等工艺，就可以制成所需要的 PCF。

光纤产品数量众多、品种齐全。按材料，光纤可分为石英类和非石英类通信光纤、特种光纤；按结构，光纤可分为常规结构和非常规结构的通信光纤、特种光纤等，如 G 系列通信光纤、掺稀土元素的有源光纤、保偏光纤、聚合物光纤、PCF 等。

3. 光纤光缆行业概况

经过 30 多年的发展，我国光纤光缆行业已经取得了长足发展和巨大的进步，形成了自己的发展模式和特点，行业规模、产能、效益的扩大和提高以及产业链的逐步完善，使整个行业的国际竞争能力得到进一步加强。我国已初步形成了包括原料、

表 9-15　几种不同光纤预制棒制备工艺的特点

工艺特点	MCVD+套管	PCVD+套管	MCVD+OVD	VAD+套管	全合成技术
生产低水峰光纤预制棒	难	难	难	较难	易
原料国产化	进口套管	进口套管	进口套管	进口套管	国产原料
包层沉积速率(g/min)	—	—	20～30	—	30～35
生产大尺寸光纤预制棒	需大套管	需大套管	较容易	需大套管	易
典型预制棒尺寸(芯公里)	200～300	＞400	＞400	＞500	＞1000
生产成本	高	高	较高	较高	较低

制棒、拉纤、成缆、光纤通信系统和网络在内的完整的产业链，产业规模已居世界第一位，产业总体大而不强。目前，国内的光纤光缆产业总体大而不强。我国虽然已经是世界上名副其实的光纤光缆产销大国，但还不是世界光纤产业强国。在光纤光缆制造完整的产业链中，光纤预制棒环节仍然是一个巨大的瓶颈，制约着光纤光缆企业的发展，我们的产业链并不完整。

目前我国的光纤预制棒研发、生产企业主要有长飞、烽火藤仓、富通、亨通、中天、法尔胜等十家以内，其中几家具有一些自主知识产权技术，虽然国内的一些骨干企业的已经掌握了光纤预制棒的生产关键技术，完全能生产出合格的光纤预制棒，但是产业化进程仍然缓慢，只能小批量（或小规模）生产，国产预制棒使用量占国内市场需求量的 20%左右，预制棒的产量上不去，并且相差很大，无法与国外大企业相比，当前我国光纤光缆厂家的光纤预制棒严重依赖进口，其供应主要控制在国外光纤巨头厂商手中，特别是日本的供货商。2008 年国内光纤预制棒用量约为 1 600 吨，其中国产大约 300 吨左右，其余 1 300 吨左右需要向国外采购；2009 年国产光纤预制棒产量将在 500 吨左右，而 2009 年光纤预制棒的需求量估计在 2 000 吨左右，缺口达 1500 吨上下，预计到 2011 年，有望达到 1500 吨，满足当时国内的大部分需求，缩小预制棒进口量。近年来我国光纤预制棒自给率仅在 20%～30%，进口一直占国内总需求的 70%～80%。

光纤光缆产业面临的问题主要是光纤预制棒的产量问题，这是中国光纤光缆产业急需解决的一个关键问题，进一步发展的必然趋势是加大研发创新、资金投入、设备扩容、提高工艺性能和生产效率，争取光纤预制棒的大规模（或大批量）生产的突破。

目前我国光纤拉丝厂家有 15 家左右，有拉丝生产线 162 条（82 个塔），产量大约为 6 000～8 000 万芯公里/年，光纤供需缺口 1 000 万芯公里以上。预计 2009 年长飞，富通、亨通等五个大企业实际的光纤产量将达到 4 800 万芯公里，占全国总产量的 76%左右。长飞等五大企业，每家光纤光缆的产销量预计今年都在 700 万芯公里以上。2009 年国内光纤产量达到 7 000～8 000 万芯公里，产量超过美国，成为第一大光纤制造国。预计 2010 年将再扩容增加光纤生产线，使我国光纤产业的生产能力规模达到 8 000 多万芯公里以上，基本解决国内光纤供不应求的局面。

经过市场的激烈竞争、优胜劣汰和整合发展，国内光缆生产企业从高峰时的 200 家左右到目前剩下大约 30 家左右，光缆市场上常见的也就十几家，形成了以长飞、富通、亨通、烽火、中天等领军企业和永鼎、特发、通光、通鼎、法尔胜、富春江、华伦、宏安、汇源等一批骨干企业，上述 5 家领军企业合计在中国光纤光缆行业的市场占有率已经达到了 80%左右，也就是说市场已经明显向大企业倾斜集中。

4. *光纤光缆的应用领域分析*

光纤光缆产品已经广泛应用于各种通信信息系统和网络中，成为现代有线信息传输的支柱产品之一。光纤应用领域涉及民用和军用的许多信息系统，如地面通信系统和网络，海底光缆通信，光纤传感平台，卫星、飞船上的信息系统等。

（1）光纤光缆在 FTTx 宽带接入网中的应用

2009 年我国三大全业务运营商将继续加快“光进铜退”的步伐，全面展开 FTTx 网络部署，为其实现全业务部署打下坚实的网络基础。政府应进一步加大对 FTTx 部署的推动作用，产业界各方共同努力，提升国家宽带基础设施水平，推进社会信息化。

随着高速互联网接入、IPTV/Triple-Play、VoD、VoIP、网络游戏、视频会议、远程教育、可视电话、网上医疗，CATV、HDTV 以及交互式有线电视（视频点播，电视购物等）、长距离宽带接入等高带宽业务市场的强劲需求，光纤、光器件和光接入系统设备的成本在一定程度上的降低，光纤用户接入布线技术等方面有了比较大的突破，以及政府在管制和产业政策上的支持、市场竞争的驱动等因素，各国电信运营商把关注的目光投向了 FTTH，计划利用光纤这一迄今为止最好的传输媒质来突破网络接入的“瓶颈”，FTTH 被视为下一代宽带接入技术的代表，是未来“最后一公（英）里”的最终形式，全球 FTTx 网络已经由试用阶段正式进入小量工程阶段。

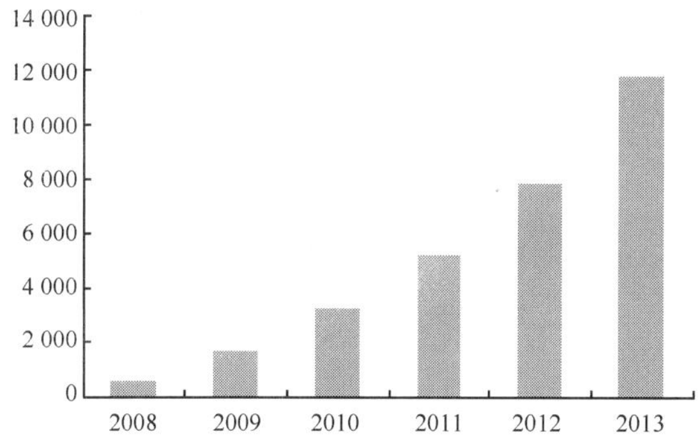

图 9-17 中国 FTTH 用户预测（单位：万线）

（2）光纤光缆在电力系统中的应用

由于光纤通信具有大容量、重量轻、长距离、抗电磁干扰、可复用和易联网等诸多优点，使光纤通信非常适合于电力通信技术的发展需要，并且利用国家电网现有的架设（铺设）电力电缆线路，可以将电力线与通信光缆有机、完美地结合在一起，这是一种非常经济、有效的敷设光缆方法，加上中国地域辽阔，全国各省地县几乎都有电力线路，如果将光纤通信技术在电力系统中逐渐推广使用，最终使全国的电网具有电力传输和信息通信双重功能（甚至多重功能，如光纤传感功能等；具有四网合一的潜力），其应用前景和价值将是非常可观的。因此光纤通信技术在电力系统行业受到特别重视，电力系统也是光纤技术应用的一个重要领域之一。

目前在电力输电线路上架设电力系统特殊光缆（简称为"电力光缆"）主要有以下 6 种。

- 光纤复合架空地线（optical ground wire, OPGW），又称地线复合光缆、光纤架空地线等，是在电力传输线路的地线中含有供通信用的光纤单元，这种光缆结构主要分为两部分，光纤单元和铠装外层。OPGW 具有作为输电线路的防雷线，对输电导线抗雷闪放电提供屏蔽保护；以及通过复合在地线中的光纤来传输信息两种功能，OPGW 是架空地线和光缆的复合体。常见的 OPGW 结构主要有三大类，它们分别是铝管型、铝骨架型和不锈钢管型。OPGW 光缆主要在 500 kV、220 kV、110 kV 电压等级线路上使用。
- 光纤复合相线（optical phase conductor, OPPC）：在电网中，有些线路可不设架空地线，但相线是必不可少的。为了满足光纤联网的要求，与 OPGW 技术相类似，在传统的相线结构中以合适的方法加入光纤，就成为光纤复合相线（OPPC）。虽然它们的结构雷同，但从设计到安装和运行，OPPC 与 OPGW 有原则的区别。
- 金属自承光缆（metal aerial self supporting, MASS）：从结构上看，MASS 与中心管单层绞线的 OPGW 相一致，如没有特殊要求，金属绞线通常用镀锌钢线，结构简单，价格低廉。MASS 是介于 OPGW 和 ADSS 之间的产品。MASS 作为自承光缆应用时，主要考虑强度和弧垂以及与相邻导/地线和对地的安全间距。在破断力相近的情况下，虽然 MASS 比 ADSS 重，但外直径比中心管 ADSS 约小 1/4，比层绞 ADSS 约小 1/3。在直径相近情况下，ADSS 的破断力和允许张力却要比 MASS 小得多。
- 全介质自承式光缆（all dielectric self supporting, ADSS）：光缆全部采用非金属材料，安装时不需要停电，而且通信系统与输电线路相对独立，可以提供数量比较多的光纤芯数，光缆的重量比较轻，价格比光纤复合架空地线相对便宜，安装和维护都比较方便，适合于在原有的输电线路上架设。常见的 ADSS 光缆有中心管式和层绞式两种典型结构。ADSS 光缆一般使用纺纶纱作为加强元件，外护套则应根据线路的电压等级和安装点场强选择

表 9-16 电力架空光缆的一些特点

序号	光缆名称	材料分类	安装形式	主要使用场合
1	光纤复合架空地线（OPGW）	金属光缆	（电力线）复用型	新建线路或替换原有地线或相线
2	光纤复合相线(OPPC)			
3	金属自承光缆(MASS)		（杆塔）添加型	老线路通信改造，在原有杆塔上架设
4	全介质自承式光缆（ADSS）	介质光缆		
5	架空地线缠绕光缆（GWWOP）		（电力线）附加型	老线路通信改造，在原有电力线加挂
6	捆绑光缆（ADL 或 AD-Lash）			

表 9-17 各类电力架空光缆的主要技术特征

项目	OPGW	OPPC	MASS	ADSS	GWWOP+ADL
型式分类	同线复用型	同线复用型	杆塔添加型	杆塔添加型	同线附加型
材质分类	金属光缆	金属光缆	金属光缆	介质光缆	介质光缆
主要结构	钢管/铝管/铝骨架	钢管为主	钢管为主	层绞/中心束管	中心束管/层绞
外层绞线或外护套要求	铝合金线/铝包钢线，右向绞	电工铝线/铝合金线/铝包钢线，右向绞	镀锌钢线/铝包钢线，右向绞	抗电痕 AT/防老化/憎水/阻燃	防老化/耐高温/阻燃
适用电压等级	>500 kV	～150 kV	～380 kV	～220 kV	～150 kV
主要应用场合	新建线路 老线路更换地线	新建线路 老线路更换相线线	老线路加挂	老线路加挂	老线路附加
施工机具	通用	通用	通用	通用	专用
带电作业	一般不可以	一般不可以	采取保护措施可以	可以	一般不可以，采取保护措施可以
接头位置	一般要求耐张塔	一般要求耐张塔	一般要求耐张塔	一般要求耐张塔	任意杆塔
安装金具	常规	常规（不含接头盒）	常规	常规	专用金具
绝缘要求	接地	绝缘，同导线	接地或绝缘	接地或绝缘	与附加线相同
受雷击概率	大，受雷电流温升影响	小	小	小	大，受雷电流温升影响
感应电压	无，与地线同电位	无，与相线同电位	有，影响小	有，重大影响	无，与附加线同电位
短路电流影响	有，受短路电流温升影响	无	无	无	有，受短路电流温升影响
最高使用温度	含铝短时～200℃ 全钢短时～300℃	长期～80℃ 短时～160℃	长期～80℃ 短时～300℃	长期~70℃	长期～80℃ 短时～180℃
空气动力特性	稳定，与地线相同	稳定，与相线相同	另加防振措施	另加防振措施	较稳定，与附加线基本相同
风荷冰载	不增加，等同地线	不增加，等同地线	额外增加	额外增加	略有增加

表 9-18 各类电力架空光缆的主要性能要求（不含传输特性）

OPGW	OPPC	MASS	ADSS	GWWOP+ADL
外径 自重 金属截面积 额定抗拉强度 允许使用张力 年平均运行应力 直流电阻 短路电流/热容量 弹性模量 热膨胀系数	外径 自重 金属截面积 额定抗拉强度 允许使用张力 年平均运行应力 直流电阻（阻抗） 载流量 弹性模量 热膨胀系数	外径 自重 允许使用张力 年平均运行应力 弹性模量 热膨胀系数	外径 自重 承载截面积 额定抗拉强度 允许使用张力 年平均运行应力 弹性模量 抗电痕等级	外径 自重 额定抗拉强度 允许使用张力 弹性模量 热膨胀系数 耐温等级 阻燃性能 防老化性能

合适的材料。

• 架空地线缠绕光缆（ground wire wind optical cable, GWWOP）：与其他光缆相比，该光缆应用比较早，这种光缆线径较细，芯数少，用专用的机械把光缆缠绕在架空输电线路的地线上，价格相对比较便宜，但由于一些原因，国内在运行中出现过一些断缆事故。因此，目前新上的光缆通信系统应用缠绕光缆的较少，主要应用在一些特殊的环境或修复线路等。

• 捆绑光缆（all dielectriced lashed cable，ADL

或 AD-Lash）：该光缆与架空地线缠绕光缆相似，不过是用专用的机械把光缆捆绑在架空地线或者相线（35kV）上，光缆线径较细，芯数少，价格也比较便宜，主要应用在一些低压输电线路上和特殊的环境以及修复线路等。

有时捆绑光缆（ADL）和地线缠绕光缆（GWWOP）被统称为附加型光缆（optical attached cable, OPAC）。

电力专用通信网作为电力建设中的支撑和保障系统，不仅承担着电力系统的生产指挥和调度，同时也为行政管理和自动化信息传输提供服务，目前电力系统的通信业务主要有以下几种。

自动化业务：包括调度自动化（SCADA）、电能计量系统、变电站综合自动化、调度生产 MIS、电力市场技术支持系统等。

保护业务：包括故障录波系统、电网安全稳定控制系统、雷电检测系统、继电保护系统等。

话音业务：包括调度电话、行政电话、会议电话系统。

管理信息业务：包括各种用电 MIS、财务 MIS、电力基建项目管理系统、电力生产及安全管理系统、人事管理、运营管理、OA、GIS 等。

视频业务：包括视频会议系统及变电站自动监控系统等。

电力系统通信接入网解决方案采用 xPON 设备承载电力系统的多业务接入，为电力系统通信网提供多种数据、语音、视频接入通道，在语音接入需求量较大时，与 AMG/IAD 设备共同组网，通过软交换的方式提供中小规模语音接入。该方案不但满足电力系统通信网多业务、高安全可靠性、可灵活扩展等需求，而且能将所有业务应用融合到一个网络中，互不干扰，实现电力系统机关、电厂、变电站、变电所、营业厅的网络互联，以及电力调度，办公自动化，电力营销等系统的网络互联。通过 ONU 终端以太网数据接口或 E1 专线接口提供电力系统内部数据网的连接以及内部监控系统、视频会议连接等业务，通过 ONU 终端语音接口或 AMG/IAD 提供调度电话、行政电话等语音接入。

该方案为电力系统提供安全完善的电力系统通信需求，可实现建设成本的降低、运维效率的提高及高安全性保证，其强大的网络接入能力能够在满足目前主要的语音业务类型和分组数据业务承载的基础上提供向 NGN 平滑过渡的能力，充分保护投资并提供向新一代业务平滑演进。

（3）光纤光缆在海底通信领域中的应用

海底光缆因其制造难度大、技术要求高，被称“光缆之王”。海底光缆有浅海光缆（水深≤500m）和深海光缆（水深＞500m），以及有中继（海）光缆和无中继（海）光缆等之分。海底光缆主要有缆芯和外铠装层两大部分构成。在所有结构中，外铠装部分是雷同的，主要的区别在缆芯部分。缆芯的基本结构由光纤单元和绝缘护套两部分组成，在缆芯的绝缘护套内，有中继海缆需要设置向水下中继器供电的馈电元件而无中继海缆往往也需要设置检测用的馈电元件。最广泛应用的缆芯通常为不锈钢（或复合不锈钢）管光纤单元，光纤采用高强度（筛选

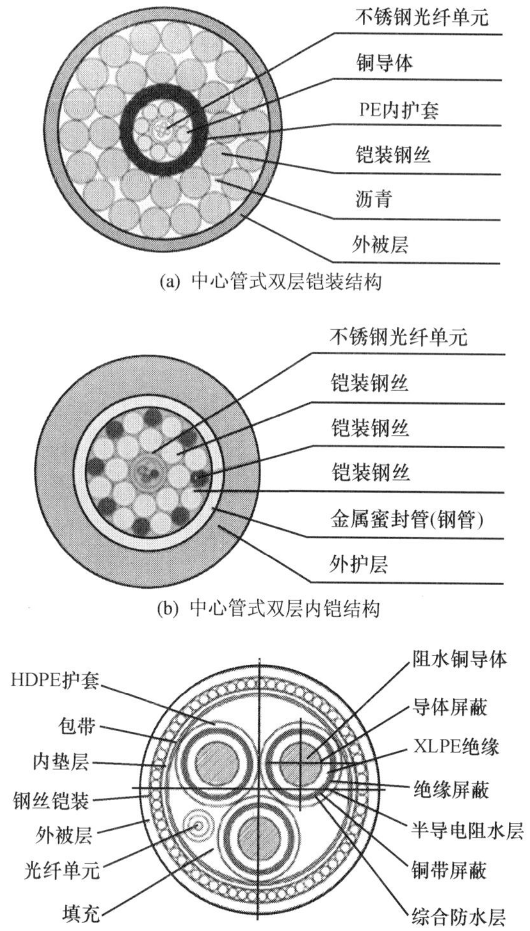

(a) 中心管式双层铠装结构

(b) 中心管式双层内铠结构

(c) 光电复合缆结构

图 9-18　一些海底光缆典型结构

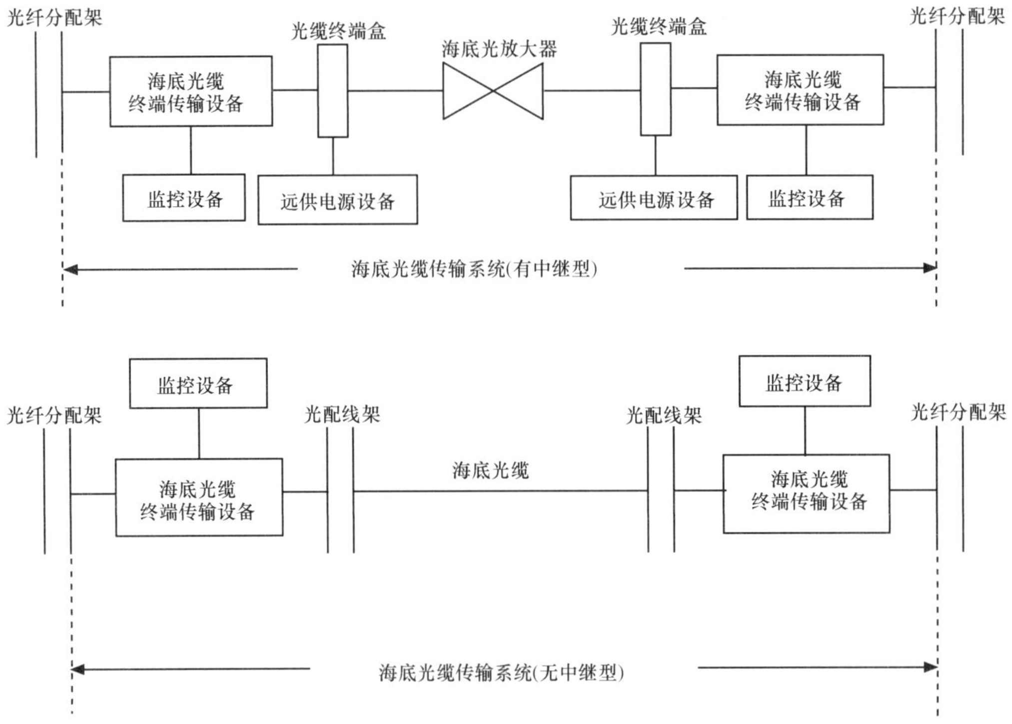

图 9-19 海底光缆传输系统示意

应变>2%)、大盘长单模光纤（盘长>100 km），光纤置于激光焊接不锈钢管中，管内填充触变性油膏；有效地保护光纤免受机械外力的影响和水分的侵入，并防止氢损。外铠装层主要有聚乙烯绝缘内护套、高强度钢丝内铠（使光缆具有优异的机械性能和耐海水腐蚀性能）、改性沥青浇灌（用于铠装钢丝的防腐）、聚丙烯绳外被、金属管密封、高密度聚乙烯护套等。根据保护结构的不同，海底光缆主要分为陆芯缆、轻型缆（LW）、轻型保护缆 （LWP)、单铠缆（SA）、双铠缆（DA）和岩（重）铠缆（RA）等几种结构，分别适用于不同的环境和水深。海底光缆的主要性能包括光学、物理、机械、应力应变、环境及施工等性能。

自 1985 年在加那利群岛的两个岛屿之间建成了世界上首个海底光缆系统以来，经过 20 多年的发展，海底光缆技术已经取得了飞速的发展，开发了三代海底光缆通信系统。海底光缆系统作为一种大容量、高质量、低成本、安全可靠、抗干扰能力强、大容量的传输手段日益受到人们的青睐，海底光缆承担的洲际通信业务量逐年上升，不仅在跨越海洋的洲际海缆领域完全取代了海底电缆，而且业务量已经超过了卫星通信，海底光缆已经和卫星通信一起成为当前国际间主要的通信手段。特别是使用 DWDM＋EDFA＋OTDM＋DFA 等纤维光学新技术以后，使传输容量和传输距离得到大幅度的提高，成为全球通信网络重要的组成部分之一。

一个海底光缆系统通常至少包括了两个登陆部分和一个海底部分，海光缆传输系统分为有中继和无中继两大类，典型的海底光缆传输系统如图 9-20 所示。

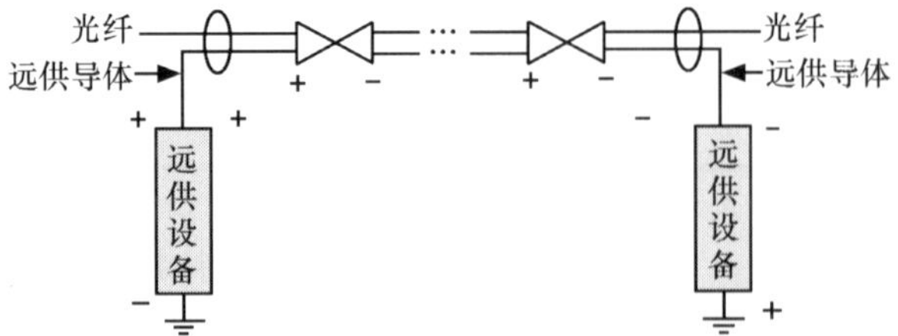

图 9-20 海底光缆系统的远供方式

下一代的海底光缆系统正在研究、开发之中，随着新原理、新材料、新工艺、新方法的有力支撑和推广应用，在市场需求的牵引和光纤通信技术进步的推动下，海底光缆通信技术正不断向前发展，海底光缆将进一步满足（超）高速、超长距离、高

表 9-19 部分总长度超过 1 万公里已建、在（将）建的跨洋海底光缆系统

光缆名称	连接地区	传输速率（Gbit/s×波数）	系统长度（公里）	投产日期（年）
FLAG（延伸段）	亚洲、中东、欧洲	5（40×8）	27000（38000）	1997（1999）
SMW-3	亚洲、中东、欧洲	2.5×8	39000	1998
AC-1	跨大西洋	10×4	14000	1998
SEA-ME-WE3	亚洲、西欧、澳大利亚	2.5×16	39000	1999
CH-US	跨太平洋	2.5×8	30000	1999
SAFE	南非、东南亚	2.5×8	11000	2000
SouthernCross	澳洲、美国	10×4	28000	1999
TAT-14	跨太平洋	10×16	15428	2000
PC-1	跨太平洋	10×16	20000	2000
JP-US	跨太平洋	10×16	20000	2000
A-J	澳洲、日本	10×23	17500	2001
APCN-2	中国、日本、韩国、新加坡、马来西亚	10×64	19000	2001
C2C	亚洲	10×96	17000	2001
Sea-Me-We4	东南亚、中东、欧洲	40×32	20000	2005
FALCON	中东-印度-香港	multi-Tbit/s	15000	2005
Polarnet	英国、俄罗斯、中国、美国		22000	2007
TPE	中国大陆、台湾地区、韩国和美国	10×64	26000	2008
AAG	东南亚、香港、夏威夷直抵美国	1.28Tbit/s	20000	2008
EAC Pacific	菲律宾、关岛、夏威夷和加州，穿越北太平洋至日本	10×64	23500	2008

可靠性、低成本造价的商用通信需求。我国是一个海洋大国，拥有 300 多万平方公里的海域、32 000 公里长的海岸线（大陆海岸线 18 000 公里，岛屿海岸线 14 000 公里）和 5 400 多个岛屿，海底光缆及其相关的附件、系统和网络等产业有着广阔的市场和前景。

（三）中国光纤、光缆等进出口分析

根据一些相关的统计数据和有关的信息资料分析，2008 年国内预制棒用量约为 1 600 吨，其中国产大约 300 吨左右，缺少的 1 300 吨需要进口解决，进口量超过 80%；2009 年中国光纤预制棒的需求量估计在 2 000 吨左右，而国内光纤预制棒产量估计在 500 吨左右，需要向国外采购 1 500 吨左右，进口量下降到 75%左右，主要供货商为日本厂家信越、住友、藤仓、古河等。预计今后随着我国光纤预制棒工艺技术取得重大突破、产业化进程的推进，国产光纤预制棒的比例将进一步提高，依赖进口预制棒的比重将进一步下降。

2008 年我国光纤市场需求总量大约在 4500 万芯公里左右，国内产量为 3 500 万芯公里左右，光纤进口数量在 1 000 万芯公里左右。2009 年，我国光纤市场需求量在 7 000～8 000 万芯公里，国内的实际产量达到 6 300 万芯公里左右，供需缺口在 700～1 700 万芯公里之间，需要通过进口渠道加以解决。另外，据业内分析认为，2009 年我国三大电信运营商对光纤的市场需求至少为 3 800 万芯公里，也有可能达到 4 300 万芯公里。再加上其他领域的市场需求，有专家预计今年我国光纤市场需求将在 5 400 万芯公里到 6 000 万芯公里之间。这将大大超过我国光纤生产企业的供给能力，供需缺口将达 1 000 万芯公里以上。

我国的许多产品已经进军世界光纤光缆市场，产品遍布亚洲、非洲、欧洲、北美、南美等，其中光缆主要出口到发展中国家。2009 年预计中国出口

海外市场的光缆达 1 000 万芯公里，2002～2009 年中国光纤光缆出口情况见表 13～14 所示。

表 9-20 2002～2009 年中国光纤光缆出口量
（单位：万芯公里）

产品名称	2002	2003	2005	2006	2007	2008	2009（估计）
光纤	140	200	420	420	500	500	800
光缆	50	90	330	530	700	800	1 000

（四）光纤光缆行业发展趋势

2005 年以来，随着各国网络建设由核心层逐步向接入层转变，全球光纤光缆市场逐步走出低迷，特别是由于各国重视信息化建设，FTTx 技术获得越来越多的电信运营商的青睐，使全球光纤光缆市场需求逐年稳步提高。2007 年全球光纤销量比 2006 年增加 29.3%，2008 全球光纤销售比 2007 年增量 22.2%，2009 年受到全球金融危机影响，全球光纤需求量下跌 20%。

随着国内电信市场的发展、国家加大通信等基础设施建设力度、运营商骨干网、城域网建设及 FTTH 试点需求增大的刺激，与国际情况相似，2005 年以来光纤光缆行业一直处于稳步的抬升期，国内光纤销量 2007 年比 2006 年增加 60%，2008 年由于受电信重组的影响，增幅小于 2007 年，达到 15%；2009 年受国家拉动内需、3G 网络建设等影响，国内光纤光缆需求火爆，估计可增加 35%～44%。国内外只有没有重大（要）的影响政治、经济的事件发生，基于 FTTx 工程推动、下一代宽带互联网建设、骨干光网络升级等考虑，可以预计 2010 年中国光纤光缆需求仍保持高速发展态势，增长率将达 20%以上。2001 年至今，我国光纤市场需求量年平均增速都在 30%以上。

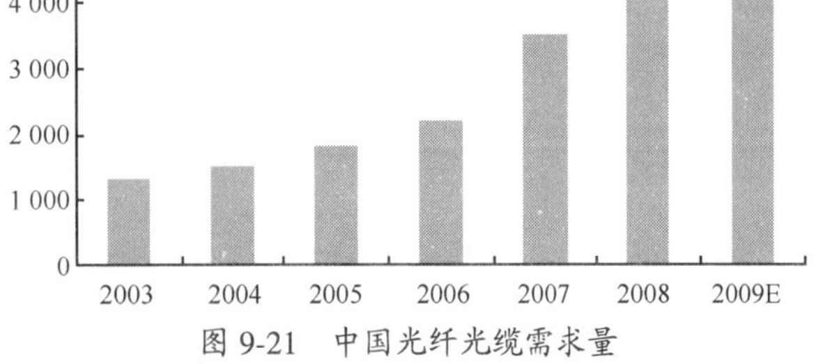

图 9-21 中国光纤光缆需求量

表 9-21 2008～2012 年中国光纤总体产能预测
（单位:百万芯公里）

公司	2008	2009	2010	2011	2012
长飞	12.0	15.0	20.0	24.0	27.0
亨通	4.9	7.5	12.0	12.0	14.0
烽火	6.0	7.5	9.5	10.5	12.5
中天	5.8	9.0	11.0	13.0	15.0
富通	5.5	8.0	10.0	11.5	13.0
5 家合计	34.2	47.0	62.5	71.0	81.5
国内合计	48.0	62.0	90.0	110.0	125.0
YOY	—	30%	44%	22%	14%

表 9-22 2008～2010 年中国光纤光缆市场预测
（单位：百万芯公里）

名称	2008	2009	2010
光纤	3.5	3.9	4.3
光缆	4.6	5.0	5.4

从上述近几年国内外光纤光缆的发展情况来看，我国光纤光缆市场迎来了新一轮增长期。为了满足光纤光缆的市场需求，我国的光纤光缆企业将掀起新一波产业扩容大潮。从功能主导企业的发展来看，未来 3～5 年内，国内将有 5 家企业形成完整的产业链，预制棒、光纤、光缆产能将达到 1 000 万芯公里/年以上，其中有 2～3 家企业产能将超过 1 500 万芯公里/年。预计到 2010 年底，各企业的总扩容能力将达到 8 000 多万芯公里，2012 年我国光纤年产能力将达 9 000 万芯公里左右。未来两年我国的光纤预制棒产业整体也将有重大突破，预计到 2011 年有望达到 1500 吨，2015 年将满足国内需求，彻底改变依赖进口的局面。可以预见，未来我国将成为预制棒产品的主要生产和消费国。业内人士曾预言，今后 5 年，中国光纤光缆市场需求量在 1.0～1.5 亿芯公里，中国光纤光缆产量将占全球产量的 50%左右。

我们相信通过对光纤光缆产业的统筹规划，合理布局，把握机遇，规范发展，积极整合资源，坚持自主创新，在尽可能短的时间内突破预制棒产量瓶颈，力争在光纤光缆生产的关键领域取得突破，掌握先进的光纤预制棒产业化主流生产技术，形成几家全球著名的光纤光缆厂家，做出一批世界名牌的光纤光缆产品，推动我国的光纤光缆产品水平上一个新台阶。

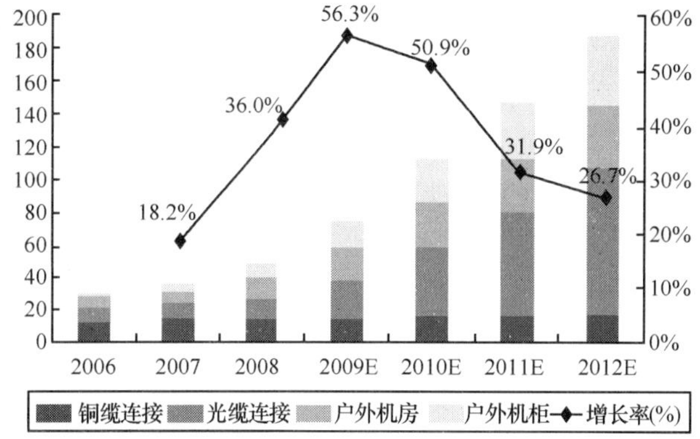

图 9-22　国内通信网络光纤光缆连接行业增长预测

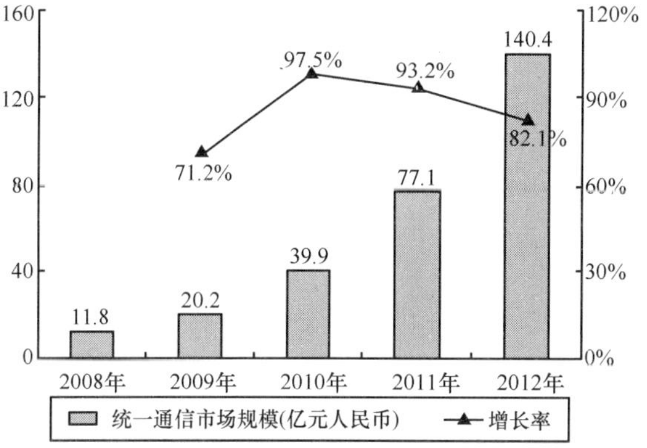

数据来源：赛迪顾问

图 9-23　2008～2012 年中国通信市场规模预测

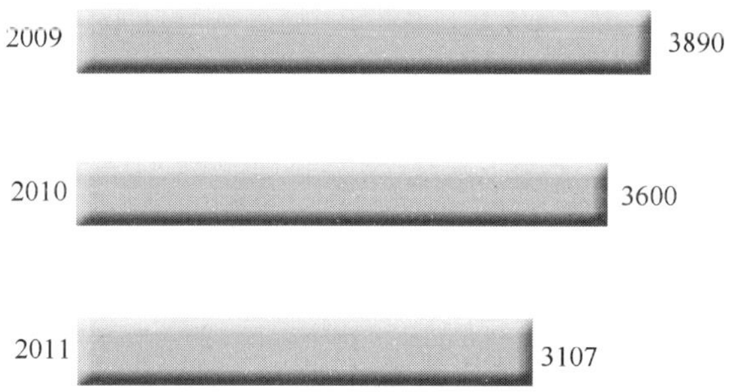

图 9-24　2009～2010 年中国电信投资额预测

（单位：亿元人民币）

（五）重点企业发展分析

长飞光纤光缆有限公司创建于 1988 年 5 月，由中国电信集团公司、荷兰德拉克通信科技公司、武汉长江通信集团股份有限公司共同投资，是我国唯一具备制棒、拉纤及成缆一体化规模生产能力的专业厂家。长飞公司有员工总数约 1 000 人，拥有博士和博士后 13 人、硕士 54 人、本科 103 人、高级技术专家 22 人，致力于世界领先水平的新型光纤、光缆产品的开发和研制工作。年销售额突破 45 亿元，销售总额超过 250 亿元。在国内市场，长飞公司的光纤产品和光缆产品被广泛应用于中国电信、中国网通、中国移动、中国联通、中国铁通等通信运营商，以及电力、广电、交通、教育、国防、航天、化工、石油、医疗，全国市场占有率超过 40%。在国际市场，长飞公司已累计出口光纤光缆产品约 1 300 万芯公里。产品远销美国、日本、东南亚、中东、非洲等 50 多个国家和地区，国际市场占有率超过 10%；并跻身成为全球第二大光纤生产企业及第五大光缆生产企业。长飞是中国产品规格最齐备、生产技术最先进、生产规模最大的光纤光缆产品的研发和生产基地。长飞公司自创业至今，通过引进、消化、吸收与创新，已跻身成为全球第二大光纤生产企业及第五大光缆生产企业，探索出一条振兴民族产业的成功之路。

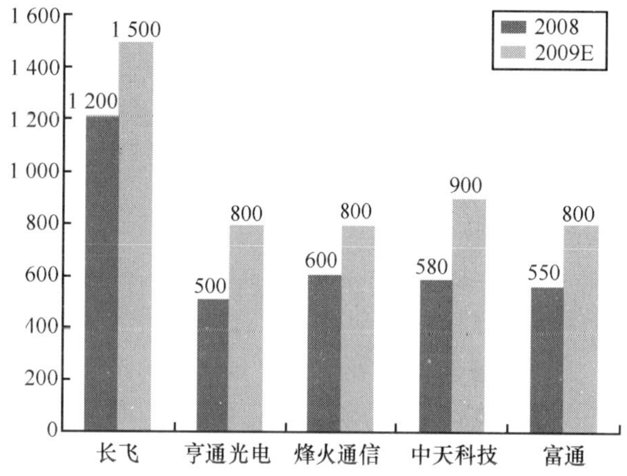

图 9-25　国内主要光缆厂家产能提升对比（单位：万芯公里）

总体而言，我国在光纤预制棒技术方面与国际先进水平仍有较大的差距，我们需要加快进度、加倍努力，迅速追赶、缩小这种差距；光纤技术方面存在着一些不足，需要我们继续努力；光缆方面总体技术水平已达国际先进水平，除了海底越洋光缆等个别高精尖难品种以外，光缆的主要产品指标领先国际先进水平，产品种类规格基本齐全，我国已成世界光缆制造大国，许多产品已经进军世界光缆市场。我们要努力将光纤光缆产业做大做强做好，争创更多的拥有自主知识产权的世界著名的一流产品，使我国成为名副其实的光纤光缆产业强国。

（作者：中国电子科技集团公司第二十三研究所　唐正国　王黎蒙）

五、移动通信设备

（一）2009 年全球移动通信市场规模与结构

1. 全球移动通信市场持续平稳快速发展

近几年全球移动通信发展一直呈现高速的增长态势，截至 2009 年 9 月份，全球移动通信用户数已突破 44 亿，预计 2009 年全年全球移动通信用户会达到 46 亿。其中 2009 年 1～9 月份就有超过 5 亿的新移动用户产生。从 2000 年开始，全球移动通信用户以每年超 3 亿用户左右的速度增长，年平均增长率达到 21%。

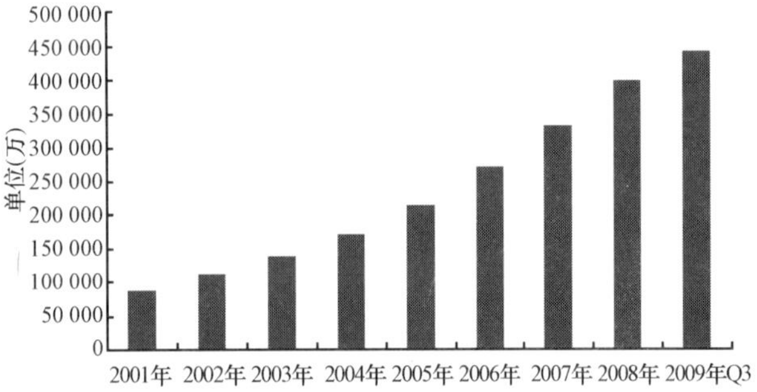

来源：电信研究院通信信息所

图 9-26　全球无线移动通信用户市场稳步增长

2. 亚太地区成为全球移动通信用户增长主力

在全球移动通信市场版图中，亚太地区移动通信用户数增长最为强劲。截至 2009 年 9 月，亚太地区移动通信用户数达到 19.7 亿，占全球移动通信用户总数的 44.6%；新增用户超过 2.5 亿。其中中国和印度的移动用户总数已经超过 11 亿；同时，越南、菲律宾、印尼等亚洲许多国家的移动用户数都较 2008 年有了很大的增长。东欧、拉美和非洲地区移动用户数增长也较为迅速，截至 2009 年 9 月，这 3 部分地区的移动通信用户数所占比例均在 10%左右。

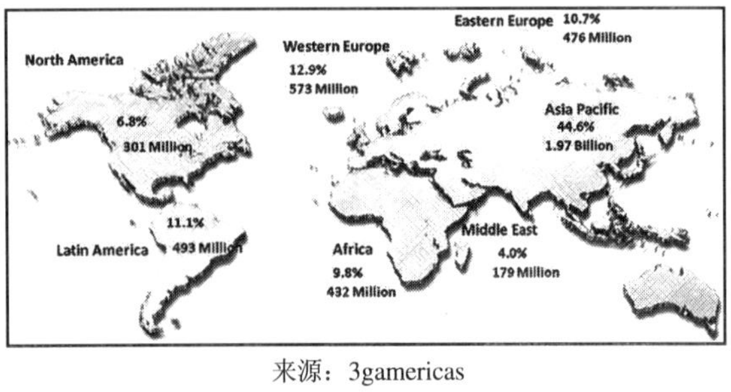

来源：3gamericas

图 9-27　全球移动通信用户分布情况

3. GSM 技术制式仍为主导地位 CDMA 技术新增用户数逐年下降

在 2009 年移动通信市场中，GSM 技术制式仍为主导地位。截至 2009 年 9 月，GSM 技术用户数突破 35 亿，约占总移动通信用户市场的 80.11%，同比新增用户数为 4.53 亿人，同比增长率达到 15%；CDMA 技术总用户数为 4.35 亿人，约占总移动通信用户市场的 9.83%，新增 3 200 万户，同比增长率为 8%，呈逐年下降趋势。此外 UMTS-HSPA 技术制式用户达到 4.14 亿，同比新增用户数达到 1.45 亿，同比增长率高达 54%。

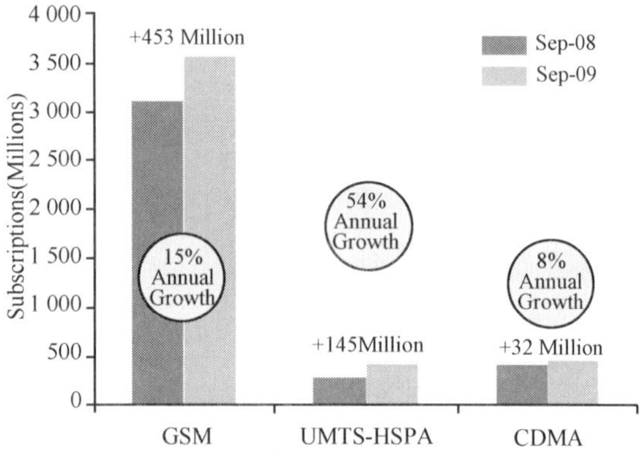

来源：3gamericas

图 9-28　全球移动通信技术制式用户增长情况

4. 移动通信业务收入市场增速整体放缓

受全球金融危机影响，过去一年中失业率急剧上升，极大影响了移动通信行业的消费购买、使用习惯。据 ABI Research 公司统计，截至 2009 年 9 月，全球移动通信业务收入达到 9200 亿美元，同比增长率仅为 0.9%，远低于金融危机前 1.7%的增长率。

随着各大运营商将重心向新兴市场倾斜，语音收入将继续成为运营商最重要的收入来源，同时语音收入也依旧是运营商最重要的现金流来源，这点不仅体现在新兴市场，在欧洲以及北美这些成熟市场上也是如此。截至 2009 年 9 月，全球移动通信业务中语音业务收入约占 80%，数据业务收入约占 18%，较 2008 年提高了 31%。其中全球移动数据业务收入的 85%来自亚洲、欧洲和北美。在这些移动通信成熟市场，长期经济复苏压力促使移动运营商价格竞争加剧，特别是在同质化的语音业务方面，而移动数据业务使运营商可以对抗压力。

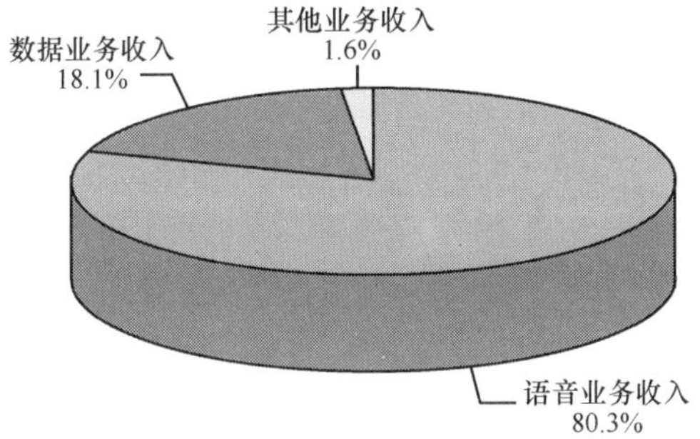

图 9-29　全球移动通信业务收入情况

（二）3G 市场发展情况

1. 许可证

3G 许可证发放接近尾声，管制机构开始发放 LTE 牌照。截至 2009 年 9 月底，全球共发放了 341 张 3G 许可证，其中 2009 年发放的许可证数量仅为 9 张，小于 2008 年全年发放总数的 1/5，3G 许可证发放已经接近尾声。发达国家中除了巴哈马之外，全部发放了 3G 牌照；发展中国家发放 3G 许可证的比例也达到 50%。因此经济较为发达的地区基本都已发放了 3G 许可证。

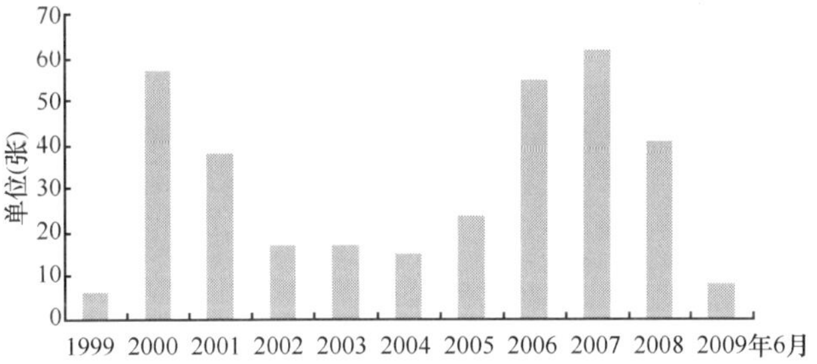

来源：电信研究院信息所

图 9-30　1999～2009 年 3G 许可证发放数量

2. 网络部署

（1）受经济因素影响，3G 商用网络部署速度放缓

由于受到金融危机的影响，进入 2009 年以来，3G 商用网络部署速度明显放缓。2009 年 1～8 月，全球 3G 网络新增量仅为 61 张，仅为 2008 年 3G 网络部署量的 26%，比 2008 年减少了 174 张。其中，WCDMA、HSDPA、HSUPA、CDMA2000 1X、EVDO Rev.0 和 EVDO Rev.A 的网络新增量别为 17 张、17 张、13 张、9 张和 4 张。

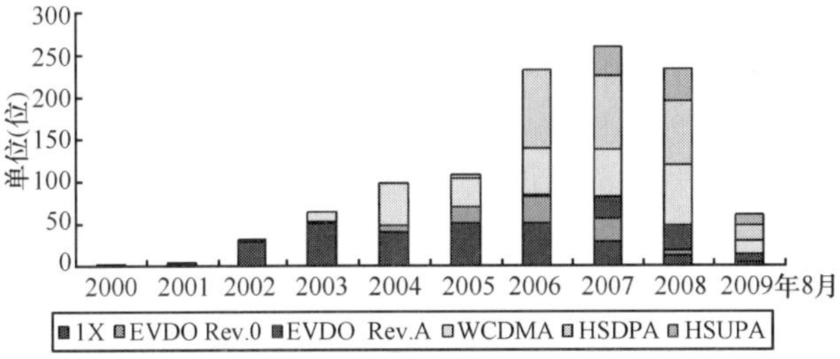

来源：通信信息所

图 9-31　各年新增各制式 3G 网络数

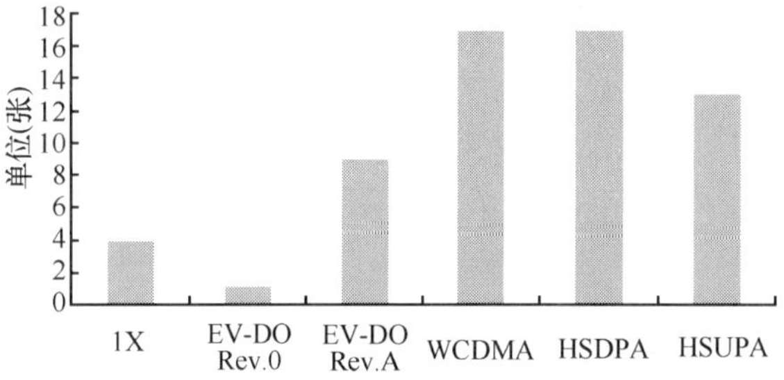

来源：通信信息所

图 9-32　2009 年 1～8 月各制式网络部署量

（2）亚太和非洲地区成为 3G 网络增长的主要地区

截至 2009 年 8 月，亚太地区和非洲地区新增 3G 网络数达到 40 张，占据 3G 网络新增总数的 65.6%，成为主要的 3G 网络增长地区，扭转了欧洲地区在近几年蝉联 3G 网络增长最多地区的局面。

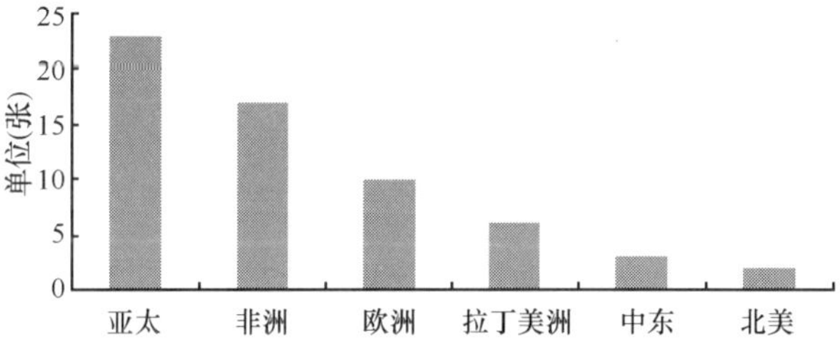

来源：通信信息所

图 9-33　2009 年 1～8 月各地区 3G 网络新增情况

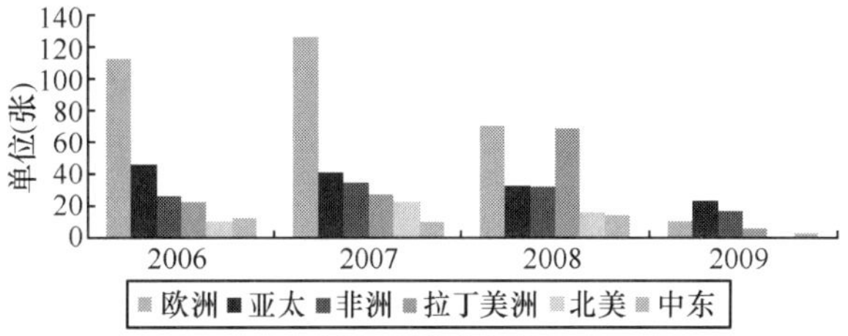

来源：通信信息所

图 9-34　历年各地区 3G 网络增长情况

（3）HSPA+投入商用，EV-DO Rev.B 进入试验阶段

2009 年 2 月，澳大利亚运营商 Telstra 首先商用了 HSPA+网络，拉开了 HSPA+网络商用序幕。截至 2009 年 9 月底，全球商用 HSPA+网络数达到 26

张。其中欧洲地区部署的 HSPA+网络数最多，达到 13 张，达到部署总量一半。目前 HSPA+商用网络支持的最高速率达到 28 Mbit/s，普遍支持的最高下载速率为 21 Mbit/s。

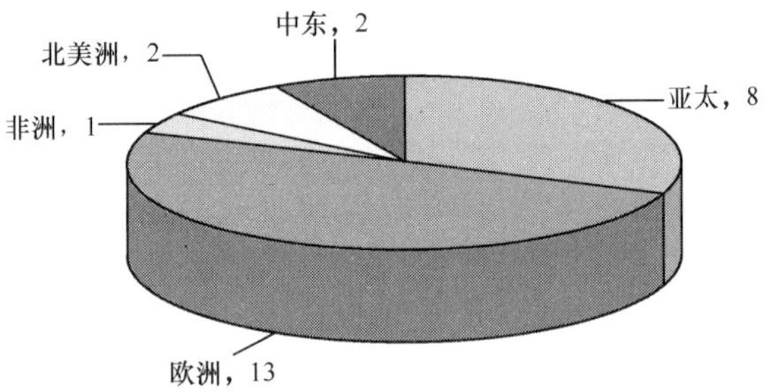

来源：通信信息所

图 9-35 HSPA+网络部署情况

与此同时，CDMA2000 EV-DO Rev.A 的演进技术——EV-DO Rev.B 也开始进入试验阶段，并已经获得中国电信、韩国 LGT、日本 KDDI 三家运营商的支持。

(4) WiMAX 网络新增数量下降

根据 WiMAX 论坛的统计，截至 2009 年 4 月，全球 WiMAX 网络数量为 472 张（含试验或试商用网络），139 个国家的运营商正在商用、试验或试商用 WiMAX 技术。由于 LTE 阵营的竞争压力，WiMAX 在全球部署新增网络开始出现下降，一些运营商对 WiMAX 前景不乐观，停止了 WiMAX 网络的建设或计划。

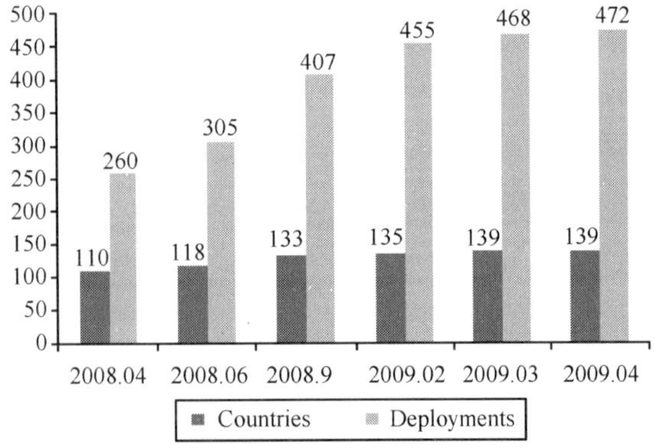

来源：WiMAX 论坛

图 9-36 全球 WiMAX 网络部署

3. 用户数

全球 3G 用户仍保持平稳增长，2009 年 8 月达到 12.4%，而 3G 用户总数达到 9.25 亿，即将突破 10 亿大关。其中，cdma2000 1x 和 EV-DO 用户分别达到 3.74 亿和 1.34 亿，WCDMA 和 HSPA 用户则分别达到 2.67 亿和 1.5 亿。

EV-DO 在 CDMA 用户中的占比达到 26%，比 2008 年增长了 1.78 个百分点；WCDMA 用户在 GSM 用户中的占比达到 10.7%，比 2008 年增长了 1.35 个百分点。

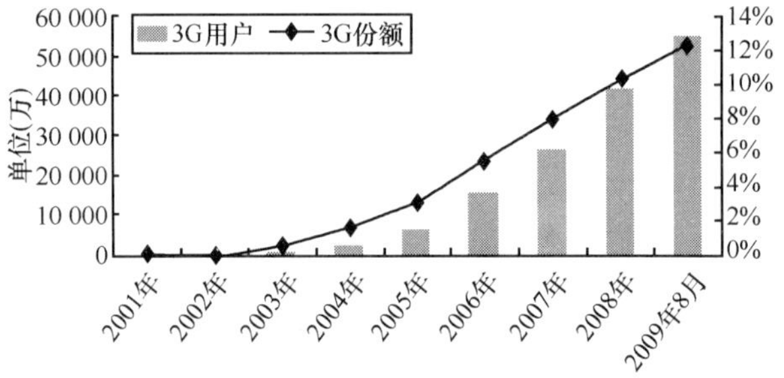

来源：通信信息所

图 9-37 3G 用户及其在移动用户中的占比

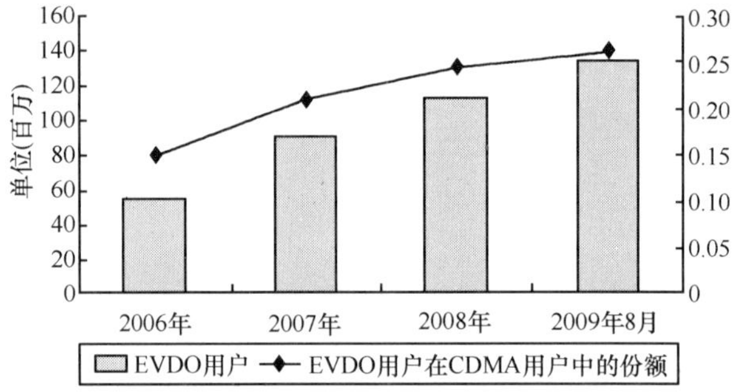

来源：通信信息所

图 9-38

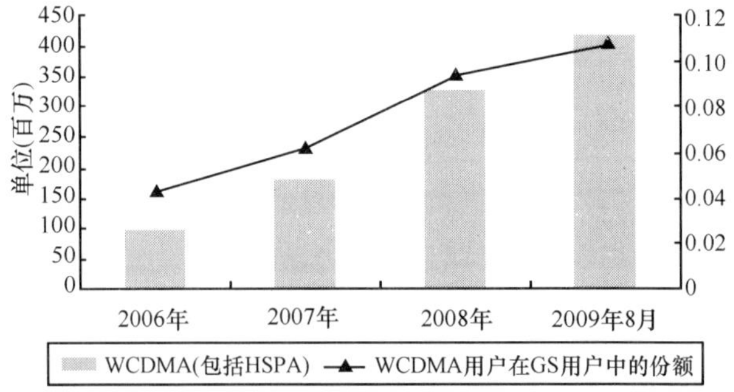

来源：通信信息所

图 9-39 WCDMA 用户及其在 GSM 用户中的占比

4. 业务发展

3G 业务的发展逐渐成熟，业务种类也日趋丰富，而业务开发重点也发生了变化：从通信类业务向娱乐类、媒体类、商务类等业务转移；移动宽带接入业务发展快速；应用程序商店成为 2008～2009 年的热点开发业务。

（1）业务开发重点正在从通信类向娱乐类、商务类、媒体类等方向转移

3G 业务自 2001 年开始商用，已经形成了较为完整的 3G 业务体系，业务应用日益丰富，涵盖人们日常生活、工作和企业应用的各个方面。通过对全球主要运营商的 3G 业务进行分析发现，通信类业务仍然是 3G 业务体系的重心，占主流运营商所有 3G 业务中的比重达到 34%，不过随着 3G 网络和终端的不断成熟，3G 业务体系正在向其他类型业务转移.

与 2004 年相比，通信类占所有 3G 业务种类的比重由 44%下降到 34%，而娱乐类、媒体类和商务类均有所上升。尤其是一些基于视频的媒体类应用（如手机电视）和娱乐类（VOD 等）应用，已经成为 3G 的亮点业务。预计未来通信类在 3G 业务中的比重将会进一步压缩，而其他类型 3G 业务在 3G 业务体系中的比重将进一步加大。

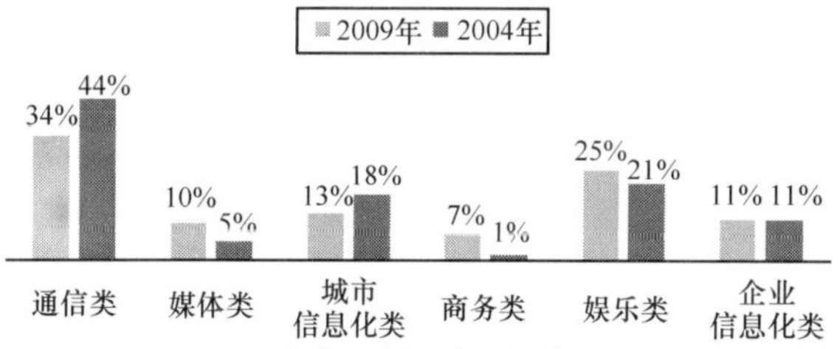

来源：通信信息研究所

图 9-40　主流 3G 运营商业务发展变化

（2）移动宽带接入业务发展快速，商业模式存在风险

全球移动宽带接入业务发展迅速，2008 年，全球移动宽带接入业务用户达到 4 100 万，受金融危机影响，预计 2009 年移动宽带接入业务用户增长放缓，随着金融危机影响的逐渐消退，移动宽带接入业务用户会快速增长，预计到 2012 年，全球移动宽带接入业务用户将达到 2 亿，在 3G 用户中的占比达到 10%左右。

不过，移动宽带接入业务商业模式存在不少风险。如业务形式单一、市场发展潜力有限、业务差异性小等。此外少数用户占据大部分网络资源，投入产出比低；根据 Informa 公司的数据，欧洲某运营商的网络中，6%的用户占用了 80%的网络带宽资源。

由于业务模式简单，竞争激烈，运营商往往通过降价作为促销手段，导致业务利润逐渐降低，对网络资源占用逐渐增大，甚至影响其他业务的正常运营，而移动宽带接入业务资费的不断下降也与现有固定宽带接入业务形成竞争。因此全球主要运营商已经逐渐意识到移动宽带接入业务的用户需要控制其规模和比例。

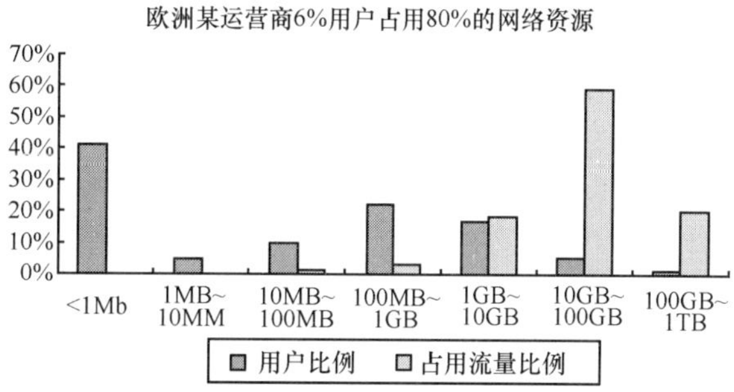

来源：Informa

图 9-41　少数移动宽带用户占据大部分网络资源

（3）App Store 业务发展成为热点

App Store 最初是苹果公司在 2008 年 7 月借 3G 版 iPhone 上市之机推出的手机应用软件购买和下载平台，任何第三方都可以上传自己制作的应用、出售后与苹果分成。苹果 App Store 一经推出，就受到 iPhone 用户的欢迎，推出一年以来下载量突破 15 亿次。

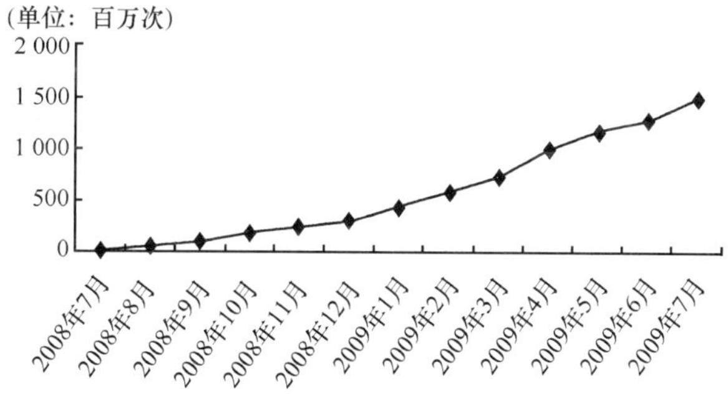

来源：苹果网站

图 9-42　苹果 App Store 下载量

继苹果之后，Google、Palm、黑莓、诺基亚、三星、微软、中国移动、T-Mobile 等产业界巨头都推出或即将推出类似的手机应用程序商店。App Store 产业链的核心环节是平台服务提供商，主要业务形式是面向个人用户的“软件即服务”，价值实现则通过一站式服务的电子商务交易平台。

App Store 将成为争夺手机操作系统市场的主要战场，同时 App store 是全球移动、终端、软件、

内容等多个产业资源的汇聚点，也是移动运营商、终端厂家、互联网及 IT 巨头争夺的竞争制高点。

（4）移动数据流量猛增不断给运营商带来巨大的网络压力

许多移动互联网业务尤其是视频业务需要占用大量移动带宽，研究表明从 2008 年到 2013 年间，全球移动流量将增长 66 倍。但运营商为了取得竞争优势，却在不断降低它们的数据服务价格，在欧洲 T-Mobile 甚至推出了 5 磅包月不限流量的 3G 数据卡业务，这比当地的固定宽带业务资费还要便宜很多。迅猛增长的数据流量却不能带来丰厚的利润，导致运营商开始对一些大带宽业务进行限制。

苹果 iPhone 给 AT&T 带来了许多新用户，过去 3 个季度有 590 万部 3G 版 iPhone 被激活，约占 AT&T 用户的 7.5%，由此带来的数据下载和互联网浏览的增长给 AT&T 的网络带来了很大压力。市场研究公司 comScore 的数据显示，iPhone 用户的数据下载量是其他智能手机用户的 2～4 倍。2009 年 6 月，苹果发布了最新 iPhone 3G S，但 AT&T 却无法提供用户期待已久的多媒体彩信和“tethering”服务，主要是因为数据流量增长太快，目前的无线网络能力已经无法满足要求，AT&T 仍然需要继续扩容。

法国电信 Orange 英国公司资料显示：英国顾客数据卡数据流量在过去一年中增长了 4125%，而手机的数据流量也增加了 108%，直接导致每月下载的流量超过 38.6 万 G。

5．国内 3G 市场发展概况

2009 年国内三大运营商的 3G 发展终端集中在网络建设方面，快速建网成为 2009 年的竞争重点。但随着三家运营商的网络建设逐渐到位，到 2009 年年底，三大运营商的 3G 网络将覆盖全国大部分主要城市，网络建设重点将从扩大覆盖范围转向提高网络覆盖深度、通过网络优化提升网络质量，而整个市场的竞争重点将从网络建设逐步转移到通过发展 3G 特色业务和加强营销争夺用户。

（1）国内 3G 网络建设取得长足进步

中国的 3G 网络建设进展迅速。目前，中国电信 3G 网络实现全国范围内覆盖，覆盖范围已经包括全国 354 个城市，2055 个县及县级市以及 6 万个乡镇；中国移动于 2009 年 8 月 12 日宣布，已经完成 4.7 万个 TD 基站的建设，覆盖内地 38 个城市，到今年底将达到 8.5 万个基站及覆盖 238 个城市；中国联通建网计划进行顺利，并计划追加 3G 建网计划，从原来的 2009 年底覆盖 284 个城市扩展为 335 个城市。

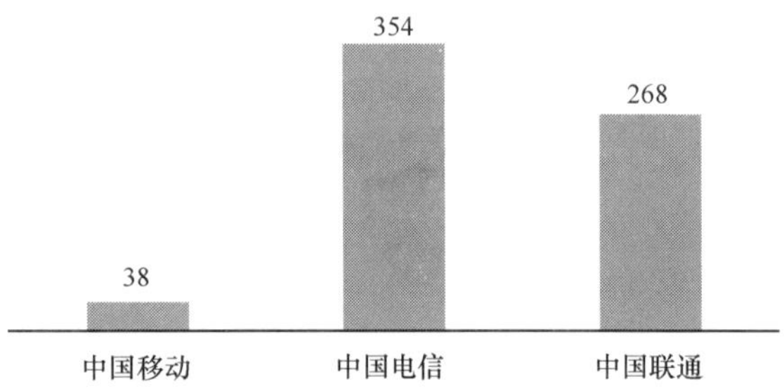

图 9-43 国内运营商 3G 业务商用城市

（2）中国 3G 用户接近 700 万

截至 2009 年 9 月，国内 3G 用户总数达到 696.88 万户，中国移动全网 TD 用户达到 293.88 万户；中国电信的 3G 用户数达到约 350 万户左右；到 2009 年 9 月底，中国联通 3G 友好体验用户已达 53 万。可以看出，中国电信占据最多的 3G 用户市场份额，用户发展速度最快。

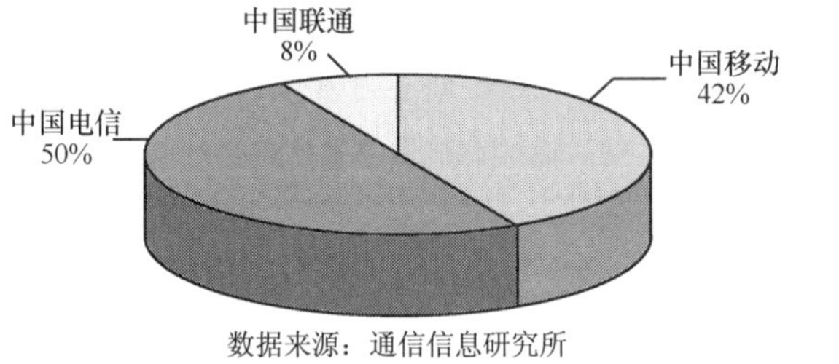

图 9-44 国内运营商 3G 用户份额（截至 2009 年 9 月）

虽然国内 3G 用户发展速度超出常规，但其在国内的份额并不大，接近 0.97%，国内用户对 3G 的接受和认可程度并不算很高，这主要是因为国内 3G 网络建设、终端和业务等发展还不十分成熟，资费也明显偏高，用户还没有明显感觉到 3G 业务相对于 2G 业务的优势。

（3）3G 终端销量增长势头良好，瓶颈依然存在

2009 年，中国 3G 市场三种制式终端销量增长迅速，三种制式的终端销量增长势头良好。不过由于适合用户需求的终端款式较少、价格偏高，3G 终

端对三家运营商来说是共同的瓶颈。

在终端出货数量上，CDMA2000 和 TD-SCDMA 数量接近，较大幅度领先于 WCDMA 终端。WCDMA 终端在出货量上落后的主要原因是进网时间尚短，从 2009 年 4 月才投入市场。而其到 7 月已经达到近 300 万的出货量，这一成绩是很可观的，平均每月的销量处于领先，体现了 WCDMA 终端的优势。

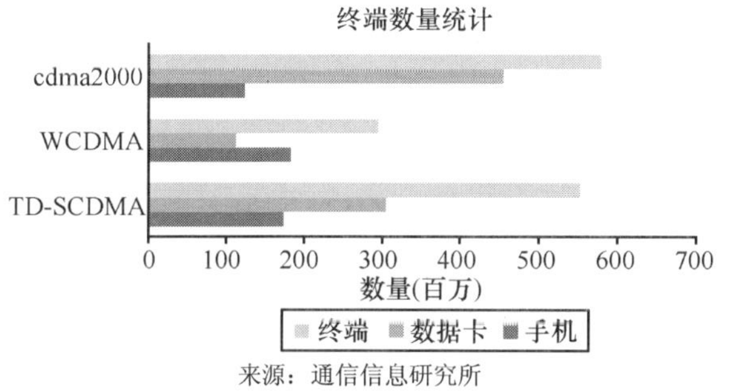

图 9-45　中国 3G 终端出货量统计（截至 7 月底）

在终端款式上，TD-SCDMA 的数量则领先于 cdma2000 和 WCDMA。不过三种制式的终端款式与 2G 终端相比仍然偏少，尤其是功能和价格满足用户需求的 3G 终端仍然有限，这是目前 3 家运营商 3G 市场发展的最大问题。

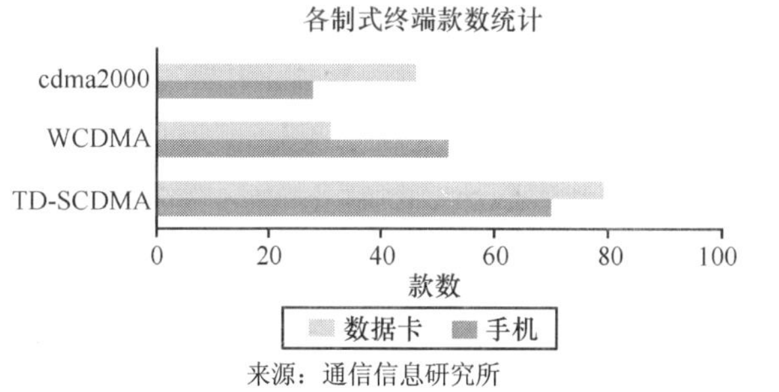

图 9-46　中国 3G 终端款数（截止 7 月底）

（4）未来市场竞争格局

2009 年三大运营商的 3G 发展终端集中在网络建设方面，快速建网成为 2009 年的竞争重点。随着三家运营商的网络建设逐渐到位，到 2009 年年底，三大运营商的 3G 网络将覆盖全国大部分主要城市，网络建设重点将从扩大覆盖范围转向提高网络覆盖深度、通过网络优化提升网络质量，而整个市场的竞争重点将从网络建设逐步转移到通过发展 3G 特色业务和加强营销争夺用户。

从目前的 3G 市场竞争格局和态势来看，中国电信处于领先地位，不过随着中国移动和中国联通在 3G 领域的不断投入，未来几年三家运营商在 3G 市场上的份额差距将会逐步缩小。

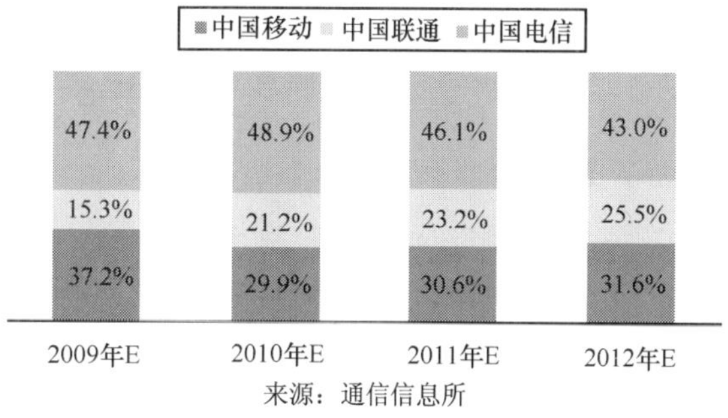

图 9-47　中国 3G 市场份额预测

- 中国电信

目前中国电信在 3G 网络覆盖和终端方面均优于竞争对手，不过网络覆盖的优势将随着其他两家运营商的网络建设范围逐步扩大而消失，但中国电信在业务差异化和终端规模集采方面的竞争策略突出，因此预计未来几年中国电信仍将保持目前的领先地位，但市场份额将略有下降；

- 中国移动

中国移动 TD 的先发优势正在逐步消失，产业链薄弱也对运营产生不利影响，但中国移动在促进终端产业成熟、3G 特色业务和市场营销等方面均有上乘表现，此外作为自主知识产权技术，TD 将获得国家在政策上的扶持和倾斜，再加上中国移动在 2G 时代的坚实市场基础和品牌影响力，在未来 3G 市场份额方面将紧随中国电信之后。

- 中国联通

中国联通由于起步较晚、3G 竞争策略布局还未完善，不过中国联通的 HSPA 网络在传输速率上优于竞争对手，产业链最为成熟，后期发展速度将会逐步提高。

（三）全球运营商 3G 网络建设情况以及产业链发展

从全球 3G 产业来看，3G 已经进入大发展时期，3G 增强型技术在全球运营商中得到快速应用和升级，整个产业资源也在向 LTE 领域逐渐转移。不过在 LTE 成熟之前，HSPA+将有很大的发展空间和机会。

1. LTE 主导地位进一步确立

2008 年底，高通宣布放弃 UMB 技术，美国

Verizon、日本 KDDI、韩国 SKT 和 KTF 以及中国电信等 CDMA 阵营的运营商也都宣布未来网络将向 LTE 演进，从而确立了 LTE 在下一代移动通信领域的主导地位。

进入 2009 年，LTE 的主导地位进一步稳固。根据市场调研机构 ABI 的统计，至少有 11 家移动运营商会在 2010 年部署 LTE 网络，在全球范围内覆盖用户将超过 3 400 万。目前已经明确表态部署 LTE 的运营商包括亚洲的 NTT DoCoMo、KT、SKT，欧洲的 TeliaSonera、Tele2、Telenor 以及美国的 Verizon、MetroPCS、Cellular 等。

表 9　全球主要运营商 LTE 开通时间表

预计开通时间	地区	运营商
2009.Q4	美国	Verizon
2010.Q2	俄罗斯	VimpleCom
2010.Q2	沙乌地阿拉伯	SMTC
2010.Q2	阿拉伯	Etisalat
2010.Q3	巴林	Zain
2010.Q4	意大利	TelecomItalia
2010.Q4	日本	NTTDocomo
2010.Q4	韩国	KTF
2010.Q4	韩国	SKT
2010.Q4	罗马尼亚	VodafoneRomania
2010.Q4	美国	MetroPCS
2010（未定）	美国	CenturyTel
2013.Q4	中国台湾	中华电信
2013.Q4	中国台湾	远传电信
2013.Q4	中国台湾	台湾大哥大
2013.Q4	中国台湾	威宝电信

来源：ABI

2. 移动 WiMAX 前景尚不明朗

WiMAX 是近年来移动通信市场上的一匹“黑马”，从 2004 年开始迅速崛起，2007 年 10 月正式被 ITU-R 批准为 IMT-2000 标准，成为 3G 标准家族的新成员。

由于 WiMAX 采用了 OFDM、MIMO 等下一代移动通信的核心技术，传输性能相对于其他 3G 技术有着明显优势，产业迅速壮大，对 GSM 阵营形成了巨大威胁，在这种情况下，GSM 阵营发力推动 LTE 技术的商用进程，2008 年开始快速推进并逐渐获得主导地位，并在 2009 年进一步巩固了地位。在 LTE 的强大攻势下，WiMAX 的发展势头逐渐减弱，产业力量开始减弱，运营市场也变得前途未卜。

（1）主流设备商纷纷退出 WiMAX 阵营

北电网络在 2009 年 1 月 29 日的对外公告中表示，放弃 WiMAX 业务，同时结束与以色列奥维通公司的合资公司；阿尔卡特朗讯在 2008 年 12 月宣布将减少对 WiMAX 业务的投资，同时在 LTE、WCDMA 等核心领域加大投资。诺基亚 2009 年 1 月宣布停止生产基于移动 WiMAX 的手机终端

（2）金融危机令 WiMAX 产业陷入困局

金融危机的影响以及发展前景不明朗影响了投资者的信心，很多投资公司减少了对运营商建设 WiMAX 网络的投资，使得 WiMAX 网络建设面临资金短缺的压力。一些国家虽然发放了 WiMAX 牌照，却不得不停止或推迟 WiMAX 网络的建设。全球第三大 WiMAX 设备商奥维通于 2008 年底裁员 1000 人，约占员工总数的 11%。

（3）WiMAX 运营商开始动摇

Clearwire 等 WiMAX 运营商也意识到 LTE 在下一代移动通信市场中的主导地位，Clearwire 表示未来几年内会考虑利用 LTE 提供宽带服务。

3. 金融危机给 HSPA+和 EV-DO Rev.B 带来发展机遇

金融危机延缓了 LTE 的商用时间，却给 HSPA+和 EV-DO Rev.B 的发展带来了契机。相比于 LTE，HSPA+和 EV-DO Rev.B 可以更充分的利用现有 3G 网络，因此受到很多运营商关注。

产业链各环节均表示要支持 HSPA+的发展。在芯片方面，高通公司于 2008 年 8 月推出了支持 HSPA+的芯片组样片 Mobile MDM8200，可在 5 MHz 信道上实现超过 20 Mbit/s 的数据传输速率，并使用 HSPA+技术实现全球首次数据呼叫。在系统和终端方面，2009 年 2 月中旬，爱立信在世界移动通信大会上首次展示下行峰值速率 42 Mbit/s 的 HSPA+设备，预计 2009 年底可提供商用设备。在 2009 年美国无线通信展（CTIA Wireless）上向外界展示了实际最高速度达 56 Mbit/s 的 HSPA+网络设备，预计速率达 56 Mbit/s 的 HSPA+系统将于 2010 年投入商用；2009 年 7 月，中兴通讯与希腊最大的移动运营

DESAY 德赛
科技无限 文明共享

德赛电子[惠州]有限公司
DESAY ELECTRONICS(HUIZHOU) CO.,LTD.

<<<总经理雷平

公司简介
GONGSIJIANJIE

德赛电子(惠州)有限公司——作为中国500强企业、中国电子信息百强企业的惠州市德赛集团有限公司的旗舰企业之一，集研产销于一体，竭诚为社会提供专业、人文、高性价比的德赛品牌系列的现代通讯产品和服务，致力于成为一流通讯设备和服务提供商。德赛品牌是“中国驰名商标”和“中国名牌产品”，迄今累获专利达200余项，并于2008年12月获评广东省首批“高新技术企业”之一。

2009年第一季度率先推出的3G类产品（商话、路由器、上网卡、多媒体信息机等）在行业内处于领先水平。其中，GSM类的老人手机、盲人手机等新优产品倍受市场和消费者青睐，总体业务逆势大幅增长，发展后劲蓬勃。5月以来，德赛电子3G产品系列包括TD路由、TD数据卡、TD商话、TD手持商话、TD手机已入围中移动集团产品库。

进入2010年，德赛电子3G手机业务又将跃上一个新起点。我们将与时俱进，迎接挑战，追求卓越，为全面实现新跨越而努力奋斗。

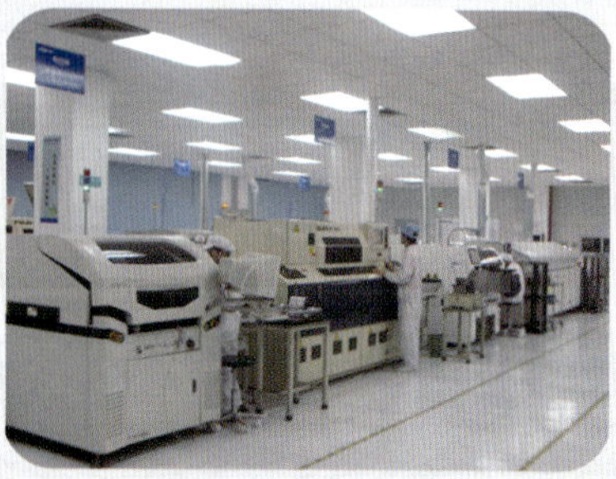

功能介绍：

(1) 人性化操作系统及界面设计，快速启动栏支持一键返回常用菜单及主菜单；供电指示、充电状态、低电告警、网络状态、未接来电、未读短信、时间、日历、星期、图片循环显示；

(2) 支持免提及手柄通话，支持通话中便签记事，支持手写、拼音、英数、符号等虚拟键盘输入；支持通话记录拨打电话，可通过时间、姓名、号码查找通话记录；

(3) 电子相册，支持MP3、WAV、MP4、MPG、AVI等音视频播放；

(4) 电话防火墙设置，可设定12个快捷号码并一键拨号；

(5) 大容量信息存储和通讯录，通讯录类别设置及快捷查找；

(6) 支持彩信、短信，支持彩信中的图片提取到电子相册；支持电子相册中图片添加到彩信中发送；

(7) 支持TF卡及U盘升级；

(8) 屏保设置，支持多级省电模式，连续通话不低于两小时；

(9) 电子日历，计算器，记事本及日程提醒功能，支持TD网络无线上网。

功能介绍：

(1) 采用TD－SCDMA技术；

(2) 来电显示功能；

(3) 多种输入法、中英文短信收发功能；

(4) IP号码设置、号段设置；

(5) 500组电话本；

(6) 限制呼入/呼出/呼叫等待、机卡互锁、锁网、锁小区；

(7) 具有软件升级接口。

功能介绍：

(1) 采用TD-SCDMA第三代通讯技术，支持GSM/TD双网自动切换或手动选择，支持加密的USIM卡；

(2) 可设置亲情号码快捷拨号键6个；

(3) 短信功能；

(4) 支持电话本，点阵显示，8个独立快速拨号键；

(5) 支持键盘输入功能；

(6) 外型美观大方；

(7) 键盘分布充分考虑人体工程学；

(8) 功能快捷键丰富实用；

(9) 高品质通信感受。

功能介绍：

(1) 16：9商清大屏幕；

(2) 纯平手写输入；

(3) 高清免费电视CMMB；

(4) JAVA 2.0；

(5) 无线音乐蓝牙；

(6) 3G通讯TD-SCDMA；

(7) 视频通话；

(8) 高度上网；

(9) 双摄像头；

(10) 大容量存储卡。

DESAY 德赛
科技无限　文明共享

地址：广东省惠州市陈江镇德赛第三工业区A栋　邮编：516029
电话：0752-2619999　传真：0752-2619997
网址：www.desayele.net
E-mail:service_ele@dasay.com

长飞光纤光缆有限公司
YANGTZE OPTICAL FIBRE AND CABLE CO.,LTD.

秉承精湛科技 共赢众选之选

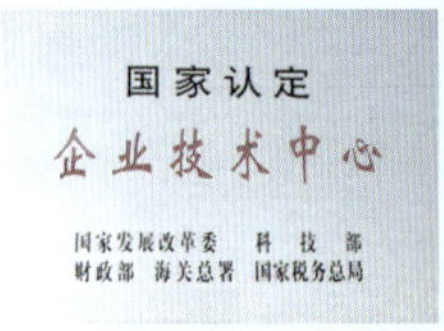

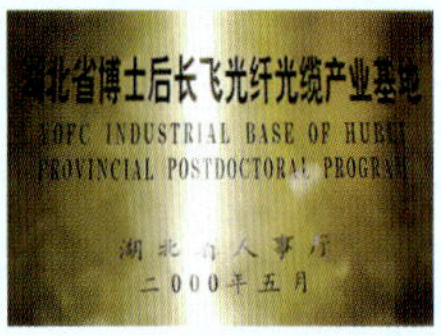

长飞光纤光缆有限公司
Yangtze Optical Fibre and Cable Co.,Ltd.

长飞光纤光缆有限公司（以下简称“长飞公司”）由中国电信集团公司、荷兰德拉克通信科技公司、武汉长江通信集团股份有限公司共同经营与管理，其中中方占62.5%，外方占37.5%。长飞公司位于武汉市关山二路四号东湖新技术开发区，占地面积达十七万平方米，员工总数1200人，是当今中国乃至全球产品规格、生产技术及生产规模领先的光纤光缆产品研发和生产基地。

长飞公司于2000年成立了研究与开发中心，是长飞公司专门从事产品、生产工艺、制造设备以及产品用材料进行研究和开发的部门，现拥有博士7人、硕士24人、本科生30余人，致力于世界领先水平的新型光纤、光缆产品及其实现技术的开发和研制工作。

截止到目前，长飞公司已获得国家授权专利100多项以及多项美国和PCT专利申请，其中发明专利占50%以上。

长飞公司多次承担了国家级科技攻关项目、国家“863”项目、国家级火炬计划项目、湖北省和武汉市科技攻关项目、商务部“出口机电产品研发”项目等，荣获国家科技进步奖一项、湖北省科技进步奖和武汉市科技进步奖多项，并负责和参与了多项国际电联IUT-T标准的制定工作。“PCVD工艺制备非零色散位移单模光纤和规模化生产的技术研究”获国家科学技术进步二等奖。

2006年长飞公司荣获中国信息产业年度创新企业称号时，专家对长飞公司的评价是：“它是我国光纤光缆领域唯一具备一体化规模生产能力的企业。通过引进、消化、吸收再创新，它占据着全球光纤光缆制造业第二的位置，100多项专利的背后彰显出一条振兴名族产业的成功之路，成为国内光纤光缆的骄傲。”

YOFC

推动中国和全球光纤的普遍使用，让每个人都能享受光纤带来的自由与快乐

湖北省省级企业技术研发中心
湖北省光通信材料工程研究中心
国家863计划成果产业化基地
中国信息产业年度创新企业
国家级企业技术中心
国家创新型试点企业
光纤制备技术国家重点实验室
YOFC

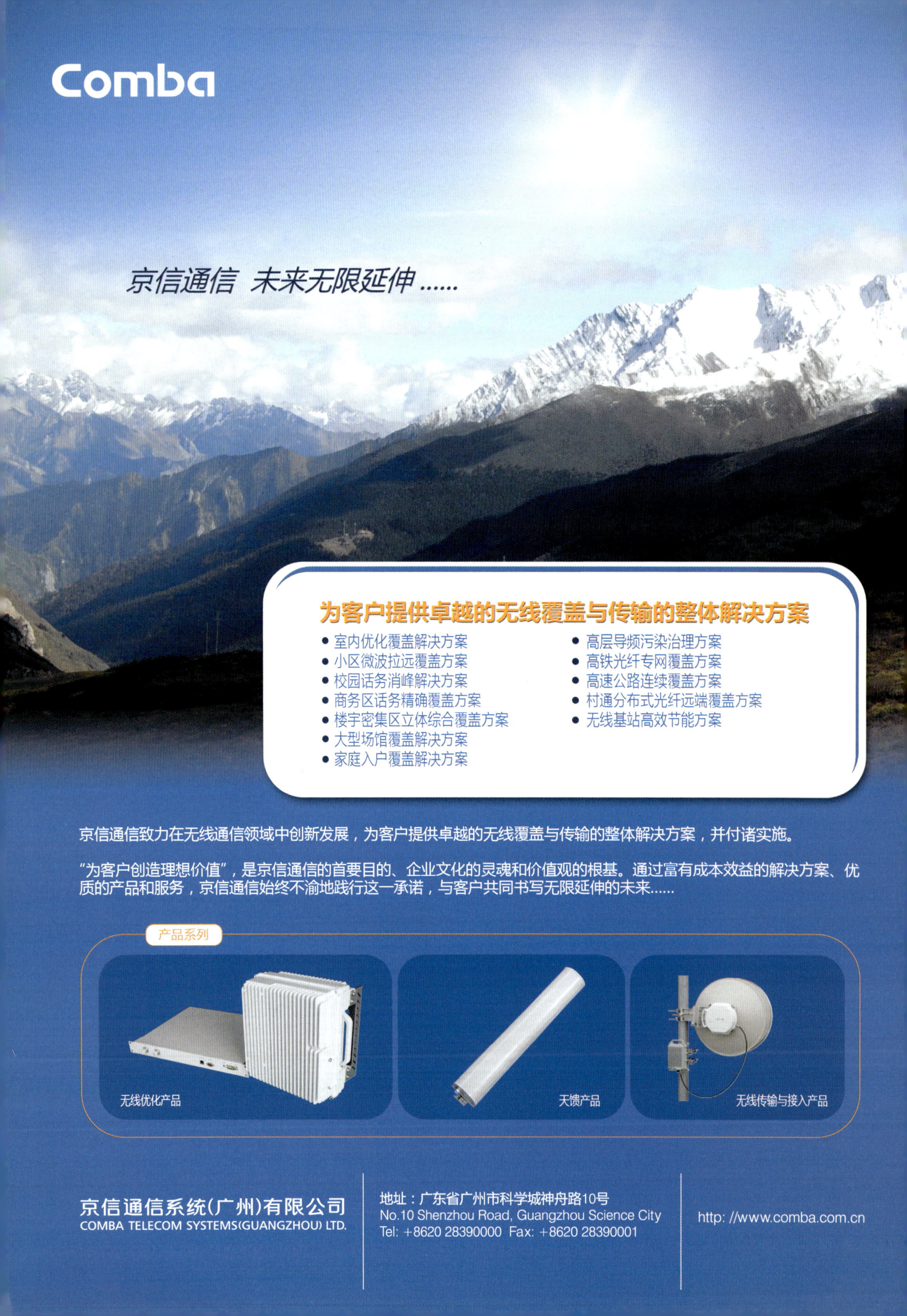
Comba
京信通信 未来无限延伸……
为客户提供卓越的无线覆盖与传输的整体解决方案
• 室内优化覆盖解决方案
• 小区微波拉远覆盖方案
• 校园话务消峰解决方案
• 商务区话务精确覆盖方案
• 楼宇密集区立体综合覆盖方案
• 大型场馆覆盖解决方案
• 家庭入户覆盖解决方案
• 高层导频污染治理方案
• 高铁光纤专网覆盖方案
• 高速公路连续覆盖方案
• 村通分布式光纤远端覆盖方案
• 无线基站高效节能方案
京信通信致力在无线通信领域中创新发展，为客户提供卓越的无线覆盖与传输的整体解决方案，并付诸实施。
“为客户创造理想价值”，是京信通信的首要目的、企业文化的灵魂和价值观的根基。通过富有成本效益的解决方案、优质的产品和服务，京信通信始终不渝地践行这一承诺，与客户共同书写无限延伸的未来……
产品系列
无线优化产品
天馈产品
无线传输与接入产品
京信通信系统(广州)有限公司
COMBA TELECOM SYSTEMS(GUANGZHOU) LTD.
地址：广东省广州市科学城神舟路10号
No.10 Shenzhou Road, Guangzhou Science City
Tel: +8620 28390000 Fax: +8620 28390001
http: //www.comba.com.cn

上海新逸科技有限公司

公司年会

技术会议现场

领奖仪式

上海新逸科技有限公司成立于1999年，是一家专门为通信企业提供企业管理信息化解决方案、软件产品及IT咨询服务的高新技术企业，作为国内知名的集团管理信息化解决方案提供商，拥有国内长期从事通信企业管理的信息化专家，凭借长期为通信企业信息化提供服务，为公司积累了丰富的经验，公司目前拥有员工近300人，公司全部人员学历为大学专科以上，其中硕士学历18人，专门从事通信企业管理的专家30多人，专门研发应用系统的技术类工程师近200人，目前公司服务的对象主要为中国电信、中国移动和中国联通。总经理张青，现任上海信息协会常务理事、上海软件协会徐汇区常务理事、上海徐汇区十一届政协委员。

随着与相关客户的联系日益广泛和深入，公司产品已经实现了从简单的软件产品提供向全方位、多层次的项目开发与咨询服务方向的转变。新逸公司不但提供具体的软件开发服务，更做到了与用户共同研究行业应用问题、提供专业管理咨询的角色。同时，作为涉足电信运行商企业管理多年的公司，拥有来自各个管理领域的专家顾问，有多年的企业管理信息化经验，常年为中国电信、中国移动、中国联通等客户提供咨询、培训等服务，对于BI、ERP、CRM、SCM、BPM等领域皆有独到而深刻的经验。

公司产品线覆盖了财务基础管理、集团财务、战略决策管理等，其中EPM企业绩效管理、SID信息数据共享、CWM协同管理、EAM企业资产设备管理已走在国际前沿。2005年，针对国内通信行业纷纷选用国外ERP软件的风潮，新逸制定了“后ERP时代”的业务方针，与SAP、ORACLE、IBM等国际知名的供应商合作，在行业内完成了多个ERP拓展项目，毫无争议的成为了通信行业财务领域中资深的解决方案供应商。

立足国内，走向世界，新逸科技在引进国际优秀的管理思想，积聚优秀的管理人才和软件人才，不断开发出领先、实用的软件产品，成为国内一流的集团管理信息化解决方案提供商之一。

电信运营商整体解决方案

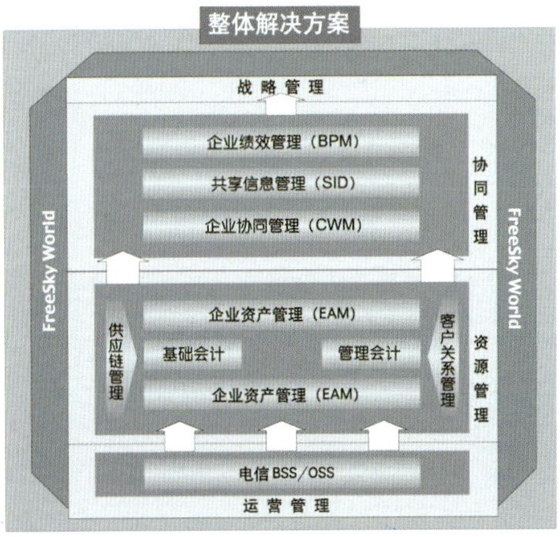

在进入WTO之际，中国通信运营商将遭遇前所未有的竞争，如何建立国际化管理体系，搭建优秀的管理信息化平台，形成核心竞争力，已经成为刻不容缓的艰巨任务。

新逸科技自1999年推出大型财务管理软件后，全面参与电信、网通、移运、联通等管理信息化建设，深入研究国际电信运营商的管理模式，逐步推出EAM企业资产管理、SID信息数据共享平台，CWM协同管理、集团财务管理等国际领先的解决方案。

作为TMF全球电信管理论坛的成员，新逸科技的专家深入研究ETOM、NGOSS信息模式，结合本土电信运营商的特点和管理模式。提出了新型电信运营商整体解决方案框架。

未来的几年内，我们将以“国际化+本土化”为方针，积极引进国际理念，开发自主知识产权的管理软件产品，成长为国际领先的专家型通信行业管理信息化解决方案提供商。

地址：上海市桂箐路15号4楼　　邮编：200233　　网址：www.freesky.com.cn

上海飞凯光电材料有限公司

董事长：张金山 博士

在现代通信中，光纤通信以其容量大和传输距离远的优势成为最主要的传输技术。而光纤作为信息传输的媒介，是光纤通信赖以实现的最基本的元素。经过近40年的探索，中国光纤光缆生产已经连续三年名列世界第一。光纤涂料是光纤制造过程中必不可少的关键材料之一，其质量优劣直接影响到光纤及网络的整体性能。2002年上海飞凯进入该市场并成功开发出具有独立知识产权的光纤涂料技术后，打破了国外公司对光纤涂料的垄断，结束了该产品完全依靠进口的历史。

2002年，在美国留学创业的张金山博士等从硅谷回到上海，成立了研发、生产、销售高科技制造中使用的材料和特种化学品的上海飞凯光电材料有限公司，在浦东建有1万平方米的研发生产销售服务基地。2007年，在安徽兴建占地100亩的大型生产基地安庆飞凯，年设计生产能力8千吨，是目前全球最大的光纤涂料、油墨生产基地。

公司在硅谷和上海、安庆设有研发中心，其核心人员由多名留学博士组成，他们在辐射固化材料及其它材料领域均有杰出成就和丰富经验。公司全面实施ISO9001:2000质量管理体系标准、ISO14001：2004环境管理体系标准，产品通过了RoHS等认证。提供四大类约五十多个系列的产品，广泛应用于光纤光缆制造等领域，被国内外众多著名厂商采用，产品性能已达到或超过国外同类产品水平，拥有一大批国内外高端客户。公司在天津、成都、杭州、深圳及美国、东南亚等地设有办事机构，构成了以上海为中心的国内外销售服务网络。

2005年以来，公司先后被认定为上海市高新技术企业、市科技小巨人培育企业、市高新技术成果转化认定“百佳”项目等。承担多项市级研发项目，并获“上海市科技进步奖”。研发成果达到了国际先进水平，已获得多项国内外发明专利。2007年，张金山博士被评为“中国光纤光缆30年风云人物”。

经过7年多的发展，飞凯已成为我国光纤光缆材料行业中有影响的企业之一。目前，飞凯在光纤涂料领域的国内市场占有率已经超过50%，并开始出口。飞凯已经是中国第一、全球第二大光纤涂覆材料及油墨供应商。累计生产光纤涂料超过4千吨，以此生产出的光纤超过1亿芯公里。

上海飞凯公司董事长张金山博士说，飞凯的宗旨是为高科技制造业提供优质紫外固化材料，飞凯将一如既往地支持中国光纤产业的发展并与之共同成长，飞凯将为此继续做出不懈的努力。

FASTEN

法尔胜光通信是法尔胜集团进军光通信产业的核心部分，整合了两家光通信产品专业研发和生产企业的优势资源：江苏法尔胜光子有限公司和江苏法尔胜光通有限公司。光子公司主要生产通信用光纤预制棒，通信用光纤及特种光纤，拥有光纤预制棒的自主知识产权以及核心技术。光通公司主要从事各种通信用室内、室外光缆的研发和生产，产品广泛应用于电信、移动、联通等各大运营商及广电、电力、高速公路、国防、铁路、中石化等领域。法尔胜光通信承担了多个国家级项目计划，包括“十五”国家科技攻关计划、国家“863”计划、国家级火炬计划等，其各类光棒、光纤及光缆产品已遍布多个行业——通信领域的主干网、城域网、接入网，广电、电力、铁路、国防以及输油管道信号系统等。法尔胜光通信引进国外先进设备和仪器、采用行业前沿工艺技术、严格进行研发和生产的过程控制，确保每一根光棒、每一盘光纤光缆产品都能充分满足客户的要求，并在光纤预制棒、保偏光纤及气吹微缆方面获得多项专利，成功实现规模化生产。如今的法尔胜光通信业已走出国门，成功进入欧洲、南美和东南亚市场。法尔胜光通信将本着“质量之上、以人为本”的理念，提升产品的开发能力、市场的拓展能力、高质量的服务能力、强有力的行政管理能力，把“法尔胜光通信”品牌做强、做精。法尔胜光通信，想您所需，创您所想！

地址：江苏省江阴市文化东路1号　邮编：214434　电话：0510-86406183　传真：0510-86406162

商 Cosmote 在希腊共同推出高速 HSPA+ USB 数据卡 MF622。

网络部署方面，受 2008 年金融危机影响，很多运营商资金紧张，因此部分运营商选择推迟 LTE 商用时间，从而为利用现有网络进行升级的 HSPA+和 EV-DO Rev.B 技术带来了发展机遇。根据 GMSA 的统计，截至 2009 年第一季度，HSPA+的测试网络已经达到 8 个，并已经有 4 张商用网络。除了澳洲电信、新加坡 SingTel 和 Starhub、香港 CSL 正式升级 HSPA+外，意大利电信、Telefónica O2 德国公司、AT&T、日本软银等运营商也表示要在未来两年内部署 HSPA+网络。而 CDMA 阵营的 KDDI 和中国电信也表示将先部署 EV-DO Rev.B，待 LTE 成熟后再采用该技术。

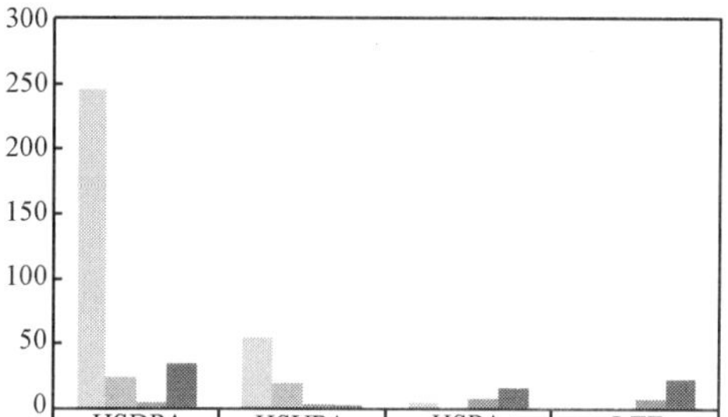

	HSDPA	HSUPA	HSPA+	LTE
商用	245	53	4	0
网络部署	24	19	1	0
测试	5	3	8	8
计划	35	2	16	22

来源：GMSA

图 9-48　全球 WCDMA 演进技术商用进展

（四）国内外主要厂商发展情况分析

1. 终端厂商

全球手机市场从 2008 年四季度开始，陷入低靡，虽然相关数据表明，2009 年二季度，手机市场环比开始有所反弹，但是考虑全球经济尚未明显反弹、市场消费信心等因素，预计 2009 年手机市场仍将在低谷徘徊，全年将出现年度负增长。

虽然手机市场销售放缓，但智能手机销售上升，2009 年二季度折算年率增长 27%，在销出的 2.86 亿部手机中智能手机占 4090 万部。 在智能手机产品中，苹果手机的市场份额增长了 13.3%，一年前仅为 2.8%。世界最大的手机生产商诺基亚的智能手机也取得了不俗业绩，市场份额达到 45%。但大多数研究机构认为，智能手机销售活跃并不能阻挡 2009 年手机市场的下跌之势，预期 2009 年手机市场销量下降 4%，下跌的形势在下半年将会有所改善，四季度手机市场可能出现反弹。

在终端市场竞争方面，诺基亚的优势依然不可动摇，分析其近年来的市场份额，虽有小幅变化，但始终稳定在 35%～40%之间，遥遥领先其他厂商。自 2007 年起摩托罗拉开始下滑，跌入第二集团，与此同时，三星崛起，终端厂商第二集团竞争日益激烈，形成三星、LG、索爱、摩托罗拉四强鼎立之势。从下图可以看出，2008 年至今三星公司的市场份额就开始明显增加，2007 年 Q4 三星市场份额仅为 13.4%，2009 年 Q2 市场份额就达到了 19.3%，成为第二大厂商，在第二集团中具有明显领先优势。从 2008 年年底至今三星公司的市场份额保持稳中有升。

如果说 2008 年是三星的崛起之年，那么 2007 年就是摩托罗拉走向谷底之年了，2007 年摩托罗拉市场份额暴跌近一半，从 21.5%跌至 11.9%。2008 年至今，摩托罗拉公司虽采取多种方法试图挽回市场颓势，但效果不佳，至今年 Q2 仍在不断下滑。LG 公司则凭借其在 CDMA 市场上的优异表现，悄悄的在终端厂商排行榜上向上攀登。传统三大厂商之一的索爱也在不断下滑，市场份额已跌至第五。

总体来看，短期内终端厂商除诺基亚地位不可动摇之外，第二集团竞争非常激烈。近年来，三星公司凭借其高端化、娱乐化两大经营理念，赢得了一定优势，但优势尚不稳固，四大厂商的市场地位瞬息万变，短期内第二集团的排名仍有可能出现变化。此外，摩托和索爱等厂商的动荡、苹果等 IT 公司的进入、以及金融危机的影响使得其他厂商的机会增加，其市场份额也明显增加，使整个终端市场的竞争更加激烈和微妙。

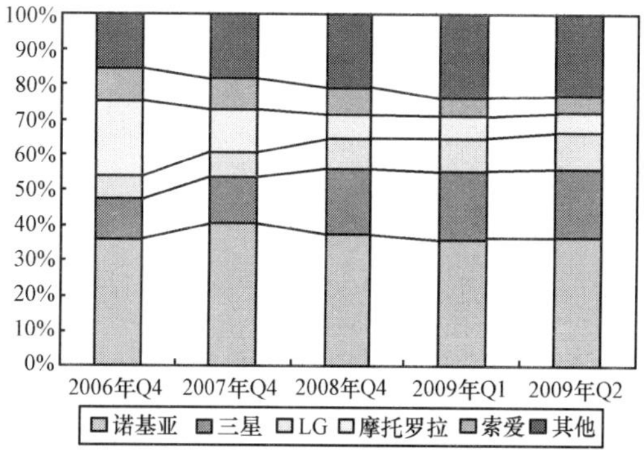

来源：通信信息所

图 9-49　全球主流终端厂商市场份额变化

2. 系统设备厂商

2009 年全球移动产业继续稳步发展，移动运营商的投资主要用于 3G/3G+网络建设，2G 移动设备市场下滑较为明显，3G 设备市场成为主流。由于中国大规模部署 WCDMA、TD-SCDMA、CDMA2000，以及北美、欧洲市场 3G 网络升级，共同推动了全球 3G 市场的发展。

根据电信研究院通信信息研究所的统计，2009 年 1—9 月全球共签署了 143 份重大移动网络设备合同，其中 2G 设备（包括 GSM/ EDGE/GPRS、CDMA1X）合同份额为 18.9%，3G 设备合同占 81.1%；高于 2008 年的 3G 设备合同份额 66.7%。2009 年非洲、亚太等地发展中国家的一些运营商开始建设 3G 网络，但同时也还在进行 2G 移动网络扩容，在欧洲、北美市场，移动网络设备销售主要是 3G 设备，如 CDMA2000 1X EV-DO、WCDMA/HSPA 设备等。

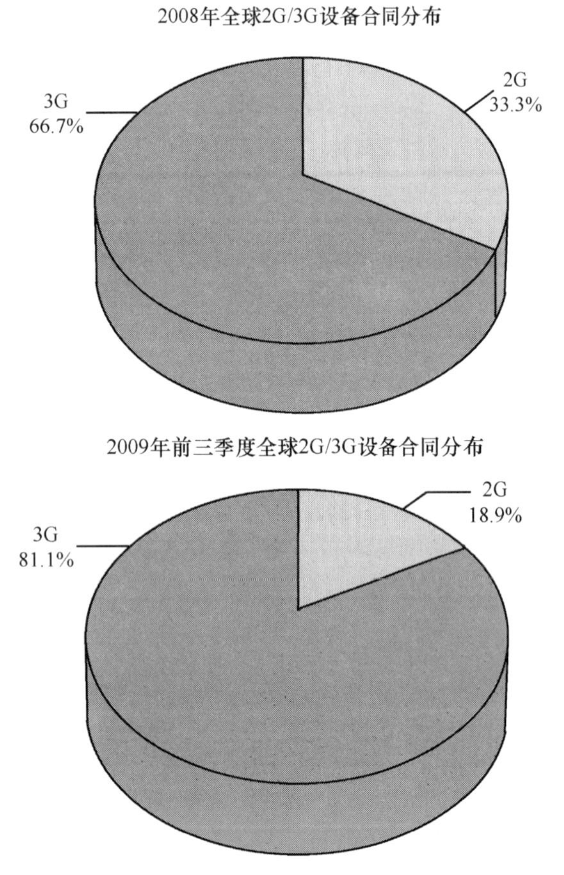

来源：通信信息研究所

图 9-50 全球 2008 年及 2009 年前三季度 2G/3G 设备合同分布对比

2009 年前三季度全球移动通信网络设备合同统计中（按合同数量计算），不同技术体制的设备合同所占比重如图 9-51 所示。

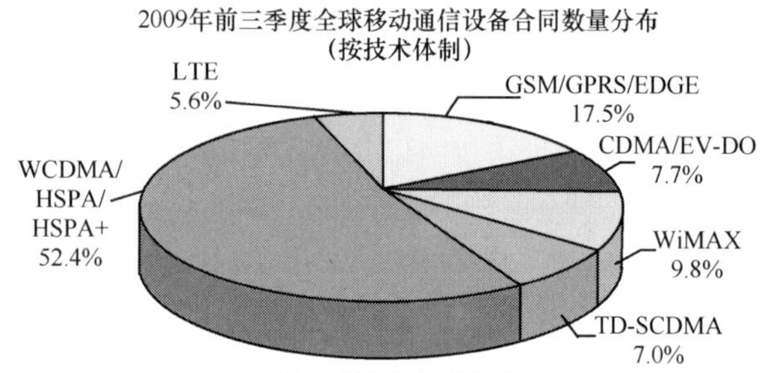

来源：通信信息研究所

图 9-51 2009 年前三季度全球移动通信网络设备合同分布

从市场份额来看，在 2009 年前三季度全球移动网络设备市场中，华为以 29 个合同获得最大份额，位居第一。爱立信获得 28 个合同，仅次于华为。中兴获得 27 个合同，列第三位。阿尔卡特朗讯、诺基亚-西门子分别获得 21 和 20 个合同，分列市场第四、五位。摩托罗拉仅获 12 个合同，主要合同来源于 LTE 和 GSM 市场。

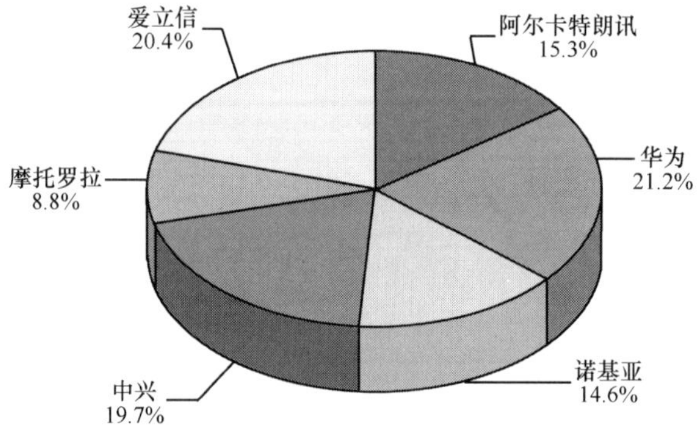

图 9-52 2009 年前三季度全球移动通信网络设备市场竞争格局（按合同数）

（五）移动通信产业发展趋势

从 2009 年全球移动通信产业的发展动态来看，未来移动通信产业将出现以下发展趋势：

1. HSAP+将大放异彩 LTE 将在 2012 年后规模商用

LTE 商用的放缓使 HSPA+将在 2010—2012 年之间大放异彩。目前 HSPA+的商用步伐正在加快，截至 2009 年 9 月底，全球商用 HSPA+网络数达到 27 张。而 HSPA+设备合同也已经达到 WCDMA 技术体系的约 17%。预计从 2010 年开始，HSPA+商用部署速度将进一步加快，在 LTE 规模商用之前，成为移动宽带技术领域的生力军。

随着金融危机影响的不断深化，对移动通信产业的影响将逐渐显现。LTE 作为一种全新的技术，其产品研发和产业化、运营商部署等都需要大量的资金。而在金融危机的阴影下，融资将比以往更加困难。因此，金融危机的出现很可能使 LTE 整体发展放缓。

LTE 将在全球分地区分时段部署，2012 年后将在全球大规模部署。北美、日本的部分运营商（NTT DoCoMo、Verizon 等）将是全球最早引入 LTE 的运营商；进入 2010 年下半年和 2011 年，西欧部分地区运营商也将引入 LTE；中国（如中国移动）、中东等地区的部分运营商有可能在 2011 年引入 LTE；而 LTE 的全球规模商用将是在 2012 年，2015 年后开始进入大规模部署阶段。

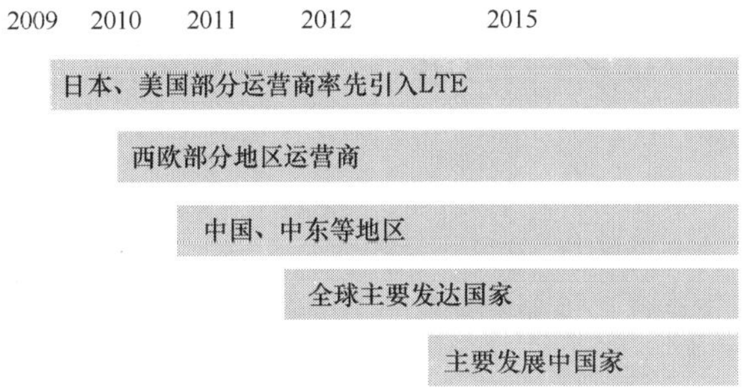

来源：通信信息所

图 9-53　LTE 将在全球分地区分时段部署

2. 业务创新不断向家庭/行业应用和物物通信领域拓展

从交互方式上看，3G 业务创新方向正从人—人通信逐渐向人—机通信、物—物通信的方向拓展。2009 年，美国国家情报委员会把物联网技术作为影响美国未来 15 年国家战略利益的六种技术之一，把物—物通信提升到国家战略层面。同时，众多运营商将 M2M 业务作为未来业务发展策略中的重点，AT&T 专门成立部门运营和发展 M2M 业务，中国移动也表示未来物联网将是其业务创新的方向和重点。

从服务对象上看，业务创新逐渐从个人业务领域向家庭和行业信息化领域拓展。随着个人业务市场竞争的加剧以及 3G 网络能力的提升、FMC 技术的发展，企业更加注重家庭和行业/企业用户的需求。

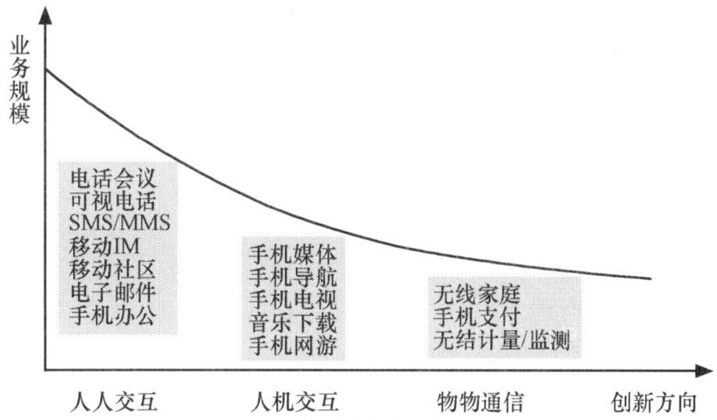

来源：通信信息所

图 9-54　业务创新方向朝着物-物通信方向发展

3. 通信终端形式日益多样化

长期以来，终端的主要形式是手机。然而去年以来，随着网络带宽的不断提升、IT 厂商进入终端市场、产业融合不断向纵深发展，各种新型终端不断涌现。如：电子阅读器（kindle）、上网本、USB 数据卡、MID（mobile internet device，移动互联网设备）、Femtocell 等。

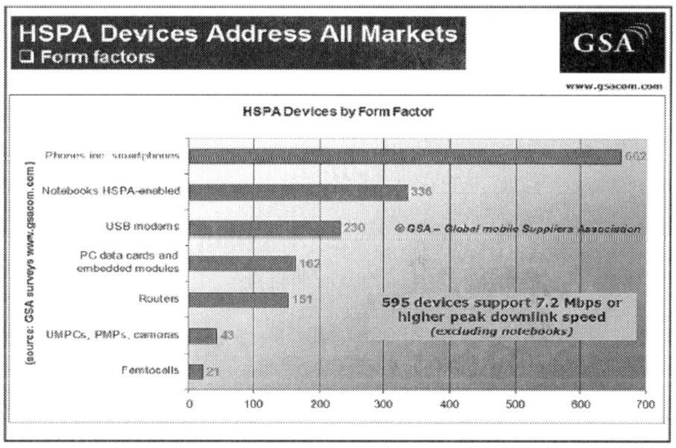

来源：GSA

图 9-55　全球 3G 终端发展

从 GSA 发布的 HSPA 终端设备的类型分布可以看出，除手机外，内置网络的笔记本、USB 调制器、数据卡、UMPC、Femtocells 等设备也占有一定的比例。可以预见，随着终端的处理能力增强，网络速度提高，人机界面友好，终端的定位逐步走向个人信息处理器的角色，即终端从信息通信逐步升级为信息处理。

新型终端涌现的背后，不仅仅是运营商、传统电信设备商的力量，IT 行业、电子行业的成功企业也纷纷以终端为契机进入电信市场，如苹果（iPhone）、亚马逊（Kindle）、联想等计算机厂商（内置网络的笔记本）。这些厂商将其在原有行业的各种优势整合进新型终端，推动了电信产业与相关行业的融合，给电信业带来了新的理念和活力，推动了电信业本身的发展。

4. 运营商推行新策略缓解移动数据流量猛增带来的网络压力

运营商限制用户使用行为的举措却不是长久之计，用户的需求和市场竞争的需要运营商必须提供移动宽带服务。为了使数据服务能带来良好的收益，移动运营商目前正在从以下 3 个方面进行努力。

一是建设 Wi-Fi 网络，将大带宽数据业务分流到 Wi-Fi 网络上，以减轻移动网的压力。

二是创新资费模式，改变简单的流量或时长包月方法，需要结合内容进行差异化计费。

三是以 TD-LTE 为代表的 4G 技术能够提供 100 Mbit/s 以上带宽，移动运营商网络建设尽早向下一代低成本网络转移，以大大降低带宽成本。

（作者：工业和信息化部研究院　胡　波）

六、通信机房与节能减排

（一）通信机房发展现状

目前我国的网络规模已经居于世界首位，随着网络规模的不断扩张，通信网络的核心设备、动力系统以及机房、基站等成倍增加，这些设备不间断运行需要大量的能源供给。此外，为了确保核心设备的正常运转，需要采用空调等设备控制室内温度，增加了巨大的能源消耗。

相关数据表明，目前我国通信网络有上万台的主交换设备、几十万个基站，大量设备的运行需要能源来保障。另外，我国的通信网络中仅基站配备的空调每年的耗电量就达 70 亿度，整个通信行业耗电量在 200 亿度以上。可见，通信行业不仅是一个高科技的行业，也是一个高耗能行业。同时，这也说明通信网络的节能空间和潜力非常大。

据了解，目前通信运营商的电能消耗主要包括日常用电和通信网络用电两部分。其中，通信网络的用电主要集中在通信机房，其能源消耗巨大，因此解决通信机房的节能问题非常紧迫。

通信机房中的电能主要用在两个方面，一个是通信设备用电。相关统计数据显示，通信设备用电量占到总用电量的 30%左右。目前，各个通信运营商的通信网络设备新旧交错使用，耗电量参差不齐，通过更换效率低下的通信设备、合理调整用电负荷就能够有效地达到节能的效果。另一个是机房的环境用电，包括机房照明、空调制冷和制热。其中，照明及其他用电占总用电量的 10%左右，空调用电占总用电的 60%左右。可以看出，通信机房的环境用电在耗能量中占据相当大的比例。如果从改善机房环境入手，既能减少成本支出又能获得较好的节能效果，可谓一举两得。

从更新机房设备、采用新技术改善机房环境用电两方面入手就能使通信机房的用电量下降，有效降低整个通信网络的能源消耗。

（二）基站节能降耗

中国目前有超过 40 万个移动通信基站。按照中国移动的统计，基站耗电占 70%以上。开展基站节能降耗成为一个迫切需要解决的问题。运营商对基站节能提出了很多解决方案，设备厂家也在节能方面加大研发力度，纷纷提出了绿色基站的概念。

根据统计，基站耗电主要是主设备耗电和配套中的空调耗电。基站节能降耗的措施可以从主设备、配套及网络规划设计三个方面进行考虑。

1. 基站主设备节能

基站主设备未来的发展趋势是高集成度、全 IP 化、多载频、高效率数字功放、模块化，这些特征将使新一代基站更省电。

（1）提高功放效率及设备集成度

采用数字预失真技术，可以提高功放效率及功放的线性特性，减少基站的发热量。功放稳定性增强、集成度增加，并且支持更宽的信号频带，配合高集成度的射频器件，这为基站收发信机实现多载频技术创造了条件，使基站功能模块变得更小，也使多载频功放的实现成为可能。采用高集成度的设计和低功耗的芯片，能够降低基站占用空间，减少机柜数量，达到降低功耗的目的。现在有多个 GSM 厂家推出双密度载频。有些公司推出多密度载频设备，华为公司的设备可以支持 6 密度载频。

（2）软件节能技术

通过基站设备耗电的组成可以看出，随着业

务信道载频负荷的变化，基站系统耗电波动很大。运营商通过采用软件控制的闲时载频关断技术、时隙关断技术以及业务量分配优化等措施能够降低能耗。

在 GSM 系统中，应把主 BCCH 载频设置为优先级最高，有话务量的时候把 TCH 优先指配到主 BCCH 载频上，提高主 BCCH 载频利用率，先使用优先级比较高的载频，其他载频可以处于关断状态，可以按照时间段在闲时定时关闭载频，也可以根据业务量变化，采用一定的算法智能进行载频的开启及关闭。在载频关断的基础上，还可以在更细的粒度上进行时隙的关断，达到更精确的控制。这些技术一般适用于新一代的基站，对于已经部署的基站，部分可以通过软件升级的方式实现。

还有一种方式是在业务量小的时候，可以让一些载频处于待机模式，类似于个人电脑的待机/激活模式。在保证基站正常工作的情况下，尽量减少能耗、减少热量的产生。

（3）分布式基站技术

目前比较成熟的分布式基站技术，是把基站分为基带和射频两部分，用光纤代替传统的馈线将射频部分拉远，可以减少由馈线导致的损耗约 3dB，基站消耗的功率将大幅降低。拉远单元可以采用自然散热技术，能够节省温控能耗，占地面积小，安装快捷，可广泛应用于室内覆盖、城区站址困难区域、热点覆盖等场景。

（4）降低环境温度要求

设备厂商应通过设计、制造工艺的改进降低设备对运行环境温度的严格限制条件，提高设备正常运转的环境温度上限。通过这种措施也能减少空调的使用时间，达到节能的目的。

2. 机房配套节能

（1）基站环境温湿度智能监测控制

机房温度、湿度检测与通风系统、空调控制系统，形成基站机房环境智能监测控制系统，智能开启或者关断通风系统或者空调，可达到省电的目的。

运营商通过对基站机房进行智能通风改造、引入新风系统，采用直通风、自然散热等方式，来降低机房对空调的要求，达到降低能耗的目的。基站新风系统可以分为两种方式，自然通新风系统及热交换新风系统。当室外空气温度比室内低一定程度时，依靠通风将机房内的热量带走，实现室内散热，达到降低机房内部温度的目的。这样就能减少基站空调的运转时间，从而达到节能的目的。但是这种方式也受到环境的限制。部分地区空气质量比较差，自然风引入经过多次过滤之后仍然不能很好地除尘，会对设备运行造成一定影响。另外，在南方空气湿度比较大的时候，通过直通风的方式也解决不了基站机房内湿度大的问题，仍然需要开启空调除湿。

（2）基站电源治理

在早期，大量使用谐波电流大的电源，给电网带来严重的污染，使电网波形失真、降低实际负荷能力。开关电源的谐波治理，可以提高功率因数，降低发热损耗。

蓄电池对环境温度要求较高，运营商可以考虑采用专用设备降低蓄电池的温度，而不是把整个机房的温度给降低，这样能够达到节能的目的。采用半导体技术的温控蓄电池柜，可以使内部温度比环境温度低 10℃，适合室内室外场景。

（3）基站新能源的使用

在合适的站址利用太阳能、风能等新能源作为替代能源，运营商还可以顺利地将电信网络扩展到没有供电网或供电不稳定的地区。目前太阳能电池板体积比较大，太阳能对站址要求较高。太阳能的采用受日照时间及设备耗能的影响，降低设备能耗可以扩大太阳能基站的使用范围。另外，太阳能与风能的互补性强，风光互补发电系统在资源上弥补了风电和光电独立系统在资源上的缺陷。

3. 重视网络规划优化

综合考虑基站新技术及成熟程度，运营商应结合实际在网络规划中采用，做到满足网络覆盖、业务需求的情况下，减少基站数量，降低基站发射功率。随着城市建设及人员迁徙的变化，对无线通信覆盖的需求也会发生变化，通过网络优化可以提高网络资源的利用率，提高业务服务质量。因此，通过合理的网络规划优化可以降低基站数量，降低设备发射功率，提高设备利用率，从而达到降低基站能耗的目的。

最后需要说明的是，中国幅员辽阔，地形复杂，气候差异大，需要对比分析各种基站节能措施的优势、劣势及使用场合。注重各种节能措施的环境适应性，找出针对不同环境的适应技术。

（三）各种节能技术在通信机房的应用

1. 太阳能光伏供电系统在移动基站的新应用发展

太阳能既是一次能源，又是可再生能源，它是目前人类取之不尽、用之不竭的最大能源资源。如果能够充分利用，必将给我们带来可观的回报。光伏发电具有许多优点，如：安全可靠，无噪声，无污染，能量随处可得，不受地域限制，无须消耗燃料，无机械转动部件，故障率低，维护简便，可以无人值守，建站周期短，规模大小随意，无须架输电线路，可以方便地与建筑物相结合等，这些优点都是其他发电方式所不及的。从节约资源的角度来看，利用太阳能光伏系统为通信网络设备供电，确实是一件十分有意义的事情。

太阳能光伏发电具有适宜分散供电的优势，在通信基站点多面广的情况下，如偏远的无线通信网络应该有非常广泛的应用场景。在偏远地区因地制宜，利用小型光伏电站，可以有效地解决无人职守局、站例如高山、边远局、站通信设备的供电问题；在城市的建筑物和公共设施配套中使用通信用光伏发电系统，安装太阳能光伏发电装置，可以扩大城市区中诸如传输中继站、无线基站、微蜂窝基站、射频拉远等接入网点可再生能源的利用量，反过来为太阳能光伏发电提供必要的市场规模。

通过太阳能光伏供电系统进行光电转换，从太阳能获得电力，给通信网络设备供电，有许多其他电源系统无可比拟的鲜明特点，如可靠耐用、维护工作量小、维护费用低、无需能源费用、无噪声污染、安装组件积木化、安全等。

在通信网络设备供电中推动和发展太阳能光伏供电的应用，创新思路助光伏供电推广。

- 利用型供电

改变太阳能光伏系统原来作为主用供电系统为利用型供电系统。太阳能光伏系统只作为一种补充供电电源，实际不改变通信设备原有的供电系统。不承担主用通信电源的义务，不需要满足全部用电需求，一般只要根据可利用程度按照满足实际耗电的部分或大部分要求来配置容量系统即可。也就是说，太阳能板能发出多少电就利用多少电，不必考虑电能的储备和后备，这样将大大减少系统的投资。

- 不增加蓄电池组容量

一般通信用太阳能光伏系统的投资主要包括太阳能板和蓄电池组两大部分。其中，如为保障供电，太阳能光伏供电系统所配后备蓄电池组的放电小时数需按当地连续阴雨天数计算，需要的蓄电池组比普通的通信电源系统成倍增加。

改变为利用型供电后，除原有的供电系统蓄电池组外，不再需要增加蓄电池组容量储存太阳能光伏的能量。从而大大减少蓄电池组的投资，以及因需对这些蓄电池组充电而增加的太阳能板及其充电设备容量的配备和投资。

- 嵌入式使用

变固定式使用为嵌入式利用。将太阳能光伏供电系统作为一种嵌入式的补充供电电源使用的最大特点是可以因地制宜，根据安装地点的太阳能实际利用情况，按照节能效率和经济利益最大化的原则来考虑。如有利用价值就继续使用：经济效益高就加大力度使用；效果不理想就拆下来换个地方再嵌入使用。

2. 氢燃料电池供电系统在通信领域的应用

氢燃料电池作为新型节能环保能源之一，它的研制受到欧美及日、韩等国的高度重视并快速发展起来，“氢能经济”已成为美国应对金融危机、振兴经济的利器之一；氢燃料电池也是我们国家十一五重点发展支持项目；氢燃料电池将助力通信运营商的节能减排工作，提高竞争力，还将带动原材料、机械、电子、能源等各个国民经济重要产业。

随着通信业务的发展，业界意识到氢燃料电池在后备电源领域具有广阔的应用前景，大部分基站所需功率等级落在氢燃料电池供电系统最佳性能价格比的区间内，且较易实现产业化。氢燃料电池的启动速度较快，输出电能较稳定，环境适应能力强，能够满足通信行业的需要。

氢燃料电池供电系统是一种直流发电机，可在市电停电情况下，作为后备电源保障通信设备的不间断供电，其绿色环保的特性也使其在节能减排工作中大有可为。氢燃料电池供电系统在通信领域有广泛应用。

（1）氢燃料电池供电系统的应用场景

目前国外比较成熟的应用是，氢燃料电池供电系统代替铅酸蓄电池组作为停电时的后备电源，只保留少量的铅酸蓄电池作为系统启动过程中的支撑。这样，就可以大量减少铅酸蓄电池的使用，减少对环境的污染。

氢燃料电池供电系统若包含 DC/AC 逆变设备，即可为通信局站的交流负载供电，替代油机，降低噪音和振动，减少排放。

（2）氢燃料电池供电系统的工作状态

用于直流后备电源时，氢燃料电池供电系统有 3 种工作状态：

——市电正常待机状态：整流器正常工作时，氢气阀门关闭，燃料电池停止反应，整流器给通信设备供电，给启动用的蓄电池充电，同时还给燃料电池的控制电路供电，随时保持燃料电池待机工作状态；

——市电停电启动状态：燃料电池系统的控制电路检测到停电信号，自动开启氢气阀门，燃料电池开始发电，因为氢气阀门开启到能正常提供足够电力需要一定的启动时间，因此需要一个容量相对较小的蓄电池，以保证燃料电池发电与市电供电转换过程中维持通信设备的不间断供电，并为燃料电池系统启动提供驱动电流；

——市电无电发电状态：燃料电池系统启动后，在保证气源的情况下能不间断提供电力，经 DC/DC 变换器稳压后给通信设备供电，同时对蓄电池充电。该蓄电池不需要按照系统后备电源的维持时间来计算容量，只需按照转换时间内维持直流输出电压来考虑，因此可以大大减少蓄电池的使用、购置成本。

（3）氢燃料电池供电系统的应用实例

氢燃料电池供电系统在国外已经有大量的实际应用，截至目前为止，已经使用了数千套，将逐步减少传统铅酸蓄电池的使用。考虑到氢气使用的安全性，目前产品是以室外型为主，主要客户有 AT&T、Sprint 等电信运营商及美国防部、FAA-联邦航空管理委会、CUSTOMS-海关等重要政府部门。另外，加拿大、新加坡、日本、印度、台湾、英国等均有应用，氢燃料电池供电系统还被应用在严寒地区如苏格兰、高热地区如科威特等极端环境下，充分展示了其极强的环境适应能力。

3. 空调节能技术在移动网络基站的应用

从目前格局来看，基站冷却仍然是以舒适性空调机组为主，部分机房采用了基站专用空调机组，近几年新风冷却系统、地源热泵、制冷系统添加剂等多种方式也有试点和部分应用。

（1）舒适性分体式空调系统

舒适性空调机组是基站空调的主力，即采用家用空调柜机或分体及冷却机房，此方案初投资较低，但空调运行费用高，稳定性差，寿命短，而且冷却效果有限，从全寿命周期成本来看，费用并不低。

（2）基站节能型空调系统

基站专用空调是专门针对基站环境和需求进行开发的空调机组，比舒适性空调机组可靠性更高、更加节能。更好地控制机房的湿温度。其主要特点是高可靠性、大风量、低焓差、较高的空气过滤效率以及加热、加湿、除湿等功能。

基站专用空调从机组设计、部件选择、保护功能设计等多个方面着手，如采用膨胀阀设计，金属结构件和风扇等，确保基站专用空调的高可靠性。配件标准监控接口，灵活的主备机切换功能，实现机组自动切换、轮流值班功能。

（3）新风节能系统（包括新风一体机与智能通风系统）

新风节能系统利用室外低温自然冷源冷却机房，其基本工作原理是：林永温湿度传感器探测机房外的空气温湿度情况，当温度低于某个设定值时开启进风单位的新风风门，进风风机将机房外冷空气吸入机房，排风风机将室内设备产生的累计热量排出机房，通过通风口的设计让室外凉空气在室内形成一个循环再排出室外达到降温效果。

新风节能系统主要包括两种形式：新风一体机空调和智能通风系统。新风一体机空调采用空调和新风节能一体化设计，室外温度高时采用空调制冷，室外温度低时采用新风冷却。智能通风系统需要和基站空调配合使用，室外温度高时采用基站空调制冷，室外温度低时采用智能通风系统。

目前提供智能通风系统的厂家较多，但各厂家产品的设计理念和细节各布相同，例如与基站空调联动的功能、过滤网设置与维护功能等。良友不齐，需要实际试用与甄别。

（4）地源热泵

地源热泵是一种先进的技术、它高效、节能、环保、有利于可持续发展。地源热泵系统是一种利用地球所储藏的太阳能资源作为冷热源，进行能量转换的供暖制冷空调系统，地源热泵利用的是清洁的可再生能源的一种技术。地表土壤和水体是一个巨大的太阳能集热器，收集了47%的太阳辐射能量，比人类每年利用的500倍还多（地下的水体是通过土壤间接的接受太阳辐射能量）；它又是一个巨大的动态能量平衡系统，地表的土壤和水体自然地保持能量接受和发散相对的平衡，地源热泵系统技术的成功使得利用储存于其中的近乎无限的太阳能或地能成为现实。

在北方地区，冬季寒冷季节基站需要加热来维持机房的温度，目前加热的空调系统基本采用电加热，效率较低，地源热泵可以有效地利用地下热源，运行效率高。地源换热系统就是通过导热介质——水，在埋设地下或江河湖泊、海洋中的管路内的循环，进行吸热或排热。制热时吸取地下热能。制冷时将房间的热能排于地下。地源热泵是由地源换热系统、热泵机组、室内终端三大部分组成。

（5）空调添加剂快速制冷节能系统

制冷系统添加剂产品作用空调系统内部，对其管路、蒸发器、冷凝器的油膜进行深度清洗，使其回到压缩机，并且在蒸发器、冷凝器管路形成一层永久性的保护模，提高空调系统的热交换效率，减少压缩机的运行电流和运行时间，达到节能的目的。制冷添加剂目前并没有得到空调、压缩机厂家的广泛认同和应用，仅仅在用户端进行小范围的改造，其持久性和节能原理有待验证。

4. 基站通信电源休眠节能技术应用

通信电源是通信局站的关键设备之一。从基站的能耗模型来看，通信电源占基站总能耗的8%左右。考虑能耗的级联效应，基站电源的降耗也会引起前端配电及空调耗电量的减少，因此，通信电源设备节能对机房的整体节能降耗有一定的实际意义。

通过改进电源系统监控模块的管理功能，实现整流模块的智能休眠，使电源系统工作在最佳效率区间可以提高电源系统效率，从而达到节能的目的。

通信电源休眠节能技术是降低通信电源能耗的有效手段。休眠节能技术的主要思路是电源系统根据系统的负载情况和系统当前模块的工作情况，通过合理的逻辑判断和控制，在保证系统冗余安全的条件下，有选择地打开或休眠部分模块，使系统工作在最佳效率点并保证模块间同步老化。

休眠节能模式不同于模块的冷备份模式。休眠节能模式下，模块的主电路完全停止工作，控制电路仍在工作，整个系统处于待机状态。一旦有告警等异常情况，休眠模块可以立即进入工作状态。这与模块的冷备份是完全不同的。

休眠节能技术也不同于传统的遥控关机技术，传统的遥控关机功能只关闭模块的输出部分，模块输入及其他辅助电路仍处于工作状态。因此，模块在遥控关机状态下仍有一定的损耗。在模块休眠模式下，模块的输入输出完全处于关闭状态，整个模块的待机损耗明显降低。

系统工作在休眠节能状态下，一旦负载增大到一定程度或系统异常，系统会立即根据需要唤醒部分休眠模块。使整个系统始终处于安全可靠的工作状态之下。

此外，系统可根据设置的工作时间使模块轮流休眠，从而使每个模块的累计工作时间基本一致，从而使所有模块均匀老化，避免个别模块过度老化的现象。

经过实验室测试和实际站点的运行实验，通信电源休眠节能模式可以有效降低通信电源的能耗，对整个机房的能耗降低也有明显的作用。采用休眠节能技术后，电源系统效率得到明显提升且在不同负载率下保持较平稳的状态。因此休眠节能技术达到了控制系统在不同负载条件下工作在最佳效率点实现能耗降低的目的。休眠节能技术已经过实际站点的运行验证，通过比较站点的平均日耗电量，表明电源休眠节能对降低机房能耗是非常有效的。

5. 通信局站的机房环境节能

我国通信局站数量巨大，通信局站环境的节能具有较大潜力。通信局站环境的节能技术主要有机房精密空调节能和机房照明节能。

（1）机房精密空调节能

随着通信设备的逐渐扩容，为满足机房环境的温湿度要求、保证机房设备的正常安全稳定运行，机房精密空调不断增多，其耗电量也迅速增加。有资料统计表明，机房精密空调的耗电量约占总耗电量的50%左右，数据机房更是高达60%以上。因此，研究机房精密空调的节能技术，降低其耗能，对通信局站环境的节能降耗具有很大的现实意义。

- 应用变频技术实现技能

空调压缩机变频技术是利用变频器改变压缩机的供电频率，进而调节压缩机的转速达到控制室温得目的。这样就避免了压缩机频繁地"开/停"，不但演唱了空调机组的是用手民，而且其耗电量也大幅下降。

- 利用自然冷源实现节能

利用自然冷源实现节能是将室外的自然环境作为冷源，当室外空气湿度低于室内空气温度且达到一定的湿度和洁净度要求时，通过通风将机房内的热量带走，达到降低机房内部温度的目的。在过渡季或冬季部分替代或完全替代机房空调设备，减少机房空调的使用，达到节约电能的目的。在技术实现上，目前主要有自然通风新风系统和热交换新风系统。

- 应用空调机组的自适应控制系统节能

自适应控制系统则是根据哥哥空间区域的实际温度分布，自动调节相对应空调的出风温度和工作状态，克服了以往空调系统的不足，实现了节能。节能的主要方式有：充分利用大自然对机房热辐射效应的变化，自动改变空调运行的温度和湿度的设置值，减少压缩机工作时间，控制空调的总之冷量输出，做到"按需制冷、供冷"；自动跟踪监测机房内各区域真实的温、湿度数据值，严格控制空调的运行状态；根据机房"空调群"里"N+1"台空调所产生的制冷量的总和，自动判断备用空调的物理位置，合理控制开启或关闭，达到节能的效果。

- 增加空调通风，实现精确送风

在机房中增加空调通风风道，用通风风道将空调的冷风输送到机房的远端或直接输送到一些对温度、湿度要求较高的设备。增加通风风道后，增强了风道中的风压力，加大了送风距离，并且可设置多个出风口，可解决过热区域进行集中送风，可解决空调送风距离不远以及机房局部区域过热的问题。另外，安装空调通风道后，可将多台空调并联使用，在春、秋、冬季时，运行少量空调即可满足机房温度要求，既减少了空调的运行时间，又节能节电。

- 加强日常维护，合理添加节能试剂

空调维护保养的好坏，不仅关系到空调的运行和使用寿命，还关系到空调的能耗，因此要定期清洗空气过滤网、蒸发器及水垢以保持空调高效运转，降低能耗。另外，在空调中合理的添加合适的节能试剂，可以有效地解决空调制冷量不大、能源消耗大的问题，节电效果明显。

- 合理调整空调设置温度

通过利用机房监控系统对空调的运行期情况及机房的实际温度进行分析，根据机房内设备的耐热度，合理地设置、调整空调的运行参数，可以达到有效的节能效果。

（2）机房照明的节能

通信行业的独特性决定了通信局站照明设备的工作方式往往采用"7×24h"工作制，通信局站照明的节能对整个通信局站环境的节能也是至关重要的。

目前，我国通信局站照明大多采用单管、双管、三管或四管格栅荧光灯或防爆节能灯，虽然能满足机房照明光通量的要求，但其耗能较多且散热量较大，间接增加了机房空调制冷的负荷。如若将现有机房所有的照明设备更换为节能灯具或是近年来新兴的LED灯，将会大大减少电能的消耗。

（四）2010年通信电源、机房环境标准研究方向

1. 供电模式随通信技术和网络设备演变

从通信技术和通信网络设备的演变可以看出

供电模式也随之变化而并存。

一类是：传统的通信网络中，主要以交换技术为基础的交换、路由、网关等设备，一直采用－48 V 直流电源供电系统。直流供电模式是通过由整流设备、蓄电池组和直流配电设备组成的直流供电系统向各种通信设备提供－48 V 直流电源来实现的。即使在交换机 I/O 系统操作台的终端设备确实需要用到交流电时，也是使用直流－48 V 转交流 220 V 的逆变器或者完全独立的交流 UPS 供电，而且 I/O 操作系统在布局上与交换设备完全分隔开来，成为独立的 I/O 室。核心机房内除照明和空调外，基本上不使用交流供电。

一类是：计算机服务器和路由器、交换器等，这一类设备通常是例如 IBM、HP、DELL、CISCO、SUN 等品牌设备，通信设备生产厂家直接从服务器、路由器制造厂家外购，目前基本上都是采用 220V 交流电源供电系统。而交流供电模式是采用了交流不间断系统（UPS）来对通信设备及其附属设备提供供电不中断的交流电源。

新一代通信网络既不是单纯的 PSTN 或 PLMN 网络，也不是普通的 IP 数据网络，而是实现了呼叫与承载分离、能同时拥有 PSTN 业务和 IP 数据业务的新型电信网络平台。并且网络系统设备已经实现了通信技术（IT）与计算机技术（CT）的有机结合。与以往的通信网络系统相比，有非常不同的电源需求特点，特别是在核心层和业务控制层的供电模式方面，最大的用电需求特点就是交流、直流混合供电。而通信机房交、直流混合使用会带来四方面的问题：①机房安全存在很大隐患；②系统供电可靠性达不到期望值；③增加机房基础设施的建设成本；④机房维护管理和防掉电难度大。如何保证供电质量、通信网络安全稳定运行，同时要达到国家要求的节能减排目标，需进一步加大研究力度。

另外，宽带业务对带宽的巨大需求推动了光通信的发展，从而使新一代接入方式得到广泛普及，网络的接入层设备越来越靠近客户端。FTTx 满足语音、数据、宽带等多业务接入，支持视频上传下载、视频电话、虚拟会议、虚拟购物等，在城市小区数字化、农村信息化建设中发挥了重要作用。而各个运营商对 FTTx 的需求是普遍性的，除了运营商的竞争需要及转型需要外，FTTx 产业发展将惠及整个社会。建设高品质 FTTx 网络是大势所趋，其中供电的稳定、可靠是通信网络的基础，需要细致探讨。

通信电源是通信网络的基础。在当前通信技术飞速发展的形势下，通信电源供电技术中主要考虑：一是必须关注和研究新一代通信网络的供电模式，提出切实可行的系统供电解决方案，确保通信网络的安全供电和网络畅通；二是如何因地制宜，充分利用各种能源资源，最大限度地提供和保障通信设备的供电质量与安全；三是要落实《通信行业 2008—2010 资源节约与综合利用标准发展规划》要求，并结合目前各大通信运营单位的节能降耗试点工作经验；三是根据通信电源设备技术发展动向以及国外、国内生产企业研发、生产实际情况。提出通信电源与通信局站工作环境技术标准近期研究方向。

2. 2009—2010 年重点研究领域

- 对通信局站电源供电系统的稳定性、可靠性及安全性的研究；
- 对通信电源设备、电源系统能源损耗（节能）的技术要求研究；
- 对通信局（站）工作环境节能降耗、技术应用方面（如何发挥通信机房动力环境集中监控在局点中节能作用）等标准研究课题；
- 对通信设备用直流供电（HVDC：220～400 V）标准研究课题；
- FTTX 网络对电源需求（如：以磷酸铁钴锂为正极材料的新型电池，针对 FTTH、FTTB、FTTC 和 FTTP 领域在通信行业应用前景）的研究与探讨。

3. 2010 年重点标准制修订工作

（1）通信电源及机房环境节能技术指南第 1 部分总则；

（2）通信电源及机房环境节能技术指南第 2 部分通信用空调设备节能分级；

（3）通信电源及机房环境节能技术指南第 3 部分通信电源设备节能分级；

（4）通信局站用节能型新风—空调一体机技术要求和试验方法；

（5）通信用相变材料温控机柜（技术报告）；

—第 1 部分：采用相变材料的通信用户外机柜

—第 2 部分：相变蓄能空调系统

（6）谐波治理设备技术要求和试验方法；

（7）数据设备用交流电源分配列柜；

（8）通信用数据网络机柜（结构、配电、及气流组织）；

（9）通信用前置端子阀控密封式铅酸蓄电池；

（10）通信基站用智能燃气发电机系统；

（11）通信用高压直流供电系统技术要求和高压直流供电系统运营维护技术等标准。

（作者：信通传媒　胡晓女，部分内容摘自熊兰英、侯福平、吴京文、施建荣、赵珖宇、金立标、丁强等发表文稿）

第 10 章

通信终端设备发展

2009 年年初，我国发放 3 张 3G 牌照，正式步入 3G 时代。其中，批准中国移动增加基于 TD-SCDMA 技术制式的 3G 牌照，中国联通增加基于 WCDMA 技术制式的 3G 牌照，中国电信增加基于 CDMA2000 技术制式的 3G 牌照。TD-SCDMA 是我国拥有自主产权的 3G 标准。伴随着三大运营商网络部署的逐渐成熟，移动终端领域实现了迅猛发展，各大终端厂商分别加大了终端投入，在中国移动终端市场中出现了许多支持 3G 模式的终端。下面将从几个方面介绍 2009 年通信终端设备市场的情况。

一、移动终端设备市场规模与结构

虽然经历了全球金融危机的冲击，但随着中国三大运营商 3G 网络的部署以及 3G 相关业务的开展，2009 年的通信终端设备市场依然实现了稳定的增长。目前，传统的通信终端跨国巨头，如诺基亚、摩托罗拉、三星、LG 等都认为中国市场是它们全球战略最重要的组成部分。虽然外国品牌在 2009 年的中国终端市场中仍占据主导地位，但中国本土的手机企业，如华为、中兴、宇龙、天宇等成长非常迅速，逐渐扩大了在中国市场的份额。伴随着中国通信终端制造领域中，中小生产制造商的增多，各大通信终端品牌均感到巨大压力，尤其是在中国巨大的农村市场中，中小终端生产商取得了较大的市场份额。

根据市场调研机构 IDC 的统计报告，2009 年第三季度，全球手机市场已经开始逐渐回暖，与 2009 年第二季度及第一季度相比，已呈现较好的增长态势。尽管 2009 年全年整体终端的出货量虽然与 2007，2008 年相比，仍有下滑，但从数据观察，市场已慢慢显现拐点，情况已经明显好于全球性经济危机爆发的时期。以 2009 年第三季度为例，据不完全统计，全球通信终端设备的总出货量约为 2.8 亿部，与 2008 年同期相比下降 6%，但与 2009 年第二季度相比，增长 5.6%。

中国作为全球移动终端市场的重要组成部分，其移动通信终端的销量也在 2009 年第三季度逐步恢复增长，虽然与 2008 年同期相比仍有一定的差距，但从终端市场投放量的方面观察，移动通信终端市场已显现稳回升的迹象。以中国移动终端市场 7 月份的数据为例，7 月份移动通信终端整体向市场的投放量约为 2 286 万台，这一数字与 2008 年同期相比，减少了 12.79%，但与 2009 年 6 月份相比，增长了 3.39%。随着三大电信运营商对于 3G 终端采购数量的加大，2009 年下半年开始，移动通信终端整体市场实现稳步增长。图 10-1 为易观国际发布的 2009 年中国手机市场销量走势图。

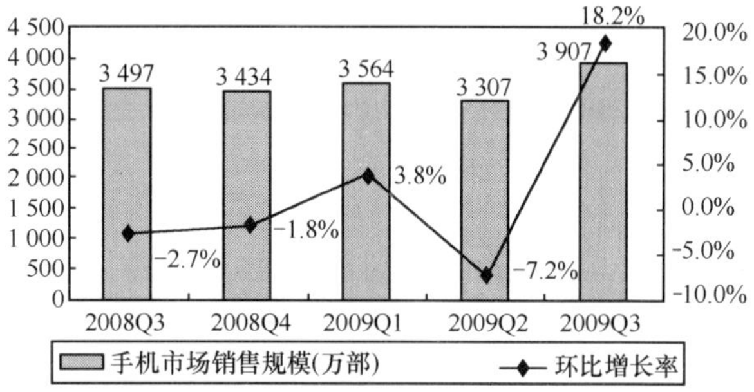

图 10-1　2008Q3～2009Q3 中国手机市场季度销售规模

从 2008 年起，中国取消了手机制造企业的核准制度，终端制造商在近两年中发生了很大的变化，不但数量出现了大幅度增长。从品牌更替角度，很多新兴的终端企业替代了部分原有经营不善的终端厂商，进入到市场中。在这些退出手机市场的企业中，或是因为资金链出现问题，或是因为无法适应外部市场环境的变化，退出了竞争的行列。2009 年第一季度的数据显示，我国品牌手机企业新增 38 家，同时退出 28 家。

在目前的中国移动通信终端的市场中，国际品牌仍具有很大的影响力，如诺基亚、三星、索爱、摩托依然占据了较大的市场份额。但凭借运营商资源以及产品研发速度的优势，华为、中兴作为中国本土厂商的杰出代表，在中国市场中取得了较大增长。尤其在移动数据卡领域，无论是WCDMA、CDMA2000或是TD-SCDMA制式，这两家中国本土企业都在市场上获得了巨大成功。在2009年第三季度中，华为支持中国电信的CDMA2000数据终端，受到市场追捧，一度出现了脱销的现象。另外，在中国本土企业中，如宇龙酷派、天宇等具备一定研发能力的企业，在中低端市场，也取得了很大成功。宇龙酷派凭借其与运营商的深度合作，在高端终端领域，同样获得一定份额。酷派的N900手机，更是成为中国的CDMA2000终端市场中的领航手机，被中国电信的各类高端商务客户使用。虽然，目前众多的本土终端厂商，仍然停留在规模较小，品牌较弱的阶段，但随着市场的优胜劣汰，在这些厂商中会有一些脱颖而出，逐渐成长起来。

2009年市场的终端类型相比2008年发生了一些较为明显的变化。随着终端芯片处理速度和性能的提升，以及移动终端操作系统稳定性日渐成熟，智能终端的市场需求逐渐增强。据研究机构Gartner统计，2009年的全球手机销售额将下滑1.9%，但智能手机的需求将逆势增长8.9%。有些研究机构甚至预计智能手机的需求将在2010年增长20%以上。虽然目前在中国本土市场中，非智能终端仍占有较大比例，但智能终端的比例正在逐渐提升。截至2009年第三季度，智能手机产品已占据市场在售手机机型7%以上的比例，与2008年同期相比，实现了较快增长。随着3G业务的不断开展和深入，以及应用平台的不断丰富，中国市场对于智能手机的需求会在今后几年中有较大提升。

二、3G终端市场发展情况

2009年初，3张3G牌照的发放标志着中国正式开启3G时代。牌照发放之后，三大运营商都全身心地投入到3G网络的建设之中，相继放号。伴随着2009年10月1日中国联通正式运营3G业务，中国三大运营商都亮出了自己的3G品牌，宣告中国全面进入3G时代。目前，各大运营商的定制终端都开始投放到市场中，3G业务与终端融合的链条进一步整合完成。虽然，目前3G网络整体还处于起步阶段，某些方面的条件不够成熟，如网络整体质量，在一些地点3G覆盖还存在一些问题；3G终端尤其是手机的应用业务还没有达到极为丰富的程度，所以3G终端的用户满意度仍有较大的提升空间。

目前，在中国的移动通信终端市场上，由于普通终端使用者对于3G的应用以及相应业务的需求还有待进一步提升，所以2009年中国的3G终端市场主要由运营商驱动。到目前为止，无论是中国联通的WCDMA制式，中国电信的CDMA2000制式，还是TD-SCDMA制式，运营商3G定制机的总体数量和种类还较为有限，没有达到2G终端的水平，实际上可供消费者选择的移动终端的种类不是很多，在资费和服务没有成熟之前，3G移动通信终端的市场推广仍存在一定的阻碍。不过随着通信运营领域竞争的加剧，三大运营商面对巨大的3G市场和竞争压力前，都在积极地调整和完善对于终端的集中采购和市场推广方案。

中国的3G终端市场刚刚起步，总体市场规模较小。从目前的市场销售情况来看，无线数据终端的销售量占据了当前3G终端总销售量的较大比例。而3G手机及上网本所占的比重还不够理想。无线上网卡之所以在3G市场发展初期，具备很大的市场潜力，主要是因为终端使用者对其认可程度较高，3G网络无论从上网速度，还是从连接稳定性方面，相对于2G网络具有较为明显的优势。终端使用者可以通过使用无线上网卡，获得较为理想的3G上网体验。另外，用户对于3G无线数据卡的外观、附加应用没有更多的需求，所以在2009年的3G市场中无线数据终端占据了较多份额。目前很多中小终端生产厂家也都先将主要精力投入到3G无线数据终端的研发及市场推广中，在此基础上再进行3G手机的研发和市场销售。

2009年无论从进入市场的手机种类、样式，还是从3G特色业务角度，目前的3G手机都还没有达到用户期望的水准。在目前能够交付的3G业务中，很多与2G业务差别不大，对于使用者的吸引力不是很高。另外可供用户选用的终端类型较为有限，尤其是中国移动的TD-SCDMA和中国电信CDMA2000两种制式的3G终端都还不够完善，有待于产业链的进一步成熟。虽然中国联通的WCDMA产业链相对成熟，但由于联通3G业务启动较晚，市场效果并未呈现。2009年上半年，国内3G手机市场的出货量仅为315万部，占手机总体出货量的2%左右。在3种制式中，WCDMA终端增长速度最快，TD-SCDMA终端累计投入市场的数量最多，CDMA2000在中国电信CDMA业务的发展拉动下，同样保持了快速的增长势头。图10-2为2009年第二季度不同技术的3G终端的市场份额。

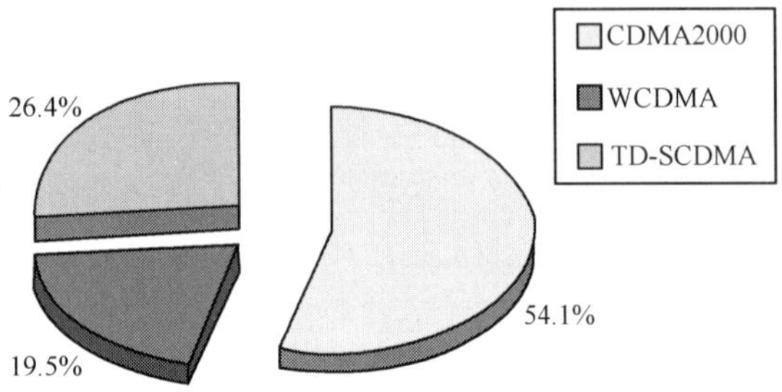

图10-2 2009年第二季度不同技术的3G终端的市场份额

在3G无线数据终端市场中，以华为、中兴为代表的本土企业占据了绝大多数份额，无论是WCDMA制式，CDMA2000制式，还是TD-SCDMA制式，中国本土企业都获得了巨大的成功。在3G手机市场中，具有较强研发能力和技术基础的国外企业获得了较大的市场。在三大3G标准中，支持具有中国自主知识产权的TD-SCDMA标准的终端厂商主要由国内本土厂商组成。而在WCDMA以及CDMA2000方面，国外厂商凭借其之前在欧美市场中的积淀，仍占据主导地位，在高端手机中尤为明显。诺基亚、索爱等国际厂商在WCDMA领域具有一定优势，而三星、LG、摩托等在CDMA2000领域处于领先地位。以3G手机市场2009年7月份的数据为例，国产品牌3G手机投放量为25万台，环比上升15.7%，占3G手机市场份额的24.36%；而国外企业产品市场投放量约为78万台，环比增长35.65，市场份额达到75.64%。图10-3为2009年1~7月3G手机市场国内外企业占据份额的走势图。

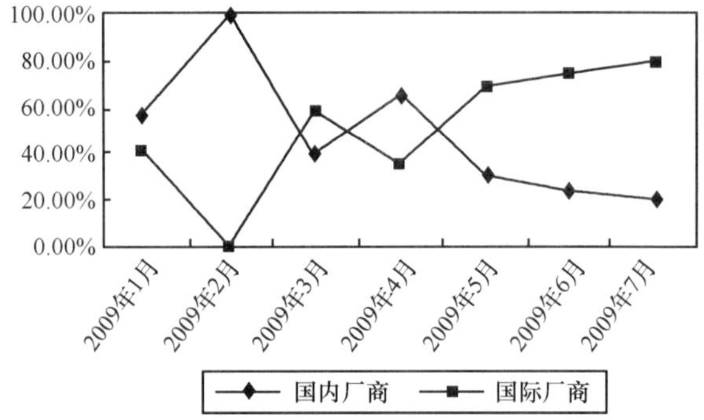

图10-3 2009年1～7月中国移动终端市场份额

三、运营商手机定制策略以及产业链发展

从2009年开始，三大运营商加大了在3G移动通信终端市场的推广力度，分别进行了多次招标，采购了大量的终端。运营商通过给终端厂商的高额补贴，以图丰富终端的类型和功能，同时能够兼顾到不同需求的客户群。在3G市场的起步阶段，运营商定制终端的方式，将对3G移动通信终端的发展起到尤为关键的作用。

2009年上半年，中国移动提出了“6亿元终端专项激励资金”计划，力图带动合作厂商投入，打造运营商、终端厂商、芯片厂商联合研发的产业链运作模式。通过深度定制的方式，中国移动将具有一定特色的增值业务移植入定制终端中，进一步拓展其在数据业务方面的收入。中国电信在2009年多次召开手机终端的招标大会，持续加大终端的补贴力度。为了应对CDMA2000终端1000元至2000元的中端产品相对缺乏的问题，中国电信在2009年下半年进一步放大了采购量，并将焦点集中在中端产品，取得了一定的成果。虽然WCDMA终端产品的型号和数量相对较多，但适合于高端市场的产品仍然相对匮乏，为此中国联通在第四季度3G业务正式商用后，通过引入联通定制的苹果iPhone，力求在高端市场上有所突破。2009年，三大运营商通过终端定制的方式，不断推动运营商、终端厂商、社会渠道商联动的终端社会化运营模式。

从目前三大运营商定制终端类型来看，无线数据卡占据了一定的比例。无线上网卡定制的内容通常较为有限，更多的是运营商用户操作界面与数据卡的结合，对于终端厂商而言，数据卡的研发周期较短，所以在 3G 市场推广初期，定制数据卡占有的比重相对较大。另外，由于 3G 特色业务的欠缺，运营商更多采用发售数据卡的方式，扩大其在 3G 市场的份额。

在 3G 手机定制方面，运营商通常采用深度定制的方式，将其数据业务与终端直接关联，以增加其在今后增值业务方面的收入。中国电信采购定制中，将其“号码百事通”，“我的 e 家”，“商务领航”等业务与定制手机相结合。中国联通则通过规定终端对于 Java 的支持能力，通过 Java 跨操作平台的特性，拓展其增值业务及相关应用。目前，中国移动更进一步，推出了其在智能手机领域基于 Linux 的操作系统平台 OMS，最新进入移动集采的智能终端大多是基于 OMS 的操作系统，通过借助 OMS 操作系统平台，移动可以拓展特色 3G 应用业务，如 Mobile Market 等。

运营商定制终端，可以使运营商、终端厂商、服务提供商、内容提供商等产业链各个主体相互关联，融合上下游研发和业务推广优势，推出符合 3G 市场业务需求，具有一定特色的移动通信终端。3G 市场启动，进一步推动终端深度定制机制，3G 的发展将引发运营商大规模定制手机。

四、移动终端领域国内外主要设备厂商发展情况分析

在移动通信终端领域，主要设备厂家有诺基亚、三星、索爱、中兴、华为、摩托罗拉、多普达等。在 2G 终端市场，随着单台终端利润率的降低，国内品牌占据的市场份额逐渐超过了国际大品牌占据的份额，尤其在中低端市场，国内品牌更占据非常有利的地位。在 3G 业务的启动之后，各大设备厂商都在积极投入到中国 3G 市场的发展中。目前的移动通信终端领域，市场竞争非常激烈，中国市场占有率位居前 10 位的企业所占据的市场份额已经从 2005 年的 73%降低至 2009 年的 59%。很多中小型的终端生产厂商，凭借成本优势，抢占了低端市场。为此多家大型终端企业纷纷改变原有的市场定位以及产品策略。诺基亚、三星、索爱已将中低价产品作为其主要的市场。

从全球市场的格局角度，诺基亚仍旧占据市场第一的位置，三星虽然没有诺基亚的份额高，但与其他品牌相比较，仍有绝对优势。索尼爱立信、摩托罗拉、多普达等大品牌厂家间竞争较为激烈。大品牌在产品线的丰富程度、营销策略的力度以及对消费者习惯和需求的把握等方面，都具有较大的优势。图 10-4 是 DataCenter 对 2009 年第二季度最受用户关注的重点手机品牌分布。

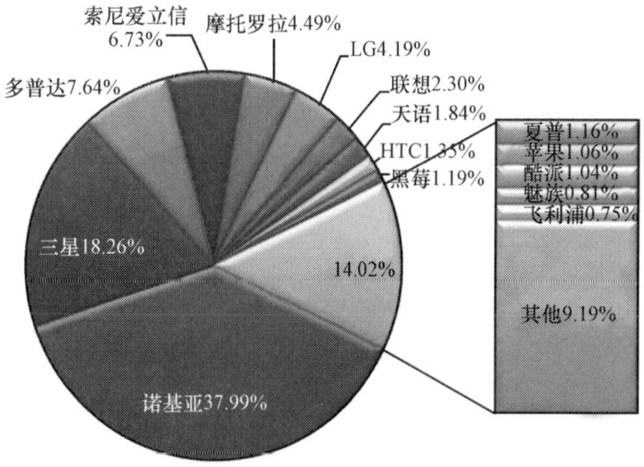

图 10-4　2009 年第二季度最受用户关注的重点手机品牌分布

诺基亚在 2009 年推出了多款 3G 手机，除了其主要的 WCDMA 机型外，还有数款 CDMA EV-DO 机型，在 10 月底推出了首款 TD-SCDMA 机型。现在诺基亚已经成为同时支持国内三大制式终端厂商之一。虽然在全球手机市场，诺基亚占据着约 40%左右的市场，但在智能终端领域，其市场确遭到苹果 iPhone 和 RIM 黑莓手机的巨大挑战。目前，Nokia 除了推出基于“塞班（Symbian）”平台的智能终端外，还推出了采用谷歌 Android 平台的终端，除此之外诺基亚正在研发基于 Maemo 平台的终端。在目前的终端市场中，诺基亚的很多产品的价位都集中在 2000 元以下，其 2000 元以上的机型虽然数量较少，但受到关注的程度较高。今后诺基亚将重点改善终端的用户体验，并将努力提高触摸屏终端在新产品中所占的比重。

三星在 2009 年推出了许多款 3G 终端，无论是 WCDMA 制式、CDMA2000 制式，还是 TD-SCDMA 制式，三星都构建了丰富的产品线。在市场推广方面，三星通过开展与运营商的深度定制合作，校园推广，广告媒体行销等方式，进一步挖掘了终端市场潜力。在技术与产品设计方面，三星与服务提供

商，如百度等，进行深度合作，在终端中移入无线搜索客户端软件以及新闻、图片、贴吧等丰富的内容信息。智能终端领域，三星推出了多款基于Android平台的手机，2010年三星还将推出基于Bada操作平台的智能终端。

多普达在TD-SCDMA领域推出了其高端的智能终端，通过不断的研发投入，在2009年3G各种制式的市场中，多普达均获得了较为理想的市场份额。多普达一直将商务机作为其发展的重要领域，产品凭借性价比优势，以及商务性强，备受商务人士关注，其在2000-3000元价位产品数量非常丰富。

另外，华为、中兴作为本土企业的杰出代表，凭借其在运营商范围的优势，在定制终端领域获得很大成功，尤其在3G无线数据卡方面。2009年，华为、中兴的终端出货量大幅攀升，未来两家企业将在智能终端领域投入更多的市场和研发力量。

五、移动终端产业发展趋势

随着用户需求的不断变化，终端集成技术的进步，以及通信网络传输速率的提升，未来的终端无论从样式方面，还是从功能方面都会发生很多变化。整体终端产业也会由于商业模式和商业分工的不同产生变化。

首先，未来移动终端所具备的功能正在向多样化方向转变。随着移动终端不断普及，手机正在成为一种人们生活中应用的必需品，将逐渐被赋予更多的功能。目前，很多手机已经集成了摄像模块，MP3播放模块，蓝牙模块，RFID识别模块以及相关的软件应用模块。未来的新型终端将是产业融合的产物，将会逐渐融合更多的功能。未来的移动终端，将不仅仅局限于手机领域。随着笔记本电脑、MP3播放器、电子书等设备也加入了通信模块，移动通信终端所涵盖的范围将会更广。

其次，随着3G的普及，能够支持双模式的终端，将会更受终端使用者的青睐。在今后的移动运营市场中，用户可能会根据运营商的资费或服务特点，自主选择多个运营商的网络，如选择同时支持GSM和CDMA 2000的移动终端。双卡双待机，双卡单待机会逐渐成为未来终端的发展趋势，更受商务人士的喜爱。

第三，移动通信终端已从简单的通话工具逐渐向智能化发展。借助操作系统和丰富的应用软件，智能手机除了具备普通终端的通信功能外，还具备了PDA（个人信息助理）的大部分功能，可以建立个人信息管理系统，具备基于无线数据通信浏览器和电子邮件功能，并且在终端的开放性平台上可以安装多种应用程序，从而可以使其功能得到无限扩充。

今后终端价值的核心将逐渐从产品向服务转移，无线通信网络将与互联网以及其他多媒体通信方式深入融合，智能终端将为综合信息服务应用的发展提供更为宽广的平台。智能移动终端的技术进步，大大促进了手机应用业务的发展。具有个性化的手机应用业务，可以通过智能终端平台，直接服务于用户。现在，普通的中小企业可以借助智能终端平台提供的应用程序接口，创造出丰富多彩的移动应用业务，满足不同用户群体的个性化需求。在移动互联网飞速发展的大背景下，很多新型的业务商业模式孕育而出，应用软件商店作为新兴应用业务的典型代表，取得了巨大的成功。在今后几年，智能终端及其相关应用将会获得更为广阔的发展。

现在，很多厂商、应用服务提供商，甚至运营商都在致力于终端软件平台的研发。目前市场常见的应用平台主要有：以诺基亚为主要发起厂商的“塞班”操作系统；微软推出的“Windows Mobile”操作系统；以及开源的Linux操作系统，其中Google推出的Android手机平台和中国移动推出的OMS平台都是基于Linux；除此之外，三星Bada平台，诺基亚的Maemo平台都将在未来的市场上具备一定的竞争力。随着目前终端市场，产品同质化现象不断严重，未来终端产业的竞争，将不仅包括产品的竞争，还将包含应用平台的竞争。具备一定特色的软件平台，将在未来的通信终端市场中占据有利的地位。

移动终端将全面支持物联网发展。业内预测物联网终端用户将为手机等移动通信终端用户数量的10倍，终端企业市场潜力巨大。物联网的范围非常广，根据发展物联网的业务布局，除了应用于电力行业的远程抄表、配输电设备监控外，还开展了重点污染源监控、气象检测、车辆管理、水文检测、物流运输、移动 POS 等业务。其他企业的物联网应用则还有不少。承建我国物联网产业基地的无锡市对物联网产业的目标是，2015 年达到 2500 亿元人民币左右产值规模。物联网需要业内公认的标准，物联网终端需要统一标准是今后的一个工作。目前，中国移动直接用于物联网的终端数量已经超过了 400 万，除了拥有目前全球最成熟的 M2M 应用和最大规模的 M2M 终端用户外，中国移动还是国内惟一拥有 M2M 专用号码资源的运营商，其号码数量达到了 1 亿个。目前，中国移动已经推出了一个通信模组的产品，定了一个标准化的协议——WMMP，这个协议可以把通信模块跟传感器之间的信号做一个标准化处理，这样的话，未来各种各样的传感器都可以通过标准化模块上传到信息搜集平台，就能实现复杂应用的快速部署和大规模使用。据悉，目前，主流的制造商都已经支持这个协议，模组的产业化方面也取得了不错的进展。在很多应用领域，这些模组已经得到了使用。

未来，移动终端将会和上层应用深度融合，这也将促进终端产业链间终端制造商与服务提供商的合作不断增多。在目前已有的智能移动终端中，有一部分已经融合了第三方应用。这些应用将为终端使用者提供更为个性化的信息交互方式，涵盖商务、个人信息管理、娱乐、旅游等领域。伴随着 3G 在中国的不断成熟，移动互联网将不断普及，用户将会选择能够配置特色应用的移动终端。除此之外，手机样式的个性化设计，也将成为未来用户选择终端的重要因素。

随着通信带宽与速率的提升，移动互联网的普及，移动通信终端产业将会迎来更深层次的变革，芯片厂商、终端厂商、产品设计商、主题服务提供商、内容提供商、运营商之间的合作将会更加紧密，产业链间的融合将会为今后中国本土企业的发展提供更为广阔的空间。中国的本土企业只有不断提高产品创新能力，不断凝聚核心竞争力，才能在未来的市场中取得成功。

六、终端电池发展现状及发展趋势

近几年来，中国移动通信业保持着高速增长的态势。移动通信终端市场的增长，使得终端电池产业受到越来越多的关注。目前，全国手机用户达到 7 亿户，如此巨大的移动终端市场，直接提升了终端电池的使用量。如果以平均一部手机配备 2 块电池计算，每块电池使用的持续时间为 1 年，那么全国移动终端的用户 1 年将需要 14 亿块电池；以锂离子电池平均出厂价 30.25 元计算，截至 2009 年，中国手机电池产值超过 423.5 亿元人民币的市场容量。

现在，中国主要手机电池生产厂家分布及产能均较为集中，华南主要有深圳比亚迪、深圳比克、惠州 TCL、惠州德赛能源、东莞新能源、深圳邦凯等，华北地区主要有天津力神、青岛澳柯码、哈尔滨光宇、河南环宇等，华东主要有厦门宝龙、上海磐石、福建飞毛腿等，总计 30 余家有规模的手机电池生产厂商，占据中国手机电池产业大部分产能。

虽然中国终端电池产能很大，但在巨大产能的背后，却存在着一定的问题。目前移动终端领域，通信技术的不断进步，传输速率不断提升，但终端电池业却没有发生根本性的变化。随着运算速度和功能的提高，通信终端设备在追求高性能计算通信和彩色多媒体的同时，高电能消耗成为难以翻越的障碍。随着无线数据应用的增多，移动性与电池耐久性的矛盾越发突出，终端电池的使用时间问题，逐渐成为移动终端发展的瓶颈。

现在许多终端厂商都在积极研发新电池，用以满足终端耗电量的需求。但是，目前终端电池仍旧以锂电为主，锂离子电池的性能及耐用度已经比最初提升了近 30%，就目前使用的锂电池材料而言，能量密度还有 20%左右的发展空间。虽然燃料电池、锌空气电池、太阳能电池等被业界普遍看作未来电池的发展趋势，但在相当长的一段时间内，这些新型电池的可用性和商用性都比较低。所以在未来移动终端的设计中，节能节电也将成为重要的考虑因素。

七、总结

随着 3G 在中国的发展，以宽带为基础的综合业务（包括语音业务、数据业务、多媒体业务等）

将在通信终端上集中体现，移动数据业务和移动多媒体业务必定成为今后的发展方向。移动终端功能将更强大，性能更优异，个性化的终端将需要满足用户在通话之外的需求，作为个人信息的处理设备，移动通信终端将具有更大的存储空间，将具备更强数据处理能力，将能够支持更多具有一定特色的应用。

2009 年对于中国通信行业的发展是重要的一年，3G 的推出将为整个通信产业注入新的活力。对于通信行业终端产业链中的各个环节的企业而言，3G 既是机会，也是挑战。随着终端集成技术的进步，智能终端的普及与推广，在今后的移动通信终端领域将面临新的整合与升级。

（工业和信息化部电信研究院　徐永太）

第11章

通信工程建设及网络维护

一、通信工程建设基本情况

（一）移动通信网络-3G网络建设情况

1. 三大运营商3G网络建设情况

整体而言，全国3G网络建设与投资整体规模基本达到2009年年初的预期。2009年初三大运营商的投资计划为1700亿元左右，而整个2009年里3G投资稳步落实，三家基础运营商2009年年底完成3G投资1609亿元，投资规模基本达到预期。网络建设取得阶段性进展，网络覆盖范围逐步扩大，网络质量稳步提高。

中国电信已经完成一期工程建设任务，共建设基站11.7万个，网络覆盖342个地级市、2055个县及县级市、6000多个发达乡镇。中国移动TD网络二期工程全面完工，38个城市4.6万个基站已经投入商业运营，网络质量基本稳定；三期工程200个城市4.2万个基站设备招标完毕，网络建设已全面展开，工程到2009年年底前全部完工。中国联通2009年10月1日开始，在全国285个城市实现3G业务正式商用。全国建设完成3G室外基站8万个。

表11-1　三大运营商3G网络建设五步进程（或预计进程）分析

	第1步	第2步	第3步	第4步	第5步
中国移动	时间：2007.01；一期（奥运网络）	时间：2008.06 二期（省级网络）	时间：2009.07 三期（地市网络）	时间：2010.03 四期（县镇网络）	时间：2010.12 五期（国土网络）
中国联通	时间：2009.02 一期招标	时间：2009.05 56城市开通	时间：2009.06 100城市开通	时间：2009.09 285城市开通	时间：2009.12 335个城市
中国电信	时间：2008.09 3G扩容	时间：2009.04 120城市开通	时间：2009.05 342城市开通	时间：2009.07 覆盖县级市	时间：2010.02 EVDO Rev b开建

数据来源：根据公开资料整理2010.02

（1）中国移动：3G投资与建设超过预期。2009年1月7日工业和信息化部正式颁发3G牌照时，全国仅有10个城市建成TD-SCDMA试验网，TD-SCDMA基站约为2万个。到2009年年底，中国移动的TD-SCDMA网络三期工程顺利完工，全年投资超过800亿元，全国70%以上地市实现TD-SCDMA网络覆盖，其中，东部省份100%地市实现覆盖，覆盖城市数量达到238个。基站总数超过10万个，核心指标接近2G水平。

2010年，中国移动TD基站计划建设规模将超过8万个，基站总数将超过18万个，网络覆盖达到所有城市，TD网将成为全球最大的3G网络。中国移动还计划在2010年完成TD-SCDMA网络的IP化，完善室内覆盖，实现2G网络和3G网络的深度融合。

表11-2　2008～2010年中国移动TD-SCDMA网络建设与发展情况及预测

	2008年	2009年	2010年计划
投资规模（亿元）	150	800	计划完成网络建设
覆盖城市数量（个）	10	238	所有地市及东部县
基站数量（万个）	2	8.7	16.7
覆盖率（%）	—	70%	95%
2G/3G网切换时延（秒）	10	5—6	—

数据来源：根据公开资料整理2010.02

（2）中国电信：基本完成cdma2000的全国覆盖。2009年1月，工业和信息化部发放3G牌照。随后，中国电信提出要在2009年年底前，完成全国500个城市的3G网络覆盖。到2009年5月，中国电信一期3G网络建设工程共建设基站11.7万个，网络覆盖342个地级市、2055个县及县级市、6000多个发达乡镇。根据相关数据，截至2009年9月，中国电信在CDMA方面的总投资规模已经达到了900亿元。

（3）中国联通：建设进度提前完成。中国联通的 WCDMA 网络建设原本计划在 2009 年覆盖到 285 个城市，实际到 2009 年底覆盖到了 335 个城市，进度相对提前。

2009 年中国联通预算安排 3G 建设资金为 387 亿元，初步估算其实际投资额超过 400 亿元。2009 年 2 月，中国联通 WCDMA 网络设备招标结束；3 月，成立“中国联通移动网络有限公司”负责 WCDMA 网络的建设和维护工作，实施集团垂直管理。截至 9 月底，在不到 8 个月的时间里，中国联通共建设了约 8 万个 WCDMA 基站，中国联通在最短时间内，建成了一张全球规模最大的 WCDMA 网络。2009 年 10 月 1 日，中国联通在全国 285 个城市实现 WCDMA 正式商用，而到 2009 年年底，WCDMA 网络覆盖到了 335 个城市。

2. 部分省（区、市）的 3G 网络建设情况

在三大运营商全面开展3G网络建设的过程中，各省（区、市）的运营商都不同程度地进行 3G 网络投资建设，并且在省级范围之内协调网络建设与网络资源方面表现出一定的地方特色。在此列举了部分典型省（区、市）的 3G 网络建设情况。

（1）广东省。作为全国通信市场最为重要的省份之一，三大运营商对于广东省的3G 建设都大力投入。

根据中国移动集团与广东省政府签署战略合作框架协议，中国移动承诺自 2009 年起的 5 年内将在广东投入 800 亿元以上实施十大信息化工程。中国移动 2009 年承诺出资 2.2 亿元赞助广州亚运会，并投入 10 亿元对亚运场馆所在地进行网络优化和信息化升级。同时承诺将积极支持和参与 2011 年深圳大运会。广东移动预计 2009 年全年投资逾 50 亿元，建设 6000 多个 TD-SCDMA 的 3G 基站，占中国移动全年 3G 建设投资的接近 1/10。

而中国电信集团承诺在 2009 年起的 5 年内将在广东投入 600 亿元，推动广东省的信息化与产业发展，而其中 2009 年预计就要投入 290 亿元。其中，最重要的投资就是 3G 网络的投资与建设。

广东联通 2009 年预计投资 60 多亿元，主要用于新建近万个 WCDMA 的 3G 基站。广东联通早期重点在广州、深圳、东莞、佛山、珠海、中山建设 WCDMA 网络并于 2009 年 5 月 17 日前实现试商用。

（2）上海市。2009 年 7 月，中国联合网络通信集团有限公司在沪与上海市政府签署框架协议，中国联通将把上海作为主要战略合作地区和业务发展的重点支持区域，自 2009 年起的 3 年内将在上海投入 200 亿元，为上海城市建设和功能定位的落实提供优质可靠的综合通信服务，其中，包括投入 8 亿元用于世博通信保障，打造一张高质量的 WCDMA 的 3G 网络，全面满足 2010 年国内外游客的通信需求。而截至 2009 年第三季度，上海联通在 3G 网络一期建设过程中，共投资 14 亿元，建设 2371 个宏基站、1901 个微基站。

根据上海电信的计划，2009 年上海电信的投资超过 60 亿元，用于覆盖世博、3G 网络建设、亚太信息枢纽、中小企业信息化等领域。其中将近 1/3 用于增强 3G 信号覆盖，打造高速移动互联网络。预计实现 1600 个基站的 3G 升级与优化工作，Wi-Fi 热点增加 1000 个。上海电信 2009 年内完成新增 500 个以上 cdma2000 基站、超过 1 000 个室内覆盖基站建设，全市 Wi-Fi 热点场所已超 5000 个。

上海移动作为一期开建的 10 个 3G 城市之一，在 2009 年仍然安排了 36 亿元的投资计划，完善 3G 网络及相关工程。包括继续增加 3G 网络投资、世博以及上海市市政重大工程的配套通信投资。其中，包括继续投资 6.3 亿元，新增 800 个站点，以求覆盖范围扩大到上海的外环线以外地区以及交通干线；并使总站点达到 4500 个左右。

（3）四川省。为了加速 3G 建设，四川省政府决定启动“无线城市”规划工作，由四川省通信管理局负责组织落实。四川省“无线城市”规划范围为全省，重点是成都、德阳、绵阳、乐山和眉山五个城市，规划期从 2009 年至 2012 年。

2009 年，四川移动共建成 TD 基站 3219 个，覆盖成都、绵阳、德阳等 12 个地市市区，在其余地市也建立了 TD 业务演示点，覆盖全省 21 个地市州的 TD 四期工程也已启动。四川联通 3G 网络投资几十亿元，到 2009 年国庆前已覆盖四川所有地市和重要县城，预计 2010 年 3G 网络将覆盖到所有省内县城。

（4）河北省。2009 年，河北省 3G 建设投资 55.7 亿元。

2009 年，河北省电信行业进行了大规模的 3G

网络建设。按照各集团公司部署，2009 年河北省共投资 55.7 亿元用于 3G 建设，建成 3G 用室外基站、室内分布系统等基础建设并完成了网络优化工作。截至 2010 年初，3G 网络已经覆盖全省 11 个地市的市区和县城、发达乡镇、5A 级风景区、高铁、高速及重要的国道沿线，初步满足了大规模商用组网要求，取得了阶段性成果。与此同时，河北电信和河北联通稳步推进了 cdma2000 和 WCDMA 的网络建设和业务发展。

（5）江苏省。从接手 CDMA 网络开始，中国电信江苏公司就在筹划 3G 网络建设布局。到 2009 年 6 月，中国电信 3G 网络已经在苏南地区覆盖所有城市和乡镇，其他地区也已覆盖到县城和主要乡镇。预计截至 2009 年年底，中国电信江苏公司用于 3G 的总投资将达近百亿元。

到 2010 年 1 月份，继南京地区网络先期开通后，江苏全省 TD-SCDMA 已正式建成开通。TD-SCDMA 网络已覆盖江苏全省 13 个地市和苏南县城的热点区域。2009 年，中国移动江苏公司完成了相当于过去 5 年工程量总和的 TD 建设工程，全省仅 TD 基站就建设了近 1 万个，并创新性地优化了 TD-SCDMA 网络。

（6）重庆市。重庆市 2009 年对 3G 建设工程的投入预计超过 30 亿元，按计划新建基站近 5000 个，年底前基本实现 3G 信号覆盖到重庆各区县。截至 2009 年 5 月，重庆市已建成 3G 基站 3752 个，3G 网络已基本实现了主城区全覆盖，可支持视频电话、视频留言、视频会议、多媒体彩铃、手机电视等多种 3G 业务的开展。

（二）光纤通信网络建设情况

1. 整体规模增幅较大

根据工信部的统计数据，2009 年全国新增建设光缆线路长度近 149.87 万公里，其中，长途光缆线路长度增长近 4.46 万公里。而在 3G 网络建设正式规模化启动的 2009 年，光纤通信网络建设更是进入了爆发式发展的一年，从新增线路长度的增长率来看，一改 2008 年负增长的颓势，实现高速增长。

超过预期的建设发展让中国光纤通信相关生产制造厂商进入接近满负荷的运转。

2. 三大运营商的光网络发展情况

2009 年，中国的光通信网络建设与发展超出原先的预期，受运营商宽带、3G 建设驱动，全年市场热度居高不下。运营商最终采购规模大多超出了 2009 年年初的预期。

光接入网的规模建设也将推动骨干光传送网的发展，我国骨干网的 40G 建设需求逐步加大，2009 年，我国的 40G 商用化发展步伐进一步加快，运营商开始采用 40G 技术升级骨干网。此外，三大运营商 3G 启动的大背景下，基站建设数量达到 10 年来之最，进一步带动了光纤光缆市场的需求。

截至 2009 年年底，我国运营商主要采用 EPON 设备建设 FTTx 网络。

2009 年 PTN 建设开始启动。PTN 得到了三家电信运营商的认可。正是由于 PTN 具备许多优点，中国移动已经于 2009 年首次启动了 PTN 的集采，招标设备量高达 5 万套，中国移动 PTN 集采设备将主要用于 TD-SCDMA 传输。预计 2010 年中国移动还将进行 PTN 集采。而中国电信也于 2009 年进行了部分地区的 PTN 建设。

（1）中国移动。中国移动的光纤接入网策略是 GPON、EPON 两者并重，并且在同等价格下会优先选择 GPON。在中国移动制定的 2009～2011 年三年规划中，GPON 被定位为“中国移动宽带

表 11-3　2005～2009 年中国光缆总长度与新建设长度情况

	2005 年	2006 年	2007 年	2008 年	2009 年
总长（公里）	4049872	4259047	5736537	6767957	8266655
长途（公里）	719018	715867	773971	792554	837159
新增（公里）	530648	209175	1477490	1031420	1498698
长途新增（公里）	23747	-3151	58104	18583	44605

数据来源：根据工信部数据整理 2010.02

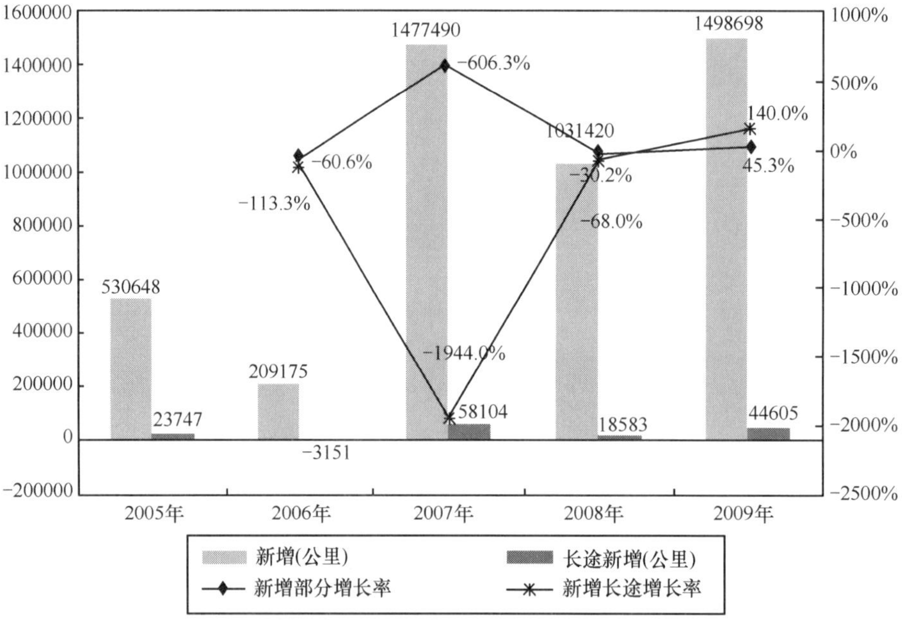

数据来源：根据工信部数据整理 2010.02

图 11-1 2005～2009 年中国新增光缆总长度及其增长率

接入的主要方式”。三年内中国移动将充分利用业务需求和物理资源扩大 GPON 覆盖。

中国移动 2009 年年初原本部署了 1500 万芯公里光纤的规划，最终采购量高达 1800 万芯公里。2009 年，中国移动也在广东地区开始进行“万楼光纤计划”，以 FTTx 进军固网业务。

中国移动的 PTN 开始起步。中国移动过去几年进行的 PTN 测试已经结束，并已经于 2009 年年底前开始进行集采。中国移动 2009 年 8 月已召集辽宁、广东、福建、安徽等 11 省移动公司相关负责人在京开会，提出对 PTN 的意见、需求、规划、具体技术方向选择等。中国移动已经计划在 2009～2011 年期间引入 PTN。到 2010 年初，中国移动在 PTN 网络已在浙江、广东、广西、山东以及江苏等多个省进行部署，可有效地为 TD 网络提供承载与保障。

在移动传送层面，现有 MSTP 网络的发展是中国移动首当其冲需重点考虑的问题。中国移动现有 2G/3G 基站都是通过 MSTP 网络进行统一承载的，正在进行的 TD-SCDMA 三期配套传输项目也仍然基于 MSTP 建设和传送。2009～2010 年 2G 网络仍将大量建设，3G 基站也会逐年增加，2011 年后 3G/LTE 的基站建设将进一步扩大并最终覆盖所有 2G 基站。在这种情况下，基站带宽需求会进一步扩大。

（2）中国电信。在 FTTx 的发展过程中，2009 年中国电信已开始将投资重心转向光接入网，明确提出严格控制铜缆投资和使用。以 PON 技术促进“光进铜退”已经成为了中国电信的发展重点。中国电信已经确定了采用 EPON 进行国内光纤接入网建设的思路，并颁布了各自的企业 EPON 技术规范、建设指导意见，并进行了规模集采。中国电信在接入网部署方面采用了以 EPON 全面覆盖、GPON 部分试点的网络建设战略。

截至 2009 年年底，中国电信 EPON 已经规模部署达千万线级别，2010 年仍将以 EPON 部署为主。对于 GPON，中国电信在全国多个城市开展 GPON 试点建设，但规模不是很大。到 2009 年年中，中国电信已有 13 个 GPON 试点。

2009 年 2 月，中国电信进行了 GPON 试点招标。中国电信首批招标的 2300 线的 GPON 设备在北京、上海、武汉和杭州四城市试点。在中国电信的 PON 规划中，3～5 年将实现东部发达城市及中西部省会城市铜缆长度低于 500 米；2009 年年底，东、中、西部省公司应分别达到 90%、80%和 70%以上；农村地区行政村光缆通达率力争每年提高 10%，2009 年年底全网平均光缆通达率达到 65%以上。

中国电信在上海启动“城市光网”行动计划。2009 年计划覆盖 75 万户，2010 年覆盖 150 万户，

2011 年覆盖 300 万户以上。

在 PTN 方面，中国电信也于 2009 年开始在重庆等地进行试点建设。

（3）中国联通。在 FTTx 的发展过程中，2009 年中国联通也开始将投资重心转向光接入网，明确提出严格控制铜缆投资和使用。以 PON 技术促进“光进铜退”也成为了中国联通的发展重点。中国联通也确定了采用 EPON 进行国内光纤接入网建设的思路，并颁布了各自的企业 EPON 技术规范、建设指导意见，还进行了规模集采。联通一次 EPON 招标规模就达 1100 万线，属全球同类最大规模采购之一。

在 EPON 与 GPON 的战略配置当中，中国联通和中国电信的建设策略差不多。中国联通在接入网部署方面也采用了以 EPON 全面覆盖、GPON 部分试点的网络建设方式。于 2009 年初开始进行 GPON 测试工。到 2009 年年中，中国联通有 18 个 GPON 试点。

中国联通在天津启动了“光纤城市”一期工程建设，2009 年新建和改造光纤到小区、光纤到户 30 万线。

（三）其他移动通信网络的投资建设情况

1. 2G 网络建设与投资同步进行

中国移动在 2G（包括 2.5、2.75G 等相关第二代网络）方面，按照 2009 年初中国移动的预算安排，预计 2009 年中国移动在 GSM/GPRS/EDGE/E-EDGE 建设方面的投资规模约为 390 亿元。而根据 2009 年中国移动发布的 2008 年年报，2009 年中国移动 1339 亿元的资本性开支计划当中，76% 用于 2G/3G 融合组网，24%专门用于 2G 网络，照此计算，用于融合组网方面的投资预计在 1000 亿元以上，而专门用于 2G 网络的资本性开支则会在 310 亿元以上。

中国联通方面，根据有关公开资料分析，2009 年中国联通在 2G（包括 2.5、2.75G 等相关第二代网络）网络方面的投资规模也会达到 350 亿元左右。

2. 其他移动通信网络建设情况

除去上述 2G 与 3G 移动通信网络的建设之外，中国移动在 2009 年建设了 TD-LTE 试验网。

而三大全业务运营商在固网移动融合通信网络的建设方面，分别加强了 Wi-Fi 热点的建设。按照之前的规划，截至 2009 年年底，中国电信在全国的热点数量应该已经达到近 10 万个。尤其是在中心城市加强了热点建设与铺设，而中国电信未来仍有计划继续加大热点建设与铺设。此前在 Wi-Fi 热点数量并不占优势的中国移动也在 2009 年提出了建设 10.8 万个热点的规划。2009 年国内 Wi-Fi 热点建设是在移动互联方面对于 2G/3G 网络的有效补充，这一建设过程中最新的特点与要求就是兼容 WAPI 标准。

二、通信工程建设情况分析及预测

（一）通信工程建设情况分析

1. 3G 移动通信网络建设与融合组网发展特征

在 2009 年高速发展的 3G 移动通信网络的建设与发展过程中，融合组网是一个重要的发展特征。尤其是在中国移动与中国联通的 3G 网络建设过程中表现尤为突出。

（1）中国移动：三不三新三融合。早在 2008 年，中国移动创新性地提出了“3G/2G 融合组网”的建网思路，最大限度地将 2G 网络的优势和成熟经验延伸到 TD-SCDMA 上，有效降低了 TD-SCDMA 网络的建设成本，促进了 TD-SCDMA 的规模化和产业化进程。在“融合组网”的基础上，中国移动开创了“TD-SCDMA 三不三新三融合”的全新发展思路。“三不”是指 2G 客户在“不换号、不换卡、不登记”的情况下，只需更换一部 TD-SCDMA 手机即可同时使用 2G 现有业务和 3G 特色业务；“三新”即“新机制、新标准、新测量”，是推动芯片及终端厂商统一制式和标准的全新规范；“三融合”即网络融合、业务融合和应用融合，是融合组网的建网目标。

（2）中国联通 WCDMA 融合组网：2G/3G 共用核心网以求协调发展。中国联通在建设 WCDMA 网络时采用了 2G 和 3G 共用核心网的措施，一方面让现有的 2G 用户不用换号就可以使用 3G 业务，方便运营商展开 3G 运营；另一方面也可以使运营商在 2G/3G 网络中实现资源的动态共享，提升建网速度。合理规划与设计、共建共享等相关措施对于中国联通 WCDMA 网络的建设加速起到重要作用。

2. 光通信市场发展特征分析

在固网业务整体进入增长瓶颈的局面下，以及3G 网络大规模启动建设的背景当中，以光纤通信为主体的宽带战略成为 2009 年三大运营商网络建设与发展的重点之一。三大运营商纷纷加强了在光纤通信网络的建设与发展。

2009 年，中国光纤通信网络的建设与发展过程中，整体表现出如下一些主要特征。

（1）从光通信市场发展状况来看，FTTx 仍是最重要的应用领域，EPON 仍居主流。FTTx 有两大主流技术 EPON 和 GPON，在过去几年中，仍然是 EPON 占据了绝对主导地位。

（2）在建设当中 EPON 与 GPON 仍将长期共存。应该说，在 2009 年中国的 GPON 发展有了新的突破，中国电信、中国联通都引入了 GPON 的试点。中国移动也于 2009 年年初开始进行 GPON 测试。参照 2009 年的发展趋势来看，EPON 和 GPON 将在中国长期共存。而在中国移动制定的 2009～2011 年三年规划中，GPON 也被定位为“中国移动宽带接入的主要方式”。三年内中国移动计划充分利用业务需求和物理资源扩大 GPON 覆盖。

（3）PTN 开始起步。中国移动经过 PTN 测试已经开始进行集采。中国移动 2009 年 8 月开始召集辽宁、广东、福建、安徽等 11 省移动公司相关负责人在京开会，提出对 PTN 的意见、需求、规划、具体技术方向选择等。中国移动已经计划在 2009～2011 年期间引入 PTN。中国电信与中国联通也开始考虑在光纤通信网络的建设过程中引入 PTN。

（4）40G 线路提上发展日程。进入 2009 年，运营商越来越明显地看到，10G 波分已经无法满足大容量高速率网络的传输需求，特别是在主要经济地区。中国电信和中国联通首先在国内进行了 40G 波分商用建设；而中国移动也进行了一些试点。目前，在北方，中国联通建设的以北京为中心的，贯穿天津、河南、山东等华北主要地区的 40G 线路已经投入运行。南方，中国电信 2008 年招标建设的上海到无锡段 40G 线路已经投入运行；2009 年 8 月刚刚完成长三角、珠三角区域的 40G 招标，建设已经开始，工程 2009 年内将完成。由于南方地区总体需求比北方地区更大，除了以上这些主线，对于其他分散的经济点，中国电信也在规划 40G 日程。

3. 共享共建节约成本

在通信网络建设过程中，共享共建是国家应对重复投资现象的重要决策，这方面已经取得了初步进展。自 2008 年 9 月底《关于推进电信基础设施共建共享的紧急通知》(工信部联通[2008]235 号)下发、全面启动共建共享工作一年来，已取得阶段性进展，通过共享共建节约成本效果明显。

工信部初步统计显示，截至 2009 年 9 月底，全国电信基础设施共建率（新增设施中共建的比例）和共享率（企业提出的共享需求的满足率），铁塔为 42%和 47%，杆路为 14%和 65%，基站为 27%和 51%，传输线路为 14%和 63%。通过共建共享，一年内共减少新建铁塔 3.7 万个、杆路 6.4 万公里、基站站址（及其配套环境，含铁塔）4.6 万个、传输线路（含杆路）8.8 万公里，预计节约投资将超过 100 亿元。

但是总体来看，共享共建仍然只取得了初步成果，涉及全国各地区、各级部门、各公司之间的协调关系，还存在很多问题，因而，共享共建仍需在 2010 年进一步得到加强。

（二）发展预测

1. 3G 网络与网络融合发展预测

（1）3G 网络建设整体投资规模可能会有所减少。根据前述分析，2009 年三大运营商都已经经过了大规模的 3G 网络投资，并且不同程度地完成了在全国的网络覆盖，2010 年预计三大运营商 3G 网络建设的整体投资规模可能会有所减少。虽然中国移动可能会在 2010 年加快 TD-SCDMA 网络的建设，力求将原定于 2011 年的目标提前至 2010 年实现，但是考虑到市场整体增长放慢等因素，预计中国移动原定的资本性开支计划将会被缩减。中国联通由于 2009 年加快了 WCDMA 网络的建设进程，2010 年的建设任务相对会减少，原定的两年的投资计划分布到 2010 年的投资也将会减少，同时中国联通的资本性开支也可能会受到市场增长放慢的影响。中国电信则在 2009 年基本上完成了 cdma2000A 版网络的建设任务，在全国实现了广泛的覆盖，因而 2010 年的任务将放在少量的 cdma2000EVDO

Rev B 版网络的建设与网络优化方面，因而，预计中国电信在3G网络建设方面的投资也将明显减少。

（2）3G 网络的优化与覆盖将逐渐越居发展主流。经过 2009 年第一波的大规模的 3G 网络建设之后，预计 2010 开始 3G 网络的优化覆盖将逐渐越居发展主流。中国电信预计其建设与发展的重点将放在网络升级与优化方面，其中，少量的投资仍将放在部分重点区域的cdma2000EVDO Rev B 网络建设方面，而更多的建设重点将放在网络优化。中国联通 2010 年将逐渐完成 3G 网络建设投资，同时，随着 3G 业务的同步进展，中国联通也将会进一步加强其 WCDMA 网络的优化覆盖。中国移动 2010 年面临着更多的 TD-SCDMA 网络的建设任务，其投资规模仍将大大超过另外两家运营商，但是考虑到 3G 业务市场竞争的要素，预计中国移动在 2010 年也将会在已经完成 TD-SCDMA 网络覆盖的区域加强网络优化覆盖建设。

（3）2G 与 3G 网络融合与整合仍将是 2010 年运营商网络建设与发展的重要策略。尽管 2009 年中国 3G 市场经历了先慢后快的发展过程，但是从全球 2G 到 3G 演进的过程来看，即使 3G 出现超预期的增长过程，三大运营商也将面临一个同时运营 2G 和 3G 网络与业务的阶段，而 2010 年仍将处于这一阶段之上，因而，三大运营商仍将在 3G 网络建设的过程中，甚至于在网络优化覆盖的过程中，加强 2G 与 3G 网络的融合建设，加强整合。

2. 光通信网络建设与发展展望

（1）三网融合将推进光通信网络建设进一步快速发展。2010 年之初，三网融合的政策已经明朗，这将给光纤网络建设与发展带来更多的机遇。

分析认为，如果广电系网络单独发展通信网络，所形成的来自新增加的，以及双向互动升级光通信网络的建设需求规模将快速释放，在这种预期下，未来广电系的光通信网络投资规模预计将达到数百亿元。即便广电系内各地方、分支公司采用与运营商合作共建共享的通信网络建设思路，预计其所形成的光通信网络建设需求仍然不可小视。

（2）全业务运营背景下多种更丰富的电信业务承载对光通信建设提出更多的要求。未来几年，全业务运营商对于现有网络必然会产生更多的补充完善建设方面的需要，从而拉动网络建设方面的需求，促进光通信市场的发展。此外，国内 FTTx 的用户总数将大大增加，其中，FTTB、FTTC 模式将成为公众用户接入的主要模式。随着个人高带宽业务需求的不断发展，FTTH 的比例也会逐年增加。

（3）3G 建设的进一步拓展与覆盖的深入进行将直接拉动 PTN 网络的建设与发展。2010 年运营商的 3G 建设将持续进行，这也将带动光通信市场的进一步发展，其中 PTN(分组传送网)受益最多。当前，各种业务都朝 IP 化方向发展，同时新型业务也都是建立在 IP 基础上的，这必将推动未来网络主导业务类型的转变。PTN 是在基站 IP 化背景下提出来的。PTN 技术与其他技术相比，以其简单、实用、融合多种技术的特点，受到了业界的广泛关注，从标准、设备研发到技术应用都在发展之中。

3. 绿色节能将是未来通信网络建设整体设计、建设与发展过程中的重要方向

随着近年来绿色环保意识的提高以及相关政策措施的推出，高效、节能、降耗、减排的绿色通信将在未来几年成为信息产业发展的重要方向。运营商和消费者将对低消耗、低排放和低污染的通信产品和业务提出更多的要求，选用绿色节能的新技术、新材料、推广智能环保温控和智能电信控制系统，更多地采用太阳能及风能等环保新能源替代传统能源、采用再生循环利用等方法，降低通信网络的整体能耗，减少电磁波等污染，都将是未来通信网络建设与发展的重要方向。因而，在通信网络和系统的综合设计、统一规划、产品一致性设计等方面不断进行创新和研发，提高效率、降低排放，推出满足绿色环保要求的通信网络，终端产品以及相应的业务，将是未来几年通信网络建设与发展的重要方向。

4. 以应用为终极目标整合建设将是未来通信网络建设的演进发展方向

（1）高速宽带接入是未来通信网络建设发展的重要方向。未来几年，无源光网络将超过 10Gbit/s 的能力，移动网络在超过 100Mbit/s 的 LTE/IMT-A 推动下进入移动宽带时代；蜂窝（small cell）技术、多频段多模多层异构网络架构和基于 MIMO/OFDM 的高速无线接入手段的出现亦将大大增强无线接入

的能力。

光纤建网成本的大幅度降低，以及相关接入技术的不断成熟，使得“光进铜退”成为固定宽带接入网的发展主流。在无线接入网络，2G、3G 网络将向 LTE 演进和融合，LTE/IMT-A 将成为移动宽带接入的演进方向。

各种宽带接入技术的相互促进，互为补充，使无处不在的宽带接入得以实现。用户将不再受接入方式和地点的限制，可以随时随地享受到宽带接入带来的便利，享受丰富的内容服务，实现一种全新的宽带通信体验。

（2）智能承载网络将是未来通信网络建设与发展的重要技术趋势。IP 网络作为固定网络、移动网络等多种电信网络的承载基础，其性能至关重要。随着各种高带宽业务的涌现，IP 网络遇到更多的挑战，一方面业务流量的增加导致网络负荷加重、链路带宽不足；另一方面基于服务质量的增值业务运营难以开展。

承载技术和光传输技术不断融合，逐渐形成了新的智能弹性承载网。传输设备逐渐虚拟化，各种传输技术都可统一于标签交换技术（MPLS-TP、MPLS）之下，MPLS-TP 技术成为新一代传送网络的基础；同时，基于智能光网络，运营商还可以提供虚拟光网络和组播等功能。未来路由器和传送设备之间通过标准接口相连，具备实时按需路由的能力，从而提供智能的承载网络，实现传输和路由的无缝融合。

（3）多应用整合也将是未来通信网络建设与发展的重要方向。除去高速互联网本身，建立于高速、高带宽的 3G 等宽带网络应用正在得到更多的关注与更快的发展，而这些创新应用的发展与整合需求正对通信网络提出越来越多的要求。包括宽带视频、网络游戏、远程移动应用等移动娱乐与移动商务业务的发展，未来的通信网络将会面临着来自于稳定性、畅通性、安全性等诸多方面的挑战，而创新应用本身对于网络建设中的硬件设计也会提出更多的要求，这些都将对未来通信网络的发展产生影响。

（4）高速轨道通信将是未来通信网络建设必须虑的一个重要领域。近年来，伴随着国民经济发展的需求与我国交通行业的快速发展，伴随着列车提速以及高速轨道交通建设的发展，高速轨道通信成为未来无线通信所必须覆盖的一个重要区域。从 2007 年 4 月开始，我国铁路开始全面提速。伴随着大量 CRH 动车组的开行，许多列车时速已达到 200 公里/小时，一些列车时速甚至高达 250 公里/小时以上。2008 年 8 月 1 日开通的京津城际特快列车的最高运行时速达 350 公里/小时，创造了我国高速铁路的历史之最。为了解决高速铁路通信的难题，专网化已经成为京津城际的成功经验。许多高端的 3G 用户经常由于商务旅行的原因，需要在高速铁路上使用各种移动通信业务。这些业务不仅包括语音业务、视频业务，还有高速数据上下行业务，高速铁路的覆盖是整个 3G 网络建设与业务覆盖必须重视的一个重要领域。

（作者：贝叶思咨询　闫成印）

三、全业务运维管理体系构建

2009 年是全业务运营竞争元年，全业务对网络运维管理提出了新的要求和任务。

（一）全业务对运维管理的要求

全业务运营的内涵是指电信运营企业利用自有的电信交换、传输设备及其他辅助设施，或者租用其他电信运营企业的电信传输等设施，为社会公众提供固定及移动基础电信业务及相应的增值服务。从接入方式上看，将同时运营固定业务、宽带业务、无线业务；从服务内容看，同时涉及通道接入、基础通信业务、内容提供、综合信息化解决方案等价值链的各个环节。

全业务运营将能更好地满足个人用户及企业用户多元化、多层次、个性化的需求，为客户带来便捷的服务，同时对网络和运营支撑提出了更高的要求，绝不是原有工作简单的叠加或组合。全业务运营支撑能力等于全业务支撑能力加综合运营支撑能力，全业务支撑能力指传统的支撑能力，即针对各业务的订购、开通、保障、计费等，而综合运营支撑能力则包括售前的运营支撑、客户运营、产品运营、网络运营等。全业务运营时代重点是提升综合运营支撑能力。

全业务运营下的网络维护支撑部门应由单纯

的“网络运维”向“面向客户、面向产品、面向网络”这三个面向转型，运维支撑要向以客户为核心的市场领域前移，做好客户服务的支撑工作，逐步构建一个融合的、能快速响应的、有助于全业务发展的运维管理体系。

根据 eTOM 的“资源-业务-客户”层次化模型，我们将运维管理的工作内容分为基础服务、产品服务、客户服务、资源管控和运营四大块。

1. 基础服务

基础服务工作内容：面向网络，实现多网维护的有机融合，完成对网络的日常维护、故障处理、网络优化。

基础服务体现运维管理体制的先进性。全业务运营对基础服务工作的重点要求是高质量和高效率，实现“集中化、综合化、标准化、信息化”。集中化指“集中管理、集中监控、集中维护”，我们利用排队论思想建模分析显示，集中化对人员节约和效益提升的效果是非常显著的。综合化是指末端维护综合化，综合化与集中化是对应的，实现集中维护后，末端维护工作的技术含量降低，实现综合化维护在技术上成为可能。不管是外包还是自己维护，综合化维护将简化流程，降低人员管理的难度，提升维护效率。标准化包括维护工作流程的标准化、操作规程的标准化、人员素质的标准化、质量管理的标准化。信息化指充分利用信息化手段，包括网络支撑系统、管理支撑系统提升信息流转效率、加大质量管理保障，实现信息共享。能够标准化处理的尽可能实现信息化，减少人工占用，提高维护效率。

2. 产品服务

产品服务工作内容：面向产品，基于对网络的深刻了解，主动为市场等前端业务部门服务，做好新产品的推送和新产品开发设计的引导。

全业务运营对产品服务工作的重点要求是“多样化、综合化、个性化”。电信运营企业的产品可分为标准化产品和个性化产品。对于标准化产品的服务支撑，需要能够提供多种多样的服务供客户选择，提供综合化的服务使客户能够“一点”办理。对于个性化产品的服务支撑，需要能够为客户提供贴身的解决方案，并能使业务深度“嵌入”到客户的各种流程当中。对于集团客户，通信已经成为其发展道路上的重要工具，简单的产品或产品组合已经无法满足其发展需要。在产品开发方面（售前），应加强解决政企行业客户综合化信息需求能力的提升，加大行业特性分析力度、固定移动元素整合力度，具备多产品组合能力；在产品建设方面（售中），应将产品质量管控工作向售中延伸，对售中实施精细化管理；在产品的维护方面（售后），深化售后服务内涵，加大主动性、预防性维护，从客户、产品两个维度设立售后服务标准，并注重商机挖掘。

3. 客户服务

客户服务工作内容：面向客户，完成对个人客户和集团客户的服务支撑，运维管理部门的工作重点包括客户投诉处理与反馈、客户网络设计与维护、客户 SLA 监测与报告等。

个人客户的服务支撑重点在于处理及时、反馈及时（至少是反馈及时），及时实现客户业务的开通、故障处理。集团客户的服务支撑工作则要复杂得多，需要提供有行业特色的维护支撑服务，从了解客户需求、设计方案、产品维护到维护情况报告，要求服务贴心周到、响应迅速及时、反馈合规合理。从维护管理角度看，需要有完整的集团客户视图，包括产品视图、资源视图、服务要求等，需要有完备的支撑系统，能够对故障快速定位和处理，需要有流畅的服务流程，实现不同部门岗位间的流程快速穿越，还需要有一点响应中心和维护口对应的客户服务经理人员。同时，价值决定了服务需求的满足度，应能够按客户需求和价值提供差异化服务。

4. 资源管控和效益

资源管控和运营工作内容：面向效益，树立“网络就是经营”的思想，实现资源挖潜，提升资源综合运营效率。

为能够实现优异的基础服务、产品服务和客户服务，企业各级组织对资源的管控必须是强有力的。一要摸清资源现状，了解资源的动态变化状况，优化整合网络，提升资源利用率。对资源利用率要进行综合的分析评价，避免出现某类资源/某专业资源利用率高导致某类业务资源利用率高的瓶颈现象。二要挖潜现有网络资源，丰富提供业务种类。加强与厂家的沟通联系，跟踪业界新业务新技术的研究成果，做好现有设备的多功能开发，通过加强网络平台的业务功能开发与服务创新，可充分满足用户差异化、个性化、多样化的需求。三要推进夕阳业务、网络的转网和退网工作。四要加强网络资源的成本管理。在网络的建设和维护各阶段重视资源的效益评价。

（二）运维管理体系面临的挑战

原有运维管理体系主要面临五大方面的挑战。

1．组织体系融合建设

组织结构决定了运维管理的真正的核心竞争力的基础。为了实现资源的共建共享和资源有效利用发挥资源管控效益，运维组织的融合是发展的必要趋势。目前来看，中国联通、中国移动、中国电信的运维组织结构各有特点。中国电信C网的运营管理和前端后端已经全部融入中国电信的各个组织结构，同时电信加强了政企客户的网运支撑、客户网络的操作维护，利于增强政企大客户的市场竞争力。中国移动属于组织演进的阶段，如某省公司在网络部下设四个中心：网维中心、网优中心、工程管理中心、网络服务中心，专门成立网络服务中心以提供综合的、基于移动特色的信息化解决方案，使得前后端进行有机的整合，能够推进集团客户的服务能力提升。中国联通目前还处于组织融合的阶段，固网与移动网分别归属于主体公司和移动网络公司，面向客户的流程、资源共享、资源管控效率和效益方面都处于落后阶段。

2．服务标准和流程梳理

电信运营企业服务内容和模式不断拓展，单一而固化的服务标准难以适应新时代运营的需要。对于集团客户，将根据客户的价值和要求提供差异化服务和个性化服务，所对应的服务标准也需要个性化定制，体现服务分级保障。全业务运营对运营企业端到端的服务水平提出了较高要求，流程的执行效率在更加严峻的竞争形势下地位凸显。此外，服务标准和流程也是密切相关的，对于不同的服务标准，流程的执行环节和时限也会有所不同。

3．支撑系统使能提升

全业务运营对IT支撑系统的支撑保障功能提出了更高的要求，如网络维护监控、资源调度和管控、SLA水平监测、面向集团客户的端到端开通保障（从产品受理到产品开通全程管控）等，每一个环节出现不和谐音符，都可能造成整个市场经营不利。服务标准和流程的梳理调整，也需运维支撑系统的对应调整，实现维护管理的自动化、信息化。全业务运营对支撑系统提出的主要挑战包括：对服务全生命周期的端到端支撑能力、对集中维护管理的支撑能力、灵活的业务开通和保障流程定制能力、对SLA/QoS/KPI的支持能力、相关系统的顺畅衔接能力等。

4．人才队伍建设

人才队伍面临两大挑战，一是人才结构化问题，通信运营企业长期处于单网或双网运营的状态，并没有一家企业真正意义上尝试过全业务运营，更不可能有全业务运营的人才储备，3G网是一个全新的网络，原有维护人员的知识、技能对3G网的运营经验是不足的，运营企业需要进行人才的重新布局和配置；二是人才素质问题，较多维护人员难以一专多能，网络演进与维护人员不足存在矛盾，原有网络维护人员对新技术、新设备熟悉程度弱，故障预处理和分析能力有待提高。

集团客户服务支撑人员则需调整知识和技能结构，从以往宽泛的通用型人才或精深的专家型人才向两者结合的复合型人才发展，增强信息的收集、分析和应用、项目管理和问题分析处理能力，同时对行业市场进行深入研究。

5．代维管理

在全业务的运营中，IP化将是必然的发展趋势，然而融合网络中新的部分是IP网络设备、IMS或NGN设备及相关的业务设备，用户接入端新老设备共存，会持续很长时间，接入端的维护也将是个长期的难题。针对维护工作量大、人员不足的现象，接入端维护多采用外包方式。现在运营企业为了全业务竞争，对服务质量的要求越来越高，从而对代维企业的要求也越来越高。但代维管理是个复杂的课题，例如代维人才的技术经验和能力问题、代维质量考核和保障问题、代维企业管理的规范性、代维企业（有时是多个）与运营企业（有时会涉及多个部门）的协作问题都将是运营企业面临的难题。

（三）全业务运维管理体系构建

关于全业务运维管理体系的构建，也涉及到四个方面，第一是组织，第二是流程，第三是信息系统，第四是队伍建设，这四个体系是三大运营企业进一步调整优化的基础和保障。此外还要建立各个企业的运维服务标准，因为目前客户的感知程度要求程度也在不断提高，运维服务和企业服务之间要进行很好的关联，标准也需要不断提高。

1．组织体系

全业务运营时代，运维组织体系可划分为运维管理体系、运维生产体系和服务支撑体系。需对这三大体系分别进行调整完善。

（1）运维管理体系：要实现固网、移动网、各业务网的统一管理、统一指挥和调度。

（2）运维生产体系：传统的运维生产体系包括维护层、监控层和技术支援层。在组织设置上体现为网管监控中心、网络维护中心和网络优化中心，调整重点在于维护和监控工作范围和内容的增加，协调难度加大，在强调统一监控、统一调度的前提下，仍可保留专业维护组织，实现集中维护和技术支援的专业化。

（3）服务支撑体系：是全业务运营所要突出的一大体系。全业务运营环境下，产品的内涵和外延不断扩大，复杂度、更新速度大大增强，产品之间的融合度也在加大。支撑工作的重点已经从网络接入承载层面上升到系统平台服务层面，同时也延伸到了客户网络的内部，呈现立体化、全方位、长线条的发展趋势。支撑工作贯穿从需求分析、开发、调测、试用、售后保障的全过程和整个产品生命周期。建议设置网络服务中心或客户响应中心，工作内容有两大块，一是客户响应，二是服务支撑，重点在于集团客户的响应和支撑，普通客户的响应可纳入运维生产体系。

2．流程体系

建议从客户的业务流程入手，精确识别客户需求，从全业务经营的视角，探索一体化的服务开通流程；标准化生产流程，实现网络维护的大生产作业；建立技术支撑主动前移、发挥市场部门和技术线条的整体合力，提高支撑效率。

对于生产作业，实施“三个前移”，即维护向监控前移、监控向机器前移、投诉向客服前移。通过对维护、监控、投诉相关的各个环节进行标准化梳理，提高对投诉和故障处理的快速响应能力。更为关键的是，实施标准化后，在监控、维护等生产环节将有条件实现自动化、智能化处理，大大提高生产的效率。

对前端部门的服务支撑，网络部门应变被动服务为主动参与，网络维护部门自内而外、自后而前参与到企业价值创造链条的上一环节，更多的介入到前端的各项生产活动之中，实现网络服务整体前移，主要体现在以下流程。

（1）网络建设流程：网络维护部门必须提前介入网络建设安排，包括网络规划、网络设计和施工，向建设流程前一个环节传递现网信息，从维护角度对设计方案和施工质量提出要求，保证网络质量最终满足用户需求。

（2）市场营销支撑流程：变被动保障为主动参与，了解市场部门的营销活动，评估其对现网影响，及时反馈现网资源利用情况，为重大营销活动提供保障。

（3）新业务开发流程：提前介入新业务开发流程，评估新业务对现网影响，为前端部门提出安全、迅速的网络解决方案。通过对网络资源和客户资源的统筹分析，引导新业务开发方向。预估新业务开通后的问题，提前准备投诉处理预案。

（4）集团客户支撑流程：配备专门服务支撑团队，与业务部门密切合作，从售前、售中到售后进行全方位、多角度的立体支撑。

（5）客户投诉处理流程：加强投诉处理过程控制，提高投诉处理质量，制定标准化反馈接口，协助提升投诉预处理能力。

3．信息系统

面向客户的全业务运营不仅仅以高性能的网络为基础，更需要足够强大的信息系统进行支撑。信息系统的功能建设、性能配置、接口建设是非常灵活的，此处重点说明信息系统的支撑能力建设。

（1）服务开通：新建或整合形成统一的开通平台，提高网络配置的集中化、自动化程度，提高各产品系列、全专业的综合开通效率，能够灵活适应各个跨部门的开通流程。

（2）故障监控：实现面向客户、业务、网络的端到端的故障集中监控，能够进行客户业务端到端的性能测试和主动监测。

（3）服务质量保障：具备对客户SLA/QoS/KPI关键指标的监测和管理能力，实现服务分级支撑。

（4）资源管理：能够建立全网全专业的统一资源视图，建立客户信息、产品、业务、网络资源的生态图，加强资源使用情况的综合分析能力，提高资源使用效率。

（5）客户服务：能够展现面向客户的服务开通、服务保障视图；能够完成基于面向客户的融合分析，提供最优的决策数据支持；具备面向客户的综合性投诉预处理能力，主动发现网络安全隐患点，根据从网络到业务到客户的关联映射模型，主动预估可能受到影响的客户，先于客户发现问题，解决问题。

4. 队伍建设

组织如果没有快速的发展，人员职业生涯、成长空间会受到很大的制约。队伍建设要以人为本，为维护人员设置管理和技术两条路线，符合员工个人的职业生涯设计，在管理位置非常有限的情况下，突出技术路线，提高技术人员的待遇，保障高技术人员的价值和能力。在技术人员方面进一步强化梯形队伍的建设，加强维护人员队伍的稳定，并实现服务支撑队伍水平的整体提升。梯队层次可划分为：

（1）管理层：对综合素质高，适合向管理方向发展的技术人员提供发展空间。

（2）支援层：本层队伍建设的重点是培养高级/资深专家。他们可从日常事物中脱身，侧重于疑难问题、重大故障的处理和网络方案产品的设计，有利于技术水平的纵向深化。

（3）支撑层：选拔对网络和行业有深入了解、对客户需求把握能力较强的人才进入集团客户的服务支撑队伍。

（4）监控层：侧重于集中监控和集中维护，对人员的技术水平要求高于操作层，低于支援层。为防止支援层专家脱离生产，可实行支援层专家值班制，同时可提升监控层的监控现场处理能力、重大故障处理能力和业务处理能力。

（5）操作层：侧重于一般性、重复性工作的处理，对人员技术水平要求稍低，有利于人员技能的横向发展。本层队伍建设的重点是提升综合化操作维护水平。

队伍建设应有完善的组织进阶培养、考核作为保障。

5. 运维服务标准

三大电信运营企业已经从客户需求出发，以满足客户需求，提升客户满意度、忠诚度和客户价值为目标，制定了全业务服务标准。该标准重点在于外部客户的服务标准，还应从外部客户向公司内部反向倒推制定运维服务标准，消除客户服务标准、业务服务标准、运维服务标准之间的隔阂，实现三者之间的无缝衔接。同时，这些服务标准对很多代维企业也有很多的要求，各个代维企业也应跟踪这些新的服务标准制定计划。主要建议有以下三点。

（1）面向客户，以提升客户对服务过程的整体感知度为目标。为此，需按照售前、售中、售后的关键环节，明确各个环节的规范标准，同时注重与客户界面相关的服务支撑标准。

（2）设置差异化的运维服务标准。运维服务标准应区分个人客户、集团客户（还可细分为一类、二类、三类等），设立分群分级分类服务标准，体现服务时限分级化、服务内容个性化、服务功能差异化。

（3）标准设计要体现服务成本与效益的匹配关系，统一基础服务标准，差异化服务聚焦于中高端个人客户和集团客户，并根据贡献值大小，配置相应的服务资源，以满足从简单到“专属尊重”的不同诉求。

（作者：工业和信息化部电信研究院　鲁春丛　曹　英）

第 12 章

2005～2009 年中国通信业统计数据

表 12-1　2005 年通信业主要指标完成情况

指　标　名　称	单位	本年末累计到达	比上年同期累计(±%)	比上年末新增
通信业务收入	亿元	6373.7	11.3	
邮政业务收入	亿元	574.7	7.7	
电信业务收入	亿元	5799.0	11.7	
通信固定资产投资完成额	亿元	2071.3	–4.7	
邮政投资完成额	亿元	37.9	2.8	
电信投资完成额	亿元	2033.4	–4.8	
固定电话用户合计	万户	35043.3		3867.7
无线市话用户	万户	8532.7		2045.3
公用电话用户	万部	2660.4		445.4
城市电话用户	万户	23976.8		2951.7
住宅电话用户	万户	17205.7		1959.3
农村电话用户	万户	11066.5		916.0
住宅电话用户	万户	10016.1		775.7
移动电话用户合计	万户	39342.8		5860.4
无线寻呼用户	万户	97.1		–298.1
互联网拨号用户	万户	3566.0		–1556.3
互联网专线用户	户	68618		3584
互联网宽带接入用户	万户	3750.4		1262.9
其中：xDSL 用户	万户	2635.9		931.8
本地网内区间电话通话量	亿次	827.4	7.9	
本地网内区内电话通话量	亿次	6211.9	5.5	
本地网内拨号上网通话量	亿次	306.4	–45.0	
固定传统长途电话通话时长合计	万分钟	9056581.3	21.7	
国内长途电话通话时长	万分钟	8940633.9	21.9	
国际电话去话通话时长	万分钟	54723.9	9.4	
港澳台电话去话通话时长	万分钟	61223.5	13.1	
移动电话通话时长合计(含本地)	万分钟	125087832.2	32.6	
移动电话国内长途通话时长	万分钟	7135225.2	18.3	
移动电话国际电话通话时长	万分钟	33496.5	11.9	
移动电话港澳台电话通话时长	万分钟	33358.3	0.9	
IP 电话通话时长合计	万分钟	13442617.4	16.8	
IP 电话国内长途通话时长	万分钟	13186708.2	16.7	

续表

指　标　名　称	单位	本年末累计到达	比上年同期累计(±%)	比上年末新增
IP 电话国际电话通话时长	万分钟	139842.0	36.0	
IP 电话港澳台电话通话时长	万分钟	116067.3	3.8	
移动短信业务量	亿条	3046.5	39.9	
固定电话普及率	部/百人	27.0		
住宅电话普及率	部/百人	20.9		
移动电话普及率	部/百人	30.3		
已通电话的行政村比重	%	91.2		

注：数据来源：工业和信息化部网站

表 12-2　2006 年通信业主要指标完成情况

指　标　名　称	单位	本年末累计到达	比上年同期累计(±%)	比上年末新增
通信业务收入	亿元	7120.6	11.6	
邮政业务收入	亿元	636.8	10.8	
电信业务收入	亿元	6483.8	11.7	
通信固定资产投资完成额	亿元	2226.8	7.5	
邮政投资完成额	亿元	39.9	5.3	
电信投资完成额	亿元	2186.9	7.5	
固定电话用户合计	万户	36781.2		1736.7
无线市话用户	万户	9112.7		582.7
公用电话用户	万部	2982.3		301.1
城市电话用户	万户	25138.7		1163.4
住宅电话用户	万户	17690.3		489.1
农村电话用户	万户	11642.5		573.3
住宅电话用户	万户	10554.9		531.0
移动电话用户合计	万户	46108.2		6767.7
移动分组数据用户	万户	13809.4		6728.8
互联网拨号用户	万户	2642.0		–917.5
互联网专线用户	户	62136		–4927
互联网宽带接入用户	万户	5189.9		1454.9
其中：xDSL 用户	万户	3712.0		1057.9
本地网内区间电话通话量	亿次	775.7	–6.2	
本地网内区内电话通话量	亿次	6019.5	–3.1	
本地网内拨号上网通话量	亿次	218.2	–28.8	
固定传统长途电话通话时长合计	万分钟	9843487.8	8.7	
国内长途电话通话时长	万分钟	9723923.6	8.8	
国际电话去话通话时长	万分钟	59031.8	7.9	
港澳台电话去话通话时长	万分钟	60532.4	–1.1	
移动电话通话时长合计(含本地)	万分钟	168686933.8	34.9	
移动电话国内长途通话时长	万分钟	9778290.1	37.0	

续表

指　标　名　称	单位	本年末累计到达	比上年同期累计(±%)	比上年末新增
移动电话国际电话通话时长	万分钟	41716.1	24.5	
移动电话港澳台电话通话时长	万分钟	40409.7	21.1	
IP 电话通话时长合计	万分钟	14885336.5	10.7	
IP 电话国内长途通话时长	万分钟	14655619.7	11.1	
IP 电话国际电话通话时长	万分钟	123090.2	−12.0	
IP 电话港澳台电话通话时长	万分钟	106626.6	−8.1	
移动短信业务量	亿条	4296.7	41.0	
固定电话普及率	部/百人	28.1		
住宅电话普及率	部/百人	21.6		
移动电话普及率	部/百人	35.3		
已通电话的行政村比重	%	94.4		

注：数据来源：工业和信息化部网站

表 12-3　2007 年通信业主要指标完成情况

指　标　名　称	单位	本年末累计到达	比上年同期累计(±%)	比上年末新增
通信业务收入	亿元	8051.6	11.8	
邮政业务收入	亿元	771.5	21.2	
电信业务收入	亿元	7280.1	10.9	
通信固定资产投资完成额	亿元	2322.0	4.3	
邮政投资完成额	亿元	42.1	5.5	
电信投资完成额	亿元	2279.9	4.3	
固定电话用户合计	万户	36544.8		−233.7
无线市话用户	万户	8454.4		−608.5
公用电话用户	万部	2975.7		15.0
城市电话用户	万户	24859.4		−273.5
住宅电话用户	万户	17207.7		−489.9
农村电话用户	万户	11685.5		39.9
住宅电话用户	万户	10549.3		−12.2
移动电话用户合计	万户	54728.6		8622.8
移动分组数据用户	万户	15026.4		1217.1
互联网拨号用户	万户	1949.0		−695.7
互联网专线用户	户	63902		942
互联网宽带接入用户	万户	6646.4		1561.1
其中：xDSL 用户	万户	5201.6		1491.8
本地网内区间电话通话量	亿次	781.2	0.7	
本地网内区内电话通话量	亿次	5795.9	−3.7	
本地网内拨号上网通话量	亿次	184.3	−15.5	
固定传统长途电话通话时长合计	万分钟	10458255.3	6.2	
国内长途电话通话时长	万分钟	10330857.8	6.2	

续表

指　标　名　称	单位	本年末累计到达	比上年同期累计(±%)	比上年末新增
国际电话去话通话时长	万分钟	67799.8	14.9	
港澳台电话去话通话时长	万分钟	59597.7	–1.5	
移动电话通话时长合计(含本地)	万分钟	230558664.8	36.7	
移动电话国内长途通话时长	万分钟	15610724.7	59.6	
移动电话国际电话通话时长	万分钟	58243.1	39.6	
移动电话港澳台电话通话时长	万分钟	67000.8	65.8	
IP 电话通话时长合计	万分钟	14925619.5	0.3	
IP 电话国内长途通话时长	万分钟	14714797.3	0.4	
IP 电话国际电话通话时长	万分钟	122143.7	–0.8	
IP 电话港澳台电话通话时长	万分钟	88678.6	–16.8	
移动短信业务量	亿条	5921.0	37.8	
固定电话普及率	部/百人	27.8		
住宅电话普及率	部/百人	21.1		
移动电话普及率	部/百人	41.6		
已通电话的行政村比重	%	99.5		

注：数据来源：工业和信息化部网站

表 12-4　2008 年通信业主要指标完成情况

指　标　名　称	单位	本年末累计到达	比上年同期累计(±%)	比上年末新增
电信业务收入	亿元	8139.9	7.0	
电信固定资产投资完成额	亿元	2953.7	29.6	
固定电话用户合计	万户	34080.4		–2483.2
无线市话用户	万户	6893.1		–1563.1
公用电话用户	万部	2776.9		–214.9
城市电话用户	万户	23199.5		–1660.2
住宅电话用户	万户	15604.5		–1383.7
农村电话用户	万户	10881.0		–823.0
住宅电话用户	万户	9613.9		–919.2
移动电话用户合计	万户	64123.0		9392.4
移动分组数据用户	万户	25392.5		9478.0
互联网拨号用户	万户	1437.7		–503.3
互联网专线用户	户	63319		–1836
互联网宽带接入用户	万户	8342.5		1701.0
其中：xDSL 用户	万户	6702.6		1481.3
本地网内区间电话通话量	万次	7454199.1	–4.6	
本地网内区内电话通话量	万次	53247561.6	–8.1	
本地网内拨号上网通话量	万次	1152761.3	–37.5	
固定传统长途电话通话时长合计	万分钟	8807019.1	–15.8	
国内长途电话通话时长	万分钟	8696908.9	–15.8	

续表

指　标　名　称	单位	本年末累计到达	比上年同期累计(±%)	比上年末新增
国际电话去话通话时长	万分钟	58224.6	–14.1	
港澳台电话去话通话时长	万分钟	51885.5	–12.9	
移动电话通话时长合计(含本地)	万分钟	293977796.3	27.5	
移动电话国内长途通话时长	万分钟	19186045.4	22.9	
移动电话国际电话通话时长	万分钟	77368.5	32.8	
移动电话港澳台电话通话时长	万分钟	96078.1	43.4	
IP 电话通话时长合计	万分钟	13963107.0	–6.4	
IP 电话国内长途通话时长	万分钟	13775406.7	–6.4	
IP 电话国际电话通话时长	万分钟	114045.3	–6.6	
IP 电话港澳台电话通话时长	万分钟	73655.0	–16.9	
移动短信业务量	万条	69967102.4	18.2	
固定电话普及率	部/百人	25.8		
住宅电话普及率	部/百人	19.1		
移动电话普及率	部/百人	48.5		
已通电话的行政村比重	%	99.7		

注：数据来源：工业和信息化部网站

表 12-5　2009 年通信业主要指标完成情况

指　标　名　称	单位	本年末累计到达	比上年同期累计(±%)	比上年末新增
电信业务收入	亿元	8707.3	4.1	
电信固定资产投资完成额	亿元	3724.9	26.1	
固定电话用户合计	万户	31368.8		–2667.1
无线市话用户	万户	4599.4		–2293.7
公用电话用户	万部	2708.8		–62.7
城市电话用户	万户	21177.6		–1978.3
住宅电话用户	万户	12960.7		–2627.6
农村电话用户	万户	10191.2		–688.8
住宅电话用户	万户	8821.4		–790.8
移动电话用户合计	万户	74738.4		10613.8
移动分组数据用户	万户	38455.9		12924.0
互联网拨号用户	万户	870.7		–357.1
互联网专线用户	户	98855		41834
互联网宽带接入用户	万户	10322.6		2034.7
其中：xDSL 用户	万户	8389.6		1687.9
本地网内区间电话通话量	万次	6636538.8	–11.0	
本地网内区内电话通话量	万次	46454857.0	–12.8	
本地网内拨号上网通话量	万次	890572.5	–22.7	
固定传统长途电话通话时长合计	万分钟	8256022.1	–6.3	
国内长途电话通话时长	万分钟	8174294.8	–6.0	

续表

指 标 名 称	单位	本年末累计到达	比上年同期累计(±%)	比上年末新增
国际电话去话通话时长	万分钟	43414.3	–25.4	
港澳台电话去话通话时长	万分钟	38312.9	–26.2	
移动电话通话时长合计(含本地)	万分钟	353409617.4	20.2	
移动电话国内长途通话时长	万分钟	23574903.5	32.0	
移动电话国际电话通话时长	万分钟	83198.4	7.5	
移动电话港澳台电话通话时长	万分钟	106017.0	10.3	
IP 电话通话时长合计	万分钟	11856001.5	–15.1	
IP 电话国内长途通话时长	万分钟	11711118.7	–15.0	
IP 电话国际电话通话时长	万分钟	87457.3	–23.3	
IP 电话港澳台电话通话时长	万分钟	57425.4	–22.0	
移动短信业务量	万条	77130304.3	10.2	
固定电话普及率	部/百人	23.6		
移动电话普及率	部/百人	56.3		
已通电话的行政村比重	%	99.7		

注：数据来源：工业和信息化部网站

第三篇　专题研究及专家视点

第 13 章

专题研究

一、建国 60 年通信专题

编者按：

2009 年正值中华人民共和国成立 60 周年，为此我们特辟专题展示我国通信业 60 年来的辉煌成就，然而，经历了 60 年的大发展，我国通信业从小到大，由弱到强，期间的变化如此巨大，由于篇幅有限，我们只能选取一些有代表性的事件与读者分享。

伴随着新中国 60 年的风雨历程，通信业从小到大、从弱到强、从幼稚到成熟，走过了波澜壮阔的发展道路，在共和国的建设史上写下了浓墨重彩的一笔。60 年后的今天，中国通信业已经拥有世界第一的网络规模和现代化的先进通信能力，固定电话、移动电话和互联网用户规模均跃居世界首位。光缆走青藏，移动上珠峰，网络入乡村……通信的发展取得了举世瞩目的成就。

回眸 60 年，通信业的成就如此辉煌，这得益于党中央国务院的坚强领导和正确指导，得益于社会各界尤其是广大用户的鼎力支持，得益于通信人的艰苦奋斗和无私奉献。

（一）领导关怀：亲切关怀化春泥

在波澜壮阔的 60 年发展历程中，党的几代领导人对通信事业都高度重视，倾注了极大的关怀。他们在不同的历史时期作出的一系列重要指示和决策，保证了中国通信事业沿着正确的道路阔步向前。

1. 领袖题字永珍传

新中国的通信事业从战争硝烟中走来。从井冈山到延安，老一辈无产阶级革命家亲手缔造了红色通信事业。1941 年，毛泽东特别为《通信战士》杂志题词："你们是科学的千里眼顺风耳。"毛泽东同志高度重视通信，并善于运用通信手段指挥革命斗争。

1948 年 12 月，正值毛泽东主席在西柏坡指挥著名的"三大战役"时，即将创刊的华北邮电总局"人民邮电"报社编辑给毛主席写信，请他为这份新生的边区邮电员工内部刊物题写报头。毛主席三次题写"人民邮电"，并在其中一个自觉满意的上面勾了个圈。"人民邮电"这一题词，成为 60 年来鼓舞通信行业为之不懈努力奋斗的服务宗旨。

新中国甫一成立，就迅速组建了邮电部，任命朱学范为首任部长。几乎是在一张白纸的基础上，新中国通信事业迅速恢复和发展，在几年内建成了以首都北京为中心的连接全国各大区和省会城市的通信网。1956 年 4 月 25 日，毛泽东、刘少奇、周恩来、朱德、陈云、邓小平等中央领导亲切接见了首次全国邮电先进工作者、先进集体代表，极大地鼓舞了全国邮电干部职工建设新中国通信事业的斗志。

2. 改革先行寄重托

改革开放，国门打开。然而，当时严重落后的通信设施成为经济发展的"瓶颈"，引起了党和国家领导人的高度重视。

1978 年 12 月，邓小平在日本友人建议把通信设备现代化放到首位的信件上批示，认为这个建议对中国实行改革开放、加快经济发展具有参考价值。1979 年，在谈到经济工作时，邓小平又强调要重视电信建设。1980 年，在谈到我国经济发展规划时，邓小平同志说：把交通、通信放在重要地位，这确实对整个经济的发展关系极大。

1984 年 1 月 24 日，邓小平再次来到改革开放的前沿广东深圳，并登上深圳罗湖国际商业大厦顶楼天台远眺。眼前，设计高达 53 层的国际贸易中心大厦正以"三天一层"的特区速度崛起。大厦附近的程控电话交换机集装箱引起了他的注意。这是深圳第一个程控电话交换机，装机总容量 2000 门。国贸大厦的负责人插话说，通信的发展速度很慢，仅国贸大厦一家就计划安装 2000 部电话。听后，邓小平抬头看看正节节拔高的国贸大厦，低头俯视路边的程控电话集装箱，陷入了深思。

1984 年 2 月 24 日，深圳之行 1 个月后，邓小平进一步鲜明地提出：“中国发展经济、搞现代化，要从交通、通信入手，这是经济发展的起点。”

正是由于以邓小平同志为核心的中央第二代领导集体的高瞻远瞩和亲切关怀，20 世纪 80 年代初，通信发展得到政府决策部门的重视。1980 年 6 月底，8 位副总理一起听取邮电部工作汇报，为国脉“问诊”，促成了中央和国家高层形成有关邮电通信发展的新认识。1982 年 2 月，17 个党和国家有关部门的领导同志共同研究邮电发展问题，拉开了以各项优惠政策扶持通信事业发展的序幕。“三个倒一九”和收取初装费、附加费等政策的陆续出台，对通信大发展起到了巨大的推动作用。

3. 信息大潮赋使命

进入 20 世纪 90 年代，全球信息化浪潮风起云涌，给中国通信业带来了新的机遇和挑战。以江泽民同志为核心的第三代领导集体高瞻远瞩，就信息化发展提出了一系列重要论述，尤其是对信息网络化的高度重视，促使我国通信业义无反顾地踏上为信息化建设飞速筑路，并不断提升服务开拓应用的征程。

改革开放 10 多年后，通信业的迅猛发展得到了党和国家领导人的高度评价。1994 年 4 月 20 日，江泽民总书记在视察北京无线局时，曾感慨地说：“改革开放 10 多年来，我国邮电通信事业有了很大发展，通信技术水平有了很大提高，通信设备真是‘鸟枪换炮’了。在我国现代化建设中，邮电通信发挥了重要作用。对于这些成绩，党中央、国务院是满意的。”

2000 年 3 月，江泽民就互联网带来的深刻变化和严峻挑战发表讲话：“20 世纪 90 年代，是信息网络化大发展的时期。”他在全面阐述了信息网络化对政治、经济、军事、科技、文化、社会等领域的影响之后，掷地有声地指出，我们要抓住信息网络化发展带来的机遇，加快发展我国的信息技术和网络技术，在经济、社会、科技、国防、教育、文化、法律等方面积极加以运用，并且努力在全球信息网络化的发展中占据主动地位。这些论述，首次将“信息”同“网络”并列，强调了网络在信息化中的基础地位和重要作用，赋予了通信业在信息化中的重要职责。

1999 年 12 月，以吴邦国副总理为组长的国家信息化工作领导小组成立。2001 年 8 月，更进一步成立了以朱镕基总理为组长的国家信息化领导小组。2002 年 11 月，党的“十六大”报告提出“坚持以信息化带动工业化，以工业化促进信息化”，我国信息化建设进入加速发展阶段。刚刚满足国民基本电话需求的中国通信业，又迎来了崭新的使命，那就是，自觉地迎接信息化大潮，服务于信息化大业。

4. “两化”融合绘蓝图

新世纪新阶段，实践科学发展、构建和谐社会成为新一任中央领导集体的执政理念。从经济到民生，无不对信息化提出了更新更高的要求。

2009 大年初一，胡锦涛来到中国移动江西有限公司客户服务呼叫中心，向全国电信职工拜年，并对 TD 发展和农村信息化作出重要指示。近年来，胡锦涛总书记每个春节都是在基层与各界群众共同度过的。他总是不忘走进电信企业，为干部职工送去亲切的慰问，也对通信行业提出希望和要求。2005 年春节，在贵州省电信公司客户服务中心，胡锦涛仔细询问电信运营的情况，指示要加快通信发展，为人民做好通信服务工作；2006 年春节，他莅临延安电信，关切地询问电话村通工程的进展。

胡总书记非常关心信息网络在改善民生中的作用。2005 年 8 月，胡锦涛来到河南新乡县七里营镇龙泉村，亲自打开了农村党员干部现代远程教育网，了解农村信息服务让党员受教育、让农民得实惠的成果。2008 年 4 月，在海南三亚市凤凰镇槟榔村委会，胡锦涛通过“农业科技服务 110”咨询平台，详细了解农产品市场行情，对农村地区借助信息化发展提出了更高的标准和要求。

在新一任中央领导集体的高度重视下，一系列信息化的重大政策相继出台。2006 年 5 月发布的《2006—2020 年国家信息化发展战略》，明确提出要用 15 年奠定迈向信息社会基础的宏伟目标，并对我国信息化发展的指导原则和主要任务作出了部署。2007 年 10 月召开的党的“十七大”，首次将市场化、工业化、国际化、城镇化、信息化“五化”并举，并提出大力推进信息化与工业化融合发展的新命题，为电信业的下一步发展指明了方向。

2008 年的最后一天，国务院总理温家宝主持召开国务院常务会议，同意启动第三代移动通信牌照发放工作，这标志着我国通信发展进入一个崭新的时代。在新一任中央领导集体的关怀指导下，中国通信业正在继续创造新的辉煌。

（作者：人民邮电报 胡 虎）

（二）邮政通信：实现跨越式发展

邮政通信是重要的社会公用事业，是国家不可缺少的基础性行业。1949 年新中国成立以后，特别是 1978 年改革开放以来，在党和国家的正确领导下，中国邮政行业呈现出持续、快速、健康发展的良好局面，邮政网络规模、技术层次、业务发展、服务水平等实现了质的飞跃。邮政通信对促进社会政治、经济、科技、文化、教育等事业的发展发挥了重要作用。

1. 体制改革顺应时代变迁

1949 年 11 月 1 日，作为统一管理全国邮政和电信事业的邮电部成立。12 月 10 日至 28 日，邮电部在北京召开第一次全国邮政会议。会议确定，中华人民共和国的邮政属于国营经济组织，应配合新民主主义的政治、经济、文化建设，办理邮政业务，以服务人民为总的方向和最高原则，确定邮政名称为“中国人民邮政”。此后，邮政通信的上级管理部门经过几次变化。1969 年 6 月，邮电部被撤销，邮政通信划归交通部管理；1973 年，邮电部被恢复，邮政又从交通部划回邮电部。

进入 20 世纪 90 年代，邮政和电信的发展特性呈现出较大差异，为促进邮政通信的发展，1998 年 3 月，九届人大一次会议通过国务院机构改革方案，实行邮电分营，成立国家邮政局，从此我国邮政驶入了独立运行的轨道。国家邮政局具有管理全国邮政行业的职能及管理全国邮政企业的职能，既是行政机构，又是公用企业。

2005 年，《国务院邮政改革方案》下发，该方案提出了“一分开、二改革、四项措施”：“一分开”即重组国家邮政局；“二改革”一为改革邮政主业，二为改革邮政储蓄，由中国邮政集团公司控股；“四项措施”包括如何分拆普遍服务业务和竞争性业务、中国邮政集团公司与社会上的快递公司之间业务如何划分、邮政储蓄银行的转型将遵循怎样的步骤，具有一定货币价值的邮票如何处理等。从此，中国邮政也实现了政企分离，重新组建的国家邮政局成为国家邮政监管机构，中国邮政集团公司经营各类邮政业务，邮政储蓄银行运营金融业务。

2. 法律标准助推行业发展

早在 1986 年 12 月，第六届全国人民代表大会常务委员会第十八次会议就通过了《中华人民共和国邮政法》，自 1987 年 1 月 1 日起生效。《邮政法》突出强调了三个方面内容：一是切实保证人民群众的通信自由和通信秘密；二是为人民服务是中国邮政的根本宗旨；三是社会保障是组织邮政通信的必要条件。1990 年 11 月 12 日，国务院又发布了《中华人民共和国邮政法实施细则》。

1998 年分营之后，国家邮政局着力推进法规体系、监管体系的建设，颁布了《快递市场管理办法》和《邮政普遍服务监督管理办法》，出台了《禁寄物品指导目录及处理办法》等一批规范性文件。2009 年 4 月，《中华人民共和国邮政法》（修订）经全国人大常委会表决通过，从 10 月 1 日起施行。新《邮政法》第一次在立法层面明确提出了邮政普遍服务和快递市场准入的制度设计，以法律的形式固化了邮政体制改革的成果。

3. 业务种类日益丰富

新中国成立之初，我国邮电业务种类比较单一，仅有函件、包件和汇票等几种，新中国成立以来特别是 1978 年以来，为适应国民经济快速增长的需要，邮电通信业根据自身网络优势，在巩固、发展传统业务的同时，不断开拓新业务，为经济建设和人民群众生活提供了多层次、多样化的服务。

1950 年开始我国实行“邮发合一”体制，报刊发行从此成为邮政部门的重要业务之一。1985 年成立中国速递服务公司（EMS），开办特快专递业务；1986 年恢复办理邮政储蓄业务，逐步明确了邮务类、速递物流类、金融类三大业务板块的发展思路。

邮政企业不断转变经营观念，走出绿色围墙，把为用户提供多层次、多样化的邮政服务作为业务经营的出发点，在注重传统业务创新挖潜的基础上，不断开发适销对路的账单函件、混合函件、邮送广告、企业明信片、电子汇兑、快递包裹、直递包裹、同城物品配送、商品邮购、礼仪服务、电子信函、邮政音像、代办保险、代收代付等新型业务。不断丰富和完善名址库建设，数据库营销已逐渐被市场接受。目前，中国邮政已成为信息传递、商品运送、金融流通的重要渠道之一。

4. 邮政综合能力大幅提高

建国 60 年来，邮政行业总体保持快速增长的态势，邮政行业业务收入从 1950 年的 6209 万元增长到 2008 年的 960 亿元，增长了 1546 倍，年均增长 13.5%。邮政业务收入的快速增长离不开邮政通信基础设施水平的提高。在新中国成立初期，我国邮电通信业网络规模小、设备陈旧、技术落后，工作效率普遍较低。经过 60 年的大规模投资建设，我国综合通信能力迅速增强，网络规模容量、技术层次、服务水平都实现了跨越式发展。邮政业形成了沟通城乡、覆盖全国、连通世界的现代邮政网络，已经成为世界规模最大的邮政网络之一。

网络能力明显增强。解放前，全国仅有邮政局所 26328 处。2008 年，邮政行业拥有营业网点 6.9 万处，国邮路总数 2.1 万条，总长度（单程）369 万公里；实现了航空、铁路、公路、水路等多种运输手段的综合利用。我国的邮政网络已经成为世界规模最大的邮政网络之一。近几年来，邮政形成了以邮航为骨干，地面快速汽车、火车邮路为支撑，覆盖 26 个省（区、市）、304 个地市的集散式立体快速运输网络，提高了网路运行效率。

邮政技术层次不断提高，逐步由劳动密集型向技术密集型转变。解放前，全国不少地区的邮运只能靠马运人扛，生产效率十分低下。1958 年国庆节前夕，在北京八面槽开办了我国第一个自动化实验邮局。20 世纪五六十年代，先后研制成功邮票、报纸等自动出售机和包裹收寄机；70 年代研制成功了包裹分拣机和程控取包机械手；1981 年研制成功自动信函分拣机，邮件处理逐步走向机械化、自动化、电子化。

5. 普遍服务得以忠实履行

为保证满足人们的通信需求，建国 60 年来，中国邮政始终履行邮政普遍服务的义务。为使人们能够普遍用上基础邮政服务，我国普通邮件一直坚持了较低的资费。从 1950 年，我国普通邮件的资费一直是四分和八分，直到 1990 年 7 月 31 日此调整到一角、两角。此后 1996 年、1999 年又两次调整了资费，但资费水平都不高。

中国邮政也一直致力于为农村和偏远地区提供通畅的邮政服务，并将新业务向这些地区拓展。中国邮政的普遍服务水平一直稳中有升。城区每天邮件投递频次均在 1 次以上，发达城市投递频次可达 2—3 次；农村地区部分乡镇每周邮件投递频次达到 5—6 次，交通困难的偏远地区，每周投递 2—3 次不等，基本能适应现阶段群众对邮政服务的要求。

（作者：信通传媒　舒文琼）

（三）固定电话：崛起的电话大国

60 年来，中国从一个“几乎没有电话的国家”一跃成为世界头号通信大国，固定电话的发展，在其中居功阙伟。

1949 年，我国电话只有 31 万门，普及率仅为 0.05%，其中 1/3 是摇把子，其余 20 万门也是落后的步进制交换设备。

60 年后的今天，我国已经拥有世界第一大固定电话网以及 3.6 亿固定电话用户。从“摇把子”到转盘电话，从按键电话到可视电话，从按级别配置到有钱就能装，从装电话花 5000 多元到 100 多元，电话已从权力、身份的象征，发展为人们日常生活、工作中不可或缺的通信工具。

这 60 年的发展历史，是一次跨越时代的信息文明崛起，更体现了中国通信人的顽强意志和雄浑胆魄。

1. 昔日摇把扯喉咙　十次要线九次空

新中国成立后，党和政府迅速恢复与发展维系国计民生的通信，在较短的时间内建成了以北京为中心的电话电报网。1958 年竣工的北京电报大楼成为新中国通信发展史的一个重要里程碑。但是，由于基础资源的短缺，通信网络质量还较落后，电话仍主要发挥着服务党政军的作用。“楼上楼下，电灯电话”，成为老百姓对未来美好生活的向往。

1980 年，虽然我国电话增加到了 400 万门，但中国平均每百人拥有电话仍不到半部，普及率仅为 0.43%。交换机自动化比例低，大部分县城、农村仍在使用“摇把子”，长途传输主要靠明线和模拟微波，即使在北京，每天也有 20%的长途电话打不通，15%的要在 1 小时后才能接通。在电报大楼打电话的人要带着午饭去排队。

一些邮电老干部回忆：打“摇把子”电话，要挥动手臂、拉长嗓门，使劲摇、大声喊，还不一定能打通。改革开放初期，许多华侨、外商来内地考察投资项目，他们“一问电话二问路，三问项目四问住”，电话打不通，让许多华侨和外商失望而归。电话发展的滞后，成为改革开放和经济腾飞的制约因素之一。

2. 程控电话开先河　三步并作一步走

我国电话发展瓶颈的突破是从程控电话开通开始的。

党的十二届三中全会以后，随着改革开放的推进，通信的需求日益高涨，尤其是沿海地区的需求已成燃眉之急，对电话的大规模需求已经“兵临城下”。

怎么办？当时，世界固定电话的发展已历经 100 多年，交换技术主要经历人工式、步进制、纵横制、准电子、程控五个大阶段。是按部就班分三步，还是跨过准电子上程控？时任邮电部部长的文敏生赴全国调研，苦寻良策。正在决断难下、寝食难安之时，文敏生在福州电信局第一个引进的万门程控交换机机房亲自拨了几个电话，不仅通得快，而且音量大、音质清晰。在福州的所见所闻让文敏生豁然开朗。随后，原邮电部组织专家经过反复论证、研究，作出果断决策：“高起点、跳跃式，一步到位上程控”。

继 1982 年 11 月 27 日中国第一套万门程控电话交换系统在福州开通后，福建在厦门引进了第二个万门程控项目。一时间，从南到北，从沿海开放城市到中部地区掀起了上程控的热潮，北京、广州、深圳、上海、天津等城市相继开通程控电话，中西部省份也相继跟进。我国电话通信水平从第二代的步进制跃升到国际上还没有普遍采用的第五代全数字程控交换，实现了历史性跨越。

全面上程控、采用新技术使我国电话走上了“三步并作一步走”、高起点的跨越式发展道路。1995 年 12 月 24 日，以青海省黄南藏族自治州开通程控电话为标志，全国 335 个地市州全部开通程控电话。1997 年 8 月 26 日，随着四川凉山彝族自治州普格县开通程控电话，中国县以上城市全部实现电话交换程控化，国家公用电信网电话交换机总容量突破 1 亿门！

3. 规模发展掀高潮　电话畅通惠百姓

为了解决装机难问题，20 世纪 90 年代，在全国第一个“电话一条街（广东佛山市公正街）”、第一个“电话市（江苏太仓市）”的示范效应下，全国掀起了电话规模发展的高潮。

1992 年我国电话用户数达 1000 万，4 年后的 1996 年达到 5000 万，不到 3 年突破 1 亿。1998 年到 2002 年，通信业乘胜追击，实现了向世界第一大电话网的跨越，成为世界上电话用户最多的国家。2001 年取消了电话初装费后，一时间电话安装之风盛行全国，固话的发展也进入了普及阶段。2002 年突破 2 亿用户后，6 年时间，我国又发展了 1 亿多电话用户。

与此同时，电话的功能也越来越丰富，如记忆、免提、重拨、存储等。1999 年，我国首部自主开发的可视电话在杭州诞生。拨通连接在普通电话线上的多媒体可视电话，电视显示屏上立即出现双方清晰的彩色图像。2004 年，国内首台公用网可视电话诞生。可视电话实现了“变天涯为咫尺”。人们通过电话与远隔千山万水的亲人、朋友见面的心愿实现了。同时，可视电话还广泛应用于各项商务活动、远程教学、保密监控、医院护理、医疗诊断、科学考察等不同行业的多个领域。

随着人民生活水平的不断提高，电话的市场需求在近 10 年得以充分释放，电话的发展也见证着寻常百姓的幸福生活，更见证着 60 年来一个城市、一个国家快速发展的轨迹。

从无到有，从有到多，从多到优，我国电话发展走过的是一条高速跨越式道路。通信业不仅在交换机的选择上三步并作一步走，跨越了两个阶段，使我国成为世界上拥有最先进电话设备的国家。在发展体制上，也充分顺应市场需求，实现了规模发展。中国以巨人般的步伐，昂首迈向电话大国。

（作者：人民邮电报　肖　卓）

（四）移动电话："大哥大"到大众化

从暴发户手中的稀罕物到拾荒者腰间的随身品，从最早700个用户到如今的7亿用户……在改革开放政策的带动下，在移动通信建设者的努力下，我国移动通信行业准确把握技术机遇，服务大众需求，实现了从"奢华"到"平民"的华丽转身，走过了从"追随"到"领先"的跨越之路。

1978年，中国刚刚拉开改革开放大幕。此时，美国在芝加哥开通了全球第一个移动通信系统，次年日本建成了全球第一个蜂窝移动电话网。移动通信的出现，为人们随时随地自由沟通的梦想插上了腾飞的翅膀。

20世纪70年代中期，我国就开始了对刚刚兴起的移动通信的跟踪研究。1987年7月16日，河北秦皇岛市开通了"大哥大"，中国真正意义上的手持移动电话由幕后走向前台。当年11月18日，我国真正的移动通信大规模商用系统在广东落地。

移动通信在我国起步并不晚，但初期发展仍然仅仅是少数人享有的"豪华通信"。一部手机要两三万元，入网费上万元。如此昂贵的通信消费，只有"大哥"、老板级的人物才能享用，老百姓可望而不可即。不仅如此，想要拥有一部这么昂贵的笨家伙，还很难拿到号码，往往要排队数月或者走"后门"托关系。

移动通信就注定是"豪华"通信吗？老百姓用上手机就这么难吗？

改变，从一个决策开始。

针对经济发展和社会的旺盛需求，原邮电部对移动通信重新定位。1994年3月，移动通信局成立。邮电部党组明确表示，移动通信不仅仅是固定通信的补充，而是重要的通信手段之一，要以最快的速度建成覆盖全国大中城市的移动通信网，大幅度降低移动通信入网费，让老百姓用得上手机。

由此，一场轰轰烈烈的大规模移动通信网络建设依照"沿海、沿江、沿高速"的战略在全国掀起，网络全覆盖的发展思路也越来越明晰。

随着技术的进步，第二代数字移动通信开始兴起，我国移动通信发展走到一个至关重要的十字路口：2G通信是上GSM还是CDMA？在科技产业领域，当技术发展到一定阶段，对于产业的兴衰而言，技术方向、道路的选择往往比开荒拓土更加重要。"当技术与市场发生矛盾时，我们要服从市场。CDMA有它的优势，但相比而言，GSM经过了市场的检验，我们现在更需要行动！"原邮电部部长吴基传一锤定音。随即，GSM网络开始在全国范围大规模铺开，从南到北，自东向西，建设者夜以继日，争时赶速，写下了一页页辉煌的历史。

对第二代数字移动通信技术的准确判断，为中国移动通信业日后的辉煌成就奠定了坚实的基础。截至1995年年底，引进GSM技术仅仅一年时间，全国的移动通信用户数就实现了翻番，并且迎来了中国移动通信产业发展的新高潮。

由于对经济发展大势和大众信息化需求的准确把握和积极服务，我国移动通信走上了跨越式的发展道路，从当初制约经济建设的瓶颈一跃成为国民经济的基础产业和先导产业。

据统计，我国从1987年开通移动电话业务到1997年用户达到1000万户，用了整整10年的时间。从1000万户增长到2001年的1亿户，只用了不到4年的时间。此后，2002年11月，移动电话用户总数达到2亿；2004年5月，达到3亿；2006年4亿；2007年5亿，2008年6亿，在新中国迎来60华诞的2009年，又突破了7亿。今天的中国，不仅是全球移动电话用户最多的国家，同时也是GSM和CDMA网络容量全球最大的国家，更是全球手机产销量和品牌最多的国家。

移动通信业自身快速发展的同时，也以有形的贡献和无形的影响，推动着国民经济发展和社会进步，更给中国的老百姓带来了看得见、摸得着的实惠：从2万元1部的"大哥大"到200元1部的手机，从高额的初装费到逐年降低的通信资费，从一城一家营业厅到网络、电话、短信等多维度服务渠道，从单一语音业务到包含新闻、图片、铃声、游戏、视频、定位等丰富内容的多媒体服务……移动通信已经融入7亿国人的生活，成为老百姓不可或缺的生活必需品，随着村通工程的推进，如今，就连偏远山区的农民也用移动电话连通了外面的世界。

在改变大众生活的同时，移动通信也拉动了居民的消费，推动了人们思维观念和社会工作生活方式的变革，带动了新兴通信文化的崛起。拇指传情、手机读报、手机购物……移动通信延伸了人们的听觉、视觉、触觉，加速了人们思维、工作、生活方式的转变，更降低了信息交流的成本，促进了社会资源的有效应用和流转。放眼今日中国，我国移动通信行业已拥有了超越世界一流电信巨头的网络规模和网络质量，形成了独占鳌头的 7 亿用户的庞大客户群，诞生了数家在国际电信业举足轻重的强势企业，推出了 TD－SCDMA 等多项具有自主知识产权的国际一流技术成果，堪称新中国成立以来发展最快、成果最卓越的行业之一。

随着社会经济的发展和人民生活水平的提升，社会大众和各行各业对无线宽带信息通信的需求日趋迫切。2009 年 1 月 7 日，工业和信息化部正式向中国移动（TD-SCDMA）、中国电信（cdma2000）、中国联通（WCDMA）发放 3G 牌照。在新中国成立的第 60 个年头，中国人迎来了 3G 元年，从而跨入了一个崭新的移动通信时代。

（作者：人民邮电报　素　文）

（五）干线建设：八纵八横贯神州

经过几代通信建设者的艰苦奋斗，我国通信干线网络从解放初期仅 14.6 万对公里明线、1635 皮长公里长途电缆，发展到如今总长超过 677 万公里、覆盖神州大地的光缆网络，为经济发展提供了强有力的通信保障。

1. 艰苦奋斗 30 年　自力更生建干线

新中国成立初期，为改变长途通信网络的落后面貌，在党中央的关怀下，经过 3 年恢复时期和“一五”、“二五”的艰苦努力，我国通信建设者较快地建成了以北京为中心的全国电信网络，全国报话业务由原来 80%靠无线电路传递变为 80%经有线电路传递，城市间陆续开通了依靠人工接续的长途电话。在此期间，全国主要通信工具长途实现载波化，电报传真化，同时，边远地区的省内二级干线也得到了较大发展。川藏长途干线工程的开通是我国历史上第一次开通北京至拉萨的有线电话电路和电报电路，也是军民合建的第一条长途通信干线，具有重要的意义。此后的十几年间，我国的通信建设者主要依靠自己的力量先后完成了以北京为中心的微波干线网的建设，到 1985 年，我国建成微波电路 1.7 万多公里，形成了有线与无线、明线与电缆、短波与微波共同组成的多种通信手段并存的全国干线通信网。

这一时期，遵照周恩来总理指示建设的京沪杭中同轴电缆 1800 路载波干线工程（4201）具有重要意义。这一工程是由我国自行研制、自行生产、自行设计、自行施工的第一条大通路电缆载波工程，全工程纵贯北京、天津、河北、山东、安徽、江苏、浙江以及上海 8 个省市，共敷设四管中同轴电缆 1700 多公里，1970 年开始建设，1976 年 3 月全线投入运营。此外，京汉广中同轴电缆 1800 路工程（5502）的建设，以及北京和上海卫星地球站、北京长途电话大楼工程的建设，对于改变我国长途通信的落后面貌同样具有十分重要的意义。

2. 改革开放促发展　八纵八横绘宏图

改革开放初期，我国的长途通信网络严重不适应经济发展的需求，而传统的技术和建设模式短期内很难扭转长途通信网的落后局面。在此背景下，当时的邮电部审时度势，决定采用世界最先进的光纤通信技术建设我国的长途通信网络，并为这一网络规划了一个八纵八横的宏伟蓝图，彻底改变了我国长途通信的面貌。

为验证长途光缆建设的可行性，1989 年，我国第一条长途干线光缆——宁汉光缆开工，经过两年多的艰苦建设，于 1991 年建成开通。1991 年 1 月 15 日，就在宁汉光缆正式通过工程验收的第三天早晨，中央人民广播电台向全世界转播了《人民邮电》报的一则消息：“今后中国将不再建设中同轴电缆通信干线，并逐步建设以光缆为主的骨干通信网。”我国大规模长途干线光纤网络建设的序幕也就此拉开。

首先开工建设的是全长 2800 公里的南沿海光缆工程。这一工程从南京出发，跨苏、沪、浙、闽、粤五省市，将我国长江三角洲、珠江三角洲、闽南三角地带一线贯通，建成后极大地缓解了我国改革开放前沿的东南沿海地区通信紧张状况。为了尽早建成这一光缆干线，1991 年金秋十月，3000 多名建设者以及上万民工从祖国的四面八方挺进南沿海地区，他们采用了诸如气吹光缆等新的施工技术，在当地政府等各方面的全力支持下使工程迅速推进：2800 公里光缆，他们只用 88 天即敷设完成，整个工程从开工到投产也只用了一年零 26 天，创造了我国通信建设史的纪录。

此后，通信建设者转战东北和西北，开始了攻坚两翼的大会战。从西安到成都的光缆全长 1081 公里，穿越了秦岭、大巴山等数座海拔 2000 米以上的高山。在东北，光缆施工更经受住了严寒和冰雪考验。建设者以顽强的斗志和大无畏的精神，按时完成任务，把八纵八横光缆骨干网的建设向前推进了一大步。

3. 光缆建设出创举　军民共建贯东西

随着我国东南、东北和西北的光缆干线的建成，我国西北地区与东部地区之间的通信成为薄弱环节，在新疆、西藏建设光缆干线成为重要的通信干线工程。施工队伍翻高山、过沙漠，经受大自然的严酷考验，而军队的帮助解决了光缆建设的施工难题。军民共建国家骨干通信网，在我国“八纵八横”光缆网络建设中写下浓重的一笔，也是世界通信建设史上的一大创举。

1994 年 4 月，兰州军区两万多名解放军官兵参加了全场 2200 多公里的“西兰乌”光缆工程的施工工作，他们在昼夜温差达 40 摄氏度、风沙漫天的恶劣自然环境中，克服种种困难，让光缆在戈壁滩上迅速向前推进，在施工的一个多月中，施工部队官兵平均每人穿坏两双解放鞋，一身作训服。1.5 米长的钢钎打得只剩下 50 厘米。就这样，短短 55 天，光缆敷设任务完成；仅仅 120 天，实现全线贯通，创造了我国光缆施工速度的新纪录，也使我国拥有了第一条横贯东西的光缆大动脉。

全长 2754 公里的“兰西拉”光缆工程的建设则在世界屋脊上创造了通信建设史上的奇迹。解放军战士和通信建设者翻过昆仑山和唐古拉山，越过可可西里无人区，所经之处 90%以上位于高海拔地区，超过海拔 4500 米“雪线”的线路有 800 多公里。就是在这样艰苦的条件下，仅仅用了 85 天，就将 2754 公里光缆敷设完成。

1998 年 8 月 7 日，兰西拉光缆工程竣工开通，标志着我国“八纵八横”光缆干线网络的建设取得决定性的胜利。经过此后 10 多年的建设，截至目前，我国的长途光缆干线网络已经日益完善，包括省级干线在内的光缆网络已经成为我国通信业发展的基础力量在通信发展和经济建设中发挥越来越重要的作用。

4. 稳步发展 30 余载　卫星通信屡立奇功

卫星通信的应用最早始于 1972 年美国总统尼克松和日本首相田中角荣访华。为了在外国要人访华期间提供实时的电视新闻转播，我国租用了美国和日本的设备在首都机场搭建了临时的卫星地球站。田中角荣访华后，我国正式引进卫星地球站，主要用于国际通信业务。1973 年和 1974 年，北京 1 号卫星地球站、上海卫星地球站和北京 2 号卫星地球站相继投产，为外事互访、新闻报道、体育盛会、重大事件的及时传播发挥了重大作用。

此后，我国卫星通信稳步发展：1984 年，我国自行研制试验通信卫星发射成功；1995 年，陆续建成北京、拉萨、乌鲁木齐、呼和浩特、广州卫星地球站；1986 年 7 月，我国国内卫星通信网正式建成，为全国性的综合电视和电视教育节目的传递创造了良好的途径，对改善我国边远地区邮电通信落后状况也起到重要的作用；1988 年，我国发射两颗东方红 2 号甲通信卫星；1989 年，大规模的国内卫星通信地球站投产，承担国家教委两路电视发射业务和中央电视台两路电视发送业务，同年，国际卫星通信电路开始由模拟向数字化过渡。

进入 20 世纪 90 年代以后，电信部门加大了卫星通信网的建设力度。1992 年，中国、日本和美国的卫星数字专线网正式开通；1993 年，我国首次购买美国“中星 5 号”在轨卫星；1996 年，北京、重庆、广州、西安、昆明、兰州、呼和浩特、乌鲁木齐、海口、拉萨等 10 个城市卫星地球站扩容后正式投入使用；1997 年，我国自行研制的“东方红三号”发射成功；此后，“中卫 1 号”、“鑫诺 1 号”等相继发射成功。

现在，卫星通信的发展进入了一个新时期。2009 年 8 月，国土资源部出台国土资源卫星应用发展规划，计划从 2009 年到 2020 年，用 12 年的时间，建立并完善以国产资源卫星为主的国土资源卫星应用业务系统，卫星数据国产化率达到 80%，在国土资源系统全面普及国产卫星应用。同时提出，我国将完成应用卫星从试验应用型向业务服务型转变，建立比较完善的卫星应用产业体系。

（作者：人民邮电报　刘春辉　信通传媒　舒文琼）

（六）信息服务：勇立信息化潮头

20世纪90年代以来，信息化大潮席卷全球。中国电信业以前瞻的眼光和务实的作风，紧紧抓住这一历史机遇，勇立潮头，全面构筑起中国的“信息高速公路”，不断提升服务信息化的深度和广度，成为国家信息化建设的主力军。

1. 铺网筑“路”迎接信息化浪潮

20世纪90年代初，美国的“信息高速公路”计划给全世界带来了信息化的新理念、新思潮。在“信息网络就是光纤化、数字化智能通信网，邮电通信作为国家公用通信网的主体，应当在信息化中发挥主导作用”的思想指导下，尽管当时电话发展任务还非常繁重，邮电部党组毅然决定大力发展数据通信网络。

当时，我国电信基础网已经快速发展，光纤化、数字化程度比较高。1993年，我国第一个公用数据通信网——公用分组交换网正式开通业务；1994年，邮电部数据通信局正式成立，承担起中国公众计算机网络的设计规划、建设、运营和维护管理工作，同时也肩负起将信息化应用和业务不断拓展到各个企事业单位以及千家万户的重任。中国数据通信用户开始出现爆炸式增长，由1994年的不足2000户猛增到1997年的28.8万户，开始在社会经济信息化中产生巨大能效。

基于对信息网络化大趋势的认识，当时的邮电部及时启动了中国互联网的商用化进程。1994年9月，中国电信与美国商务部签订了中美双方关于国际互联网的协议，议定中国电信通过美国Sprint公司开通两条64Kbit / s专线，中国公用计算机网（CHINANET）的建设开始启动。1995年1月，邮电部分别在北京、上海开通了两个64Kbit/s的连接美国的互联网国际出口，虽然速率很低，但开启了中国公众互联网商用化的新时期。当年5月，中国电信开始筹建中国公用计算机互联网（CHINANET）全国骨干网，开始了互联网在中国的大规模建设。从1996年1月起，全国范围的公众互联网开始提供服务，互联网在推进信息化建设中的巨大作用也逐渐深入人心。2001年我国互联网开始大发展，互联网容量呈现爆炸式增长，到2008年底，互联网宽带接入端口发展更加迅猛，5年间增长5倍，达到10890.4万个，年均增长43.3%。到2008年年底，数据通信网长途电路达到1583.4万个2M。由于在全球互联网风潮中较早地启动了信息网络基础设施建设，经过10多年的发展，我国已经一跃而成世界互联网用户最多的国家。

2. 跳出“围墙”拓展信息化应用

随着信息化建设步伐的加快，我国通信行业敏锐地意识到新兴的信息化市场需求，主动跳出“绿色围墙”，将自身的网络、技术、服务与政府、行业、企业等应用主体结合起来，直接服务于信息化建设。

1998年，邮电部数据局与海关总署科技司洽谈合作，提出采用在公众网上架设虚拟专网的方案，建设一个技术水平高的计算机网络，把海关总署、40多个直属海关和数百个报关点连接起来，通过公网将海关、商检、外贸等相关部委的业务数据联在一起，将这些部门分别管理的进出口业务信息流、资金流、物流、管理流的数据共享、集中到了公共网络平台上。这个被称为“电子口岸”工程的成功建设，坚定了通信人推进信息化应用的决心。

1999年，中国电信作为主要发起单位的“政府上网工程”正式启动。到2008年年底，中央政府部门和地方省市一级已全部建立政府门户网站，地市级和县级政府拥有门户网站的比例也分别达到99%和92%。很多街道、乡镇甚至村（居）委会都建立了网站或网页。政府、企业、家庭三大上网工程的全面开展，直接推动了网博会、网洽会、电子商务等新业务，以及网络学校、网上购物、网上炒股等新应用的兴起。

在20世纪初的全球“网络泡沫”中，中国移动、中国电信、中国联通分别推出“移动梦网”、“互联星空”和“联通在信”平台，向网络内容及服务提供商（ICP）开放，为用户提供基于这些平台的信息、通信、娱乐、商务等各类应用服务。这种新型商业模式通过产业链合作互利的方式，帮助新浪、搜狐等一大批互联网服务商度过寒冬，带动了一个充满活力的创新型行业——信息服务业在中国的崛起。

3. 战略转型　全面支撑信息化

进入新世纪新阶段，无论是经济的全面、协调、可持续发展，还是和谐社会的构建，都越来越离不开信息化的全面支撑和服务。党的“十六大”报告提出“信息化带动工业化，工业化促进信息化”，随后《国家信息化发展战略》出台，而党的“十七大”进一步提出“大力推进信息化与工业化融合发展”的战略思想，这显示党和国家对信息化越来越重视，信息化建设也进入全面、深入、务实发展的新阶段，对信息服务提出了更高要求。

我国通信业适时提出了面向信息化转型的战略。2004年年底，中国电信率先提出从传统基础网络运营商向现代综合信息服务提供商转型，中国移动、中国联通、中国网通也纷纷提出自己的转型思路，围绕客户信息化需求大胆创新，利用电信公网平台的网络优势、信息资源优势和用户渠道优势，从网络与技术、业务与服务、管理与支撑等方面向更加综合的信息服务商转变。

实施转型战略以来，我国通信业在信息化大市场中进行了全方位的拓展。如今，可以为几乎所有行业、各类企业、政府和家庭提供包括网络、系统与应用在内的信息服务解决方案。

在城市，从2007年9月30日国家电子政务骨干传输网的开通，到现在互联网、固话、手机都成为政府信息公开的媒体渠道，“阳光政务114”、“政务通”等电子政务类服务，正在有力地完善着服务型政府的形象。数字城市、数字医院、网络教育等信息化业务遍及全国，福建厦门等地的无线城市应用已经渗透进城市生活的各个角落。在海关、税务、金融等各个重要行业，电信企业搭建的网络平台更是已经成为其业务运行的“生命线”，不可或缺。

在农村，电信企业搭建的“信息田园”、“农信通”、“农业新时空”等信息平台已经深入人心，为农民提供了互联网应用、短信、电子邮件、语音信箱等多种信息服务，全国信息平台注册农户到2008年年底已逾2700万户，涉农互联网站超过6000个。

面向企业，从2005年中国电信推出的“商务领航”、中国网通的“宽带商务”到2009年中国移动推出的“动力100”，电信企业的企业信息化产品已经形成巨大的规模效应。今年以来，“两化”融合大幕拉开，电信企业在钢铁工业、消费品工业、移动商务、交通物流等领域深入参与，极大地推动了经济发展方式转变和传统产业升级转型。

面向个人，基于电信企业搭建的开放网络平台，网络文化、动漫游戏、休闲娱乐、数字家庭、网络社区等各个方面的应用丰富多彩，层出不穷，极大地丰富了人民群众的精神文化需求，也进一步促进了社会与人的和谐发展。

在2009年9月的北京国际通信展上，电信企业展出的“平安社区”视频监控、手机购电、无线环保监测平台以及司法E通等最新的“物联网”应用，得到了张德江副总理的高度关注和充分肯定。随着3G的全面启动和全业务经营时代的到来，电信企业拥有了更全面的信息服务手段，服务水平得到了进一步提高，已经成为推动“两化”融合的重要力量，成为推动国家信息化建设的主力军。

（作者：人民邮电报　洪黎明）

（七）通信服务：永不褪色的旗帜

风云激荡60年，我国通信业与共和国同风雨、共成长，始终把做好服务写在自己的旗帜上。服务党政军，恪尽职守，力保万无一失；支撑重大事件、重要活动，全力保驾护航，从不缺席；危难关头，总是冲锋在前，从不退缩；在改革开放通信大发展后，更是着力改善服务降低资费，使通信发展成果充分惠及广大百姓。

1. 服务党政军万无一失

中国通信人有着服务党政军的光荣革命传统。从一部半电台起家到创建红军通信学校，从跟随毛主席长征到建立军委通信总台，战争年代的红色通信兵曾立下赫赫战功。

新中国成立之初，为了保障国家的政权建设和经济发展，刚刚由军队通信和地方通信组合起来的新一代通信人，面对旧社会留下的破旧不堪的通信设施，不畏艰辛，顽强奋战，不到一年时间就在北京建成了当时亚洲最大的国际无线电台，并迅速形成了以北京为中心、覆盖全国的短波无线网。

在20世纪五六十年代，电话局是个半军事化的部门，其重要职责是保障党政军通信，素有“中央耳目”之称。一次，周恩来总理外出，轿车行进到一个路口时突然亮起了红灯。周总理摇下车窗，一位交警过来报告："毛主席有急事找您，请您立即回中南海！"那会儿还没有移动电话，当毛主席有急事找总理时，中南海电话局的总机话务员根据总理的行车路线，快速判断出他们大致所在的位置，并立刻通知值班交警，才出现了这戏剧性的一幕。

2. 大事要事从不缺席

"长安 3 号、4 号队伍跟进。""防空 2 号报告……""南苑 1 号起飞高度……" 1949 年 10 月 1 日，开国大典阅兵指挥部不断地通过电台和联络员掌握部队行进的情况，并发出一串串指令。而正是靠着幕后通信工作者的精心筹备、出色工作，才保障了阅兵活动的顺利进行。

从开国大典到新中国成立 60 周年的 60 年间，无论是尼克松、田中角荣访华，还是香港、澳门回归；无论是亚运会，还是奥运盛会，以及正在筹备的世博会；无论是第一颗人造卫星发射，还是"神舟六号"载人飞船进入太空……所有大事、要事背后，都有通信员工为之保驾护航的忙碌身影。

1970 年 4 月 24 日，我国成功发射了第一颗人造卫星"东方红"1 号，当时，为了保证卫星发射及入轨后的各种操控等信息的准确传送，通信部门调度使用了全国 60%的通信网线，并动用了 60 多万通信职工及民兵保护各地的通信线路。

2008 年，在世界"第三极"的珠峰，于海拔 6500 米处开通了移动基站，为北京奥运会圣火登顶珠峰提供了通信保障。在举世关注的北京奥运会期间，从赛事组织协调、指挥调度，到记者新闻稿即时发布、电视转播信号传输甚至是竞赛计时计分、测速测距，中国通信人提供的现代信息通信服务令世界折服，成为"科技奥运"的重要标志。

3. 危难时刻冲锋在前

《为了六十一个阶级弟兄》的故事感动了几代中国人。1960 年 2 月 2 日，山西省平陆县的六十一个民工发生食物中毒，因为没有特效药品不得不向北京紧急求援。正是靠着太原、运城、平陆等地长途台话务员的紧密配合，卫生部与山西平陆县始终保持着畅通的联络，成功实施了惊心动魄的"千里大救援"，六十一个阶级兄弟得以全部脱险。

2008 年 7 月 29 日，河南陕县支建煤矿因山洪暴发引起透水事件，69 名矿工被困井下。矿难抢险指挥部就凭着一部电话同井下矿工保持不间断联系，及时了解、掌握井下矿工被困情况，最终 69 名矿工全部获救，上演了一部当代"为了六十一个阶级弟兄"的活剧。2002 年 10 月 6 日，一艘载有 128 名中国游客的越南游船从越南海返回时触礁遇险，游客梁先生通过一部国际漫游手机向外界求救，最终使遇险游客全部获救……这样的故事数不胜数。

危难时刻，电话线就是生命线。回顾过去的 60 年，从唐山大地震到汶川大地震，从抗击南方特大洪灾到抗击冰冻雨雪灾害，从抗击 SARS 到抗击甲型 H1N1……在历次抗灾大军中，人们总不忘这样的身影：他们背负通信设备，在别人退出的危险地带接续线路；他们坚守在重灾区保持通信指挥畅通，总是最后撤离；他们穿梭在受灾百姓中，将温暖和服务送到灾民手上；他们全天候坚守在坐席上不停地接听、传话，为灾区百姓提供信息服务……"险情就是命令"、"人在通信在"已成为通信业的行规；"领导指挥靠前"、"党员冲锋在前"已成为通信业员工的自觉行动。

5·12 汶川大地震后，为了使抗震救灾联络畅通，通信人打响了轰轰烈烈的通信保卫战。在余震不断、通信电缆不时被砸断的危险情况下，通信人通过直升机空降、水陆并进等方式挺近灾区，架起 VSAT 卫星电话，开进应急通信车，修复电缆恢复通信，先后打通 32 个重灾区的通信障碍，保证了当地救灾部队的救援工作。四川移动员工刘建秋在修复光缆中，被余震震落的山石砸中，不幸光荣献身。

沧海横流，方显英雄本色。通信人以在危难面前的出色表现，竖起了一座座精神的丰碑。

4. 服务百姓惠及民生

改革开放后，通信部门抓住机遇，加快发展，及时引进程控电话、发展移动数字网络、建设光缆干线，通信网络规模迅速扩大，服务能力显著提升。与此同时，狠抓服务质量的改善，通过开展"服务年"活动，满足用户多方面的需求，用最短的时间、最低的成本为用户提供了最好的服务，使人们尽享通信新生活。

如今，电话早已从昔日王谢堂前燕，飞入寻常百姓家；手机也从奢侈品与身份的象征发展到几乎人手一部。通信手段也从传统的鸿雁传书的信件、加急电报，到曾经风光无限的 BP 机，今日则是咫尺天涯的互联网视频沟通，随时随地面对面的 3G 可视电话。

近几年，在食品、汽油、房价等多数消费品的一片涨声中，通信资费却逆势大幅下降。2001 年，国家正式宣布取消电话初装费和建设附加费，通信资费近年来也不断下降，手机从双向收费改成单向收费，漫游资费也大幅下调。据统计，2002 年—2007 年电信综合价格水平累计下降了 53%，而近两年每年基本上保持了 20%的下降速度。

在通信资费持续降低，使老百姓都能用得上、用得起的同时，通信企业不断改善服务，提高宽带速率，推出丰富多彩的业务，并在全业务下为百姓提供固定、宽带、手机的一体化服务，从而让百姓充分享受信息时代的便利。

5. 国际通信阔步前进

新中国成立到 1965 年，国际与港澳台业务得到了一定程度发展，当时，我国与各社会主义国家和部分周边国家建立了直达通信联系，通信手段主要是短波无线和少量的明线，无线采用定时会晤方式，通信业务主要是公众无线电报和电话，业务量少，操作方式完全是人工接续。

20 世纪 60 年代中后期，由于当时国内形势的影响，我国的国际通信没有任何发展。从 1971 年开始，我国国际关系有了新发展，为国际通信带来了新机遇。1971 年 9 月，为了准备尼克松访华的通信联系，中美之间开通了直达无线电报、电话和传真电路。1973 年，北京、上海卫星地球站先后建成交付使用。中日之间还建设了海底电缆，国际通信开始使用卫星和海底电缆传输手段，并发展了国际用户电报通信，实现了自动交换。中国开放了电报、电话、广播节目和电视节目传送等业务，国际通信从以短波无线电通信为主进入了以卫星通信为主的新时期。1973 年 2 月，北京与我国香港开通了直达无线电报、电话电路，当年 8 月，改为卫星电路，并增开了直达用户电报电路。随后，广州、深圳也和香港开通了电报、电话电路。

改革开放后，我国国际通信获得了大好机遇。应市场需求，1979 年到 1981 年，北京、广州、上海等城市就增开了美国、日本和我国香港地区的长途半自动电路。1979 年 3 月，开放对我国台湾的电话业务。1987 年，国家重点建设工程北京国际电信局通过验收。自 20 世纪 90 年代开始，我国先后参与建设了中日海底光缆、中韩海底光缆、中美海底光缆等国际海底光缆的建设。我国与亚欧八国签署了陆地光缆系统协议，1995 年，亚欧通信光缆工程全线贯通，为亚欧地区的国际业务提供了更强大的网络基础。此后，环球海底光缆系统、亚欧海底光缆系统、中美海底光缆网络等建成并投入运营，我国与韩国、俄罗斯等诸多国家的国际通信系统进一步完善，为国际通信提供了覆盖面更广、更加强大的网络基础。在移动电话问世后，我国运营商也积极与国际社会沟通，与众多国家开通了国际漫游业务。

在与其他国家建立通信联系的同时，我国运营商也通过在国外设立分公司、办事处，在海外上市等形式，迈出国门走向世界。

（作者：人民邮电报 杨玲玲 信通传媒 舒文琼）

（八）农村通信：万水千山尽开颜

在共和国 60 华诞前夕，江西全部自然村成功开通电话。曾为中国革命写下辉煌篇章的老区人民敲锣打鼓，欢庆他们与全国人民一起迈入信息社会！

这只是我国“村村通电话”工程的一部动人的乐章。跨越万水千山，惠及最大多数百姓，是中国农村通信 60 年来不懈的努力和追求。

1. 巨大的鸿沟 紧迫的呼唤

新中国成立之时，我国只有 3 万门农村电话。大部分农村地区是既不通邮更不通电话的通信盲区，边远地区的农牧民寄一封信，还得带上干粮走两三天，农村通电话是没人敢想的事儿。即使在改革开放之初的 1980 年，我国才拥有农话交换机总容量 242.9 万门，农话电话机总共 134.6 万部，农话用户仅仅 79.9 万户。与广袤的国土和庞大的农村人口相比，这些数字无疑只是杯水车薪。而且绝大多数农村地区还在使用原始的手摇话机，技术装备比发达国家整整落后几十年！

20 世纪 90 年代，我国通信发展率先在城市取得突破。当城里的市民纷纷用上各种现代化通信工具的时候，城乡“数字鸿沟”问题开始突出起来。

地处“老、少、边、穷”地区的老乡们因为关山阻隔，打一个电话要翻过几座山，安装一部电话甚至成为一个藏族老阿妈一辈子的期盼。

为促进中、西部地区通信发展，原邮电部采取全网结算补贴等办法，给予偏远地区以大量的资金支持。仅1998年通过收支差额再分配，就向中、西部21个省区市补贴建设资金79.6亿元。据测算，全国农村电话普及率每增加一个百分点，约需投资500亿元。当时的邮电部党组甚至提出到20世纪末要实现“全国行政村村村通电话”的宏伟目标。但由于投资太大，到2000年，行政村通电话的比例只达到了80%。

进入新世纪，随着电信改革的不断深化，独立运行的电信企业开始按照公司化方式角逐市场。由于企业逐利性质使然，再加上电信普遍服务基金迟迟没能建立，一方面城市通信高速发展，另一方面农村通信却裹足不前，甚至出现倒退。当时农村固定电话普及率仅为11%，是城市水平的1/3。到2003年年底，全国还有大约8万个行政村未通电话，2004年全国新增电话用户11456．7万户，其中农村固定电话用户仅占新增用户的9%。

确实，对任何一个企业来说，投资和回报的矛盾是不得不考虑的问题。当时装一部电话在偏远地区的投入相当于城市的3至5倍。即使在浙江的部分山区，投资一部电话也需要10万元。而且农村的消费能力很低，即使装了电话也很难收回成本，企业运营维护成本极高。当时有专业人士撰文说仅靠信息通信部门来完成在农村普及电话的工程几乎不可能。

然而，农民的需求却是如此迫切！地方政府、人大代表和政协委员都多次呼吁通信业在普遍服务中要先行一步。

2. 创新的工程　无私的奉献

“不能让农民兄弟再等了！”面对贫困地区农民致富奔小康的声声呼唤，当时的信息产业部一方面会同有关部门加紧推动普遍服务基金政策的出台，另一方面举全行业之力，向农村通信发起冲刺。

2004年，信息产业部下发了开展“村通工程”试点工作的通知，确定六大运营企业以分片包干的形式完成村通任务。

一座座高山大川，曾经阻断了世代农民对信息的渴求和走出去的梦想，却阻挡不住当代村通工程建设者前进的步伐。面对自然环境恶劣、基础设施条件差、勘测和施工难度大的重重困难，村通工程建设者以大无畏的气概和“万水千山只等闲”的豪情，用顽强的意志战胜了一个又一个困难，打赢了一场又一场攻坚战。他们在深山密林，在不毛之地，在人烟稀少的村落，用人抬肩扛的原始方法，用爬冰卧雪的奋斗精神，为依然生活在信息闭塞、交通不便的地区的人们送去了“信息的彩桥”、“致富的金桥”，在中国通信史上铸起了一座座新的丰碑。

实施“村村通电话”工程5年来，通信业累计投资约460亿元，实现了全国99.5%的行政村通电话，为全国1228个20户以上自然村新开通电话，20户以上自然村通电话比例达到92.5%；为1734个行政村新开通互联网，40个乡镇新开通宽带，行政村通互联网和乡镇通宽带的比例分别达到90.9%与95.6%。目前，主管部门又提出了“建设设施、搭建平台、信息服务”的“村通工程”三步走策略，要求年内基本实现已通电地区“村村通电话，乡乡能上网”，全国通电话行政村和自然村的比例分别达到99.8%与93%以上，实现99%以上乡镇能上网、96%的乡镇通宽带目标，建设和完善三家企业的基础性农村综合信息服务平台，为广大农民提供功能强大、种类丰富、灵活便捷的各类涉农信息服务业务，力争年内在全国1万个乡镇完成信息下乡工作。

新的“村通工程”又一次启动！

3. 欢腾的山村　和谐的未来

村通电话开启了农村一代人致富的梦想，信息高速路将他们与现代世界紧密相连，让信息成为他们追逐梦想的金钥匙。通信成为解决“三农”问题的新希望。四川孔玉乡距离康定县城84公里。电话开通那天，乡党委书记贾国林在院中拿着小喇叭大声地说：“以前这个乡交通靠走，通信靠吼，解放几十年没听到过电话声音，今天我们终于能够听到北京的声音。当年红军为我们送来了革命的火种，今天政府为我们送来了高科技，送来了奔小康的新希望。”

村通电话在加强农村治安、抢险救灾、构建和谐社会中发挥了巨大作用。阿坝州的一位公安干警深有感触地说:“移动电话通了以后，我们高原上偷牛盗马的都少多了。”说起村通工程的好处，老百姓说:“从来没有哪项工程能像村通工程这样受到千万群众的拥护，也没有哪项工程能像村通工程那样使大山深处发生如此巨大的变化。”

这是一场向贫困和闭塞宣战的战斗，这是一部改变3000多万人民生活方式的史诗,这是一个具有高度社会责任感的通信企业回报社会、服务社会的切实行动。村民们从小小的手机里，听到了外面世界的呼唤，听到了一声声思念的呼唤，而对他们的上一辈来说，这一切都是无法想象的奢望。

值得一提的是，卫星通信具有不受地形限制、设备小巧、建设速度快等特点，尤其适合地广人稀、地貌复杂的农村地区通信。在信息化新农村建设，尤其是偏远山区村通工程建设中，卫星通信发挥了不可替代的作用。以中国卫通为例，近年来，中国卫通充分发挥卫星通信优势，圆满完成了村通工程任务，四川、甘肃省、内蒙古自治区和青海省等地，中国卫通的卫星通信不仅结束了偏远地区农村不通电话的历史，而且卫星通信“三网融合”优势为偏远地区农村信息化建设创造了条件。

（作者：人民邮电报　张　英）

（九）工业科研：三步跨越扬国威

新中国成立 60 年来，我国通信装备工业走过了一条艰难曲折的发展道路，取得了令人瞩目的辉煌成就。尤其是改革开放以来，我国通信装备和技术快速发展，仅用30年时间就走过了发达国家100多年的发展历程，通信网装备水平跻身世界先进行列，自主创新能力显著增强，涌现出华为、中兴等一批具有国际竞争力的装备制造企业。

1. 白手起家艰苦创业

新中国成立之初，我国通信工业从只有几十人的修配厂、修机室起步，经过几代人的艰苦创业，到20世纪70年代末期，已经建立起覆盖全国的几十家大中型工厂，产品门类齐全，体系完整。国内网上使用的装备，95%是我国自主生产的。科研更是从几乎一张白纸开始，一点点摸索，从简单的修理到仿制生产，从技术改良到中小型设备的开发，通过组织技术力量开展科研大会战等形式，积累起通信技术开发的一定基础。经过几十年的不懈奋斗，发展到20世纪70年代末，我国通信科研在模拟技术上已经达到了相当水平。交换机从极其落后的“摇把子”发展到了纵横制，微波和载波技术也从几十路逐步发展到了1800路、2400路。

20世纪60—70年代，就在我国陷入10年动乱的停滞时期，一场以信息技术为主要代表的世界新技术革命风起云涌。在交换领域，程控交换技术迅速扩展；在传输领域，光纤的广泛应用引发技术变革浪潮。在信息技术革命的推动下，发达国家不仅通信网络规模达到了较高的层次和水平，通信技术手段也更加先进。而我国长期封闭，使得通信装备技术失去了宝贵的发展机遇，与世界先进水平的差距反而进一步拉大。

2. 引进吸收蓄势待发

改革开放的大潮涌起，经济的发展对通信的需求越来越迫切。此时，我国通信业不但网络规模小，通信装备的整体水平也非常落后，科研和生产部门无力提供通信网急需的先进装备。为迅速扭转落后被动局面，当时的邮电部果断决策，走高起点、跨越式发展道路，实施了引进、消化吸收、再创新三步走的技术发展战略。第一步，从世界最先进水平着眼，引进一批技术装备，快速缓解沿海开放城市及省会城市的通信需求；第二步，引进先进的生产技术和生产线，形成国内生产能力，加快消化吸收，提高国内研发和技术水平；第三步，在吸收借鉴国外先进技术的基础上，加紧国内科研攻关，自主开发生产具有国际先进水平的通信装备。这一战略的成功实施，不仅使我国通信网的规模容量、技术水平迅速进入世界先进行列，而且促使我国自主创新能力和水平在较短时间内得到极大提高，最终实现了通信网络装备在现代化水平上的国产化。

1984年，通信领域第一家中外合资企业上海贝尔电话设备有限公司成立。到1998年年底，该公司累计生产程控电话交换机3300万线，占我国通信网上交换机总容量的25%，有力支撑了通信网建设和发展。经过10多年的消化吸收，上海贝尔实现了程控交换机国产化率超过75%，极大地提高了我国程控交换机开发水平。此外，我国在光纤光缆、数字微波、移动通信等先进技术领域，与国外合作建立了一大批合资企业，促进了国内通信工业的升级换代和发展壮大。

3. 自主创新“中华”崛起

在引进、消化吸收的基础上，从20世纪90年代起，我国加大了自主开发和创新的步伐。1991年12月，由邮电工业总公司和解放军信息工程学院联合开发的我国第一套万门数字程控交换机HJD04机研制成功，拉开了“巨大中华”群体突破的序幕。到1998年底，04机累计销售1700万线，占我国局用程控交换机总容量的15%，并远销海外市场多个国家和地区。此后，大唐、华为、中兴、普天、烽火等一批企业迅速崛起，在交换、传输、接入、数据、移动通信等领域，开发出一大批具有国际先进水平的国产设备，不仅满足了国内通信网建设需求，在全球通信设备市场也赢得了一席之地。

1997年4月，国际电信联盟向全世界发出通函，征集第三代移动通信国际标准技术方案。我国电信业界抓住这一难得的历史机遇，向创新的新高度发起有力冲击。邮电部于1998年年初在北京召开专题会议，决定以我国自主创新的SCDMA技术为基础，向国际电联提交3G标准。1998年6月30日——ITU3G标准提案征集截止日这一天，名为TD-SCDMA的3G标准提案被正式提交到国际电联。这是我国百年电信史上第一次向国际电联提出完整的电信系统标准。2000年5月，在世界无线电大会上，我国TD-SCDMA提案以独特的技术优势，从16个候选提案中脱颖而出，正式成为国际电联批准的三大国际3G标准之一。2001年3月，TD-SCDMA又被具体负责标准制订的3GPP组织接纳，成为3GPP标准的重要组成部分。

为加快TD标准产业化进程，我国从很早就采取了开放合作的方针，逐步探索出一条以企业为主体，以市场为导向，产学研用协同推进的自主创新与国际合作相结合的产业化发展新模式。2002年10月，大唐、普天、华为、中兴等8家国内企业发起成立了TD-SCDMA产业联盟。2004年2月，国家发改委、科技部、信息产业部共同启动了“TD-SCDMA研发和产业化项目”，推动了完整的TD-SCDMA产业链的形成。2006年—2007年，我国电信业稳步推进TD-SCDMA规模网络技术应用试验。在充分验证了TD-SCDMA技术的基础上，2008年，新成立的工业和信息化部多次专题研究部署TD-SCDMA产业的发展工作。中国移动也在2008年4月1日及时启动了奥运城市TD-SCDMA网络试商用和社会化业务测试工作。2008年8月，TD-SCDMA网络成功服务于北京奥运会，中国政府如期兑现了对全世界作出的庄严承诺。2009年，随着3G牌照的发放和3G网络建设热潮的兴起，由华为、中兴、大唐、普天、烽火等国内企业提供的TD-SCDMA设备在竞争中取得绝对优势，国产3G设备进一步获得广泛应用。

（作者：人民邮电报　姚传富）

（十）机制改革：改革转制创一流

坚持“在发展中改革，在改革中发展”，是我国通信业实现快速发展的基本经验之一。新中国成立60年，特别是改革开放以来，中国通信业适时调整管理体制，不断深化改革，主动面向市场创新经营机制，不但迅速崛起成为全球电信大国，还锻造出了中国电信、中国移动、中国联通等世界一流的通信企业。

1. 几上几下顺体制

新中国成立后的29年间，我国邮电通信管理体制几上几下，分分合合，有经验也有教训。

1949年11月，新中国刚刚成立，当时的政务院就成立了邮电部。1958年7月，迫于中央国有企业纷纷下放的形势，各地邮电部门成为各级地方政府的组成部门，由于通信建设无计划、全网指挥调度失灵，很快造成通信质量下降，重大事故不断。1962年1月，中央批准全国邮电系统恢复实行以中央为主的部省双重领导体制，通信秩序明显好转。1969年6月，邮电部被撤销，成立邮政总局和电信总局，分别归交通部和军队领导，各省区市邮电部门再次下放地方。通信组织协调不畅的问题很快再次出现。1973年5月，中央恢复了邮电部，但省级邮电管理局仍实行以地方为主的部省双重领导。

党的十一届三中全会以后，为适应改革开放的新形势，1979年6月28日，国务院批准了邮电部关于调整邮电管理体制改革的报告，并指出：“邮电通信是党和国家的神经系统，是国民经济的先行部门，它具有全程全网、联合作业的特点。为了有利于国家通信网的统一规划和建设，有利于通信的统一指挥调度，有必要对现行管理体制进行调整，实行邮电部和省、区、市双重领导，以邮电部为主。”从1980年起，全国邮电通信系统重新实行垂直管理体制，并在此后的历次机构改革调整中一直坚持了下来。

实践证明，集中统一的垂直管理体制有利于国家主管部门对全国通信网进行统一规划布局、统一业务管理、统一指挥调度和统一核算，符合我国国情和通信行业发展实际，有利于调动各方面的积极性，可以“集中力量办大事”，使得国家基础通信网快速建立起来，迅速突破了通信制约经济发展的“瓶颈”。

2. 深化改革激活力

随着社会主义经济体制的逐步确立和完善，中国通信业的改革刻不容缓。以1998年信息产业部成立为标志，通信业拉开了政企分开、邮电分营、电信重组的大幕，仅用几年时间就走完了国外通信业十几年的改革历程。

1998年3月，信息产业部挂牌，标志着通信业正式实现政企分开；当年4月，国家邮政局成立，拉开了邮电分营的帷幕。与此同时，以破除垄断、引入竞争为目的的电信改革紧锣密鼓地进行，如何“分割”处于垄断地位的中国电信成为全社会关注的热点。党中央、国务院对电信改革高度重视，国务院领导多次批示并召开专题会议。经过反复论证修改，1999年2月14日，国务院总理办公会议决定：将原中国电信的移动通信、无线寻呼和卫星通信网络与业务分离出去，分别组建中国电信、中国移动、中国寻呼和中国卫星四大通信集团公司。到2001年年底，全国电信市场形成中国电信、中国移动、中国联通、网通、铁通、吉通7家基础业务运营商互相竞争的格局。

为优化市场竞争格局，国家又分别于2002年、2008年对电信业进行了两次重组，最终形成了中国电信、中国移动、中国联通3家全业务基础电信运营商的市场竞争新格局。

如此力度的改革，不仅国内垄断行业前所未有，在世界电信业也罕见。改革激发了市场的生机和活力，促进了行业的持续快速发展。目前，我国电话用户突破10亿户，网民数达3.38亿，用户规模和网络规模均居世界第一，资费持续下降，服务水平显著提高。

在电信业机制改革的过程中，中国联通、中国吉通、中国网通、中国卫通、中国铁通等运营商的成立具有里程碑意义。

1994年7月19日，中国联通经国务院批准正式挂牌成立，它的成立为我国基础电信业务领域首次引入了竞争，推动电信业打破垄断、深化改革；1994年，经国家经贸委批准，吉通公司成立，被授权建设、运营和管理国家公用经济信息网（即“金桥工程”），与原中国电信的CHINANET展开竞争；1999年，网通以挑战者的身份出世，1999年2月，“中国高速互联骨干网——宽带IP网示范工程”项目在国务院办公会议上得到肯定，这个示范工程就是后来的小网通，1999年8月6日，小网通正式获得国家工商局颁发的营业执照。2000年12月，中国铁通的前身——铁道通信信息有限责任公司成立，2004年1月20日，铁通公司由铁道部移交国资委管理，更名为“中国铁通集团有限公司”；2001年12月，中国卫通正式挂牌成立，主营卫星空间段业务、卫星移动通信业务等。伴随着上述公司的成立，我国电信业一家垄断的局面得以打破，充分有效的市场竞争格局逐渐形成。

近几年来，电信业市场格局继续调整，上述公司也相应发生了一些变化。例如，经过2002年的电信南北拆分，中国吉通合并到了中国网通；在2008年的电信重组中，中国联通与中国网通合并成立了新的中国联通，中国卫通除卫星转发器出租、出售业务以外的基础电信业务并入中国电信，其他业务并入中国航天科技集团公司，中国铁通的固话及宽带等业务划归中国移动，与铁路通信相关的业务划至铁道部。改革之后的三足鼎立格局将有利于增强运营商的全业务运营实力，促进其进一步做大做强，同时推动有效竞争格局的进一步形成。

3. 脱胎换骨向市场

从高度垄断政企合一的“电信恐龙”，到几大国有电信企业集团的组建，电信行业的生存环境发生了巨大变化。习惯了垄断性经营的企业管理者们，普遍经历了一个从“不知何为竞争”、“不敢竞争”到“敢于竞争”、“善于竞争”的转变过程。面对竞争，各集团决策层不约而同地把转换企业经营机制、加快建立现代企业制度作为首要的战略任务。他们以极大的勇气和远见卓识，纷纷瞄准国际一流电信企业的目标，大力推进机制创新和管理创新，进行了脱胎换骨的转制。

作为电信“百年老店”，刚刚走向市场的中国电信包袱最为沉重，传统观念和僵化机制的积淀也最严重。为了改变粗放式的管理，中国电信全面推行“五项集中管理”和“五项机制创新”，并积极开展主业和辅业分离。他们还引进“外脑”，实施BPR“流程再造”，提高市场快速反应能力。作为传统的国有大型企业，上市是建立现代企业制度的必然选择。2002年11月14日、15日，中国电信成功在纽约和我国香港上市，为完善公司治理结构、建立有效的激励和约束机制提供了重要手段。

中国移动1999年从中国电信剥离出来，当时只是一个具有建设经验的报账单位，规模小、条件差、管理落后，但其管理层在筹备阶段就出人意料地提出“创世界一流企业”的目标。集团公司正式组建后，提出了改革创新、以变应变、整章建制等新的发展思路；随着企业规模的壮大，又适时确立了“精细管理”、业务和服务“双领先”等战略思路，推动中国移动一步步朝着现代企业迈进。作为最早上市的电信企业，中国移动通过持续收购，借资本市场的外力，加快了公司科学管理的步伐。

作为电信改革标志的中国联通，在20世纪90年代末也针对公司治理结构混乱的弊端开始了大刀阔斧的改革。新的管理层以极大的勇气和智慧成功地清理了“中中外”融资模式，顺利实现了在纽约和香港的整体上市，不仅募集了56亿美元的巨资，而且促进了机制转变和管理创新。

经过转制上市，中国的主体电信企业得以进入世界电信企业乃至世界知名企业的前列，名次更是不断上升。2009年，中国三家通信运营企业首次全部列入《财富》全球企业500强榜单。

回首过去，新中国成立60年来，尤其是改革开放后的30年中，我国通信业由大到小、由弱到强，取得了举世瞩目的成就。经过几代人的奋斗，我国通信网络日渐强大，业务内容日益丰富，通信能力不断提升。现在，国家将自主创新、“两化”融合提高了战略高度，这为我国通信业的下一步发展创造了前所未有的大好机遇，我国通信业必将迎来更加美好光明的前景。

（作者：人民邮电报　王保平　信通传媒　舒文琼）

二、通信基础设施共建共享

2008年9月28日，工业和信息化部、国资委发出《关于推进电信基础设施共建共享的紧急通知》（简称《通知》），拉开了共建共享工作的序幕。一年多来，在工信部、各地方通信管理局的大力推动下，三大运营商的集团公司及各地分公司积极行动，在共建共享上取得了阶段性成果，据不完全统计，各运营商在全国范围内通过实施共建共享已节约投资上百亿元。

（一）共建共享政策出台

1. 共建共享的实施背景

电信基础设施共建共享通知是在我国电信基础设施重复建设普遍、三大运营商展开全业务竞争、3G牌照即将发放和新一轮网络建设热潮即将掀起的背景下出台的，它有助于提高电信基础设施利用率，预防3G网络重复建设现象，推动运营商顺利展开全业务竞争。

从重复建设角度看，电信改革极大地促进了我国电信业的发展。我国通信网络不断拓展，人民群众也享受到越来越实惠便捷的通信。但是由于在前期各个运营商基本上独立建设各自的网络，出现了一定的重复建设，一方面造成各种管道、杆路、光纤、铁塔等闲置或利用率不高，另一方面消耗了大量资源，占用了大量耕地。从节省资源、保护环境的角度看，电信基础设施共建共享已成为迫切之举。

从全业务运营来看，2008年我国电信运营商重组为三家全业务的运营企业，这三家企业各有优势，在网络结构方面也有一定的弱势和不足：中国电信虽然是老牌电信企业，但在无线站址资源和北方固网存在不足；中国移动虽然在移动网络方面有巨大的领先优势，但在固网的广度方面与传统的固网运营商还有一定的差距；中国联通在整体实力和南方比其他运营商还有一些差距，特别是重组完成之后，中国电信取得了 CDMA 网络，同时获得了中国联通的一些无线站址资源，这些站址资源大部分是和中国联通 GSM 网络共站，由此中国电信和中国联通的共享将会在很长的一段时间内存在。

可以说，实现电信基础设施共建共享已到了刻不容缓的地步。2008 年 9 月 28 日，工业和信息化部、国资委发出了《通知》，通知要求要求全国各省、自治区、直辖市通信管理局以及中国电信、中国移动、中国联通电信运营商对已有、待建中的设备进行共享、共建，以减少重复建设。

2. 《通知》规定指导性框架

《通知》要求各级基础电信企业、电信监管机构和相关单位高度重视、统一思想、提高认识，实行“一把手负责制”，动员一切可使用资源，全力推进相关工作。按照“企业自律、政府监管，突出重点、以点带面，安全可靠、合理负担，有利竞争、促进发展”的原则，通过全行业共同努力，实现以下目标：杜绝同地点新建铁塔、同路由新建杆路现象；实现新增铁塔、杆路的共建；其他电信基础设施共建共享比例逐年提高。

在组织机构方面，《通知》表示将成立由工业和信息化部、国务院国资委领导以及各基础电信企业集团主要负责人参加的全国电信基础设施共建共享领导小组（简称领导小组），负责指导协调全国电信基础设施共建共享工作，决定有关重大事项，要求各省（区、市）通信管理局组织成立省级共建共享协调机构（简称省协调机构）。

《通知》提出了共建共享的具体要求。第一，已有铁塔、杆路必须共享，不具备共享条件的应采取技术改造、扩建等方式进行共享。第二，新建铁塔、杆路必须共建。拟新建铁塔、杆路的基础电信企业必须告知其他基础电信企业，其他基础电信企业应在 10 个工作日内提出可提供已有设施共享或开展联合建设的需求，实施共享或共建其他基础电信企业未提出共建需求的，3 年内不得在同地点、同路由新建。第三，其他基站设施和传输线路具备条件的应共建共享，新建其他基站设施和传输线路具备条件的应联合建设，已有基站设施和传输线路具备条件的应向其他基础电信企业开放共享。第四，禁止租用第三方设施时签订排他性协议。

考虑到具体执行的可操作性，《通知》提出了一些参考标准。例如，铁塔一般指自高 10 米以上的铁塔（包括铁塔附属的机房、传输和电力引接等设施），不包括桅杆；同地点新建铁塔指在聚居区内已有铁塔 500 米直线范围内、非聚居区已有铁塔 3 公里直线范围内新建铁塔；同路由新建杆路指在聚居区内已有杆路同一道路、非聚居区已有杆路 500 米范围内同路由方向新建杆路。各省协调机构可按基站覆盖范围、城乡情况、地理环境等进行调整。对于各方如何协作，《通知》指出，企业间应通过签订协议明确分工和责任，具体建设、维护可采取首先提出方牵头、最大需求方牵头、分片负责、委托第三方等多种模式。

为保证《通知》的顺利执行，《通知》还规定了相应的考核机制。对出现以下情形的人员进行严肃处理：未经省协调机构同意，在同地点新建铁塔或者在同路由新建杆路；已有铁塔、杆路具备共享条件而拒绝开放共享；应进行联合建设而擅自独立新建铁塔、杆路；租用第三方设施签订排他性协议；报送虚假信息。根据情节严重程度可建议其上级单位对相关责任人进行处分，对因此被撤、免职人员，三年内不得任用。

3. 相应规定陆续出台

在《通知》出台后，工信部还陆续发布后续规定和通知，对共建共享提出进一步明确的要求，推进共建共享的实施。

2009 年 7 月 18 日，工信部发布《电信基础设施共建共享工程技术暂行规定》，对铁塔、传输资源、基站机房、基站天面、室内分布系统、基站电源系统的共建共享提出了具体要求。

2009 年 8 月 17 日，工信部发布《关于 2009 年电信基础设施共建共享考核工作的通知》，将共建率和共享率列为考核指标，并将自建预留作为考核因素，提出自 2008 年 10 月 1 日到 2009 年 12 月 31 日，三家基础电信企业的全国设施共建率均应不低于以下水平：铁塔 32%，杆路 5%，基站 20%，传输线路 6%；共享率均不低于以下水平：铁塔 15%，杆路 40%，基站 23%，传输线路 19%。

2009 年 9 月 4 日，共建共享领导小组办公室依据考核指标重新调整共建共享统计报表，对共建共享统计报表的统计内容、统计口径、统计格式等进行了调整。调整后的统计报表针对铁塔、基站、杆路和传输线路 4 种设施均分别报送共建共享汇总表、共建明细表和共享明细表。

（二）取得阶段性成果

1. 成果值得肯定

共建共享工作提出以来，各运营商都积极行动起来，给予了高度的重视。在《通知》出台后不久，中国电信、中国移动、中国联通三大集团公司签署了《电信基础设施共建共享合作框架协议》（简称协议）。三家决定，将协议尽快下发到各自的省级机构，并督促其尽快签署省级协议并组织实施。同时，在各省管局的组织领导下，在全国范围内各级运营商之间、各运营商内部做了大量的工作，成立了相应的组织机构、建立了各种联席会议制度和信息的沟通渠道，三大运营商的各省级公司都签署了框架协议，使工作得以迅速而有效地开展起来。经过一年多的运作，取得的成绩有目共睹，相关组织机制基本建立、配套措施逐步完善、典型经验以点带面、工作成效初步显现。

据初步统计，截至 2009 年 9 月底，全国电信基础设施共建率（新增设施中共建的比例）和共享率（企业提出的共享需求的满足率），铁塔为 42%和 47%，杆路为 14%和 65%，基站为 27%和 51%，传输线路为 14%和 63%。通过共建共享，一年内共减少新建铁塔 3.7 万个、杆路 6.4 万公里、基站站址（及其配套环境，含铁塔）4.6 万个、传输线路（含杆路）8.8 万公里，预计节约投资将超过 100 亿元。运营商从共建共享中获益匪浅，截至 2009 年 9 月，中国电信就从共建共享中节约建设资金 29.4 亿元，这一数字约为中国电信第一季度净利润的 60%。

各个地方也通过共建共享实现了效率的提升，资金的节省。例如，截至 2009 年 7 月，安徽省通过共建共享节约投资达 3.5 亿元；截至 2009 年 8 月，吉林省通过共建共享节省投资接近 3.5 亿元，河南联通通过共建共享直接节省建设投资约 2.2 亿元；截至 2009 年 12 月底，四川省通过共建共享共节约投资 8.9 亿元以上。

2. 在实践中摸索前行

由于我国幅员辽阔，各个地方之间存在千差万别，因此工信部的《通知》仅给出了基本原则、具体要求等，并没有在具体实施层面给出明确要求。在实际过程中，各地方在遵守《通知》要求的同时，根据各地特点发展出了一些特色做法，并针对实际遇到的问题提出了行之有效的解决之道。

（1）采取“先易后难，突出重点、以点带面”的做法。先易后难就是先解决争议较少、容易达成协议的简单问题，后解决涉及复杂的利益纠葛和《通知》上未明确的问题。例如，按照《通知》的文件精神要求，新建和已有的通信铁塔和杆路必须共享，其他基站设施和传输线路具备条件的应共建共享。在现有的城市区域，上述设施由于涉及到运营商的核心竞争力，以及基站站址面积和承重、射频干扰、管孔直径等复杂的具体问题，在具体推行时必然会遇到比较大的阻力。在这种情况下，选择各运营商资源相对薄弱的城郊、农村地区，以及新建区域先行试点，其阻力必然会小得多。

以四川省的做法为例，在 2008 年汶川大地震中，北川、青川、绵竹汉旺镇和汶川映秀镇地区受破坏严重，基本属于原址（迁址）上的完全重建，适于统筹规划，共建共享相对容易很多。四川省通信管理局本着先易后难的原则，先从这四个县镇着手，编制电信基础设施共建共享实施规划，以指导各运营商的电信设施建设。该规划还将电信设施重建规划纳入到道路、管线等市政设施总体规划中，指导地震灾区恢复重建工作中共建共享的综合示范区建设。

突出重点、以点带面，是指有的地方选取了一些先行示范点，待这些示范点成功之后，再将共建共享推广到更大范围的区域。例如，在 2008 年底和 2009 年初，福建省通信管理局要求各运营企业在各地市分别选择不少于两座铁塔、一条传输线路（10 公里以上）作为共建选点目标，且所选的铁塔和传输线路经各运营企业评估后能够满足电信基础设施共建共享的基本条件；四川省通信管理局确定成都、资阳和眉山三地区作为示范点；山西省通信管理局在 2008 年底确定了 99 座铁塔、33 条杆路为共建共享的选点突破目标。

通信管理局和各企业待集中力量突破示范点，取得了较好的效果，在此基础上将共建共享继续推进。以山西为例，一方面共建共享设施的范围不断拓宽，从铁塔、杆路逐渐扩大到管道、电源、机房、室内分布系统，各运营企业间普遍实现了机房、电源的相互共享，有的地方还实现了室内分布系统的共享；另一方面，共享从电信运营企业之间扩大到电信运营企业与市政、广电、交通等部门，电信运营企业与广电、电力部门共建管道，与铁路部门就高速铁路项目共建共享达成协议。

（2）与电力部门合作，解决电力问题。共建共享具体操作起来较为复杂，其中令人棘手的就有电的问题，比如按照过去的规定，电信企业在共建共享时的电力就存在转供电问题，需要零星签订转供电协议，这无形之中给电信企业造成了很大的麻烦。

辽宁省通信管理局很早意识到了该问题，2009年2月14日，电力监管委员会东北监管局、辽宁省通信管理局和辽宁省电力有限公司联合下发了《关于认真做好电信基础设施共建共享相关电源配套建设的通知》。通知要求各有关供电企业支持电信基础设施共建共享工作，在基础电信企业之间租赁使用电源基础设施时，不再视为转供电行为，不再另行签订转供电协议；在结算时，由共建共享协调机构指定的产权方统一与电力企业签订供用电合同，统一结算等。

该问题在其他地区也表现突出，简化程序的呼声越来越高。为此，2009年7月15日，电监会和工信部联合发文《关于电信基础设施共建共享中供电有关问题的通知》。《通知》要求电监会各派出机构、各级电网企业支持电信基础设施共建共享工作，并明确了有关支持措施，规定基础电信企业之间租赁使用电源等基础设施时，不再视为转供电，不再另行签订转供电协议；对于共建共享的电信基础设施的用电，基础电信企业可以统一由一家企业负责与电网企业签订供用电合同并统一结算电费。

（3）确定共建共享指导价格。作为电信企业核心竞争力的电信基础资源如何定价，不仅关系到电信市场竞争的公平性问题，更关系到电信企业参与基础设施共建共享的积极性。关于基础设施共建时的成本分摊以及共享时的价格，《通知》确定了基本的原则：租用价格应以成本为基础，附加一定的收益；共建费用应按成本进行分摊；已有政府指导价等相关规定的从其规定。在具体实践中，运营商根据具体情况摸索出了适合当地的价格体系。

山西省通信管理局制定了通信铁塔资源年出租基准价格，即依照成本附加一定收益确定租金原则；按照铁塔建设、维护、改造的难易程度和承载天线的负荷确定基准价格上下浮动原则；按照对等确定、重量分摊原则；按照产权资产、维护界面清晰确定归属原则。通信铁塔资源年出租基准价格在实际执行时可上下浮动15%。

山西省通信管理局还出台了通信机房共建共享出租指导价格，即参考标准暂定为2200元/每机柜/每年。该标准主要包括机房占用面积租赁费、房屋日常维护费，同时规定除特殊情况外，电信企业可结合租用位置、地域、难易程度、建筑物年限等因素，在该指导价格基础上上下浮动30%。

内蒙古通信管理局在2009年3月份就通信管道（包括子管）、通信杆路加挂光缆及电缆、通信基站机房和铁塔出租费用的参考标准做出明确规定。城市（不含旗县）直径为90mm的通信管道，年租费为1.1万/年/孔公里，乡村（含旗县）一级的年租费为7000元/年/孔公里；管孔直径在30mm以下的塑料管、梅花管、多孔管按通信管道子管计费，城市范围内的年租费为4000元/年/孔公里，乡村一级的年租费为3000元/年/孔公里。城市至旗县级别杆路年租费为3000元/杆公里/条，旗县至乡村级别杆路年租费为2500元/杆公里/条。通信铁塔不分地域一次性接入费用为3万元/座，年租费为1.8万元/平台/座；机房出租费为2000元/机柜/年。

吉林省通信管理局提出了固定成本折旧分摊的原则，即固定成本按折旧期10年分摊计算，收益率定为9%，由于地区差异，租金价格的调整系数为0.9—1.1。江苏省通信管理局还提出，大修改造费用自租用之日起10年内由出租方承担，10年后由出租方和承租方按使用比例共同承担，根据通信设施地点、施工难易等因素，租金价格可上下浮动10%。

从各省的举措可以看出，“以成本为基础，并附加一定的收益，最后综合取定”为制定指导价格的基本原则。同时，很多地方还提出了这一价格不是一成不变的，会根据人工费、物价因素等情况变化，参考标准原则上定期进行调整。很多的地方管理局明确提出，这些价格时供企业参照执行的指导价格，企业间也可以按照双方已协商或已签协议内容执行。

（4）将共建共享纳入考核体系。共建共享的执行必须要有强有力的手段来推动，必须有一定的奖惩措施作为保障。《通知》将共建共享纳入了考核体系，并在后续的补充通知中进一步完善了考核办法，各运营商也进一步细化了考核办法，制定出了切实可行的奖惩机制。

中国移动在公司经营业绩考核办法中增加电信基础设施共建共享考核指标，赋予较高分值，并纳入 2009 年经营业绩考核体系中。明确规定各省（区、市）公司若违反电信基础设施共建共享规定，在经营业绩考核时将被处以最高 10 分的扣分。考核得分与省（区、市）公司负责人薪酬、整体人工成本、负责人业绩评价直接挂钩。

中国联通将电信基础设施共建共享纳入了 2009 年综合绩效考核体系，制定了内部考核办法进行相关约束和激励，明确对如下情况进行重点监控和考核：被工业和信息化部、国资委及通信管理局等监管部门处罚的，被国家有关部委或共建共享工作领导小组通报批评的，进行一定程度的扣分；对受到表彰的省级分公司适度加分。

中国电信也完善了考核体系，各省分公司以抓住重点、量化指标、推进落实为考核原则，把共建共享工作纳入对地市的绩效考核中去，通过建立适当的激励政策鼓励和促进各地市把共建共享工作做实做好。

地方管理局也在建立相关考核办法。例如，山西省通信管理局出台了《山西省电信基础设施共建共享干部考核办法》。《办法》对于考核内容从基础工作、行为规范、建享要求、合作互动、设施效果等方面进行了详细规定，并规定八种直接评定为不合格的情形。《办法》中还明确了考核结果的处理办法。

（5）采取灵活的共建共享策略。在实际执行过程中，人们遇到的情形复杂多样，不可能从《通知》和《协议》中一一找到直接可用的答案，因此，人们灵活应对采取了各种行之有效的措施。

例如，江苏和湖南在实施常规基站设施共建共享的基础上，积极探索多频合路技术并进行试点，力求实施更广范围的资源共建共享。江苏泰州联通和泰州电信在美丽华大酒店联合进行了室内分布系统 CDMA、小灵通、GSM900、WCDMA、WLAN 五频合路器试验，试验结果良好；湖南三运营商利用 GSM、DCS、cdma2000、TD-SCDMA、WCDMA 多频合路技术，采用宏蜂窝、分布系统对省委大院实施了综合覆盖工程，并结合周围环境对天线进行美化，取得了良好效果。

在共建具体运作上，很多地方采取了共享置换、先共享后付费、先付费再签协议等运作方式解决费用结算问题。对于暂时没有共建共享需求的，工信部为倡导节约资源的理念，对预留设施容量做出了相关规定。

为顺利推进共建共享，很多地方尝试了先共建后共享的原则，就是先行推行新建基础设施的共建，待各家运营商从基础设施共建中切实感受到了投资的节省，并在共建中各方有了一定默契和配合后，开始推行已有设施的共享。

（三）问题依然存在

尽管共建共享取得了一定进展，然而我们也应该看到，共建共享实际实施非常复杂，任务依然艰巨，困难和问题仍然较多，各地区、各企业进展差异较大，操作层面问题较多，站址稀缺等重点场所进入较难。这些问题既包括

第一，运营商之间沟通低效。

虽然集团层面成立了领导小组，各省、自治区、直辖市通信管理局组织成立了省协调机构。但是领导小组和协调机构毕竟只是监管机构，无法较好地对运营商之间日常工作进行协调与管理。资源拥有方的不积极、不配合的态度造成各运营商在省、地州分公司层面沟通非常困难，资源拥有方可以找出各种理由来回复资源需求方，造成共建共享进程慢，效率低。

例如，《通知》规定“已有铁塔、杆路的拥有方在接到共享申请后，应在 10 个工作日内回复，不能共享的应说明具体原因”。在这一款规定中，资源

需求方提出需求后，资源拥有方可以找出很多理由来回绝资源需求方，最后几个来回的互通信函与确认原因将持续几个月的时间，严重打击资源需求方的积极性，也严重影响资源需求方的网络规划与战略实施。

第二，各电信企业发展情况不同，客观上给共建共享带来难度。

各电信企业处于不同的发展阶段，以北方三家运营商为例，中国移动的基站铁塔资源最为丰富，现在建设的重心在边远村庄的补盲和城区容量的扩容，而中国电信在北方的建设方向还处在县城和乡镇的覆盖问题上，这在客观上就造成了建设不能同步的现象。此外，不同制式的网络规划存在差异。比如中国移动、中国联通在建设网络时会形成一定的差异，使得共建共享的站距和站点的选择存在差异，导致很多基站无法实现共建共享。

第三，针对标准的理解不同造成歧义。

对标准的不同理解在实施中对共建或共享工作的推动形成阻力。比如聚居区与非聚居区如何定义，就成了能否共建或共享的决定性因素。按农村和城市的标准来区别聚居区与非聚居区、还是按人口密度？这些标准的模糊就造成了不同运营商之间的分歧和争议，影响了共建或共享工作向纵深处的推进。

第四，话务热点地区政府支持力度不足，通信企业进入难度大，建设成本高，共享困难。

当前，电信业的发展和规划与政府部门间的规划、城建、土地、环保等部门脱节，尤其在城市这一问题更为突出，没有规划通信设施用地和用房。在机场、车站、码头、地铁等公众对电话需求和依赖较高的地点和场所正是各个运营商“头痛”的地方。通信设施进入困难、协调难度大、租赁成本高等问题令运营商望而却步。在如此高成本为代价开通的移动通信基站轻易让竞争对手实现共享，做出这样的决策的确需要资产所有方的大度和开明。

第五，多系统之间的干扰。

如果新建的铁塔必须共建，那么就必须考虑新建铁塔满足三家电信运营商未来 2G/3G 的通信需求，即通信铁塔必须能够承载至少 5 种通信制式(GSM/CDMA/TD-SCDMA/WCDMA/cdma2000 1X EV-DO)和 6 副天线的安装要求。虽然宽频天线的使用，使得不同频段的无线通信系统共用天线在技术上成为可能。但出于覆盖半径和蜂窝优化的考虑，宽频天线在大型基站中应用较少。因此在无线通信系统的设计上，应按照每运营商 2G/3G 各至少 1 副天线，总共至少 6 副天线来考虑，并保证无线通信中天线的隔离度要求。

第六，铁塔承重及安全问题成为“挡箭牌”。

现有铁塔大部份都是针对单一基站天线进行规划建设的，共建共享需要两家或三家运营商共同使用现有铁塔，悬挂几家运营商的天线，从安全角度讲，这对铁塔承重是一大考验。铁塔承重有问题可以通过加固来解决，但实际上可能还会遇到很多问题，如山地、高原的限制，导致风速加大，不能加固铁塔。

第七，后期运行维护困难，共建产权归属困难。

目前，各运行商运行维护体制不一样，造成共建共享后期运行维护困难。如有的地方移动基站设备采用代维的方式，有的采取自维与代维相结合的方式，且各运营商采用的代维服务商不是同一家，这给共建共享后期运行维护的主体、维护费用的确定、维护职责的区分带来了较大的困难。此外，与其他运营商共享基础设施后，由于管理问题维护不能及时跟上、无法满足用户需求也是出现的一个新问题。

对于共建项目，项目设计方案、项目原材料的采购、施工队伍的确定、项目验收的标准及产权归属等问题在目前还是一个比较棘手的问题。在 3G 和全业务推出后，各大运营商更加注重通过提升网络质量来提高竞争力，从而造成在实践操作上，各运营商对于共建项目成本的分摊及产权的归属都十分的关注。

第八，部分省份未出台指导结算价格。

共享铁塔与杆路如何结算才算公平，这是一个很难解决的问题，需行业专管部门给出相对合理的价格。然而，目前并非所有的省份都给出了新的结算价格，而是沿用过去的结算价格，非常不适合当下的市场情况。以北方某省省管局 2006 年制定的结算价格为例（详见表 13-1 和表 13-2）。

表 13-1 电信杆路加挂光电缆费用

范围	月租费（元/每杆公里/条）
城区	250
县（市）	200

备注：

1. 如租杆加挂电缆，单条电缆容量按 100 对为单位计算，每超过 100 对，按新增一条电缆计费。
2. 租用费仅包含提供电杆使用权，钢吊线及其他铁件、附件由租用方自备。

表 13-2 通信铁塔出租费用

范围	一次性接入费（元/每座铁塔）	铁塔月租费（元/米/月/每个平台）
城区	40000	50
县（市）	40000	40

备注：

1. 租用铁塔一次性接入费中包含铁塔使用权和电力线路使用权，基站用电量按照电表的计数收费。
2. 基站机房原则上分设，需共用时由双方协商解决。
3. 铁塔月租费按租用天线平台的实际高度计取。

共享铁塔一次性支付接入费 40000 元/座，租金为 50 元/米/月/平台；而共享传输线路杆路附挂光缆不但没有一次性接入费，每条缆每杆公里仅 200/月。这样的结算办法，谁愿意提供让对方共享杆路资源呢？

（四）破解共建共享难题

1. 纳入城乡建设规划

将电信基础设施纳入城乡规划是实现共建共享的有效途径。既然共建共享是全国通信业面临的大事，要持之以恒地开展下去，就应该全局性地抓工作、抓全局性的工作，从管理和建设的源头上把关。

将通信建设与交通、电力、城市供水等作为公用设施纳入城镇建设发展规划中，根据城市总体规划的要求，编制统一的通信工程规划，预留移动基站等通信设施的建设场地。如果监管部门、建设部门能够将电信基础设施纳入城乡发展规划，实现同步规划、同步建设，那共建共享就会容易实现。尤其是在当前 3G 大规模建设中，许多企业面临着选址难、建设难的问题，应尽快拟定相应的法律法规，将通信建设作为基础配套设施强制纳入城市建设规划中，以法律的形式来打破地区封锁、杜绝漫天要价的违法行为。例如在行政办公、商业性办公、商业、居住等永久并且合法的建筑单体或小区内的首层、地下室、裙楼等集中预留通信机房，规划设置通信铁塔等。还要协调国家发改委、铁道部、交通部等部委，在规划建设高铁、地铁、高速公路及其他重点项目时，一并把沿线公众通信网络纳入规划，同步设计、同步施工、同步规划、统一验收，确保公众通信基础设施建设顺利进行。

2. 加强舆论正面引导

政府要加强舆论的正面引导，消除民众对移动通信基站辐射问题的担忧，营造良好的共建共享社会氛围。基站铁塔实现共享，必然会在铁塔上增挂天线。由于对基站电磁辐射问题的忧虑，聚居区的居民出于对自身健康问题的考虑而阻挠施工、或是到市政府进行投诉，环保部门也要求各通信公司必须进行环评测试后才可以进行安装，且环评费用较高，部分居民对环保部门出示的环评报告结果也不认可。某市级移动公司近年来因电磁辐射投诉而被迫搬迁的基站有 80 多个，部分基站已关停。为此，应加强同环保部门的合作，明确环评报告的权威性，使环评报告发挥实效。

要明确共建共享的营业税、所得税征收标准。当前共建共享的营业税、所得税征收标准不明确，国家税务总局相关政策不一致，部分运营企业的财务人员为规避财务审计和税务方面的风险，提出任何共建或共享模式都必须按审计和税务要求进行相互结算并各自交税，这些做法在事实上阻碍了共建共享工作的推进。因此，应该明确共建共享的营业税、所得税征收标准，对于共建共享工作能给予特殊的政策支持，以解除运营企业的后顾之忧，进一步推进共建共享工作。

3. 建立完善长效机制

要继续完善机制，把共建共享监管由目前的行政手段为主，逐步转向法律、行政、经济、技术等多种手段并用的长效机制；各地通信管理局要借鉴经验，因地制宜，积极探索制定地方性的政策措施，要积极协调电信企业细化和完善企业间的工作机制与制度；要充分抓住各地发展信息基础设施、拉动经济增长的机遇，寻求地方政府的政策支持。

企业要把共建共享工作进一步融入日常的经营管理之中，纳入计划、项目、财务、运维管理的流程和相关系统，要建立完善企业内部的相关奖惩机制，提升基层企业的积极性。例如在财务制度上考虑将基层企业共建共享节省的投资，部分用于增加其租金、维护等预算；要按照已建立的共建共享流程有序进行。各地区、各企业应针对当地特点大胆探索，创新管理、创新机制、创新技术，探索第三方企业建设和维护基础设施，并向三家运营企业提供租用服务等模式；研究采用多频段、多制式天线的共享减轻铁塔负荷，有效解决铁塔安全评测的管理操作问题。各有关方面要继续加强调查研究，强化检查、指导和培训，抓好经验交流和推广，建立健全相关制度、标准和机制，将共建共享的各项制度、机制系统化、常态化和规范化，树立新的行业形象。

另外，许多通信管理局建议工信部尽早出台共建共享相关标准，在2010年电信基础设施共建共享指标考核工作中，明确考核内容、考核措施，进一步加大对共建共享的考核力度，尽快建立全国电信基础设施资源数据库，按照“统一管理、分级查询”的原则，实现基础电信运营企业间资源信息公开、透明、共享。

（作者：信通传媒　舒文琼　人民邮电报　张　英　中国联通河南周口分公司　丁新根）

三、电信业推动“两化”融合的基础条件和相关扶持政策措施建议

（一）引言

1. “两化”融合的内涵及模式

（1）“两化”融合的基本概念。要了解“两化”融合的概念要先从了解工业化和信息化入手。

- 工业化。从18世纪70年代英国率先发动“工业化”算起，世界范围的工业化实践已走过200多年的历程。工业化是现代化的核心内容，是传统农业社会向现代工业社会转变的过程。但工业化又是一个多层次多维度的概念。工业发展是工业化的显著特征之一。当然，工业化并不能狭隘地仅仅理解为工业发展。工业发展绝不是孤立进行的，而总是与农业现代化和服务业发展相辅相成的，总是以贸易的发展、市场范围的扩大和产权交易制度的完善等为依托的。新型工业化实际上就是与传统工业化相对立的、基于我国国情的现代工业化。基于研究需要，本文从狭义角度，将工业化理解为工业的发展。

- 信息化。20世纪60年代首先由日本学者提出的“信息化”亦是一个多层次多维度的概念（西方社会普遍使用“信息社会”和“信息化”的概念是20世纪70年代后期才开始的），一般是指建立在信息通信技术（ICT）产业发展与ICT在社会经济各部门扩散的基础之上，运用ICT推进工业社会向信息社会演进的过程。ICT革命是世界经济活力的源泉，是信息化的技术基础和第一推动力。信息化已经成为提升工业产业生产效率和附加值、推进从生产型工业向服务型工业转变不可或缺的重要手段。根据北京大学光华管理学院一项实证调查，信息化资本投资边际回报率是3.29，而传统物质成本投资边际回报率仅仅是0.24，前者投资边际回报率是后者的13.7倍（张维迎，2006）。这也说明，信息化资本投资效果比较好。但是，由于工业行业细分产业众多——例如，我国工业行业就包括原材料工业类、装备工业类和消费品工业类三大类、十几个分行业，上百个子行业，各行业发展侧重点和发展水平不尽相同，因此，不同工业行业的信息化投资边际回报率具有较大差异。

- “两化”融合。作为经济现象的“两化”融合，与信息化同时出现，是工业化与信息化协同发展的产物。但是，“两化”融合这一概念则是较晚才出现的，直到2007年始由党的十七大正式提出。工业化从传统走向新型，是ICT等科学技术进步、工业革命推进带来的必然效应。新型工业化道路的精髓就在于“两化”融合。由于工业化进程不同，不同国家和地区“两化”融合的起点并不一致。发达国家和地区基本上是在完成工业化以后才主动推进信息化的，换句话说，发达国家和地区是在工业化完成之后才主动推进“两化”融合的，而我国则是在工业化过程中就出现了“两化”融合的问题。因此，对于我国，“两化”融合仍是一个崭新命题。

“两化”融合是指工业化和信息化相互渗透、循环提升，信息化水平持续追赶以至超越工业化水平，信息化供给与工业化需求边界不断消融的过程。供求分析无疑是经济学中一种重要的分析工具，能直观地反映工业化和信息化相互渗透、循环提升，供给与需求边界不断消融的过程。从供给与需求的角度，工业化需要信息化提供的 ICT 产品和服务，同时也为信息化庞大的产品和服务提供了广阔的市场；信息化作为 ICT 产品和服务的供给方，为工业化提供硬件、软件和服务等技术支撑以及信息化集成应用。工业化和信息化相互渗透、相互依存、互为条件、共生共长，构成两化水平持续循环提升、信息化持续追赶和超越工业化的大循环。在此循环过程中，信息化供给与工业化需求的边界不断消融，工业化逐渐向新型工业化转型（图 13-1）。

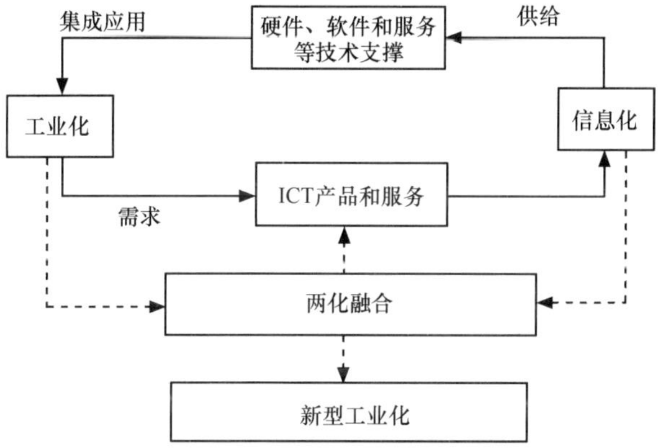

图 13-1　“两化”融合概念模型

（2）“两化”融合的市场供给主体。在市场经济条件下，信息化提供商包括电子信息制造商、系统集成商、软件商和电信运营商等市场供给主体。但在产业不断融合的大环境下，电子信息制造商、系统集成商、软件商和电信运营商也会产生产业边界不断模糊的现象。一个企业可能既是电信运营商，又是系统集成商；或者可能既是制造商，又是系统集成商。

- 电子信息制造商。电子信息制造商提供的产品和服务是信息化的硬件基础。在信息化从初步应用向深入应用转变的过程中，增长最快的硬件产品是 PC 服务器、网络设备和信息安全产品。但是，仅仅靠硬件产品并不能给企业提供完整的信息化服务，需要以原始厂商的产品为中心，对项目具体技术实现方案的某一项或者几项功能部分提供技术实现方案和服务，即产品系统集成，并提供应用产品集成开发。因此，很多电子信息制造商也是系统集成商。
- 系统集成商。系统集成商，指具备系统资质，能对行业用户实施系统集成的企业。系统集成商是电子信息制造商和行业企业客户、运营商之间的“粘合剂”。系统集成商一般以解决方案的形式向客户销售。系统集成指一个组织机构内的设备、信息的集成，并通过完整的系统来实现对应用的支持。随着系统集成市场的规范化、专用化的发展，系统集成商将朝以下三个方向发展，即产品技术服务型、系统咨询型、应用产品开发型。在当前的系统集成市场，应用产品开发型的系统集成商最受欢迎。能够提供组织合理、管理有效、技术有保障的系统集成是系统集成商成功的关键。
- 软件商。在工业行业信息化进入信息的应用阶段时，信息化投资逐步转向软件和服务投资。通过 OAS（办公自动化系统）、ERP（企业资源计划）、SCM（供应链管理系统）、CRM（客户关系系统）、HR（人力资源管理）、BW（决策支持管理系统）和 BI（商业智能）等软件系统[1]，不仅实现对生产过程的控制，而且覆盖了企业运营的各个主要流程，甚至深入到工业企业产业链的上下游各环节，形成了完整的信息管理系统，在生产经营、企业管理、科学决策、防范风险、提高效益等方面都发挥了重要作用。2007 年，我国通用型管理软件市场规模达 106.59 亿元，比 2006 年增长 21.4%。其中，ERP 仍占据市场的主要地位，但 SCM、CRM、HR、BI 和 BW 等专门化的管理软件增长亦较快，显示出了市场需求不断细化和转型的趋势。
- 电信运营商。电信运营商提供的 ICT 业务是指面向包括工业企业在内的政企客户提供的、非基于运营商信息综合服务平台的集成服务，是电信服务、信息服务及应用的有机结合，包括系统集成、

[1] 其它还有 CAD（计算机辅助设计）、CAM（计算机辅助制造）、CAT（计算机辅助测试）、MIS（管理信息系统）、DSS（决策支持系统）、SIS（战略信息系统）、CIMS（计算机集成制造系统）、MRP II（制造资源计划）、MES（整合制造执行系统）、PDM（产品数据管理）等。

外包服务、专业服务、知识服务等 IT 服务和应用等信息化应用，其中网络服务是运营商的基础和核心业务。包括工业企业在内的集团客户是运营商的重要收入和利润来源，也是运营商推动“两化”融合的需求载体。以中国移动为例，截至 2009 年 6 月，中国移动的集团客户总数已经达到 249 万户，比 2008 年底净增加 16 万户。另外，增值服务提供商利用基础运营商的网络资源，也能为用户提供信息化增值服务。

（3）“两化”融合的实现模式。无论从提高企业效率、提升管理能力与降低渠道成本等方面来考虑，工业企业都有提高 ICT 支出的倾向，但是，从实践看，不同企业“两化”融合的实现模式有较大差异。根据工业企业信息化产品和服务的来源不同，可以将“两化”融合的实现模式归为三大类：自营模式、外包模式和混合模式。

模式一：自营模式。所谓自营模式是指工业企业成立信息化部门，通过购买硬件设备、系统集成、软件和电信服务为本企业集成提供信息化服务。信息化已是整个企业日常经营运作的基石，其运作的好坏直接影响到企业的竞争力和企业价值的实现。因此企业信息化已成为许多企业现阶段的工作重点，ICT 支出在企业营收中所占比例也呈不断上扬的趋势。部分企业集团，尤其是中央企业正在通过自主开发企业集团信息化系统实现信息化建设。自 20 世纪 90 年代以来，我国规模以上工业企业就已经开始进行大规模的自主开发与建设，基本建立了拥有自主知识产权的整体信息化系统，并不断完善与优化。截至 2007 年底，中央国有企业中，已有 53.1%的企业建立了独立的信息化部门[2]。

模式二：外包模式。所谓外包模式是指信息化提供商采取集成设备和服务代理采购的方式为工业企业提供信息化产品和服务。除企业自营信息化之外，信息化应用外包服务在一些企业已经成为工业企业推进信息化建设的重要方式。一些工业企业（也包括政府、教育等行业）自身由于缺乏专业技术人才，同时系统维护成本、竞争环境压力等因素使其不得不考虑以简洁、节约的方式来建立和维护自身的应用系统，逐步将应用系统的建设和维护等工作全部外包给专业服务商，即信息化提供商，而把精力放在自身的核心业务方面，以提升核心竞争力和工作效率。服务外包市场的主要供给主体包括电子信息制造商、系统集成商、软件商和电信运营商等。

模式三：混合模式。所谓混合模式是自营模式和外包模式的综合。一部分信息化产品和服务通过自营方式解决；另外一部分信息化产品和服务外包给信息化提供商。信息化提供商和需求方各负责部分投资，产权各自归属。“两化”融合过程中，摆正工业企业与信息化提供商之间的关系非常关键，企业的信息化建设不可能完全由信息化提供商独立完成，也不可能完全由企业独立完成。所以，大多数企业都会采用混合模式进行信息化建设。在实践中，我们可以将以自营为主的建设模式归为自营模式，将以外包为主的建设模式归为外包模式，因此则可以不再保留混合模式这种分类。

（4）“两化”融合的五个环节。“两化”融合的作用是，通过 ICT 在包括钢铁、汽车、冶金、机械、化工和纺织等工业企业的研发设计、生产过程、企业管理、材料采购和产品流通等产业价值链所有流程和环节上的应用，改造工业经济结构而实现产业发展。从而形成“两化”融合的五个环节，即 I. 研发设计环节，II. 生产过程环节，III. 企业管理环节，IV. 材料采购环节和 V. 产品流通环节（图 13-2）。

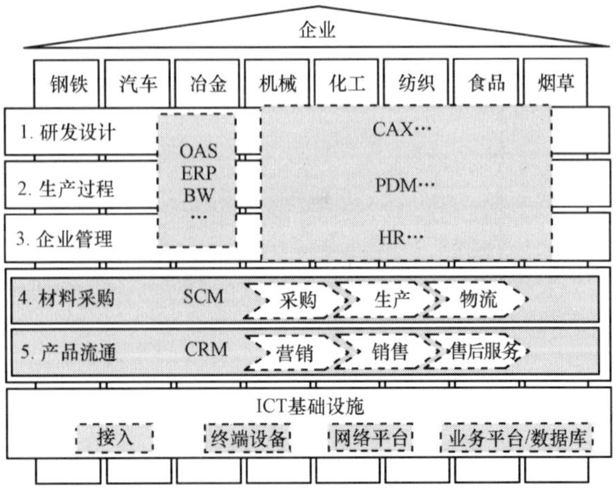

图 13-2 工业企业信息化环节流程

[2] 但是，信息化的机构成熟度还需要提升，只有 13.1%的企业，信息机构被看作是整个企业的商业策略部门，24.1%的企业中，信息机构对公司没有或很少有策略上的贡献，仅作为技术支持存在。

ICT是工业企业信息化的基础设施，为“两化”融合提供接入、终端设备、网络平台以及业务平台和数据库服务。但是，ICT在“两化”融合的不同环节发挥作用并不完全一致。在I研发设计环节，通过CAD、CAM、CAT等CAX系统进行研发设计，实现ICT与产品设计与研发的融合，提高产品设计、研发和自主创新的能力；在II生产过程环节，通过“两化”融合，实现ICT与产品生产制造自动化等技术的融合，提升产品生产制造和加工能力；在III企业管理环节，通过“两化”融合，实现ICT与管理和决策的融合，解决信息不对称问题，提升管理和决策效率；在IV材料采购环节，通过“两化”融合，实现ICT与物流供应链的融合，提升物流服务能力；在V产品流通环节，通过“两化”融合，实现ICT与营销服务的融合，提升产品营销的广度和深度。

（5）“两化”融合的产业价值链簇。信息化应用是信息化基础设施，即硬件、软件和服务的集成。信息化是一个包括硬件、软件和服务等应用环节的产业价值链。信息化产业价值链的不同部分通过工业企业自营或者外包等模式应用于工业化价值链的不同环节，组成了一个“两化”融合产业价值链簇（图13-3）。

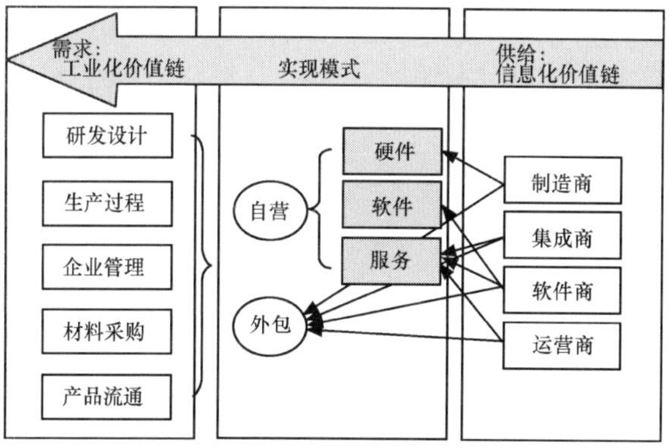

图13-3 “两化”融合产业价值链簇

2. “两化”融合的历史演进规律

（1）“两化”融合的四个阶段。“两化”融合是一个长期的历史发展过程。“两化”融合的不同阶段，工业化水平和信息化水平具有差异性，信息化内部构成也具有差异性。总体上看，随着“两化”融合的深入发展，工业化和信息化水平不断上升，信息化水平持续追赶以至超越工业化水平，信息化服务化水平——信息化内部服务（包括软件和服务）支出占信息化总支出比重也不断上升。我们根据“两化”水平变化和信息化服务化水平差异，将“两化”融合分为四个阶段，即“两化”融合准备期（又称纯粹工业化期）、“两化”硬融合期、“两化”软融合期以及“两化”和谐发展期（又称“两化”帕累托融合期）（图13-4）。

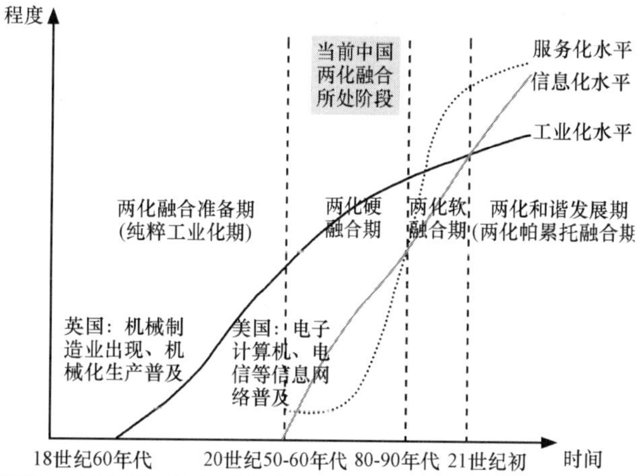

说明：由于各国和地区工业化进程不同，因此，“两化”融合所处阶段也不一样，本图大致反映工业化完成国家“两化”融合的历史进程，正在进行工业化的国家“两化”融合所处阶段普遍晚于工业化完成国家。

图13-4 “两化”融合的四个阶段

第一阶段，“两化”融合准备期，也可以称为纯粹工业化期。工业化是从英国开始的。20世纪初，英美等发达国家普遍完成了工业化。这个阶段，ICT仍然处于萌芽状态，在工业的应用还不普遍。经济发展主要依靠工业化推进。因此，这个阶段又称纯粹工业化期。

第二阶段，“两化”硬融合期。20世纪50～60年代，电子计算机、电信等信息网络逐渐普及。以ICT在工业化中得到普遍应用为标志，信息化与工业化开始融合发展。但是，在这个阶段，信息化偏重于硬件应用，设备系统等硬件设备在信息化中的比重偏高、应用能力跟不上。该阶段的标志是，信息化水平普遍低于工业化水平，且信息化服务化水平（即软件和服务支出占信息化总支出的比重）不超过30%。

第三阶段，“两化”软融合期。20世纪80年代以来，随着互联网等新一代ICT的大规模和广泛的应用。信息化支出中设备系统等硬件设备支出占比逐渐下降。很多国家和地区软件和服务比重整体上升。该阶段的标志是，信息化和工业化水平差距不断缩小，且信息化服务化水平超过 30%，但低于50%。信息化服务化水平上升，也得益于摩尔定律，即设备系统硬件等技术跨越式发展，而其价格的大规模下降。ICT 和信息应用逐渐成为企业高质量的、基础性的战略资源。

第四阶段，“两化”和谐发展期，也可以称为“两化”帕累托融合期。ICT 和信息资源成为工业装备、工业能力、工业素质、工业活动的内在要素。该阶段的标志是，信息化水平接近或者超过工业化水平，工业化和信息化紧密融合在一起，且信息化服务化水平得到更一步的提升，在信息化总支出中，软件和服务占比超过 50%。从这个标准判断，美国等发达国家已经进入了“两化”和谐发展期。例如，美国软件和服务支出占信息化总支出的比重已经达到 66%。最终，软件、服务和硬件支出的比重将达到相对均衡状态，即帕累托均衡状态（也即软件、服务和硬件任一信息化支出的增加均不会以降低其他支出水平为前提）。所以我们也称这个阶段为帕累托融合期。

当前，我国信息化水平仍然低于工业化水平，更重要的是，我国信息化中服务化水平仅为 16%，换句话说，在我国信息化总支出中，设备系统等硬件采购支出占比达到 84%。因此，我国“两化”融合进程仍然处于硬融合期。这个阶段的目标和任务有两个：一是在工业化进程中，提升信息化水平；二是提升信息化的服务化水平。

（2）工业生产不同环节的“两化”融合进程。在“两化”融合价值链簇中，工业化价值链的不同环节所包含信息化价值链的内容各不相同。从“两化”融合的一般实践来看，在信息化价值链的 I 研发设计、II 生产过程、III 企业管理、IV 材料采购和 V 产品流通等五个环节中，硬件和软件在 I 研发设计和 II 生产过程占主导地位；而软件和服务在 IV 材料采购和 V 产品流通环节占主导地位；在 III 企业管理环节，硬件、软件和服务均占有重要位置。但是，工业生产不同环节“两化”融合的基本趋势应该是一致的，一方面，“两化”融合的程度都将不断加深；另一方面，软件和服务所占比重都将不断上升，即信息化服务化水平差距都将不断缩小。电信业推进“两化”融合，既需要在已经具备优势的环节加强信息化应用，又需要在竞争优势暂时较弱的环节加强信息化应用。

3. 电信业推动“两化”融合面临的新形势

（1）我国“两化”融合需求结构持续高级化。经济全球化与技术进步相辅相承、相互促进，给世界带来历史性发展机遇。20 世纪 80 年代以来，全球经济结构进入了新一轮“以 ICT 为核心的新技术广泛采用”为特征的结构转型期。在此基础上，传统的工业价值链不断扩展和延长，工业产品附加值构成中纯粹制造环节所占的比例越来越低，研发、物流、营销、电子商务、金融、咨询等专业化生产和中介服务所占的比例越来越高。以产品制造为核心的传统发展模式加快向基于产品提供综合服务模式的方向转变，从生产型向服务型转变正在成为当前工业行业的基本发展趋势。

经济结构调整和工业转型要求不断加快信息化发展进程。实际上，进入 21 世纪以来，我国工业信息化发展进程不断加速。据统计，2001～2006年，世界信息化发展总指数年均增长速度为 8.4%，而同期我国的增速为 14.63%，是世界平均水平的1.8 倍（杨京英，2009）。我国各行各业都涌现出了不少典型企业和典型平台。煤炭行业综合应用水平大幅提升；钢铁行业生产运营自动化、网络化水平显著提高；石化、建材、纺织行业信息化应用发展很快 FF1B 航天、航空、电子、机械、汽车、建筑、工程等行业的数字化设计制造能力加强，提升了技术创新水平。

随着工业企业转型升级步伐的加快，无论是大型工业企业集团还是中小工业企业，用户需求日趋理性，高端服务持续增长。用户关注的重点从硬件配置等“初级要素”转向企业 ICT 系统的整体运营效率、企业 ICT 系统与自身业务的无缝连接、企业 ICT 系统的投资回报率等。贴近用户业务应用、关注信息系统整体水平提升的 ICT 咨询、ICT 运营管理和整体解决方案等高端服务越来越得到用户青睐，并成为发展最快的细分市场。

（2）电信业在“两化”融合中的作用越来越

突出。“两化”融合“重硬轻软”现象正在改变。无论是理论界还是企业界，一度认为“信息化是一个制造业的故事，我们国家旧的增长模式在信息化问题上重要的影响就是把信息化看成一个制造业的故事，一说起信息化就是CAD、ERP”（吴敬琏）。对电信业在“两化”融合中的作用重视不够。实际上，推动“两化”融合的供给主体至少应该包括：电子信息制造商、集成商、软件商和运营商。从企业信息化支出的角度看，也包括三个部分：硬件支出、软件支出和服务支出（其中，电信支出占较大比例）。值得注意的是，长期以来大型ICT投资中的“重硬轻软”状况正在改变。目前，工业企业ICT投资中，硬件支出占比仍然最大，但增速趋缓，软件与服务支出增速趋于加快，显示信息化的需求正逐步由硬件采购转向软件和增值服务。但总体上看，我国信息化产业结构仍然不太合理。例如，根据中国工程院的一项调查，中国与美国信息化产业结构硬件、软件、服务的三大构成分别为84∶9∶7和34∶34∶32。由此可以看出，与美国相比，我国设备系统支出占信息化支出比重过高、信息化应用能力跟不上，信息化服务和应用方面差距明显。

- 新形势下应该更充分发挥电信业(包括电信业和IT融合）在“两化”融合中作用，而不只是IT的作用。包含电信业在内的信息服务业已成为现代服务业中最具活力和带动效应的领域，成为国民经济各行业发展增值、创新增效、与国际接轨的重要纽带和组成部分，成为整个国民经济中新的增长点，信息服务业的发展水平已经成为决定国家现代化水平和综合国力的关键因素之一。工业企业需要的信息化集成服务既离不开制造商、软件商，也离不开电信运营商，是信息化产业链各环节集成的结果。我国工业企业信息化已从大规模建设阶段向应用阶段转移，密集的信息化投入期已经过去。这个阶段，应当大力提升电信业在信息化中的作用。

- 物联网发展为电信业推进“两化”融合提供了新的切入点。物联网是把传感网与传感器网络技术、通信网与互联网技术、云计算等智能运算技术融为一体，实现全面感知、可靠传送、智能处理为特征的，连接物理世界的网络。物联网产业发展不仅是提升电信业核心竞争力、增强发展新优势的战略选择，也是改造提升传统产业、推进“两化”融合、提升社会信息化水平的重要抓手，对经济发展和社会生活都将产生深远影响。[3]物联网与“两化”融合的直接关联是，通过传感系统，可以将I研发设计环节、II生产过程环节、III企业管理环节、IV材料采购环节和V产品流通环节等工业化各环节中的信息进行统一管理和跨平台操作，提取工业化各环节的信息，并对提取之后的信息进行分析、处理，然后再返回对工业装备进行控制。所以，物联网发展为电信业推进“两化”融合提供了新的平台和切入点。

- 信息化服务外包市场不断扩大为运营商创造新的机会。工业企业信息化服务外包能够实现借力打力的效果。一些工业企业由于缺乏资金投入，技术人员不够，信息化建设推进比较慢。这样的企业就可以考虑采用服务外包的方式。由工业企业提出具体的信息化需求，由电信运营商、系统集成商、软件商等信息化提供商承包统一建设信息网络平台和管理信息系统，并负责日常运维，企业按合同要求支付租金，以减少一次性集中投资，缩短建设周期，解决技术人员缺乏问题，加快推进信息化建设。工业企业服务外包市场的扩大正在推进运营商不断深入到工业信息化领域。

（3）研究目标。“两化”融合可以从横向拓宽电信业的综合集成能力，从纵向拉伸电信业的价值链。因此，“两化”融合让运营商看到了巨大的商业机遇，而行业信息化则是电信业的蓝海。基于此，中国电信等三家运营商纷纷出招抢占信息化前期市场。频频与地方政府签订战略合作框架，为政府信息基础设施建设、政务信息化、企业信息化、公共服务信息化、农村信息化等领域提供支撑服务。电信业的IT（ICT）

---

[3] 物联网将推动人类社会从“e社会”走向“U社会”，给人类生产生活带来深刻变革，成为全球新一轮经济发展与国力竞争的关键要素。当前，西方信息化发达国家纷纷加快物联网产业发展，推出了基于物联网技术的“U社会”计划，特别是美国政府将其视为“在经济繁荣和国防安全两方面至关重要的技术”，并将IBM公司提出的“智慧地球”计划上升为国家战略。我国也高度关注和重视物联网产业的创新和发展，在物联网技术、标准、产业、规模和应用与服务等方面已经进入了世界领先行列。

投入也在增加。IDC 发布的报告《中国电信业 IT 解决方案市场 2007～2011 年预测与分析》显示，到 2011 年，电信行业整体 IT 支出将达 461.0 亿元人民币。2006 年到 2011 年电信行业 IT 建设的复合增长率将达 11.3%。

但是，电信业推动“两化”融合在宏观、中观和微观几个层面都存在一些亟待解决的问题。比如，信息化与工业化割裂两张皮（例如，电信运营商的集团客户电信支出中语音和互联网接入支出占比仍然过高），给工业企业带来直接效益仍然需要大幅度提升，推广普及慢，缺少“两化”融合型人才，产业服务平台商业模式不成熟等等。因此，从运营商的角度看，如何在“两化”融合的大趋势下，以电信业自身信息化建设推进工业企业集团客户需求增加，更好地服务于工业行业和企业的“两化”融合战略则有待于进一步探索。

基于以上分析，本文的主要研究目标包括以下两方面。

- 分析“两化”融合的基本趋势，搜集整理当前运营商推动“两化”融合的典型业务，通过分析和比较，总结电信业推动“两化”融合的基本特征。从供给与需求两个角度全面分析我国电信业推动“两化”融合的基础条件，指出电信业推动“两化”融合的现状及存在问题。
- 研究在全业务运营等新的环境和技术发展的背景下，探索我国电信业推动“两化”融合的重点任务、行动策略，并提出未来一段时间内电信业推动“两化”融合的扶持政策措施建议。

（二）电信业推动“两化”融合的基础条件

1. 电信业推动“两化”融合供给侧的基础条件

（1）电信业推动“两化”融合供给侧现状。在经济结构调整和产业转型的大背景下，国际上主要运营商积极向包括工业企业在内的各类企业客户提供信息化服务。其特点是：第一，竞争优势上，充分依托母公司的网络资源，围绕固定、移动和互联网的网络优势推进信息化应用；第二，运营架构上，成立专门公司运营 IT 和电信融合集成业务；第三，服务对象上，既包括跨国公司等大企业大客户，又包括中小企业等中小客户；第四，产品内容上，侧重于通信和 IT 的融合业务及全套解决方案；第五，经营策略上，加强与信息化产业链各环节的合作；第六，业务策略上，不同阶段的经营重点不同，“两化”融合战略业务随市场变化而调整（专栏 2-1）。

专栏 2-1　国际上典型运营商推动“两化”融合的基本情况

是“一站式”的综合信息服务提供商。T-System 是德国最大的系统集成商，由最初主要为 DT 的大（集团）客户提供服务，到后来为其他全球客户提供综合的 IT 和电信解决方案。

NTT DATA 是日本最大的信息系统集成公司，在成立初期主要为客户提供信息系统和计算机网络服务，现在则为用户提供主要基于数据业务的综合系统集成服务。

是基于网络的综合信息服务提供商，定位在电信与 IT 重叠领域。初期 BT Ignite 以数据通信为中心的宽带 IP 业务的系统集成服务为主；目前 BT Global Services 主要为大客户提供综合性信息通信服务及全套解决方案。

在全球范围内为跨国公司提供电信和 IT 服务，但是其并不涉足传统 IT 服务（如软件等），主要通过细分网络 IT 服务市场来提供差异化的服务。FT Euralba 目前主要帮助客户设计信息系统，提供功能解决方案。

子公司 HKT 持有 PCCW 的电信服务、媒体及信息科技服务方案业务。主要通过与各行业龙头企业进行重大项目合作，迅速积累不同行业市场的专业知识；为客户提供实在可行的解决方案。

资料来源：根据公开资料整理。

与国际上电信运营商推动“两化”融合的趋势一样，我国电信运营商充分利用已有丰富的网络资源和先进的视频、定位及无线通信技术，开发各种先进的业务和平台，以 ICT 一体化解决方案为中心，推进信息化与企业生产制造和经营管理流程的融合，服务于工业生产研发设计、生产过程、企业管理、材料采购、产品流通以至安全监控等领域，提升网络服务的影响力和渗透力（专栏 2-2）。

专栏 2-2　我国电信运营商推动“两化”融合的基本情况

是中国电信面向企业客户推出的客户品牌，它依托中国电信品牌、产品、服务、网络、渠道和客户资源优势，将众多 IT 软、硬件产品与电信的基础通信业务和增值业务相融合，在各细分客户市场重点推广总机服务、综合办公、无线宽带、“全球眼”等融合产品。

针对行业客户，加大融合产品、行业应用及宽带、ICT 等业务组合捆绑；针对高端聚类市场，深化落实“百千万”信息化应用拓展工作，区县电子政务向移动终端延伸，数字城管重点推广融入移动元素的融合业务应用方案；针对中小企业和普通聚类客户，利用定制终端为基础的通信、信息应用产品的优势，促进客户的规模化发展。至今，中国电信已构建各行业信息通信大型应用网络 400 多个，已经为上千个省、市、区（县）政府提供电子政务网络及应用整体服务。

是中国移动集团客户的统一业务标识。中国移动向集团客户提供的信息化产品和服务包括以下内容。信息化应用：MAS 和 ADC。具体产品包括移动 OA(MAS 和 ADC，下同)、移动财务、移动进销存、移动客服、手机邮箱、无线网站等。基础产品：手机邮箱、BlackBerry、商信通、集团 V 网、集团彩铃、集团 E 网、集团通信录、移动总机、IP 直通车、IDC、M2M、企业邮箱、移动会议电话和集团信使等。行业解决方案。

近年来中国移动不断扩展集团客户产品及业务应用领域，推出了移动办公、远程监控及总机、建站、邮箱等服务，并针对各行各业的信息化应用提供了信息集成、应用托管等综合解决方案。至今，中国移动已为全国十几万家各级政府单位，200 多万家大中小型企业提供了移动信息化服务，并面向农业、教育、金融、电力等 20 多个行业提供移动信息化整体解决方案。

是中国联通针对集团客户推出的客户品牌。它为集团客户提供一揽子服务的解决方案，打造全方位的企业信息化平台，针对客户的不同企业性质及自身需求，提供专业稳定的服务支撑，并为集团客户的商业拓展创造机会。在一个公用的统一网络平台上融合了多个业务，包括语言、数据、互联网、视频会议等，并通过信息化软件、提供基础通信服务和信息化应用以满足集团客户的多元化信息化需求。

至今，中国联通已具备通信与信息化专业资质 20 余项，形成了包括通信网络服务、IT 基础设施服务、IT 应用服务、商业流程外包和信息化咨询在内覆盖整个社会的综合信息服务体系，已经为 100 多家政府及企事业单位从事了信息化的设计工作，并承接了如中石油业等大型央企的 IT 基础设施、服务托管、IT 外包服务。

资料来源：中国电信、中国移动和中国联通

（2）我国电信业推动“两化”融合供给侧的基本特征包括四项内容。

- 通信网络及电信业务是电信业的核心竞争优势。运营商可以通过强大的网络维护、服务支撑团队支撑企业通信与信息化服务体系，通过提供网络技术分析、网络容量调整、设备管理维护、数据流量疏导、传输线路保障等多种维护手段，提升企业通信与信息化基础保障能力。运营商凭借自己的核心优势，可以对工业企业网络发展进行规划，对维护管理实行外包（电信运营商承接），利用电信信息服务平台进行售后服务管理等，充分发挥电信企业资源优势，促进 ICT 与传统工业技术、生产流程、经营管理流程和企业组织模式的融合，推动传统产业的优化升级。
- 加强与工业企业战略合作，提供整体解决方案。电信运营商利用固定、移动和互联网网络，以及综合业务运营能力，通过与工业企业的战略合作，面向工业生产和商贸流通等重点行业和企业，打造网络化公共信息服务平台，发展集成化行业信息化解决方案（图 13-5）。在全业务运营环境下，运营商还可以为企业提供“移动通信整体解决方案”，以带动工业化在高起点上迅速发展。例如，中国移动推出的整体解决方案就包括两大类：一类是标准化产品，包括 VPMN 虚拟专网业务、移动办公助理、IP 专线接入等；另一类是根据客户特定需求，专门设计、开发的个性化产品，如车辆定位、无线 POS 系统、电力网自动监测系统等。

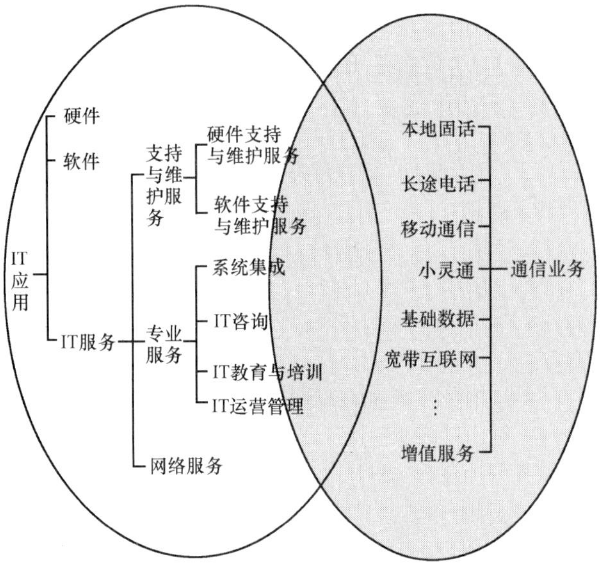

图 13-5 通信与 IT 业务集成解决方案

- 对中小企业提供差异性信息化服务。运营商拥有网络和平台的优势，相对于传统 IT 厂商更适合扮演整合信息资源的角色，并为中小企业提供更全面更系统的信息化解决方案。电信运营商已经推出了诸多定位于整合信息、帮助管理决策的中小企业信息化解决方案。通过组建虚拟网，可以迅速降低企业在通信、广告、人力资源等方面的成本，并帮助企业建成统一信息服务平台；利用 Mini-OA、随 e 行、手机定位、信息机等移动信息化解决方案，企业运转效率获得大幅提升；而即时通信业务则保障了企业各团队之间即时沟通，共享信息，帮助企业提升团队协同能力；利用移动电子商城手机支付、IDC 托管、网上企业等手段，电信运营商帮助企业打开了移动电子商务的大门，开拓了新的营销渠道。
- 强化产业链合作，提供端到端的服务。作为一个本质上从事信息传送的行业，我国电信业虽然可以承担推动“两化”融合主力军作用，但还需要产业链上下游的电子信息制造业、系统集成业、软件业等环节的大力协作，与我国工业行业一起，共同推动我国新型工业化道路的实现。例如，青岛联通利用自身充分的网络资源和优质的通信服务，为海信集团、青岛啤酒等大型企业进行网络升级改造，提升广域网速率，提高网络带宽。在改造过程中，通过与产业链相关环节的通力合作，确保了在改造后的广域网络上，海信集团、青岛啤酒的视频会议、ERP、OA 等系统高效稳定地运转，使得各类信息化系统全面深入运用到集团相关单位和部门，全面提升了公司的信息化深度和广度。

2. 电信业推动“两化”融合需求侧的基础条件

（1）工业行业的信息化需求。“十一五”规划明确了我国制造行业要从“中国制造”向“中国创新（中国创造）”转变的要求，这一转变对“两化”融合提出了明确的需求。进入 2009 年以来，为应对金融危机对我国的影响，我国相继出台了十大产业调整振兴规划，九个工业加上一个物流业——钢铁、有色、石化、汽车、造船、机械制造、轻工、纺织、电子和物流业，旨在通过产业调整振兴规划，着力调整产业和产品结构。抓住技术改造这个抓手，用高新技术、先进适用技术改造提升传统产业，把推进“两化”融合落实在技术改造之中。[4]“十一五”规划和工业行业调整振兴规划为规划期内我国“两化”融合发展提出了明确需求，指明了方向，即围绕行业发展的核心问题，应用电子信息技术和“两化”融合的手段加快改造提升传统产业，发展新兴产业，推动工业整体水平和竞争力跃上一个新台阶，实现行业的跨越式发展，走中国特色新型工业化道路。[5]当前和今后一个时期，以经济建设为中心，工业行业的信息化需求主要包括以下四方面内容。

- 硬件需求继续上升。我国“两化”融合仍然处于硬融合阶段，工业信息化从一般应用逐步迈向深入应用。在此过程中，仍然需要大力投资包括 PC

---

[4] 通过分析九大工业行业调整振兴规划，可以发现主要有如下几个共性的关键点：

①加快技术改造，淘汰落后产能，产品更新换代；

②推进产业结构调整，优化布局；通过企业联合和兼并重组提高产业集中度；推进产业集聚，形成产业集群；

③降低能源和原材料消耗，节能减排，建立循环型工厂；

④工业发展与服务增值相结合，发展现代工业服务业；实现制造业和服务业有机融合、协调发展。

[5] 重点推进以下几项工作。

①重视信息化对传统工业的改造提升；提高企业竞争力和劳动生产率，提高企业研发能力和产品的信息技术含量。解决我国目前劳动生产率低，粗放型发展的问题。例如在电力、钢铁、煤炭、有色金属、纺织、化工等行业的应用。

②重视信息化在节能、减排、降耗中的作用；例如在降低火电能耗、钢铁能耗、水泥能耗方面的应用等。

③重视信息化对提升、优化和发展服务业中的作用以及信息化对创造新兴产业和就业的促进作用；发展现代物流和为制造业服务的服务业，尤其是对工业物流的信息化改造等。

④重视信息化在提高企业竞争力中的作用；推动产业链协同电子商务；推动中小企业的信息化。

服务器、网络设备等硬件产品，这是继续提升我国信息化水平所必须的步骤。

• 软件和服务需求快速增加。数量众多的工业企业需要将FRID应用在自动化的生产流水线，整个产品的生产流程的各个环节将被置于严密的监控和管理之下。信息化投资逐步转向系统集成投资，其中以ERP、OAS和MES为主，而HR、BW、CAX和PDM的市场也增长较快。

• 集成服务需求持续增加。应用产品开发型系统集成成为工业企业信息化的需求热点。越来越多的工业企业将通过内部业务流程整合、供应链流程整合、内外部应用的整合等系统解决方案来加强供应链管理和营销渠道等整体的核心竞争力。

• 网络安全是工业网络建设投资重点。在工业企业信息化从一般应用到深入应用过程中，防火墙、防病毒等网络安全产品仍然是需求重点，需要继续大力投资。继续强化包括数据安全、应用安全、风险可控等内容的信息安全保障能力。

（2）工业行业信息化对电信业的需求呈现四大基本特征。

• 以完善信息通信基础设施的需求为主。工业企业对电信业的信息化需求仍然以完善信息通信基础设施入手。例如，海尔集团是以“白电”产品和服务闻名世界的跨国企业之一，在世界各国拥有海外工厂、制造基地、设计中心超过50个，销售中心数千家，产品出口到世界上100多个国家和地区。在海尔集团信息化建设的进程中，青岛联通相继成功完成了海尔集团本地宽带组网、全国广域网、各地商贸物流组网、4006全国统一客服中心等多个项目。同样，中小企业对电信业仍然以完善信息通信基础设施为主。

• 不同环节对电信业需求存在较大差异。在工业企业“两化”融合的I研发设计、II生产过程、III企业管理、IV材料采购和V产品流通等五个环节中，电信业在I、II两个环节作用仍然较小。在III、IV、V三个环节，我国电信业都已经创新出了一些应用模式和典型案例。但是，总体上与硬件和软件的需求都存在较大差距。在III环节，工业信息化对电信业的基本需求主要是电信语音服务和网络增值服务。在IV、V环节，电子商务快速发展，企业信息化建设的认知度较高，大多数企业有意识借助信息化手段提高企业开拓市场和参与竞争的能力。例如，物流企业借助电信运营商推出的“一站式”服务，通过ICT解决方案，提升企业在生产、销售、运输、仓储、管理决策等环节的效率。[6]根据一项调查，在企业信息化中，已建和在建电子商务系统的企业数量增长最快。近几年，年均增长接近16%。

• 工业行业移动信息化应用总体上还处于初级阶段。移动信息化是信息化发展的新趋势，是通过移动的技术或形式实现信息化。在全业务运营环境下，运营商都在大力推进移动信息化发展。基于移动通信网络的移动信息化需求大致可分为两大类：一类是移动性应用，适用于终端设备移动性较强的行业和部门，如交通、公安、海关、物流等从业人员的手持系统或车载系统等；另一类是固定性应用，主要面向终端设备位置固定、地理分布广泛，能够实现“人与机”或“机与机”的信息采集和信息传输，适用于电力、水利、采矿、环保、气象等行业和部门。我国移动信息化建设取得了一定进展，但总体上仍然处于初级阶段。根据调查，工业企业对移动信息化的需求主要体现在如何方便快捷地实现企业内人员间信息的随时随地送达，移动信息化的关注点主要在III企业管理、IV材料采购与V产品流通环节，具体业务上仍以个人移动通话方式为主。

• 工业企业的信息化需求具有较大差异性。不同工业企业对电信业提供的信息化的产品和服务需求差异较大。根据河南移动的一项调查，在河南中烟工业公司、郑州宇通、洛阳LYC轴承有限公司、漯河双汇、新乡新飞等制造企业，移动信息化需求包括手机移动办公平台、集团彩铃、手机报、GPS调度系统、ERP系统等。但是，不在少数的工业企业目前最常用的通信方式仍以语音（包括固定电话、移动电话、网络电话）和宽带上网使用电子邮件为主，短信和网上IM方式作为辅助手段。

---

6 “一站式”服务旨在通过构建包括语音通信平台、数据通信平台在内的物流企业网络综合平台，帮助物流企业实现高效、安全的内联和外联网建设，利用ICT传统物流，突破时空的限制，实现企业物流信息化。这将给予企业的生产、销售、运输、仓储、管理决策等强大的支持。

这实际上反映出了工业企业信息化水平参差不齐的状态。

3. 供给侧与需求侧综合分析

（1）我国电信业推动“两化”融合的基础设施建设初具规模。近年来，我国电信业推动“两化”融合取得了显著的成绩。我国企业信息化的基础设施建设在经历了前些年的快速发展后，目前已处于平稳发展的阶段。根据国家信息化测评中心的统计，2007 年，信息化 500 强企业中，已有 98.44%的企业制定了信息化规划；97%的企业开始进行信息化决策支持的建设，其中 31.47%的企业建设了 BI 系统，21%的企业信息化决策支持程度达到中级以上的水平；供应链管理信息化取得显著成绩，27.57%的企业已经进入生产计划同步阶段，通过供应链实现的平均交易比例达到 43.7%（图 13-6）。

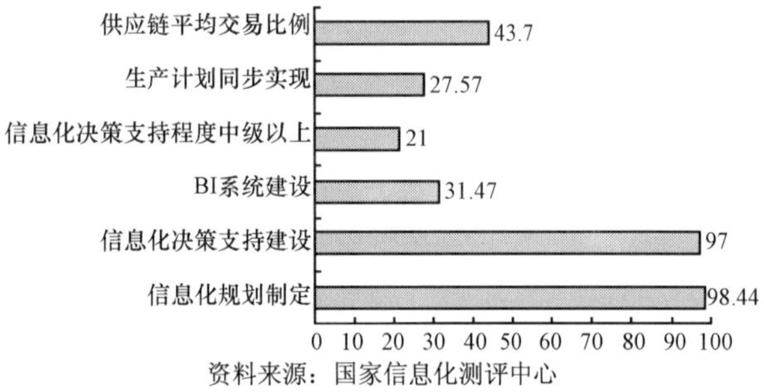

图 13-6 我国信息化 500 强企业发展状况

（2）我国电信业推动“两化”融合存在的问题和不足表现在五个方面。

- 工业企业对电信业在信息化中的作用重视不够、认识不足。企业信息化基础条件完善，普遍接受信息化对企业的正面作用。但我国信息化存在的错误认识是：信息化是制造业的故事，与电信业没有关系。工业企业对电信业推动“两化”融合的认识有待进一步提高。电信业不仅仅提供语音、互联网等电信服务，同时，信息化应用亟待深入。从调查数据来看，多数企业网站的应用目前还停留在发布产品、服务信息和企业新闻以及收集客户信息方面，企业在线接收订单、网上销售应用的比例还只在 23%、24%左右，网上采购和网上供应的比例更低一些，这表明企业已建的电子商务系统距离充分应用尚有一定空间。

- 信息化产品和服务创新不足。我国工业行业“两化”融合层次较低，仍然处于“两化”硬融合阶段。即使是融合层次最高的装备制造业，深层次应用和集成应用的程度也尚待进一步提高。一是我国“两化”融合中的核心软件（如数据库开发），芯片等关键技术缺乏自主开发能力，依赖 SAP、ORACLE 等国外企业；二是亟需融合创新产品。例如，在 ERP 系统中嵌入短信模块，在邮件通知方式的基础上增加短信通知方式，这就需要运营商与国内软件商通力合作，实现信息化产品和服务的创新；三是适应集团用户的更高要求，运营商需要对部分电信级产品进行优化升级。例如，需要进一步提高面向集团客户的短信产品的发送准确率和成功率问题。所有这些都需要运营商加强与电子信息制造商、系统集成商、ERP 等软件商的联合创新，实现产业链的合作共赢。

- 我国中小企业信息化发展水平较低。近年来，我国大型企业的信息化水平显著提升，许多大型企业的信息化水平与跨国公司的差距不大。例如，根据国资委 2008 年 10 月公布的中央企业 2007 年度信息化水平评价结果，A 级企业 10 家，[7]其中有 5 家工业企业。这些企业信息化处于国内先进水平，部分达到或接近世界先进水平。但是，与大企业相比，我国中小企业信息化水平普遍偏低，大多数企业信息化水平还只停留在“邮件系统+局域网”的原始阶段。根据国家信息化测评中心发布的《中国中小企业信息化发展报告（2007）》和《全国中小企业信息化调查报告（2007）》，我国目前注册中小企业 430 万户、个体经营户 3800 多万户。尽管 80%的企业具有接入互联网的能力，但用于业务应用的只有 44.2%，只有约 9%的中小企业实施了电子商务，4.8%的企业实施了 ERP（图 13-7）。中小企业信息化的一个显著特点是很大程度上依赖于企业外部的社会化服务。当然，这也给运营商创造了市场机会。

[7] 它们是：中国远洋运输（集团）总公司、中国联合通信有限公司、宝钢集团有限公司、国家电网公司、中国石油天然气集团公司、中国石油化工集团公司、中国电信集团公司、中国移动通信集团公司、原中国网络通信集团公司、中国五矿集团公司。

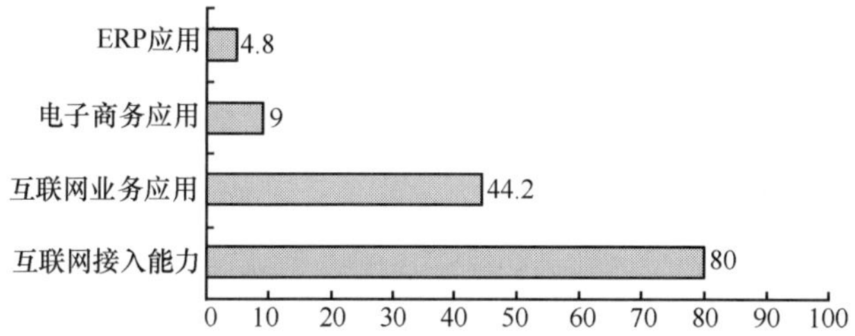

资料来源：国家信息化测评中心

图 13-7　我国中小企业信息化发展状况

- 人才结构性匮乏。运营商的强项是基础网络服务和电信服务，缺少向工业行业提供个性化 IT 服务的经验，对重要行业客户业务流程的深入了解不够，普遍缺乏既熟悉工业行业运作模式、行业特点、业务流程和工艺、又精通 ICT 的复合型专业人才。
- 网络和信息安全的保障能力问题。信息安全风险评估、检测与预警，技术保障手段、应急响应措施等亟待改善和加强。

（三）电信业推动“两化”融合的主体边界及政策需求

1. 政府和市场作用边界划分

坚持企业作为电信业推动“两化”融合的主体地位，充分发挥市场对资源优化配置的基础作用，是社会主义市场经济体系建设的重要内容和基本原则。市场机制是电信业推动“两化”融合的基础机制，是政策发挥作用，供求实现平衡的作用媒介（图 13-8）。在市场机制作用下，作为需求一方的工业企业和作为供给一方的电信运营商在“两化”融合的总体方向上保持一致。

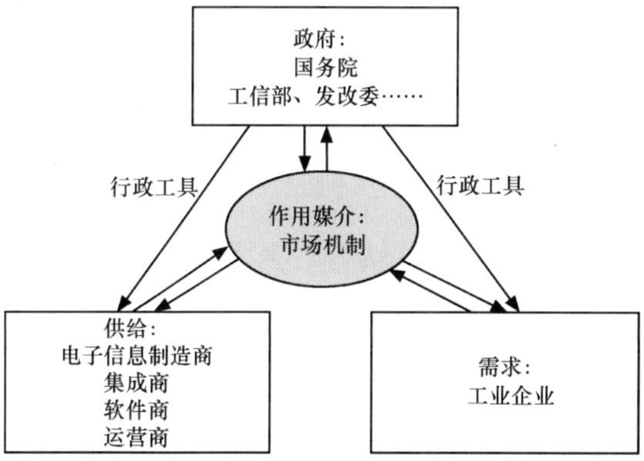

图 13-8　“两化”融合政府和市场作用边界划分

将供给侧与需求侧撮合到一起的是市场，但是，由于市场失灵的可能存在，“两化”融合的供求不平衡是经常发生的。政府作为供给与需求的协调者，通过影响供求双方，从而对“两化”融合起宏观调控和协调作用。政府可以通过规划、计划、战略和产业政策以及市场监管等政府直接和间接干预手段促进电信业推动“两化”融合。必要时，政府还可以通过行政命令等行政工具直接作用于供给与需求的一方或者双方，对供求平衡产生直接影响。在国务院组成部门中，工信部是电信业推动“两化”融合的管理主体和重要政策扶持主体。

2. 电信业推动“两化”融合的相关政策

“两化”融合是当今经济社会发展的大趋势，“两化”融合水平的高低，已经成为衡量一个国家和地区国际竞争力的重要因素。为保证“两化”融合的全面发展，促进经济增长方式的根本转变，我国从中央到地方，各级政府都制定和出台了相应的扶持政策，并采取了相应的扶持措施。主要包括以下 5 个层面。

（1）国家制定信息化推动工业化发展战略和规划。2006 年 5 月，中共中央办公厅、国务院办公厅印发《2006～2020 年国家信息化发展战略》，提出了到 2020 年我国信息化发展的战略目标。同时，针对不同行业特点制定信息化发展纲要，细化信息化需求，突出不同行业信息化目标、标准、信息化进度。针对装备制造业，启动了“十一五”国家科技支撑计划“制造业信息化科技工程”重大项目，通过在生产装备、研发设计、生产管理信息、工业产品智能化发展等领域的部署，提升包括 I 研发设计、II 生产过程、III 企业管理、IV 材料采购和 V 产品流通等工业化产业链各环节的信息化应用，进而提升我国装备制造业整体信息化水平，并以装备制造业为契机，带动相关产业协调发展（图 13-9）。但是，制造业示范工程偏重应用软件开发和重大产品、重大工程数字化综合集成技术开发与应用，重点关注工业化产业链的 I 研发设计、II 生产过程和 III 企业管理环节，尤其是通过实施 300 家示范、1000 家应用的设计制造数字化和经营管理信息化集成技术开发与应用示范工程更是如此。由于信息化服务化水平从工业化产业链的 I 研发设计到 V 产品流通等不同环节呈现递增趋势，电信支出占该环节信息化总支出的比重逐渐增加，结果就导致制造业信息化科技工程对电信业推动“两化”融合的带动作用相对有限。

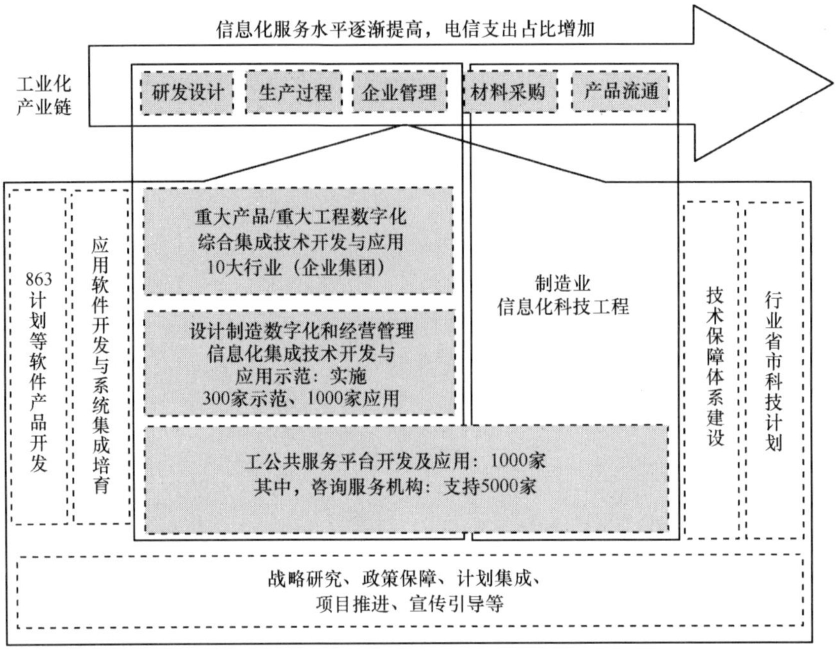

图 13-9 制造业信息化科技工程及其与工业化产业链各环节信息化的关系

（2）工信部积极促进电信业推动“两化”融合。党的十七大提出“大力推进信息化和工业化融合”，2008 年初在国务院大部制改革中，组建了工业和信息化部。这是大力推进“两化”融合在政府机构层面的体制性保证。根据工信部部署，从工业产业研发设计、生产过程、企业管理、材料采购和产品流通等信息化产业链不同环节提出了信息化的要求，三网融合等内容为运营商推动“两化”融合指明了方向。工信部通过技术改造推进“两化”融合。技改投资主要倾向于五大“卡脖子的地方”——质量品种、物耗能耗、环境保护、装备水平、安全生产。但是，从实际投资效果来看，工信部已经推出的 200 亿元技改投资较少惠及电信业。

（3）中央企业信息化发展“登高计划”提升电信业信息化需求。2009 年 4 月底国资委下发的《关于加强中央企业信息化工作的指导意见》明确要求，各中央企业要根据 2007 年度信息化水平评价结果，制订信息化发展“登高计划”。[8]首次明确提出信息化未达标的 D、E 级企业可采用外包方式推进信息化工作。将未达标企业的信息化业务外包给其他能力强的央企实质上正在帮助运营商政策性介入央企信息化领域。2009 年初国资委信息中心相继与 3 家运营商签订协议，要求其在推进中央企业信息化实施过程中扮演更重要的角色，3 家企业纷纷将此作为工作重点，第一时间制定相关方案。事实上，以 3G 为契机的全业务竞争已经正式拉开帷幕，3 家运营商不仅在个人和家庭客户市场竞争激烈，在政企客户方面的竞争也已经进入了白热化阶段。因此，如何抓住推行“登高计划”带来的央企信息化提升机遇对于 3 家运营商而言均十分重要。

（4）地方政府正在加强与运营商的战略合作。地区信息化水平将在一定程度上影响工业化进程，而信息基础设施投资对地方 GDP 增长亦能产生较大影响。截至 2009 年 9 月份，中国电信等运营商已分别与 20 多个省市区政府签订信息化战略合作框架协议共推信息化建设，加强本地信息化基础保障能力。地方政府和电信运营商可以通过加强信息化基础设施建设、电子信息产业振兴、信息服务业壮大、电子商务推进、电子政务和公共服务水平提升、信息化推广应用、信息通信科技研究发展、“信息下乡”等领域的合作，实现合作双赢。例如，在北京市政

8 “登高计划”主要包括：信息化水平登高目标、主要任务、采取的措施及达到目标的时间进度等内容。并明确要求：在 2010 年年底以前，信息化处于 E 级和 D 级的中央企业要达到 C 级以上；信息化处于 C 级和 B 级的中央企业要制定达到上一级别的“登高计划”；信息化已达到 A 级的中央企业要与国际先进水平全面对标，努力达到或超过世界先进水平。

府同 3 家运营商签署的战略合作框架协议中，自 2009 年起，运营商在北京的滚动投资将超过千亿元，带动上下游产业投资 2000～3000 亿元，稳定就业 20～30 万人，创造就业岗位 5～8 万个。

（5）借助国家“两化”融合战略试验，构建信息化区域平台。推进“两化”融合试验区，是工信部落实党中央推进“两化”融合战略部署的重要举措。2009 年，工信部在全国确定了 8 个城市和地区作为首批“国家级信息化和工业化融合试验区”，即上海市、重庆市、内蒙古呼包鄂地区、珠三角地区、广州市、南京市、青岛市、唐山暨曹妃甸地区。未来我国信息化推进工作不仅依托区域平台，还将“系统推进、多维考虑”，在产业平台上进一步推进。各试验区根据自身特点，确定了本地的实施方案，推出了 2009 年度工作计划。各地政府从组织结构、科学规划、信息化专项建设、资金保障、示范企业建设以及人才培养等方面均进行了相应的部署发展，并采用相应的信息化绩效评估分析，指导信息化统筹快速发展（专栏 3-1）。

专栏 3-1　“国家级信息化和工业化融合试验区”建设目标及要求

重庆市、广州市将着力打造“信息重庆”、“信息广州”。唐山市将重点放在传统重工业产业的改造及催生新兴业态上。南京市依托强大的工业企业、软件企业基础，良好的人才支撑，精选龙头作为“两化”融合示范企业，进行行业对标，实现共同提高。上海市 2009 年重点建设航运中心。珠三角地区阵营庞大，表现了跨区域的联动、协同能力，将建设一批面向当地优势产业群和中小企业的信息化服务平台。青岛市的名牌大企业较多，通过“两化”融合实现企业做大做强，为该市下一步工作重点。内蒙古呼包鄂地区将以三个方向为突破口：乳业从源头控制到产品质量追溯全过程管理体系、井下煤炭安全生产预警系统试点、新建工业园区。

工信部对试验区下一阶段工作的要求：

一是要进一步抓好落实工作，特别是要结合应对当前国际金融危机的有关措施和贯彻落实十大产业调整和振兴规划，抓好试点、行业“两化”融合和配套措施的落实；二是要因地制宜，与时俱进，进一步突出重点，及时根据试验区出现的新情况和重要变化，对工作重点进行调整；三是 8 个试验区要加强协同和沟通，在沟通和交流中寻找最佳实践道路、灵感和经验，特别是要在“两化”融合的监测和评估、电子商务、技术支持力量、人才支持和专家队伍等方面，多进行协调和沟通，形成“1+1＞2”的效应；四是在交流中，除完成规范动作，还要对看得准的企业和公共平台的经验进行总结和交流，并对工作中遇到的共性问题提前进行归纳，有利于更加有效地推进实际工作。

资料来源：南京市国家级信息化和工业化融合试验区授牌仪式暨“两化”融合推进大会（2009 年 5 月 22 日）

3. 电信业推动“两化”融合面临的政策障碍和政策需求

（1）政策障碍。我国整体的工业发展水平处于工业化中期阶段，以重工业为主，自主创新薄弱，粗放型经济为主导，在这个环境下提出的“两化”融合道路面临着更多的困难。我国政府在推进“两化”融合的总体战略和扶持政策中，虽然涉及电信业，但是，仍然存在诸多问题和不足。主要包括 5 项内容。

- 电信业缺乏推动“两化”融合的整体规划。在“两化”融合进程中，电信业和通信制造业、软件业等信息化产业链的不同环节的作用力和着力点各有侧重。我国信息化总体发展规划以及装备制造业等相关行业发展规划中对信息化的需求都侧重于通信设备制造业和软件业，较少涉及电信业。似乎电信业仅仅是信息基础设施，建好网络就行了。电信业推动“两化”融合涉及到经济领域的各个实体，需要进行一个全面整体的统筹规划。

- 信息化扶持政策重硬轻软现象严重。无论是国家信息化发展规划还是地方政府的信息化规划，普遍存在重硬轻软的现象。工信部从工业产业研发设计、生产过程、企业管理、材料采购和产品流通等信息化产业链不同环节提出了具体要求，但这些具体要求大都指向硬件、软件，只是在三网融合、信息服务业等方面与电信运营商相关，但这又与工业信息化直接关联较弱。再如，重庆市推进“两化”融合的工作重点之一：对于工业行业，将重点围绕主导产业，推动工业行业信息化试点示范，同时，将重点引导移动信息产业链上软件研发、芯片制造、SIM（用户身份识别模块）卡制造、支付手机及智能终端、智能读卡设备、M2M 终端等六大产业聚集。所有这些支持政策都偏重于信息化产业链的硬件和软件部分，而较少涉及电信业提供的信息化服务，似乎信息化服务只是电信运营商自己的事情。

- “两化”融合的体制机制存在不相适应的地方。从整体的体制来看，我国目前由信息化领导小组统一指导信息化的发展推进，采取“领导小组统一决策、中央地方分级管理、各部门分工负责”的原则开展工作。但是，由于原则性太强，对促进电信业推动“两化”融合的实际效果影响有限。法律法规也存在与电信业推动“两化”融合创新要求不相适应的地方。“两化”融合提出了一个崭新的发展模式，已有的较为成熟的规范也需要考虑其独有的特性因地制宜、因时制宜。同时，信息化的发展不同于以前的发展模式，需要新的绩效评估体系，这都需要制定相应的法律法规和政策加以规范和保护。

- 地方政府与电信企业签订的框架性合作协议中的扶持政策框架性太强。地方政府更倾向于利用运营商的投资带动地方经济发展，而对电信业推动“两化”融合缺乏具体的扶持政策。所有的框架性合作协议，实际上重点都在强调运营商在当地投资规模。例如，湖南与中国电信签订“十大信息化工程”合作协议中，强调中国电信将投入近 200 亿元用于湖南基础通信网络建设。山东与中国电信签订的相关协议中，强调中国电信将在山东投入 180 亿元用于山东信息化网络建设。在框架合作协议中，虽然涉及信息化应用，但鼓励性大于操作性，更多的是行业自身寻求机会。例如，江苏省政府与中国移动签署战略合格框架协议，在 TD-SCDMA 网络建设与应用、信息化规划与建设、信息资源开发与利用、新型信息服务业发展、信息化科研及人才培育等六大领域展开深度合作。但所有这些战略性合作协议框架中的对运营商的扶持政策，大都原则性大于操作性。

- 行业和企业协会等中介组织的作用亟需加强。行业协会如有制造业信息化协会、软件协会、高企协会、计算机学会等社会组织，都在各自领域与企业间有密切的关系。在电信业推进信息化进程中，运营商可以与各类行业协会合作，面向企业老总举办一些沙龙性质的信息化培训，为其提供信息化的切身体验，从而影响企业更容易的选择和接受运营商提供的信息化应用。

（2）政策需求。电信业推动“两化”融合的政策需求，涉及规划、财税金融、技术、人才以及监管等各项政策工具（图 13-10）。在本文中，我们将基于工信部的职责，提出我们认为需要优先考虑的政策措施建议，而不是面面俱到。需要优先考虑的政策需求包括：第一，制定“十二五”电信业推动“两化”融合专项规划；第二，加强信息化服务平台建设；第三，加强中小企业信息化建设等。其他政策需求还涉及人才建设，网络与信息安全保障，财税金融政策等。

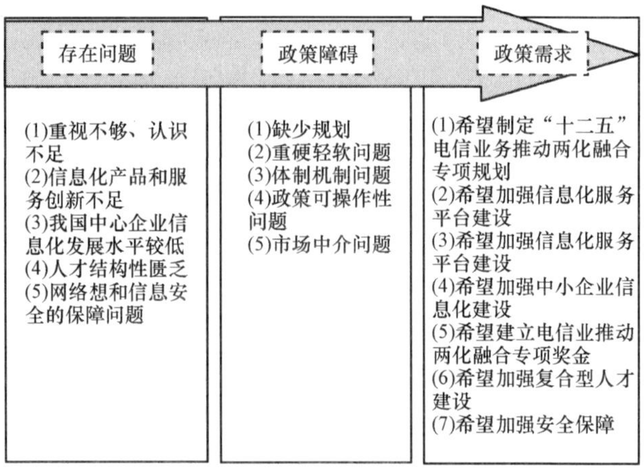

图 13-10　电信业推动“两化”融合的政策需求

（四）电信业推动“两化”融合的重点任务和行动策略

1. 重点任务

基于我国“两化”融合所处的历史阶段，我国电信业推进“两化”融合有两大目标：一是提升信息化水平；二是提升信息化的服务化水平。因此，电信业推动“两化”融合的总体任务是：要运用 ICT 改造传统产业，将 ICT 与工业企业研发设计、生产过程、企业管理、材料采购和产品流通等信息化产业链各个环节上相融合，实现研发设计信息化、生产过程自动化、管理方式网络化、采销手段电子化、经营决策智能化，加快提升信息化服务化水平，全面提升工业企业信息化水平。

具体任务是：面向工业生产和商贸流通等重点行业和企业，打造网络化公共信息服务平台，发展集成化行业信息化解决方案；面向广大中小企业，量身定制经济实用、安全免维护的“一站式”企业信息化解决方案；构建第三方电子商务与信息服务平台，发展基于互联网的信息化综合服务，发展移动信息化和移动电子商务。

2. 行动策略

（1）创新信息化服务平台模式。以物联网、云计算和3G等新技术新业务大规模应用为契机、以全业务运营为保障、以网络为依托、以平台为抓手，创新信息化服务平台建设和运营模式。构建三个信息化服务平台，即高性能信息化网络平台、网络化ICT解决方案平台、第三方电子商务与信息服务公共平台。

（2）创新业务模式和服务模式。大力推进业务模式和服务模式创新，运营商要向信息化服务的总外包商转变，由传统“卖网络资源+承担网络建设”的模式逐步向卖信息化综合服务转型，成为国家信息化服务的总外包商，建立中国特色的信息化发展模式。

（3）创新产业链合作模式。大力推进产业链合作模式创新，运营商要发挥自身网络技术、平台、资金、人力、渠道和品牌优势，担当业务总集成商和统一门户角色，整合信息化产业链的各个环节；通过产业链各环节合作，发挥协同效应，为重点行业和广大企业提供标准化与个性化兼顾、可定制、低成本的信息化服务综合解决方案。

（五）电信业推动“两化”融合的政策措施建议

电信业推动“两化”融合，需要更大程度地发挥市场配置资源的基础性作用，供给和需求双向推动，以信息化需求为导向，信息化供给为内容，强化规划指引、政策导向、要素支持等方式和手段的保障作用，提升“两化”融合的服务化水平。

1. 制定“十二五”电信业推动“两化”融合专项规划

在电信业“十二五”规划体系中，制定电信业推动“两化”融合发展专项规划。务求标本兼治，统筹兼顾，抓住机遇，立足长远，有目标、有重点、有抓手，突出电信业推动“两化”融合的总体谋划。通过规划政策等措施鼓励运营商更好地投入“两化”融合的大市场，不断扩大市场份额，为“两化”融合营造良好的发展环境，并成为引导电信业推动“两化”融合的重要指南。

2. 抓好“两化”融合示范工程建设

行业主管部门可以结合“国家级信息化和工业化融合试验区”，建立电信业推进“两化”融合试点工程。各地方政府部门或相关行业协会也可以根据本地区本行业的实际情况，树立电信业推动“两化”融合标杆企业[9]，做好一、二个电信业推动“两化”融合的市场工程的政策引导，协助企业解决有关问题，确保示范工程的实施。同时，优先选择智能电网、智能交通、智能家居、环保监测、工业控制、医疗卫生等领域，统筹部署RFID和传感器网络，进行电信业推进“两化”融合的业务试验和应用示范。

3. 完善信息化服务和应用规范

组织基础运营商、增值服务商、系统集成商等产业链各环节以及第三方研究机构等市场参与主体共同制定信息化业务服务规范与标准，适时修改、补充和完善《电信服务规范》。以中小企业信息化为重点，探索制定信息化服务的业务应用规范。制定应用层面的公共接口，组织实施信息化业务应用方案与应用平台的互联互通工作，加快建立和完善信息化业务应用互联互通规范和机制。

4. 聚焦信息化服务外包市场

以需求为导向，以服务外包为载体，积极推进工业企业信息化的市场化进程。基于大型企业与中小企业在信息化建设中需求不同、组织保障体系不同，采取两手抓，全面培育信息化市场需求，尤其是服务外包市场。借助央企“登高计划”，以央企信息化需求为突破口，拓展大企业信息化市场。立足中小企业营销信息化，拓展中小企业成本控制、渠道管理、企业资源管理等信息化高端市场。根据信

[9] 树立电信业推动“两化”融合的标杆企业可以为电信业提供一个信息化应用水平与效果的对比与检查，可以让更多的企业寻找不足，并了解电信业推动“两化”融合的发展方向。

息化服务业务的特点和用户需求，研究业务成本模型，创新资费模式，根据业务各个环节投入成本形成稳定合理的定价机制和结算机制。

5. 以物联网、云计算和 3G 等新技术新业务大规模应用为契机，推动信息化服务平台建设

加强行业主管部门与相关部委、地方政府、各个行业间的横向协调，主动化解行业壁垒和政策风险，推动跨行业的信息化服务与应用，推动共性平台、标准建设。推动运营商在全业务运营环境下，以物联网、云计算和 3G 等新技术新业务大规模应用为契机，发挥 3 家全业务运营商在固定网、移动网和互联网的集群优势，推进 TD-SCDMA 等 3G 与物联网的融合发展，打造工业行业信息化整体解决方案和高性能信息化网络平台、网络化 ICT 解决方案平台、第三方电子商务与信息服务公共平台。

6. 发挥中介组织作用，强化舆论导向

由行业主管部门牵头，以各行业协会等中介组织为依托单位，协调政府、行业、企业、市场等各方面资源，将政府与行业协会等中介组织为企业服务落到实处。借助主流媒体和业内媒体，积极开展电信业推动“两化”融合标杆企业的宣传活动，组织样板推广、经验交流和媒体推介，树立和强化基础运营商、增值服务商在“两化”融合中的积极形象。

（作者：工信部电信研究院规划设计研究所 朱金周）

四、自主创新助建电信强国
TD-SCDMA 技术突破实现持续发展

（一）引言

胡锦涛总书记指出：“党和国家的事业发展，比以往任何时候都更加迫切地需要坚实的科学基础和有力的科技支撑，更加迫切地需要广大科技工作者不懈地进行创造性实践”。

毫无疑问，TD-SCDMA 事业正是我国自主创新进行“创造性实践”的典范。但同时，TD-SCDMA 产业发展与网络建设任务又是异常艰巨的。中国正处于国家崛起的关键时期，自主创新是支撑这一伟大历史使命的筋骨。作为新时代的科技工作者，我们无法也不应该再延续继续前人“贸-工-技”的老路，而必须承担起推进自主创新的重任。

作为 3G 标准竞赛曾经的迟到者，TD-SCDMA 一度被漠视甚至被讥讽，然而正是凭借坚苦卓绝的持续创新与广大科技工作者振兴民族产业的使命感，TD-SCDMA 产业十年内从无到有、从弱到强，终于为中国早日实现电信强国梦想做出了巨大贡献。回顾 TD-SCDMA 产业的十年发展历程，技术创新始终一路相伴。历史是最好的老师，本文将择要介绍 TD-SCDMA 产业在关键技术、基础设备、组网方案、市场应用等领域的重大创新，以求为后续演进提供借鉴。

（二）关键技术创新

相对于 WCDMA 和 cdma2000 系统，TD-SCDMA 技术提出时间较晚，技术储备相对不足，但这种时间差也为 TD-SCDMA 的自主创新带来了后发优势。已经在其他两大标准中讨论多年，但迟迟未成必选项的智能天线和联合检测等技术，在 TD-SCDMA 中成为现实。为了进一步系统内降低同频干扰，TD-SCDMA 还引入了 N 频点技术；同时，为了协同促进民族产业的发展，北斗替代 GPS 方案也被提上日程；此外，为了保证 TD-SCDMA 相关产业的可持续发展，中国移动和大唐移动等企业适时推动了 TD-LTE 技术的演进。

1. N 频点技术

TD-SCDMA 系统采用智能天线技术，可以有效地降低不同小区之间的干扰，从而提高系统的容量。但是，TD-SCDMA 系统中的控制信道（比如 TS0 和 DwPTS），由于不是针对特定用户的，所以不能使用智能天线技术，将在小区之间产生较大的干扰。该问题在小区数量比较少的时候不明显，但在大规模组网时，大量小区之间的干扰就非常严重。

解决此问题的基本方式就是 N 频点技术。N 频点是指每扇区包含多个载频，这多个载频为一个逻辑小区。其中一个载频被设置为主载频，其余载频为辅载频，如图 13-11 所示。N 频点方案中，在主载频上，传输导频信号、系统广播信息，提供终端的同步和接入信道，同时也为终端提供业务信道。在辅载频上，主要为终端提供业务信道。辅载频上

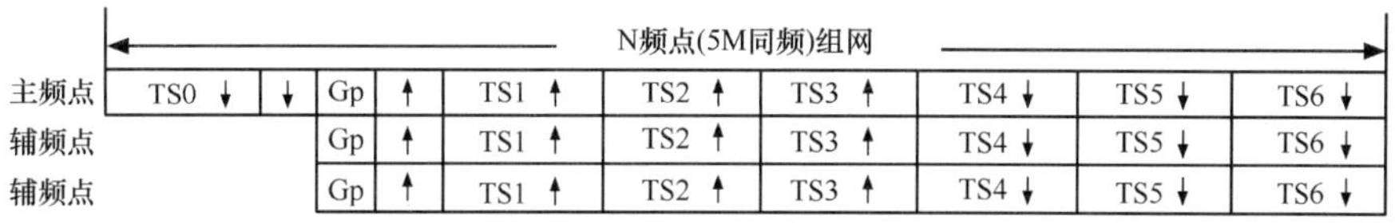

图 13-11 N 频点配置示意图

的 TS0 可空闲出来进行业务数据的传送。

N 频点中主载频与辅载频使用相同的扰码和基本 midamble 码，并且主载频和辅载频的上下行时隙转换点配置必须保持一致。

N 频点技术具备如下优点：①可以将多个载频的资源捆绑使用，提高统计复用效率；②只在主载频设置公共控制信道，可方便实现相邻小区的主载频异频，提高网络性能并降低规划、优化工作难度；③下行公共控制信道可使用功放的所有功率，平衡下行公共控制信道不能使用智能天线、联合检测带来的与业务信道的覆盖不均衡。

2. GPS 替代方案

TD-SCDMA 系统是全网同步系统，要求连续覆盖区域中任意两个基站之间的帧头的最大偏差应不超过 3μs，基站射频的频率稳定性应小于±0.05ppm。目前，TD-SCDMA 系统中主要借助 GPS 所提供的 1PPS 信号和 UTC 信号来保证时间同步和频率同步。

GPS 卫星导航系统受控于美国国防部，对世界各地的用户未有任何政府承诺，存在一定安全风险。历史上，国内同样依赖 GPS 信号的 cdma2000 网络一度出现过瘫痪事件。在 TD-SCDMA 实际应用中，GPS 也暴露出安装条件较苛刻、馈线总体较粗等问题，给 TD-SCDMA 网络的建设和维护增加了负担。

为了避免突发情况下对 GPS 的依赖可能给 TD-SCDMA 网络造成的灾难性后果，TD-SCDMA 产业界积极研发了多种 GPS 替代方案，从时间信号的来源和传输两个方面相结合，彻底摆脱了对 GPS 的依赖。其中，较为典型的技术有 IEEE1588 V2 方案和北斗卫星方案：前者主要是通过有线传输网络传送精确时间同步信号；后者则利用我国自主发射的北斗卫星作为时间信号源，使用北斗卫星与 GPS 卫星双模授时，并互为主备用。

目前，IEEE1588 V2 方案已通过实验室测试，其时间精度和频率稳定度均满足 TD-SCDMA 系统的授时指标要求，已在浙江移动等地开展试商用部署。同时，基于北斗卫星的授时方案也已证明可达到与 GPS 系统相同等级的授时精度，并在 TD-SCDMA 三期工程建设的部分基站设备中得到应用（如图 13-12 所示）。

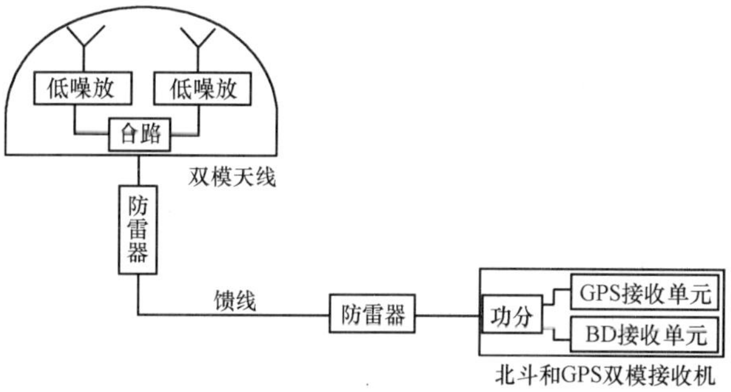

图 13-12 北斗卫星与 GPS 卫星双模授时示意

3. TD-LTE 技术

移动通信技术的发展是日新月异的，早在 3G 系统大规模部署之前，其长期演进技术 LTE（Long Term Evolution）就展开了长期的技术储备和细致讨论。作为 3G 系统后续技术，LTE 旨在提高峰值数据速率、小区边缘速率、频谱利用率，并致力于降低运营和建网成本，同时保障用户能够“永远在线”。

作为 LTE 的需求，TDD 系统（以 TD-SCDMA 为代表）的演进与 FDD 系统（以 WCDMA 系统为代表）的演进是同步进行的，而 TDD LTE 技术则凝聚了众多国内厂家的心血。

在 2005 年 6 月在法国召开的 3GPP 会议上，大唐移动等国内厂家首先提出了基于 OFDM 的 TDD 演进模式的方案；同年 11 月，在汉城举行的 3GPP 工作组会议则通过了针对 TD-SCDMA 后续演进的 LTE TDD 技术提案；在 2007 年 9 月的 3GPP RAN37 次会议上，包括工信部电信研究院、中国移动、大唐、中兴和华为在内的国内主要单位联合国外主要运营与制造企业，提出了对 LTE TDD 进行简化与优化的建议，并最终在 2007 年 12 月初的 3GPP

RAN38 次会议上遏制了 TDD LTE 帧结构分散化的危险，形成了统一的 LTE TDD 技术方案，该方案又称为“TD-LTE”。

图 13-13　TD-SCDMA 标准演进

TD-LTE 技术的明确与统一避免了国际上 TDD 移动产业的又一次分裂，使 TD-LTE 凝聚了广泛的支持力量；同时，TD-LTE 技术的稳步前进也鉴定了 TD-SCDMA 产业界的信心，为网络演进和技术创新指明了具体的方向。

（三）基础设备创新

从 3G 标准在国际范围的产业化程度来看，TD-SCDMA 技术相对滞后，在工程建设方面没有任何国外经验可以借鉴。为了从设备层面解决网络建设中遇到的种种难题，TD-SCDMA 产业链付出了巨大努力，从传统的宏基站到灵活的分布式基站，从笨重的八阵元智能天线到小巧的双极化宽频智能天线，TD-SCDMA 产业链在基础设备创新上迈出了一个个坚实的步伐。

1. 分布式基站设备

传统的 TD-SCDMA 基站在机架内进行射频调制，用射频电缆将射频信号拉远至天面后连接塔放单元（TMB）和智能天线。而射频单元拉远技术从机架输出中频或基带信号，采用中频电缆或光缆拉远至天面，再进行调制和发射。

与传统的宏基站形态相比，分布式基站的优势是不言而喻的：减少了馈线数量，降低了线缆本身总成本，以及馈线损耗较大导致的机房和天面距离较短等问题；有效地解决了施工不便的问题，降低了安装成本；有效提高了已有站址的利用率，降低了对原有基站的改造要求；为站址选择、工程施工、灵活组网以及建设施工等带来了极大的便利。

中国移动和工信部电信研究院牵头，各大设备商参与起草了《2GHz TD-SCDMA 分布式基站系列标准》，该标准首次将 TD-SCDMA 基站的基带单元和射频单元完全分开，并将二者之间的接口（Ir）开放。目前该标准已经完成报批稿，它将为分布式基站规模网络建设和产业化进程带来极大的推动作用。

2. 智能天线的“四化”

作为 TD-SCDMA 系统中的重要设备，并且是除手机之外公众最容易感受到的设备，智能天线得到了前所未有的广泛关注。与其他移动通信制式相比，早期的 TD-SCDMA 系统在天馈尤其是智能天线方面具有很大的特殊性，如天线尺寸大、馈线多、外挂塔放，因而当时曾被讥讽为：“三面风帆，二个瘤子，一把胡子”。臃肿的天馈系统不仅影响了天面的美观性，增加了施工的复杂度，而且在频段的兼容性及未来 MIMO 天线的演进上存在困难。

总结 TD-SCDMA 一期建网经验之后，在推动与基站侧接口开放以实现多厂家供货的基础上，中国移动进一步对智能天线提出了“四化”要求，即小型化、双极化、宽带化和电调化。其中，小型化是指塔放的小型化，以便为天馈减负，并降低施工难度；天线双极化指智能天线的尺寸未来要减小至少 50%，并支持 LTE；宽带化指频段的宽带化，智能天线要在尺寸接近 2G 天线的前提下支持 TD-SCDMA 的 A/B/C 三个段（即 1880-1920MHz、

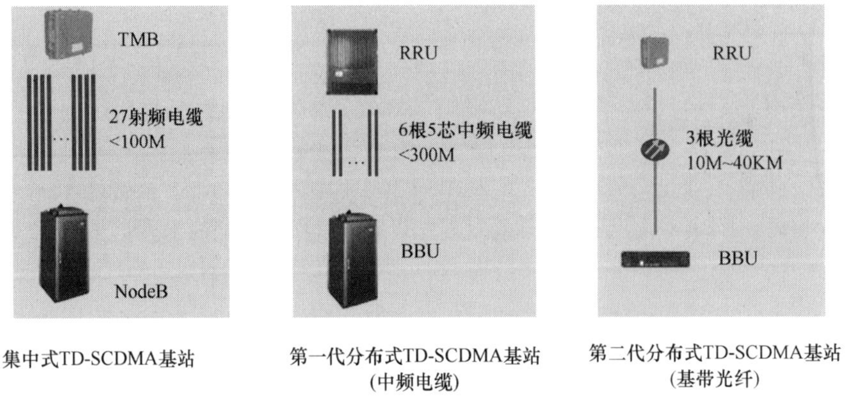

图 13-14　TD-SCDMA 基站形态演进历程示意

2010-2025MHz 和 2300-2400MHz）；电调化指远端电调功能，未来要能够基于网管系统远程遥控调整天线的工程参数（如俯仰角和方位角）。

目前，产业界已经完成了 TD-SCDMA 智能天线“四化”的相关理论研究和外场试验，双极化天线已经成为 TD-SCDMA 二期之后网络建设的主流，降低了总重量的塔放集成天线也得到一定规模应用，并且在三期工程中还广泛采用了覆盖全频段的“A+B+C 超宽频双极化天线”，为未来兼容 LTE 阶段的 2×2MIMO 天线提前奠定了坚实的基础。值得一提的是，由于国内厂家在联合研发和响应速度上的优势，民族企业已经逐步在 TD-SCDMA 智能天线的知识产权和工艺制造领域占据了绝对的主导权。

图 13-15 TD-SCDMA 双极化、宽频双极化与塔放集成智能天线

3. TD-SCDMA 直放站

在 GSM 技术中，直放站在优化补盲和室内覆盖中都曾经发挥过巨大作用，人们同样有理由期望它也能在包括TD-SCDMA 在内的 3G 系统中有所贡献。然而与 WCDMA、cdma2000 1x EV-DO 等技术不同，TDD 制式的 TD-SCDMA 直放站面临着新的技术难点，如同步方式、时隙转换点的识别、时隙比例的自动调整等。

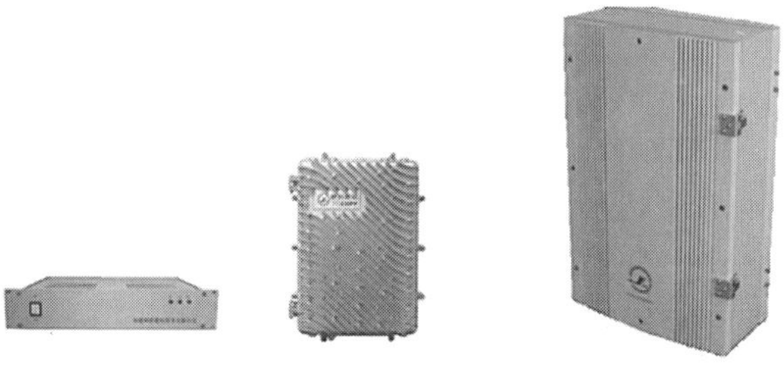

图 13-16 TD-SCDMA 光纤直放站、干放与无线直放站示例（福建邮科）

经过产业界的共同努力，这些问题都得到有效解决，并首先于 2007 年在中国移动的厦门、广州 TD-SCDMA 规模试验网中得到验证性应用；同年，TD-SCDMA 直放站的行业标准《2GHz TD-SCDMA 数字蜂窝移动通信网直放站技术要求和测试方法》正式发布，该标准还结合 TD-SCDMA 技术特点，进一步提出了自动时隙电平控制（ASLC）技术，可以只对超出功率的时隙单独进行电平控制（降低增益），其他时隙增益不受影响，在保护放大器的同时，对其他手机用户通信的影响也做到尽可能小。

目前福建邮科、京信通信、武邮虹信、天基通信等厂家已经具备无线直放站、光纤直放站的量产能力，能够满足 TD-SCDMA 网络深度覆盖与优化的要求，并且也正在封闭场景、郊区场景等环境下得到应用。

（四）组网方案创新

作为 TD-SCDMA 技术的运营主体，中国移动拥有世界上规模最大、也最完善的 GSM 网络，而 TD-SCDMA 网络的建设与优化工作又千头万绪，难以一蹴而就。鉴于所面临的现实情况，中国移动提出并实践了“2G/3G 融合组网”的概念。同时，相对于中国联通运营的 WCDMA 网络和中国电信运营的 cdma2000 1x EV-DO 网络，TD-SCDMA 在网络峰值能力上存在客观劣势，为了缩短与竞争对手的技术差距，TD-SCDMA 产业链充分挖掘网络潜能，创新性地提出了“HSPA 倍速方案”，在不对现网做任何改动的前提下就可以成倍提升吞吐量。此外，在中国这样一个幅员辽阔的国度里建设 3G 网络，必然面临着很多特殊场景的挑战，TD-SCDMA 产业界也研究出了超远、超高速解决方案。

1. 2G/3G 融合组网

基于GSM将与TD-SCDMA网络长期共存的认识，为了充分发挥全球最完善 GSM 网络的既有优势，并从根本上解决 TD-SCDMA 作为新的接入技术与与原有用户融合的问题，中国移动从技术层面上创造性地提出了“三融合”的概念，即 TD-SCDMA 要与 GSM 实现“网络融合、业务融合和应用融合”。其中，网络融合目前指 GSM 和 TD-SCDMA 共用核心网；业务融合则是将 GSM 上优秀的应用及平台迁移到 TD-SCDMA 网络中，并借助后者的带宽优势来提升用户体验；应用融合则需要网络侧和终端侧的紧密结合，实现资源按照业务、用户进行分配。前二者主要从网络（承载、业务网）的角度看融合，而后者主要从用户的角度看融合。

实践上，中国移动已经在TD-SCDMA二期工程中通过“三新（新标准、新机制、新测量）”，攻克了区分计费、区分话务统计、路由调整、区分接入等关键难题，实现了2G与TD-SCDMA共用核心网，从而提高2G/TD-SCDMA以及RNC间切换成功率和呼叫接通率，改善了TD-SCDMA的用户体验。

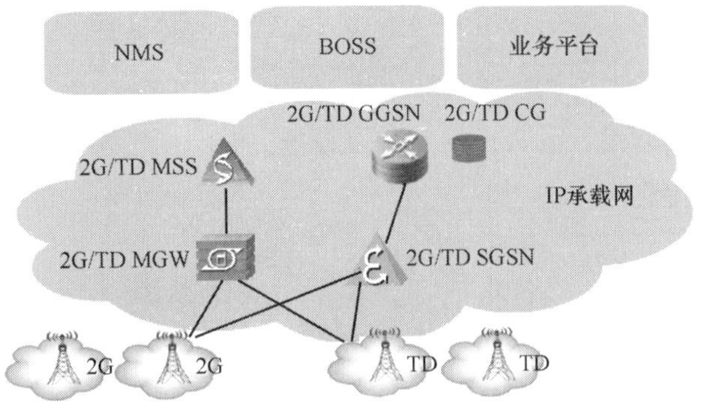

图 13-17 TD-SCDMA与GSM共用核心网示意

TD-SCDMA和GSM网络的切换成功率已达到96%，虽然已经和一年前相比有了明显的改善，但和国外成熟网络的WCDMA/2G切换成功率相比还有一定差距，要进一步改善TD-SCDMA/2G切换成功率并改善重选时延，无线网融合正在成为无法回避重要领域。因此，中国移动正在通过推动开放Iur-g等措施探讨共RNC/BSC、共NodeB/BTS的深度融合方案。

2. HSPA倍速方案

为了进一步提高TD-SCDMA网络的吞吐量，在不改动现网（HSPA）的前提下增强相对于其他3G制式的比较优势，中兴通讯等厂家提出所谓HSPA倍速（HSPA MX）技术，该技术可以在不改变系统标准、不改变网络结构、不改变数据卡（或终端）的情况下，仅通过对基站进行软件升级，就能够实现室内小区数据业务流量总吞吐能力有效提高。

具体而言，HSPA MX存在室外和室内两种应用场景，其原理略有不同。室外HSPA MX利用智能天线的波束赋形功能，在不同用户间形成的空间隔离基础上，实现了用户间无线资源的重用(即实现不同用户在频点、时隙、码道的完全重复利用)，相比标准HSPA吞吐量提升1.3—1.5倍；对室内覆盖，HSPA MX利用室内楼板、墙体构成用户间天然的隔离，使用HSPA MX算法和多通道室内覆盖技术，实现了用户间的无线资源的重用，相比在室外HSPA MX技术，在室内应用效果更好，用户吞吐量可以提升2倍左右。

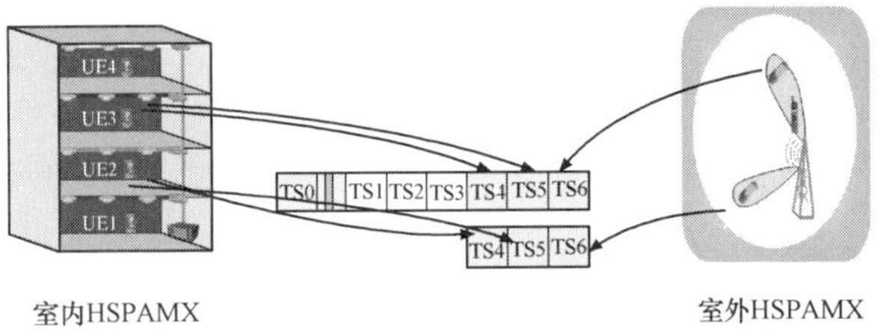

图 13-18 TD-SCDMA HSPA MX技术原理示意

实验室测试和外场测试均验证了HSPA MX技术提升小区速率的有效性，目前，该技术已经在具有多个通道，且通道间隔离水平较好的TD-SCDMA室内分布系统中获得一定程度应用。

3. 特殊场景解决方案

由于需要上下行倒换时间，一般地，时分双工体制的技术在终端允许移动速度和小区覆盖半径上存在先天弱点。正是由于这种思维定势，TD-SCDMA系统被认为在超高速度覆盖和超远距离覆盖等特殊场景中存在缺陷。但正所谓“困难是前进的动力，又是创新之起始点”，先天的劣势给了TD-SCDMA系统强烈的创新动力。

理论分析表明，在超过300km/h的磁悬浮、高铁等超高速场景下，多普勒频移带来的频率误差会对TD-SCDMA系统接收信号信噪比产生恶劣影响，而速度对于智能天线赋形效果和小区同步的影响则不大。基于这些现象，产业界提出了专网覆盖、多小区合并、频偏补充、切换/重选参数优化等多种技术方案，较好地解决了超高速场景覆盖需求。

TD-SCDMA系统的常规覆盖能力取决于上下行导频时隙之间的保护间隔，通过引入UpPCH Shifting技术则可以将上行接入请求的检测窗由UpPTS时隙扩大到TS1~TS3时隙，在仅扩大到TS1时隙的情况下，下行方向已经可以支持到116.25km的覆盖范围，如果结合使用智能天线宏分集技术，便可改善业务解调性能，降低业务覆盖的功率要求，特别在上行方向带来的增益，使普通终端就可以实现远距离覆盖应用，可以解决海面、沙漠等特殊场景的超远覆盖需求。

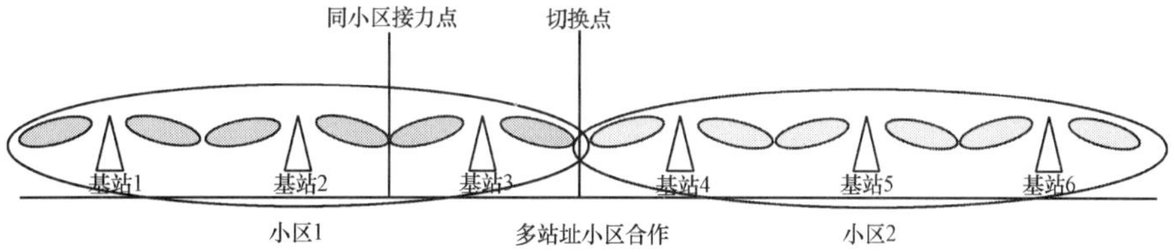

图 13-19　高速场景下的多小区合并方案

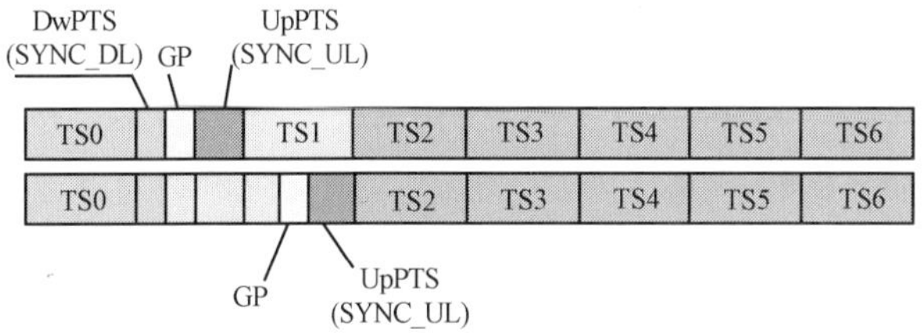

图 13-20　UpPCH Shifting 技术帧结构示意

（五）市场应用创新

基础技术创新的目的是发展生产力，最终繁荣人民群众的物质文化生活。为了快速积聚 TD-SCDMA 用户群体，推动相关产业链的壮大，中国移动从用户的角度出发，提出了“三不原则”，并且借助了无线城市的建设东风，下大力气促进了 TD-SCDMA 技术在电子政务、应急管理、无线城市、农村信息化、电子商务及其他行业领域的应用。同时，考虑到用户对网络的直观感知以及选择网络的影响因素，缩短与其他制式在终端上的瓶颈，中移动接连投入巨资建立了 TD-SCDMA 终端专项激励基金，并直接牵头参与了 Ophone 智能终端的研发。

1.　“3+1”和“三不原则”

任何先进的技术最终都需要在市场中接受检验，TD-SCDMA 也不例外。为了迅速积聚网络得以良性发展的用户群，中国移动在 TD-SCDMA 的市场定位和推广策略上也进行了诸多创新。

在 TD-SCDMA 社会化测试阶段，中国移动通过“先锋卡”将 TD-SCDMA 定位于先锋用户，提供语音和数据上网卡这二种基本业务。随后则根据测试后用户的反馈以及实际网络质量的测试结果，在正式商用前，中国移动又提出“3+1”目标，对 TD-SCDMA 的定位进行了根本的调整。

所谓“3+1”，即面向用户的 TD-SCDMA 主要产品是上网本、数据卡、无线座机（含家庭信息机）这三种基于数据应用的终端和基于语音，兼顾数据的一种传统手机终端。为了配合这个新的市场定位，中国移动又进一步提出了“三不原则”。

所谓“三不原则”，一是不改号，用户在 GSM 网络中使用什么号码，加入 TD-SCDMA 之后仍然是什么号码；二是不换卡，用户将目前使用的 SIM 卡直接插入 TD-SCDMA 手机就可以使用；三是不需要登记，只要网络可以识别并清楚哪些 GSM 用户转变成为 TD-SCDMA 用户，不需要用户去营业厅办理。

在“三不原则”原则提出后的很短时间内就兑现了承诺，这充分体现了中国移动“全心全意、全力以赴、义无反顾”做好 TD-SCDMA 的坚强决心，同时也间接印证了中国移动在技术支撑和后台服务上的强大实力。在某种意义上，“三不原则”甚至将成为中国 3G 转网服务的一个标尺。

2.　TD-SCDMA 无线城市

无线城市是信息高速高路之后又一个事关公众的宏伟概念。自 2004 年美国费城提出全球第一个无线城市计划以来，全球在建和规划中的无线城市已经超过 600 多个。我国也已经有十多个大城市陆续提出明确计划。

然而，仔细回顾一下便会发现，无论政策内涵或是组网模式上，无线城市都并无一定之规，它从最初的由政府推动的、面向公众提供无线宽带接入服务的“第五种公共事业”，演变成采用多种技术手段推动城市信息化应用的一个潮流。当然，这也是 TD-SCDMA 技术发挥作用的一个舞台。

作为中国移动 TD-SCDMA 规模试验网的第一个试点城市，福建省厦门市就敏锐地把握了这一契机，采用“无线城市搭台，TD-SCDMA 唱戏，Wi-Fi 作陪”的模式，形成了技术、平台、产业、应用相互促进、共同发展的良性循环，从以往许多无线城市完全免费的方式向免费与付费相结合的方式演进，形成了可持续发展的局面。即“用 TD-SCDMA 建设无线城市，就是落实国家自主创新的战略决策；中国移动关注无线城市，在更大程度上是培育和发展TD-SCDMA市场，拉动整个TD-SCDMA产业的健康发展。”

也正是基于无线城市所能给TD-SCDMA技术带来的无限空间，2009年初，工业和信息化部、国家发展改革委、财政部、国资委、科技部等五部委联合发文支持TD-SCDMA的15条政策中就明确提出，“鼓励TD-SCDMA技术在电子政务、应急管理、无线城市、农村信息化、电子商务及其他行业领域的应用”。

3. Ophone智能终端

终端是用户接触网络的第一印象，对发展用户起着至关重要的作用。为了帮助产业链上最薄弱的终端尽快成熟，中国移动接连投入巨资建立了TD-SCDMA终端专项激励基金，与手机终端厂商和芯片制造商联合研发设计满足市场需求的TD-SCDMA终端产品。通过设立明确的扶持方向，如“旗舰宽带互联网手机”和“低价3G手机”，这种联合研发的方式降低了终端厂商的风险。

为了进一步缩小与其他3G制式在终端环节上的差距，并从根本上改变TD-SCDMA产业早期终端质量不过硬的形象，中国移动还自主研发了Ophone平台。该平台最早被称为OMS（Open Mobile System）系统，是中国移动采用开源的Linux为系统内核、借鉴并兼容Android平台所开发的一套开放式智能操作系统，也是全球范围内运营商主导开发的第一个面向移动互联网的智能终端软件平台。基于该方案，终端厂商可以迅速推出自己的Ophone终端。

目前，中国移动已发布的6款Ophone智能终端，即LG GW880、联想O1、海信E3、多普达A6188、飞利浦V900和戴尔Mini 3i。其中，前三款均支持TD-SCDMA。

（六）总结与展望

从1998年成为国际标准到今天，TD-SCDMA已经历10年的奋斗历程。作为制衡欧美3G专利霸权的政策手段，TD-SCDMA的提出就已经出色地完成了它的历史使命；作为中国拥有较多知识产权的3G标准，TD-SCDMA的发展改写了无数通信工作者的人生轨迹；作为由“电信大国”向“电信强国”转型的载体，TD-SCDMA的兴衰又势必影响今后国家科技创新项目的整体走向。

从TD-SCDMA技术的十年历程来看，民族产业自主创新首先离不开国家政策的大力扶持，如果没有政府在标准化和产业化上的支撑，TD-SCDMA技术很可能就只是昙花一现；其次，重大技术的产业创新一定是全方面，离不开配套产业的支持，中国通信标准化协会、TD-SCDMA产业联盟、TD-SCDMA技术论坛等行业性组织就在协调社会力量上发挥了重大作用；再者，产业创新不只是工业界的事，往往需要国家在科研投入、教育体制等方面的远瞻性、基础性投入。

当前，TD-SCDMA产业链正在加大与FDD LTE（WCDMA）产业链的捆绑与融合。从过往的历史来看，WCDMA和cdma2000的发展给TD-SCDMA技术带来了诸多启示和后发优势，而将来，TD-LTE的进一步演进则更多依赖于民族产业的原创性突破，因此建议政府和产业链加大在芯片、操作系统和基础通信理论等领域的投入。

一分耕耘，一分收获。TD-SCDMA产业界的10年艰苦历程换回了今日全国范围内的大规模商用。近两年来，TD-SCDMA增强型技术及TD-LTE演进技术获得了国家科技重大专项的强力支持，其未来方向也日渐清晰。展望明天，我们完全有理由相信，作为中国百年电信史上的重大创新，TD-SCDMA必将通过不断的技术进步实现自身可持续的良性发展！

（作者：中国移动通信集团设计院有限公司 袁 捷 赵 培）

参考文献：

[1] 王建宙. 支持TD-SCDMA发展 中国移动责无旁贷.人民网，2008-05-08

[2] 高鹏等 3G技术问答，北京：人民邮电出版社，2009-06

[3] 中国电子报社等组编.TD-SCDMA产业十年发展历程.北京：电子工业出版社，2008-05

[4] 王建宙. 在中国移动TD-SCDMA产业价值链上的讲话.2008-12-12

[5] 鲁向东. 开启无线城市成功之路——厦门模式多方谈.中国电信业，2009,7

五、无线城市商业模式研究

（一）无线城市简述

1. 无线城市定义

（1）广义定义：无线城市是一种城市发展理念，主要是利用无线技术手段来对城市进行覆盖，提供无线接入的服务，以提升整个城市的信息化水平。无线城市涉及的无线通信技术较广，如 2G、3G，包括 Wi-Fi 和 WiMAX 等。

（2）狭义定义：是来自实践发展经验，主要是指“无线宽带城市”，即利用 Wi-Fi 和 WiMAX 再加 Mesh 组网技术进行无线覆盖。

2. 无线城市的发展阶段

（1）20 世纪 90 年代末～2001 年 Wi-Fi 技术启动阶段：全球运营商大规模建设 Wi-Fi 热点，同时 Wi-Fi 在市场普及率提高，Wi-Fi 技术逐渐成熟，Wi-Fi 热点建设和公共 Wi-Fi 接入服务被引入电信行业；

（2）2003 年预期高峰～2005 年 Mesh 技术启动阶段：运营商未能找到 Wi-Fi 热点盈利模式，建设速度放慢；Mesh 技术引入，Wi-Fi 云、热区出现；

（3）2007 年第二次快速发展阶段：全球知名城市利用 Wi-Fi 及 Mesh 技术建立无线城市，掀起 Wi-Fi 建设新浪潮，中国的北京、上海、天津、武汉、杭州、深圳、海口、青岛、常德等城市已经制定或启动了“无线城市”计划。

3. 无线城市的各方面需求

（1）政府应用需求。无线城市的政府应用需求主要来自 4 个方面。

- 城市智能交通方面：通过无线城市建设，实现车厢和道路的实时监控、车辆位置管理和调度、电子站牌等服务；保障市民出行安全，节省出行时间；推进社会公共服务信息化；
- 平安城市监控方面：通过无线城市的建设，在固定监控点的基础上补充无线监控点，实现大型活动和突发事件的机动监控、车载的流动监控以及无法铺设固定线路的监控点；
- 城市网格化管理方面：通过无线城市的建设，管理人员实现图像和视频的实时拍摄，高速上传；随时随地查询地理、人口、车辆等信息；随时随地查看其他视频监控点的图像信息；
- 电子政府的需要：依托无线城市，实现政府内部办公网络的无线化；政府信息通过无线网络免费发布，市民可随时随地获取。

（2）无线城市的行业应用需求来自 4 个方面。

- 医疗服务：在医院内通过无线覆盖，医患双方都可以随时随地查阅电子病历；依托无线城市建设，可实现救护车辆的跟踪定位；
- 公共事业：依托无线城市建设，可对河道等污染实现无线监控，解决布线问题；通过 GPS 定位技术与无线城市建设的结合，可实现土方车辆定位，从而有效管理渣土运输管理问题；
- 企业办公：依托无线城市，让企业用户实现随时随地的办公；企业用户可以通过无线上互联网；企业用户可在任意 Wi-Fi 接入热点，使用 VPN 业务，实现访问企业内网；
- 信息发布：根据用户的位置可为用户推送个性化 Portal；各种不同类型的企业，如休闲餐馆、图书馆、商场等，可以定制自己的 Portal，形成商业模式。

（3）公众应用需求有两方面内容。

- 目标客户定位：本地居民、出差或旅游的外地人士（包括外国人）；目标客户以上班族为主；
- 热点定位：休闲娱乐场所、专业市场、会展中心、商业街区、政府机构、学校及培训机构、公众交通、宾馆酒店、商务写字楼。

（二）相关技术分析

1. Wi-Fi 技术简介

（1）Wi-Fi（Wireless Fidelity）无线保真技术。它是一种短程无线传输技术，能够在数百英尺范围内支持互联网接入无线电信号。Wi-Fi 是 WLAN 技术标准的一种，适合用于局域网建设。

（2）实施形式有两种。一是具有定向天线的 Wi-Fi：用作解决 DSL(Digital Subscriber Line)和 DOCSIS(Data Over Cable Interface Specification)的接入问题，但距离不能过长，而且缺乏 QoS 和统一的设备标准也限制了这种方式的可扩展性。一是具有 Mesh 网络拓扑结构的 Wi-Fi ：解决了覆盖问题，并且 Mesh 网络拓扑结构较定向天线的结构具有更好的可扩展性，但是缺乏 QoS 和内部 AP 缺乏统一标准也限制了 Mesh 网络拓扑结构更进一步的发展。

（3）Wi-Fi 适宜布设在人口密集度较高的地区，如：商业贸易区：主要针对商务人士、各大中小商户提供数据业务；住宅区及周边配套生活区：主要针对大众客户、家庭用户等提供数据业务；休闲娱乐区：主要针对大众客户、商务人士、家庭用户等提供数据业务；重要学校校区及周边配套生活区：主要针对教师、学生、大众客户、家庭用户等提供数据业务。

（4）Wi-Fi 技术标准体系如下。

表 13-3 基本 Wi-Fi 标准情况

802.11	802.11b	802.11a	802.11g	802.11n
802.11 是 IEEE 最初制定的一个 WLAN 标准，主要用于解决办公局域网和校园网中用户与用户终端的无线接入，业务主要限于数据访问，速率最高只能达到 2Mbit/s。	1999 年 9 月 802.11b 被正式批准。该标准规定 WLAN 工作频段在 2.4—2.4835GHz，数据传输速率达到 11Mbit/s，传输距离控制在 50-150 英尺。该标准是对 802.11 的一个补充。	802.11a 标注是 802.11b 的后续标准，其设计初衷是取代 802.11b 标准。然而，2.4GHZ 频段属于工业、教育、医疗等专用频段，是公开的，不需要执照；而工作于 5.15～5.825GHZ 频段需要申请与审批。	IEEE 推出最新版本 802.11g 认证标准。该标准提出拥有 802.11a 的传输速率，安全性较 802.11b 好。	该标准是下一代 Wi-Fi 标准；802.11n 标准将可让实际的传输率达到 100Mbit/s。相较之下，目前较快的 802.11g 的规范只能达到 54Mbit/s。

表 13-4 增强 Wi-Fi 标准情况

802.11i	802.11e	802.11f	802.11h
802.11i 标准结合 802.1x 中的用户端口身份证，对 WLAN 的 MAC 层进行修改与整合。定义了严格的加密格式和鉴权机制，以改善 WLAN 的安全性。	主要解决 WLAN 的 QoS 问题。	定义了访问节点之间的通信，保证了不同厂商、AP 之间的互通。	定义了频谱管理技术。

2. WiMAX 技术简介

（1）WiMAX（World Interoperability for Microwave Access）是一项基于 IEEE 802.16 标准的宽带无线城域网接入技术，为了提高频谱资源利用率以适应各类宽带多媒体应用，而采用了大量新技术（如 OFDM/OFDMA、MIMO、自适应编码调制等）

（2）IEEE 的 802.16：制定了以 802.16d 和 802.16e 为代表的无线宽带城域网（WMAN）空中接口标准；WiMAX 论坛：整个 WiMAX 技术体系和网络模型的完善者，以及产业链的推动者。

（3）WiMAX 2004 年进入中国；2006 年，固定 WiMAX 进入商用，WiMAX 已经是一项较为成熟的宽带无线接入技术，其中固定宽带无线接入（802.16d）技术已经具备了大规模商用部署的条件，甘做 3G 的有效补充；2007 年，WiMAX 成功跻身 3G 标准，成为继 WCDMA、cdma2000、TD-SCDMA 之后的第四大 3G 标准；2008 年移动 WiMAX 逐步实现商用，与 WLAN 技术共同被采用组建奥运高速无线网络。

3. WiMAX 与 Wi-Fi 技术对比

WiMAX 和 Wi-Fi 可以相互补充，构成完整的 MAN/LAN 解决方案：WiMAX 为工作于许可证频段和免许可证频段的城域网（MAN）优化设计；Wi-Fi 为只工作于免许可证频段的局域网（LAN）优化设计。

WiMAX 与 Wi-Fi 的关系是互补而非竞争。

（1）WiMAX 频段使用适应面更广：WiMAX 既可采用许可证也可采用免许可证频段；Wi-Fi 只使用免许可证频段。

（2）WiMAX 伸缩性更强：WiMAX 运营商可以灵活分配信道带宽，媒体访问控制（MAC）协议可以支持上千个用户；Wi-Fi 带宽固定，MAC 协议只能支持数十个用户。

（3）WiMAX 的 QoS 和安全性能更优：WiMAX 的频谱效率、数据传输速率、小区覆盖范围、MAC 协议对服务质量（QoS）的支持和安全性能等方面均优于 Wi-Fi。虽然 Wi-Fi 可以通过高增益天线和 Mesh 网络提供与 WiMAX 相似的服务，但这些技术尚未标准化，设备的成本和设备间的互操作性不如 WiMAX。

（4）从应用和市场的角度而言：WiMAX 可以用于 Wi-Fi 热点之间的数据传输；但 WiMAX 在家庭和办公室尚无法替代灵活的、低成本的 Wi-Fi。

4. 3G 技术简介

3G，全称为 3rd Generation，中文含义就是指第三代数字通信。国际电信联盟(ITU)在 2000 年 5 月确定 W-CDMA、cdma2000、TD-SCDMA 以及 WiMAX 四大主流无线接口标准，写入 3G 技术指导性文《2000 年国际移动通讯计划》(简称 IMT-2000)。

（1）W-CDMA（中国联通），也称为 WCDMA，全称为 Wideband CDMA，也称为 CDMA Direct Spread，意为宽频分码多重存取，这是基于 GSM 网发展出来的 3G 技术规范，是欧洲提出的宽带 CDMA 技术，它与日本提出的宽带 CDMA 技术基本相同，目前正在进一步融合。

（2）cdma2000（中国电信），是由窄带 CDMA (CDMA IS95)技术发展而来的宽带 CDMA 技术，也称为 CDMA Multi-Carrier，由美国高通北美公司为主导提出，摩托罗拉、Lucent 和后来加入的韩国三星都有参与，韩国现在成为该标准的主导者。

（4）TD-SCDMA（中国移动），全称为 Time Division - Synchronous CDMA(时分同步 CDMA)，该标准是由中国大陆独自制定的 3G 标准，1999 年 6 月 29 日，中国原邮电部电信科学技术研究院（大唐电信）向 ITU 提出。

5. 几种技术对比分析

表 13-5、表 13-6 列出了几种技术的对比分析。

表 13-5 Wi-Fi、WiMAX 与其他 3G 技术比较

	Wi-Fi	WiMAX	其他 3G 技术
标准	IEEE 802.11a/b/g	IEEE 802.11a/b/e	3GPP、3GPP2、ITU
多址地址	CKK、OFDM	OFDM/FDD、TDD	CDMA/FDD、TDD
频带	2.4GHz，不要许可证	2-11GHz，部分不要许可证	2GHz，要许可证
最高速率	54Mbit/s	>70Mbit/s	2Mbit/s
业务	语音与数据	语音、数据、视频图像	语音、数据
覆盖	微蜂窝	宏蜂窝（<50km）	宏蜂窝（<7km）
移动性	静止、步行	静止、步行	静止、步行、车载
频谱利用率	<2.7bps/Hz	3.75bps/Hz	<1.6bps/Hz
成熟度	很好	差	较好
终端	PC 卡	智能信息设备、PC 卡	手机、PDA、PC 卡
商用	大量、世界范围	2005 年开始产品上市	大量、世界范围
QoS	支持	较好	很好
投资费用	较低	高	低

表 13-6 Wi-Fi、TD-SCDMA、WCDMA、cdma2000 技术对比

	Wi-Fi	TD-SCDMA/HSDPA	WCDMA/HSDPA	cdma2000/EV-DO	
技术参数	载频宽带	/	1.6KHz	2×5KHz	2×1.25KHz
	速率峰值	54Mbit/s	2.8+(N-1)*3.2Mbit/s	14.4Mbit/s	3.1Mbit/s
	并发用户	<25	<16*N	<15	<8
	业务	语音、数据	语音、数据	语音、数据	语音、数据
	穿透能力	★★	★★	★★	★★
成熟度	标准成熟度	成熟	不成熟，有具体的演进路线，相关标准还在制订	成熟，已有具体的演进路线，标准制订完成	成熟，已有具体的演进路线，标准制订完成
	商用情况	大量、世界范围	中国正式商用；缅甸、非洲建有试验网，小规模放号	快速向 HSPA 演进 HSDPA 网络 137 个	EV-DORev.0 有 72 个 EV-DORev.A 有 10 个
用户成本	建网成本	较低	建新网无沉没成本或沉没成本较低	非平滑过度，沉没成本大	一定程度平滑过渡，沉没成本低
	升级成本	较低	中	高	中

（三）国内外典型案例分析

1. 国外城市案例分析

（1）费城。早在2004年7月，费城最早提出无线城市计划；2005年，启动无线城市计划，费城的目标是在约350平方公里的市区范围内，提供免费户外Wi-Fi上网服务，费城市政厅通过构建城域Wi-Fi无线互联网的计划，EarthLink公司成为该Wi-Fi网络的投资商和运营商，并获得了10年的合约；2007年5月，无线网络建设完成80%，承建商EarthLink放弃该计划，费城无线城市几乎夭折，EarthLink倒贴100万美元出售无线城市项目，无人接手，费城市政府出面寻找买家，直到2008年6月，费城无线城市计划重新启动，重启后由Network Acquisition公司接管。

- 运营模式——政府招标，承建商运营。费城政府通过财政拨款、发行债券、贷款等方式提供启动资金，组建非营利机构统筹运作，并以公开招标方式选择私营企业外包，以低廉价格将无线网络资源批发给ISP以及大学、医院等公益事业单位；政府还提供城市街道灯杆和其他资产支持无线网络建设，并有偿使用无线网络为政府提供的各项服务。

网络建设服务商与政府签约负责整体运营，向企业、公众推广销售并为低收入和贫困居民提供免费宽带接入服务，并在公共场所（公园、广场）为市民和旅游者提供免费开放的无线网络。Wi-Fi+Mesh为主要组网技术方式，设计、建设覆盖全市的无线宽带城域网络。

- 盈利模式——方式简单、模式单一。费城无线城市的资费策略包括免费、收费和政府支持：面向部分民众提供免费的窄带接入服务；收取宽带Wi-Fi服务的接入费；政府通过财政拨款、发行债券、贷款等方式提供启动资金，为缩小数字鸿沟计划提供资金支持，并有偿使用无线网络为政府提供的各项服务。盈利模式主要依靠政府支持冲抵部分建设成本，同时依靠收取宽带接入费获取微薄收入。

（2）新加坡。2006年，新加坡政府发出公布“合作征求”，收到9个企业的计划书，并于2006年年底公布推出“Wireless@SG”网络服务，2007年完成各地区内的主要服务区域和所有二级服务区域的网络开发和部署，到2008年底整个Wireless@SG项目完成。

- 运营模式——“官商合作”的模式。由政府牵头负责制定项目规划，划分运营区域，自由竞争，并提供资金支付初期部分费用，3家电信运营商（Icell、Qmax、SingTel）具体运营：选择适合的技术进行基础网络的构建，并制定商业模式，采用账号共享技术，实现不同区域无线网络之间的无缝平移。

- 盈利模式——鉴于政府的支持，盈利模式并非问题的焦点。截至2009年12月31日，用户浏览互联网是免费的（带宽512K）；用户使用增值服务、更快网速和更精确的服务（如视频会议等）则需收费；政府按每家公司所付出的基建开支，以及实际用户使用量，向它们按季度支付费用，从而资助提供免费Wi-Fi无线上网；新加坡资讯通信发展管理局支付3000万元新币(约合2000万美元)的配置费用；有偿使用无线网络为政府提供的各项服务。

由于定位于政府的公共事业，政府对无线城市的发展大力支持，而且政府本身也是重要的用户，所以无线城市的盈利就不是问题的焦点了。

（3）伦敦。2007年，伦敦成为世界无线上网人数最多的城市，包括公共热点和商务网络在内，伦敦无线网络的数量增加了160%，无线网络的热点达到7130个，伦敦的商用无线网络增加了180%，而公共无线热点增加了27%。2007年下半年，注册使用无线宽带的人数上升了156%，用户平均每次上网的时间为72分钟。伦敦的无线宽带用户的人数是排名第二的新加坡的三倍。大约有30 000家用户使用无线宽带上网。就2008年和2007年同一时期相比，商业无线宽带上网用户提高了89%。从2007年至2009年，伦敦的Wi-Fi接入点增长率达72%，公共Wi-Fi热区增长率为34%，公共热区比例为5%。EMC的信息安全部门RSA的最新的无线安全调查报告中指出，伦敦拥有世界上数量最多的（12276个）Wi-Fi无线网络接入点，成为名副其实的无线城市。

- 资费策略——免费带动收费。伦敦无线城市的资费也包括免费和收费两种：免费无线局域网的推广名称为“Online-4-free.com”，它让用户通过Wi-Fi免费接入网络，条件是用户同意在上网间隔

15 分钟时观看一次 15～30 秒的广告，免费无线局域网的下载速度较慢，为 256Kbit/s。如用户不愿意观看广告，将被收取时间段费用，包括一个小时收费美元（2.95）英镑，或每月 20 美元（9.95 英镑），收费服务的下载速度可达 500Kbit/s。

伦敦无线城市的资费策略是以免费带动收费，由于伦敦存在多家运营商，免费的网络同英国电信的收费模式展开竞争，不过更多是作为一种促销方式。

- 技术发展及应用场景。最初伦敦无线城市广泛布设 Wi-Fi 热点，随着技术的发展，伦敦又采用先进的 WiMAX 技术进行布网，作为网络的有效补充。调查报告显示：英国无线宽带使用人数的上升，很大程度上是因为在机场和火车站增设了无线宽带服务；另外一个主要原因是越来越多的人通过手机无线上网。

商业模式是现阶段的关键：企业作为运营商，肯定最关心该项目的收益，如果继续让企业运营，无线城市首先必须盈利，成为利润源泉，就现阶段来看，并没有一个行之有效的商业模式能够保障企业的收益，这也就是网络提供商 Earthlink 退出的最根本的原因；

技术并不如想象中那样完美：无线城市的成本成为一个突出的问题，无线城市的布网成本并不是像想象的那样低廉，尤其是在增加了中继器、接入点的情况下，需要有更多的路由器才能确保稳定的信号接收，这将极大增加建立网络的成本。而市场的反应也很缓慢，付费用户的数量没能达到服务商之前的预期。

2. 国内案例分析

无线城市被公认是一个城市提升其国际竞争力和影响力的手段。无线宽带已经逐渐成为城市的基础设施，成为推动城市信息化、刺激城市经济发展的有效方式。目前国内主要大城市在建设 WiMAX 无线宽带城域网的共同特点是，由当地政府牵头，通过优惠政策、创造便利条件等方式，授权一家中小运营商投入资金进行建设及维护，这一点与国外的旧金山等无线城市类似。

但由于中小运营商的实力无法和大型运营商相提并论，并且面临着全新的模式探索，诸如无线宽带城市建成后，是否免费向公众开放，收费方式等都将是要解决的问题。市场运营和网络维护模式，规范建设、维护和业务流程都有待探索。但只要其中一个城市建好并运营成功，将可作为全国 300 个大中城市的推广样板。随着全球化和信息化的发展浪潮，越来越多的城市在选择与众不同的定位，寻求新的经济活力和商机。无线城市的概念和模式对实现经济增长和建设和谐社会的目标提供了很好的解决方案。

（1）中国台北的“M-台湾”。1999 年，台北着手网络城市计划，在“推动网络新都续阶纲要计划”下拟定了“台北无线宽带网络建设执行计划”，推动市民无线上网及便民配套应用服务，以期达到“无线台北，台北无限”的目标。2004 年，台湾推出了“新 10 大建设”计划，以期重振经济，“M-台湾”便是其中之一；此后，与统一集团下的安源信息公司签订公共无线宽带网络合作计划，进行无线城市的建设。

项目第一阶段于 2005 年 1 月 5 日完成：为台北市捷运站体的建置。此阶段范围为 30 个捷运站、相邻捷运地下街、北投机场及捷运站体周边商圈半径 50（含以上）公尺。

项目第二阶段于 2005 年底完成：为台北市主轴带的建置。此阶段除完成剩余之捷运站外，还包含台北市的重点商圈。所谓重点商圈区域范围如下：民权东西路以南，环河南北路以东，和平西路及罗斯福路以北，基隆路及塔悠路以西。

项目第三阶段于 2006 年 7 月完成：为台北市住宅密度区的建置。第一、二阶段建置完成并依用后评估修正，此阶段范围为台北市各行政区其他人口密集区。

- 台北 WiMAX 的发展状况简介。台湾的电信产业十分发达，宽带渗透率达 70%，移动电话渗透率为 100%。台湾电信业下一步的目标是成为全球 WiMAX 产业的创新中心，并利用该技术实现偏远山区和独立小岛的无线覆盖，从而在台湾建成一个庞大、完善的无线宽带产业生态系统。

WiMAX 是“M-台湾”(移动-台湾)的一项重要内容，“中华电信”联手北电网络已在台北全市范围内部署了该技术。2009 年，基于 WiMAX 技术的移动医疗救助服务将陆续在台北的各大医院启动，进而在整个台湾推广。“M-台湾”是一个为期4年的计划，通过在台湾创建一个完整的WiMAX生态系统，推出一体化的移动服务，将台湾建成全球WiMAX和下一代无线通信技术的中心。

台湾的愿景是在全岛范围内建立一个完善的WiMAX生态系统，从芯片器件到网络设备，从终端到应用。而“M-台湾”项目的启动则为该愿景的实现提供了强有力的保障。

“M-台湾”WiMAX项目具体由电信运营商负责牵头实施，主管部门给予资金补贴。作为回报，运营商要选用台湾本地厂商的WiMAX设备。

台湾无线城市的运营明显地表现出以供给带动需求的方式，伴随在“M-台湾”计划WiMAX技术备受推崇，WiMAX网络部署逐渐完善业务应用逐渐增多，带动用户的需求，并且构建无线城市的产业链，使整个产业能够发展。

• 台北WiMAX的应用和前景。截至2009年年底，台湾省已经批准了22个试点项目，通过开发、实施三类应用来验证和发掘WiMAX的潜在市场需求。这三类应用是M-生活、M-服务和M-学习。

M-生活就是让公众的衣食住行的M化，包括订车票、餐厅订位、观光导览、游客服务等。

M-服务是指政府、交通、安全和医疗等服务行业的M化。

M-学习是博物馆、学校、图书馆和美术馆等教育系统服务的M化。

• 运营模式——BOT模式。台北市无线城市计划采用BOT（兴建、营运、移转）的模式以“政府不出钱，市产无转移”为前提：先期通过市场化方式引入企业资金投资基础设施建设，并许诺投资方在建成后的一段时期内拥有该项目的经营权，到期后再由当地政府收回管理经营。

政府初期只需要投入不到900万元新台币的规划咨询费用，市政府在项目推进中扮演着三种角色：一是政策沟通者，政府通过推广宣传让市民知道政府为什么要推动这一计划；二是政府通过和安源公司合作，一方面共同打造台北市无线城市，另一方面让市民了解整个项目的建设进展情况；三是基于无线城市将提供更多政务服务。

运营商安源公司拿下了“无线台北”9年的专营权，负责网络建设和运营，负责其他约30多亿元新台币的网络铺设费用，安源信息在建成后的9年时间内还需要向台北市行政部门缴纳约占营业额1%～3%的管理费，按照合约，保证设施覆盖率、连线品质、维修费用等项目符合要求。在运营上，安源公司将无线城市项目看成自己的业务，针对不同需求设计不同价格并同相关服务捆绑销售。

台北人口覆盖率达到90%，在设计上与正在发展的Wi-Fi相结合，市政府并没有出资，而是通过竞标给得标团队运营权来间接干预的。

但WiMAX的发展还有很多障碍需要跨域。WiMAX虽然是提供宽带连接的理想选择，但它也面临着一个重大的障碍，那就是建筑物内的信号问题。WiMAX最普及的两个部署频率是2.5GHz和3.5GHz，它们都无法穿透建筑物的墙壁。

运营商的接纳程度则是另外一个问题，也是最大的问题。目前大部分实现3G商用服务的地区，都是采用的WCDMA、cdma2000和TD-SCDMA三大3G技术，很少有运营商愿意将WiMAX技术作为主流3G来对待。

（2）中国移动无线城市。中国移动的无线城市规划是建设3G无线城市，WLAN作为补充。中国移动集团将在2009年各省的建设资金中设置宽带接入预覆盖建设专项资金，以加强TD＋Wi-Fi网络建设。目前，在中国的无线宽带市场份额中，虽然中国电信占据着较大优势，但中国移动作为后入者，已迅速取得上海、南京等城市的无线宽带建设权。中国移动与铁通公司已经选定将无线宽带作为全业务融合的切入点，具体地方业务实施将遵循“因地制宜”原则，2009年各地市铁通移动合作已全面展开。移动启动2009年WLAN招标，采购设备10.8万。中国移动明确表态：今后的WLAN设备支持国产无线局域网标准WAPI。作为3G的有效补充，各大运营商对WLAN的建设一直非常重视，中国移动已经悄然在全国各大机场，酒店场地启用WLAN服务。

中移动旨在借助3G潮流，以无线宽带作为全业务竞争为切入点，提升集团竞争力。

主要用户：商务用户（用户特征：对网络接入的需求较高、良好的支付能力、易接受新事物、移动状态较常发生）；

主要市场：商务用户集中的区域，如：酒店、写字楼、候机室等；

移动对 TD 的定位：目前主要是做数据业务，数据业务的发展趋势就是宽带化；

TD 和 WLAN 的规划：TD 网络为主，提供广覆盖甚至区域全覆盖；WLAN 作为补充，确保室内或室外小范围热点覆盖。TD 可以利用 Wi-Fi 高速数据传输的特点弥补自己数据传输速率受限的不足，确保热区无线上网用户的需求；

除了移动自己铺设无线网络外，还与优质商户合作建网：

收费渠道：实现前项用户收费到后向商家收费的转变；

用户群扩张：利用优质商户的品牌优势吸引更多用户使用无线网络。

- 主要发展策略——中移动进行无线城市建设的根本目的就在于发展 TD。利用与政府合作建立无线城市的契机，由当地政府提供政策扶持和资源整合，开放政府大楼、公共设施及政府有权管辖的地域，方便 TD 布设基站。规划前期，TD 建设保证密集人群所在市区和一般市区的室外连续覆盖，保证市、郊区主要公路、国道沿线、铁路沿线的覆盖，覆盖各县城城区和重点发达乡镇、高校园区、经济开发区、旅游景点等。在规划后期，加大各地区深度和广度覆盖。TD 基站设置采用以宏蜂窝基站为主，辅以微蜂窝基站、RRU 和直放站混合组网的方式，并因地制宜地借助 OTSR 基站、超大功率站等多种技术，以较低投资成本取得较高水平的广覆盖。Wi-Fi 主要覆盖商务性区域，如：酒店、写字楼、候机室等。

- TD-SCDMA 网络覆盖进度计划。截至 2008 年底，中国移动已开通 TD-SCDMA 基站约 2 万个，网络支持 HSDPA 等功能，可提供现有 2G 业务和可视电话、多媒体彩铃等 3G 特色业务。2009 年 1 月，TD-SCDMA 试验网已经覆盖了 10 个城市，即：北京、上海、天津、广州、深圳、沈阳、厦门、保定、青岛、秦皇岛；2009 年 6 月，TD-SCDMA 二期工程建设全面展开，2009 年 6 月新增 28 个城市的 TD-SCDMA 网络覆盖，所有省会城市和计划单列市均可提供 3G 服务；2009 年实现网络覆盖 238 个地级城市的业务热点区，占全国地级城市数量的 70% 以上，其中东部省（市）的地市将实现全覆盖。到 2011 年，中国移动 TD-SCDMA 网络将覆盖全国所有地市。

- WLAN 覆盖。中移动 WLAN 的布点虽然覆盖各省、直辖市，但是热点总量很少，且集中于东部沿海经济较发达的城市，其覆盖的类型绝大多数为酒店和大部分重要的交通枢纽。

- 建立 3G“无线城市”存在的疑问。从政策层面来看：中国政府和工信部都没有进行大规模的无线网络的规划和推动工作，基本是由各城市和地方政府主导开展无线城市的建设工作。由于无线网络技术还不成熟，无线城市的商用模式也不清晰，因此会有很大的阻碍。

从技术层面来看：目前全球无线城市的建设基本都采用的是 Wi-Fi＋WiMAX 的无线网状网技术，这也是无线网络最基本的技术，在未来一段时间，该技术都不会被新的无线技术取代。

（3）厦门。厦门无线城市采取的是政府和运营商共同协作的方式，基于 TD-HSDPA 网络，通过政府的主导和协调，由中国移动负责 3G 网络建设，避免新建专门网络的重复投资；同时，结合中国移动现有的 3G 业务，面向大众及行业客户提供多种多样的数据及信息业务与行业应用。这种全新的运营模式既保证了网络建设的投入，同时也提供了可以运营的多项业务，是厦门无线城市成功的关键。

无线政务：满足政府在城市管理、市政要求、治安管理等方面对无线通信的需求，实现“监督型政府”向“服务型政府”的转变；

无线生活：将无线应用渗透到人们生活的方方面面，除个人随时随地高速上网、可视电话、手机搜索等，还有面向家庭客户的综合接入网关、家庭监控服务等，享受无线城市带来的精彩生活；

无线产业：将人、数据、平台、工作部门等要素有机融为一体，促进安防、物流、计算机等硬件设备生产厂商、动漫游戏等手机及互联网内容产业的发展，提高各行业的综合竞争能力。

- 发展历程。2006 年，厦门就被确定为建设 TD-SCDMA 试验网的三个城市之一。中国移动福建公司成立了 TD 试验网建设领导小组，第一时间确立了“一切从 TD 出发”、“一切为了 TD”的建设理念，从系统全流程各层次确保试验项目所需各种资源及时到位，立足技术优势不断探索创新，在 TD-SCDMA 建设进程中创造了一个又一个“全国第一”。2006 年 3 月 18 日，厦门马巷中国移动 TD 试验网交换机房里，中国第一个 3G-2G 的互联电话成功拨通，标志着中国移动在厦门承建的 TD 试验网建设取得突破性进展。2007 年，厦门又成为扩大 TD-SCDMA 试验网建设的十个城市之一。2007 年 7 月，中国第一条 TD 网络无缝覆盖隧道在厦门贯通，中国第一个 TD 网络覆盖的高速公路隧道也在厦门完成建设；2007 年中国移动在福建完成了中国第一个海面 TD 覆盖工程，完成了中国第一个广告牌安装 TD 基站智能天线装置。2008 年 9 月 8 日，厦门“无线城市”网络正式开通。

- 三期规划。一期 2008 年 9 月完成：面向所有厦门用户提供基于 HSDPA 的无线数据服务，即“无线城市应用”；在部分公共场所（高崎机场、国际邮轮码头、会展中心等）提供免费政府网站访问权限；面向行业用户提供基于 HSDPA 的行业应用试点解决方案，将行政办公、执法监控等应用从传统 2G 应用向 3G 应用试点演进，将高投入的有线向低成本的无线应用转移；以厦门软件学院为试点，开展“无线校园”应用建设，通过校园内的无线宏站及室分覆盖，建成无线校园网，为学校教职员工及学生提供随时随地的无线校内接入。

二期 2008 年 12 月完成：加强政府及写字楼的室内覆盖，强化弱覆盖，保证“无线城市”应用的高速及稳定；对 3G 行业应用开展量化推广，并针对个性化项目进行支撑，树立 3G 应用标杆。如：正式实施“无线港区”工程，实现港口作业监控、无线掌上审批等应用；针对交通、安监等路面及危险源监控，提供 3G 视频监控等。面向普通用户提供民生无线应用，如：搭建“移动旅游通”平台，为市民及游客提供 3G 租机、旅游引导、食宿查询及商户联盟等服务，同时结合行业无线应用，提供配套行业服务，为市民及游客打造移动旅游整体服务。配合厦门信息产业链，为终端设计开发、手机动漫及手机游戏、幼儿监护、掌上网校等提供高速的无线应用平台，推动厦门本地信息应用软硬件产业链的进一步发展。

三期 2009 年启动：结合 HSUPA 试点，将“无线城市”应用从主流高速数据应用向超高速数据下行和高速数据上行应用转型，提升“无线城市”个人及行业应用的上行水平。在行业应用中，将实现数倍于现有 3G 应用的高品质视频服务，将监控应用从整体监控推广到需要精密监控的行业中，拓展 3G 的行业应用面。

提升个人用户应用及信息业务拓展面，通过资费调整及终端适配的方式，为客户提供更为丰富的个人视频及数据服务。

- 运营模式——政府+运营商+运营服务商。无线城市建设由政府牵头，承担推广使用与发展方向引导的责任，尤其是在发展初期提供各方面的支持：首先，借助相关扶持政策，整合利用政府资源，争取政策扶持，为运营商和运营服务商创造方便条件。其次，由政府协调与基础电信运营商的矛盾，明晰产业政策，统一运营无线城市的相关基础设施，以优化资源使用效率，保证整体服务质量与合作效率，摒除重复建设、重复投资现象。第三，政府积极推动市场化运作，探索无线市场新模式，从更高层面上考虑无线城市的发展问题，并在无线城市具体应用方面、技术突破方面给予大力扶持。

中移动负责城市基础网络的建设、资费的制定、营销策划制定及实施以及具体增值业务的开发等。

运营服务商搭建移动互联网的宽广平台，中移动开发增值业务，运营服务商收取平台费；合作提供部分增值服务：如无线政务、新闻资讯、招商信息、证券、直播电视、短片点播、娱乐八卦、教育培训、路况实时监控、景区监控、市民缴费查询系统、车辆违章查询系统等应用服务。

- 资费及优惠活动。按时长：按照实际上网时长收费，标准为 0.05 元/分钟，计费时长按分钟取整。包月：用户办理套餐之后，将从第二个月起开始正式生效。本月将按照正常资费标准收取。

表 13-7 厦门无线上网资费情况

套餐种类	可上网时间	超出部分	备注
30 元/月	15 小时/月	0.05 元/分钟	可全国漫游使用
50 元/月	40 小时/月		
100 元/月	200 小时/月	本地免费国内漫游 0.05 元/分钟	

优惠活动：用户可以通过预存上网费的方式获得 4 款不同的 TD 上网终端（仅限厦门用户）：预存 700 元，加 1 元可获赠 TD 上网卡 1 型（价值 1000 元）；预存 800 元，加 1 元可获赠 TD 上网卡 2 型（价值 1200 元）；预存 1100 元，加 1 元可获赠 TD 上网卡 3 型（价值 1400 元）；预存 1200 元，加 1 元可获赠 TD 上网卡 4 型（价值 1600 元）。

- TD 借道"无线城市"的意义。TD 建设无线城市有极大的意义，预先模拟中国 3G 真实的网络环境，是 TD 真正商用前"真刀真枪"的演练；其次是吸引用户，为 TD 的"落地生根开花"找到出路；业界普遍认为 Wi-Fi＋WiMAX 是国内无线城市建设主要的应用模式，而此次厦门无线城市如能成功，在全国具有积极的示范意义，也为 TD 在全国推广铺平了道路；目前厦门所实施的资费方式对用户有较强的吸引力，在一定程度上对其他运营商宽带接入服务以及其他相关服务形成了威胁。

- 成功要素主要来自两个方面。

① 政府主导：地方政府部门充分发挥政策支持作用，为运营商营造有利于 TD-SCDMA 发展的大环境，积极推动市场化运作，从城市整体建设层面上考虑"无线城市"的发展，并在具体应用行业、应用领域方面给予运营商大力支持。

② 政企携手，产业链联合：产业链伙伴联合解决 TD-SCDMA 发展应用的技术障碍和应用瓶颈，在设备、终端、解决方案上形成了一套拥有巨大潜力的创新模式。

简而言之，TD-SCDMA 产业和应用又好又快地发展，还需政府、运营企业、产业链共同携手努力。坚持"政府主导、市场推动、企业参与、联盟推广、行业突破、区域展开"的方针，充分解决各种技术难关，有效突破目前的困难与瓶颈，这才是有效推动 TD-SCDMA 发展，建设新型无线城市的成功之道。

（4）上海嘉定。嘉定无线城市的建设分为三个阶段：第一阶段从 2007 年底到 2008 年初，实现主城区及重点开发区域的室外无线宽带覆盖；第二阶段自 2008 年初到 2008 年底，实现嘉定新城组成城市室外覆盖；第三阶段从 2009 年初到 2009 年底世博会之前，完成整个区域覆盖的无线城市规划。

- 运营模式——政府主导、政企共建、企业运营、服务社会、带动产业。政府通过招标的方式选择无线城市的承建商，无线网络建成后，政府则承诺购买部分服务，保证中电华通回收部分投资。政府需要制定出切实有效的管理制度及公共政策进行市场培育，并进行开放性应用，重点向无线商务等应用倾斜。

中电华通负责无线城市所有基站的建设与线路铺设工作，并享有网络建成后的独家运营权限；独揽后续的上网服务收费，从营收中赚回投资；另外，运营商自身要积极探索，比如创造出适合的增值服务赢利模式等。

上海嘉定新城无线城市主要采用 Mesh Wi-Fi+WiMAX 的技术，通过在路灯杆、交通信号灯等城市基础设施上部署无线信号基站的方式，在嘉定区内进行无线信号传输，用户则可以通过笔记本电脑、PDA、智能手机等各类内置 Wi-Fi 功能的终端随时上网。

Wi-Fi 作为一种常用的无线技术，无论是在市场、用户、产品技术、应用或是产业链完善方面，跟包括任何一种无线技术相比，其优势无可厚非。但是，在商业运作上，Wi-Fi 也如同其他无线通信技术一样，目前存在着或多或少的劣势。对于未来无线运营服务，Wi-Fi 技术目前已是越来越被推崇，国际上不用说，在中国，Wi-Fi 覆盖范围已具有相当大的规模，这也为未来 Wi-Fi 运营服务的推广提供了极佳的基础网络设施，假若 Wi-Fi 运营商业模式正式成型，提供 Wi-Fi 运营服务也就水到渠成了。

万事俱备，只欠东风，对于这一点，中国运营商们最为清楚。目前在 Wi-Fi 商业模式上虽然尚无定论，而且时不时也传来 Wi-Fi 城市运营服务发展不利的消息，但是我们看到越来越多的服务提供商仍在摸索和探讨，即使失败也不气馁。毕竟，任何

表 13-8 国外无线城市商业模式情况

商业模式	盈利特点	资金来源	网络所有者	收费模式
直接收费模式	接入服务直接盈利	运营商或 ISP	运营商或 ISP	按时收费，面向个人企业政府
广告模式	面向大众非营利；广告、大客户服务盈利	企业、集成商或 ISP	资方	通过广告费补贴；高带宽还是要收费
开放共享模式	接入服务非营利	募集资金或广告	个人或非营利机构	免费
政府买单模式	非营利	市政府	政府，建网和运维委托 ISP	为市民提供免费或低价服务

一种商业行为的成功都必须付出代价，关键是是否具有承担此责任的勇气和决心。

（四）国外无线城市商业模式分析

国外许多城市在无线城市的建设过程中，由于资费模式，与政府合作形式等存在区别，从而形成了不同的商业模式，我们可以总结为四类。

1. 直接收费模式

（1）主要内容。这种模式就跟固定宽带接入方式一样，直接收取服务费用，只不过试用期内可能采取免费方式促销。一般是按时间收费，同时会根据预订服务时间，推出各种优惠套餐。采用直接收费模式的无线城市，一般是开始的时候政府会做出扶植，但最终要转向由运营商运营。

（2）优势：运营模式简单，建设之初，政府会给予扶植，市场推广期采用免费策略，能迅速吸引大量用户。

（3）劣势：由于无线城市的建网成本也很高，价格跟有线接入宽带方式相比没有竞争力，而且网速、带宽和网络稳定性等方面还很逊色，固网运营商还会采取业务捆绑和融合置换等方式促销，因此这种方式很难有好的结果。

2. 广告模式

（1）主要内容。广告模式通常是由政府公开招标，通过谈判与 ISP(互联网服务提供商)达成协议，要求 ISP 不仅要出资建设、运维网络，同时还要承诺为市民提供一定的免费宽带接入互联网的服务。在这种模式下，ISP 则承诺一定带宽速率的免费接入服务，但用户必须接受大量广告，希望享受更高速率或者不希望看到广告的用户也可以选择付费。此外，ISP 还可以通过为政府服务和信息批发业务获得收益。

（2）优势：可通过免费方式（接受大量广告）吸引用户使用无线上网业务；实现多渠道盈利：收取高带速接入费和提供专项服务费盈利；获得政府支持。

（3）劣势：大量用户肯定会选择免费业务，这迫使 ISP 只能通过广告盈利，而且目前尚未有成功案例；根据多个城市运营无线互联网的经验表示，单纯依靠广告收入的方式无法长期支撑一个城市无线互联网的运行。

3. 开放共享模式

（1）主要内容。在这种模式下，公共和私人拥有的分散的 Wi-Fi 网络通过共享方式开放给他人，通常是免费为加盟者开放。参与者只要愿意共享自己的接入点，就可以获得接入其他加盟者接入点的权利，通过分散的方式实现无线城市。被某些学者称为“全民建网，抛开运营商，完全免费”。

（2）优势：节省了大面积布网及其他一些建设费用；用户只需要加装热点软件，就可以成为圈内用户，贡献自己的网络资源，同时共享他人的网络，从而形成一个覆盖面相当可观的 Wi-Fi 无线网络。

（3）劣势：加盟热点质量参差不齐；安全及网络流量难以控制；涉嫌利用运营商网络资源获取利益；圈外用户不能享受免费接入。

4. 政府买单模式

（1）主要内容。在政府买单模式下，存在着两种情况：第一种是完全由政府买单，网络建设就像修桥铺路一样成为城市的基础公共设施，甚至由政府完全负责运营而不需要运营商；另一种是政府为其公共安全管理的需要自建网络，然后再扩展范围，面向公众服务。政府为其中的最大客户，保证运营商基本的收入，然后免费或者尽可能低的价格提供给广大用户。

（2）优势：用户可以免费享受无线上网服务；政府不以盈利为目的，因此不需要考虑盈利模式；

（3）劣势：政府虽然能够在无线城市网络建设初期给予一定的支持，但毕竟无法承担长期高成本的运营费用；政府作为主体参与市场竞争，本身有失公平，扰乱市场秩序；政府提供宽带无线接入将直接与电信市场的运营商及 ISP 产生竞争，这肯定会产生冲突。

（五）国内电信运营商无线城市运营模式建议

集中政府、电信运营商、ISP 三方优势，由政府牵头，推广宣传，给予政策支持，协调参与各方的利益关系，政府财政可提供部分资金支持；鉴于电信运营商从事网络业务多年，积累了大量的客户资源和相关经验，拥有良好的网络基础等优势，因此由电信运营商负责建设、运营；由 ISP 支撑，提供内容，提供技术上的支持，提供增值业务平台，提供部分增值业务。

将政府、电信运营商、ISP 连接起来形成紧密合作的运营关系，关键之一在于要明确各主体的利益范围，通过利益纽带集合相关力量。无线城市建设过程中，电信运营商除了要负责具体的建设、运营职责外，更重要的是要起到连接各方利益、集合各方力量、共同建设无线城市的推动作用。无线城市的建设可以提升政府和城市形象，获取工作绩效，提高政府工作效率，提升社会服务水平，推进城市信息化、现代化建设；同时可以扩大 ISP 市场用户规模，获取经济利益，提高公司市场地位，增加增值业务范围，获取无线城市建设经验。

（作者：中国电信上海研究院　王　江）

六、3G 重点业务研究与市场分析

（一）3G 业务市场概述

2009 年国内三大运营商全面启动 3G，3G 业务进入全面发展阶段，截至 2009 年 10 月底，国内 3G 用户总数为 977 万。中国移动借助于 2G 的优势，3G 用户发展数为 394 万；中国联通占据了 WCDMA 的技术成熟优势，3G 用户数为 102 万，联通用户数较少与联通启动 3G 的时间较晚有关；中国电信的天翼用户数约为 400 万左右。3G 给用户提供了比 2G 更丰富的业务品种和更高的带宽，用户可以获得更多的信息、娱乐、商务等服务，随着网络建设的不断深入，网络质量的提高、网络覆盖的扩大以及用户对 3G 业务的认知度的逐渐提升，2010 年 3G 业务将进入高速发展阶段。

3G 网络上提供的业务与 2G 业务的关系非常密切，根据用户对 3G 业务的体验，可以将 3G 业务分为：继承型业务、提升型业务、标志型业务。继承型业务在 2G 和 3G 网络上业务体验没有很大的差别，属于基础型的移动业务，如语音、短消息业务、个性化回铃音、多媒体消息；提升型业务是 2G 上原有的业务，在 3G 网络中为用户提供更好的体验效果，如手机上网、手机音乐；标志型业务是在 2G 网络中无法提供，在 3G 网络提供的特有业务，如可视电话、手机监控业务。

由于继承型业务在 2G 和 3G 网络上没有太大的差别，目前国内运营商除了提供继承型业务外，主要精力放在提升型业务和标志型业务，2009 年三大运营商开展的业务包括手机音乐、手机视频、手机邮箱、手机上网、可视电话、手机监控等业务。

（二）3G 业务发展趋势

国外的 3G 业务运营已经有 8 个年头，经过 8 年的发展，3G 业务应用已经非常丰富和成熟，虽然国内 3G 业务刚刚启动，但是国内的 3G 业务发展是在借鉴国内业务运营经验基础上的，所以发展速度和规模都将更快更大。

近几年，3G 产业链在网络、终端、业务方面不断创新，新技术不断应用于 3G 业务，推动 3G 业务向前发展。具体来说，明显的发展趋势可以概括以下几个方面。

1. 3G 增值业务日益丰富，多元化发展趋势明显，3G 网络改善了用户对增值业务的使用感受，尤其对于高带宽消耗业务来说，解决了业务发展的重要瓶颈，为移动增值业务市场打开了百花齐放的局面；同时，用户的消费需求也在向多元化、差异化方向发展，不仅表现为业务品种多样化的需求，更表现出业务内容多样化的需求。

2. 移动互联网业务成为 3G 主流业务，有数据显示，截至 2009 年底，国内手机上网用户达到 2.3

亿，用户使用移动互联网业务的消费习惯逐渐形成，智能终端为移动互联网业务的发展提供了基础条件，Web2.0 等技术的出现为移动互联网业务提供了技术上的支持。Web2.0 强调的协作、分享、内容由用户创造，这与传统互联网的开放方式契合，这种方式必将会引导用户逐渐使用移动互联网增值服务。目前已经出现了一些移动互联网增值业务，如 SNS、博客、照片分享等业务，并已经取得了良好的市场效果。

3．个性化趋势明显，人们在生活中越来越注重个性的表达，用户的个性化需求逐渐增加，在 3G 业务的定制和展现、3G 终端定制等方面要结合用户的行为，细分用户群，开展深层次的营销，为用户提供精准的服务。

4．运营商进入全业务运营时代后，融合增值业务将是未来几年运营商关注的重点之一。通过融合业务，固定网可以向用户提供具有移动特征的业务，减少用户流失率，而移动业务可以向用户提供优质的宽带、固定电话的增值业务服务。

（三）3G 业务前景展望和发展建议

全球 3G 业务已经经历了 8 年的商用发展，欧美和日韩等发达国家积累了宝贵的经验，国内的 3G 处于起步阶段，随着 3G 网络的建设和优化，3G 业务和内容的不断丰富，以及移动互联网技术对 3G 的推动，终端技术的不断创新，3G 未来的前景非常广阔，主要表现在以下三个方面。

1．移动互联网为 3G 创造广阔前景。Web2.0 技术的出现为互联网注入了新鲜活力，从而为移动互联网业务的发展带来了强大的发展动力。以应用商店、SNS 等业务为代表的移动互联网业务将成为 3G 业务发展的主要方向，将成为运营商未来重要的盈利点。

2．融合为 3G 创造了广阔前景。融合包括三方面的融合，网络融合、业务融合和终端融合。对于用户来说，用户希望能够在任何时间、任何地点获取各种信息和服务，这种需求推动网络融合、业务融合的发展，国内三大运营商重组后都进入了全业务运营时代，这也将促使网络和业务的融合；终端技术的不断发展成为刺激终端融合的动力，比如电视与 3G 终端的融合、阅读器与 3G 终端的融合、NFC 技术与 3G 终端的结合等。融合使 3G 的空间越来越广阔，同时 3G 也驱动融合进程快速发展。

3．跨行业的合作成为 3G 的又一动力。3G 的服务更多地是体现通信与内容服务的结合，不同行业间的合作越来越成为发展趋势，这种跨行业的合作能够给用户带来高附加值的服务，如手机支付业务，需要内容商、银行、运营商等的合作；音乐、视频的内容服务是传媒业与通信业合作的典型。运营商需要不断探索跨行业合作的可能性，提出创新性的新业务和合作模式，3G 将为更多的跨行业合作创造机会。

在 3G 业务发展的初级阶段，运营商应重视提升型业务的拓展，提升型业务在 2G 阶段用户已经形成了一定的认知度，而到了 3G 时代，能够给用户带来更高的业务体验和安全性能，用户更容易接受这些业务。同时运营商应在标志型业务中选取重要的业务进行尝试性营销，逐渐获得市场的认可，再进行大规模的业务推广。

伴随运营商逐渐向综合信息服务提供商转型，运营商应重视产业链的合作以及跨行业的合作，积极扩展合作的广度和深度，加快业务创新的步伐，探索新的商业模式，以更加开放的心态，将其他产业和行业的资源有效整合到自身的产业链中，通过优势互补，满足用户多样化的需求，赢得市场竞争的主动权。

3G 业务的发展离不开 3G 终端的支持，在发展业务的同时，还应深入终端产业链的研究，深入终端技术的跟踪和研究，重视用户的终端体验。运营商可以逐渐尝试开展与业务开展密切相关的终端技术研究和试验，从而加强运营商业务在终端上推广的力度，提高用户对业务的认知度，改善用户的终端业务体验。

3G 网络和业务对国家信息安全和国计民生都非常重要，对优化城市发展环境以及提升整体经济效益和社会效益具有重要意义，2009 年政府对支持 3G 网络建设给予了很多政策扶持，为了 2010 年以后的 3G 网络建设以及 3G 业务的发展，建议政府进一步细化研究网络、业务和运营相关政策，尤其在关键的 3G 技术和业务方面，加强政策的支持和财政投入，相信在政府的鼎力支持下，中国 3G 的发展一定能取得更辉煌的成绩。

（作者：中国联通国家工程实验室研究部 侯玉华）

（四）3G重点业务分析

3G业务体现了2G（或2.5G）业务的演进而非革命。3G的优势主要体现在多媒体和高数据速率上，这个优势将具体体现在提升型业务和标志型业务上，因为提升型业务将充分体现3G的优势，将为用户带来更好的业务体验、更高的安全性和更高的服务附加值，用户将更容易接受并为此付费；标志型业务作为运营商主打的3G宣传理念，虽然短期内用户没有形成消费的习惯，但随着人们消费观念的逐渐改变，运营商逐渐推广营销，未来将是运营商重要的盈利点。

下面将对几个重要的3G业务进行分析，这里选取手机视频、NFC移动支付、手机阅读、应用商店、位置服务、手机网络游戏等业务。手机视频业务是典型的3G标志型业务，业务应用形式非常广泛；NFC移动支付业务是跨行业合作业务的案例；手机阅读是提升型业务的代表，伴随手机阅读用户的激增，该业务的发展前景非常广阔；应用商店业务是移动互联网业务的代表。上述业务在各个角度有一定的代表性。

1．手机视频

3G时代的带宽增加，数据费用的下降促使手机视频业务高速发展。手机视频的应用非常广泛，包括手机电视、视频点播、视频下载、即时视频信息、视频会议、手机视频监控、远程协作、3D地图服务、个性化视频彩铃、视频彩信等。预计2014年全球手机视频和电视服务付费用户将达到5.34亿人，在3G时代，手机视频属于标志型业务，是运营商关注的重点。

国内的手机视频业务还处于刚刚起步阶段，用户的消费习惯还需要培养，资费、内容等问题还需要改善，目前还主要以年轻化的用户群体为主，短期内手机视频业务还不是运营商主要的增值业务盈利点，但是其发展潜力巨大，是未来运营商收入的重要来源。下面列举手机电视和手机视频监控两个应用加以分析。

（1）手机电视。手机电视的实现方式主要有三种，第一种通过3G网络实现，第二种利用卫星广播的方式，第三种在手机中安装数字电视的接收模块，直接接收数字电视信号。用户可以接收直播频道，可以点播和下载电视内容。

目前国内手机电视业务的发展主要的问题是在商业模式上，如何理顺广电运营商、移动运营商、内容提供商以及终端提供商的产业链关系，让产业链各环节顺畅发展，拓展新的商业模式，使各方都能从中获益，才能有利于推动手机电视发展。除此之外，手机电视还需要解决一系列的技术问题，如网络传输速率、电池、媒体格式等，才能使用户获得平滑、无间断的电视体验。

在日本和韩国，手机视频业务的占比已经达到53%，已经成为每个人生活中不可分割的一部分。日本NTT docomo 2006年开始向手机用户提供数字电视业务（OneSeg），在全日本三大都市圈（东京、大阪、名古屋）为中心的商业电视台，以及部分地区的NHK电视台同时开通。OneSeg采用手机内藏数字电视接口器的形式提供服务，在提供下行电视接收的同时，也进行双向的数据通信。

（2）手机视频监控。手机视频监控业务是通过手机监控设备、场景等，用户可以随时随地查看监控现场，或者有报警信号产生的时候，收到通知消息，并通过查看现场情况对报警情况进行确认。手机视频监控的功能包括：

- 实时报警：监控场地发生意外情况时，通过活动视频向手机报警；
- 主动查看：随时随地查看监控场地的情况；
- 在线设置：可以通过手机对监控设备进行设置，如是否入侵检测，开机关机，图像设置等；
- 多手机支持：一部手机由于关机或是网络原因无法联系时，向其他手机报警；
- 服务器存储：在向手机报警的同时，将高清晰的图片存储到服务器上，以备查用。

手机视频监控业务在我国被大众认知和认可的主要是家庭监控，包括家庭防盗监控、家庭幼儿和老人的安全监控。其他方向如店铺防盗、实时交通信息、医院病人监护、幼儿园儿童活动监控、企业生产活动监控也有一定的需求。目前国内用户对该业务的认知度不高，用户还没有形成手机监控的消费习惯，有的运营商在一些省市进行试点，由于过高的资费，同时终端支持问题以及电池寿命等问题也是影响该业务发展的因素。

2. NFC 移动支付

移动支付业务在 2G 网络就已推出，但主要基于短消息和 WAP 的方式，NFC 移动支付是一种更安全、快捷、智能的支付方式，NFC（near field communication）是在 RFID（radio frequency Identification）以及互联技术基础上发展起来的一种近距离通信技术。支持 NFC 移动支付功能的手机既可以读取电子标签的相关信息，也可以被读取。NFC 移动支付对于消费者有巨大的实用价值，将手机和钱包合一，该业务在日韩和欧美国家已经是发展非常成熟的业务，但在国内还处于起步阶段。

NFC 移动支付业务需要电信运营商、智能卡提供商、银行、终端厂商等多方合作，运营商应探索合理的商业模式，进行小规模的试点，为产业链各方找到各自的利益点。安全性、终端与卡片互操作等一些技术问题也需要进一步论证，同时，还应加大宣传力度，消除用户对该支付方式的怀疑态度，逐渐获得用户的认可，才能推动该业务的发展。

NFC 手机支付的应用可以包括很多种形式，下面是几个 NFC 的典型案例。

（1）电子钱包。docomo 与 Sony 共同推出“i-mode Felica”移动钱包服务，用户将 IC 卡插入手机就可以进行购物，i-mode Felica 使用的 IC 卡中安装了电子货币交易软件，用户拥有一个电子账户，可以购买电子货币进行充值，进行交易时费用直接从用户的电子账户中扣除，整个支付过程无需金融机构的参与。

（2）公交应用。从 2005 年 4 月起，诺基亚就开始同飞利浦和德国公交网络运营商美因茨交通公司(RMV)测试 NFC 票务解决方案。这样，RMV 的客户可以使用拥有 NFC 功能的诺基亚手机去购买、充值和使用 Hanau 市内网络的大巴票。目前已在公共交通领域开始商业化使用 NFC 技术和 Nokia NFC 产品。

（3）门禁卡、票务应用。荷兰足球俱乐部 Roda JC 的支持者可以使用诺基亚 NFC 手机在 ParkStad Limburg 大型运动场作为门禁和票务卡使用，也可以将诺基亚 NFC 手机作为支付工具在运动场附近的快餐店和纪念品商店使用。

（4）银行卡应用。从 2005 年 12 月起，在美国的乔治亚州的亚特兰大菲利浦斯球馆，诺基亚和 Visa、Chase 银行就开始合作进行主要的 NFC 测试，球迷们可以很轻松地在特许经营店和服装店里买东西。另外，将具有 NFC 功能的手机放在嵌有 NFC 标签的海报前，他们还可以下载电影内容，比如手机铃声、壁纸、屏保、最喜欢的明星及艺术家的剪报。

3. 手机阅读、电纸书

手机阅读业务是用户通过手机阅读漫画、图书、杂志等内容，并为用户提供搜索、排行、论坛等功能，该业务目前已经由中国移动等运营商开始推出。艾瑞咨询发布的统计数据显示，2008 年我国手机网民阅读手机报以 68.3%的比例位居各项手机应用之首，看手机小说以 42.4%的比例位居第五，成为手机业务中最具发展前景的业务之一。就业务影响力和商业模式来看，手机阅读的价值很可能超越手机音乐，成为引领移动互联网和 3G 业务的风向标。

目前用户可以通过三种途径实现手机阅读，即 WAP 网站、手机客户端、电纸书阅读器，电纸书阅读器属于高端用户产品，使用户获得与传统纸张近似的阅读感受，全方位提升用户体验，并且它结合了无线通信网络，能够高速联网实现在线阅读或下载阅读，使得图书作品在移动终端上展现的广度和深度也越来越强，并且可以拓展到行业应用，实现“终端+通道+内容”的整合拓展。

运营商发展手机阅读和电纸书业务时，必须关注以下几个问题。

（1）盈利模式，运营商发展手机阅读业务时应该区分具体的阅读应用内容确定盈利模式，比如手机报可以采用免费+手机广告的形式，但对于杂志等应用可以采用包月收费等模式。并且在重点应用内容加强业务营销，扩大市场渗透率。

（2）版权，手机阅读的内容都涉及到版权问题，目前此业务都采用与内容商合作的方式，运营商应重视版权问题，加强在版权控制上的投入，防止盗版内容的流入和侵权问题的发生。

（3）技术问题，目前手机阅读器格式上没有统一，大多数厂商采用自定义的标准，这种方式阻碍了各合作方的内容传送和发布。

4. 应用商店

应用商店是将应用软件集中在一个统一的平台上，用户可以查询、下载、购买自己所需要的应用程序，同时应用商店的运营者和应用的开发者可以得到相应的回报。应用商店业务是典型的移动互联网业务，并成为移动互联网业务的领跑者。

苹果的App Store是最成功的应用商店，目前可用的应用总量达8.5万个，2009年7月14日下载量突破15亿次，是最成功的应用商店。诺基亚的Ovi Store，目前可用的应用已经比较丰富，但是对应的手机型号众多，平均应用数量仍然较少，正在通过众多开发者论坛活动来吸引更多的开发者。Google的Android Market刚刚推出，Android操作系统是基于Linux的一个开源移动操作系统，并主要支持JAVA应用。中国移动的手机应用商店MMarket在2009年推出，目前还处于起步阶段。

应用商店成功的因素主要体现在以下几个方面。

（1）用户希望自主选择安装在自己手机上的应用，同时能够参与应用和内容的创造。

（2）应用软件集中在一个统一的平台，方便用户查询、下载、购买自己所需要的应用程序同时将互联网的互动性也融入其中——只有那些真正高品质的、消费者所需要的应用软件才能获得更高的下载量以及更好的评价，才能被放在更为明显的位置，这样使得消费者能够更加容易购买到物有所值的应用程序。

（3）应用商店打破了传统的软件开发利益格局，开发者不仅拥有定价的权利，同时还能拿到70%的回报（如苹果的App Store），促进了应用软件数量成几何级数增长。

根据苹果的App Store以及其他应用商店的商用案例分析，运营商开展应用商店业务应加强对开发者的支持，提供完备的开发环境和文档，提供各种模拟器供开发者进行测试，同时开展大规模的宣传和营销，吸引更多的年轻创业者进入开发者队伍，丰富应用商店的软件商品；建立完备的、合理的软件审核流程，既使软件产品以最快的时间面市，又能够确保软件产品的可用、安全、完备。

（作者：中国联通国家工程实验室研究部 侯玉华）

5. 位置服务

位置服务的英文LBS全称为Location Based Service，它包括两层含义：首先是确定移动设备或用户所在的地理位置；其次是提供与位置相关的各类信息服务，指与定位相关的各类服务系统，简称“定位服务”，另外一种叫法为MPS——Mobile Position Service，也称为“移动定位服务”系统。

当手机开通了LBS服务，那么你用手机打开相关网站或者拨打具备移动定位能力的呼叫中心（如118114）时，就会得到周围指定范围之内的交通信息以及餐馆、影院、酒店、咖啡馆、加油站等生活设施的信息。

位置服务的关键是具有定位芯片的移动终端。比如CDMA手机拥有三种定位方式。首先，CDMA手机内置gpsOne芯片，其次可以借助手机基站进行三角定位。如果可能的话，CDMA手机还可以利用小区基站进行粗定位。

运营商的机会在于向其他服务组织提供基站数据，从美国的情况来看，有观点认为：全球位置服务（LBS）市场规模在2013年将达到80亿美元，谷歌和诺基亚在这一市场优势明显；而无线运营商面临来自互联网品牌和手机厂商的竞争威胁，正逐步失去其在这一市场的主导地位。

美国科技界观察人士克里斯•奥布赖恩称，随着智能手机的普及、移动网络速度的加快以及手机应用的激增，移动定位服务逐渐开始崭露头角。奥布赖恩认为，这类服务具有很强的潜力，甚至有望引领手机领域的一场革命。

6. 手机网络游戏

手机网络游戏（简称手机网游）很早就被业界称为移动互联网时代的“金矿”，在2G/2.5G时代由于网络原因、手机网游平台不兼容等问题造成手机网游处境尴尬。业界认为，3G市场的启动将极大地改善手机网络游戏的应用环境，手机网游市场前景看好。

中国通信产业升级到3G让手机网游行业看到了曙光，毕竟作为手机网游最基本的网络运行平台之一，3G网络的升级，会在网络、多媒体表现、平台融合等方面给手机网游带来巨大的提升和便利，进而带动手机网游产业的发展。

游戏产业发达的韩、日等国已经做出了一个好榜样。从 2001 年开始，韩国 SKT、KTF 等运营商就将 3G 服务广泛推广。在日本，由 docomo 公司实施的 i-mode 服务系统几乎统一了日本的手机游戏服务市场，其他服务商如 KDDI 等企业也迅速跟进提供 3G 服务。现在，手机网游风靡日本。从以上成功实例可以看出，3G 在推动手机游戏的发展中起到了至关重要的作用。因此，国内业界人士认为，现在国内 3G 网络基础建设均已基本完成，强大的市场需求将带动手机游戏，特别是手机网游的全面爆发。

据统计，2007 年我国手机网游市场运营收入达 1. 1 亿元人民币，增长率为 343.8%，2008 年达 3.80 亿元人民币。手机网游用户增长率为 320.0%。相关机构预测，未来手机网游业务将成为游戏产业新的增长点，将会得到投资机构的广泛关注。手机游戏由单机走向网游将是业界热点。随着 3G 商用的进程进一步前进，无线环境将会更好，手机网游将会因为“无线+网络游戏”的双重利好而重回用户怀抱。

（作者：中国电信上海研究院　周晓凌　龙　洋　王　斌）

七、从产业链角度看移动互联网的兴起

随着互联网与移动互联网融合、变迁趋势的进一步深化，产业链上下游之间的界限日益模糊，产业链条集合交叉，互联网服务提供商和终端制造商不断向移动互联网行业渗透，移动互联网产业生态系统也发生了革命性变化，电信运营商在产业链中的角色也在逐渐转变。

（一）总体概况

2009 年，我国 3G 牌照发放，三家电信运营商——中国移动、中国电信和中国联通花大力气参与 3G 网络建设和用户、市场的竞争。3G 发展的关键在于移动互联网，移动互联网业务已经成为电信业务增长的亮点。

摩根斯坦利的报告《移动互联网是新技术周期》认为，移动互联网周期是 50 年来的第 5 个新技术周期，这个周期刚刚开始；报告还预测，从全球范围来看，未来 5 年内移动互联网用户将超过电脑上网用户，移动互联网业务规模将超过传统的互联网业务。

在 2009（第三届）移动互联网研讨会上，工业和信息化部副部长奚国华表示，我国移动互联网市场规模迅速增长，他认为我国 3G 业务的推动和发展极大地带动了移动互联网发展。《2009 年中国移动互联网与 3G 用户调查报告》显示，截至 2008 年底，我国移动互联网用户数达到 1.18 亿；截至 2009 年 8 月底，中国手机上网用户为 1.81 亿，短短 8 个月增长了 53.4%；这些数据显示，自 3G 牌照发放以来，3G 已经受到用户的较高认可，我国正在逐步走向移动互联网时代。

（二）互联网产业向移动互联网产业的转变

1. 微笑曲线诠释电信运营商在互联网产业链中的相对弱势地位

传统的互联网产业链是以带宽流通、数据信息的传输和增值业务应用为主线的产业链。在互联网的产业链中，存在着从 NSP（Network Service Provider）到 ISP（Service Provider）到 AIP（Application Infrastructure Provider，应用基础设施提供商）到 ASP（Application Service Provider，应用服务提供商）/ICP（Internet Content Provider，互联网内容提供商）再到最终用户的各个主体。其中，NSP 和 ISP 是互联网的网络运营商，拥有传输的骨干网络和接入资源；AIP 和 ASP 服务模式主要是构架在 IDC 平台基础上的服务模式；ICP 提供互联网内容。

著名的“产业微笑曲线”显示：在抛物线的左侧（价值链上游），伴随技术研发投入的不断增加，产品附加值会逐渐上升；在抛物线的右侧（价值链下游），随着营销策划、品牌、渠道运作以及服务延伸而创造的产品附加值也会逐渐上升；中间装配环节的技术含量低，竞争激烈，容易被成本更低的同行所替代，是整条价值链中利润最薄的部分。结合传统互联网产业链的情况来看，传统的电信运营商正是处于附加价值最低的“微笑曲线”中间环节。

在产业链的上游，设备商通过制定技术标准，业务规范，掌握终端及业务平台核心技术资源，如

思科、惠普、H3C等企业；下游的互联网内容和服务提供商，掌握用户需求，通过多样化、个性化的信息产品和服务，满足用户沟通、娱乐、商务等多方面的需求，在互联网平台上大展宏图，获得市场，并不断发展壮大，如腾讯、百度、阿里巴巴、开心网等。

处于产业链中间环节的电信运营商，由于在网站运营、互联网增值业务提供等方面，缺乏不断创新的业务和内容，商业模式过于落后，又缺乏相应的宣传手段，整体市场发展规模不断下滑；而在网络标准的制定、设备的升级等方面，电信运营商也缺乏相应的人才和核心技术；只是在骨干网络及接入网方面，由于相对垄断地位的存在，具有核心优势。但是单纯以传输数据来参与互联网市场的竞争，已使得电信运营商不断沦为"管道"。在开放性发展的互联网前向市场中，电信运营商虽然在中小企业及农村信息化的道路中取得了一些成就，但是面向个人及家庭市场的战果却相对较小。

2. 跨域竞合趋势是互联网与移动互联网融合、变迁阶段的重要表现

宽带技术的进步促使互联网接入带宽逐渐变大，互联网产业的逐渐壮大，以及一些创新商业模式的出现，导致传统互联网市场异常活跃；随着移动通信技术的进步，移动互联网时代也随着3G网络的运营向我们走来。

纵观全球，移动互联网已经发展得如火如荼，但是稳定成熟的产业链格局并未完全呈现；总体来看，跨域的融合竞争局面已经成为互联网与移动互联网融合、变迁阶段重要表现。

（1）内容制作商与内容集成商的相互进入。一方面，门户网站不仅自己制作内容，还在利用用户生成的内容。Web 2.0时代使得互联网上内容的极大丰富，UGC（用户创造内容）已经成为新兴互联网行业发展的一大亮点。内容提供商在将战略中心由传统互联网转向互联网与移动互联网并重的过程中，契合了互联网博客、SNS、IM等互联网业务与移动通信个性化的共同属性，将UGC的内容植入到业务中来，用户更多的信息沟通与娱乐需求得到满足。Google收购Facebook，盛大公司不断收购手机游戏开发商等等，都在为进军移动互联网做好准备。

另一方面，内容提供商也看到了集成商的巨大平台资源优势，希望参与竞争分得一杯羹。3G网络的大带宽为流媒体在手机终端上的推广带来了更多的机遇，三屏融合与互动业务的推广让更多的内容制作商在与运营商的合作下向用户走得更近。上海文广集团抓住国内手机电视业务的发展机遇，逐步从新媒体内容研发向全媒体互动节目、移动内容、衍生产品方向的过渡，为打造全国一流的数字内容集成平台，走向全国一流的品牌频道商、多媒体内容提供商，实现从内容提供商向集成运营服务商转变。

（2）移动终端商，从单纯提供硬件设备向"终端＋业务"的方向发展。近来ISP和设备制造商所采取的一些重要行动也暗示着移动互联网正在悄然兴起。手机终端厂商诺基亚已经提出向数字内容和服务提供商转型的口号，通过收购Navteq，Twango，enPocket等众多移动互联网内容企业，推广Ovi服务；全资收购Symbian公司，成立Symbian基金会，实现Symbian操作系统走向开源；娱乐硬件商苹果公司自2007年起也涉足手机终端行业，推广iPhone，与移动运营商签订前所未有的收入分成协议，推广APP Store，并获得巨大成功，成为移动互联网时代的一大神话；Google公司将移动搜索视为其发展的重要机遇，借助带头成立的OHA（Open Handset Alliance，开放手机联盟）开发Andriod手机操作系统平台，整合移动互联网全产业链中的各环节的优势企业，成功地在2008年推出Gphone手机。

事实证明，单纯依靠生成手机终端硬件设备必将在未来的移动互联网时代沦为智能终端平台主导者的"代工企业"，唯有走开放合作的路线，实现"终端＋服务"的融合战略，依靠创新商业模式，才能在未来产业发展过程中取得有利的竞争地位。

（3）传统的互联网设备商，开发移动智能终端走向移动互联网。作为传统互联网产业链的重要组成部分，互联网设备商们在面临残酷的传统市场竞争环境下，也嗅到了移动互联网产业美好的发展前途，纷纷开始通过合作方式涉足移动互联网行业。

融合是互联网与移动互联网发展的必然趋势，在拥有丰富的互联网设备生产经验的基础上，进入技术门槛相对较低的移动互联网设备生产领域似乎并非难事；但是收益与风险并存，一时的冲动可能导致转型的失败，因此合作成为他们的进入首选模式。

2009年，PC处理器巨头英特尔选择谨慎的合作方式，宣布通过与全球的移动终端制造巨头诺基亚合作的方式，开发采用英特尔芯片组的新一类智能手机和其他计算设备。这些设备将把强大的计算机性能与高带宽移动宽带通信结合起来，通过基于开放标准的技术为创新的硬件、软件和移动互联网服务敞开大门。

而PC终端巨头Dell通过与中国移动合作，于2009年11月23日，在中国市场发布首款手机产品Mini 3i，它是一款中国移动定制的OPhone手机，采用OMS操作系统。

（4）运营商，不断向产业链前后端拓展自己的势力范围。作为传统电信产业的核心环节，电信运营商面对移动互联网时代的到来，对于自身的定位也在发生着巨大的改变。移动运营商不想成为互联网时代纯粹的“管道”，希望向产业链前后端不断拓展自己的实力来增强自己在产业链中的发言权。

一方面整合前端内容资源，进军内容领域。在产业界，曾经出现过信息通信领域是“内容为王”还是“渠道为王”的大辩论，其实拥有了“内容＋渠道”才可能成为真正的王者。中国移动洞悉了未来移动互联网产业的发展方向，抓住机遇，在2006年从新闻集团收购凤凰卫视20%股份，这次收购说明，中国移动在未来增值业务发展方面，将发挥更强的主导作用。

另一方面扩大在终端中的影响力。2009年8月31日，中国移动推出了历时两年自主研发的自有操作系统平台——Ophone平台，希望借手机深度定制增加在终端领域的话语权，占领移动互联网先机。通过对操作系统的介入，中国移动的最终目的是加强对手机用户的控制力，这不仅仅体现在业务使用层面，更重要的是影响用户对终端的选择。

此外，扩大业务创新力度，通过主导移动互联网业务平台的开发满足用户个性化、多样化的需求。近期，借鉴苹果的APP Store，中国移动商用Mobile Market业务，通过开放的心态整合软件开发商的技术优势，通过利益分成方式鼓励创新，扩大软件应用商店中业务种类和数量，从而吸引更多的移动互联网用户成为中国移动的忠实用户，并通过使用富有吸引力的业务来实现提升用户ARPU值，提升企业在移动互联网产业竞争中的影响力。

3. 移动运营商的关键资源分析

移动运营商在移动互联网发展初期，改变了传统互联网时代的发展思路，通过加大对于网络的可控制可管理程度，向渠道方向发展，避免沦为管道，扩大在产业中的影响力。相对于互联网来说，为何在移动互联网时代，运营商拥有更大的产业发言权？无线频谱资源的稀缺性和对移动终端的控制力是移动运营商在移动互联网时代更具发言权的根本因素。

移动互联网业务的发展，在很大程度上受制于无线带宽、终端处理能力以及移动资费水平等因素。而移动运营商提供无线网络接入需要国家分配相应频率的无线频谱资源，由于无线频谱资源有限，运营商在开发相应资源的过程中，必定会按步骤、有计划地进行业务开发，对于用户发展规模、业务演进都会有很好的发展规划，从而实现更好地服务用户，获得利润的目的。要实现这一目标，一方面基于不同市场需求，以及现有的网络技术水平，电信运营商提供递进式的下载速率的业务；一方面通过合理的资费策略引导用户使用移动互联网，提高资源的利用率和有效性。

另外，作为面向用户的第一窗口，终端处理能力以及终端操作系统的技术发展水平，对于用户选择、使用移动互联网业务也具有重大的影响，这也是移动运营商越来越重视终端定制和相关开发的重要因素。谁掌握终端，谁就真正掌握了用户。

因此，移动运营商通过掌控无线频谱和终端这些关键资源，实现对于移动互联网的可控制可管理。

此外，计费系统、用户、客服与渠道等方面，以及2G时代积累的经验与教训，也是移动运营商的巨大财富。

（三）给电信运营商的相关策略建议

随着技术进步、用户需求的不断增长，互联网向移动互联网的融合与变迁的趋势无法逆转。在这个过程中，电信运营商需要扩大移动互联网产业链中的发言权，通过差异化竞争优势的体现，增加用户数，提高业务收入，从而提升市场的竞争力。电信运营商可以从以下几个维度来考虑运营策略。

1. 通过“终端+服务”的模式，掌握用户接入移动互联网的窗口，提供有针对性的服务

移动互联网时代的产业结构相对与传统互联网来说，已经发生了巨大的变化，终端已经成为产业链各主体争夺的重点。

2007年以来，全球智能终端市场竞争激烈，诺基亚、RIM、苹果、Google以及中国移动纷纷通过不同的方式来参与智能终端的市场竞争。2007年，诺基亚在全球范围内推出的全新互联网品牌——Ovi，提出转型战略，方向已经确定，它将逐渐完成从传统移动终端制造商，到“以互联网为驱动力的、提供互联网服务和软件为主的体验型公司”的转变；作为商务智能手机的代表，RIM公司紧抓企业级用户移动信息化的关键需求，通过特殊的移动信息化解决方案赢得了成功；iPhone已经成为了智能手机终端销售领域的一个神话，2008年，iPhone成功推出APP Store，这是iPhone终端热销的一个重要因素；首款基于Android系统的手机Google G1于2008年9月23日正式亮相，开放的Andriod操作系统平台提供免费下载分享平台；2009年8月31日，中国移动推出了Ophone平台，全球首家由运营商主导的手机操作系统浮出水面。

仅控制终端是远远不够的，移动互联网真正吸引用户的是各类应用，它使手机成为资讯平台、娱乐平台和业务平台。自2008年苹果公司成功推出APP Store应用商店以来，其他产业链相关企业纷纷效仿，推出各自的商店，其中包括诺基亚、RIM、Google、微软、中国移动、中国电信、沃达丰等等。在移动互联网发展初期，应用的匮乏必将导致整个产业的发展迟缓，苹果应用程序商店的推出获得了市场的追捧，应用已经成为移动互联网时代的制胜法宝。

作为电信运营商而言，必须尽快转变经营思路，进军终端产业，通过深度定制移动终端，基于终端能力为业务开发者提供业务平台，通过“终端＋服务”的模式来牢牢掌控用户，只有抓住用户才能更好地服务用户，更好地在市场竞争中获得成功。

2. 坚持开放与合作的原则，进行商业模式的创新

移动互联网与传统互联网具有很多的相似之处，业务的开放与合作是两者共同的特征。随着互联网企业纷纷加入移动互联网产业中，他们也带来了更多开放与合作的元素，Google、苹果这些传统的互联网企业，秉承一贯的开放合作心态，进军移动互联网，并取得了巨大的成功。

作为移动互联网行业的运营商，虽然拥有接入端的核心优势，但在业务提供、终端支持方面还是无法与产业链中其他的企业相抗衡。

开放与合作能使移动互联网的业务创新速度更快，所有合作者风险共担、优势互补、收益共享，为用户提供更多的个性化、多样化的新业务，促进移动互联网大爆发时代的到来。

要想在移动互联网时代取得巨大的成功，运营商必须拥有开放与服务的意识，通过与产业链其他企业进行合作，以服务的心态更好地为产业链中的合作伙伴创造条件，整合各方优势资源，进行新业务与新应用的开发，把握住移动互联网的发展方向，聚集人气，繁荣市场，通过共赢创造更多的价值。

3. 合理、有序地开发利用无线带宽资源

从用户需求的角度来看，在保证终端处理能力以及业务丰富性的前提下，实现合理的网络接入能力是保证用户体验的关键；而决定这一结果的关键在于对无线带宽资源的合理开发。无线网络资源是电信运营商的核心竞争力所在，但是由于无线频谱资源的有限性，不可能无限制地进行发展，电信运营商必须对无线带宽资源进行合理有序地开发利用。

电信技术相对市场需求具有一定的领先性，但是如果不合理地进行技术更新和网络升级，必定会导致技术和市场的不匹配；或者导致网络资源的浪费，或者导致用户体验的变差，这些都是电信运营商网络运营的失败。此外，互联网时代的运营经验告诉我们，电信运营商必须分阶段进行带宽资源开发，（这里的带宽资源指适时地运用电信技术的进步进行网络升级，从而提高接入带宽，如从ADSL到ADSL+或ADSL到ADSL2+）否则存在沦为“管道”的风险。

当然，合理有序开发无线带宽资源，落到实处

就是合理有序地进行技术方案升级、用户发展及业务发展等。

4. 以用户需求为导向的业务市场发展策略

用户是电信运营商的上帝，在互联网向移动互联网融合变迁的过程中，只有把握住用户的需求才能真正实现对市场的把握。互联网市场日益繁荣，移动互联网产业还未成熟，用户的需求看似还比较模糊，但是个性化、多样化始终是用户需求的发展方向。

移动互联网业务和互联网业务有一定的相似性，长尾现象同样存在，因此电信运营商必须打破常规，以开放的姿态和产业链其他环节进行合作，通过共同努力来为用户创造出更多更好的应用和服务，通过营造一个良性繁荣的移动互联网产业生态圈，来不断满足用户的需求。

国外运营商在发展移动互联网方面已经领先一步，国内运营商也在不断跟进，他们逐步向用户推出了具有个性化、普遍化的业务：IM软件、邮箱、SNS、音乐下载、影视、移动商务、应用软件商店等等，丰富化多样化的移动互联网业务已经展现在我们面前。

当然，市场的壮大也离不开有效的市场手段。有效的宣传措施、定价策略、客服体系等等，这些也是保证电信运营商开展移动互联网业务的关键所在。

（四）总结

在互联网向移动互联网融合变迁趋势的背景下，电信运营商必须在总体战略方向的指引下，通过合理利用自有的优势资源，创新商业模式，实现自身能力的提升；在开放合作的总体原则下，服务产业链，与产业链各环节实现共赢，共同推动移动互联网产业的发展壮大；以用户需求为导向，制定有效的业务市场策略。

2010年，在产业链各环节的共同努力下，我国移动互联网市场发展将会加速，用户的信息化生活就更加丰富多彩；而电信运营商在这次移动互联网浪潮中将扮演更加重要的角色。

（作者：中国电信上海研究院　秦　琛）

参考文献：

[1] 殷一平. 互联网价值链分析和核心竞争力策略. 邮电企业管理, 2002-02

[2] 张谋总. 在互联网产业链中有所作为. 通信企业管理, 2006-02

[3] 苏国军. 电信运营商在3G产业链下如何构建新的商业模式. 企业家天地, 2008-05

[4] 摩根士丹利报告. 移动互联网是新技术周期. 2009

[5] CNNIC-CR Nielsen. 2009年中国移动互联网与3G用户调查报告. 2009-10-25

八、海峡两岸通信业合作回顾

2009年，两岸经济交流与合作呈现出范围更广、层次更高、关系更紧密的局面，两岸人员往来和各项交流保持了良好的发展态势。海协会和海基会领导人一年之内二度碰头，MOU的签署、银联卡的登“台”，使两岸金融合作日益紧密；两岸经贸文化论坛、两岸农渔水利论坛、海峡论坛等文化与经济论坛轮番登场，交流的平台更多了；重量级采购团和各省市经贸文化交流的火爆，是两岸共同携手应对国际金融危机的体现；两岸“三通”基本实现，并实现了两岸“一日生活圈”，进一步方便了两岸人员往来，赴台旅游的大陆民众数量大大增加，“莫拉克”台风重创台湾，大陆各界积极捐款捐物，展现的是两岸同胞手足情的浓厚。

应该说，2009年，无论是经济、文化、民间交往，两岸交流都表现出了前所未有的积极和热烈。表现在通信领域，也同样可圈可点，从政府方面，工业和信息化部有关领导多次出席两岸相关研讨会，并对两岸业界的交流与合作给予了大力支持；两岸通信运营、通信制造领域的合作也进一步密切，行业合作日益频繁。回顾2009年两岸通信业界交流与合作的历程和成果，有利于未来两岸通信行业合作的进一步深入开展，也有利于两岸通信行业进一步携手合作，共同发展。

（一）政策环境为两岸合作提供空间

2009年大陆出台了一系列相关政策，进一步推进两岸信息产业的交流与合作。2009年，国际金融危机给海峡两岸经济发展带来了很大冲击，祖国大陆始终在关注和关心着台湾经济的境况，关心台湾同胞面临的困难，愿意尽其所能提供帮助。早在2008年底，全国政协主席贾庆林就郑重宣布，如果世界经济形势持续恶化，台湾方面提出缓解经济困难的要求，大陆方面愿意尽最大努力，提供协助。进入2009年，温家宝总理又专门就此提出了五项重要举措。大陆各主管部门非常重视，各项落实方案也陆续出台。

2009年5月17日，中共中央台办、国务院台办主任王毅在首届海峡论坛大会上宣布了八项惠台新政策，其中第一条就是推动大陆企业赴台投资。商务部、国务院台办发布了《关于大陆企业赴台湾地区投资或设立非企业法人有关事项的通知》，明确了大陆企业赴台湾地区投资的办理程序，而且，大陆主管部门组织电子、通信、生物医药、海洋运输、公共建设、商贸流通、纺织、机械、汽车制造业等行业的骨干企业赴台投资考察，依据双方确定的优先领域，进行企业洽商与项目对接，推动赴台投资取得实际进展。鼓励和支持符合条件的大陆机构、企业单独或与台资企业合作，在台湾举办培训会、洽谈会、展览展销会、商务合作等活动。

国台办出台的8项惠台新政策给各主管部门指出了方向，同样，工业和信息化部有关领导的讲话，则对信息产业领域加强两岸合作有着非常实际的指导意义。

2009年2月26日在重庆举行的第五届“海峡两岸信息产业技术标准论坛”上，工业和信息化部副部长娄勤俭指出，信息产业是两岸产业合作中互补性最强的产业之一，是两岸产业合作的重点领域。产业交流与合作实现了两岸的优势互补，对两岸经济发展起到了积极的促进作用。娄勤俭表示，当前，两岸均处于产业转型升级的重要时期，也同时面临国际金融危机的挑战，应扩大两岸经贸合作与交流，产业合作应一马当先。海峡两岸应携手互助，共同应对国际金融危机挑战，加强沟通，共创两岸产业合作的良好环境，突出重点，以技术标准合作提升信息产业关键领域的合作水平。

从针对性来看，工信部的政策有针对整个信息产业的，也有专门针对某个业务的。2009年，互联网电视（IPTV）业务被工信部列入两岸合作重点产业。IPTV之所以能被列为两岸合作的重点产业，是因为在这个产业中，两岸的合作空间非常大。

众所周知，IPTV是三网融合以及4C融合的必然产物，加强两岸沟通交流与合作也符合彩电厂商产品升级的必然趋势。台湾先进的三网融合经验将为大陆提供借鉴，而大陆巨大且深具潜力的三网融合市场也将为台湾企业提供更广阔的发展空间。作为一个竞争的市场，在三网融合的大背景下，在竞争中寻求市场发展规律，让市场更加成熟，让更多的用户体验到技术融合和创新的魅力。另外，通过融合并吸纳大陆的人力、物力、技术等资源，扩展台湾经济的发展空间，将为产业升级与经济转型开辟新路。可以说，IPTV完全能够起到这样的作用，而有关部门也正是看中了IPTV带来的新发展态势，有意进一步促进三网融合的发展，也为两岸产业合作搭建桥梁。娄勤俭副部长强调，将继续支持两岸产业深入合作，开发技术含量高、高附加值的产品，共同开拓国际市场，提升两岸在全球产业分工体系中的地位。

2009年，大陆许多省市区都加强了和台湾的交流与合作，有的还专门出台了和台湾合作交流的相关地方性政策。就在第五届“海峡两岸信息产业技术标准论坛”上，时任重庆市副市长的黄奇帆宣布：“今后，台湾来重庆投资落户的信息产业企业将能享受到包括所得税、增值税、人才以及房租上的四项优惠。”这四项优惠措施分别为：执行15%的企业所得税政策，研发费用在计算应纳税所得额时加计50%扣除；高科技信息产业增值税地方留成部分“一免两减半”或“三免三减半”；外包企业中高级人才个人所得税地方留成部分5年内全额返还；所有IT企业所需厂房可以自建，也可以由政府代建租赁，并在2～3年内减免租金。

（二）行业交流机制化和常态化

两岸交流，民间先行。在通信行业，两岸通信业界同仁，在相关行业协会的组织下，交流合作日益加强，并且正在实现机制化和常态化。

1. 通信企协发挥重要桥梁作用

中国通信企业协会作为通信企业间的行业组织，在海峡两岸通信业界的交流与合作中扮演着非常重要的角色，发挥着不可替代的作用。

2009年6月3日～4日，中国通信企协与台湾工业技术研究院在台湾共同主办了“两岸通讯产业合作及交流会议”，此次会议两岸通信业界均有重量级嘉宾参加，可谓规模空前。大陆方面，中国通信企协刘立清会长亲自出席，中国电信、中国移动、中国联通三大运营企业，大唐、中兴、华为等通信设备制造公司，以及通信行管、科研、设计、施工等单位的领导和专家专程赴台参会，TD 联盟、北京信息通信协会等单位也组团与会。台湾方面，台湾工业技术研究院李钟熙院长及其他领导，资讯工业策进会等财团法人机构的主要领导和专家，台湾区电机电子工业同业公会、台湾电信产业发展协会、台北电脑商业同业公会、华聚产业共同标准推动基金会等行业组织，以及台湾各主要电信运营企业、设备制造企业的主要领导和专家出席会议。

刘立清会长在致词中对两岸通信业界的合作与交流进行了分析，并且提出了倡议，他希望两岸电信运营业、制造业、服务业，以及通信监管、检测、设计、施工等方面广泛开展交流与合作，把多多的机遇变成多多的成果，为中华民族伟大复兴作出积极的贡献。

（1）在网络建设方面，随着两岸交流日益频繁，两岸新的直达海底光缆的建设已经成为两岸通信运营企业共同的愿望，希望通过这次会议能够进一步推进这方面的合作。

（2）在业务合作方面，两岸通信业界应携起手来，积极开展互利互惠的合作，给两岸用户带来便捷优惠的服务。

（3）在 3G 建设方面，两岸通信业面临很好的合作商机。大陆三个 3G 网络的建设已经全面展开，不仅设备市场供求两旺，对整个产业市场拉动也很显著。这将对于在终端和众多领域具有竞争实力的台湾通信产业来说无疑是一个极大的合作机遇。

（4）在技术创新方面，作为中国具有自主知识产权的 3G 标准 TD-SCDMA，已经现出良好的发展势头和市场前景，两岸应该抓住这个机遇，开展技术创新带来了合作。

（5）在开发 3G 服务方面，台湾启动早、大陆市场大，大陆 3G 网络的开通，为整个华语 3G 应用业务的发展带来了合作的机遇。这些年两岸三地文化交流活跃，推进了两岸文化娱乐市场的融合，这为两岸联手开发 3G 内容服务奠定了广泛的基础。

（6）在联手拓展国际市场方面，两岸通信产业也具有鲜明的互补优势。两岸通信产业不仅各自具有参与国际竞争的实力，而且具有很强的互补性。台湾的电子信息产业外向型经济明显，大陆系统设备的国际竞争力不断增强，加上两岸设计施工体系完整，具有联合拓展国际市场的实力和空间。

（7）在信息化领域，双方也有广泛的合作前景。当前全球正在经历从工业社会到信息社会的重大变革，信息化应用已经广泛渗透经济社会生活之中，大陆和台湾信息化建设的步伐都在加快，大陆正在加快推进工业化与信息化的融合发展；台湾在信息城市、智能交通等方面的应用取得了不少成果。网络是信息社会的基础，支撑信息社会发展的共同使命要求两岸同行不断加强交流合作。

此次会议，刘立清会长和李钟熙院长签订了进一步推进两岸通信信息业合作交流的共识纪要，大唐集团与台湾工研院签订了在台建设 TD 试验网的合作意向书。两岸同行还在两岸直达海缆建设、漫游资费优惠及开展终端定制等方面形成了广泛的合作意向。

本次会议，两地通信产业在资源整合、平等互惠、诚信合作、互利共荣原则基础上，达成了六项共识：推动建立两岸通信产业间交流合作平台，协商交流与合作机制；为落实本会议纪要，双方成立行动工作组，定期或不定期召开工作会议，共同推动执行交流合作事项，并根据任务与工作需要，设立相应的合作小组，共同推进产业链合作、开展应用服务创新，寻求开拓全球市场商机，优势互补形成紧密合作伙伴关系；推进两岸电信公司合作，开展移动漫游、业务开发、资费价格等方面的协商和建立电信诈骗防堵机制，支持合作建设海底直通光缆；探讨推动两岸通信业界建立知识产权互惠机制。支持在台合作建立 TD-SCDMA 试验网；交流城市信息化建设经验，推动相关信息技术、设备、终端和服务的发展；每年举办一次“两岸通信产业合作及交流会议”，总结交流与合作项目进展，促进彼此合作，会议在两岸轮流举办。

虽然会议是 2009 年 6 月 3～4 日举行，但两岸产业界同仁交流热情高涨，相关的对口交流从 6 月 1 日就已经开始，并且一直持续到会议结束后几天。

2. 通信学会牵头运营商赴台探讨技术业务交流

作为中国通信行业另一个行业组织，中国通信学会在两岸交流合作方面也同样做了大量工作，发挥了很积极的作用。

2009年6月7日至13日，应“中华电信”邀请，中国通信学会牵头组织中国电信、中国移动、中国联通三大运营商主管技术业务的副总裁和技术专家赴台访问“中华电信”公司。本着相互学习、互相促进的原则，两岸主流电信运营商及相关专家对业界非常关心的3G移动技术和宽带网络通信技术的发展及应用进行了深入交流和研讨。“中华电信”公司是台湾地区最大的一家电信运营商，该公司十分重视增值服务在3G技术上的应用，其3G业务的重点以娱乐、动漫为主，通过专门研发和定制手机终端，实现内容服务并提供相关业务，以满足广大用户的普遍或特别需求，这些情况给大陆运营商领导留下了非常深刻的印象。在听取“中华电信”行动（移动）分公司的专家演讲时，中国电信、中国移动、中国联通的代表兴致非常高，不时打断演讲提出各种问题，“中华电信”的代表也都给出了非常认真地解答。通过座谈交流，大家普遍感到此次访问收获比预想的要大、要好，台湾地区同行的宝贵经验给大陆运营商带来了很大启发。

3. 海峡两岸通信交流协会成立

2009年8月26日，海峡两岸通信交流协会成立暨第一届全体会员大会在京召开，会议选举了协会理事长、副理事长、秘书长，中国电信副总经理李平当选协会第一届理事长，工业和信息化部国际合作司(港澳台办公室)司长陈因当选协会常务副理事长兼秘书长，中国联合网络通信有限公司副董事长、副总经理左迅生，中国移动通信集团公司副总经理刘爱力当选协会副理事长。理事会聘请中国通信学会理事长、原信息产业部副部长周德强担任协会名誉理事长。

工业和信息化部副部长奚国华希望协会适应形势，抓住重点，促进两岸通信交流合作深入发展，同时希望协会办出自己的特色，并加强与兄弟协会的沟通协作。台湾海峡交流基金会董事长江丙坤等为大会成立发来了贺信、贺电。

4. 中国互联网协会探索两岸互联网合作

互联网作为传统通信手段之外的又一重要平台，越来越成为两岸业界交流合作的重要领域。为了加强两岸互联网合作，中国互联网协会和台湾中时媒体集团于2009年7月7日在北京举办了“2009年两岸互联网发展论坛”。论坛旨在为海峡两岸互联网界搭建沟通平台，增进彼此了解，探讨两岸互联网发展状况及未来发展方向，探讨两岸互联网界开展合作的模式、机制与框架以及发展规划，推动两岸互联网界交流与合作，促进两岸互联网共同繁荣。

国务院台湾事务办公室副主任叶克冬在论坛上提出了3点建议。第一，大力发展两岸互联网经济的交流与合作。两岸互联网界应当趁势而上，抓住机遇，加强交流与合作，共同规划两岸互联网产业方向，形成产业链条，在服务于两岸经济发展的同时，壮大自身，并为两岸经济复苏、成长注入新的活力。第二，大力开展两岸互联网文化交流，发展两岸互联网文化创意产业，为两岸文化和教育交流提供渠道，创建平台。在创造经济效益的同时，共同传承和弘扬中华文化，使优秀的中华文化走向世界。第三，大力发展两岸互联网互动社区，使之成为推动两岸各界特别是基层民众之间广泛交流的大平台。

工业和信息化部副部长奚国华表示，两岸互联网业界首度共同探讨两岸互联网发展普遍关心的问题，加强交流，寻求合作，对于两岸互联网产业的交流与合作，推动两岸互联网产业发展，从而促进两岸经济的繁荣，将起到积极的作用。

与会两岸业者认为：两岸互联网界人士有责任携起手来，以本次论坛为基础，建立并逐步完善双方交流的平台，构建资源共享的长效机制及交流互访机制，使两岸互联网界能够互相学习和借鉴，开展更深层次的合作，扩大交流成果。并期冀两岸互联网界在世界金融危机的背景下，发挥网络对实体经济各领域发展的促进和融合作用，发挥互联网对社会经济文化建设的“助推器”效应。

5. 行业信息化合作服务两岸经济发展

随着两岸经济交流和日益紧密，一些服务于经济交流的信息化技术和业务正在得以实施和开通。

2009年7月9日，“两岸物流电子商桥”正式开通，这不仅意味着我国首个两岸电子商务新模式成功问世，也标志着连接“两岸航运商桥”的信息高架桥正式开通。两岸物流电子商桥的出现，能将现有物流成本降低 20%，这其中存在着近 52 亿美元的商机。此外，两岸航运商桥是一个开放式的网络平台，除了现有的实务操作功能，还能够与许多实务功能进行对接，以扩展自身功能。

2009 年 6 月 19 日，福建省信息产业厅唯一指定的福建电子商务平台——中国茶叶商城网开通了“海峡茶叶电子商务”平台。海峡两岸的茶叶交流越来越频繁，许多台湾农民到大陆来种茶创业，电子商务和茶叶企业信息化推进而催生出来的海峡茶叶电子商务平台将会对他们产生很大帮助，开启海峡两岸茶叶合作的新模式。

旅游信息化在赴台大陆旅客数量快速增长的情况下受到越来越多的关注。2009 年 6 月 18 日，以旅游信息化为主题的第六届海峡两岸信息化论坛开幕，会议提出，台湾的旅游信息化产品丰富且成熟，两岸旅游业能进一步加强信息化交流，推进更广泛、更深入、更紧密的合作，建立共同的旅游信息化平台，共享两岸旅游资源，为两岸旅游业的共同繁荣作出积极贡献。

（三）两岸运营商全方位合作

2009 年，大陆三大运营商和台湾运营商的合作进一步密切。在资费方面，中国电信和亚太电信合作、中国联通和威宝合作，降低了手机漫游资费，让消费者得到更多实惠。

人员往来方面，三大运营商有关负责人 2009 年都曾赴台，或出席论坛和会议，或和台湾运营商商谈合作，台湾运营商的领导人也都到大陆访问，人员往来的频率更加频繁。

在业务合作方面，中国电信系统集成公司与台湾“中华电信”签订合作备忘录，根据备忘录，双方将在 IENet 智能网络合作、进一步拓展至合作发展 ICT 通信产业。据了解，双方决定先在福州设立合作试点，再由双方寻找发展 TENet 的合作厂商，共同在大陆推动 IENet 服务，并朝成立合资公司方向发展。两岸运营商还将在联合采购上迈出实质性一步，负责中国电信采购手机等终端设备的中国电信天翼终端公司总经理马道杰拜会了亚太电信高层，双方就联合采购 cdma2000 手机进行了规划。中国联通在两岸电信合作方面也很积极，中国联通副总裁赵继东 2009 年 8 月赴台时，与“中华电信”董事长、总经理等会谈，共同协商合作细节。

在资本合作方面，中国移动 2009 年 4 月 29 日宣布与远传电信股份有限公司签署股份认购协议及战略合作协议。根据协议，公司将认购远传电信以私募方式发行的 444 341 020 股新股，占新股发行后远传电信总股数的 12%，每股交易价格为 40.00 元新台币（相当于约 9.17 港币），总交易金额约为 177.7 亿元新台币（相当于约 40.8 亿港币）。该交易目前尚待完成相关审批。交易完成后，双方将在采购、漫游、数据与增值业务、网络与技术等多方面展开合作。应该说，移动此举是看准远传的 3G 经验，入股合作后即可快速复制原有的 3G 服务到大陆市场中。中国移动董事长兼 CEO 王建宙曾指出，台湾的移动通信市场发展较成熟，在 3G 应用和增值服务方面均有领先优势，这些经验对刚刚着手准备 TD 运营的中国移动至关重要。虽然此次合作由于台湾方面相关政策的原因最终没有实现，但这走出了大陆运营商收购台湾企业股份的第一步。

2009 年两岸运营商的交流使人们对两岸通信业界的合作前景非常看好。有专家认为，两岸电信运营展开深度合作不过是时间问题，双方的迫切需求将推动合作加速，股权投资、技术业务合作、并购等形式都有可能。随着三大运营商在香港、澳门和台湾地区电信市场的逐步发展，一个服务于大中华经济圈的“电信中华圈”也即将成型。

（四）制造商合作着眼长远发展

2009 年两岸制造企业的合作主要方式以电信运营商和通信设备提供商的合作为主，而且，合作并非出于一时的利益组合，而是从长远角度出发，使合作更加有利于双方发展。

2009 年大陆制造商和台湾运营商合作最引人瞩目的当属威宝建设的 TD 试验网，在这个网络中，有包括大唐、中兴、联想、天宇、中创信测、联芯科技等多家制造商的参与。通过合作建设 TD 试验网，两岸业者共同研究探讨 TD-SCDMA 技术与 WCDMA 技术共同组网方案，摸索出双网乃至多网兼容的经验，为 TD 技术进一步扩大市场创造了更多契机，为台湾业者创造了本地TD终端等产品的测试环境，也为台湾企业发挥优势，加强两岸业者在TD产品芯片、终端等研发及产业化方面合作提供了重要的机会。

关于TD，大唐电信还和台湾的工业技术研究院签署协议，共同出资建设TD试验网，按照规划，该试验网将升级为测试及认证中心，台湾厂商只要在这座TD中心完成验证，就可以将产品直接销售给内地三大运营商及大唐、中兴、华为、中国普天等设备商。

TD试验网在台湾落户是2009年度海峡两岸通信交流的最重要成果之一。TD是中国自己的3G标准，中国政府为TD的发展提供了很好的政策环境和产业环境，运营商、制造商也为TD的发展投入了巨资，TD产业联盟、TD技术论坛等行业组织也为TD的产业和技术的发展不遗余力。所以，才有了到2009年底，中国TD用户已达500万的辉煌成就。

但是，TD只是在大陆发展还远远不够，随着两岸人员往来的日益频繁，作为三大3G标准的TD落户台湾，服务于两岸民众，将能获得更大的发展。另外，TD的后续演进技术TD-LTE也正在加快发展步伐，TD产业将在未来几年蓬勃发展，给通信业界带来发展的新机遇。基于此，TD台湾试验网的建成，无疑是TD发展历程中的一个重要里程碑。这个TD实验网，受到了工信部娄勤俭副部长和威宝电信董事长许盛雄的高度赞许。2009年11月24日，正在台湾出席“第六届海峡两岸信息产业技术标准论坛”的娄勤俭副部长和威宝电信的董事长许盛雄，通过TD终端与远在北京的中国移动负责人打通了海峡两岸首个视频电话，画面流畅、清晰、稳定。

同时，第五届“海峡两岸信息产业技术标准论坛”上，两岸产业界达成了十项共识，对未来很长一段时间，两岸业界合作指明了方向。

第一，两岸业界共同推动TD-SCDMA终端产品的进一步成熟，促进更多台湾企业参与TD终端产业链的生产和研发。支持触摸电容技术应用于TD-SCDMA手机，推动台湾企业生产支持中国移动OMS操作系统的TD-SCDMA手机等。第二，两岸业界加强合作，积极推动在台湾建设TD-SCDMA试验网络，积极探讨台湾3G业务与TD-SCDMA的应用合作。第三，推动更多台湾企业参与笔记本电脑内置TD-SCDMA通信模块产品的合作。第四，加强在TD-SCDMA后续演进TD-LTE技术的交流与合作。第五，结合产业发展趋势，确定近期标准化合作项目，并一起制定相关标准并推动其在两岸产业和应用领域的推广、使用。第六，结合标准化合作项目，建立合作推动平台，以重点项目为带动，促进双方的积极合作。第七，在地面电视、高清光盘、视频监控、网络多媒体服务等产业中，建立联合共同推进平台，以重点项目为导向，促进两岸的芯片、软件、整机企业进行合作。第八，积极推广AVS标准在两岸产业设计、生产、制造和应用等领域的使用，在新一代AVS标准制定中进行密切合作。第九，探讨IPTV标准以及业务应用等方面的合作，促进两岸合作成果推广。第十，针对IPTV增值业务、IPTV用户终端接入互联网应用接口、终端易用性等标准展开讨论，促进两岸在IPTV机顶盒及新型遥控终端的标准及产业化合作。

2009年5月8日，中国电信与台湾威盛集团签署战略合作协议，双方宣布在技术合作、产品研发、产业促进等多个领域展开全方位的合作，以战略合作伙伴的关系携手共进，共同促进中国CDMA产业发展。事实上，双方的合作从中国电信接手CDMA网络时就已开始，这次签约将已有的合作提高到战略层面，共同打造健康的终端产业链。

在台湾市场，华为的价格竞争策略依然奏效。台湾“中华电信”2009年推出的月租不到100元新台币的校园业务，其特点就是从月租到终端都非常便宜，擅长低价策略的华为打败众多对手入选，成为这次扮演“中华电信”直闯校园的主力供货商。事实上，“中华电信”和华为的合作还远不止于此。在2007年底，“中华电信”为了冲刺3G用户数，一次下单采购由华为代工、超过10万台的“中华电信”自有品牌CHT3000手机，以及后来的升级版CHT5000。华为此次低价入局“中华电信”，并由“中华电信”去推动市场的动作，将有助于华为在台湾获得更大的市场份额。

2009年，两岸业界进行了全方位的交流与合作，从政府到企业，再到行业协会，交流与合作取得了一定的成果，有已经初见成效的，也有尚待落实的。可以说，两岸通信业已经形成了积极的、广泛的合作与交流风气和平台空间，而这将为两岸业界共同发展，打下了坚实的基础。

（作者：《数字通信世界》阴志华）

九、物联网发展研究

物联网正在向我们走近，在阅读和消化了国际电联的相关报告和其他资料的基础上，本专题对物联网知识进行了梳理和阐述。本专题要强调的论点是，物联网并不是一个单纯靠技术进步就能全面铺开的商业机会，要想在这方面有大的建树，必须抓住它最能应用于现实生活中最需要应用的东西，因此在专题重点强调了当前“物联网热”中所没有涉及或很少涉及的物品标识（标定和识别）管理问题、物联网商业应用问题以及物联网产业链、价值链、产业联盟等商业模式问题，最终得出结论：引领和发展物联网将它变成泛在的日常应用的责任，已经历史地落到中国的信息通信运营企业的肩上了。

（一）物联网的基本概念

1991 年，一个年轻的美国科学家 Mark Weiser 在《科学美国人》杂志的文章预言了 21 世纪的计算将是泛在计算。从字面上看，“泛在”这个词就是到处都有、无所不在。他从字典中找出了一个生僻的词 Ubiquitous 表示他的想法。于是，ubiquitous，无所不在，到处都存在或者泛在这个词流行了起来。Mark Weiser 认为将来的计算技术是泛在的，即到处可以被人所用，但不为人所知。用他的话就是“increasing ‘availability’ of processing power would be accompanied by its decreasing ‘visibility’”（处理能力的可达性将伴随着它可见性的降低而增加）。如同他所观察到的，最深刻的技术是那些不显山不露水的技术，把这些技术编织到我们日常使用的纺织品中间去的话，人们根本就不能把它辨别出来。通观 20 世纪最后 20 年影响人类日常生活的发明中，哪个也比不上移动电话。现在，全世界移动电话用户数已经超过 40 亿，手持着这个又轻又小的玩具似的东西，我们的生活从根本得到改变，它超过了因特网的影响，成了千千万万人日常生活中不可缺少的亲密的朋友。甚至在地震突然降临的时候，人们第一时间是把手机揣到怀中。移动电话可以说是一种泛在信息和通信网络的早期形式。

时间到了 1998 年 1 月，当时的美国副总统戈尔在加利福尼亚科学中心首次提出“Digital Earth（数字地球）”的概念，很快风靡世界。十多年来，通过遥感技术和海量数据存贮以及地理信息系统的普遍推广，戈尔描绘的一个可以嵌入海量地理数据的、多分辨率的“数字地球”已经实现，然而，“数字地球”并没有让人类摆脱当前这种资源极度浪费、环境急剧恶化的生存的困境。原因在于数字地球的概念中，所推崇的用数字的方法将地球、地球上的活动及整个地球环境的时空变化装入电脑中，实现在网络上的流通，但是没有考虑这些应用对普通百姓生活生产不是不可或缺的，因此很难使之最大限度地为人类的生存、可持续发展和日常的工作、学习、生活、娱乐服务。所以，根据 Mark Weiser 的思路想下去，自然可以看到，一种技术尽管非常先进，但如果不能使之“傻瓜化”，即被人们日常的生活生产广泛使用，那么这种技术就很难成为商业应用的突破点，很难在当今这个变化万端的世界中立足。在移动通信和互联网蓬勃发展的今天，无所不在的人人通信和人机通信已经具备广泛基础的今天，下一个重大的发展突破点可能是什么呢？

人们都注意到，1999 年，在美国召开的移动计算和网络国际会议提出，“传感器网络是下一个世纪人类面临的又一个发展机遇”；2003 年，美国《技术评论》提出传感器网络技术将是未来改变人们生活的十大技术之首。传感器网络是由许多在空间上分布的自动装置组成的一种计算机网络，这些装置使用传感器相互协调地监控着不同位置的物理或环境状况（比如温度、声音、振动、压力、运动或污染物），并将这些变化传送到用无线传输的方式组成的网络里。虽然它最初起源于战场监测等军事应用，但现在已经被应用于很多民用领域，如环境与生态监测、健康监护、家庭自动化，以及交通控制等。其实，传感器网络的重要性主要还不在于它可以实现计算机联网，而在于它广泛地利用了射频自动识别（RFID）技术，通过计算机互联网实现物品（商品）的自动识别和信息的互联与共享，从而为物物之间的网络奠定了基础。某种意义上，传感网、射频识别加上移动通信和互联网的整合呼之欲出。正由于此，到 2005 年，在突尼斯举行的信息社会世界峰会（WSIS）上，国际电信联盟（ITU）发布了《ITU 互联网报告 2005：物联网》，正式提出了物联网 the Internet of things 的概念。物联网是利用无所不在的网络技术，整合起传感技术和射频识别技术而建立起来的物品之间的互联网，是继计算机、互联网与移动通信网之后的又一次信息产业浪潮，是一个全新的技术领域。

我们知道，信息技术产业有个“十五年周期律”，即每隔 10—15 年这个领域会发生一次重大变革，并催生新市场、新业务模式、新产业的规律：1950 年前后电子计算机投入使用，1965 年前后大型计算机问世，1980 年前后个人电脑开始流行，1994—1995 年，互联网爆发性成长。现在物联网的热潮正好吻合了这个神奇的十五年周期律。物联网的萌发，使通信技术和互联网引发的人人通信和人机通信大大地拓宽到机机和物物通信的更广泛的领域。

回忆国际电联从 1997 年在“网络的挑战”标题下出版的各个年度报告题目可以看出国际电联及团结在其周围的各国专家和同行们对网络技术经济发展走向和热点问题的认识过程。

- 1997 年网络的挑战：电信和因特网（Challenges to the Network: Telecommunications and the Internet）
- 1999 年为了发展的因特网（Internet for Development）
- 2001 年 IP 电话（IP Telephony）
- 2002 年移动时代的因特网（Internet for a Mobile Generation）
- 2003 年宽带的诞生（The Birth of Broadband）
- 2004 年可携带的因特网（The Portable Internet）
- 2005 年物联网（The Internet of Things）
- 2006 年数字生活（Digital life）

由此可见，在移动时代的互联网、宽带技术和便携式互联网业逐步推开以后，建立一个物品之间的泛在的互联网并用它来改变我们的生活是各国同行们对信息通信技术基本走势的一个共识。

2005 年在突尼斯举行的信息社会世界高峰论坛（WSIS）上，来自于国际电联的战略政策部（SPU）的专家小组全面分析了下一步“永远在线”的通信问题，其中新的技术，例如射频识别卡和智能计算能够让各式各样的设备连接成为一个网络的世界。任何物品，从汽车轮胎到牙刷，很快就能在通信领域中出现，因而，我们已经从今天的“数据与人的因特网时代”快步地走向“物品的因特网”时代。

人类社会正在迈向计算和通信无所不在的这样一个时代，这将从根本上改变我们的企业、我们的社区和我们个人的生活方式。今天，技术的开发已经能够展现出这样一种现象：把一个小小的短距离移动接收发送器植入到一些不起眼的日常生活小器具中，就能建立人和物品之间以及物品和物品之间的通信，使得信息与通信技术（ICT）增加了新的维度：从原来的任何时间、任何地点的任何人的通信，变成了任何时间、任何地点的任何人和任何物的通信。这样，连接成了多重的，并在整体上出现了新的、动态的网络之网络：物品连接起来的因特网。这个物联网既不是科学幻想，也不是产业骗局，而是建立在具有网络泛在性技术和前景的可靠的基础上的。当今社会正在热切地要去实现它。物联网技术给用户、制造商、通信运营企业和各行各业以巨大的潜力。当然，从特定产品的概念到大规模市场的应用，这种颠覆了原有基础的创新还需要经历一个困难的市场化过程，会涉及到各类的市场参与者，包括标准化组织、国家研究中心、服务提供商、网络运营商和引领潮流的用户。

（二）物联网的相关技术及标准化进程

1. 物联网的相关技术

在国际电联报告中形容物联网的相关技术用三个形容词 enabling，emerging 和 underlying。enabling 的意思是“使能的”，即这项技术可以像催化剂一样让其他技术更好和更有效地发挥作用。emerging 的意思是凸现的、浮现出的，使用这个词描述物联网背后的支撑技术（即 underlying technologies），人们似乎看见了这类技术此起彼伏不断涌现出来的图景。除了已经发展非常成熟的电信技术（包括有线和无线通信技术等），支撑的物联网的新兴技术分别是射频识别（RFID）、近距离通信（NFC）、灵巧物品（smart things）、传感器、无线传感器网络技术、纳米技术和小型化技术。

（1）射频识别RFID（Radio Frequency Identification射频识别）是一种非接触式的自动符号识别技术。最简单的RFID系统由标签（Tag）、读卡器（Reader）和天线（Antenna）三部分，加上其他外部硬件和内部软件构成。基本工作原理是：读卡器向外部发出射频信号产生范围很小的一个电磁场，当标签进入磁场后，接收到读卡器发出的射频信号，产生标签内部的一个小小的感应电流，借此所获得的能量发送出存储在芯片中的产品信息传给读卡器。这是无源标签或被动标签（Passive Tag）的工作原理。有源标签或主动标签（Active Tag）则是主动发送某一频率的信号供读卡器读取信息和解码。读卡器将信息通过天线系统用无线传输方式将所得到的信息送至中央数据库进行处理。

RFID在本质上是物品标识的手段，它有可能最终会取代目前应用广泛的条形码，成为物品标识管理的最有效方式。它具有一些非常明显的优点。

- 读取方便快捷。数据的读取无需光源，甚至可以透过外包装来进行。
- 有效识别距离更大。采用自带电池的主动标签时，有效识别距离可达到30米以上。
- 识别速度快。标签一进入磁场，读卡器就可以即时读取其中的信息，而且能够同时处理多个标签，实现批量识别。
- 数据容量大。数据容量最大的二维条形码（PDF417），最多也只能存储2725个数字；若包含字母，存储量则会更少；RFID标签则可以根据用户的需要扩充到数十K。
- 使用寿命长，应用范围广。其无线电通信方式，使其可以应用于粉尘、油污等高污染环境和放射性环境，而且其封闭式包装使得其寿命大大超过印刷的条形码。
- 标签数据可动态更改。利用编程器可以写入数据，从而赋予RFID标签交互式便携数据文件的功能，而且写入时间比打印条形码更少。
- 更好的安全性。不仅可以嵌入或附着在不同形状、类型的产品上，而且可以为标签数据的读写设置密码保护，从而具有更高的安全性。
- 动态实时通信。标签以每秒50—100次的频率与读卡器进行通信，所以只要RFID标签所附着的物体出现在解读器的有效识别范围内，就可以对其位置进行动态的追踪和监控。

（2）近距离通信NFC（Near Field Communications）又称为近场通信，由非接触式射频识别（RFID）及互联互通技术整合演变而来，是一种用于近距离无线通信的技术。

NFC技术支持三种不同的操作模式：第一，读写模式（对FeliCa或ISO 14443A卡的读写）；第二，卡模式（如同FeliCa和ISO 14443A/MIFARE卡的通信）；第三，NFC模式（NFC芯片间的通信）。

NFC国际标准ISO/IEC 18092、ISO/IEC 21481涵盖通信模式、调制与编码、防冲突机制、帧结构等内容。NFC工作于13.56MHz频段，支持主动和被动两种工作模式和多种传输数据速率。在主动模式下，主呼和被呼各自发出射频电磁场来激活通信，在被动工作模式下，如果主呼方发出射频电磁场，被呼方将响应并且装载一种调制模式激活通信。也就是说在一对NFC通信设备中（主呼和被呼），至少有一方是主动的。

NFC技术简化了用户移动商务应用时的操作，成本较低，功耗极小，安全性好，同时速率能满足一般应用的需求，兼具了无线通信和射频ID卡的功能，对于音视频流等需要较高带宽的应用，可以与蓝牙等其他无线技术相结合，在不同的场合、不同的领域起到相互补充的作用，其应用可以分为四种类型，非常适于泛在计算和通信的要求。

- 移近通过，如车站定票，只需将用户的移动设备靠近读取装置即可完成。
- 移近确认，如付费时，先将移动设备靠近读取装置，若是大额支付，必须输入密码确认该交易；若是小额支付就无需输入密码，如同直接刷卡消费。
- 移近传输，如用手机下载电脑上的音乐、或者将图片传输给电脑，只需将均内置NFC芯片的两个设备移近，传输会自动完成。
- 移近浏览，如作为简易的数据读取应用，从海报上的智能型标签直接读取网址，无需输入URL

就可上网。

（3）传感技术通指传感器和传感网所采用的技术。传感器是指能感受规定的被测量并按照一定的规律转换成可用信号的器件或装置，通常由敏感元件和转换元件组成。如果将许多在空间上分布的传感器组成计算机网络，使之协作地监控不同位置的物理或环境状况（比如温度、声音、振动、压力、运动或污染物），就形成了传感器网络，或简称为传感网。传感网的通信通常采用无线方式，每个节点除配备了一个或多个传感器之外，还装备了一个无线电收发器、一个很小的微控制器和一个能源（通常为电池）。单个传感器节点的尺寸大到一个鞋盒，小到一粒尘埃。传感器节点的成本也是不定的，从几百美元到几美分，这取决于传感网的规模以及单个传感器节点所需的复杂度。传感器节点尺寸与复杂度的限制了能量、存储、计算速度与频宽。传感技术是沟通物理世界与因特网的虚拟世界之间桥梁，它的发展最初起源于战场监测等军事应用，现在已经被应用于很多民用领域，如环境与生态监测、健康监护、家庭自动化以及交通控制等。

（4）无线传感器网络技术 Wireless Sensing Network，简称为 WSN，是物联网体系中低层直接采集世界上各种物体信息的传感器信息网络。无线传感网络技术包括 Wi-Fi 传输技术、低功率蓝牙技术、自组网技术、tinyOS 等。Zigbee 协议是 802.15（无线个域网标准委员会）制定的一个低速、低功耗网络标准（802.15.4），相对比较适合 WSN，目前，不少传感器厂商直接采用它。

无线传感器网络节点要进行相互的数据交流就要有相应的无线网络协议(包括 MAC 层、路由、网络层、应用层等)，传统的无线协议很难适应无线传感器的低花费、低能量、高容错性等的要求，这种情况下，ZigBee 协议应运而生。

ZigBee 的基础是 IEEE 802.15，但 IEEE 仅处理低级 MAC 层和物理层协议，因此 ZigBee 联盟扩展了 IEEE，对其网络层协议和 API 进行了标准化。ZigBee 是一种新兴的短距离、低速率的无线网络技术。主要用于近距离无线连接。它有自己的协议标准，在数千个微小的传感器之间相互协调实现通信。这些传感器只需要很少的能量，以接力的方式通过无线电波将数据从一个传感器传到另一个传感器，所以它们的通信效率非常高。ZigBee 是一个由可多到 65000 个无线数传模块组成的一个无线数传网络平台，与现有的移动通信的 CDMA 网或 GSM 网十分类似，每一个 ZigBee 网络数传模块类似移动网络的一个基站，在整个网络范围内，它们之间可以进行相互通信；每个网络节点间的距离可以从标准的 75 米，到扩展后的几百米，甚至几公里；另外整个 ZigBee 网络还可以与现有的其他的各种网络连接。通常，符合如下条件之一的应用，就可以考虑采用 ZigBee 技术做无线传输：需要数据采集或监控的网点多；要求传输的数据量不大，而要求设备成本低；要求数据传输可性高，安全性高；设备体积很小，不便放置较大的充电电池或者电源模块；电池供电；地形复杂，监测点多，需要较大的网络覆盖；现有移动网络的覆盖盲区；使用现存移动网络进行低数据量传输的遥测遥控系统；使用 GPS 效果差，或成本太高的局部区域移动目标的定位应用。值得注意的是，在已经发布的 ZigBee V1.0 中并没有规定具体的路由协议，具体协议由协议栈实现。

（5）微小化和灵巧技术。微小化是当前科技发展的一个趋势，它应用了微米和纳米级技术。纳米技术一般指纳米级（0.1—100nm）的材料设计、制造、测量、控制产品的技术，其技术领域主要包括：纳米级测量技术、纳米级表层物理力学性能的检测技术、纳米级加工技术、纳米粒子的制备技术、纳米材料、纳米生物学技术、纳米组装技术等。目前纳米已经慢慢进入我们的生活，比如手机，以前只有打电话的功能，现在体积越来越小、功能越来越强，数码相机的摄像头包括电路也只有黄豆粒大小了。计算机中的双核 64 位 CPU 依靠微纳米技术制成……纳米技术是一项有望为 21 世纪人类生活的各个方面带来革命的技术。所以，纳米技术也是物联网背后的重要支撑技术之一。

如果利用纳米技术把传感器做到像一粒尘埃那么小，就成了灵巧尘埃（smart dust）或叫微尘。当然目前它的大小是在 5 立方毫米左右。这个传感器尽管如此之小，但每一粒都具有传感器、微处理器、通信系统和电源四大部分，具有电脑和通信功能。微处理器、双向无线电接收装置和无线网络的软件使它们能够组成一个无线通信网络，而且这个网络是以自组织方式构成的。这是一种不需要基础设施的自创造、自组织和自管理的网络，网络中的各个灵巧的尘埃能够相互定位、收集数据并向观察者传递信息，如果其中一个功能失常，其他微尘会对其进行修复，并不会影响观察数据的获取。灵巧尘埃的出现及其无线网络的发展应用带来了一种新的信息获取和处理模式。虽然应用前景十分美好，但仍存在着若干技术难题，还不能走向广泛应用。研究者当前的目标是如何将5立方毫米级的微尘缩小到1立方毫米。

2. 物联网标准化研究进展

（1）IOT发展动态如下。

- 1995年比尔·盖茨在《未来之路》书中首次提出IOT；
- 1999年EPC global联合100多家企业成立IOT联盟；
- 1999年我国中科院上海微系统和信息技术研究所开始相关研究；
- 2005年我国开始传感网标准化研究工作；
- 2005年11月，在突尼斯举行的信息社会世界峰会（WSIS）上，国际电联（ITU）发布了《ITU互联网报告2005：物联网》指出，无所不在的物联网通信时代即将来临；
- 2007年底，ISO/IEC JTC1成立传感网研究组；
- 2008年底，ISO/IEC成立传感网标准化研究组；
- 2008年底和2009年1月，IBM CEO彭明盛、美国总统奥巴马，提出“智慧地球”的概念，其中包括美国要形成智慧型基础设施物联网；
- 2009年5月，欧洲科研人员、官员和企业负责人齐聚欧盟总部所在地布鲁塞尔，就物联网新科技的发展前景做了广泛讨论；
- 2009年8月7日温家宝总理到中科院无锡微纳传感网工程技术研发中心视察，提出“尽快建立中国的‘感知中国’中心”；
- 2009年8月中国移动负责人提及，物联网将会成为中国移动未来的发展重点；
- 2009年9月11日，中国传感网国家标准化工作组成立。

（2）已经制定的相关标准如下。

表13-9 物联网涉及的相关标准

Standard	Standardization Body	updates
802.15.4	IEEE	Initial version 2003 Last Revision 2006
ZigBee	ZigBee Alliance	Initial version 2004 Last Revision 2007
6loWPAN	IETF	Published draft RFCs 2007
WirelessHART	Hart Communication Foundation	Released 2007
SP100.11a	ISA	Draft standard 2007 Released expected Q1 2009
Z-Wave	Z-Wave Alliance	Released
Wavenis	Wavenis Open Standards Alliance	Alliance launched 2008
WiBree/ Bluetooth Low Energy	WiBree Forum/ Bluetooth SIG	Specification expected 2009

（三）物联网与标识管理

标识（Identity）是指需要被指认的某些事物的基本身份属性，标识属于特定情况下某个特定实体的元数据。这些实体包括自然人、一个组织或供应商、一项应用，当然也包括特定传感器网中某个传感器及其代表的某个实体或内容。在由传感器网向物联网的过渡过程中，可能每个传感设备实际上都需要一个以上的标志符号，存在着一个和一个以上的相互联系，如何有效地将它们辨识出来，体现了对传感器标识的管理，这是物联网中各个实体的基本管理。然而，很多情况下物联网中的传感器实体的标识是高度敏感和私密的，能否由第三方进行访问直接影响了物联网中相关各方的有效互动，这就使有效的和可信任的标识管理更为重要，例如，需要建立一个信任体系，对于每一个特定应用赋予各方相应的信任级别。

标识管理中一个重要的要求是“有标能识”，物品的标识不仅仅是指它的名称或商标，而应当包括物品的名称、产地、生产单位及其地址联系方式、质量、使用说明等信息状况的标出和指示。这包括了使用这个物品的其他人对该物品的知情权。

国际电联对标识管理（Identity Management, IdM）非常重视，成立了标识管理的焦点组，出版了系列报告。在《关于全球互通的标识管理架构》的报告中提出，几乎所有的网络活动，例如发送电子邮件，提出税务的申报，管理银行帐户，购买商品，玩游戏，连接到公司内部的网络，在虚拟世界中与人接触等等，都需要将标识信息从一方传递给另一方。大量的各种不同情况以及各种类型的标识信息显示，需要一个灵活的标识管理基础设施。它必须足够灵活，以至可以支持大量的已经存在并正在兴起的标识机制及协议、各种不同类型的平台、应用程序以及正在使用的面向服务的构架模式。整个框架必须要平衡用户、应用程序和网络这三者的需求——这种需求是对他们自身的标识信息及与策略相关的标识提供商的有效需求。这些需求会带来非常深远的结果，不仅是对标识管理系统的用户接口而言，而且是对基础设施本身以及必须如何建立它而言，除此之外，这也提供了与各种标识管理系统的互操作性有关的新商机。

实际上，所有标识管理都涉及到对一个实体是否就是这个实体的判断。无论是自然人、法人或是其他对象，都是通过某种形式的标识，运用网络或信息通信技术服务（包括标识服务本身）从现实世界到虚拟世界来回转换的，因此总会存在一种通过请求/判断过程来认证其是否为真，在互联网里这个认证过程可以由电子认证服务来完成。物联网和人的因特网也会有一样的要求，但由于它更可能脱离人的控制而独立运行，所以是否能将电子认证服务提供者结合到物联网的服务中更为重要。为了保证预期的服务水平，电子认证机构要与标识提供商（可能是电子认证服务机构自身或是联盟的另一方）进行沟通，通过凭据、标识符、属性和标识服务的模型来验证判断的正确性。这样就要有一个共同的标识模型来支持这些要求，提供这类模型的标识服务还应当是开放的。进一步说，由于标识包括标定和识别两层含意，对识别这层含意而言，存在着是否能够信赖这个“标识管理层面”的问题，这就是下面所描述的通过某个网络能够提供的被信赖能力问题。

标识管理的重要功能是使用户迅速评估哪些信息将会因为什么用途透露给哪些机构，这些机构值得信赖程度如何，他们将如何对待这些信息，以及公开了他们的信息之后结果会怎么样。换句话说，如何使用户能够认同自己和他人的标识可以通过某种网络来提供。比如，在智能交通系统中，标识管理网络必须对大量的客户设备提供可信赖的服务，从台式电脑、手机/智能卡、电子驾驶执照到安装在车辆上的智能身份证，这个网络基础设施必须使所有的这些来自不同厂家和管理领域的设备进行同一标准的用户体验。

为了确保标识所产生的是一个明明白白、确确实实的实体指认，一个统一的政策是不可缺少的。这包括规定向用户描述需要什么样的信息，以及为什么需要这样的信息的政策（类似于今天的隐私政策有机器可读和改进的版本）。这些政策规定应当没有什么灵活性，一旦信息发布，政策规定就会和它一起贯穿于其整个生命周期，以确保信息真正只根据政策来使用的，例如该用户同意信息的某种目的。

在各种各样的平台，现在已经有了一些合适的标识管理系统，但缺乏一个全球互通的标识管理架构来支持，即使在每个主权国家内，也还没有一个认可的统一标识管理框架。物联网的推广应用上，作为第一步，可以先为每个局部的、单项的物联网建立标识层，进而实施范围更大的标识管理系统，最终用户应该能够在国家范围到全球范围内用一套更小的可接受的标识来处理。但是，到那个时候，目前大部分流行的标识系统都应兼容。在标识层以下的物联网基础部分应该考虑开发能够支持标识层联系的功能，支持系统间的交流、互操作和标识认定的授权。只有建立这样的开放条件和标准，今后才有可能实现物联网平台上统一的标识管理。

标识中含有的信息既可属于请求认定和识别的实体本身，也可属于标识中所隐含的权威。关于权威的信息非常具有代表性地揭示了标识的背景，应当由专门的隐私规范所管理。应当看到，对标识信息不恰当的使用将会导致标识偷窃行为和其他安全漏洞。所以，标识信息要求特别的保护，要求采取并强制执行一些附加的政策规定，例如应当将应用中的标识信息数量降到最少，或者将传输的数据译成密码。各种各样的隐私和安全特性都必须得到系统基础设施的支持，从低安全特性的以密码为基础的单一因素鉴定，到为高目标的、以属性为基础的、能够提高隐私的艺术品级别的鉴定。系统基础部分必须支持所有的安全隐私保护功能，而不需要知道数据的所有者以及物品的数据所代表的隐私含意。

同一个用户在某种应用时可以要求使用不同的物联网所提供的服务，同样，不同的用户也可以要求有权使用同一个物联网所提供的服务。一个物联网在不同的背景下应用时可能会成倍地增加标识。这时，预期分享或隔离标识信息的能力以及始终如一地管理它们的能力是很重要的。为了有效进行信息管理，需要联合管理不同背景的交叉标识信息（越过企业边界或服务区域等）。既然标识是以符号的形式表现出来提供给服务提供者的，所以非常适合由一个“电子认证服务机构”来担当这些符号提供者。它能够将不同物联网的标识层联合或链接起来，让需要服务的用户可以进行单点登录。也就是说，通过这个电子认证服务机构，各种应用能够越过不同的物联网平台和装置，以统一的视图和接口来呈现相关系统基础部分。这些接口应该独立于现行的用于传递标识信息的协议和机制，所以，这个架构允许不同的片断（物联网岛屿）和它们进行通信和建立起桥梁。通过支持更多的标识系统，这个架构允许应用软件从遗留系统转移向各种各样新兴的标识管理。

（四）物联网的商业应用

物联网技术为客户、制造商和企业提供了巨大的发展潜力。不难看到，其中有许多发明和创新是会颠覆它原先赖以生存的基础的。例如，有了大量的传感器去监测环境，原来的环境监测队伍会不会裁员呢？到处都有监测探头，人们的隐私会不会有意无意地被侵犯呢？还有，现实世界的大量事物被反映到了虚拟世界，他们是否还能正确地返回真实世界？

物联网从概念到特定产品到大规模市场上的应用还需要有一个漫长的、困难的商品化过程，会有许许多多的参与者卷入其中，包括标准化组织、国家的各级研究中心和学者、服务提供商、网络运营商，也包括那些愿意先吃螃蟹的领先客户。无论如何，真正使技术推向广阔发展的，不是这项技术的完善程度，而是它所能带来的商业机会，以及这个机会能不能深入到人们的日常生活之中，成为人们既熟视无睹，又须臾不能离开的东西。物联网是不是能有这样的发展前景，我们还不能断言，但中国和其他发展中国家有可能通过大规模的物联网应用取得超越常规的进步。

从国际电联的报告中可以看到，传感网和物联网在发展中国家可能取得突破性进展，例如纳米过滤技术可以除去水中的污染物确保水可以安全饮用。新兴技术也可以改进发展中国家传统药物的质量和可靠性，例如RFID可以跟踪安全药物的原产地杜绝伪劣制品。

远的不说，仅就日用品出口来讲，传感技术就能用来测试不同产品的质量和纯度，例如巴西生产的咖啡和纳米比亚生产的牛肉。RFID也可以用来追踪装运到欧盟的牛肉以验证其原产地、安全性和处理过程。确定了食品跟踪性的标准，就能确保来源于发展中国家的食品质量，也拓展了这些国家的市场范围。

要确保早期预警和灾前撤退、减少自然灾害造成的生命损失，需要广泛而有效的信息系统。以传感网为基础建立的脆弱环境监测系统可用来防御或者限制自然灾害。专用机器人也用到了煤矿的危险区域的探测上，其商业应用在一些发展中国家，例如印度、泰国和土耳其等都得到推广。

下一代通信网技术可能成为印度、中国等发展中国家的更大市场增长点。这些发展中的巨人对物联网所进行的实质性的研究表明，物联网已经与本地、环境要求和国际贸易密切地结合起来了。例如，沃尔玛现在要求它的供应商提供的产品都贴上RFID标签。沃尔玛产自中国的产品达到数十亿美元，占美国当年向中国进口商品额的相当大比例，这使得中国本身就可能成了RFID开拓的领先者。因此，可以看出，发展中国家能够从物联网的被动的追随者变成大范围推广新兴技术的基本力量。

物联网应用的小故事

茶盅的故事

一个茶盅自从其在工厂里诞生的那一刻就内置一个 RFID 芯片，从其走下流水线到走进沃尔玛商场，其间的每一步，都能够在任意一台联网的电脑上查到其位置和状态。我们在沃尔玛商场里拿到这个茶盅放进自己的购物车，直接走出沃尔玛的大门，并不需要站在一条人龙后面排队等待沃尔玛的服务生为我们一一结账。大门上的检测器会自动结算，这件茶盅和相应的价格会自动出现在大门侧栏的显示屏上。同时它也检测出我口袋里的信用卡卡号，然后显示出：我们将从你的招行信用卡（尾号 4567）里扣除 5 元人民币。

同样是一个茶盅，星巴克从一家工厂里定制了它。它在星巴克的小店里将会履行这样的职责：当一个客人把一杯咖啡喝完时，这个茶盅会自动通知柜台主控电脑：5 号桌区域的客人已经喝完咖啡，我想应该有人来为他续杯了。当然，续杯之后，也不需要客人现场掏钱，只要他口袋里有一张同样联网的信用卡就行。

再回到你买回家的那只茶盅。你下班了，坐上自己的爱车，在仪器盘上选择了“回家路线”，这时候，家里的一切电器接到了你的爱车所发出的联网指令：主人 30 分钟后到家，请预备。于是，除了微波炉立刻投入战斗，以便为你准备一顿早上出门时设置好具体需求的晚餐。空调将在 28 分钟后启动，2 分钟足够它把温度从当前的 0 度提高到你最享受的 25 度，你的那只茶盅也通知家用机器人在你打开门的同时将咖啡准备好。

2020 年 Rosa 的一天

Rosa，一位居住在西班牙的 23 岁学生。

Rosa 刚刚结束和男友的争吵，需要一段时间自己一个人静一静。她打算开自己的智能 Toyota 汽车到法国 Alps，并在一个滑雪胜地度过周末。但是好像她得在汽修厂停留一会儿了。她的爱车依法安装的 RFID 传感器在告警可能的轮胎故障。当她经过她喜爱的汽修厂入口处的时候，使用无线传感技术和无线传输技术的诊断工具对她的汽车进行了检查，并要求其驶向指定的维修台。这个维修台是由全自动的机器臂装备的。Rosa 离开自己的爱车去喝点咖啡。Orange Wall 饮料机知道 Rosa 对加冰咖啡的喜好，当她利用自己的 Internet 手表安全付款之后立刻倒出饮料。等她喝完咖啡回来，一对新的轮胎已经安装完毕，并且集成了 RFID 标记以便检测压力、温度和形变。

这时机器向导要求 Rosa 注意轮胎的隐私相关选项。汽车控制系统里存储的信息本来是为汽车维护准备的，但是在有 RFID 阅读器的地方，旅程的线路也能被阅读。因为 Rosa 不希望任何人（尤其是男友）知道自己的动向，这样的信息太敏感了，不能不保护。所以她选择隐私保护来防止未授权的追踪。

然后 Rosa 去了最近的购物中心购物。她想买一款新的嵌入媒体播放器和具有气温校正功能的新滑雪衫。那个滑雪胜地使用了无线传感器网络来监控雪崩的可能性，这样 Rosa 就能保证舒适安全。在法国—西班牙边境，Rosa 没有停车，因为她的汽车里包含了她的驾照信息和护照信息，已经自动传送到边检相关系统了。

忽然 Rosa 在自己的太阳镜上接到了一个视频电话请求。她选择了接听，看到她男友正在请求她的原谅，询问她是否愿意共度周末。她喜从中来，马上发布指令要求导航系统禁用隐私保护，这样男友就能找到她的位置直接过来了。

瞧，即使是在这样一个充斥着智能互联系统的世界，人类情感还依然是主宰。

（五）物联网的商业模式和产业联盟

产业链是产业经济学中的一个概念，是各个产业部门之间基于一定的技术经济关联，并依据特定的逻辑关系和时空布局关系客观形成的链条式关联关系形态。产业链中包含了空间链、企业链、供需链和价值链四个维度，它们在相互对接的均衡过程中形成了产业链。

就提供某一种对公众的商业服务而言，物联网应用也存在着价值链。物联网的商务活动使不同类型的企业打破行业界限，使同处一条价值链中的企业之间保持战略合作的关系。对某一项物联网服务，例如智能交通系统，必须建立以价值链为基础的一个生态系统，形成可持续发展的良性循环。物联网的应用系统应当集成信息流、资金流和物流的管理，将物品制造者、物品状态信息供应者（基础物联网）、物品标识认证机构、消息传送者和用户全部纳入管理资源之中，在这个统一的游戏规则即商业模式之下，每一个游戏者都能取得自己应当取得的那份收益，从而使业务流程更加紧密地集成在一起，进而提高对用户的快速响应能力。

商业模式就其最基本的意义而言是指做生意的方法，是一个公司赖以生存的模式，一种能够为企业带来收益的模式。物联网的商业模式创新将是一类很有意义的研究，必然会在变化中不断发展。正如电子商务的兴起促生了一批新型的企业，也创造了许多全新的商务模式一样，亚马逊、eBay、戴尔电脑，乃至中国的腾讯、阿里巴巴、淘宝、易趣等等，全是电子商务的新生产物。物联网本身就是一个全新的研究领域，虽然它对技术的研究和验证已经成功，但是能不能大规模和可持续地应用，还取决于其商务模式的创新。这个创新可能诞生于理论界，更有可能源于商业实践在运营上和策略上的摸索和成功。

研究物联网运营方面的商业模式重点解决物联网相关企业与环境的互动关系。即使有了物联网技术的成功应用也不等于实现了商业上的成功运营和推广。要进行商业推广，首先要形成以该应用的推广为己任的企业，这样就必须研究它的产业链问题和价值链问题，研究产业链价值链环节的互动关系。在与环境的互动中，运营方面的商业模式从如何创造企业的核心优势、能力、关系和知识入手，例如企业处于什么样的产业链条中，在这个链条中处于何种地位，企业结合自身的资源条件和发展战略应如何定位，企业从哪里获得收入，获得收入的形式有哪几种，这些收入以何种形式和比例在产业链中分配，企业是否对这种分配有话语权等等。

从策略方面研究商业模式是对上述运营方面研究的深化，主要包括业务、渠道和组织三方面的内容。业务模式，指企业以何种方式提供业务，满足用户何种需求，向用户传递什么样的利益。进而，企业到什么情况下可以从仅仅提供业务到张扬其品牌，将利润从业务转移到品牌上，从用户的品牌体验中获得更大的盈利空间。渠道模式，指企业如何向用户传递业务和价值。组织模式，指企业如何建立先进的管理控制模型，比如建立面向用户的组织结构，通过企业信息系统构建数字化组织，直至在物联网的产业联盟中起到核心作用。

我们估计产业联盟会是物联网的核心商业模式。物联网企业和产业尚未正式形成，或者正处于起步期。不同的应用会有不同的主导者，现在人们设想或试行的应用包括城市管理、交通疏导、节能减排、地质勘探、防灾减灾、天文探索、物候观察、医疗保健、基因匹配、农田水利、产品跟踪、大面积长距离的无人监控以及智能家庭和智能化的个人生活等等，林林总总，不一而足，尽管采用的技术可能是通用的，但毕竟属于人类社会发展到现在所形成的经济文化上不同的价值取向的不同领域，无论从业务上还是从技术上看它们的驱动力都是不一样的，因此一定会有不同的主导者。这一主导者会力图建立自己认为合理的竞争规则来整合产业链、价值链。由于物联网应用的范围广阔，已不是单靠哪一家企业、哪一行业企业所能实现的，这需要传感设备制造者、应用技术研发者、协议标准制订者、操作平台提供者、特定应用推广者、信息通信承载者、标志识别认证者，甚至可能包括艺术和创意产品的开发者，他们在芯片、硬件、应用、平台、运营、管理和内容资源上的全面合作。物联网的功能会越来越多层次和多元化，这将使资源整合的工程越来越复杂。因此，产业竞争的成功，是产业链所有环节成功的结果，缺少哪一环节，都可能带来竞争失败。在这样的要求下，产业链上某一环节的骨干企业都在以某种形式，努力地整合产业链的所有资源，以打造有竞争力的产业链，而整合形式大多是号召成立组织严密程度不一的产业联盟，这使得产业联盟成为物联网领域竞争的核心商业模式。

产业联盟是指出于确保合作各方的市场优势，寻求新的规模、标准、机能或定位，应对共同的竞争者或将业务推向新领域等目的，企业间结成的互相协作和资源整合的一种合作模式。联盟成员可以限于某一行业内的企业或是同一产业连各个组成部分的跨行业企业。联盟成员间一般没有资本关联，各企业地位平等，独立运作。由于企业的联合，产业联盟能在某一领域形成较大的合力和影响力，不但能为成员企业带来新的客户、市场和信息，也有助于企业专注于自身核心业务的开拓。相对于企业并购等模式，产业联盟能以较低的风险实现较大的范围的资源调配，避免了兼并收购中可能耗时数月乃至数年的整合过程，从而成为企业优势互补、扩展发展空间、提高产业或行业竞争力、实现超常规发展的重要手段。产业联盟承担起竞争规则制定者角色，成为主导产业竞争格局的新主体，也是产业技术标准竞争的主导者。产业联盟涉及的产业链环节越来越多，所需要的各方合作程度也越来越密切。产业链为基础的产业联盟关键就是开放、合作、共赢。

从射频、传感、纳米、微小型化到各种近远程无线通信，各种新兴技术产业的融合扩张，势必形成一个涉及领域极为广阔的物联网市场，但是这个新市场却存在着太多的未知因素。很自然地，原先这些产业内的诸多相关方会竭力寻找优势互补、共同合作的机会。产业联盟就在这样的大背景下产生了。产业联盟有利于占领产业融合所开辟的新市场，因而产业融合往往导致产业联盟产生。产业融合促使新市场出现，而对于占领这片新市场所需的技术、资本、用户心理等问题，各方均无足够的实力积累，即使有此实力，短期内也无法快速、全面地抢占新市场，因此融合前的各产业内的企业，会凭借各自在新市场某一方面的优势，组成一个个联盟，以联盟的整体优势，尽快、尽可能多地占领市场而又降低风险。从全球巨头企业的战略举措来看，物联网产业链的厂商都已经瞄准了相关应用领域，将未来的业务重点向此转变。中国移动更是广泛在宣传物联网与移动通信结合的新机会，力图成为发展物联网的先导和主导企业。

三十多年来新技术开发推广的经验告诉我们，技术的先进并不一定代表商业的优势和可持续性。无论哪种应用如果不能引导出广大公众的最迫切的需求并且满足这些需求，都是既无优势也不可持续的。在我们已经看到的物联网应用中无论哪种应用，其基本模型都是香农最初创建的通信模型：信源→信道→信宿。产业链环节中，不管属于信源（应用环境中的传感器网络），信道（远程通信网络）还是信宿（从服务器、数据库到客户应用），都试图创造、引导和满足最多客户的需求。然而，其中最有能力从整体上引领物联网产业链发展的可能是正在转型中的电信运营商。首先，这是因为，电信运营商在物联网产业链模型中处于中间位置，没有远程通信的全程全网的支持个别传感网建设得再好也只能形成一个一个的传感器孤岛，对广大公众的日常生活和整个社会的经济活动不能造成“颠覆性”的影响（国际电联报告用 ground-breaking innovations 来形容物联网技术），何况在物联网产业链条诸环节中，真正具有订户登录管理能力（registered describers management）的是电信运营商特别是移动通信运营商，这使得电信运营商可以非常顺利地将对参与人员身份的标识管理转化为对涉及物品的标定与识别管理。其次，远程通信，特别是移动通信已经被社会公众接受为人们身边熟视无睹而又须臾不可离开的技术应用，这是物联网哲学思想“泛在通信”物质基础。第三，我国通过企业重组，已经形成信息通信产业的良好的竞争环境，这是产业链上游提供数据的传感网产业和下游应用软件和系统产业所缺乏的。第四，我国现在的三大运营商正在进行脱胎换骨似的痛苦转型，他们各自对社会经济生活的敏感度已经超过历史上任何时期，超过其他规模以上的国有或民营企业。第五，随着第三代移动通信推进和下一代网络的发展，在整个经济生产和社会生活范围将物联网（物与物的通信、泛在通信）作为本领域发展焦点、热点、重点的，在其他产业领域如传感器设备制造、家用的白色电器和黑色电器等，尚未提到议事日程上。综上所述，引领和发展物联网将它变成泛在日常应用的责任，已经历史地落到中国的信息通信运营企业的肩上了。

（作者：南京邮电大学校长　杨　震）

参考文献：

[1] 1997 年 网络的挑战：电信和因特网（Challenges to the Network: Telecommunications and the Internet[10]）

[10] http://www.itu.int/ITU-D/ict/publications/inet/1997/

[2] 1999 年 为了发展的因特网（Internet for Development[11]）

[3] 2001 年 IP 电话（IP Telephony[12]）

[4] 2002 年 移动时代的因特网（Internet for a Mobile Generation[13]）

[5] 2003 年 宽带的诞生（The Birth of Broadband[14]）

[6] 2004 年 可携带的因特网（The Portable Internet[15]）

[7] 2005 年 物联网（The Internet of Things[16]）

[8] 2006 年 数字生活（digital.life[17]）

十、云计算在电信行业内的发展及应用研究

近年来，云计算经历了从理论概念到技术探讨再到初步应用的逐步发展，这项在普通用户原来看着难以理解、遥不可及的技术逐渐清晰明朗起来。随着众多 IT 厂商、互联网公司的纷纷参与，云计算成为了最吸引人眼球的 IT 盛事。

互联网的出现使计算模式发生了很大变化。云计算之所以产生，一方面源于利用互联网闲置计算资源的需要，更重要的，云计算是 Google 等互联网公司为改变原来以桌面 PC 为核心的软件生态系统的现状而努力的结果。云计算一词，最早是出现在 Google 公司的内部技术讨论文章中，Google 公司为了实现一个成本最优的大规模分布式计算、存储架构而开发了 Google 特有的系统架构，随后开源版 hadoop 推广了这一技术的应用。云计算（Cloud Computing）可以说是分布式处理（Distributed Computing）、并行处理（Parallel Computing）和网格计算（Grid Computing）的发展，或者说是这些计算机科学概念的商业实现。云计算意图充分利用互联网上非常强大的计算资源，为用户提供按需服务。

目前，云计算在 IT 领域进行得如火如荼，但是随着通信和互联网的不断融合，云计算必将会对电信行业产生重大影响。2009 年电信运营商已经开始关注、研究云计算，并尝试提供初步的云计算服务，但是，电信运营商关于如何发展云计算的思路还不成熟。而在业界，从不同角度分别研究电信运营商云计算解决方案的文章较多，但是全面审视电信运营商现状，系统性研究电信运营商云计算解决方案的文章还没有。本文试图从较全面的角度给出电信运营商云计算发展建议，描述了电信运营商现有云计算应用情况，分析了电信运营商发展云计算的必要性，阐述了云计算对电信运营商带来的影响，尝试提出了电信运营商可能的发展战略、商业模式以及云计算运营架构，最后列出了电信运营商发展云计算还需要克服的瓶颈，希望能对电信行业发展云计算提供有益的借鉴和参考。

（一）云计算发展现状

2001 年，Google 在搜索引擎大会上首次提出云计算概念。2003 年 Google 逐步开始在内部使用云计算，为它的搜索提供服务。2005 年，Salesforce 推出 PaaS 平台 force.com。2006 年，亚马逊正式提供云计算服务 S3(简单存储服务)，把云计算作为一种商业服务向外提供。2007 年 8 月 Google 启动了与 IBM 合作在美国大学的云计算培训计划。紧接着 Google 于 2007 年 10 月在全球宣布了云计划，IBM 则于 2007 年 11 月 15 日推出“蓝云（Blue Cloud）”计划。2008 年，各类 IT 厂商及互联网公司纷纷加入云计算的阵营，包括微软、Oracle、EMC、HP、Ctrix、思科、SUN 等。云计算成为了 IT 和互联网界热议的话题，云计算技术也日益成熟。

2008 年 4 月，Google 推出一个强大的在线应用服务托管平台 App Engine（应用引擎），开发者可以基于谷歌的开发工具和平台编写网络应用，然后谷歌通过自己强大的数据中心向企业客户提供定制化的网络应用服务。

2008 年 10 月，经过多年的积累和持续的探索，微软公司亦正式发布了完整的云计算平台——Windows Azure（蓝天），这是微软“蓝天服务平台”（Azure Service Platform）的一部分。虽然微软此前已经推出了很多具有网络功能的“Live”软件，但是 Azure 却为这些软件搭建了一个公共平台。微软希望“云平台”最终同 PC 平台一样，能够让成千上万的第三方开发人员开发出丰富的应用与新颖的服

[11] http://www.itu.int/ITU-D/ict/publications/inet/1999/index.html
[12] http://www.itu.int/ITU-D/ict/publications/inet/2000/index.html
[13] http://www.itu.int/osg/spu/publications/mobileinternet/index.html
[14] http://www.itu.int/osg/csd/publications/sales/birthofbroadband/index.html
[15] http://www.itu.int/osg/csd/publications/portableinternet/index.html
[16] http://www.itu.int/osg/spu/publications/internetofthings/InternetofThings_summary.pdf
[17] http://www.itu.int/osg/spu/publications/digitalife/index.html

务。因此，Azure的意义足以与Windows NT媲美，它甚至会对整个互联网产生影响。

IBM公司2009年7月发布了两大云计算产品与服务，分别是：基于业务流程的“公有云”BPM BlueWorks，以及可即插即用的“私有云”IBM WebSphere Cloudburst。利用预置的模板以及协作功能，BPM BlueWorks用户可以从零开始，在云端完成BPM业务设计，包括策略图、性能图、以及进程图的设计等。BPM BlueWorks还允许用户与其他系统集成。

但是到目前为止，云计算还没有一个统一的定义。Wikipedia、Google、Microsoft、Gartner和Forrester等若干研究组织和相关厂家，依据各自的利益和各自不同的研究视角都给出了对云计算的定义和理解。云计算技术包括虚拟化技术、资源管理与监控技术、用户配置、并行计算技术、分布式技术等。云计算技术也没有形成统一的标准，还在不断的发展变化之中，但已出现相关的标准组织。

（二）电信行业云计算应用情况

经过2007年及2008年对云计算技术的观察和了解，2009年电信运营商开始真正涉足云计算，尝试推出自己的云计算平台和服务。因此，2009年可以说是电信运营商的云计算元年。

1. 国内应用情况

（1）电信“e云”。2009年9月22日，中国电信股份有限公司上海分公司与EMC合作推出面向家庭和个人用户的运营商级的云信息服务——“e云”。它可以按照用户的设定，自动地利用电脑空闲时间，将信息备份到中国电信上海公司的“e云”数据中心。当遇到电脑破坏、数据破坏、误删除、在家办公、远程办公等情况时，可以在能访问互联网的任何地方、恢复任一个时间点的数据。

与互联网服务商的免费邮箱、网络硬盘等应用相比，中国电信上海公司“e云”的服务及赢利模式有所不同。前者采用免费服务、通过广告赢利的模式，服务商会对用户保存的信息进行搜索，以便根据用户保存的信息投放相关的关键字广告，而“e云”不会投放广告，充分尊重用户的信息。

目前，中国电信上海公司“e云”服务可以为所有注册用户免费提供2GB的空间。用户若需要更大的空间，则需付费购买：10G空间，每月15元，全年优惠价165元；300G空间每月40元，全年优惠价440元。

未来，中国电信上海公司“e云”服务还将支持手机用户的在线数据备份，让用户的通讯录、重要短信、照片、视频、聊天记录等随时“落地”、安全保存。

（2）移动“大云”。2009年9月1日，就在三大运营商各自发布自己“终端为王”的发展战略后不久，中国移动低调地在内部发布了它的云计算平台——“大云”0.5版本。紧接着11月又发布了“大云”的1.5版本。这似乎预示着中国移动的“云+端”的移动互联网战略已经悄然成型，一个新“梦网”的梦想已呈现在我们的眼前。

“大云”平台的目标不仅是满足中国移动内部对高性能计算的需求，更关注的是可以利用相关技术来建立一个互联网的服务平台，通过建立一些云的服务，向公众提供商用服务。

“大云”基于开源的Hadoop架构，该架构与Google的基础架构较像，但与Google AppEngine、微软Azure相比，还有一定差距，目前处于内部试用阶段。在同样的部署成本下，Hadoop平台相对传统的高性能计算解决方案可以有1-2倍的性能提升。目前“大云”还只是一个研究性的系统，只有256个结点，2010年计划扩展到1024个节点。

（3）联通“互联云”。中国联通利用Power－Allnetworks（PA）公司的技术和服务，与PA合作共同打造中国的“互联云”。中国联通相信将来的互联网络会被“互联云”网络所替代，期望打造“互联云”，建立私有云和私有云、私有云和公共云、公共云和公共云之间的联接。

中国联通在2007年规划并于2008年实现虚拟化试点的基础上，分别选取若干点（包括江西上饶IDC、重庆IDC、天津IDC、石家庄IDC、上海IDC等）进行云计算试点。

2009年11月，江西联通上饶的云计算中心平台已经架设好。这个中心设置了一个核心云和若干小的边缘节点。这样，上饶的云中心既可以成为一个公共云中心，也可以成为“互联云”中的一个核心节点。核心节点能提供完整的虚拟化计算环境及核心数据存储，其上的应用支撑软件包括 CRM、ERP、CMS 等企业软件、数据备份软件及其他 WEB 应用软件。目前该节点正在紧张的进行各种应用的加载和测试。但中国联通在云计算方面的路还很远，还没有进展到实质的云计算阶段。

2. 国外应用情况

（1）Verizon“CaaS”。Verizon Business（Verizon 通信的一个部门）于 2009 年 6 月 3 日在美国推出了云计算服务 CaaS，可以允许公司使用物理的或者虚拟的服务器计算能力。用户通过 Web 门户访问和使用 Verizon 的工程师为他们定制化的软件。企业用户不用自购服务器、建立数据中心，计算中涉及到的服务器或者其他设备，均由 Verizon 数据中心提供。

按照 Verizon 的服务条款，最早的一次性设置费用为 525 美元，企业用户每月先缴纳 250 美元的申购费，再根据其使用量按日单独收费，8～12 美元使用每个虚拟的服务器，或者 17～22 美元一天使用物理的一台服务器。除此之外，还有一些附加费用，软件按照每个 CPU 来收费，存储按照每 Gb 来收费，带宽按照 Mbs 来收费。使用 Verizon 云运算服务的企业用户可节省 30%～60%的 IT 成本。

为了提高安全性，用户除通过互联网获取服务外，还可以使用 Verizon 的 VPN 来获取服务，而 VPN 服务也是可以按天来计费的。

目前 Verizon 已在美国和 15 个欧洲国家提供此项服务。

（2）AT&T“Synaptic”。AT&T 于 2008 年 8 月份推出了云计算服务 Synaptic Hosting，透过 AT&T 所部署的网络、运算资源，及数据储存中心解决客户的运算需求。AT&T 将 Synaptic Hosting 称为公用运算服务（utility computing service），该服务按使用量付费，供企业弹性使用 IT 资源并能够随时取得所需的处理及储存能力。

2009 年 5 月， AT&T 推出了基于云计算的存储服务“Synaptic Storage as a Service”。利用 EMC 的 Atmos®技术(一种基于政策的信息管理平台)，AT&T Synaptic 存储向用户提供了充分的灵活性，数据的存储、发布和检索可通过互联网或直接经由虚拟专用网络或其他传输设备在 AT&T 网络云端完成，这让客户能够在 AT&T 网络安全服务的保护下创建一个“虚拟专用存储云”。

2009 年 11 月，AT&T 又宣布了其最新创新型服务 Synaptic Compute as a Service(SM)。AT&T 的 Synaptic Compute as a Service 利用 VMware 和 Sun Microsystems 两家公司的技术，为企业提供了使用 IT 解决方案的自助服务方法，这些 IT 解决方案是 AT&T 通过其安全的网络云以可靠方式交付给企业的。利用此项服务，AT&T 就能迅速提供满足企业迫切需要的可变计算处理能力，以及网络、服务器、硬件和存储服务。该服务按小时收费，每月月末结算，提供三种大小的服务器供选择：小 (1 CPU and 4 GB of memory)、中 (2 CPUs and 8 GB of memory) 、大 (4 CPUs and 16 GB of memory)，每个服务器配置 100G 的存储。AT&T 前期只在美国提供该服务，此后将逐步向全球扩展。

（三）电信运营商为什么需要云计算

我国电信运营商的传统语音业务收入正在不断萎缩。与此同时，随着通信和互联网的融合，IT 厂商和互联网企业正在逐步进入传统电信市场，运营商必须谋求转型，开拓新的业务模式，增加收入来源。

1. 电信运营商面临三大困境

（1）传统语音业务收入日益萎缩。国内固定电话用户持续下降，固话语音收入不断减少。根据工信部统计数据，2009 年 1～8 月份，固定电话用户累计减少 1437.9 万户；长途电话业务收入和固定本地电话业务收入比上年同期分别减少 8.8%和 13.4%。国内移动用户数虽然仍在增长，但增长速度也趋于放缓。

从全球来看，移动电话用户增长率也在放缓。TeleGeography 公司 2009 年 9 月统计数据显示，从 2008 年 1 季度开始，全球季度的新增用户持续下降，2009 年 2 季度比 1 季度新增用户减少 2300 万，移动用户环比增长率放缓至 3%。TeleGeography 公司预计 2009 年全球移动用户的年增长率将会从 2008 年的 20%下降到 15%。而据市场研究公司 ABI Research 最新的预测称，移动语音服务收入在 2010 年将达到发展轨道的顶点，然后可能会开始下降。从 2011 年开始，用户增长达到饱和将日益削弱移动语音的收入，不仅在一些发达国家市场是如此，而且在许多新兴市场也是如此。到2014年，移动语音收入将减少9.6%。

2009年11月亚洲移动通信大会上，日本软银集团董事长兼CEO孙正义透露，从目前日本的情况看，运营商的语音收入正在趋零，日本运营商的主营收入由过去的语音收入转向了数据收入。因此，他认为，移动互联网将成为运营商的命脉，运营商也应该把目光放在移动互联网业务应用上，为用户提供更多的互联网服务，改变人们的生活。

（2）宽带及移动互联网业务方面电信运营商被管道化倾向明显。2009年1—8月份，基础电信企业净增互联网宽带接入用户1435.2万户，达到9723.0万户。而在移动互联网方面，国内移动互联网的渗透率也在逐步提升。来自尼尔森的统计数据显示，在2008年一季度，日本移动互联网渗透率超过80%，韩国超过60%；其他国家的渗透率均不超过20%。到2008年底，英国移动互联网渗透率为20%，德国19%，美国17%，中国超过30%。可见近一年多来，移动互联网发展迅速，渗透率持续上升。

宽带及移动互联网用户虽然增长，但运营商在互联网数据业务方面并没有获得最大收益。运营商通常只能收取宽带接入的包月费和数据流量费，但在内容上的收益则主要被SP、CP所获得。中国电信早在2002年就推出了互联网络的大平台“互联星空”，但到目前为止，其发展差强人意。中国移动自2000年推出“移动梦网创业计划”以来，打造出了一条集内容提供商、移动运营商，终端提供商等众多商业伙伴为一体的完整产业链，让移动数据业务和SP行业进入发展的快车道。但近年来，移动梦网也遇到了Free Wap的强有力竞争，2009年1—7月广东移动手机上网收入约23.6亿，其中流量费占97%，信息费仅占3%。而在手机上网产生的流量中Free WAP占流量97%，其中腾讯、3G、乐讯流量占比达70%，移动梦网的流量不到3%。Free WAP流量与收入占主流，移动运营商被管道化倾向明显。

（3）IDC市场份额遭遇IT企业和互联网公司蚕食。随着云计算的发展，IT厂商和互联网巨头纷纷从租用电信运营商的IDC到构建自己的IDC，意图借助云计算平台提供按需收费的数据服务。例如，Google在云计算IT基础架构上投入了大量巨资，目前在美国4个洲已经完成和在建的最新数据中心平均每家耗资约为6亿美元。微软一直租赁数据中心，2007年起开始设计和构建自己的数据中心，目前在全球范围内已经有15个数据中心，14.8万台服务器，每家数据中心耗资均达5亿美元以上。Salesforce的数据中心位于美国，但目前已经计划在新加坡建立数据中心和网络操作中心(NOC)。IBM在北卡罗来纳州、都柏林、北京、东京等共有8个数据中心。2008年4月，IBM又投资约4亿美元改造北卡罗来纳州和日本东京的数据中心，并将与其他数据中心连接在一起向云计算服务方向转变。

IT厂商提供的云计算服务，其创新的技术架构决定了创新的商业模式和服务内容，这些优势会在未来不断夺走电信运营商的一些传统业务收入。以数据中心业务为例，一旦云计算服务成熟并初具规模，必将对电信运营商的数据中心业务带来巨大冲击。传统的数据中心业务只是将整台的服务器租给用户，并不保证当用户的负荷量突增的时候，可以马上增加机器或调配其他可用资源，操作不够灵活。而云计算是将软件和硬件结合起来来，可以很快满足用户需求，这是传统数据中心做不到的。由Google、IBM、微软、Sun等提供的云计算服务中，企业用户通过云计算获得的不仅是可以根据费用灵活定制的计算能力和存储能力，很多企业级软件应用，如ERP、CRM等，也可以通过云计算服务商通过SaaS(Software as a Service/软件即服务)的方式一站式提供。相比之下，电信运营商的传统数据中心业务则显得落后、单调、昂贵、应用不够丰富。

从三大困境来看，前两个困境并不是由云计算直接带来的。第一个困境是传统电信业务自身发展趋势使然，第二个困境是互联网技术发展以及电信运营商自身创新能力不足导致，而第三个困境才是由云计算直接导致。因此，电信运营商需要应对当前的困境，开辟新领域，寻找新的增长点，云计算正是这样的一个新领域。

2. *云计算为电信运营商带来新机会*

实际上，电信运营商关注云计算是自身发展的需要。云计算具备的五大特点使得电信运营商可以以较低的管理边际成本开发新产品，引入新业务只需要增加软件逻辑，而不需要建设新系统，在一定的投资范围内极大地丰富产品的种类，从而帮助电信运营商提供成本更低的 IT 服务；设备商/业务开发商可以直接在运营商的环境中进行开发和功能测试，开发完成即可发布，省去了大量中间环境，能够更快地响应客户需求。通过资源的自动调度和调配，电信运营商可以满足各个业务需求以及业务高峰期的需要，同时能够根据资源的实际使用情况进行收费，服务收费更透明更有吸引力。尤其在移动互联网领域，云计算将应用的“计算”从终端转移到服务器端，更有利于电信运营商在移动终端这样的弱处理能力的终端上提供丰富的应用。

云计算五大特点如下。

（1）以网络为中心。云计算的整体架构是建立在由多台计算机或其他硬件设备构成的网络环境中。

（2）以服务为提供方式。以按需服务的方式根据不同用户的个性化需求推出多层次的服务。

（3）高伸缩可靠性。基于网络构建的云计算可以快速灵活适应用户不断变化的需要，同时通过网络冗余机制实现高可靠性。

（4）资源透明化。底层资源（计算/存储/网络资源等）对用户透明，用户无需了解资源具体实现和地理分布等细节。

（5）高性价比。云计算模式通过物理资源复用，按需购买等方式实现高性价比。

电信运营商拥有巨大的基础设施网络以及巨大的用户资源，云计算就是电信运营商充分发挥自身优势、实现成功转型和可持续发展的重要战略。电信运营商通过实施云计算战略，最终可形成电信“云”，为公众和企业提供服务。在未来，人们只需要一台笔记本电脑或者手机或者其他任何支持联网的设备，就可以通过网络服务来实现我们所需要的包括超级计算在内的一切任务。

AT&T 总结电信运营商提供云计算服务的十大优势如下：

- 电信运营商面向企业的销售能力；
- 生命周期的服务和支持；
- 规模化的可靠运营；
- 带有财务处罚条款的服务质量等级协议；
- 完整的企业解决方案组合；
- 集成了主机托管和网络服务；
- 不依赖厂商的解决方案；
- 全球布局；
- 财务的稳定性和市场的承诺；
- 技术更容易被复制，而电信运营商拥有的客户关系和企业运营模式则不容易被复制。

（四）云计算对电信运营商的影响

1. 对业务模式的影响

引入云计算技术，以服务为中心，开放标准接口，可以加快应用交付的时间，提高应用开发商的黏合度，提升客户的使用体验，为电信运营商带来创新的业务模式。

2008 年云计算在国内开始热门时，笔者就跟踪研究过云计算可能对电信运营商带来的新型增值业务模式，并撰写了题为《电信运营商云计算数据中心的构建分析》一文，该文已在《电信技术》2009 年第 6 期上发表。当时正是 IT 巨头及互联网巨头们对云计算概念争论不休的时候，对于云计算提供的服务能力说法众多，比如 SaaS、公用/效用计算、云计算中 Web 服务、Paas（Platform as a Service/平台即服务）、管理服务供应商（MSP）、服务商业平台、云计算集成等，各种服务的分类也不清晰。笔者对于云计算服务进行了分类汇总，归纳为三个层次的服务，即应用层、平台层及基础资源层服务。经过一年的争论，IT 厂商、互联网企业的云计算服务的分类基本趋于统一，基本都吻合应用层、平台层及基础资源层三个层次，比如 IBM 的云服务、云平台、云中心。

三个层次的划分并不仅仅是一种简单的分类，而是通过将服务进行分类，指引电信运营商按层次扩展业务模式，以及按层次构建松耦合的云计算架构，就像软件开发中的三层架构模式一样，从而为电信运营商带来更大的灵活性以及更丰富的应用和产品。

三个层次的业务模式描述如下。

（1）应用层。SaaS：这种形式的云计算采用多用户架构，通过浏览器把单一软件提供给成千上万的顾客，它的特色就是“多重租用”。应用软件统一部署在电信运营商云计算数据中心的服务器上，客户可以根据自己实际需求，向云计算数据中心租用所需的应用软件服务，按租用的服务类型和时间长短支付费用，并通过互联网获得服务，应用软件由云计算数据中心负责升级和维护。最为人所知的SaaS 示例是Salesforce.com。

（2）平台层。PaaS：是对开发环境抽象的封装和对有效服务负载的封装。开发平台可作为服务提供给用户，用户可以直接在平台上进行远程开发、配置、部署和 WEB 应用管理。相对于应用服务来说，平台服务为企业提供了更多的灵活性，企业可以根据自己的业务需要创建自己的应用软件。商业示例包括 Google App Engine。

（3）基础资源层。IaaS(Infrastructure as a Service/架构即服务)：把处于最低层级的基础设施作为标准化服务，通过网络提供用户。服务器、存储系统、交换机、路由器等基础资源生成虚拟化的资源池，根据用户的需求实现批处理或峰值负载期间的服务器/存储/网络资源动态扩展。最著名的商业示例是Amazon Web 服务（AWS），其 EC2 和 S3 服务分别提供基本计算和存储服务。

由此可见，云计算使得运营商从单一地提供带宽资源、语音及部分非灵活扩展的增值业务，扩展到提供三个层次的服务，业务形式得到了极大的丰富，能更有力地推动电信运营商向综合信息服务提供商转型。

2. 对运营管理模式的影响

既然业务模式发生了极大的变化，管理模式也就不能停留在原来的水平上，否则管理模式的落后就会成为电信发展云计算的最大制约。管理模式涉及到很多内容，在此只重点描述对电信运营商运营管理模式的影响。

《发达国家电信运营管理概述》提出了 5 种渐进的运营管理模式：

- 技术导向的网络运维模式；
- 运营流程模式，功能重复的模式；
- 客户导向的基本营销流程，组织间配合混乱；
- 客户导向的完整的营销流程，部分组织间配合顺畅；
- 电子商务模式。电子商务（Electronic Commerce）是在Internet 开放的网络环境下，基于浏览器/服务器应用方式，实现消费者的网上购物、商户之间的网上交易和在线电子支付的一种新型的商业运营模式。

电信运营商如果要提供云计算服务，其运营管理模式的发展目标不仅仅是电子商务模式这么简单。笔者大胆地将可能的新运营管理模式定义为云计算管理模式，即在 Internet 或移动互联网的开放的网络环境下，采用 PC 终端或移动终端，基于浏览器/服务器应用方式，实现个人和企业的云计算应用的订购、云计算应用供应商之间的网上交易和在线电子支付的一种新型的商业运营模式。为推动云计算的发展，运营商还需要进行配套的组织变革，设置如下的服务机构。

（1）云计算服务部门：其职责包括云计算应用策划、营销、需求挖掘、客户服务等。

（2）云计算平台建设管理部门：其职责包括云计算平台的规划、建设、管理和维护，以及平台标准的制定、能力的开放等。

（3）云计算基础资源建设及管理部门：其职责包括云计算基础资源（物理资源及虚拟化资源）的评估、预测、规划、建设、管理和维护等。

在这一方面，云计算的先行者——IT 企业的动作更加迅速。微软在 2009 年 12 月 11 日宣布，Windows Azure 云计算操作系统部门、Windows 服务器与方案(Windows Server & Solutions)部门将合二为一，共同组建服务器与云计算(Server & Cloud)部门。

3. 对传统电信网络的影响

云计算的发展会进一步推动传统电信网络的演变，表现在以下三方面。

（1）对电信基础网络的影响。云计算诞生于互联网，其通信技术是 IP 技术，它能方便而灵活地提供各种信息服务，并能根据客户的需要快捷地创建新的服务。但是 IP 技术的一个最突出特性就是“尽力而为”，在数据传输的安全性和计费控制方面，却显得力不从心，而且只考虑固定接入方式。传统的基于电路交换的固话网络和移动网络，虽然具有接入的灵活性，可以方便地进行语音的交换，但由于无法支持 IP 技术，所以只能形成一种垂直的业务展开方式，不同业务应用的互操作性较低，而且需要较多的业务网关接入移动通信网络。不同的业务分别进行业务接入、网络搭建、业务控制和业务应用开发，甚至包括业务计费等主要的网络单元也必须建立独立的运营系统。所以，直到现在电信业务的主流仍然是语音业务。新业务的部署，在目前的状态下很容易招致更大的风险和成本增加。

而 3G 牌照发放后，三家运营商均具备了全业务运营的能力。对于三家运营商来说，尤其对于中国电信和中国联通来说，不可能分别建设一套固网云计算平台和一套移动网云计算平台，那样的话投资将会变得非常巨大，也违背了云计算节约投资的初衷。三家运营商都只可能搭建一套云计算平台，满足以不同方式接入的各类终端获取服务的需求。因此，云计算将直接推动服务器、网络等信息技术基础资源的整合，推动移动网络、固定网络新业务的开发，影响各种 IT 系统架构的演进。移动网以及固网均向基于 IP 的网络演进，已经成为必然趋势。

下一代网络技术的核心技术——IMS 技术目前已成为了电信领域的热门技术。虽然，IMS 技术产生于云计算之前，但与电信领域云计算的发展却是相辅相成的。基于 IMS（IP Multimedia Subsystem）和 SIP 技术，移动网络和 Internet 之间的界限将会消失，用户可以通过移动终端、固定电话终端、多媒体终端、PC 机等，通过蜂窝射频接口、无线的 WLAN、有线的 LAN、DSL 等接入技术，访问、创建、消费和分享数码内容。另外，由于 IMS 在业务层采用软交换网络的开放式业务提供构架，可以完全支持基于应用服务器的第三方业务提供，这意味着运营商可以在不改变现有的网络结构、不投入任何的设备成本条件下，轻松地开发新的业务，进行应用的升级。

因此，云计算的落地，一定会加速 IMS 技术的发展和应用，确保用户无论拥有何种终端都能访问“云端”的资源。

（2）对电信业务网络的影响。基于云计算的数据中心将成为运营商的统一平台，而 IT 技术将替代传统电信业务网，为电信运营商带来更大的灵活性，使得电信运营商能更容易地为用户提供 IT 服务。目前的电信业务网络中业务逻辑和业务处理是紧耦合的，未来的云计算业务网络，业务逻辑和业务处理将解耦。业务网络将分为三层，一层是“计算和存储硬件+云计算支撑软件”组成的资源池，表现为数据中心，成为业务网络的基石，类似软件三层架构中的数据访问层；第二层是业务逻辑处理软件（如 IMS/IPTV/网管等），类似软件开发三层架构中的业务逻辑层，运行在统一的硬件资源池上，网元的概念减弱；第三层则是业务展现层。

划分层次的好处是显然的，首先是易于管理，由于各层隔离，对某一层的修改不会影响到其他层次的功能；其次是提高了安全性，业务展现层只能通过业务逻辑层来访问基础资源，减少了入口点；最后是提高了业务开发的效率，有利于应用的协同开发。

（3）对网络及应用加速技术的影响。不管是应用层、平台层还是基础资源层的服务，都将增加对网络带宽的需求。基于英特尔公司和摩尔定律，在过去的 20 年里，计算机芯片的处理能力平均每隔 18 个月便提高一倍。同时，局域网（LAN）以及 LAN 交换技术也因处理器速度的提升而受益，LAN 性能在过去十年里提高了 100 倍之多，但 WAN 的普遍有效吞吐量依旧在兆位或低于兆位的范围。主要原因是 WAN 带宽昂贵、带宽不足、和传输延迟（延迟是 WAN 性能的隐形杀手）。因此，虽然云计算服务提供商只需在“云”中增加服务器，便可以轻松地实现计算能力倍增。但是，单靠增加计算机服务器并不能保证服务质量。要实现云计算的普及发展必须依赖 WAN 优化与应用加速技术，包括数据优化、传输优化、应用程序优化等。

除了以上技术上的影响外，在网络的建设策略上，电信运营商需要对分布式数据中心的出现和发展、互联网应用服务普及程度进行预测，判断其对网络流量和网络结构的影响，从而有步骤有重点地进行建设；在网络的运维管理上，电信运营商需要根据云计算服务模式等特点，判断对网络的安全等能力的要求，制定有效的运维策略，应对大量的网络资源消耗。

（五）电信运营商云计算发展战略

云计算可以说是电信运营商转型的一个战略利器，根据云计算业务的三层服务模式，提供应用层服务的云计算服务提供商可以称之为云应用服务提供商，提供平台层服务的云计算服务提供商可以称之为云平台服务提供商，提供基础资源层服务（服务器、存储、网络）的云计算服务提供商可以称之为云资源服务提供商。

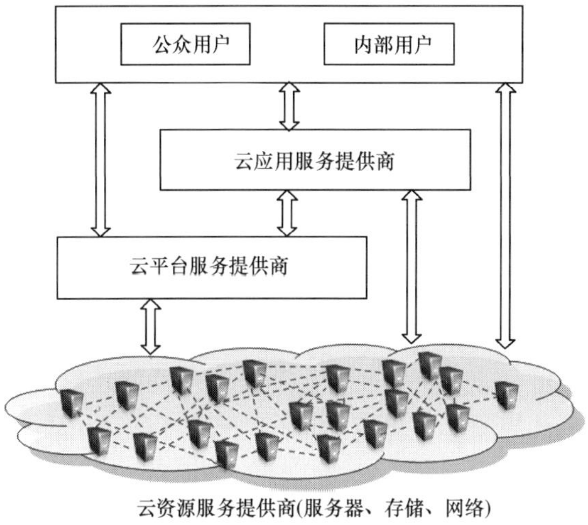

图 13-21 云计算三层服务模式

那么电信运营商该如何定位，是云应用服务提供商、云平台服务提供商还是云资源服务提供商？或者三者皆有？

从业界情况来看，IBM 本身拥有从服务器、中间件到 Web 应用软件等多个层次的技术，因此理所当然地将云计算战略定位为覆盖三个层次，力争成为云计算全服务提供商（云应用服务提供商、云平台服务提供商以及云资源服务提供商）。互联网巨头 Google 则利用第一搜索引擎的优势，极力打造从云计算应用到云计算平台的服务，微软的定位与 Google 相当，必将在应用层及平台层与 Google 展开激烈的竞争。当然，Google 与微软的目标绝不仅仅是云应用提供商和云平台服务提供商，从两者都在积极建设自己的数据中心就可看出，云资源服务提供商也是他们的必争之地。而在 IT 巨头和互联网巨头看来，电信运营商似乎只是一个通道提供者。

所以，电信运营商如果不奋起直追的话，就将可能和在互联网时代被管道化一样，在云计算时代继续被管道化，甚至原有业务领域也会被竞争对手抢占。国外电信运营商 AT&T 以及 Verizon 已经先一步看到了危机，并在云计算基础资源服务层推出了自己的应用，至少已经迈入了云资源服务提供商的行列。

那么，国内电信运营商该怎么办？从三大运营商云计算应用情况来看，电信先行推出了商用的云存储，已经向云资源服务提供商迈出了一步；移动暂时还没有商用的云计算应用，但正致力于研究云计算平台，在数据挖掘、云存储、大容量数据库和搜索引擎方面试验，应用于 IT 支撑系统优化，同时为移动互联网提供统一的基础设施和平台；而联通则侧重“互联云”的试验，也就是建立私有云和公有云之间的联接，使得用户可以通过多种接口使用公共云及私有云。

对于中国电信和中国联通来说，两者都早已开展了 IDC 业务，拥有大量的数据中心，都具备成为云资源服务提供商的坚实基础；中国移动成为全业务运营商之后，虽然也开始开展 IDC 业务，但是毕竟 IDC 的投资巨大，不可能在短期内在全国铺开发展，而且其目前主要优势是提供移动互联网服务，因此中国移动当前的主要目标将是云应用服务提供商和云平台服务提供商，这点从其研究“大云”平台亦可见一斑。但是从长远来看，不管国内的三大运营商云计算发展路径如何，即不论是从下至上由云资源服务提供商发展为云平台服务提供商再到云应用服务提供商，还是从上至下由云应用服务提供商发展为云平台服务提供商再到云资源服务提供商，三大运营商最终目标应该都是致力于成为云计算全服务提供商。

（六）电信运营商云计算商业模式

云计算除了技术上的更高要求外，表现出更为复杂的产业合作和融合态势。云计算数据中心的产业链涵盖了从设备供应商（服务器、存储、网络）、云平台开发商、云应用开发商、云资源服务提供商、云平台服务提供商（云计算服务能力、电信业务能力、互联网开放能力）、云应用服务提供商、网络运营商、终端供应商到最终用户等多个环节。

1. 设备供应商

设备供应商是云计算市场的积极参与者以及基础设备提供商。众多的服务器、存储硬件厂商以及网络设备厂商都希望通过云计算平台将自己的产品推广到云计算服务提供商，为各类企业提供服务，并将其 IT 环境锁定在自己的设备上。

2. 云平台开发商

为云平台服务提供商提供云计算平台软件及解决方案。

3. 云应用开发商

为云应用服务商提供云计算应用软件及解决方案。

4. 云资源服务提供商

从设备提供商处获得硬件资源，并通过云计算支撑软件生成资源池，实现资源动态调配，为云平台服务商、云应用服务商和用户提供及时、稳定、安全、顺畅的基础资源服务。

5. 云平台服务提供商

与云平台开发商合作，提供灵活的、通用的、可扩展的云计算平台服务，满足用户的个性化需要，同时也为云应用服务提供商提供平台服务。

6. 云应用服务提供商

与云应用开发商合作，为用户提供丰富的、个性化的各类应用。这是云计算服务的最上层，也是获利最丰厚、话语权最高的提供商。

7. 网络运营商

网络运营商为云计算服务到达最终用户提供了接入手段。网络运营商提供的带宽能力将直接影响用户的体验和满意度。网络运营商是云计算服务的一个通道。

8. 终端供应商

根据云计算服务提供商的业务需要，提供定制或非定制的移动或PC等多种类型的终端，满足用户获取服务的需求以及云计算服务提供商业务发展的需求。

9. 最终用户

中国拥有世界上数量最多的中小企业以及个人用户，中小企业自己建立内部云计算资源、服务平台及应用的投资回报率较低，很难与业务的快速成长匹配。而云计算服务提供商的租用模式提供了合适的解决方案，更有效地利用计算资源，帮助企业实现“节能减排”的目标。

电信运营商本身就是网络运营商，如果仅仅成为通道的话，在云计算产业链中将只能获得很低的收益。电信运营商需要根据自身的云计算发展战略和策略，制定阶段发展目标，并依此选择合作伙伴，制定合作模式，如技术合作、业务合作以及资本合作等方式，拓展产业链深度合作，促进电信运营商云计算业务模式的创新，建立电信运营商在云计算产业链的主导地位。

产业链合作模式如下图所示。云资源服务提供商、云平台服务提供商分别与设备供应商、云平台开发商进行技术合作，其收入分成方式主要是技术买断以及技术升级、维护费用，云应用服务提供商与云应用开发商进行技术合作和业务合作，主要的收入分成方式是应用开发费用以及应用升级、维护费用。云计算服务提供商（云资源服务提供商、云平台服务提供商、云应用服务提供商）通过租用网络运营商的带宽，按资源的使用量及使用时间来收取用户的费用，使用时间可以是包月或者按照小时数等多种方式进行统计，当然如果网络运营商本身是云计算服务提供商的话，则没有租用费用。网络运营商则主要是收取用户接入费用和流量费。而终端供应商则根据与网络运营商的合作模式获取收入，如果是定制终端则由网络运营商提供分成，非定制终端则通过用户的购买行为产生收入。电信运营商需要在提供网络服务的同时，成为云计算全服务提供商，争取产业链的主导权，从而获得最大的收益。

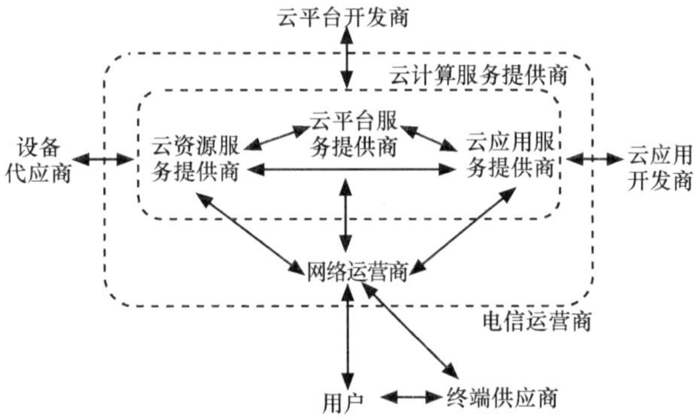

图13-22 电信运营商云计算商业模式

（七）电信运营商云计算运营架构

电信运营商云计算运营架构包括物理层、虚拟层、管理层和业务层四个层次，其中管理层是运营的核心能力[1]。

1. 物理层

电信运营商IDC拥有设施完备的机房环境和充足的宽带资源，具有很大的资源开发和运营潜力。

2. 虚拟层

将物理层的硬件，包括服务器、存储与网络设备全面虚拟化，建立起一个共享的随需分配的基础资源设施，资源可以随需分配和自动增长；建设分布式的数据存储系统，用于海量数据的存储和访问。

3. 管理层

管理层能够动态管理资源和支撑业务。

（1）容量规划：总体上规划分布式的数据和计算资源，设计相应的分布式数据存储系统，定义资源的单元和生命周期。

（2）动态调度：动态分配虚拟化资源，并达到负载平衡和电源减耗；提供 Map/Reduce 编程模式分解应用程序。

（3）动态部署：提供标准化的资源模板，用户可以根据需求选择应用程序、计算资源、存储资源等模板进行快速部署。

（4）计费：根据服务的类型和资源的使用情况生成费用清单。

（5）监控：实时侦测各种资源的工作状态，非正常状态时能够报警并自动调整资源的分配。

（6）安全：保证数据的安全性。

4. 业务层

电信运营商可以提供 IaaS、PaaS、SaaS 三大类服务，面向不同层次的需求提供差异化的业务；同时这有助于从不同层面挖掘和封装电信运营商的计算能力，以 API 或者服务接口的方式在互联网公开，从而延长价值链。

（八）电信运营商发展云计算要克服的瓶颈

云计算发展是需求推动、技术进步和商业模式转变共同促进的结果。但要打消用户对云计算的顾虑，切实解决现存的实际应用障碍，需要电信运营商投入更多的精力去寻找解决方案，重点克服如下的瓶颈。

1. 数据安全性

公共云和私有云承载了大量商业客户和个人客户的应用，在公网上的云计算更容易受到不同方面、不同类型的攻击。保存在“云”中的数据需要做好加密、备份等工作，确保数据不被其他用户窃取。此外电信运营商还要制定相应的服务水平协议（SLA），针对不同的安全级别的数据提供不同的服务以及承担不同的责任。

2. 服务可靠性

云计算服务是通过互联网提供给客户的，对网络的依存度非常高，因此电信运营商需要确保基础网络的互联互通和提供稳定的带宽。同时，在设计云计算架构的时候，必须考虑冗余性和容错性，提高服务的可用性。

3. 性能优异性

云计算需要用户通过因特网来连接应用程序

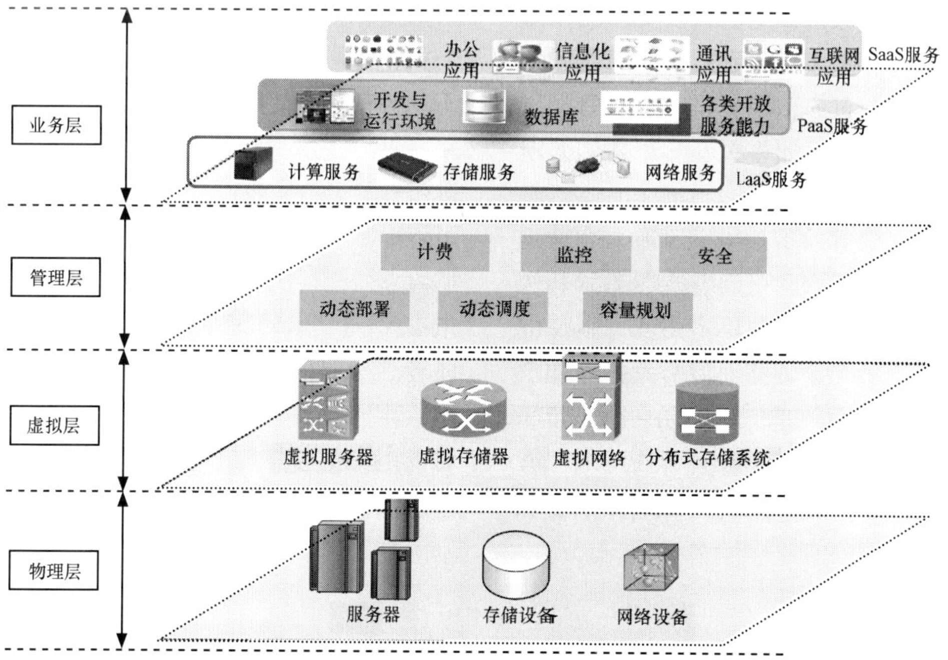

图 13-23　电信运营商云计算架构

和文档，接入网络带宽过低和不稳定会使得云计算的性能表现较差，因此，电信运营商要通过接入网络技术和网络加速技术的发展来提升网络性能。

即使有相当快的网络，Web 应用程序也可能比桌面应用程序反应要慢得多，因为从界面到数据都需要在客户端和服务器不断传递。因此，电信运营商还要做好云计算应用程序优化，提供给用户不差于桌面应用体验的使用感受。

4. 标准开放性

目前云计算还没有统一的标准。因此，用户很难将他们的数据和程序从一个平台迁移到另一个平台。这也是很多用户不愿采用云计算的原因。电信运营商需要参与制定开放的平台标准，吸引更多合作伙伴的参与，共同打造云计算产业链，力争在其中获得更大的主导权。

云计算的前景虽然很诱人，但同样存在很大风险。

一方面，云计算技术本身还在发展完善之中，存在很大的不确定性，也还没有形成统一的标准，过早的实施将有可能导致建成了一个云孤岛，后续的升级改造费用不菲。

另一方面，除了云计算技术本身的风险外，电信运营商还面临云计算实施难度高的风险。为保证云计算的顺利实施，电信运营商需要建立相应的管理模式、业务模式等一系列配套制度，这将耗费巨大的人力和物力。对于用户来说，云计算吸引他们的是高性价比的服务，电信运营商还需要制定合理而又人性化的计费方式，云计算才能真正被用户接纳。

云计算是一项投入巨大的事情，电信运营商最好先做好前期技术研究工作，进行内部实践，再扩展至互联网。先推出易于实施、标准化程度高的服务，如基础资源服务，等云计算技术发展到一定成熟度后再推出其他更高层次的服务。

（中国电信股份有限公司广州研究院　张　敏　陈云海）

参考文献：

[1] 电信运营商云计算数据中心的构建分析，张敏、陈云海、林立宇，电信技术，2009.6

十一、用户信息化消费心理及行为研究专题

中国的信息产业正在发生两大转变，一方面整个行业从技术引领走向用户引领，另一方面则是从供给创造需求转向需求引导供给。消费者需求正成为影响政府监管、行业融合和运营商转型的关键因素。在通信行业向信息产业发展的过程中，用户的信息化使用行为、支出情况和态度评价对政府、企业动态掌握中国信息化的发展情况，提供决策依据有着十分重要的意义。

本专题针对电信用户消费规模与结构，以及语音业务、数据业务、3G 业务、互联网业务四大领域，深入剖析电信用户的消费心理与行为，借助北京、上海、广州等一线城市电信用户的实地调研，探索并总结本年度用户信息化消费的发展特点及趋势。

（一）电信用户整体消费行为特征

1. 电信用户通信支出规模特征

2009 年国内受金融危机以及激烈市场竞争的影响，全国电信主营业务收入增加，但单位用户消费支出呈现一定的下降趋势。调查显示，一线城市日常信息化消费（手机话费、宽带费用、固定话费以及有线或数字电视费用）不同程度地下浮，与 2008 年相比下降了约 10%左右，目前每月家庭日常信息化消费主要集中在 300—400 元[18]。从运营商角度而言，各运营商用户 ARPU 值也呈现不同趋势的下降。

为进一步增加信息化消费，从细分市场角度看，大学生人群和公司管理层人群未来增加通信支出的意愿最强；年龄角度，20—29 岁人群未来增加通信支出的意愿最强。

2. 电信用户信息化消费结构特征

目前，用户日常信息化消费主要包括手机话费、宽带费用、固定电话以及有线电视费用四大部分，其中，手机话费以及宽带费用的占比较高，从一线城市，如北京、广州等地区的消费结构看，家庭手机话费消费占比已超过一半，宽带消费占比四分之一左右，固定电话话费占比 15%左右，有线电

[18] 广东家庭市场调查

视费用 5%左右，具体如图 13-24 所示。

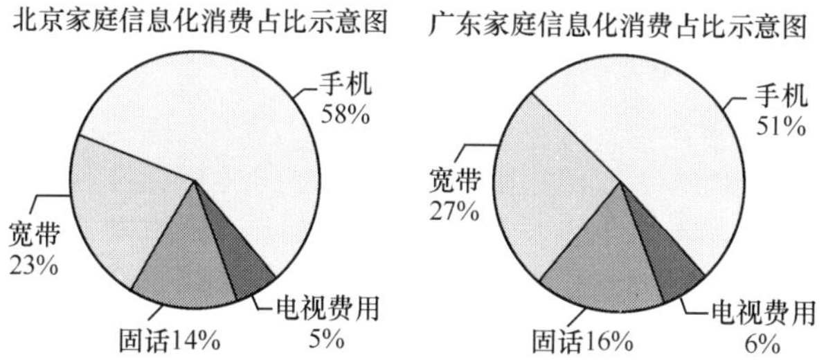

图 13-24 北京、广东家庭信息化消费占比示意图[19]

（二）语音业务消费心理及行为特征

1. 语音业务消费趋势

伴随电信市场竞争的逐步激烈以及行业本身的日益成熟，电信业务平稳增长，但用户结构性分化加大，移动电话用户增加，固定电话用户继续减少。从 2009 年运营商的中期业绩来看，中国电信移动通信用户上半年增长强劲，比 2008 年年底净增 1137 万户，同比增长 40.7%；而固定电话用户 1.99 亿户，比 2008 年年底净减少 899 万户，下降 4.3%。[20]中国联通移动通信用户数 2009 年上半年累计净增 701.2 万户，同比增长 10%；而固定电话用户总数为 10845.2 万户，比 2008 年末累计流失 111.8 万户。[21]

随着移动语音资费的逐年下降，移动电话用户数和通话量均呈快速上升趋势。以中国移动为例，其用户数从 2006 年的 3 亿发展到 2009 年上半年的 4 亿 9 千万；用户 MOU（单位用户的月话务量）从 2006 年的 335 分钟/用户/月提升到 2009 年的 490 分钟；但由于新增用户以低端用户为主，且资费降低明显，导致用户 ARPU 值（运营商每月从单位用户中得到的收入）从 2006 年的 90 元下降到 2009 年的 75 元。[22]

根据中国移动的数据，实际上高端用户每月拨出的电话已经达到 1000 分钟左右，对手机资费并不敏感；而对于低端用户，本地主叫资费最低已降至 0.1 元（仅略高于网间结算费 0.06 元），其 MOU 仍然只有 300 多分钟。因此，除非网间结算费下调，否则手机资费下降与 MOU 增长两者间的内在关联性将减弱。未来语音收入的变化将主要取决于用户质量以及用户数的变化。

2. 语音业务使用习惯

通过市场调查反馈，如果资费继续下降，用户还会多打本地电话和长途电话。其中，从用户年龄来看，10—19 岁用户对本地通话需求强烈，20—29 岁用户对长途通话需求强烈；从用户职业来看，初高中学生对本地通话需求强烈，服务人员和打工者对长途通话的需求强烈。

从通话时间段来看，用户在晚上 8 点—9 点使用语音业务最频繁，其次是晚上 7 点和 10 点；从通话对象来看，用户给家人和朋友打电话最多，其次是跟同事、同学、生意伙伴和恋人的通话。

通过以上分析可以看出，语音业务未来仍有发展空间，其收入的提升主要取决于用户质量的提升。

（三）数据业务消费心理及行为特征

1. 数据业务使用行为

根据对北京、上海、广州三大一线城市移动电话用户的调查，所有用户都使用手机打电话、发短信彩信，一半以上的用户使用手机听音乐、拍照、玩游戏等娱乐功能，约 3 成的用户使用手机上网功能，如图 13-25。

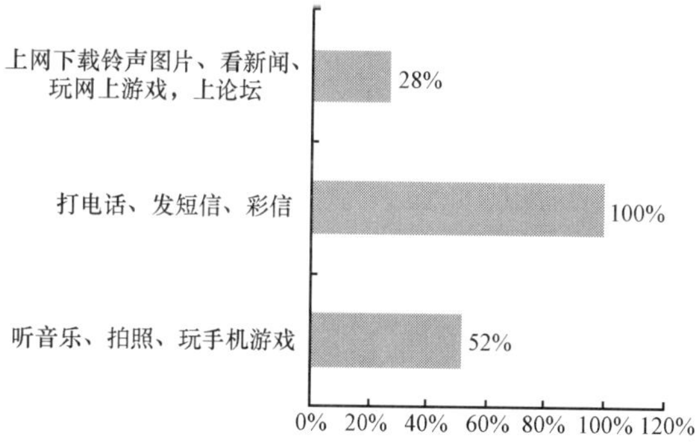

图 13-25 用户使用手机业务情况[23]

在使用频次方面，55%的用户基本每天都用手机打电话、发短信，大量使用的用户约占 20%，偶尔使用的占 25%；75%的用户只是偶尔使用手机听音乐、拍照、玩游戏，基本每天都用的用户占 23%，大量使用的用户仅占 2%；77%的用户只是偶尔使用手机上网下载铃声图片、看新闻、玩网络游戏、上论坛。基本每天都用的用户占 21%，大量使用的用户仅占 2%。而在基本每天都用和每天大量使用的

---

19 数据来源：北京家庭市场调查、广东家庭市场调查

20 中国电信 2009 年中期财报

21 中国联通 2009 年中期财报

22 中国移动 2009 年中期财报

23 北京、上海、广州个人信息化调查报告

用户中，一半的用户已经形成消费习惯。[24]

2. 数据业务使用动机

（1）用户使用手机短信的目的。低资费、易操作、易得到，这些特点激发了用户对短信的使用需求。但近年来随着语音资费的不断下调，短信逐渐失去价格优势，短信量也开始呈下降趋势。运营商正在尝试更多的方法尽可能保住这块重要的数据业务收入。

短信方式与娱乐节目的结合受到了用户的普遍欢迎。目前，越来越多的广播电视节目纷纷推出以短信方式请广大听众、观众参与。发短信参与节目的人多了，节目的互动娱乐性也会增强，达到了双赢的目的。

方便地获得各类实用信息。人们可以通过定制的方式方便地获得实用信息，满足日常工作、生活、学习和娱乐的需求。比如天气预报、股票行情、每日要闻等等。手机报的出现开始对短信的这一功能形成替代。

除此之外，在不方便讲话的时候与人沟通，以及用于含蓄地表达某种情感也是用户使用短信的重要原因。

（2）用户玩手机游戏的目的。用户玩手机游戏的目的各不相同，主要有：打发时间、满足好奇感、追求挑战性等。这些目的主要反映了用户两方面的需要：自我放松的需要，由于生活节奏的加快，学业、工作、人际关系都给人们带来巨大的心理压力，在碎片时间中，通过游戏中的打斗，可以舒缓压力、放松心情，这是用户玩手机游戏最重要的目的；自我实现的需要，在游戏中用户可以成为自己希望成为的人，并且通过闯关、积分等达到某种高峰体验。

（3）用户使用手机上网的目的。2009年7月，CNNIC发布的《中国互联网络发展状况统计报告》中指出，如图13-26所示，目前有71.5%的手机网民使用手机聊天功能，是手机上网中使用率最高的应用。其次是手机搜索和在线收听/下载音乐的使用率，分别为26.2%、25.8%，而手机网游、手机邮件、社区及博客等的使用比例相对较低。

从用户属性来看，手机网民以男性为主体，性别比例差距将逐渐缩小；18—30岁年轻用户是手机网民的主流群体，手机网民构成趋向成熟化；高中及以上高学历占主体，且同比2008年呈现增长态势；学生群体较2008年有所下降，白领人群、蓝领人群手机网民比2008年均有增长，有较高消费需求和能力的80后年轻白领阶层已经成为手机上网的主力。

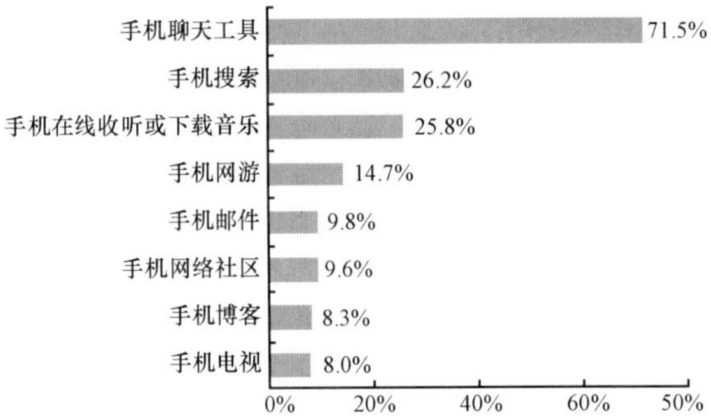

图13-26 手机上网使用行为占比[25]

3. 数据业务消费趋势

目前我国通信业非语音类业务增长势头明显。2009年一季度我国电信业总业务量增长10.8%，其中业务收入增长1.86%，利润下降18.7%，但是非语音业务同比增长14%，占业务收入的比重与2008年年底相比提高了3.9%。[26]

用户对数据业务的使用需求越来越强烈，尤其是手机上网。截至2009年6月底，中国手机网民规模为1.55亿人，占整体网民的46%，半年内手机网民占总体互联网民的比例提升了6.5个百分点。[27]

从图13-27可以看出，移动运营商2005年—2009年

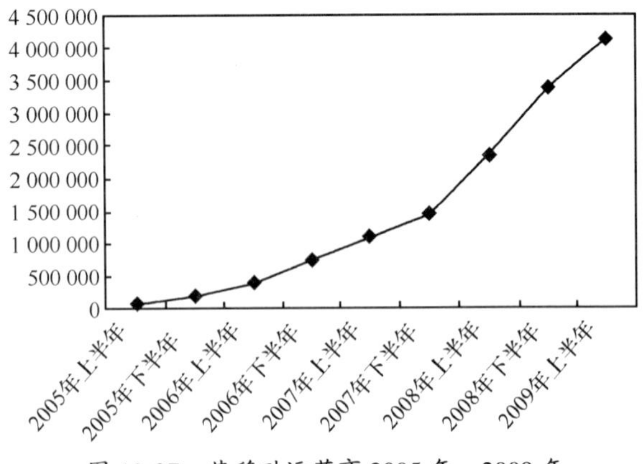

图13-27 某移动运营商2005年～2009年GPRS流量增长趋势

[24] 北京、上海、广州个人信息化调查报告

[25] CNNIC《第24次中国互联网络发展状况统计报告》

[26] 工信部2009年一季度通信业运行情况统计数据

[27] CNNIC《第24次中国互联网络发展状况统计报告》

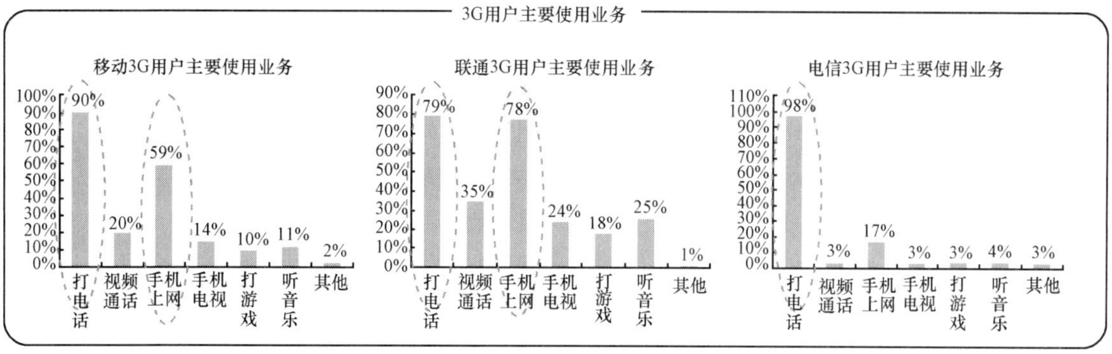

图 13-28 一线城市 3G 用户主要使用业务示意图

的 GPRS 流量增长迅猛。在这种趋势下，GPRS 业务已逐渐成为移动运营商的规模收入型数据业务。

另一方面，从近日各大运营商推出的资费套餐可以看出，运营商已经把手机上网看成未来最有潜力的数据业务之一。以中国联通为例，每款套餐均涵盖大量 GPRS 流量（如 wo96 套餐包括 300MB 国内流量），以及其创新的“M/T”计费模式（在这种计费模式下，无线上网的计费标准不再是时长或者流量，而是客户使用的内容），都将给用户带来极大的便利，对有数据业务偏好的用户具有极大的杀伤力。综上所述，手机上网将是未来用户使用最多的数据业务，也是运营商未来数据业务收入的重要组成部分。

（四）3G 业务消费心理及行为特征

2009 年是 3G 元年，中国移动率先于 2009 年 1 月开始 188 放号，打响了“G3”市场争夺的第一枪；中国电信紧随其后，于 2009 年 4 月 16 日“天翼”正式商用，而中国联通也在 2009 年 5 月 17 日最后重磅推出“wo”全业务品牌，试商用 3G 业务，并借助 iPhone 的影响力争夺 3G 市场。

通过一年的发展，据不完全统计，目前 3G 用户超过 500 万用户，TD 用户就达到 400 万户。作为 3G 技术的尝鲜者，这些用户具备以下行为及心理特征。

1. 3G 用户行为特征

（1）3G 用户来源特征。当用户尝试一种新鲜事物时，出于“安全性”的考虑，其未必会舍弃原有的使用习惯。3G 业务的使用也是如此，目前至少一半的用户在使用 3G 业务的同时保留了原有的 2G 卡号，即 50%以上的 3G 用户为多卡新增，纯新增和转网新增用户不足一半。而在多卡新增用户中，约三分之一的用户保持原有 2G 卡号的使用量不变[28]。

（2）3G 语音及数据业务使用特征。根据对一线城市移动电话用户的调查，用户使用 3G 的首选业务是打电话和手机上网、其次是视频通话；再其次为听音乐、手机电视和打游戏等其他业务。由于 W 制式手机上网速度占有一定优势，联通 wo 用户的手机上网使用比例最大，近八成 3G 用户使用手机上网业务；而由于电信天翼在部分地区的低价介入策略，导致天翼用户在初期使用 3G 业务以通话为主，如图 13-28 所示[29]。

（3）3G 数据卡及上网本使用特征。3G 数据卡及上网本业务作为市场的先锋产品在 2009 年得到重点推广，目前，数据卡及上网本的业务使用特征呈现三梯队的分布特征。

第一梯队：主要用来看新闻、聊天、收发邮件及看电影；

第二梯队：玩游戏、听歌、搜索；

第三梯队：购物、写博客、社区生活。

2. 3G 用户心理动机

（1）用户对 3G 的认知情况。目前，用户对 3G 的认知度有待提升，截至 2009 年 7 月，在一线城市，3G 的认知度刚刚突破 50%，近四分之一的用户对 3G 表示出有尝试的意愿，如图 13-29 所示。

（2）3G 用户使用动机。作为 3G 业务的最早使用者，60%以上用户的使用动机为体验 3G 业务，此外，使用动机还包括满足新潮时尚的心理需求，支持中国标准以及其他动机等。

---

[28] 数据来源：广东 3G 市场调查；
[29] 数据来源：北京 3G 市场调查；

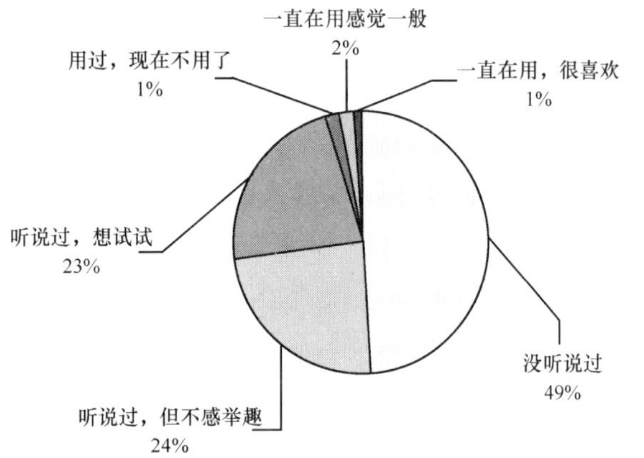

图 13-29 一线城市 3G 认知及使用情况示意图[30]

在众多用户关注的入网要素中，吸引用户入网 3G 的核心要素为语音资费优惠、不用更换号码以及上网速度快且资费便宜。

而阻碍用户使用 3G 的关键要素中，“不愿更换手机”首当其冲。

（3）用者对 3G 的态度及评价。由于 2009 年 3G 处于建设初期，网络覆盖范围和覆盖质量均存在一定不足，因此，用户对 3G 的使用评价中存在一定程度的不满。一半以上的用户认为 3G 的通话质量一般，而且有时会出现部分问题，仅有近三成的用户对 3G 的通话质量表示非常满意[31]。

目前，用户对 3G 的投诉重点集中于网络覆盖，特别是室内覆盖、网络稳定性上，此外，对于中国移动而言，G3 终端是另一个投诉重点，退机换机、终端切换以及终端设置方面成为咨询焦点。

（4）用户对各运营商 3G 品牌的认知及态度。3G 元年，品牌的传播与推广至关重要，对比“G3”、“天翼”、“wo”三大品牌，客户对“G3”的感知主要为创新的科技、代表高端的生活体验，对“天翼”体现中国文化的认同度较高，对“wo”的时尚活力认同度较高。

（五）互联网业务消费心理及行为特征

（见报告第 8 章 互联网发展分析）

（六）总结

从电信用户整体消费行为特征来看，在信息化消费中，手机及宽带的消费占比较高，且用户的需求更多来自于各种信息化应用的丰富性和实用性。

在语音业务消费行为方面，固定电话用户数逐年下降，移动电话用户数和通话量均呈快速上升趋势。语音业务未来仍有发展空间，其收入的提升主要取决于用户质量的提升。

在数据业务消费行为方面，用户对数据业务的使用需求越来越强烈，手机上网将是用户使用最多的数据业务，也是运营商未来数据业务收入的重要组成部分。

在 3G 业务消费行为方面，用户使用 3G 的首选业务是打电话和手机上网，其次是视频通话。由于 3G 网络建设尚不完善，因此导致初期的用户使用评价中存在一定的不满。未来运营商需要加强 3G 网络的覆盖范围和覆盖质量，并注重 3G 品牌的传播与推广。

在互联网业务消费行为方面，家庭仍然是网民最主要的上网场所，宽带在网民中的普及率继续攀升。目前中国网民在网络娱乐、信息获取和交流沟通上使用比例最高。

2009 年，随着 3G 牌照的发放及全业务时代的到来，三大电信运营商的竞争焦点将逐渐从同质化明显的语音业务向内容丰富的信息化应用转移。产业链各方在积极探索商业模式的同时，都在为进一步丰富信息化应用的种类和内容做出努力。根据用户需求的重要程度、用户群体大小、用户付费愿望、价格敏感性、消费行为特征等指导新产品的开发和营销显得尤为重要。只有了解消费者的真正需，运营商才能一步步走进消费者，推出真正有吸引力的信息化应用。

附：样本说明

1. 北京地区样本结构

北京个人市场及 3G 市场问卷总样本量 3000 份，按照品牌维度进行配比，如图 13-30 所示。

2G 样本配比	品牌	成功量
	电信	301
	动感	550
	联通	370
	全球	502
	神州	504

3G 样本配比	品牌	成功量
	TD	367
	联通	190
	电信	358

图 13-30 北京地区个人及 3G 市场样本结构

30 数据来源：广东 3G 用户市场调查；
31 数据来源：广东 3G 用户市场调查；

北京家庭市场问卷总样本量 3000 份，按照行政区域维度进行配比（见表 13-10）所示。

表 13-10　北京地区家庭样本结构

		户数	户数占比	访问样本量
首都功能核心区	东城区	18.4	4%	105
	西城区	22.3	4%	127
	崇文区	10.5	2%	60
	宣武区	18.7	4%	107
	合计	69.9	13%	400
城市功能拓展区	朝阳区	99.0	19%	566
	丰台区	56.4	11%	322
	石景山区	18.5	4%	106
	海淀区	81.9	16%	468
	合计	255.8	49%	1462
城市发展新区	房山区	28.8	5%	165
	通州区	29.2	6%	167
	顺义区	24.3	5%	139
	昌平区	26.7	5%	153
	大兴区	28.9	6%	165
	合计	137.9	26%	788
生态涵养发展区	门头沟区	10.1	2%	58
	怀柔区	11.7	2%	64
	平谷区	13.1	2%	75
	密云县	16.1	3%	92
	延庆县	10.3	2%	59
	合计	61.3	12%	350
	总计	527.9	100%	3000

2. 广东地区样本结构

广东地区市场调查分为个人市场调查、家庭市场调查、3G 市场调查 3 类。其中，个人问卷样本分地市分品牌配额，样本量合计 5560 个（见表 13-11）；家庭问卷按地市常驻人口数配额，总样本量 1500 份（见表 13-12）；3G 问卷样本分品牌配额，样本量合计 700 个（见表 13-13）。

表 13-11　广东地区个人问卷样本结构

续表

市场调查问卷数	移动			联通	电信		合计
	全球通	神州行	动感地带	联通 gsm	电信 cdma	电信小灵通	
广州	83	557	183	122	22	47	1013
深圳	89	515	239	126	15	19	1 003
东莞	38	436	130	81	10	86	781
佛山	52	257	63	63	13	25	473
汕头	15	148	16	22	6	8	215
珠海	15	78	16	21	6	9	144
惠州	16	154	17	27	10	17	240
中山	16	154	20	34	8	22	254
江门	17	129	8	20	6	9	189
韶关	9	66	4	14	4	6	103
河源	6	41	3	9	3	5	67
梅州	11	64	5	15	2	2	100
汕尾	5	47	13	7	3	3	78
阳江	4	46	7	8	3	7	76
湛江	10	122	9	19	6	10	177
茂名	10	90	4	11	6	8	128
肇庆	10	71	6	16	2	7	113
清远	9	82	7	11	4	3	116
潮州	7	66	4	11	3	5	95
揭阳	12	92	9	22	4	4	143
云浮	6	38	1	5	2	3	54
合计	437	3 252	764	665	138	304	5 660

表 13-12　广东地区家庭问卷样本结构

地市配额	
市别	配额
广州	159
深圳	137
东莞	110
佛山	94
汕头	79
珠海	23
惠州	62
中山	40
江门	66

续表

地市配额	
市别	配额
韶关	47
河源	45
梅州	65
汕尾	46
阳江	37
市别	配额
湛江	108
茂名	96
肇庆	60
清远	58
潮州	40
揭阳	90
云浮	38

表 13-13 广东地区 3G 问卷样本结构

188、157	测试用户	三不用户	沃用户	天翼用户
100	100	100	200	200

3. 上海地区样本结构

问卷总样本量 1508 份，按照品牌维度进行配比（见表 13-14）。

表 13-14 上海地区样本结构

品牌	成功量
全球通	128
动感地带	193
神州行	581
联通 GSM	328
电信 CDMA	119
电信小灵通	159
总计	1508

（作者：工业和信息化部电信研究院泰尔管理研究所 牛丹阳 王 媛）

第 14 章

专家视点

一、如何看待通信和信息发展在国民经济和社会发展中的地位和作用

视点 1：通信业是网络信息社会的先驱力量

21 世纪的通信业正在上演衰落与崛起并存的活剧，后一个趋势推动通信业不断转型发展。

言其衰落，是因为通信业的传统价值链和商业模式已经陷入即将解构的困境，旧格局崩溃而新格局还未诞生。无论设备厂商、运营企业还是服务提供者，都在共同感受用户增长放缓、语音业务和接入服务价值快速下滑的彻骨寒意。言其崛起，是因为人类的社会经济活动逐渐进入后工业社会阶段，通信和信息变得如同空气和阳光一样重要，掌握运用 ICT 技术、产品及服务的通信业大规模进入社会、文化及政治领域，成为引领社会经济转型的先驱力量。

在以资本、土地、劳力为投入要素的传统经济领域，通信业的增长势头因市场饱和、消费转型而受到抑制。快速技术革新创造新商业机遇的同时，也威胁着电信运营商庞大的存量资产价值。在技术生命周期不断缩短的环境下，通信业技术升级换代面临重大挑战，投入、产出不协调、差异化技术、全球性标准等因素日益放大运营风险，市场容量越大，可能意味着运营风险越高。所以，通信业开始由最大挖掘规模经济、网络效应的传统增长模式，开始转向需求牵引、价值深化的内涵增长模式。2006 年以后，中国通信业发展速度低于当年国民经济增长速度，形成新的“剪刀差”，此后不断扩大差距，2009 年可能达到 3 个百分点以上。这表明，行业转型的痛苦恐非一日之寒。

但是，冬天必将过去，美好的希望已经播种并生长壮大。近年来，电信网与互联网加速融合，并进军文化、媒体、娱乐以及其他内容服务产业，催生出崭新的市场和产业力量。今天，在中国市场上，最大电信运营商中国移动通信公司已经成为全球最大的数字报纸发行人（手机报），2008 年其发行量超过 5000 万固定订阅用户，创造直接产值 30 亿元。中国移动还是无线数字音乐产业的奠基者，其设立于四川的数字音乐基地 2007 年的产值已经接近 100 亿元，超过传统唱片产业的 50 倍，成为音乐从业人的“拯救者”。在网络游戏、动漫及视频服务市场上，手机游戏、手机动漫及手机连续剧等数字化娱乐服务增长日渐强劲，推动传统的大众化娱乐向个性化娱乐方向转变。同时，基于新一代通信网的电子商务、远程教育、电子医疗、移动支付等活动得到蓬勃发展，中国电信等互联网接入和带宽供应商不仅收获价值不菲的通道价值，而且开始分享信息内容服务市场的高速成长。因此，从经济发展的角度而言，通信业贡献于国民经济的不再是简单的 GDP 份额高低，而凸显出经济结构完善、产业升级换代等领域的巨大作用。

通信业在塑造新型媒体方面表现最为突出。迄今为止，通信业孕育培养的第四到第七媒体（互联网、手机短信、博客/播客、微博）已经部分取代传统媒体（报纸杂志、无线广播及电视）的功能，成为推动传媒业变革的关键力量。各类新媒体以其个性化、数字化、互动性、低成本和便携性迅速普及，以 iPhone 为代表的各类融合性、智能型终端推波助澜。网络传媒在 08 汶川地震、北京奥运及 09 抗击甲流等重大社会活动及公共事件中凸显公共参与和社会责任，显示其强大效率和影响力，已经进入主流大众媒体的阵营。

不断完善的信息基础设施、日新月异的网络技术和信息服务产品对于社会结构和文化形态的演进也发挥着不可估量的影响。网络就业、圈子和社区化使得人们的生活形态和社会角色发生重大转变；数字化、无线化、宽带化使得音乐、影视、动漫、游戏、戏剧等文化形式获得全新的发展机会，甚至

永久性改变人们的娱乐方式和消费习惯。社会交往方式和文化传播形态插上泛在网络的翅膀以后，通信业的相关市场主体将获得宽带网络信息社会赋予的庞大商业机会和显著影响力。

持续变革的通信业能够释放的力量当然不仅于此。与上个世纪比较，我们发现越来越多寓意深刻的变化，这些变化与信息、知识的创造、存储、传播、利用、共享与分配等各个环节密切相关。它们基于日益完善的网络基础设施，推动以“比特产品”为核心的新经济发展壮大。普通大众尚未深刻意识到数字化比特的巨大效用，但这并不妨碍“数字洪流”（DIGITAL FLOOD）的到来。更快地创造更多、更好、更丰富的比特产品，这是进入网络信息社会阶段通信业义不容辞的光荣使命。在履行使命的过程中，全球及中国通信业必将走出一条更加辉煌的道路。

（作者：工业和信息化部电信研究院副总工程师陈金桥）

视点2：我国通信业的社会效益将再次彰显

通信业发展的初期阶段，企业效益很低，社会效益很高；中期阶段，电话供不应求，企业效益很高，社会效益有所降低；我国通信业目前已经步入成熟发展阶段，多元业务竞争将使企业回归微利，社会效益再次被彰显出来。

现在学术界比较一致的共识认为，信息化就是在信息技术革命推动下，以物质生产方式为主的社会向以信息生产方式为主的社会转变的过程，也就是整个人类社会由工业社会向信息社会过渡的动态过程。

通信是社会信息化的一个基本要素。自80年代开始，我国通信行业利用后发市场机会，在短短20年内实现了从普及到创新的巨大跨越。尤其是进入21世纪以来，随着我国电信价格的大幅度降低，刺激了用户数量和业务总量增长，人均信息通信支出5年增长三倍之多。然而也只是处于低收入国家与中等收入国家中间水平，与已经进入信息化社会的发达国家相比，还有非常大的差距。

如果我们把信息化也分成信息化前期准备阶段、信息化中期发展阶段和信息化成熟期稳定发展阶段，明显可见，虽然我国信息通信基础设施有了超常规发展，但是由于信息资源开发共享、人口素质与科技创新方面的差距，由于与工业应用、教育普及、社会生活结合不够紧密，综合社会信息化程度仍然处在前期准备阶段。

1. 建设社会主义新农村的最重要切入点

我国就农业论农业讲了很多年，效果并不是太好，现在需要以信息化为突破口，带动农业现代化。第一是精细化农业，随着高新技术的发展，人们可以准确地掌握这块地的成分和性特，测定它需要什么肥料，通过集约化的经营，让专业化服务公司去平整土地、施肥、播种、灌溉、收割，大大提高了生产效率。支撑专业分工的最重要的就是信息通信系统，这就是农业信息化的道路。比如中国移动山东分公司帮助寿光蔬菜生产基地实现信息化，农民通过手机就可以监测和控制蔬菜大棚的湿度、温度，并且利用无线标签和互联网实现蔬菜生产、包装、运输、销售、消费一条龙信息服务，形成了一个庞大的蔬菜产业链。

第二个是提高农民素质，我国农村大都信息闭塞，教育普及程度低，如果要让农民普遍接收业余大学教育是很困难的，一是周期太长，没有那么多时间，二是学了也没用。我记得中国西部有一个省的一个领导人讲过这样的话，让我省重点发展重工业，我们没有东北重工业基地那样的资源和条件；发展轻工业，我们又没有江浙一带的优势。有人建议我们超前搞知识经济，我想可能就是办大学。但是我办大学没人来我这儿报名，送人去清华北大学完又不愿意回来。最后我们还是决定先把信息通信搞上去，让农民在网络上推销出去自己的农副产品；找到能够产生更高价值和适合自己做的事情；利用网络提高农民自身素质。

第三是信息通信对建设和谐新农村的贡献显著。我国改革开放30多年来经济发展很快，但是城乡差别反而有拉大的趋势，一个重要因素就是出现了数字鸿沟。如何通过信息的扩散和流通使得农民更快地掌握信息，同时增加农民的参政议政能力，促进农村民主化建设，是一个非常急迫的问题。有了沟通渠道，好多问题就容易达成共识，能够实现农村地区和全社会的和谐发展。

2. 促进现代工业朝柔性生产方向发展

在工业生产领域，当初自动化的含义是工人按电钮让机器自动地大量生产某种产品。除了将工人原来的机械操作换成电气操作之外，其工作的本质没有什么变化。而今天的工业自动化已经发展到系统自动化甚至网络自动化的程度。整条生产线甚至整个工厂可以按照事先编好的程序，实现无人化柔性生产。大量的现场工人被削减下来，充实到软件车间、销售部门、市场调研部门，甚至充实到工厂以外的信息服务部门。

随着经济技术的发展，作为生产系统主要环节的人，将退出直接生产制造过程，而只承担相当原来监督和管理者的那部分职位。劳动表现为人以生产过程的监督者和调节者的身份同生产过程本身发生关系，这种转变不仅引起了社会经济生活和经济结构的变化，而且会引起人的素质、心理、文化和生活方式的改变。

3. 城市建设朝带状化、区域化发展

集中化的工业必然形成集中化的城市，近百年来人们盖起了摩天大楼，使那里的地皮寸土寸金。半个世纪以后，有钱人又开始搬到郊区别墅，甚至回到“简单生活”。一位美国老华侨说他在纽约居住了 40 多年，就象生活在火柴盒里一样，太憋屈了。工业社会要么为了效率而牺牲生存环境，要么为了环境而牺牲效率。进入信息社会，人们终于找到了既不牺牲效率又不影响环境的两全之策，那就是由信息通信基础设施支撑的围绕河流山脉的新型带状城市，实现了社会经济与幽雅自然环境和谐发展。

4. 通信服务能带来巨大社会节约

学界普遍认为，通信业在现代生活减少出行，节约交通成本和能源消耗效果显著。国际机构曾经做过一系列研究，认为利用通信工具可以节约人们上班和差旅出行 40%左右的成本，可使能源消耗减少 3%。

世界上，所有国家的火警、安全、急救电话服务都是免费的。免费紧急电话使人们在危急的时候能够保持同外界的联系并及时向外界求救，从而摆脱困境，减少人们生命和财产的损失。在危急时刻，如果人们没有一种同外界及时连接的通信工具，后果和损失是不堪设想和难以计算的。从这个角度看，通信业具有节约社会成本的社会效应，这种社会效应又可以产生间接的经济效益。

5. 大大提高交通运输效率

大家都知道我国铁路系统有六次提速，每次提速都离不开信息通信系统的支撑。要使这样一个庞大的系统紧张有序地运转起来除了必须有一个全天侯的内部专用通信体系之外，越来越离不开社会公共信息通信网络的支持。比如不管是客运信息还是货运信息，都时刻需要向客户发布，并可以随时通过电话、手机、网络查询。

随着网络产业的迅速发展，卫星定位技术与数字化地图、移动通信手机结合，正在成为一个庞大的位置服务产业。不论你开车还是乘其他交通工具走到哪里，只要有一部手机就可以面对一个陌生的地域，哪里有路口，哪里有没有发生拥塞，哪里有饭店和医院一目了然。

6. 商务交易的网络化

电子商务代表人类交易活动的未来，现在有数据表明，利用电子商务的企业一般可节省 10%的采购费用，增加 30%的销售机会，还可以减少库存，缩短生产周期，改善客户的满意程度和服务质量。

7. 促进金融电子化

现代化银行联网支付系统、自动化清算系统、储蓄通存通兑系统以及各类电子货币、电子金融卡、信用卡在国外已经相当普及，在我国城市也正在普及，被一些金融专家看作传统银行模式走向终结的开始。

8. 普及远程教育

远程教育将使处于交通不便地区的学生也能够接受国家一流的教育，并节约大量用于交通食宿的费用。最重要的还不是节约交通费用，而是正在改变中的教育方式和教育制度。也许对于通才教育，有条件的人们还是愿意到少数正规学校去接受那里学习氛围的熏陶，但是越来越重要的职业或专业教育，人们则愿意采纳远程教育方式。

9. 促进医疗制度改革

开始人们认为远程医疗只是少数有钱人享用的一种超值服务，后来研究发现远程医疗在贫穷落后地区更有市场。因为那里缺医少药，病人要到城市看病，只交通费、食宿费少则上千元。如果通过现代信息技术在县、乡与中心城市之间建立一套医疗会商网络，一般平民百姓不用长途奔波就可以享受到一流的诊断服务。当前的难点也许不是技术问题，而是相关法律责任和医疗结算制度的问题。但是我们相信经济关系不应该成为先进生产力的羁绊。

10. 加快民主建设进程

政府通过互联网可以让公众迅速了解政府机构的组成、职能、办事章程和各项政策法规，提高办事效率和执法的透明度。同时普通民众也可以在网上与政府领导人直接信息交流，反映大众的呼声，促进政府职能转变和公共事务的民主化。为了促进政府上网，许多国家都制订了电子政务公共技术标准，使政府各部门间实现互联互通，真正发挥电子政务的效益。

11. 促使劳动高级化

人类劳动可分为纯粹力学式、位置移动式、机械反应式、信息操作式、智能创造式这样五大方式。随着信息网络拓展，人类直接从事的力学式、移动式职业劳动已经很少，直接从事机械反应式劳动在发达国家也不过20%，而从事信息操作和智能创造式的职业劳动已经超过50%。也就是说人作为最重要的生产力正在退出直接生产过程，只承担原来的监督者和管理者的那部分职责。正如马克思早就预料的，“劳动表现为不再向以前那样被包括在生产过程中，相反地，表现为人以生产过程的监督者和调节者的身份同生产过程本身发生关系”(马恩全集第46卷下册218页)。这很可能动摇工业社会主流经济学的理论根基，促使人们重新认识网络时代的社会经济的基本矛盾和基本问题。

（作者：中国信息经济学会副理事长　杨培芳）

二、通信业如何应对国际金融危机

视点：国际金融危机对我国信息通信业的影响及对策

由美国次贷危机引发的国际金融危机，是改革开放以来我国所遭受的最严重的外部经济冲击，作为国民经济重要一环的信息通信业也难以置身事外。为更好地评估金融危机对我国信息通信业的影响，我们根据相关数据、因素影响进行了一系列定量分析和测算，由此得出的结论和建议，供业界同仁参考。

1. 金融危机对我国信息通信业的影响

（1）模型建立

根据行业增长的内外因素，通过构建影响信息通信业增长的传导机制、计量模型和关联函数，采用基于纯净样本占比的干扰屏蔽方法，建立计量模型和关联函数：

YI，t＝1.5×YG，t-8.6×lnPt+32.1

[其中，YG，t为人均GDP增长率；Pt为电话普及率；YI，t电信行业收入增长率]，

采用上述模型，我们对近十年来的行业增长数据进行验证，可信度较高，可以作为常态预测的关联函数。把行业增长率计量理论值与实际值的差额进行进一步分解，得出金融危机的影响程度。

（2）行业波动影响

2008年，行业增长呈前高后低的异常态势，第四季度下滑幅度加剧，全年电信业务收入实际完成8139.9亿元，同比增长7.0%，比上年度10.9的增长率下滑3.9个百分点，为近十年来波动幅度最大的一年。

经测算，2008年金融危机对我国电信业务收入增长的影响约1.78个百分点，收入损失136亿元。2009年，金融危机影响更为严重，上半年收入损失119亿元，全年收入损失预计达200亿元，对收入增速影响约2.5个百分点。

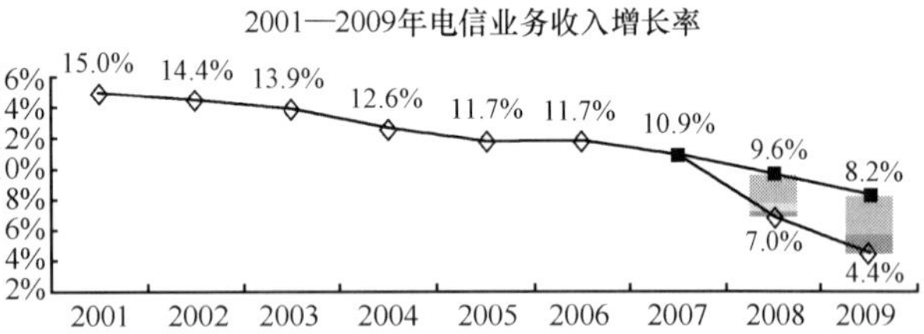

	2008年	2009年	
金融危机影响	−1.78百分点	−2.5百分点	
奥运影响	−0.51百分点		
地震影响	−0.17百分点		
其他影响因素	−0.14百分点	−1.3百分点	[含估算误差]

图14-1　2008、2009年行业收入增速下滑因素分解

（3）业务影响

金融危机对业务的负面影响主要体现在移动本地网、长途电话网、固定本地电话网。经测算，2008年，移动本地网收入损失59亿元；全国长途语音业务少增长330亿分钟，收入损失共计68亿元；

全国传统固话本地业务量减少 75 亿次，收入损失约 16 亿元。

金融危机对我国增值电信业务的影响程度不同。企业付费、电子商务、网络招聘等业务增势大幅下挫；基于互联网的游戏、视频、购物等个人付费市场平稳增长。这既有金融危机下人们休闲时间增加、利用网络寻找工作机会等因素的促进作用，也有运营企业加大宽带投资、促进增值业务增长的拉动作用。

（4）区域影响

金融危机对电信业的影响趋从经济影响并有一定的滞后性。根据外贸经济依存程度的不同，其负面影响从东部逐渐向中西部地区传导，金融危机对东部地区的影响最大，中部地区次之，西部地区影响最小。对东部地区的影响从 2008 年第二季度开始，三、四季度逐渐加深，并由珠三角地区向长三角、环渤海地区依次推进。2008 年全年东部地区收入损失约 86 亿元；中部地区从 2008 年第三季度末开始，第四季度受影响最大，2008 年全年收入损失约 47 亿元；西部地区受影响不是很明显，第四季度末收入增长出现下滑，2008 年全年收入损失约为 3 亿元。

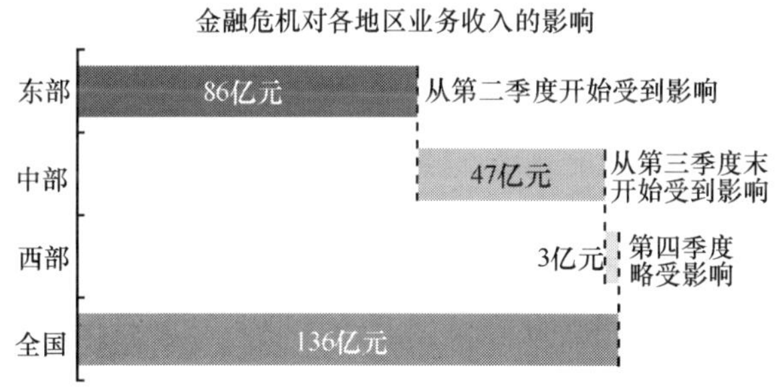

图 14-2　2008 年金融危机对区域收入的影响

（5）趋势判断

2008 年第四季度及 2009 年第一、二季度，电信行业受金融危机的影响最为严重。2009 年 2 月份，行业月收入同比增长率为 1.4%，处于最低谷，金融危机对电信行业的影响已然见底。3 月份起，行业呈现积极的恢复性增长态势，一季度、上半年、三季度累计电信主营业务收入同比增长率分别为 1.7%、2.3%、3.3%，全年电信业务收入增速必将呈现前低后高的低速发展态势，2009 年极有可能成为自 1980 年以来电信收入增长率最低的一年，也可能是行业增长下行周期的最低谷，预计 2010 年电信业会逐步走出低谷，趋从康复性的上行周期。

2. 信息通信业应对金融危机对策

金融危机使信息通信业面临的问题更加突出，同时也蕴藏新的发展机遇。金融危机使更多的个人、企业更加依赖网络，信息通信业也有相对受益的一面；金融危机加速了企业信息化、农村信息化建设的进程，驱动互联网企业调整升级步伐加快；国家 4 万亿投资扩大内需的计划实施、十大产业振兴规划将促进经济增长，有益于拉动通信消费；3G 牌照发放和运营、行业重组为新一轮的价值增长提供了技术、网络基础和体制保障。

信息通信业应抓住机遇，依托自身具备的良好技术和产业基础，努力推进转型，积极为国家“保增长、扩内需、调结构、惠民生”做出应有贡献，为此需进一步加强信息通信业的管理和引导，解决制约发展的问题和难点，推动行业稳定发展。

（1）建立新型的行业价值评估体系，加快推进行业增长由规模驱动型向价值增长型转变

我国信息通信业处于深度运营转型调整期和服务社会经济的间接贡献推进期，迫切需要建立新型的行业价值评估体系，侧重于服务社会经济的间接贡献、融合贡献，侧重于企业的综合运营价值，而不仅仅是收入增长，加强适应行业发展阶段的科学引导。

（2）加大政府牵引力度，促进移动和宽带业务增长

监督运营企业 3G 规划实施，积极引导企业大力发展 3G 新业务，促进 3G 在行业信息化中的应用，培育新市场；结合家电下乡和信息下乡，积极推进农村移动通信发展，利用优惠资费和适农业务应用，培育壮大农村市场；深化落实 TD 产业扶持政策，推动良性发展；在实施《电子信息产业调整振兴规划》中，加快对宽带发展的支持和引导，争取更大的政策支持；制定宽带发展规划和互联网普遍服务规划，以资金补贴、税收优惠等政策促进农村地区宽带发展；加快实施三网融合，加大融合业务部署力度，丰富宽带内容，带动宽带发展；积极

引导基础企业与增值企业的开放合作，促进产业链共赢。

（3）提高行业资产运行效益，提高行业抗风险能力

鼓励技术改造和创新，切实推进基础设施共建共享，降低行业成本；加快网络升级演进，积极推进 3G 网络、光纤接入网和综合信息平台建设；引导企业促进管理精细化，加强成本管控，保障资金资产安全。

（4）加大对信息服务业支持力度，推动行业转型

建立信息服务业发展专项资金，引导社会资金流入，推动信息服务业发展；建立信息服务创新示范基地，以点带面促进发展；加大对信息服务业税收优惠、投融资扶持力度；引导基础企业、增值企业大力拓展农村、城市、行业信息化服务市场，推动生产性信息服务业发展，加快传统通信业向信息服务业的转型。

（作者：工业和信息化部电信研究院规划设计研究所　鲁春丛　张延川）

三、“两化”融合的关键点在哪里

视点 1：“两化”融合的关键在于促进生产经营模式转变

1. 信息化已进入全方位多层次推进阶段

2006 年，中央发布了《2006—2020 年国家信息化发展战略》，该战略对我国信息化发展形势做出了判断：信息化已经进入全方位、多层次的推进阶段。全方位，就是信息化覆盖各领域、各行业、各地区，不论农业、工业、服务业以及政府公共部门都要推进信息化，信息化是覆盖现代化建设全局的战略举措。多层次，是指信息化推进不能一刀切，要根据不同的经济发展水平、不同的信息基础设施发展程度以及不同的信息化需求程度讲求实效地推进，要多层次逐步推进。

我国信息化推进在各个阶段有不同的重点。在 2000 年以后一段时间，信息化推进曾以电子政务为重点。2008 年大部委组建后，“两化”融合成为当前信息化推进的重点。这对加快工业改变发展方式，特别是应对当前的金融危机、克服危机对我国实体经济的影响具有重大意义。

2. “两化”融合是促进我国工业由大变强的战略举措

党的十七大报告明确提出，大力推进信息化与工业化融合，发展现代产业体系，促进工业由大变强。传统产业是在传统工业化时代发展起来的产业形态，其技术支撑主要是机械化和电气化，高度依赖资金、自然资源等生产要素。现代产业与之对应，主要特征是知识和技术密集，其技术支撑为信息化和其它专业技术的融合，信息和知识作为生产要素发挥更大作用

信息化与工业化的融合，在现代产业体系建设中将起巨大作用。目前工信部在抓现代产业体系，其中重点是现代工业体系，包括装备制造业、原材料产业、消费品产业，同时大力发展生产性服务业，如工业物流、信息技术服务都包含其中。推进“两化”融合，从短期来讲，有助于应对金融危机对实体经济带来的影响，促进经济回升；从长远来看，对促进我国工业由大变强，提升工业企业竞争能力及可持续发展具有重要意义。

3. “两化”融合要牢牢把握两个转变

当前“两化”融合的难点是对融合的理解上还不够深入或者说不够确切。这些年来，我国工业发展已经摸索出了一定的规律，在改革开放三十年中取得了巨大的进步，已经成为世界上真正的制造大国，对于国民经济的增长以及出口等起了巨大的作用。但是对于这些规律还没有联系当前信息时代大背景来认识，多少受到传统工业发展思路的影响。因此，在推进产业升级中，工业界往往更多从传统工业的思路来思考，对于两化融合在其中的作用认识还不够深刻。

从信息化推进的角度来看，从 20 世纪 90 年代初我国推动国民经济信息化以来，特别是互联网的兴起，主要从信息技术应用为导向推进信息化，较少从工业需求的角度去考虑。技术导向的信息化建设，往往“重网络建设、轻信息资源利用”，“重硬件、轻软件、轻模式创新”，与企业本身的需求相结合不够紧密。尽管我国信息化在过去十几年取得了显著成就，工业信息化领域也取得了明显进展，但

总体上“融合”还不够，存在工业是工业的思路，信息化是信息化的思路，没有很好的将二者融合在一起，这当然是“两化”融合的难点。

“两化”融合的关键在于两个转变，转变传统的思路、观念，转变生产经营模式。1. 不是从信息技术的角度看工业，而是从工业本身现代化的需要来看信息技术，这是立场的转变。比如IT提供商在推进企业信息化时，不只是关注卖出多少设备、拥有多少用户，而是站在企业的立场，考虑如何帮助企业提升竞争力，这就是立场的转换、观念的转换。IT服务商在推进信息化时，不是先想信息技术，而是先问，企业在发展中遇到了什么困难与瓶颈，如何利用信息化进一步提升竞争力，发展的方向是什么。2. “两化”融合的主要标志在于，企业生产、经营、销售、服务等的模式要适时转变，没有模式转变称不上融合。例如青岛红领集团是出口服装制造商，通过信息化与工业化融合，建立了覆盖人类90%以上的正装版型数据库（包括西服上衣、西裤、大衣、马甲、衬衣五大类）。一般服装厂商只有30个版型供客户选择，而红领的版型数据库有近5亿个版型，可以为客户提供个性化的量身定制需求。企业生产、服务模式发生了转变，从原来的低档服装制造加工企业变身为个性化定制的高档服装制造服务企业，企业竞争力和效益取得了巨大的提升。

（作者：国家信息化专家咨询委员会委员、中国互联网协会常务副理事长　高新民）

视点2：“两化”融合促进经济发展方式根本转变

国家信息化的方针政策总结起来可以概括为三句话：信息社会、三五奠基；覆盖全局、带动发展；五化并举、带动发展。

如何认识“两化”融合，总体上应该说是“全方位、多层次”，我认为至少可以从三个层面来认识：

一是从人类社会发展看，从生产力水平来看，人类社会从原始社会向农业社会、工业社会发展，现在开始迈进信息社会，这已经成为全球共识和可以预见的社会形态。目前正处于工业社会和信息社会交替发展、交织发展和融合发展的阶段。（广义“两化”融合）

二是从产业革命来看，信息技术引发的信息革命，使得传统农业和传统工业在信息化条件下进行一次脱胎换骨的再造和重生。农业经济和工业经济要成为信息经济主导下的具备新时代特征的产业经济形态。学术界很多人从工业化视角看信息化，认为信息化是第三次工业革命，它的特征是数字化、网络化和智能化。（大家也知道，第一次工业革命的特征是机械化，第二次工业革命是电气化、自动化）也有些学者认为信息化是信息社会的起步期，是一次全新的产业革命。我认为都对，说明了一个现代产业体系发育中的两面性。（狭义“两化”融合）

从工业体系结构看，两化融合对工业的技术层次、产品层次、企业层次、行业层次、产业层次以及工业体系，都产生着深远的影响。从工业生产力的要素看，“两化”融合也深刻地演进出新型的工业设施、工业装备、工业劳动、工业资源、工业活动和工业产出。从工业生产关系看，“两化”融合也催生着新型的工业管理体制和机制。

三是从我国信息化工作的具体推进看，“两化”融合的提法，切中当前信息化应用工作的“要害”和“时弊”。具体表现在：工业化与信息化主客体“割裂”、“两张皮”现象普遍，“为信息化而信息化”、技术图腾、技术驱动、产业驱动，实效不明显，从而导致全社会对信息化的信心不足等等。所以说，“两化”融合的提法在目前阶段更有针对性，只有经过“融合”的阶段，“融合”到位了，才真正可以发挥“带动”的作用。在今后的工作中，我们就是要紧紧围绕“融合”下功夫，打破信息化与工业化相割裂的思维方式和工作方法，创新工作方法，实现信息化与工业化的互动互促、实现科学融合、有机融合，不断提高融合的水平。

总之：“两化”融合是工业经济增长的“倍增器”，而且是工业发展方式的“转换器”，更是工业升级的“助推器”。“两化”融合是建设我国现代工业体系的必由之路，可以说没有信息化，就没有中国特色的新型工业化道路。

1. 把握好我国“两化”融合的发展目标

“两化”融合的长远目标是建设我国的现代工业体系，提升工业能力和素质，根本转变工业发展方式。促进我国工业由大到强、由中国制造到中国创造、由生产型制造向服务型制造转型、由低端向高端转型。在“两化”融合的背景下，大力推广信息化条件下的新型工业形态。大力推广虚拟制造、网络化制造、综合集成制造、大规模定制制造、敏捷制造、柔性制造、精益制造、绿色制造、服务型制造等等新型工业产业模式。而当前的目标是围绕扭转工业经济继续下滑，应对国际金融危机，在“保增长、扩内需、调结构、促转型”的要求中，找准切入点，来切实体现“两化”融合的贡献率

2. 推进“两化”融合的主要工作思路

经过一段时间的分行业、分地区、分专题的调查研究工作，我们已经将“两化”融合的推进重点作了初步梳理，初步提出了“系统推进、多维推进、关键突破”的方法理念，按照宏观、中观、微观三个层次的展开推进工作。形象地来说，有一个26个字的工作思路，即“立体、抓线、铺面、对标、覆点、强节、优品、育才、兴业、带业、善政、储项、协同”。

“立体”：在宏观经济层面，围绕“两化”融合全局性、综合性、基础性、前瞻性的关键问题，营造好政策环境，尽快提出财政、税收、金融、价格、产业、人力资源等方面的政策措施，尽快制定出“两化”融合的五年规划和行动计划。

“抓线”：是在推进过程中，充分考虑到不同行业的个性特点和特色、重视和鼓励支持专业化的细分行业信息化推进工作，重视强调产业链、产业（集群）的互动。

“铺面”：在特定的区域，开展“两化”融合的试验。主要围绕：优化区域的生产力布局，打造区域的现代工业体系，探索区域新型工业化的发展道路。衔接区域产业的关联发展，增强区域经济的可持续发展能力，推动区域经济间的一体化互动发展，提升区域工业基础设施水平，营造区域工业发展政策环境等方面展开。“两化”融合的融合点主要是面向区域工业发展的信息化公共平台建设、新一代信息基础设施建设以及相应的政策制度创新。

“对标”：用国际、国内视野的眼光，研究制定企业、行业、区域等层面的两化融合标准规范体系、评价指标体系；树立细分行业中的标杆企业、树立同类区域中的标杆区域；在行业、区域，开展对标赶超、创新跨越的活动。（在航空业，波音、空客、洛克希德马丁就是很好的标杆）

“覆点”：就是以企业为基础、为主体、为载体，以企业信息化为基础，通过各种政策及措施，使更多的企业受惠受益，提高“覆盖率、受益率”，而不是以少数企业为重点推进，这是因为时代不同了。一是做好典型成功经验的推广工作，二是对前瞻性工作开展先锋试点活动。

“强节”：在企业层次上，“两化”融合主要是围绕：提高企业的核心竞争力、增强自主创新能力、提高企业运行效率、降低企业成本、助力企业实现品牌发展战略、提高市场占有率、提升企业经济效益以及探索企业新型商业模式等方面展开。“两化”融合的融合点主要是企业的关键环节，抓好诸如研发设计、生产过程、生产装备、采购供应、销售服务、物品流动、经营管理等环节的信息化提升改造，实践证明，企业每在一个环节取得信息化再造的成功，都会直接产生较大的经济效益。对已经有很好基础的企业重点要抓好综合集成、商务协同，向战略管理、风险管理、价值网络构建等更高层次迈进。

“优品”：就是抓产品的信息化，提高产品的网络化、数字化、智能化水平，提高产品的附加值，促进产品的升级换代。

“育才”：就是利用各类教育培训机构，利用多种渠道、多种方式，培育多层次的具有信息化与工业化双重素质的新一代产业大军。

“兴业”：在中观产业层次上，着力推进信息化带动生产性服务业发展，围绕产业链深度互动和产业集群的共性需求，大力发展生产性信息服务业，重点发展面向行业服务的各类信息化服务平台，如信息服务平台、交易服务平台、物流服务平台和功能性服务平台等等，促进工业从生产型制造向服务型制造转型。

“带业”：用我国“两化”融合的大市场，带动我国民族信息产业的发展，改变我国工业领域市场几乎被国外产品垄断的局面，防患于未然确保我国工业经济安全，中国的信息化是买不来的。

“善政”：用信息化的手段，改善工业和信息化行政主管部门履行对工业经济和信息化行政管理、市场监管、经济调节和公共服务等职能的水平。

"储项"：工业和信息化部正在进行"技术改造"项目的储备和审批工作。已经和发改委联合发布管理办法和项目指南。顺应信息化发展的时代要求，工信部把技术改造工作同推进"两化"融合工作结合起来，把"两化"融合工作作为技术改造工作的时代特征和重要亮点来抓。

"协同"：推进"两化"融合工作是一个巨大的系统工程，需要全社会的参与，特别是需要各类中介组织，还有专家学者、企业界的参与，特别是要发挥好各个产业协会在推进两化融合当中的作用。要充分发挥中央政府和地方政府的联动协同，发挥好政府有形之手和市场无形之手的作用。

（作者：工业和信息化部信息化推进司副司长董宝青）

四、深度转型，电信业寻求新出路

视点：全业务竞争环境下的 3G 发展策略思考

2009 年年中开始，一场争夺现实用户及潜在用户的白热化战斗已拉开序幕，中国将渐入 3G 全业务竞争佳境，三网融合亦进入更有利的推进状态，这将铸就包括城市信息化/应急通信/无线城市融合发展在内的未来信息通信网络与产业发展的非常有利的驱动环境。面对此剧烈的全业务竞争环境三大运营商均充分贯彻 NGN 的"开放、创新与融合"的基本理念，继续积极进行网络、业务、应用融合全方位创新运作，以"网络为王"为基础，力争占领"用户为王"、"终端为王"、"应用为王"与"内容为王"这"四大为王"的制高点。

电信业未来的发展需要从以下四个方面加以考虑。

1. 以自主创新及融合为导向，积极推进全方位创新与聚合自主创新应用

这方面，中国移动在 TD 放号一年多来，在创新与融合理念驱动下积极主动推进 TD-SCDMA 发展，展开的一系列全方位创新举措尤其值得称道，显示出其在严峻、激烈的全业务竞争环境中以全方位创新为导向及以 TDD/FDD 融合为轴心在积极务实地挺进！相应，中国电信及中国联通亦分别以"天翼"及"沃"品牌为轴心在积极推进，并加速其全方位自主创新。对 3G 产业发展而言，无论从技术、网络、系统、终端、应用、标准化与共赢合作等诸多方面均应融入这一全方位创新大潮中去。并应在公网/专网/共网及城市信息化/无线城市/应急联动通信等发展中充分发挥 TD-SCDMA、SCDMA/McWILL、GoTa、AVS、WAPI/TEPA、IGRS 等聚合创新优势与威力。

2. "网络为王"及双网深度融合及网络优化与用户体验满意实施策略

网络规划优化及网络装备优化是瞄准"网络为王"建设优化网络的永恒主题。对动态演进的全业务双(/多)网深度融合的网络，尤应重视其网络规划及用户感知体验优化的基础性的重要作用。

首先应充分认识双网深度融合及网络优化与用户体验任务的艰巨性，必须踏实细致与精益求精地持续创新务实应对。如众所知，TD-SCDMA 系统双网融合未取得较好进展时，语音通信由于 TD-SCDMA 终端通话连接时间过长或频繁中断，用户体验效果很差，严重影响对 3G TD-SCDMA 的认知度。而且由语音为主至数据为主，其端对端用户体验及网络优化准则均将有巨大差别，何况还要确保 TDD/FDD 双网的成功深度融合，这是史无前例的严峻挑战，必须十分认真地创新应对。对以 2G 语音为主体的时代，网络优化相对简单，通常以爱尔兰话务量为依托进行优化，基本上可满足实际需要，但即便如此，此时网络质量评价指标与用户感知体验、满意度及投诉情况可能依然存在明显不一致；对以 3G IP 数据为主体的多业务时代，其情况更为复杂，依然用爱尔兰话务量为依据进行优化显然道理上文不对题，而且多业务数据的基本特征为种类多、变化快、有显著突发性，涉及网元众多及用户行为亦极复杂等，套用原先一套办法进行网络优化与维护管理办法很难奏效。鉴于用户对不同数据业务的体验与感知均有较大差异，而用户体验与感知是留住用户及增值的根本，因此必须从用户体验出发，从提高其用户对网络系统的满意度出发，建立新的基于用户体验的端到端的质量评估体系才能解决本质问题。这要求运营商对用户的实际业务质量进行实时观察评估、实时改进，并将网络运营定位到用户的价值中，进行用户体验质量(QoE)管理，其目标是收集各种关键统计量，并将其转化为QoE指标，构建对用户体验的认识和理解，推动网络及业务部门对资源的优化处理进程。通过用户体验质量管理，运营商可以将网络质量、市场销售和客户服务的诸多前端部门，与网络规划和优化、运营维护、信息支撑等后端部门，有效地互动起来，形成以提升用户体验为目的的面向用户、业务和网络的多方配合的协作体系，以提高终端用户的满意度，留住用户并扩大用户规模，成为生存和盈利的关键。

3. 细分市场以服务为中心 共赢合作

现在看来，对3G应用而言，单一的所谓杀手锏式服务一般并不存在，依然应该将眼光瞄准大众市场，确定一系列可以满足不同阶层用户对其内容、位置与时间和服务内涵等的不同需求，处理好“产业生态链”的共赢合作关系，以先进有效的技术与合理的价位，专门裁剪定制各类服务与应用，才能形成各类吸引相关用户的杀手级业务与应用。实际上许多3G服务与现今逐步展示的2G+服务往往有类比性，并呈渐变演进发展趋势，不过无疑，3G及3G后向演进在增强移动语音业务容量及内涵能力、高级MMS/LBS业务、个性化定制类业务、通用移动计算、高质量移动视频、移动电子商务、移动娱乐游戏，包括VPN在内的无线企业商用网络及政务网络、无线INTERNET在线连接、ITS及IMS等更高级移动多媒体业务的发展支持方面将比2G+有明显长进，尤其目前进入宽带移动互联时代，处理好细分市场，以服务为中心，借助云计算及XaaS(X=S，H，P，W，D，L，I，…)等创新手段及加强共赢合作，才能确保可持续发展并取得成功。

4. 注重终端、应用及融合平台与融合业务的发展

手机终端始终为任何制式移动通信发展的瓶颈，亦为移动通信快速演进发展的亮点与风向标。对中国整体手机产业而言亦很醒目，通常占全球份额的40%左右。中国手机市场实际需求高达1.2亿部左右，已成为全球最大的手机产销市场。全球移动通信及手机数量的飞速发展必然对绿色手机及多业务绿色手机融合平台的研制开发有巨大的潜在战略价值。

结合LTE等未来发展需要的趋势分析，应强调与指出，多频、多模、多制式、异构系统协同工作的融合平台是手机技术高端发展方向。同时要正确处理公网、专网、共网的关系，发挥多媒体视频通信在城市信息化/无线城市/应急通信保障中的重要作用。

（作者：工业和信息化部通信科技委副主任、中国国家无线电频率规划专家咨询委员会主任 陈如明）

五、移动互联网是否能成为3G的未来

视点1：3G技术突破加速推进移动互联网的发展

道路拓宽、技术瓶颈突破之后，未来信息通信技术的发展就会达到一个无限发展的空间。2G时代，业务发展受局限。但到达3G时代，随着3G突破2G的技术瓶颈，增值业务、电视业务及其他业务的发展会实现人有多大胆地有多大产的愿望。这也为我们信息社会当中众多业务百花齐放提供了很大发展空间。

3G技术瓶颈的突破将为移动互联网的发展提供广阔的空间。近几年，我国移动用户发展规模不断壮大，而互联网的发展，截止到2008年底，也达到了2.98亿规模，普及率为22%，超过世界21%的平均数。我们的规模增长迅速，特别是宽带用户规模，目前互联网90%以上用户都是宽带上网。移动市场的发展，互联网的发展，为我国第三代移动通信、移动互联网乃至整个信息产业的发展提供了基础。

这个基础从移动互联网的角度看，未来手机的确会成为真正的手机。因为现在的手机只是移动电话。据统计，截止到2008年12月份，我国手机上网网民达到1.8亿，2009年6月份手机用户已达到6.5亿，手机上网比例达到28.9%，同时，在2009年6月份中国手机用户有超过16%的人群通过手机查询相关信息。从这些数据当中可以看到手机未来会成为真正的手机，他会承载更多的传递信息的任务。当然，终端的统一不仅仅是手机、电视机和计算机屏幕，未来只要是一个载体都可以承担终端任

务。这是未来手机移动互联网发展的前景。2008 年全球手机互联网用户达到5.46亿，是2006年两倍，到 2012 年，用户会超过 15 亿。这表明融合的必要性。

当然，从桌面互联网到移动互联网时代也会发生一些变化。现在的互联网主要是桌面的，以后就是移动的互联网，我们会推出更加丰富多彩的业务和服务。关于移动互联网发展业务的体系，个人认为首先是两块体系简单融合的过程，其实在移动互联网发展的过程中，包括三网融合，电视、电脑、手机融合的过程中，很多时候不是靠太多创新，而是简单的整合。所以，互联网有很多业务，移动通信也有很多业务，在未来一段时间里，移动和互联网是简单的整合在一起，虽然看起来很简单，但实际上会生长出很多的利润空间。而创新能力也需要通过数据聚合开发出创新产品和业务。

移动互联网是网络融合规律的初步体现，但是移动互联网并非简单移动加互联网。3G 突破 2G 技术瓶颈将快速推进移动互联网发展。而且，3G 标准也会基于 TDD 和 FDD 基础上在 4G 之前形成统一标准，促进移动互联网的合作共赢。

（作者：北京邮电大学教授　曾剑秋）

视点 2：移动互联网促进 3G 的发展

移动互联网业务是3G网络最重要的应用业务，运营商期望着从这类业务应用中扩大品牌的影响力，获取更多的价值。3G 网络的推出使得移动通信的业务种类更加丰富，3G 网络容量的扩展也给移动互联网的应用提供了可实施的条件。从市场角度来看，通过多年的培育，移动互联网业务已得到众多用户的认可，广泛推广移动互联网业务的时机已经成熟。而如何把握机遇，更好地推动移动互联网的市场发展则成为运营商发展 3G 的关键。

在推出业务的同时，运营商还需要对管理模式进行变革，移动互联网业务有别于传统的移动业务应用，其业务应用要求更多的开放性。目前人们已经逐渐接受了 3G 数据业务开放将带来的管理模式改变，即运营商需要逐步开放网络及管理，要从高速公路的管理模式转变为超市的管理模式。还有一些人认为，随着 3G 数据业务和移动互联网的出现，运营商的管理模式也转变为传统互联网的模式，即 Web2.0 一种全开放的模式，Web2.0 是以个人为基础，以满足个性化需求为手段，通过鼓励建立人与人之间的关系，形成社区化的生活方式的平台，其特性是开放的参与架构。由此主张 3G 运营商采用类似传统互联网的全开放管理模式。3G 的到来，将使传统互联网和移动互联网融合。

情况果真如此吗？我们可以分析一下 3G 后运营商推出全业务的特点。通过分析可以得出，3G 网络建成之后，整个移动网络最主流的业务仍然是传统语音等业务，即使是新推出的 3G 网络，仍然必须承载这类业务。同时，移动互联网也不是 3G 数据业务的全部，3G 数据业务全部类型包括人与人、人与物、物与物的通信模式，移动互联网并不能完全包含 3G 所有业务类型，未来人与物、物与物的通信仍然有巨大的发展空间。

单就移动互联网而言，3G 时代的移动互联网仍然会有其鲜明的特点：终端适配低、终端屏幕小、流量费太高、网速仍达不到用户的需求，同时移动互联网用户的使用环境要复杂得多，如在车站等车、在地铁里坐车、在公园门口等人、在饭桌等着上菜等，使用上有很多不确定性，可能随时有外界情况干扰，业务应用通常也是片段式的使用，每次时间短，上下线快速，应用内容相比传统互联网也存在不足。此外，3G 移动互联网业务应用还受到电池等条件的制约。由此可得，3G 时代的移动互联网距离传统互联网的应用模式仍然还有很大的差距，完全以传统互联网模式管理移动互联网存在着一定的风险。

我们可以进一步分析 3G 网络的数据业务应用的特性。第一是业务应用的移动性，3G 数据业务普遍可以在移动中实现；第二是网络覆盖的广度性，3G 网络可以覆盖更为广阔的区域，这是有线网络所无法相比的；第三是用户的可信任度高，由于移动通信的实名制、预付费以及费用控制等措施，相比传统互联网用户具有更高的信任度；第四是业务种类丰富，由于 3G 网络的移动性、广度覆盖等特点，使得运营商可在 3G 网络上实现更多的业务；第五是业务的连带性，3G 用户可使用多种业务，运营商可根据不同的用户需求制定相应的捆绑业务或是套餐。由于上述特点，3G 网络的推出必定会给通信业带来新的业务模式，这种模式当然蕴藏着巨大的挑战和机遇。由此可得，3G 数据业务的特点，即移动性、广域性、宽带性、业务多样性、安全性等。

3G 网络的推出为用户提供了新的数据业务产品，整个移动通信网络结构也相应地发生了一些变化，而这些改变要求管理模式的变化，但由于上述原因使得移动宽带业务的管理模式并不能完全等同于传统互联网模式。由此，我们可以把传统互联网管理模式比作为自由市场，传统语音业务管理模式比作为高速公路管理模式，3G 网络推出后，运营商对宽带数据业务的管理应逐步转变为超市管理模式。也就是说，对于移动宽带的数据业务管理是介于传统的开放和可控之间的一种管理模式，从某种意义上来讲 3G 后的数据更像一种高速公路里的超市，这是因为首先运营商经营的 3G 数据业务是传统业务的扩展，3G 网络是从 2G 网络演进而来的；其次，运营商的 3G 建设也是在 2G 网络的基础上搭建的；第三，大部分的业务套餐和捆绑也是 2G、3G 甚至是和固网业务在一起组合的。就目前来讲大部分 3G 业务的拓展，还必须兼顾传统 2G 业务的应用，那种将 3G 业务独立分离开来发展的观点是片面的。

总的来说，移动互联网意味着开放和融合，3G 后的市场及网络将越来越向社会开放，共同参与会促进 3G 的健康发展；从业务应用的角度来看，3G 的到来，会加快生成多种全新的业务；从 3G 市场机会角度来看，随着 3G 带来的业务及应用的增加、网络速度提升和资费下降，移动互联网将面临新的市场机遇。

当然，3G 的许多问题并不是仅仅用技术就能完全解释的，虽然目前 3G 业务及移动互联网各方面已经比较成熟，但仍面临着挑战，只有运用合理，才能发挥 3G 及移动互联网最大效果。通过以上分析我们可以得出，随着 3G 业务的推出，网络的关注点更加注重与用户对业务应用的感受，这将要求运营商进行相应的业务管理模式的改变。这种模式将有别于传统语音业务的管理模式，也不完全等同于传统的互联网管理模式。从某种意义上讲，3G 成功的关键取决于管理模式的改变，对于 3G 运营商而言，谁先转变，谁将有可能在未来的竞争中处于主动，并在竞争中取得制高点。

（作者：中国联通陕西省分公司高级工程师周双阳）

六、LTE 发展之路并非坦途

视点 1：LTE 产业化既要目光长远又要脚踏实地

LTE 项目是 3G 的演进，但我国现阶段并不能跳过 3G 直接发展 LTE，运营商必须考虑技术发展与业务需求的匹配问题。首先，LTE 还需要一个技术成熟过程，LTE 的国际标准还有待完善，LTE 的技术开发和试验工作也需要时间。其次是业务与应用的培育。LTE 商用除了需要解决技术成熟的问题，更重要的是要解决建立在技术基础上的业务应用发展问题。LTE 带宽会更宽，上网的速度会更快，对有高速网络需求的人来讲是有吸引力的。但 LTE 的应用对象还需要更广泛，业务也不仅限于高速上网。商业模式、网络能力如何发挥 LTE 的长处，如何适应用户的需求，这是 LTE 迈向商业化所必须要考虑的。

现在 3G 的建设到 2009 年年底也仅仅是覆盖数百个城市，离全国覆盖还有很大距离。3G 的业务培育更需要较长的时间，3G 真正的优势并不是简单的推广手机电视，从运营商的角度看，带宽增加后未必就能做好业务，其中还涉及到资费、业务模式等诸多方面。不应简单将 3G 业务看成是现有 2G 业务的宽带化，需要开发 2G 未能很好提供的业务，例如厦门市民已经感受到的与城市生活有关的 3G 服务。3G 不仅在技术上而且在业务应用上将为 LTE 打下基础，在这一点上，目前的 3G 为 LTE 正在做有益的探索。还有，三大运营商现在投入比较大的资金来建设 3G 的网络，也需要有一定时间来获得回报。这也是不能很快就跳过 3G 发展 LTE 的原因。

国内运营商对 LTE 产业化的问题不妨看的再长远一些。电信运营商在当前的国际经济环境下，要抓紧时间做好网络的覆盖和网络的优化，加紧开发适合中国国情的 3G 业务。当前运营商的关键任务是要脚踏实地发展好 3G 业务。国内运营商应该聚焦在 3G 业务开发上竞争，应该加快建立运营商、服务开发商、制造商合作的产业链，并以此切实带动 3G 的发展，促进设备商提供更可靠好用的产品是产业化发展的关键，促进 3G 服务开发商提供适用的应用也是关键，当然还需要探讨合理的资费模式。

重视当前 3G 网络建设，并不是对 LTE 的研究不做准备。我们要关注向 LTE 技术的演进、发展和标准化，因为它也是 4G 标准的很重要的基础。在我国的重大科技专项中已经得到体现，我国明确确立了 TD-LTE 作为 TD-SCDMA 后续演进技术，并以此为我国 LTE 研发的主攻方向，在“新一代宽带无线移动通信网”国家重大专项中重点关注。我们要积极稳妥地组织产学研用各方面力量，开展 LTE 关键技术研究、样机开发和试验验证工作。我们相信，只要我们既目光长远又脚踏实地，我国的 3G 运营及产业化就能成功，LTE 还会进一步增强我国在移动通信领域的竞争力。

（作者：中国工程院副院长　邬贺铨）

视点 2：LTE 面临三种抉择

为满足日见增长的无线数据市场需求以及更好地与 WiMAX 竞争，移动运营商都在大声疾呼 LTE 快上，原 CDMA 运营商也决定改用 LTE。CDG 已正式放弃由 3GPP2 主导的另一 4G 候选技术 UMB 而转向 LTE。最老牌的 CDMA 设备制造商阿尔卡特朗讯和力挺 UMB 的芯片制造商高通，也加入爱立信、诺西、华为等 LTE 主要开发商的行列。在市场的巨大压力下，UMB 半路退出，让 CDMA 阵营融入主流标准是一种更为明智的选择，尤其是在当前全球陷入金融危机的形势下。

1. LTE 试验提速

迄今，LTE 标准化工作进展良好，版本 8 标准在 2008 年底基本完成。新版本中规定，在 20MHz 带宽情况下，下行链路采用 OFDM，峰值速率可高达 326Mbit/s。上行链路采用 SC-FDMA，峰值速率可高达 86Mbit/s。其全 IP 网络架构使时延可做到低于 10ms，明显改善用户体验。

由于 LTE 可以利用 WiMAX 网络部署中积累的许多经验，再加上市场与竞争的压力，其试验与商用步伐必将加速。实际上，LTE 现在的进度已经提前。在 2008 年 10 月香港举行的 HSPA/LTE 会议上，LTE/SAE 试验行动(LSTI)组织正式宣称，LTE 正在进行现场试验。初期试验表明，LTE 性能已经超越 3GPP 提出的技术要求，在使用 2×2MIMO 的车辆行驶测试中，现场下行峰值速率达到 154Mbit/s。在另一使用 4×4MIMO 的测试中下行峰值速率接近 250Mbit/s。在外部条件，例如用户之间的 RF 条件和应用开销发生变化时，LTE 的吞吐量损失不多。测试结果还满足了 3GPP 对空中接口 10ms 的时延要求、20ms 端到端以及控制面 100ms 的时延要求。

2. 2009 年是 LTE 的关键一年

LTE 进程比原来提前，但这并不等于 LTE 马上要大量部署，其标准化工作还在进行之中。除美国和日本准备在 2010 年少量部署外，普遍认为 2011 年前不会看到规模性的 LTE 商用部署。不过一些设备供应商已经声称，2009 年就会准备好 LTE 的硬件设备。NSN 在 2008 年年末向欧洲、亚洲和北美的 10 个以上的主要移动运营商提供 LTE 基站硬件，摩托罗拉演示业内首次 700MHz 频段 LTE 空中接口数据通话，并公布其 LTE 产品商用路标和计划：2008 年至 2009 年上半年进行 LTE 的实验室和外场测试，2009 年实现商用，2010 年预计推出商用 TD-LTE 产品。华为计划 2009 年推出多制式基站 LTE 商用产品，并建立第一个实验局，2010 年开始商用。LTE 终端芯片也预计在 2009 年推出，Sandbridge 技术公司和高通都有这样表示。另据报道，Verizon 第一批 LTE 网将于 2010 年投入商用。所以，2009 年对 LTE 是很关键的一年。

至此，全球后 3G 技术走向已聚集于 LTE。多数移动运营商承诺在某一阶段推出 LTE，但通往 LTE 的路实际上不止一条，选择什么路取决于许多因素。包括运营商网络结构、对高数据容量和峰值数据速率的具体市场需求、可获得的频谱许可证以及随 LTE 引入时间与策略而变的管制环境。目前看，如何通往 LTE，运营商可能有三种选择。一是按部就班，从 HSPA 向 LTE 逐步演进；二是跨越一步，直接跳到 LTE；三是观望等待，适时出手。

（作者：工业和信息化部电信研究院科技委副主任　雷震洲）

七、光纤到户呈现新的发展趋势

视点 1：FTTx 发展步入快车道 已成为 2009 年运营商工作重点

随着我国 FTTx 产业进入井喷发展期，发展 FTTx 已成为我国运营商 2009 年的重点工作。

1. 光纤到户已可大规模推广

中国电信和中国联通对光纤到户非常积极，2008 年年底，中国电信在武汉召开现场会，中国电信全国 10 个省级公司的领导都参加了会议，主要讨论了在 2008 年以后，光纤接入建设的部署工作。

光纤到户的规模推广应用已经到一个时候了。现在有些省的运营商，把现有的铜缆抽出来，然后换光纤，不用新增费用而且还有节余。江苏省电信已经开始进行 FTTH 项目招标，然后各地市全面实行光纤到户，6 月底前，江苏已全面停止 ADSL 铺设。中国联通进行了相应的试点，特别是北京的试点工作开展力度非常大。

2. 光纤的第三次历史发展机遇

全球光纤业实际上经历了三次发展的机遇。最早是在 1975 年世界上建立了第一个光纤通信系统，就是在美国的亚特兰大的一个光通信系统，那个时候是市话中继线路；后来在 1982 年我国建成的第一个光纤通信系统也是市话中继，甚至向省内长途，省际长途以及国际长途发展。历史上由于光纤接入成本还过高，且我国条件不成熟，当时当纤发展不起来。

光纤通信人士的一个情结就是使光纤向用户端延伸，就是人们企盼的 FTTH(光纤到户)。20 世纪 90 年代中，从日本开始兴起一股光纤接入的高潮，中国也有所响应。但由于当时推广的是窄带 PON，成本又居高不下，所以也没有发展起来。2008 年开始大规模地部署光进铜退，必然推动光纤到户快速发展。这是光纤业的第三次发展机遇。

3. EPON 和 GPON 技术标准之争

关于光纤到户采取哪种技术制式，一直争议很大。光纤到户从技术上来讲，已经不是推广应用的主要障碍了，APON 在我国基本上没有得到应用；目前，由于各种各样的原因，特别是 EPON 比较成熟，互联互通性能好，是目前光纤到到户技术的主流。解决 EPON 各个不同厂家之间的互通问题是我们在国际上的首创。

EPON 的主要竞争制式 GPON 在中国尚处于试点阶段。大家总是要争论，到底是 EPON 好，还是 GPON 好，我们从技术的角度应该承认它们各有优缺点，不是某种技术可以完全代替另一种技术的问题，应该是每一种技术都可以找到适合它们应用的场合。

最适合的技术才是最好的技术。抓住市场机遇是最好的选择，最后市场会选择什么就是最好的定论，发展到最后，某种制式应用的多了，就占了优势。另外一种也不一定会完全消失，也会有它一定的生存空间。

（作者：中国通信学会光通信委员会主任　毛谦）

视点 2：淡化 EPON 和 GPON 的争论　建设统一平台和网管

产业链将决定 PON 技术的未来，而著名咨询公司 Infonetics Research 的最新预测认为 GPON 市场规模预计将在 2 年后超越 EPON。2009 年是 GPON 起飞年，但是 EPON 将继续领先 GPON；2010 年 GPON 将进入规模应用，市场规模将逐渐开始领先 EPON；而 2011 年，GPON 市场规模将全面超越 EPON；预计到 2013 年，GPON 市场规模将是 EPON 的 3 倍，并成为主导技术。

xPON 是宽带接入网长远的、理想的技术选择。现在 APON 已经自然夭折，不会被考虑；EPON 技术成熟，已实现设备芯片级和系统级互通，并且价格大幅下降，已经规模商用；WDM-PON 具有潜在的容量和安全优势，但成本过高，正处于研发阶段，需要低成本光器件的突破。

而受到业界广泛关注的 GPON，虽然目前其市场和标准相对落后、不够成熟，成本暂时偏高。但 GPON 具备更高的速率、更好的性能、具备多业务能力（特别是高精度 TDM）和电信级管理能力，以及更强的潜在产业链支持，而最终产业链将决定 PON 技术的未来。

从 PON 技术产业链来看，首先，芯片是其发展的源头。目前全球 GPON 芯片厂家已经有 7 家，而 EPON 只有 3 家，而且 GPON 从规模上、投入上和可持续发展能力上都强于 EPON。

其次，从设备厂家来看，全球排名前 10 的 PON 设备厂家中，有 9 家做 GPON，而做 EPON 的只有 4 家(全是中国厂家)，并且没有一家是只做 EPON 的。

第三，从运营商方面来看，全球排名前 10 的有线运营商中，有 9 家支持 GPON，仅有一家只支持 EPON（日本 NTT），还有两家同时支持 GPON 和 EPON，即中国电信和中国联通。由此可见，GPON 具备更强的潜在产业链支持。

所以，从产业链各个方面来看，GPON 似乎应该具有更好的发展前景，应通过实际现网应用积极推进。然而，实际的发展还取决于很多未定因素。实际上，不管哪种技术都是新一代的技术，都能基本满足运营商的要求，在目前阶段运营商的领导层还很难下决心只搞一种，完全摒弃另一种。因而比较保险的规避风险的稳妥做法应该是淡化争论，特别是技术争论，将更多的精力集中到建设统一的平台和网管系统上来，推进两者在应用层面上的融合。

（作者：中国电信集团公司科技委主任　韦乐平）

八、为什么要关注物联网和传感网

视点 1：物联网产业将成为中国经济新增长点

物联网是近年兴起的新名词，它的产业化将随着它的发展应用和推广而逐渐蓬勃发展。国外的一个独立调查机构提出了“物联网产业比互联网产业大 30 倍”的观点也非常引人关注。

物联网的本质是一个信息网，它是通过在万事万物中嵌入传感器、射频标签等智能设备，采集物体的身份、特征以及各种动态信息等，并自动传输到互联网上，从而将虚拟的互联网和真实的物体连接了起来，形成万事万物都联网的格局。根据这种前景，前面提到的这家机构提出了两个数据：一个数据是，到 2011 年，嵌入这些智能设备的物体将达到 11 万亿个；另一个数据是，当物联网产业蓬勃兴起并发展成熟时，其产业比互联网产业大 30 倍。这确实有它的道理，把所有的物体都与网络连接起来，将是一个怎样的产业？我认为，鉴于现在的互联网产业还在发展，可能 30 倍的数据还有点保守。

中国的信息通信产业发展速度特别快，已成为国民经济的主要支柱产业，我国现有的互联网用户数、通信网络规模、移动通信用户数等都已是世界第一，其中互联网用户数已达三亿多，比美国总人口还要多。所以我们有理由相信，一旦物联网产业成熟后，在中国的前景也是非常之广阔的。

1. *标准融合实现物联网与互联网对接*

物联网也需要与现在的互联网形成互联，还需要有从信息采集、到高速数据传输进入互联网、再到信息管理和应用等各种支撑的技术，最底层是传感网，然后是通过高速的数据通信网如 3G 接入互联网，各种应用还需要很多智能管理的中间件，还牵涉到信息安全技术等。具体讲，现在物联网应用主要有物流监控、智能家居、手机支付、交通路灯监控等种类。

采集信息的传感设备不同，传输信息的网络也不同。这个物体上嵌入的东西与那个物体上嵌入的不一样，我们放到统一的网络上怎么识别出来呢？这就需要一个统一的标准，如果没有统一的标准，就需要让标准与标准之间能相互转换、相互融合。如果大家能按统一的标准去做，有统一的接口最好，就容易推广多了，就像互联网，它就在 IP 这一层实现了统一的标准。所以，物联网的一个重要工作就是研究标准问题。

那么，由谁来定这个标准呢？标准是国家利益，是一个国家强大的标志。从科技上来看，现在我们用的计算机，它的 CPU 是美国的，它的操作系统软件也是美国的；现在我们 3G 的三个标准 WCDMA、cdma2000、TD-SCDMA，本质上都是来源于 CDMA，而 CDMA 起源于美国的高通公司，这就是美国强大的标志。那我们为什么要在 3G 上做一个自己的标准，搞个 TD-SCDMA 呢？就是为了在将来的 4G、5G 上完全有我们自己的标准，掌握核心的知识产权。同样，物联网比互联网产业大 30 倍，可以设想这个对国家的影响有多大！

目前，国际国内有很多标准化组织，如 ITU（国际电信联盟，它原来主要负责通信领域标准）和 IETF（互联网工程任务组，主要负责互联网领域标准）。我们国内也有标准组织，传感网方面的标准由工信部来统一管理。2009 年 8 月，温总理去无锡考察，促使我国传感网的标准化工作大大加快，专门成立了传感网标准化工作组。

2. 我国物联网发展与国际同步

在10年前，国际上刚提出“传感网”的概念时，我们国家就很快意识到它的重要性了，那时，上海的微系统研究所就开始与国际上同步研究了。一些专家学者在2002年左右也开始了这方面的研究工作，包括我们南京邮电大学的王汝传老师，他就做过很多的传感器节点硬件平台。

温总理此前曾去无锡微纳传感网工程技术研发中心视察工作，而且要求把它建成中国的传感网中心，这说明这个中心做了相当的技术储备和积累，也说明我国在物联网的基础——传感网方面跟国际是同步的。

我国要建成一个传感信息中心并不是非常困难的，但是要把它建成一个功能齐全、能覆盖和感知万事万物的物联网信息中心就不是一年、两年就能做到的，它需要一个相当长的过程，必须循序渐进、逐步推进，里面还有很多的技术问题也没有解决。

无锡的“感知中国”中心是在温总理考察无锡微纳传感网工程技术研发中心以后，江苏为了积极响应温总理的号召，利用省里原有的人才、技术、资金等储备，在无锡建起来的。在那里，无锡市引进了国内的一些著名高等院校、科研院所和企业，成立了一个展示中心，在那里展示他们的技术和产品，同时建立示范区，在这个示范区里，你就可以体验各种各样的信息服务，就相当于一个体验中心。同时，中心也在紧锣密鼓地推进产业化，据了解，中心将与上百家企业合作建立一个产业链。

现在，在物联网的底层——传感网上，无论是技术还是标准，我国与国际基本是同步的。在高速的数据通信即接入这一领域，我国是世界上唯一一个拥有3G的三个标准同时建网的，预计在两到三年的时间里将实现全国通信网络的全覆盖，那时，只要在底层建立了传感网，在国内任何一个地方，都可以通过无线的高速通信网，将传感网与互联网连接起来。当然，从理论上看，我们也可以绕过3G通信网，通过一个无线局域网实现某个局部的传感网与互联网的连接。

3. 中国物联网发展三大机会

在物联网领域，我国的发展机会还是很多的。第一，中国是一个电子信息产业大国，尽管现在还不完全是强国，但强国是我们的目标，所以，在物联网的发展上会有很多的发展空间。第二，中国的市场极大，国外都会主动进来，否则将会影响它的发展，当然也会带来先进的技术，这必然对我国物联网的发展起促进作用。第三，我们这方面的技术、人才正在不断涌现，在国际上有着一定的发言权，国际各种标准组织里都有我国的人员。比如说，2009年10月份刚刚提出了6个有关第四代移动通信标准的方案，其中就有一个是中国提出的，这表明国际上还是比较认同我们的。

在国家将物联网产业确定为新的经济增长点这一背景下，社会对这一领域一定有很多的期待，因此，包括南京邮电大学在内的研究机构有责任、有义务为国家的物联网产业发展提供人才，提供技术服务。

（作者：南京邮电大学校长 杨震）

视点2：智慧创新构筑物联网

20世纪90年代，中国通信行业经历了第一次浪潮，即网络数字化浪潮；2000年，以互联网业务为主导的信息应用化浪潮席卷通信业，将通信业带到一个新的发展高度；现在，第三次浪潮正方兴未艾，移动互联网和物联网将带来三大变革。

物联网将带来三大变革：一是价值观的变革，物联网的出现使人类从资源的消耗者变为资源的守护者；二是生态观的变革，物联网使世界主角发生了变化，人类变为“少数派”；三是时空观的变革，物联网使社会模式由以人为中心变为多元中心(物物、物人、人物)。

广东移动将以智慧创新占有物联网的主跑道，我们的发展目标是“211工程”：2010年发展机器客户200万，到2012年机器客户数突破1000万，带动产值100亿元。为了这个目标，广东移动将以TD发展和无线城市为两面旗帜，实施标准化与定制化并重的发展策略，确立在机器客户市场的领跑者地位。

1. 八大物联应用构筑物联网

广东移动在过去的五年中，大规模实施了多项移动信息化工程，与广东社会、产业各个领域建立了深入的合作关系，对各个行业的智慧化应用做好了充分准备。特别是物联网核心应用之一的 M2M 应用，无论是在规模还是质量上，广东移动都已经走到了全国的前面。

下一步，广东移动将通过能源物联、生产物联、城市物联、金融物联、零售物联、农牧物联、交通物联、家居物联等“八大物联”构筑物联网。并借助物联网，打造无线城市、数字城市、信息城市、智慧城市。

其中，能源物联的典型案例是智能电表和配电房监控：智能电表是在电表中嵌入智能模块和 GPRS 通信模块，实现电表数据的实时传输和监控，并通过节电策略实现对前端节电设备的控制与管理；配电房监控则通过“手眼通”终端对配电房进行安全监控，有效防止配电房盗窃事件的发生。城市物联包括“一卡通”、“医疗通”、“城管通”、“执法通”、“综合通”等。家居物联的实际应用将包括家电控制、安全防范、数字点播、视频监控、家庭网关、家庭相册等。交通物联的一个典型案例是广州智能交通平台，包括出租车综合管理系统、公交车综合管理系统、危险品运输车综合管理系统。而农牧物联的突出案例是江门“动物追溯系统”，它实现了从生猪防疫、运输、屠宰、消费的全程监控和严格把关，切实保障动物产品质量安全。

广东移动还将把物联网与 TD 技术相结合。TD 物联网具有传输速率高、终端形态多、保密性能强等特点。目前，经过 3 期建设，已累计开通 TD 基站 5300 个，在全省 21 个地市均实现了覆盖。

2. 四大平台助推物联网

物联网产业的繁荣需要产业链的共同发展，需要多方联合，通过终端的平台化、中间件的标准化、解决方案的集成化、行业应用的规模化、推广渠道的多样化来打造物联网的成熟生态圈。

广东移动将完善四大平台，推动物联网产业发展。

在政策平台上，广东移动将出台全面的扶持政策，让合作商享受优先服务。

在技术平台上，广东移动将提供充分的技术支持，包括 M2M 系统架构、WMMP 通信协议、工业级 SIM 卡等，并与产业链联合开发，建立区域物联网的技术标准体系。

在管理平台上，广东移动有“三大计划”。百家万店加盟计划：包括设备模块商、集成商、生产商、电子配件渠道商等；伙伴共同成长计划：与紧密合作渠道、深度合作伙伴推动产业的规模化发展；战略合作升级计划：与战略合作伙伴引领行业发展。

而服务平台将提供轻松加盟、政策通告、酬金月结、专人服务等四项服务，并提供销售酬金、维系酬金、提货折扣、营销支持、结算代收、资源支持和虚拟运营等七项权益。

在互联网上，没人知道和你聊天的是人还是狗，现在我们说“在物联网上，没人知道你是一台机器”。在物联网的浪潮下，未来没有传统的企业。物联网、互联网、通信、IT 与传统产业和日常生活开始融合交汇，改变着人们的生活和商业形态。物联网是座金矿，未来就在这里。

（作者：中国移动广东公司总经理　徐龙）

视点 3：物联网与移动通信天然结合

移动通信已经成为一个通用的技术，不仅仅只是为人的基本通话需求服务，而已经走向社会、行业的信息化。物联网作为新兴技术，可以和移动通信实现天然的结合，使网络延伸到不同的物体上去，为整个社会的信息交流带来更大的便利。

整个信息通信网络的发展趋势，可概括为“宽带、移动、融合、智能、泛在”。今年最热的概念是传感网和物联网，从温总理到各行各业都在谈论这个概念。那么这些概念本身的定位以及内涵究竟是什么？它和通信网有什么关系？

从概念来讲，我们可以将其分成传感器网络、物联网和泛在网三个层次。对于通信领域来讲，泛在网并不陌生，因为几年前就提出过，即无处不在的网络。它和传感器网首先是包含的关系。从分层来看，大约有三个层次。首先是感知层，传统意义上是终端的层面，现在已经不只是终端，已经延伸到其他网络当中；再者是网络层，这是通信领域最熟知的接入网，比如 2G、3G、Wi-Fi 等，业务网也是一样的，比如说中国移动的云计算系统；另外一个是应用层，除了个人应用以外，大量的行业应用、企业应用、社会应用会在这个层面扩展。

物联要构成一个网，一般会通过一个网络或者几个网络，通过信息的传输构成一个应用。在这种情况下，初期可以把通信网做成一个传输通道，把信息传过去，后期物联网一定会和通信网络进行深度融合，因为物联网很多业务的形态和人与人之间的通信会发生巨大的变化，所以网络之间会配合业务的发展而发生变化，进而出现深度融合和协同。泛在网则是利用多种不同的网络技术形成的异构和智能化网络，应该是跨行业应用的形态。

从泛在网和物联网的关系来说，泛在网是迈向物联网的第一步，因为泛在网首先具有物物通信和人物通信的概念，而且它是一个多技术融合的概念。从标准的角度来看，这一领域的参与机构众多，因为它涉及多个网络和技术的协作，所以多个国际标准化组织都在参与。应该说，目前的标准化都处于起步阶段，标准比较分散，没有一个组织整合完整的标准化，而且，组织之间的协作非常弱。除了标准化以外，我们可以看到物联网其他领域的一些进展。比如说末端技术，前几年谈论较多的 RFID，并没有作为一种与通信网结合的应用。它除了本身采用的协议之外，还涉及标志和解析系统，比如说到了物联网时代，究竟用哪个体系对它进行识别就是个现实的问题。如果在全国范围有很多的物体跨网络互联，一定要有统一的识别系统，就像蜂窝移动通信一样，手机号是唯一的，在全球任何一个地方都可以进行通信。物联网发展面临很大的挑战，其中最关键的是合作模式的问题。因为物联网涉及多技术、多行业，急需跨行业的合作。例如，日本 Do－CoMo 开发了手机购买地铁票的应用，就需要运营商和地铁公司的合作。

物联网代表了未来的发展方向，它与移动通信领域有天然的结合关系，这样便能够实现无处不在的覆盖和应用。在未来的发展当中，我们要面对和解决这些问题，而这些恰恰也是我们的机会。

（作者：工业和信息化部电信研究院副院长曹淑敏）

视点 4：移动改变生活——物联网推动信息化发展

我们认为物联网就像互联网对我们的生产和生活带来巨大影响一样，必定在将来对我们的生产和生活引起更大的影响。它会产生一些我们今天还想象不到新的产物，它会带来一些新的产业，给我们提供更多的机会。物联网未来的前景非常广阔。

物联网是一个比较综合、比较能够集中反应我们未来新一代信息化浪潮的一个名字。物联网有三大要素：第一，信息采集；第二，信息传递；第三，信息处理。从传统意义上讲，我们比较重视也比较擅长的是信息传递，尤其对我们通信运营商来讲，信息传递是我们几十年来的强项。从互联网引进以后，由于它的信息量不断爆炸性地增长，我们在信息处理方面也有很多新的技术、新的手段，也有很多智能化处理手段来完成信息的分类。但是在过去，在信息采集方面，其实我们是缺乏手段的，我们过去的信息是自己制作编写，没有一些很客观的手段，或者很广泛的信息采集。这个也是我们未来物联网非常重要的一个点，就是信息采集，它会是我们未来物联网发展非常关键的基础。有些人把物联网叫做传感器网，我们认为传感器它绝不等于物联网，但是物联网是我们非常重要的基础，是我们将来要突破的重点。

物联网它应该有两大特征，第一是它的泛在化。比如它的信息采集层，它的部署一定是传感器的泛在化，在采集层面它是泛在化的。另外在通信层面的泛在化，我们信息采集以后要及时安全有效地传送到平台去做信息的分类和整理应用，我们要有一个泛在化的有线通信网络，这样才能发挥我们物联网的效果。所以它的第一个特征是泛在化，它是一个泛在化的网络。第二个是智能化。物联网要处理的信息是海量的，在这个过程，它的决策支持这些行动就非常关键。我们在未来物联网中，不是单一地在某一个点独立地采集信息做处理，它一定是上下协同，有一些样本库，采用智能化的技术处理信息，才能真正发挥物联网的作用。

物联网发展路径会经过三个阶段，第一个阶段简单实现一些信息会聚；第二个阶段协同感知；第三个阶段泛在聚合。协同感知和泛在聚合对我们有更高的要求，需要上下游共同合作。今天物联网仅仅是起步阶段，我们今天仅仅是在信息会聚的阶段，所以物联网的发展之路还很长。

物联网刚刚起步阶段，也面临着很多挑战。一个是从技术，一个是从整个产业环境。目前整个物联网大家都关注的非常多，在全球也一样，全球各大标准化城市现在几乎都在提出研究物联网的研究组，说明全球都在关注物联网发展，但同时也带来一个问题，大家都希望制定一个标准，这个标准的协调统一成本就非常高。但是物联网如果实现大规模的应用，标准化是一个方向，如果没有标准化我们很难实现泛在化。对标准化提出了一个更大的挑战，在这点上我们希望国内的行业、产业各方面加强合作，去建立一个比较完善的标准体系，这里边还要求有些关键技术需要突破，需要我们产业链各方面通力合作。另外是产业环境。物联网会带来很多新的形式，甚至它对我们行业影响会是非常深远的，甚至会影响到我们行业生产流程的组织、人员组织方式、组织架构。这个方面对我们未来产生巨大的影响，也需要有一些政策引导。

还有信息的安全应用。我们物联网应用以后一定会有大量的信息产生，今天的政策环境缺乏安全使用这些信息的政策，造成了我们很多信息被滥用，但同时我们缺乏如何共享这些信息的法律依据。我想在政策法律方面都需要建立，这样才能把物联网推向平台。

对我们国家物联网发展有这么几点建议：第一，尽快制定统一的体系和标准；第二，加快传感器技术研究和突破；第三，推进传感器网与TD-SCDMA 移动通信网的融合；第四，建立完善的政策环境。我想整个物联网还需要各方面的共同努力，为我们社会提供更多的机会。

（作者：中国移动通信研究院副院长　杨志强）

九、如何推进三网融合取得实质性的进展

视点 1：电信全业务与三网融合

电信全业务是指将固定网业务、移动网业务和互联网业务实现统一运营。当一个运营商拥有这三个网的运营权，该运营商即为电信全业务运营商。

固定网、移动网和互联网拥有各自不同的特点。固定网是通过固定接入连接用户，从理论上讲，固定网接入速率不受限，且价格低廉，固定网可以向用户提供无限的接入传输速率。在任何一个时期，固定网可向用户通过的通信速率总是 10 倍以上的移动网用户提供接入速率。因此高速通信、优质通信业务通常需要固定网来提供；移动网由于频率资源受限，它不可能提供无限的数据接入速率，但是移动网的高度灵活性和高度个性化能力，是固定网无法企及的，在呈现形式比较简单的场合，移动网表现出极大的优越性；互联网以它极大的开放性，业务的形式多样和繁花如锦，极大地吸引广大用户群体，尽管它目前还没有可经营的业务商业模型，但它是目前宽带网络的最大黏着剂，没有互联网业务的支持，宽带网就很难得到快速发展。可见，固定网、移动网和互联网在能力上是互补的，在应用上是相互增强的，而且相互之间是难以替代的。

以前的运营商大多是单业务运营商。固定网运营商只能运营固定业务；移动网运营商只能运营移动业务；互联网运营商由于没有合理的商业模型，目前没有单独的互联网运营商，大多是由固定网运营商作为宽带网络的黏着剂来进行运营。也就是说固定网运营商和互联网运营商通常是合一的。由于业务网的分业经营，无法发挥网络综合运营的优势和能力。

电信全业务运营的基础是固定网、移动网和互联网的技术共性和网络的可融合性。从技术本质来说，固定和移动本身界限是不清楚的，比如：固定电话是通过固定电话线与固定网相连接，这是典型的固定网业务。但是固定电话的这条电话线极大地限制了使用的方便性，用户希望能有必要的自由度，哪怕是在家庭范围内随意使用，这就是无绳电话的产生动因。无绳电话通过短距无线技术，实现在家庭范围内的移动，但无绳电话仍属于固定网业务，用户的信用范围只能在家庭内。采用无绳电话的技术，将用户终端（无绳电话手持机）的信用范围扩大到一个城市，这样家用的无绳电话变成了可在一个城市范围内使用的小灵通。当然将小灵通用户终端（无绳电话手持机）的信用范围扩大到全球也是可以的，小灵通可以成为能支持低速移动的移动通信。从小灵通再变成移动电话，要解决的是高速移动中的越区切换和能支持高速移动和高效无线信道

编、解码技术。固定网和移动网的技术是一脉相承的。除了无线信道编、解码技术有较大变化外，为支持移动能力，在原有固定网技术的基础上，增加三个移动业务模块。它们是：注册地数据功能模块、访问地数据功能模块和用户论证授权功能模块。其实这三个功能模块放在网络的哪一层，该层面就可以支持移动。目前的移动通信网将这三个模块放在应用层，因此移动网是应用层拥有移动性；IP 网将这三个模块放在网络层，因此移动 IP 网是网络层拥有移动性。

全业务运营商的高级阶段是固定网、移动网和互联网业务的融合，特别是用户信用的融合。当用户的信用在这三个网络内实现共享时，才真正实现了全业务运行。当然在技术上除信用共享外，移动业务和固定业务的融合有大量技术问题要解决。电信全业务运营对电信运营商的要求是很高的，到目前为止三大电信运营商尽管都是电信全业务运营商，但现在只是将不同的业务账单简单的绑在一起，原来固网运营商没有移动牌照，只能出固网账单，移动运营商没有固定牌照，只能出移动账单，变成全业务运营商后，就可以出绑定的账单，有可能出现更多的套餐，但这不是一个很复杂的事，只是运维系统的综合。真正的电信全业务是要把移动网、固定网和互联网这三个业务真正合在一起。这实际上是电信全业务的本质，从而可以出现大量新业务，可以更宽、更深地为社会信息化发展服务，使行业发展产生新的机会。电信全业务要求未来有一个网络，就是下一代网络的问题。如果我们没有真正下一代网出现，电信全业务很难实现。

三网融合是要有基础的。三网融合的基础是：服务是趋同的，业务是趋同的，网络能力是互补的。服务、业务趋同的是显而易见的，电信网、互联网和广播网都要向全社会提供完备的信息服务。信息服务包括交互性信息服务和广播性信息服务。商业利益决定了服务、业务趋同性。网络能力是竞争和互补的，接入网网络能力趋同。广播网的 HFC 既具有单向的能力，又具有双向交互能力；电信网的 PON 也有广播的能力，也有双向交互的能力。因为是同质的，不是异质的，两者之间将会有同质竞争问题。在核心网上，目前是异质。广播网是以广播能力为主，电信网是以双向通信能力为主，它们之间是互补的。可见，电信网和广播网的融合将会是竞争和协同的过程。而互联网是目前宽带网络的最大黏着剂，将成为电信网和广播网宽带业务的主要支柱。

目前的问题是三网融合的技术方向已经明确，它们是数字化、分组化，并要求同时拥有交互能力和广播能力。方向明确以后，网络怎么办。目前的说法是未来将会是全 IP 化，但目前举世公认 IP 网存在严重的问题，无法保证服务质量，无法保证网络安全，很难承担未来信息通信的巨大责任。新一代的网络对我国来说，是挑战更是机遇。

（作者：工业与信息化部电信研究院总工程师蒋林涛）

视点 2：从网络电视台开播看三网融合

2009 年底中国网络电视台的开播将对未来三网融合的发展产生重大影响。2010 年将是重要的一年。

三网融合的实质是电信和广电之间的双方市场准入的问题。电信和广电都试图建立自己的专网经营全业务，进入对方的领地，而为了防止对方入侵，用许可证等建立行政壁垒。这使得多年来推进三网融合步履艰难。网络电视的传播媒介是开放的公共互联网，而不是运营商的专网，互联网成为三网融合的基础。统一的核心网——互联网；多样的接入网、开放的产业链是未来三网融合的基本模式。

电信运营商已经开始认识到，其 NGN/IMS 专网模式只能用于为企业和 VIP 大客户提供有专门 QoS 和安全保证的业务，而面向广大消费者的娱乐和媒体业务则是运营在互联网上的。为此电信业出现了向 Teleco2.0 演化的趋势。运营在电信运营商专网上的 IPTV 业务目前实际上是免费的，用于做多种业务捆绑销售提高用户的粘性，防止用户流失。在移动通信方面，早期的移动数据业务 WAP 专网的围墙开始倒塌，3G 移动数据业务定位在开放的移动互联网上。广电发展下一代广播网试图建立自己的专网是进入了一个误区，中国网络电视台开播是向正确方向上迈出的重要的一步，代表广电的未来。

目前我国互联网的基础网络的格局是：骨干网以两大固网运营商——中国电信和中国联通两方为

主。目前这种两极垄断格局带来的最明显问题是带宽结算成本过高。一方面所有的内容服务商的服务器都连接到电信互联网上需要交纳服务器连接托管的费用，另一方接入服务商也需要缴纳接入的费用，带宽接入成本已经成为接入商的主要负担。据统计，视频网站总支出的 60%～70%都投入在带宽成本上。以优酷为例，2008 年收入总计 3500 万元，其中成本费用总计约 1.5 亿，而带宽成本就已经超过了 1.2 亿。根据北京电信通的公开数据，我们可以看到，2008 年第一季度，北京电信通 30%～50%的收入都用于支付带宽结算成本。

目前发展云计算平台的趋势对于广电来说是一个绝好的机会。广电在已有的全国有线网络部署基础上，联合 ISP，甚至联合中国移动，建设云计算平台为传统媒体与网络新媒体的联动融合提供支撑环境。这样将形成来互联网上的“第三极”，形成互联网“三足鼎立”的模式，争取以对等模式进行免费结算。这将对于未来的竞争产生举足轻重的影响。

（作者：工信部通信科技委员会委员　侯自强）

广告索引

广告商	版位
山东万博科技股份有限公司	前彩第 1 页
广东长实通信工程有限公司	前彩第 2 页
中国通信建设集团有限公司	前彩第 3 页
长讯通信服务有限公司	前彩第 4-5 页
缆信网络有限公司	前彩第 6-7 页
中国卫星通信集团公司	前彩第 8 页
上海天玑科技股份有限公司	前彩第 9 页
中信网络有限公司北京卫星通信分公司	前彩第 10 页
安徽电信工程有限公司	前彩第 11 页
广西三通网络发展有限公司	前彩第 12 页
四川长通移动通信建设有限责任公司	前彩第 13 页
四川桓源科技实业有限公司	前彩第 14 页
山东伏特通信工程有限公司	前彩第 15 页
吉林省邮电工程股份有限公司	前彩第 16 页
苏州昆拓冷机有限公司	中彩第 1 页
苏州新海宜通信科技股份有限公司	中彩第 2 页
广东通宇通讯技术有限公司	中彩第 3 页
德赛电子（惠州）有限公司	中彩第 4-5 页
长飞光纤光缆有限公司	中彩第 6-7 页
深圳市好易通科技有限公司	中彩第 8 页
维蒙特工业（中国）有限公司	中彩第 9 页
京信通信系统（中国）有限公司	中彩第 10 页
上海新逸科技有限公司	中彩第 11 页
浙江普森通信科技有限公司	中彩第 12-13 页
上海飞凯光电材料有限公司	中彩第 14-15 页
法尔胜通信事业部	中彩第 16 页
北京高维信诚咨询有限公司	后彩第 1 页
北京中网华通设计咨询有限公司	后彩第 2 页
北京中研博峰咨询有限公司	后彩第 3 页
江苏省邮电规划设计院有限责任公司	后彩第 4 页
新疆乌鲁木齐市邮政局	后彩第 5 页
重庆重邮信科通信技术有限公司	后彩第 6 页
西安光谷通信技术有限公司	后彩第 7 页
新疆华达维通网络工程有限公司	后彩第 8 页

CoVics 高维信诚

Business Solution Provider

北京高维信诚资讯有限公司创建于2000年，是目前中国领先的企业移动商务解决方案提供商。2004年，北京高维信诚被原国家信息产业部授予“跨地区电信增值业务提供商”资质并成为中国移动通信集团和中国联合通信集团授权的全网增值业务合作伙伴。2007年北京高维信诚成为中国移动集团认证的方案集成商（SI）。

北京高维信诚资讯有限公司现有员工近200人，其中专业技术和支持人员超过60%。公司总部设在北京，并在上海、广州设有分公司，目前已在国内25个省份开展本地化业务。北京高维信诚独立研发的产品已为全国十几万家企业提供了有效的移动商务解决方案。公司高度重视技术研发，迄今为止已获得良好市场声誉的产品包括“企业建站”、“短信宝”、“EMO(企业移动商务引擎)”及“ EMIP(企业移动互联网门户)”等。公司始终奉行“高质服务、创新思维、信誉至上、合作以诚”的理念努力为客户和合作伙伴提供优质的产品和服务。

公司荣誉

2009年　北京高维信诚荣获中国移动江苏公司颁发的2008年度中国移动集团江苏公司“优秀合作伙伴奖”。

2008年　北京高维信诚移动信息门户（MIP）被《通信产业报》评选为“2008年度十大创新业务”。

2008年　北京高维信诚评选为中国称动广东公司佛山、东莞及珠海分公司“2007年度优秀集团产品支撑合作伙伴”。

2007年　北京高维信诚成为中国移动认证的ADC业务合作伙伴。

2005年　北京高维信诚成为广东移动通信公司"动力100"品牌的战略合作伙伴。

企业移动互联网门户（EMIP）

EMIP是以托管方式为广大中小企业提供的WEB、WAP和短信形式的综合建站业务，为企业提供商品、服务、招聘、公告、供求等相关信息展示服务，使企业与其客户和上下游价值链之间能够快捷、广泛的进行信息传递。同时，通过WAP和短信互动，提供客户信息收集、客户关系管理、客户关怀、在线营销等服务。

EMIP产品功能图

“一站式”建站服务	“双网”门户展示	“双网”信息互动	有线＋无线互动营销
Web建站/独立网址		Web信息发布/接受	分类排名/地图展示
WAP建站/独立网址	互联网企业展台	WAP信息发布/接受	门户网站广告位
短信实名/短信寻址	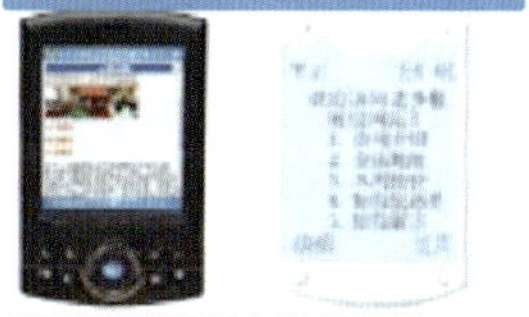	短信信息发布/接受	员工无线商务名片
可选模板Web建站	WAP企业展台 短信统一搜索	Web客户反馈处理	在线客户反馈
可选模板WAP建站		WAP客户反馈处理	短信抽奖/折扣券
菜单制定短信建站		短信客户反馈处理	短信客户关怀

北京高维信诚资讯有限公司

了解北京高维信诚更多详情请访问www.covics.com

江苏省邮电规划设计院有限责任公司简介

江苏省邮电规划设计院有限责任公司是一家从事通信网络技术的高新技术企业，1963年始建，2007年在香港上市，注册资金6585.79万元。公司研发创新、设计业务总量、人均劳动生产率等指标，均位居全国同行业前列。先后获全国用户满意工程创建先进单位、全国先进通信设计企业、全国青年文明号、江苏省文明单位、江苏省用户满意明星企业、江苏省服务业明星企业、省级青年文明号、江苏省AAA级信誉单位、江苏省质量管理优秀企业等荣誉称号。

企业资质：公司获建筑智能化工程设计与施工、通信工程勘查、建筑智能化系统工程设计、通信工程设计、通信信息、建筑工程咨询、涉及国家秘密的计算机信息系统集成、建筑工程设计等15项甲级资质（资格）证书；取得对外经济合作经营资质、进出口企业、国际咨询工程师联合会会员单位、AAA级信誉单位等证书。

市场分布：国内有江苏、北京、广东、山东、安徽、四川、云南、贵州、重庆、山西、内蒙、甘肃等；国外有印尼、尼日利亚等。

人力资源：公司员工中博士学历占4%、硕士学历占比52%、本科学历占36%；中高级职称占比45%。

科技创新：公司近3年来完成科技创新321项，其中软课题113多项；完成技术革新83项，为国家和客户节约投资23亿元；仅2008年就获国家专利6项。

项目获奖：公司近3年获各类优秀设计、优秀咨询成果奖103项，其中，国家优秀设计奖2项、国家优质工程银质奖1项、国家级咨询成果奖7项、全国优秀通信规划奖8项、信息产业部优秀通信设计奖9项。

企业管理：公司1998年在全国同行中率先通过ISO—9001国际质量管理体系认证，2006年成为全国通信设计企业中首家通过质量、环境、职业健康安全“三标一体”管理体系认证单位。公司设计质量合格率始终保持在100%，优良率95%以上。

中国邮政 CHINA POST

乌鲁木齐市邮政局

新疆邮政公司资深经理，乌鲁木齐市邮政局党委书记、局长阿布都许库尔 · 买买提

乌鲁木齐市邮政局是为乌鲁木齐地区各机关、驻乌各单位和全市各族群众提供邮政通信服务的社会公用企业，是新疆邮政的省会局和龙头局。全局现有职工2700余人，服务面积1.18万平方公里，服务人口250余万人，拥有城乡邮政营业网点178处、投递网点115处、投递段道534条、邮政用车500余辆，邮路总长6891公里。通过这些遍布城乡的服务机构和服务网点，乌鲁木齐市邮政局为乌鲁木齐地区各族人民群众提供多层次、全方位的邮政通信服务。

多年来，乌鲁木齐邮政始终不渝地坚持“人民邮政为人民”的服务宗旨，坚持以“发展现代化邮政，满足社会需要”为己任，大力推进邮政通信能力和服务功能建设，目前全市邮政已形成能够满足社会和人民群众不同需求的多层次综合服务体系，邮政网络遍及城乡、连接全国、通达世界，服务网点深入社区及千家万户，服务领域不断拓宽，服务内涵更加丰富。

丰富多彩的员工文化活动

乌鲁木齐邮政凭诚信立足社会，靠服务取信于民。连续数十年开展的“榜样就在我身边”学习宣传活动，涌现出全国邮政职工“知苦不言苦、知难不畏难”精神的代表——幸福路邮政支局，全国“五一”劳动奖章获得者刘琴，全国道德模范、全国职业道德建设“十佳”标兵艾克拜尔 · 依明等一大批先进榜样，“真心换用户、恒心拓市场、诚心献邮政”的精神已成为乌鲁木齐邮政员工精神风貌的主流。

全国道德模范、全国五一劳动奖章获得者——乌鲁木齐市邮政局投递员艾克拜尔 · 依明

乌市邮政局连续多年保持自治区级“文明行业”、自治区级“文明单位”荣誉，连续荣获纳税先进企业、“AAA”级信用企业、自治区守合同重信用企业、全市人民群众满意单位等各种荣誉称号，先后被评为全区邮政系统、全国邮政系统、全国通信行业及全国“用户满意企业”。2009年，乌鲁木齐市邮政局被评为“全国文明单位”。

邮政服务深入军营

功能完善的邮政营业网点

用户争购新邮品

邮政礼仪工作人员准备投送鲜花

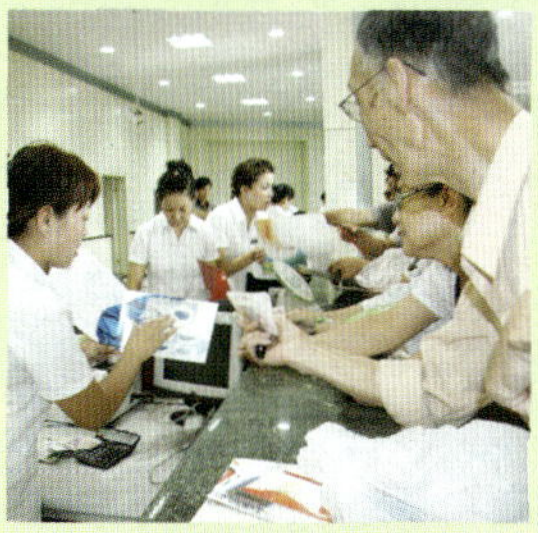

形式多样的员工培训

庆祝世界邮政日

乌鲁木齐邮政员工激情迎接奥运火炬

员工拓展训练

地址：乌鲁木齐市扬子江路1号　电话：0991-4501309　客户服务热线：11185

CYIT
重邮信科
TD-SCDMA
终端核心技术的
引领者
CYIT
C3310-200902-EL2011
TD-SCDMA
TD-HSDPA
TD-HSUPA
TD-HSPA+
LTE
The leader of TD-SCDMA
terminal core technologies
重邮信科一直致力推动TD-SCDMA终端芯片核心技术的开发与产业化工作，在TD-SCDMA终端核心技术上具有深厚的技术和产业积累，目前已全面掌握TD-SCDMA终端核心技术，在TD-HSDPA、TD-HSUPA和LTE等方面处于行业领先地位，形成了从理论研究到产品开发、从芯片到终端整机解决方案的TD-SCDMA产业链，产业化工作初显成效，可以提供领先的基带芯片、终端产品解决方案、多制式单双模上网卡、无线模块等终端核心技术和产品。
http://www.cqcyit.com

光谷通信
GUANGGU
西安光谷通信技术有限公司前身是一家集科研、生产、销售于一体的高科技综合性企业， 2009年为进一步应对国内外经济危机和市场的变化，满足中国电信运营商重组格局和3G发展的需求，公司重新进行资源整合，定位于专业从事通信网络维护仪器仪表的研发、生产和销售，正式更名为西安光谷通信技术有限公司，是中国骨干通信测试仪器专业制造商。
光谷通信主要产品涵盖系列光通信测试仪表、数据、传输测试仪表、动力电源测试仪表、网络测试类仪表、移动通信类测试仪表、有线电视测试仪表等产品，自产产品均通过国家授权专业检验机构的鉴定。
目前，光谷通信的各类型维护测试仪表已经在国内的通信运营商及专网通信行业领域广泛应用，并有部分产品出口至海外40多个国家和地区，为中国的通信建设和发展事业做出了重大贡献。
数据、传输测试仪表
动力电源维护仪表
光通信测试仪表
通信线缆测试仪表
如虎添翼
光谷通信助您一臂之力
详情请点击http://www.xaguanggu.com

NOORDERLICHT
220.8
220.8